스페인어-한국어 어휘 사전
DICCIONARIO DE LA LENGUA ESPAÑOLA
DE LOS VOCABULARIOS

김 충 식 편

문예림

머 리 말

 지금까지 크고 작은 사전을 20여권을 썼고, 여러 권의 단어집도 써 보았지만 이번처럼 신중히 어휘를 골라 보기는 처음이다. 이번에 독자 여러분에게 선보인 '스페인어-한국어 어휘 사전'은 초보자나 중급자가 꼭 알아야 할 필수 어휘 약 2만 단어를 골랐다.
 간편하게 소지하고 다닐 수 있도록 하기 위해 예문은 일체 생략하고 많이 쓰이는 한두 개의 뜻만 표기해 언제 어디서나 필요할 때 꺼내서 볼 수 있도록 했다.
 또 부록으로 '한글/스페인어 어휘'를 약 1만 단어 수록해 '스페인어/한글 어휘' 부분과 함께 참고하면 더욱 효과적인 어휘 공부를 할 수 있을 것이다.
어학 공부는 문법이 튼튼해야 원어민과 다름없는 좋은 말을 할 수 있지만 종국에 가서는 누가 어휘 구사력이 우수한 가에 따라 어학 실력이 평가될 것이다.
 어휘 실력을 향상시키는 길은 자나깨나 외국어 문장과 함께 하는 길뿐이라는 것을 명심하고 늘 쉬운 읽을 거리를 반복해서 독서하길 바란다.

2010년 5월 편자 김충식

<u>약어 풀이</u>
- 감 감탄사
- 남 남성 명사
- 남여 남성 및 여성 명사
- 단 단수 명사
- 대 대명사
- 복 복수 명사
- 부 부사
- 여 여성 명사
- 자 자동사
- 전 전치사
- 접 접속사
- 타 타동사
- 형 형용사
- ((재귀)) 재귀 동사

부록
발음과 음절 분해
한글/스페인어 단어

발음과 음절 분해

a: a-ma 아-마, a-sa 아-사
b: bo-ca 보-까, ba-ta-ta 바-따-따
c: ca-ra 까-라, co-che 꼬-체
   cen-tro 쎈-뜨로, ci-ta 씨-따
ch: chi-co 치-꼬, cho-car 초-까르
d: da-ma 다-마, di-ne-ro 디-네-로
e: e-dad 에-닫, e-na-no 에-나-노
f: fe-cha 페-차, fo-to 포-또
g: ga-to 가-또, guí-a 기-아,
   go-ma 고-마, gus-to 구스-또,
   gue-rra 게-르라 güis-qui 구이-스끼
   ci-güe-ña 씨-구에-냐
h: [묵음] ho-ra 오-라, ha-cha 아-차
i: i-de-a 이-데-아, in-dio 인-디오
j: jo-ven 호-벤, ja-bón 하-본
k: ka-ki 까-끼, kios-co 끼오스-꼬
l: la-go 라-고, ca-pi-tal 까-삐-딸
ll: lla-ma 야-마 llu-via 유-비아
m: ma-pa 마-빠, mu-cho 무-초
n: na-da 나-다, nom-bre 놈-브레
ñ: ni-ña 니-냐, ni-ño 니-뇨
o: o-jo 오-호, o-li-vo 올-리-보
p: po-llo 뽀요, pa-pá 빠-빠
q: que-so 께-소, Qui-jo-te 끼-호-떼
r: ca-ra 까-라, fres-co 프레스-꼬
   [단어 앞에서는 혀를 굴리는 발음]
   ra-ta 르라-따, Ro-ma 르로-마
   [자음 앞이나 단어 끝에서도 약간 굴려 발음한다]
   car-ta 까르-따, la-bor 라-보르
   [rr도 혀를 굴리는 발음]
s: sa-la 살-라, som-bra 솜-브라
t: ta-ba-co 따-바-꼬, tor-ta 또르-따
u: u-va 우-바, u-ni-ver-so 우-니-베르-소
v: vio-lín 비올-린, vo-to 보-또

w: won 원, ki-wi 끼위
x: xi-lo-fón 실-로-폰, e-xa-men 엑-사-멘, Mé-xi-co 메-히-꼬
y: ya 야, yo 요, ye-gua 예-구아
z: za-pa-to 사-빠-또, ca-za 까-사

A

a	전 에게, 로, 을, 위해서
abaco	남 주판; [당구] 점수판
abad	남 수도원장
abadejo	남 ((어류)) 대구
abajo	부 아래로, 아래에; 아래층에
abanderado	남 기수(旗手)
abandonar	타 버리다; 포기하다
abandono	남 포기, 자포자기; 유기
abanico	남 부채
abarcar	타 포함하다
abastecer	타 공급하다, 보급하다
abastecimiento	남 공급, 보급
abatir	타 쓰러뜨리다
abdomen	남 배, 복부
abecé	남 알파벳, 자모
abecedario	남 자모, 자모표
abedul	남 [식물] 자작나무
abeja	여 벌, 꿀벌
abejarrón	남 땅벌, 호박벌
Abel	남 [인명] 아벨
abeto	남 [식물] (서양) 전나무
abierto, ta	형 열린; 개방적인; 솔직한
abismo	남 심연(深淵)
ablandar	타 부드럽게 하다
abnegación	여 헌신, 자기 희생
abogado, da	남여 변호사
abolladura	여 (톱니바퀴 등의) 이
abonar	타 불입하다; 시비하다

스페인어-한국어 1

abonarse	((재귀)) 예약하다, 구독하다
abono	남 예약; 지불; 비료
abordar	타 (배를) 부딪치다
aborrecer	타 혐오하다, 증오하다
abortar	타 유산시키다; 임신 중절하다
abortista	남여 중절 의사
abortivo, va	형 유산시키는. 남 낙태약
aborto	남 낙태, 유산
abotonar	타 단추를 잠그다
abrasar	타 불에 태우다
abrazar	타 포옹하다, 껴안다
abrazarse	((재귀)) 서로 포옹하다
abrazo	남 포옹
abrebotellas	남 병따개
abrelatas	남 깡통따개
abreviar	타 단축하다
abreviatura	여 단축; 약어, 생략형
abrigar	타 보호하다; (감정을) 품다
abrigo	남 오버코트, 외투
abril	남 4월
abrir	타 열다, 펴다; 개시하다
abrochar	타 단추를 채우다
abrumador, ra	형 압도적인
abrumar	타 압도하다
ábside	남 [건축] 후진(後陣)
absolutamente	부 절대로, 전혀
absoluto, ta	형 절대의, 절대적인; 완전한
absorber	타 흡수하다
absorto, ta	형 멍한, 어리둥절한
abstenerse	((재귀)) [+de] (을) 삼가다
abstracto, ta	형 추상적인
abstracto	남 추상 예술 작품
abstractor, ra	남여 추상과 화가
abstraer	타 추상하다
abstraerse	((재귀)) 전념하다

abstraído, da	형 몰두한; 방심한
absurdo, da	형 불합리한
abuchear	타 야유하다
abucheo	남 야유
abuela	여 할머니
abuelita	여 할머니 ((애칭))
abuelito	남 할아버지 ((애칭))
abuelo	남 할아버지
abuelos	남복 조부모
abultado, da	형 부피가 큰
abundancia	여 풍부함; 다량, 다수
abundante	형 풍부함; 다수의
abundar	자 풍부하다; 많다
aburrido, da	형 지루한, 따분한
aburrir	타 지루하게 하다
aburrirse	((재귀)) 지루하다, 따분하다
abusar	자 [+de] (을) 남용하다
abuso	남 남용
acá	부 이리, 이쪽으로
acabar	타 끝내다; 소모하다
	타 끝나다; 다하다
acacia	여 [식물] 아카시아
academia	여 학회, 아카데미, 학원
académico, ca	형 학회의, 아카데미의
	남여 아카데미 회원
acaecer	자 (일이) 일어나다
acampamento	남 야영, 캠핑
acampar	자 야영하다, 캠핑하다
acantilado	남 벼랑, 절벽
acaparar	타 독점하다; 매점하다
acariciar	타 애무하다, 쓰다듬다
acarrear	타 운반하다
acaso	부 아마 (…일 지도 모른다)
acatar	타 존중하다
acatarrarse	((재귀)) 감기를 앓다

A

acceder	자 [+a] (에) 동의하다
accesible	형 접근할 수 있는
acceso	남 접근; 통로
accesorio, ria	형 부속의. 남 액세서리
accidentado, da	형 기복이 있는; 다난한
accidental	형 우연의
accidente	남 사고; 재해
acción	여 행위, 활동; 작용; 주식
accionar	타 (기계를) 움직이게 하다
accionista	남여 주주(株主)
acechar	타 잠복하다; 정탐하다
acecho	남 잠복; 정탐
aceite	남 올리브유; 기름, 오일
aceitera	여 기름 치는 기구, 기름통
aceitoso, sa	형 기름투성이의, 기름진
aceituna	여 올리브 ((열매))
acelerador	남 가속 장치, 액셀러레이터
acelerar	타 가속(加速)하다
acento	남 강세; 말투; 사투리
acentuar	타 강조하다, 악센트를 붙이다
acepción	여 (말의) 의미, 어의(語義)
aceptación	여 수락, 받아들임
aceptar	타 수락하다, 받아들이다
acequia	여 용수로(用水路)
acera	여 보도(步道), 인도(人道)
acerca	부 [+de] (에) 관해서
acercar	타 가깝게 하다, 접근시키다
acercarse	((재귀)) 접근하다, 가까이 하다
acero	남 강철(鋼鐵)
acertar	타 적중[명중]시키다
achicar	타 작게 하다
ácido, da	형 (맛이) 신. 남 산(酸)
acierto	남 적중
aclamación	여 환호, 박수갈채
aclamar	타 환호하다, 갈채를 보내다

4 스페인어 필수 어휘 사전

aclarar	타 밝게[맑게] 하다; 해명하다
acné	남 여드름
acoger	타 맞아들이다, 받아들이다
acogida	여 환대; 맞아들임
acometer	타 습격하다, 덮치다
acometida	여 습격, 공격
acomodar	타 (적재적소에) 놓다, 앉히다
acomodado, da	형 유복한, 부유한; 적당한
acomodador, ra	남여 (극장 등의) 안내원
acompañamiento	남 동반; 동반자
acompañar	타 동반[동행]하다, 같이 가다
acondicionado	형 조절한; 적당한
aconsejar	타 충고[조언]하다; 권하다
acontecimiento	남 사건, 사고
acorazado	남 전함(戰艦), 장갑함
acordar	타 정하다, 의결하다, 결심하다
	자 일치하다, 조화하다
acorde	형 (의견 등이) 일치된
acordeón	남 [악기] 아코디언
acordeonista	남여 아코디언 연주자
acortar	타 줄이다, 단축하다
acosar	타 추궁하다, 몰아세우다
acostar	타 눕히다; 가로누이다
acostarse	((재귀)) 눕다, 잠자리에 들다
acostumbrado, da	형 길든, 습관이 된
acostumbrar	타 길들이다
acostumbrarse	((재귀)) [+a] (에) 길들다
acre^1	형 신, 쓴
acre^2	남 에이커
acrecencia	여 증가, 증대
acrecentar	타 불리다, 증가시키다
acreditación	여 증명, 신용
acreditar	타 보증하다, 증명하다
acreedor, ra	남여 채권자
acreencia	여 신용, 대월

스페인어-한국어 5

acrobacia	여 곡예
acróbata	남여 곡예사
acrobático, ca	형 곡예의
acrobatismo	남 곡예
acromático, ca	형 무색의
acta	여 기록, 의사록; 증서
actitud	여 태도
actividad	여 활동; 활기
activo, va	형 활동적인, 활발한
acto	남 행위; 의식; 막(幕)
actor[1], triz	남여 배우
actor[2], ra	남여 [법률] 원고
actuación	여 행동; 활동; 연기
actual	형 현재의, 지금의
actualidad	여 현재; 현실
actualmente	부 현재, 지금
actuar	자 행동하다; 작용하다
acuarela	여 수채화
acuarelista	남여 수채화가
acuarelístico	형 수채화의
acuario	남 어항; 수족관
acuático, ca	형 물의
acudir	자 구출하러 가다
acueducto	남 수도교(水道橋)
acuerdo	남 합의; 협정
acumulador	남 축전지
acumular	타 축적하다
acuñar	타 (화폐 등을) 주조하다
acupuntor, ra	남여 침술사
acupuntura	여 침술
acupunturar	자 침을 놓다
acupunturero, ra	남여 침술사
acupunturista	남여 침술사
acusación	여 고소, 고발; 비난
acusado, da	남여 피의자, 피고인

acusador, ra	남여 고소인
acusar	타 고소하다; 비난하다
Adán	남 ((인명)) 아담
adaptación	여 적합함, 순응; 각색
adaptador	남 접속기, 어뎁터
adaptar	타 적합하게 하다; 각색하다
adaptarse	((재귀)) 적합하다
adecuado, da	형 적합한, 적절한
adelantado, da	형 진보한, 앞선; 빠른
adelantar	타 전진시키다; 선불하다
adelante	부 앞으로. 감 들어오세요
adelanto	남 전진; 진보; 선불
adelgazar	타 가늘게[뾰족하게] 하다.
	자 여위다; 가늘어지다
ademán	남 태도; 표정
además	부 더욱이, 게다가
adentro	부 안으로
aderezado, da	형 요리 준비가 된
aderezar	타 요리하다, 맛을 내다
adeudar	타 빚지다
adherirse	((재귀)) 붙다; 편들다
adhesión	여 부착; 지지; 가입
adhesivo, va	형 점착성의. 남 접착제
adición	여 부가(물); 더하기
adicional	형 부가의
adicionar	타 부가하다, 가산하다
adiestrar	타 훈련하다, 길들이다
adinerado, da	형 부유한, 돈이 많은
adiós	남 이별, 작별. 감 안녕!
adivinanza	여 추측; 점
adivinar	타 점치다; 추측하다
adivino, na	남여 예언자, 점쟁이
adjetivo	남 형용사
adjudicar	타 재정하다; 낙찰하다
adjunto, ta	형 동봉한

administración	여 행정; 관리
administrador, ra	남여 국장; 관리자
administrar	타 관리[경영]하다; 투약하다
administrativo, va	형 관리의, 경영의, 행정의
admirable	형 감탄[칭찬]할 만한
admiración	여 감탄, 칭찬
admirador, ra	형 칭찬하는
	남여 칭찬하는 사람, 숭배자, 팬
admirar	타 감탄시키다; 찬미하다
admisible	형 수용할 수 있는
admisión	여 용인; (입학 등의) 허가
admitir	타 시인[승낙, 수락]하다
adolescencia	여 청소년기, 사춘기
adolescente	형 청소년기의, 사춘기의
adolescente	남여 청소년
adonde	부 [관계 부사] (하는) 곳(으로)
adónde	부 어디로, 어디에
adopción	여 채용, 채택; 양자 결연
adoptar	타 채용하다; 양자로 하다
adoración	여 경배, 예배, 숭배
adorador, ra	남여 경배자, 예배자
adorar	타 경배하다, 예배하다
adormecer	타 잠들게 하다, 최면하다
adornar	타 장식하다, 꾸미다
adorno	남 장식(품)
adquirir	타 취득하다, 획득하다
adquisición	여 수집; 취득, 획득
adquisitivo, va	형 입수[취득]할 수 있는
adrede	부 일부러, 고의로
aduana	여 세관(稅關)
aduanero, ra	남여 세관원
aducir	타 인용[입증]하다
adueñarse	((재귀)) 자기의 것으로 삼다
adulación	여 아부, 아첨
adular	타 아부하다, 아첨하다

adulterio	남 불의, 간통(죄)
adúltero, ta	형 간통의. 남여 간통자
adulto, ta	형 어른의. 남여 어른
adusto, ta	형 작열하는; 엄한
advenedizo, za	형 이방의, 외국의
adverbial	형 [문법] 부사의
adverbio	남 [문법] 부사
adversario, ria	남여 상대, 경쟁자, 적
adversidad	여 역경, 불운, 불행
adverso, sa	형 반대의; 불운한
advertencia	여 주의, 경고
advertir	타 주의[경고]하다
aéreo, a	형 공기의, 공중의
aerograma	남 항공 봉함 엽서
aeromodelo	남 연습기(練習機)
aeromoza	여 스튜어디스
aeromozo	남 스튜어드
aeronauta	남여 비행사
aeronave	여 우주선, 대형 항공기
aeroplano	남 항공기
aeropuerto	남 공항
afabilidad	여 상냥함, 사근사근함
afable	형 상냥스러운, 사근사근한
afán	형 노력, 열심, 열망
afanarse	((재귀)) 열심히 하다
afanoso, sa	형 부지런한, 힘써 일하는
afección	여 정, 애정
afectación	여 척하기; 감염, 오염
afectado, da	형 척하는; (에) 걸린
afectar	타 척하다; 오염시키다
afecto	남 그리운; 귀여운; 친애하는
afectuoso, sa	형 애정에 찬, 사랑에 넘치는
afeitado	남 면도
afeitadora	여 면도기
afeitar	타 (남을) 면도하다

afeitarse	((재귀)) (자기의) 수염을 깎다
Afganistán	[나라] 아프가니스탄
afgano, na	형 아프가니스탄의
	남여 아프가니스탄 사람
afición	여 애호; 오락; 취미
aficionado, da	형 좋아하는
	남여 아마추어, 애호가
aficionarse	((재귀)) [+a, de] (이) 좋아지다
afilar	타 뾰족하게 하다
afinar	타 (악기를) 조율하다
afinidad	여 유사; 인척 관계
afirmación	여 긍정; 단언, 언명
afirmar	타 긍정[단언, 언명]하다
afirmativo, va	형 긍정의, 긍정적인
aflicción	여 슬픔, 탄식, 고통
afligir	타 슬프게 하다, 괴롭히다
aflojar	타 늦추다
afortunadamente	부 다행히(도)
afortunado, da	형 행복한; 행운의
afortunar	타 행복하게 하다
África	여 아프리카
africano, na	형 아프리카의
	남여 아프리카 사람
afrontar	타 대면하다
afuera	부 밖으로, 바깥에
afueras	여복 교외(郊外)
agachadiza	여 도요새
agachar	타 웅크리다, 숙이다
agacharse	((재귀)) 쭈그리다
agallas	여복 아가미
agarraderos	남복 손잡이
agarrar	타 꽉 잡다[붙잡다]
agasajar	타 환대하다
agasajo	남 환대
agencia	여 대리점; 지점, 출장소

agenda	여 수첩, 메모장
agente	남여 중개업자; 경찰관
ágil	형 민첩한, 재빠른
agilidad	여 민첩함
agitación	여 동요; 불안; 선동
agitar	타 흔들다, 휘젓다
aglomeración	여 덩어리, 집단
aglomerar	타 덩어리지게 하다
agonía	여 단말마; 번민
agosto	남 8월; 수확(기)
agotado, da	형 바닥난; 절판(絶版)된
agotamiento	남 고갈; 품절
agotar	타 바닥을 내다; 탕진하다
agotarse	((재귀)) 고갈되다, 바닥이 나다
agradable	형 즐거운, 기분 좋은
agradablemente	부 즐거이, 기분 좋게
agradable	형 즐거운; 기분 좋은; 유쾌한
agradar	자 마음에 들다, 좋아하다
agradecer	타 감사하다
agradecido, da	형 감사하는
agradecimiento	남 감사, 사의
agrado	남 부드러움, 반가움
agrandar	타 크게 하다
agrario, ria	형 농지(農地)의
agraviar	타 모욕하다
agravio	남 모욕, 무례
agregar	타 부가하다
agresión	여 공격; 침략
agresivo, va	형 공격적인; 침략적인
agrícola	형 농업의
agricultor, ra	남여 농부
agricultura	여 농업; 농학
agrio, gria	형 (맛이) 신
agrupación	여 조합
agrupar	타 그룹을 만들다; 모으다

agua	여 물; 비; 오줌. 복 수역(水域)
aguacero	남 소나기
aguado, da	형 물을 탄
aguanieve	여 진눈깨비
aguantable	형 참을 수 있는
aguantar	타 참다, 인내하다
aguar	타 (에) 물을 타다[넣다]
aguardar	타 기다리다, 고대하다
aguardiente	남 증류주, 소주
agudeza	여 예리함; 기민함
agudizar	타 뾰족하게 하다
agudo, da	형 예리한; 급성의
agüero	남 전조(前兆)
águila	여 [조류] 독수리
aguinaldo	남 크리스마스 선물
aguja	여 바늘, 침
agujero	남 구멍
ah	감 아!
ahí	부 저기
ahijada	여 대녀(代女)
ahijado	남 대자(代子)
ahogamiento	남 질식, 질식사; 익사
ahogar	타 질식시키다, 익사시키다.
ahogarse	((재귀)) 질식하다, 익사하다
ahora	부 지금; 현재
ahorcar	타 교살시키다
ahorcarse	((재귀)) 목매 자살하다
ahorrar	여 저축[저금]하다; 절약하다
ahorro	남 저축, 저금; 절약
ahumar	타 그을리다; 연기를 피우다
ahuyentar	자 도망하다
aire	남 공기(空氣); 바람
airoso, sa	형 통풍이 잘된
aislador	남 절연체, 애자(礙子)
aislamiento	남 절연, 절연체

aislar	타 고립시키다, 격리하다
ajedrez	남 체스, 장기
ajeno, na	형 다른 사람의, 남의
ají	남 고추
ajo	남 마늘
ajonjolí	남 깨, 참깨
ajustado	형 몸에 꼭 맞는
ajustar	타 꼭 맞추다; 조정하다
ajustarse	((재귀)) 꼭 맞다, 꼭 조이다
ajuste	남 조정; 결정; 타협
al	[a+el] al + *inf.*: (할) 때
ala	여 날개; 차양
alabanza	여 칭찬, 찬사
alabar	타 칭찬하다
alacena	여 (벽에 부착하는) 찬장
alacrán	남 [동물] 전갈
alambique	남 증류기
alambrada	여 철조망
alambre	남 철사
álamo	남 [식물] 포플러
alargar	타 늘이다, 연장하다
alarma	여 경보; 경계; 경보 장치
alarmar	타 경계하게 하다
alba	여 새벽, 동틀 때, 여명
albanés, sa	형 알바니아의
	남여 알바니아 사람
	남 알바니아 어
Albania	여 [나라] 알바니아
albano, na	형 알바니아의
	남여 알바니아 사람
	남 알바니아 어
albañil	남 벽돌공, 벽돌장이; 미장이
albaricoque	남 살구
albaricoquero	남 [식물] 살구나무
albergue	남 숙박, 숙박 장소

albino, na	형 흰 피부의; 흰색의
albóndiga	여 고기 완자
albor	남 순백; 서광
alborotar	자 소란을 피우다
alboroto	남 소란, 소동
álbum	남 앨범, 사진첩
alcalde, sa	남여 시장(市長)
álcali	남 [화학] 알칼리
alcalinidad	여 알칼리성(性)
alcance	남 사정(射程), 사정거리
alcanzar	타 닿다, 도달하다
alcantarilla	여 하수도, 하수구
alcantarillado	남 하수 설비[시설]
alcázar	남 성(城), 왕궁
alce	남 [동물] 고라니
alcoba	여 침실
alcohol	남 알코올
alcohólico[1], ca	형 알코올의
alcohólico[2], ca	남여 알코올 중독자
alcoholismo	남 알코올 중독
alcorán	남 코란
aldaba	여 (대문의) 노커
aldea	여 마을, 촌
aldeano, na	형 마을의
	남여 마을 사람, 촌사람
aleación	여 합금
alear	타 합금으로 만들다
alegoría	여 풍유, 우화
alegrar	타 기쁘게 하다
alegrarse	((재귀)) 기쁘다, 즐겁다
alegre	형 즐거운, 기쁜, 쾌활한
alegría	여 즐거움, 기쁨
alejar	타 멀게 하다
alejarse	((재귀)) 멀다
aleluya	감 할렐루야

alemán¹, na	형 독일의. 남 독일어
alemán², na	남여 독일 사람
Alemania	여 [나라] 독일
alentar	타 용기를 북돋우다
	자 호흡하다
alerce	남 낙엽송
alergía	여 알레르기(증)
alérgico, ca	형 알레르기(성)의
alero	남 처마, 차양
alerta	부 경계하여. 여 경계 경보
aleta	여 지느러미; (자동차의) 윙
alfabéticamente	부 알파벳순으로
alfabético, ca	형 알파벳의
alfabeto	남 알파벳, 자모
alfanje	남 신월도(新月刀)
alféizar	남 창턱, 창 아래 틀
alférez	남 육군 소위
alfiler	남 핀, 브로치
alfombra	여 양탄자, 카펫, 융단
alfombrilla	여 (욕조 입구의) 깔개
alga	여 김, 해태; 바닷말
álgebra	여 대수학(代數學)
algo	대 무엇인가, 어떤 것
	부 약간, 다소; 거의 … 아니다
algodón	남 무명, 목화, 면, 솜
alguien	대 누구인가, 어떤 사람
algún	형 어떤 (남성 단수 앞에서 o 탈락)
alguno, na	대 누구, 무엇. 형 어떤
alhaja	여 장신구, 보물, 보석.
aliado	남 동맹국
alianza	여 동맹
aliarse	((재귀)) 동맹을 맺다
alicates	남복 펜치, 집게
aliento	남 숨, 호흡, 호기(呼氣)
alimentación	여 식물의 섭취, 영양

alimento	男 식물(食物), 먹을거리
aliñado, da	형 양념한, 조리한
aliñar	타 양념하다, 조리하다
aliño	男 양념, 조미료
alisio	男 [식물] 오리나무
alistamiento	男 모병
aliviar	타 (고통 등을) 가볍게 하다
alivio	男 경감(輕減)
allá	부 저곳에, 저쪽으로
allí	부 저기, 저곳에
alma	여 혼, 영혼; 사람
almacén	男 창고. 男복 백화점
almacenamiento	男 [컴퓨터] 기억 장치
almanaque	男 책력, 달력
almeja	여 대합, 대합조개
almendra	여 [열매] 아몬드, 편도
almendro	男 [식물] 아몬드, 편도(扁桃)
almidón	男 전분; 풀
almidonar	타 풀을 먹이다
almirantazgo	男 해군 본부
almirante	男 해군 대장, 제독
almohada	여 베개; 쿠션
almorrana	여 치질
almorzar	자 점심을 먹다
almuerzo	男 점심
aló	감 [남미] 여보세요!
alojamiento	男 숙박
alojar	타 숙박시키다
alojarse	((재귀)) 숙박하다
alondra	여 [조류] 종달새
alpinismo	男 등산
alpinista	여 등산가
alquilar	타 임대하다
alquiler	男 임대, 임차; 임대료
alrededor	부 주위에; 약, 대략

	남 주위. 남복 교외, 근교
altar	남 제단(祭壇)
altavoz	여 스피커, 확성기
alteración	여 변화, 변경
alterar	타 변화시키다, 변질시키다
alternar	자 번갈아 하다, 교체하다
alternativa	여 교대, 교체, 윤번
alternativo, va	형 교호(交互)의
altímetro	남 고도계
altitud	여 높이, 고도
altivez	여 거만, 오만
altivo, va	형 교만한, 건방진
alto¹, ta	형 높은; 키가 큰
alto²	남 정지, 스톱; 높이
altura	여 높이
alubia	여 강낭콩
alud	남 눈사태
aludir	자 넌지시 빗대어 말하다
alumbrado	남 조명
alumbrador, ra	남여 조명하는 사람
alumbrar	타 조명하다. 자 출산하다
aluminio	남 알루미늄
alumno, na	남여 학생, 생도
alusión	여 암시
alza	여 상승, 앙등, 등귀
alzar	타 올리다, 높게 하다
ama	여 여자 주인
amabilidad	여 친절
amable	형 친절한
amaestrar	타 조교(調敎)하다
amanecer	자 동이 트다, 날이 밝아오다
	남 동틀녘, 새벽
amante¹	형 좋아하는
amante²	남여 애인; 애호가, 팬
amapola	여 [식물] 양귀비

스페인어-한국어 17

amar	囘 사랑하다
amargo, ga	혱 (맛이) 쓴
amargura	예 (맛이) 씀; 쓴 맛
amarillento	혱 누르스름한, 누른빛을 띤
amarillo¹	남 노랑, 황색
amarillo², lla	혱 노란
amarra	예 계선(繫船), 정박, 계류
amarradura	예 계류, 붙잡아 맴
amarraje	남 입항료, 정박료
amarrar	囘 계류하다, 붙잡아 매다
amasar	囘 반죽하다
amateur	혱 아마추어의
	남예 아마추어, 팬
amatista	예 자수정, 자석영
amazona	예 여장부, 여걸
Amazonas	남 아마존강
ámbar	남 호박(琥珀)
ambición	예 야망, 야심
ambicionar	囘 야망[야심]을 품다
ambicioso, sa	혱 야심적인, 야망을 가진
ambiental	혱 환경의
ambiente	남 환경, 자연 환경; 분위기
ambiguamente	閉 애매모호하게
ambigüedad	예 애매모호
ambiguo, gua	혱 애매모호한
ámbito	남 구내; 영역
ambliopía	예 약시(弱視)
ambos, bas	혱 양쪽의. 대 양쪽
ambulancia	예 구급차, 앰뷸런스
ambulanciero, ra	남예 구급 대원
ambulante	혱 돌아다니는, 팔러 다니는
ameba	예 [동물] 아메바
amén	갑 아멘
amenaza	예 위협, 협박
amenazador, ra	혱 협박하는, 위협적인

amenazar	타 위협하다, 협박하다
amenidad	여 선량함; 기분 좋음
ameno, na	형 기분 좋은, 즐거운, 흐뭇한
América	여 아메리카 (대륙)
americana	여 (양복의) 웃옷, 상의
americanización	여 아메리카화(化)
americanizar	타 아메리카화하다
americano¹, na	형 아메리카의; 미국의
americano², na	남여 아메리카 사람
ametralladora	여 기관총
ametrallar	타 기관총으로 쏘다
amigable	형 우호적인, 우정의
amígdala	여 [해부] 편도선
amigdalitis	여 [의학] 편도선염
amigo, ga	형 친한. 남여 친구
amistad	여 우정
amistoso, sa	형 우정이 있는, 우호적인
amnesia	여 건망증
amnistía	여 은사, 특사
amo, ma	남여 주인; 소유자
amonestar	타 훈계하다, 타이르다
amoniaco, ca	형 암모니아의
amonio	남 [화학] 암모늄
amontonar	타 축적하다
amor	남 사랑, 애정; 연애
amoroso, sa	형 애정이 깊은
amortiguador	남 완충기, 완충 장치
amparar	타 보호하다
amparo	남 보호
amperímetro	남 전류계
amperio	남 암페어
ampliación	여 확대
ampliar	타 확대하다
amplificador	남 증폭기, 엠프
amplio, plia	형 넓은; 광대한

amplitud	여 넓음, 광대함
ampolla	여 물집, 수포(水疱)
amueblado, da	형 가구가 있는
amueblar	타 가구를 비치하다
analfabeto, ta	형 문맹의. 남여 문맹자
analgésico	남 진통제
análisis	남 분석, 검사
analisista	남여 분석가
analizar	타 분석하다
analogía	여 유사; 유추
analógico, ca	형 아날로그의
análogo, ga	형 유사한
ananá	여 [식물] 파인애플
anaranjado, da	형남 오렌지색(의)
anarquía	여 무정부 상태
anatomía	여 해부; 해부학
anatomista	남여 해부학자
anatomizar	타 해부하다
ancestral	형 선조의, 선조 전래의
ancesto	남 선조
ancho, cha	형 넓은. 남 넓이, 폭
anchoa	여 멸치
anchura	여 넓이, 폭
anciano, na	형 늙은. 남여 노인
ancla	여 닻
ancladero	남 정박항
anclaje	남 정박; 정박소
anclar	자 정박하다, 닻을 내리다
andador	남 보행기
Andalucía	[지명] 안달루시아
andaluz, za	형 안달루시아의
	남여 안달루시아 사람
andamio	남 (건축장의) 발판
andante	형 걷는. 부 [음악] 느리게
	남 [음악] 안단테

andar	자 걷다
andén	남 플랫폼
andrajo	남 넝마
anécdota	여 일화(逸話)
anemia	여 [의학] 빈혈증
anémico, ca	형 빈혈증의
anémona	여 [식물] 아네모네
anestesia	여 [의학] 마취, 무감각증
anestésico, ca	형 마취의. 남 마취약
anestesiología	여 마취학
anestesiólogo, ga	남여 마취과 의사
anestesista	남여 마취과 의사
anexión	여 병합
anexionar	타 (영토를) 병합하다
anfiteatro	타 원형 극장, 원형 경기장
anfobio, bia	형 양서류의
anfobios	남복 양서류(兩棲類)
angarillas	여복 조미료대
ángel	남 천사; 천사 같은 사람
angina	여 [의학] 후두염
angosto, ta	형 좁은(estrecho)
anguila	여 [어류] 뱀장어
ángulo	남 각(角)
angustia	여 불안, 고뇌
anhelar	타 절망(切望)하다
anhelo	남 절망, 갈망
anillo	남 반지; 고리
animación	여 활기, 생기, 활력
animal	형 동물의. 남 동물
animar	타 생명을 불어넣다
animarse	((재귀)) 힘을 내다
ánimo	남 정신, 혼; 원기
	감 힘내라
aniquilar	타 절멸시키다
anís	남 아니스(를 넣은) 술

aniversario	남 기념일, 주년
ano	남 항문, 똥구멍
anoche	부 간밤, 지난밤, 어젯밤
anochecer	자 어두워지다, 밤이 되다
	남 석양, 일몰
ánodo	남 양극(陽極)
anónimo, ma	형 익명의.
	남 작자 미상, 무명씨, 익명
anormal	형 이상(異常)한
anormalidad	여 이상, 변태
anotar	타 주석[주기]하다
ansia	여 고뇌; 욕구
ansiedad	여 불안, 걱정
ante¹	전 …의 앞에
ante²	남 사슴(의 일종)
anteanoche	부 그저께 밤에
anteayer	부 그저께
antebrazo	남 앞 팔
antecedente	형 선행하는.
	남 전례. 남복 전력
anteceder	자 선행하다
antelación	여 선행
antemano	부 de ~ 미리
antena	여 안테나
anteojera	여 안경집
anteojo	남 망원경. 남복 안경
antepasados	남복 선조(先祖)
anteponer	타 앞에 놓다
anterior	형 전(前)의, 앞의
antes	부 전에, 이전에
antiaéreo, a	형 방공의, 대공의
antibalas	형 방탄의
antibiótico	남 항생 물질, 항생제
anticipación	여 미리 하기, 선불
anticipar	타 미리 하다, 앞당겨 하다

anticipo	男 선불금
anticuado, da	形 시대에 뒤떨어진
anticuarse	((재귀)) 폐물이 되다
antiguamente	副 옛날에는, 오래 전에는
antigüedad	女 고대; 골동품
antiguo, gua	形 오래된; 옛날의
antipatía	女 반감; 혐오
antipático, ca	形 반감을 품은
antojarse	((재귀)) 가지고 싶어지다
antojo	男 변덕
antología	女 명시 선집
antómimo	男 반대말
antorcha	女 횃불; 봉화
antrax	男 탄저병
antropología	女 인류학
antropológico, ca	形 인류학의
antropólogo, ga	男女 인류학자
anual	形 매년의; 1년의
anualmente	副 매년, 해마다
anualidad	女 매년의 일; 회비
anuario	男 연감, 연보
anudar	他 매듭을 만들다, 잇다
anulable	形 취소할 수 있는
anulación	女 취소
anular	他 취소하다
anunciación	女 알림, 발표, 고시
anunciante	形 광고의. 男女 광고주
anunciar	他 보고하다, 광고하다
anuncio	男 보고, 통지; 광고
anzuelo	男 낚싯바늘
añadidura	女 부가
añadir	他 부가하다
añejo, ja	形 오래된; (술이) 묵은
año	男 해, 연(年); …살
año-luz	男 광년(光年)

스페인어-한국어 23

aorta	여 대동맥
aórtico	형 대동맥의
apacible	형 평온한, 고요한
apagar	타 (불을) 끄다
aparador	남 찬장, 식기대; 경대, 화장대
aparato	남 기구; 기관(器官)
aparcamiento	남 주차, 주차장
aparcar	타 주차하다
aparecer	자 나타나다, 출현하다
aparentar	타 꾸며대다
aparente	형 외견상의; 그럴싸한
aparición	여 출현, 나타남
apariencia	여 외견, 외관
apartado, da	형 떨어진, 외진; 별개의
	남 우편 사서함
apartamento	남 아파트, 맨션
apartamiento	남 분리; [중남미] 아파트
apartar	타 나누다, 분리하다
aparte	부 따로, 나누어; 별도로
apasionado, da	형 격정적인, 열렬한
apatía	여 무관심, 무기력
apear	타 내리다, 내려놓다
apearse	((재귀)) (탈것에서) 내리다
apegarse	((재귀)) 애착을 느끼다
apego	남 애착
apelación	여 상고, 상소, 공소
apelante	남여 상소인
apelar	타 상소하다, 공소하다
apellido	남 성(姓)
apenar	타 괴롭히다, 슬프게 하다
apenas	부 거의 (…이 아니다); 간신히; …하자마자
apéndice	남 부록
apendicitis	여 충수염, 맹장염
aperitivo	남 아페리티프

apertura	여 개시, 개설, 개업
apetecer	자 탐을 내다, 가지고 싶어하다
apetito	남 식욕; 욕구
apícola	형 양봉의
apicultor, ra	남여 양봉업자
apicultura	여 양봉, 양봉업
apio	남 셀러리
aplanar	타 (땅을) 고르다
aplastar	타 압연하다, 납작하게 하다
aplaudir	타 박수 갈채를 보내다
aplauso	남 박수 갈채
aplazar	타 연기하다
aplicación	여 적용, 응용; 근면
aplicado, da	형 근면한, 부지런한
aplicar	타 적용하다, 응용하다
aplicarse	((재귀)) 적용[응용, 실시]하다
aplopejía	여 졸중(卒中)
apoderado, da	남여 대리인
apoderar	타 권한을 부여하다
aportación	여 기여, 공헌; 출자금
aportar	타 입항하다; 닿다
aposento	남 방; 숙박
apostar	타자 내기하다
apóstol	남 [종교] 사도(使徒)
apóstrofo	남 생략 부호
apoyar	타 지지하다; 기대다, 기대어 놓다
apoyarse	((재귀)) 의지하다, 기대다
apoyo	남 지지, 지원; 후원
apreciable	형 평가할 수 있는
apreciación	여 평가; 감정
apreciar	타 평가하다; 존중하다
aprecio	남 평가; 존중
aprender	타 배우다; 학습하다
aprendiz, za	남여 견습생
aprendizaje	남 견습, 견습 기간

apresurado, da	형 서두르는, 성급한
apresurar	타 재촉하다, 서둘게 하다
apresurarse	((재귀)) 서둘러[급히] …하다
apretado, da	형 단단히 맨, 꼭 조인
apretar	타 조이다
apretón	남 악력(握力)
aprieto	남 궁지
aprisa	부 급히, 속히
aprobación	여 승인; 합격
aprobado, da	형 승인된; 합격된
	남 합격, 합격점
aprobar	타 승인하다; 합격하다
	자 합격하다
apropiado, da	형 적당한
aprovechamiento	남 이용; 복 자원 개발
aprovechar	타 이용하다
aproximado, da	형 가까운; 대강의
aproximar	타 접근시키다
aprovisionamiento	남 보급, 공급, 조달
aprovisionar	타 보급하다, 공급하다
aptitud	여 적성; 소질
apto, ta	형 소질이 있는, 유능한
apuesta	여 내기, 도박
apuntador	남 프롬프터
apuntar	타 기재하다, 적다
apunte	남 메모, 각서
apurar	타 순화하다, 깨끗이 하다
apuro	남 곤궁, 궁핍, 빈궁
aquel, lla	형 [지시 형용사] 저
aquél, lla	대 [지시 대명사] 저것
aquello	대 [중성지시대명사] 저것
aquí	부 여기
árabe	형 아랍의. 남여 아랍 사람
	남 아랍어. 남복 아랍 민족
arado	남 쟁기; 쟁기질

Aragón	[지명] 아라곤
aragonés, sa	형 아라곤의
	남여 아라곤 사람
araña	여 [곤충] 거미; 샹들리에
arañar	타 할퀴다
arar	타 (밭을) 갈다, 경작하다
arbitraje	남 중재, 조정
arbitral	형 중재에 의한; 심판의
arbitrar	자 중재를 하다.
	타 심판을 하다
arbitrario, ria	형 단독적인
arbitrio	남 의지, 자유 의지; 조정
árbitro	남여 심판; 조정자
árbol	남 나무; 축, 굴대, 회전축
arboleda	여 작은 숲
arbusto	남 관목(灌木), 덤불
arca	여 상자; 금고
arcada	여 아케이드
arcaico, ca	형 고풍(古風)의
arce	남 [식물] 단풍나무
archiduque	남 대공(大公)
archiduquesa	여 대공비(大公妃)
archipiélago	남 군도(群島), 열도
archivador	남 서류 정리용 캐비닛
archivar	타 (문서 등을) 보관하다
archivero, ra	남여 고문서 보관자
archivo	남 고문서 보관소, 사료관; 파일
arcilla	여 점토, 찰흙
arco	남 활; 아치; 아크
arcón	남 큰 궤
arder	타 불타다, 타다
ardid	남 책략, 계략
ardiente	형 열렬한; 격렬한; 타는 듯한
ardientemente	부 열렬히; 격렬히
dilla	여 [동물] 다람쥐

스페인어-한국어 27

ardor	남 열심, 열렬함; 흥분
área	여 면적; 구역, 지역; 아르
arena	여 모래; 모래사장
arenal	남 모래밭, 모래사장
arenoso, sa	형 모래의; 모래가 많은
arenque	남 [어류] 청어
arete	남 귀걸이, 귀고리
Argel	[지명] 알제
Argelia	[나라] 알제리
argelino, na	형 알제리의; 알제의
	남여 알제리 사람; 알제 사람
Argentina, la	여 [나라] 아르헨티나
argentino, na	형 아르헨티나의; 은의
	남여 아르헨티나 사람
argot	남 은어(隱語)
argüir	타 추론하다, 입증하다
argumento	남 논거, 논증
aria	여 [음악] 아리아
aridez	여 건조함; 불모
árido, da	형 건조한; 불모의
aristocracia	여 귀족 계급; 귀족 정치
aristócrata	남여 귀족
aristocrático, ca	형 귀족의
aritmética	여 산수(算數)
aritmético, ca	형 산수의
arma	여 무기(武器). 복 군대
armada	여 해군; 함대
armadillo	남 [동물] 아르마딜로, 갑옷쥐
armado, da	형 무장한; 장갑한
armadura	여 갑옷, 병기
armamento	남 무장, 군비, 무기, 장비
armar	타 무장시키다; 조립하다
armario	남 찬장, 선반, 옷장
armazón	여 (건물의) 골조, 뼈대
armería	여 무기 박물관

armero	남 무기 제조자
armisticio	남 휴전, 정전
armonía	여 조화; 화성(법), 화음
armónica	여 [악기] 하모니카
armónico, ca	형 조화를 이룬, 균형 잡힌
armonización	여 조화, 화합, 일치
armonizar	타 조화시키다, 화합시키다
aro	남 바퀴; 테
aroma	여 향기
aromático, ca	형 향기로운
arpa	여 [악기] 하프
arpista	남여 하프 연주가
arpón	남 작살
arqueología	여 고고학
arqueológico, ca	형 고고학의
arqueólogo, ga	남여 고고학자
arquetipo	남 원형; 전형(典型)
arquitecto, ta	남여 건축가, 건축 기사
arquitectónico, ca	형 건축의
arquitectura	여 건축; 건축술; 건축학
arrabal	남 교외
arraigar	자 뿌리박다; 견고하게 되다
	타 뿌리를 박다; 정착하다
arrancar	타 뿌리째 뽑다
	자 움직이다, 시동을 걸다
arranque	남 시동; 충동
arrasar	타 매끄럽게 하다; 부수다
arrastrar	타 끌다, 질질 끌고 가다
arrastrarse	((재귀)) 기다, 기어가다
arrebatar	타 탈취하다, 낚아채다
arreglado, da	형 정돈된, 청결한
arreglar	타 정리하다, 정돈하다; 수리하다
arreglo	남 정리; 수리; 합의; 편곡
arremeter	타 습격하다
arremetida	여 습격

arrendador, ra	남여 임대인
arrendamiento	남 임대(차); 임대료
arrendar	타 임대하다, 임차하다
arrepentido, da	형 후회하는
arrepentimiento	남 후회
arrepentirse	((재귀)) [+de] (을) 후회하다
arrestado, da	형 체포된; 대담한
	남여 체포된 사람
arrestar	타 체포하다, 검거하다
arresto	남 체포, 검거
arriba	부 위로, 위에; 위층에
arribada	여 입항; 도착
arribar	자 입항하다; 도착하다
arriesgado, da	형 위험한; 대담한
arriesgar	타 위험을 무릅쓰다
arriesgarse	((재귀)) 모험하다
arrimar	타 접근하다; 기대어 놓다
arrodillar	타 무릎을 꿇리다
arrodillarse	((재귀)) 무릎을 꿇다
arrogancia	여 거만, 오만, 교만
arrogante	형 거만한, 오만한, 건방진
arrojar	타 던지다; 버리다
arrojarse	((재귀)) 덤벼들다; 뛰어들다
arrollar	타 말다; 소용돌이치다
arroyo	남 시내, 개울
arroyuelo	남 도랑, 실개천
arroz	남 쌀; 벼; 쌀밥
arrozal	남 논
arruga	여 주름
arrugar	자 주름을 만들다
arruinar	타 황폐시키다, 파괴시키다
arsénico	남 [화학] 비소(砒素)
arte	남(여) 예술, 예술 작품; 미술
artefacto	남 장치, 기계
arteria	여 동맥; 간선, 간선 도로

arterial	형 동맥의
arterioesclerosis	여 [의학] 동맥 경화증
arteritis	여 [의학] 동맥염
artesanía	여 수공예(품)
artesano, na	남여 수공예가, 장인
articulación	여 관절; 이음매, 이은 자리
articular	형 관절의
	타 이어 맞추다, 연계하다
articulista	남여 칼럼니스트, 논설 위원
artículo	남 기사; 조항; 물건; 관사
artífice	남 공예가, 예술가
artificial	형 인공의, 인위적인
artificio	남 장치; 기교
artillería	여 포, 대포
artillero	남 포병, 포수
artista	남여 예술가
artístico, ca	형 예술의, 예술적인
artralgia	여 [의학] 관절통
artritis	여 [의학] 동맥염, 관절염
arzobispo	남 [종교] 대주교
as	남 에이스; 제일인자
asa	여 손잡이
asado, da	형 구운. 남 아사도, 불고기
asador, ra	남여 굽는 사람
	남 석쇠, 쇠꼬챙이. 형 굽는
asalariado, da	남여 월급쟁이
asaltante	남여 강도; 폭한
asaltar	타 습격하다
asalto	남 습격, 급습; 강도(질)
asamblea	여 집회, 회의
asambleIIIsta	남여 집회 참가자; 국회의원
asar	타 굽다
asbesto	남 석면
ascendencia	여 선조; 혈통
ascendente	형 오르는, 승진하는

ascender	자 오르다; 승진하다
ascendiente	남여 선조; 존속
ascensión	여 상승; 승진, 승격
ascenso	남 승진; 출세; 상승
ascensor	남여 승강기, 엘리베이터
ascensorista	남여 엘리베이터 운전자
asco	남 토기(吐氣); 혐오
aseado, da	형 청결한, 깨끗한
asear	타 깨끗하게 하다
asearse	((재귀)) 몸단장하다
asediar	타 포위하다
asedio	남 포위
asegurado, da	형 확실한; 보험에 든
asegurador, ra	형 보험의
	남여 보험 가입자
asegurar	타 확보하다; 보증하다; 보험 들다
asemejarse	((재귀)) 닮다, 비슷하다
asentir	자 동의[찬성]하다, 승인하다
asentrar	타 고정시키다
aseo	남 몸단장; 세면; 화장실
aserradero	남 제재소
aserraduras	여복 톱밥, 대팻밥
aserraduría	여 제재소
aserrar	타 톱으로 켜다[썰다]
aserrín	남 톱밥, 대팻밥
asesinar	타 암살하다; 살해하다
asesinato	남 암살; 살해
asesino, na	남여 암살자
asesor, ra	형 고문의; 조언하는
	남여 법률 고문, 상담역
asesorar	타 (누구에게) 조언을 주다
asesoría	여 고문 직[사무소]
asfaltado	남 아스팔트 포장
asfaltar	타 아스팔트로 포장하다
asfalto	남 아스팔트 (포장 도로)

asfixia	여 기절, 가사(假死), 질식
asfixiar	타 기절시키다, 질식시키다
asfixiarse	((재귀)) 기절하다, 질식하다
así	부 그렇게, 그와 같이
Asia	여 아시아
asiático, ca	형 아시아의
	남여 아시아 사람
asiduo, dua	형 근면한
asiento	남 자리, 좌석, 탑승석
asignación	여 할당, 배분; 수당, 급료
asignar	타 할당하다; 지정하다
asignatura	여 과목
asilado, da	남여 피난민; 정치 망명자
asilar	타 수용하다; 비호하다
asilo	남 보호; 수용 시설
asimilación	여 동화, 흡수
asimilar	타 동화(同化)하다
asimismo	부 또한, 역시; 게다가
asir	타 잡다, 쥐다
asistencia	여 출석; 원조
asistenta	여 파출부
asistente	남여 조수, 도우미; 출석자
asistir	타 돕다, 원조하다; 간병하다
	자 참석하다, 출석하다
asma	여 천식
asmático, ca	형 천식의. 남여 천식 환자
asno	남 [동물] 당나귀
asociación	여 연합, 협회
asociar	타 연합시키다
asomar	자 얼굴을 내밀다, 엿보다
asombrar	타 놀라게 하다
asombrarse	((재귀)) 놀라다
asombro	남 놀람
aspecto	남 외관, 외모
áspero, ra	형 떫은; 깔끄러운

aspiración	여 흡입
aspirador, ra	형 빨아들이는
aspiradora	여 진공 청소기
aspirante	형 빨아들이는
	남여 지원자, 지망자
aspirar	타 흡입하다, 들이마시다
	자 열망하다
aspirina	여 아스피린
asta	여 깃대; (창의) 손잡이; 뿔
asteroide	남 소혹성
astigmatismo	남 난시(亂視)
astilla	여 (나무 등의) 부스러기
astro	남 천체(天體), 별
astronauta	남여 우주 비행사
astronave	여 우주선
astronomía	여 천문학
astronómico, ca	형 천문학의
astrónomo, ma	남여 천문학자
astucia	여 교활, 영악함
astuto, ta	형 교활한, 영악한
asumir	타 (의무 등을) 떠맡다
asunción	여 취임; 상정
asunto	남 일, 문제, 사건
asustar	타 놀라게 하다
asustarse	((재귀)) 놀라다
atacante	타 공격하는. 남여 공격자
atacar	타 공격하다, 습격하다
atado	남 다발; 묶음
atajar	자 지름길로 가다
	타 앞질러 가다
atajo	남 지름길
ataque	남 발작, 경련; 공격
atar	타 묶다, 결박하다
atardecer	자 해가 지다, 어두워지다
atareado, da	형 바쁜, 분주한

atascar	타 틈을 메우다
atasco	남 교통 정체[마비]
ataúd	남 관(棺)
ateísmo	남 무신론
ateísta	남여 무신론자
atención	여 주의; 주목; 배려
atender	타자 유의하다, 조심하다
atento, ta	형 신중한, 조심스런
atenuar	타 경감하다; 가늘게 하다
ateo, a	형 무신론의. 남여 무신론자
aterrizaje	남 착륙
aterrizar	자 착륙하다
atestiguar	타 증언하다
ático	남 고미다락(방), 지붕 밑 방
atizar	타 (불을) 휘저어 일으키다
atlante	남 남상주(男像柱)
atlántico, ca	형 대서양(大西洋)의
	남 [A-] 대서양
atlas	남 지도책; 제일 경추
atleta	남여 경기자, 운동 선수
atlético, ca	형 운동[육상] 경기의
atletismo	남 운동 경기, 체육; 육상
atmósfera	여 대기(大氣), 공기
atmosférico, ca	형 대기의
atómico, ca	형 원자(原子)의
atomismo	남 원자설, 원자론
atomizador	남 분무기
átomo	남 [물리] [화학] 원자
atonía	여 무기력; 무기력증
atónito, ta	형 아연실색한, 어리둥절한
atracar	타 강탈하다
atracción	여 인력(引力); 매력
atraco	남 강도(强盜)
atractivo, va	형 매력적인. 매력
atraer	타 끌다; 매료하다

atrás	皇 [공간] 뒤에; [시간] 이전에
atrasado, da	형 (시계가) 늦은; 연체된
atrasar	타 늦추다; 연기하다
atraso	남 지체, 연기
atrasarse	((재귀)) 늦다
atravesar	타 횡단하다, 건너다; 관통하다
atreverse	((재귀)) [+a] 감히 …하다
atrevido, da	형 대담한, 무모한
atrevimiento	남 대담함; 무모함
atribución	여 부여, 귀속; 권한
atribuir	타 부여하다, 할당하다
atributivo, va	형 귀속의; 한정적인
atributo	남 속성, 특질
atril	남 악보대
atrocidad	여 잔학함; 잔학 행위
atropellamiento	남 침; 익사 (사고)
atropellar	타 치다; 압도하다
atropello	남 침; 익사 (사고)
atroz	형 잔혹한, 포학한
atrozmente	皇 잔혹[포학]하게; 지독히
atún	남 [어류] 참치, 다랑어
aturdido, da	형 넋을 잃은, 멍청해진
aturdimiento	남 정신 착란; 멍함
aturdir	타 정신을 잃게 하다
audacia	여 대담함
audaz	형 대담한
audible	형 들을 수 있는
audición	여 듣기, 청취; 청각; 콘서트
audiencia	여 알현; 법정(法廷); 청중
audífono	남 보청기; 이어폰
audio	남 오디오
audiovisual	형 시청각의
auditivo, va	형 청력의, 청각의
auditorio	남 청중, 팬; 공회당
auge	남 절정; 번영

augurar	타 예언하다
augurio	남 전조(前兆)
aula	여 교실, 강의실
aullar	자 (개 등이) 울부짖다
aullido	남 (개 등의) 우는 소리
aúllo	남 (개 등의) 우는 소리
aumentable	형 증가할 수 있는
aumentar	자 늘다, 증가하다
	타 늘리다, 증가시키다
aumento	남 증가, 증대
aun	부 조차, 까지도; 또한
aún	부 아직 (…아니다)
aunque	접 …이지만; 설령 …일지라도
aurícula	여 귓불, 귓바퀴
auricular	남 수화기; 이어폰
aurora	여 여명, 서광; 극광, 오로라
auscultación	여 [의학] 청진
auscultar	타 [의학] 청진하다
ausencia	여 부재(不在); 결석
ausentarse	((재귀)) 부재하다, 없다
ausente	형 부재의, 결석의, 결근의
auspiciar	타 후원하다; 예언하다
auspicio	남 후원; 전조(前兆)
austero, ra	형 엄숙한
austral	형 남쪽의, 남(南)의
Australia	여 [나라] 호주
australiano, na	형 호주의. 남여 호주 사람
Austria	여 [나라] 오스트리아
austriaco, ca	형 오스트리아의
	남여 오스트리아 사람
austriiiiaco, ca	형 오스트리아의
	남여 오스트리아 사람
autenticidad	여 진정, 참됨
auténtico, ca	형 진짜의; 진정의
autentificar	타 인증하다

auto	남 자동차; 결정, 판결
autobús	남 버스
autocar	남 관광[장거리, 시외] 버스
autoestop	남 자동차 편승 여행
autogol	남 자살골
autógrafo	남 (유명인의) 사인; 자필 원고
autógrafo, fa	형 자필의
autómata	남 로봇; 자동 기계
automático^1, ca	형 자동의
automático^2	남 똑딱단추, 스냅
automóvil	남 자동차
automovilista	남여 자동차 운전자
autonomía	여 자치(권)
autonómico, ca	형 자치의
autónomo, ma	형 자치의, 자치권이 있는
autopista	여 고속 도로
autor, ra	남여 작가, 저자; 범인
autoridad	여 권력; 당국(자); 권위
autoritario, ria	형 권위주의의, 횡포한
autorización	여 허가(서), 인가(서)
autorizado, da	형 허가를 받은
autorizar	타 인가하다; 공증하다
autostop	남 자동차 편승 여행
auxiliar	형 보조(補助)의
	타 돕다, 보좌하다
	남여 조수, 도우미
	남 [문법] 조동사
auxilio	남 원조; 구호(救護)
	감 도와 주세요!
avance	남 전진, 진보; [운동] 공격
avanzado, da	형 전진한; 진보적인
avanzar	자 전진하다, 진보하다
	타 전진시키다
avaramente	부 탐내어, 욕심 사납게
avaricia	여 탐욕, 욕심

avaricioso, sa	형 욕심 많은
	남여 욕심꾸러기
avariento, ta	형 욕심 많은
avariosis	여 [의학] 매독
avaro, ra	형 탐욕스런, 욕심 많은
avasallar	타 굴복[복종]시키다
avasallarse	((재귀)) 신하가 되다; 굴복하다
ave	여 [조류] 새; 조류
avellana	여 개암
avellano	남 [식물] 개암나무
avena	여 [식물] 귀리
avenida	여 가로수길
avenir	타 화해시키다
aventajar	타 우선시키다
	자 뛰어나다, 빼어나다
	((재귀)) 뛰어나다, 빼어나다
aventar	타 (곡식을) 풍구질하다
aventura	여 모험; 정사(情事)
aventurar	타 (생명을) 위험에 내맡기다
aventurero, ra	형 모험을 좋아하는
	남여 모험가; 투기꾼
avergonzar	타 수치스럽게[부끄럽게] 하다
avería	여 고장(故障); 손해
averiar	타 고장나게 하다
averiguación	여 확인; 조사, 수사
averiguar	타 조사하다; 확인하다
avestruz	여 [조류] 타조
avetoro	남 [조류] 알락해오라기
aviación	여 항공; 비행(술)
aviador, ra	남여 비행사
avícola	형 양계의, 조류 사육의
avicultor, ra	남여 양계가, 조류 사육자
avicultura	여 양계, 조류 사육
ávido, da	형 갈망하는
avión	남 비행기

avioncito	男 종이 비행기
avioneta	여 경비행기
avisar	타 알리다, 통보하다
aviso	男 알림, 통보; 경고
avispa	여 [곤충] 말벌
axila	여 겨드랑이
axis	男 축; [해부] 제2 경추
ay	감 아!, 아아!
ayer	부 어제
ayuda	여 도움, 원조; 도움말
ayudante	男여 조수, 도우미
ayudar	타 돕다, 원조하다
ayunar	자 단식하다; 절식하다
ayuno	男 단식; 절식
ayuntamiento	男 시청; 시의회
azada	여 괭이
azadón	男 큰 괭이
azafata	여 스튜어디스
azafrán	男 [식물] 샤프란
azalea	여 진달래
azar	여 운, 우연, 우연성
azogue	男 수은(水銀)
azotar	타 매질하다, 심하게 때리다
azote	男 채찍, 회초리
azotea	여 옥상; 평평한 지붕
azteca	男 (멕시코의) 아스테카 족
azúcar	男 설탕
azucarado, da	형 설탕처럼 단
azucarar	타 설탕을 넣다, 단맛을 내다
azucarero, ra	형 설탕의. 男 설탕 그릇
azucena	여 흰 백합
azufaifa	여 [열매] 대추
azufaifo	男 [식물] 대추나무
azufrar	타 유황으로 소독하다
azufre	男 [화학] 유황

azul	형 푸른. 남 청색, 하늘색
azulado	형 푸르스름한, 푸른빛을 띤
azulejo	남 아라비아 타일
azuloso, sa	형 푸르스름한
azuzar	타 (개를) 부추기다
azuzón, na	형 부추기는

B

baba	여 군침
Babel	남 바벨탑
babero	남 턱받이
Babilonia	여 [지명] 바빌로니아
babilónico, ca	형 바빌로니아의
babilonio, nia	형 바빌로니아의 남여 바빌로니아 사람
babor	남 좌현(左舷)
babosa	여 [동물] 민달팽이
bacalao	남 [어류] 대구
bachiller, ra	남여 중등 교육 수료자
bachillerato	남 중등 교육 수료 과정
bacilo	남 막대박테리아
bacín	남 요강, 실내용 변기
Baco	남 술의 신, 바커스
bacteria	여 박테리아
bacteriano, na	형 박테리아의
bactericida	형 살균성의 남 살균성 물질
bacteriología	여 세균학
bacteriológico, ca	형 세균학의
bacteriólogo, ga	남여 세균학자
bádminton	남 배드민턴
Bahamas	[나라] 바하마
bahamés, sa	형 바하마의 남여 바하마 사람
bahía	여 (작은) 만(灣)
bailable	남 댄스 음악

bailador, ra	형 무용을 좋아하는
bailar	자 타 춤추다
bailarín	남 남자 댄서, 발레리노
bailarina	여 여자 댄서, 발레리나
baile	남 춤, 댄스; 발레
baja	여 하락, 하강, 저하; 손해
bajada	여 하강; 내리막길
bajar	자 내려가다; 낮아지다
	타 내리다; 숙이다
bajarse	((재귀)) (탈것에서) 내리다
bajo^1, ja	형 낮은, 키가 작은
bajo^2	남 베이스, 저음; 저음 가수
bajo^3	부 낮게. 전 …의 아래
bala	여 총탄, 총알
balada	여 발라드, 민요
balance	남 결산; 결말; 동요
balancear	타 균형을 맞추다; 청산하다
balandro	남 외 돛배
balanza	여 저울
balaustrada	여 난간
balboa	남 발보아 (파나마의 화폐)
balcánico, ca	형 발칸 반도[제국]의
	남여 발칸 반도[제국] 사람
balcón	남 발코니
balde	남 물통, 버킷; [de+] 무료로
baldosa	여 타일
baldosín	남 유약을 바른 타일
balístico, ca	형 탄도의. 여 탄도학
baliza	여 항로 표지; 위험 표지
ballena	여 [동물] 고래
ballenato	남 고래 새끼
ballenero, ra	형 고래잡이의, 포경의
	남 고래잡이 선원; 포경선
ballesta	여 석궁(石弓); 용수철
ballet	남 발레

balompédico, ca	형 축구의
balompié	남 축구
balón	남 (큰) 공, 축구공
baloncestista	남여 농구 선수
baloncestístico, ca	형 농구(籠球)의
baloncesto	남 [운동] 농구
balonmano	남 [운동] 핸드볼
balonvolea	여 [운동] 배구
balsa	여 뗏목, 고무 보트
bálsamo	남 방향제; 진통제
báltico, ca	형 발틱해(海) 연안의
baluarte	남 능보; 거점, 수호
bambú	남 대나무
banana	여 [남미] [식물] [열매] 바나나
bananal	남 바나나 밭
banano	남 [식물] 바나나나무
banca	여 [집합] 은행; 은행가; 은행업
bancario, ria	형 은행의
bancarrota	여 파산, 도산
banco	남 은행; 벤치; 물고기 떼
banda	여 악단; 일단, 떼; 대(帶)
bandeja	여 쟁반
bandera	여 기(旗)
banderilla	여 작은 기; 반데릴랴
banderillear	타 banderilla로 찌르다
banderillero	남 반데릴례로, 창 투우사
banderín	남 작은 기; 기수
banderita	여 작은 기(旗)
bandido	남 산적(山賊), 도적
bando	남 당파, 도당; (새 등의) Ep
banjo	남 [악기] 밴조
banquete	남 향연, 파티
banquillo	남 피고석
bañador, ra	형 목욕하는
	남여 수영[목욕]하는 사람

	남 수영복
bañar	타 목욕시키다
bañarse	((재귀)) 목욕하다
bañera	여 욕조(浴槽)
bañista	남여 수영하는 사람
baño	남 목욕; 욕실; 화장실
baptismo	남 세례주의
baptista	형 세례주의의
	남여 세례주의자
bar	남 바, 주점, 간이 식당(차)
baraja	여 카드, 트럼프 (한 벌)
baranda	여 (계단의) 난간
barandilla	여 (계단의) 난간
baratija	여 싸구려 물건
baratillo	남 싸구려 물건
barato, ta	형 (값이) 싼
baratura	여 헐값, 염가
barba	여 턱수염
barbárico, ca	형 야만인의
barbaridad	여 야만; 많음
bárbaro, ra	형 야만의. 남여 야만인
barbarie	여 야만, 미개
bárbaro, ra	형 야만의, 미개한; 야만족의
	남여 야만인; 난폭한 사람
barbería	여 이발소
barbero, ra	남여 이발사
barbilla	여 턱
barbo	남 [어류] 메기
barca	여 보트, 소형 배
Barcelona	[지명] 바르셀로나
barcelonés, sa	형 바르셀로나의
	남여 바르셀로나 사람
barco	남 배, 선박
bario	남 [화학] 바륨
barita	여 중정석(重晶石)

barítono	남 바리톤, 바리톤 가수
barman	남 바텐더
barniz	남 니스, 칠
barnizar	자 니스를 칠하다
barógrafo	남 자기 기압계[고도계]
barométrico, ca	형 기압의, 기압계의
barómetro	남 기압계, 청우계
barón	남 남작(男爵)
baronesa	여 남작 부인
barquero, ra	남여 뱃사공
barra	여 막대기; 봉(棒); 바
barraca	여 움집; 병사(兵舍)
barranco	남 좁은 골짜기, 산골짜기
barredera	여 도로 청소차
barredero, ra	형 바닥을 쓸어 가는
barredor, ra	형 청소하는, 쓰는
	남여 청소부
barredura	여 청소
barrena	여 송곳, 나사송곳
barrendero	남 쓰레기 청소부
barreno	남 착암기, 발파 화약통
barrer	타 쓸다, 청소하다
barrera	여 목책; (건널목의) 차단기
barreras	여복 바리케이드
barricada	여 바리케이드
barriga	여 배, 복부
barrigón, na	형 배가 불룩한, 배가 큰
	남여 배불뚝이
barrigudo, da	형 배가 불룩한, 배가 큰
barril	남 (액체용의) 나무통
barrio	남 (도시의) 지구, 가(街)
barro	남 점토
barroco, ca	형남 바로크 양식(의)
basa	여 [건축] 초석, 주춧돌
basalto	남 [지질] 현무암

basamento	남 기초; (기둥의) 대좌
basar	타 (에) 기초를 두다
báscula	여 앉은뱅이저울
base	여 기지; 밑변; 기초
básico, ca	형 기초의, 기본의
basílica	여 대성당(大聖堂)
bastante	형 충분한. 부 충분히
bastar	자 충분하다
bastadilla	여 [인쇄] 이탤릭체
bastardo, da	형 서출의, 사생의
bastidores	남 테, 틀; 차대, 섀시
basto, ta	형 조잡한, 거친
bastón	남 지팡이
basura	여 쓰레기
basural	남 쓰레기 버리는 곳
basurero[1]	남 쓰레기통
basurero[2], ra	남여 청소부, 환경 미화원
bata	여 가운, 실내복
batalla	여 전투, 싸움, 전(戰)
batallar	타 전투하다, 싸우다
batallón	남 [군사] 대대
batata	여 고구마
batatal	남 고구마 밭
batatar	남 고구마 밭
bate	남 [야구] 배트
bateador, ra	남여 [야구] 타자
batear	자타 (배트로) 치다[때리다]
bateo	남 배팅, 때리기, 치기
batería	여 배터리, 건전지
batidor	남 휘젓는 기구
batidora	여 믹서
batir	타 치다, 때리다; 휘젓다
batuta	여 지휘봉
baúl	남 트렁크
bautismal	형 세례의

bautismo	남 세례(洗禮)
bautista	남여 세례자
bautizar	자 세례식을 베풀다
bautizo	남 세례식
bauxita	여 [광물] 보크사이트
baya	여 장과(漿果)
bayoneta	여 총검
bazo	남 [해부] 비장(脾臟)
bazuca	여 바주카포
beato, ta	형 신앙심이 두터운
bebe, ba	남여 갓난아이; 어린이
bebé	남 젖먹이
bebedero, ra	형 음료의, 마실 수 있는
bebedor, ra	남여 술꾼
beber	자 마시다, 술을 마시다
	타 마시다
bebese	((재귀)) 다 마셔 버리다
bebible	남 마실 수 있는
bebida	자 음료, 마실 것
beca	여 장학금
becar	타 장학금을 주다
becario, ria	남여 장학생
becerro, rra	남여 (두 살 미만의) 송아지
beige	남형 베이지색(의)
béisbol	남 야구
beisbolero, ra	남여 야구 선수
beisbolista	남여 야구 선수
beldad	여 아름다움, 미; 미녀
belén	남 성탄 인형; 혼란
belga	형 벨기에의
	남여 벨기에 사람
Bélgica	[나라] 벨기에
Belice	[나라] 벨리스
beliceño, ña	형 벨리스의
	남여 벨리스 사람

bélico, ca	형 전쟁의
belicoso, sa	형 호전적인, 공격적인
beligerancia	여 종군; 호전 상태
beligerante	형 호전적인, 공격적인
belleza	여 미(美); 미녀
bello, lla	형 아름다운, 예쁜
bellota	여 도토리
benceno	남 [화학] 벤젠
bencina	여 (석유) 벤진
bendecir	타 축복하다
bendición	여 축복; 축복 의식
bendito	형 축복 받은
benefactor, ra	형 은혜를 베푸는 남여 자선가
beneficencia	여 자선; 자선 사업[단체]
beneficiar	타 은혜를 베풀다
beneficiarse	((재귀)) 은혜를 입다
beneficiario, ria	형 은혜를 받은 남여 수익자, 수령인
beneficio	남 이익, 이윤, 이득; 은혜
benéfico, ca	형 자선(慈善)의
benevolencia	여 호의, 친절
benévolo, la	형 마음씨 고운, 정이 많은
benigno, na	형 온화한
berbiquí	남 타래송곳
berenjena	여 [식물] [열매] 가지
berenjenal	남 가지 밭
bergantín	남 쌍 돛 범선
beriberi	남 [의학] 각기병
berza	여 양배추
berzal	남 양배추 밭
besar	타자 입맞추다, 키스하다
besito	남 가벼운 입맞춤
beso	남 입맞춤, 키스
bestia	여 가축, 짐승

bestial	형 짐승 같은, 짐승의
bestialidad	여 잔혹함, 수성(獸性)
bestseller	남 베스트셀러
besugo	남 [어류] 도미
betún	남 타르; 구두약
biberón	남 젖병
Biblia	여 성서(聖書), 바이블
bíblico, ca	형 성서의
bibliografía	여 사서학, 서지학
bibliográfico, ca	형 서지(書誌)[사서(司書)]의
bibliógrafo, fa	남여 서지학자, 사서학자
bibliología	여 서지학
bibliólogo, ga	남여 서지학자
bibliomanía	여 장서광(藏書狂)
bibliómano, na	형남여 장서광(의)
biblioteca	여 도서관; 서재
bibliotecario, ria	남여 사서, 도서관 직원
bicameral	형 이원제(二院制)의
bicameralismo	남 이원제
bicentenario, ria	형 200년 기념의. 남 200년제
biceps	남 [해부] 이두근
bicho	남 벌레
bicicleta	여 자전거
bicolor	형 이색(二色)의
bidé	남 비데 ((국부 씻는 기구))
bien^1	부 잘, 매우
bien^2	남 선(善). 남복 재산
bienal	형 2년마다의
bienaventurado	형 행복한, 행운의
bienestar	남 복지; 안락
bienvenida	여 환영
bienvenido, da	형 환영받은
	감 환영!, 잘 오셨습니다!
bigote	남 콧수염
bikini	남 비키니

bilateral	형 쌍방의, 양자의
bilingüe	형 두 언어를 말하는
	남여 두 언어를 말하는 사람
bilis	여 [의학] 담즙
billar	남 당구; 당구대
billarista	남여 당구 선수
billete	남 표, 티켓; 지폐
billetera	여 (지폐용의) 지갑
billetero	남 (지폐용의) 지갑
billón	남 1조
bimensual	형 2개월마다의
biogenética	여 유전자 공학
biografía	여 전기(傳記), 일대기
biografiar	타 (의) 전기를 쓰다
biográfico, ca	형 전기의
biógrafo, fa	남여 전기 작가
biología	여 생물학
biológico, ca	형 생물학의
biólogo, ga	남여 생물학자
biombo	남 병풍
bioquímica	여 생화학
bioquímico, ca	형 생화학의
biotecnología	여 생물 공학
biplano	남 양 날개 비행기
biquini	남 비키니
bisabuela	여 증조할머니
bisabuelo	남 증조할아버지
bisabuelos	남복 증조부모
bisagra	여 경첩, 돌쩌귀
bisecar	타 [수학] 이등분하다
bisección	여 [수학] 이등분
bisexual	형 양성의
bisiesto	형 윤년의
bisilábico, ca	형 [언어] 2음절의
bisílabo	남 [언어] 2음절

bisnieta	여 증손녀
bisnieto	남 증손자
bisonte	남 [동물] 아메리카 들소
bistec	남 비프스테이크
bisturí	남 외과용 접는 메스
bit	남 [컴퓨터] 비트
bizantino, na	형 비잔틴의
bizco, ca	형 사팔눈의. 남여 사팔뜨기
bizcocho	남 카스텔라
blanco^1, ca	형 흰, 하얀
blanco^2	남 흰빛, 흰색, 백색; 공백
blancura	여 하얀 것, 흰 것
blando, da	형 연한, 부드러운
blanquecino, ca	형 희끄무레한, 약간 흰
blasón	남 문장(紋章)
blindado	남 장갑차
blindaje	남 장갑(裝甲)
blindar	타 장갑하다
blondo, da	형 금발의
bloque	남 덩어리; 블록; 권(圈)
bloquear	타 방해하다, 봉쇄하다
bloqueo	남 봉쇄
blusa	여 블라우스
boa	여 [동물] 왕뱀, 보아
bobina	여 실패; 코일
bobo, ba	형 멍청한, 우둔한 남여 바보, 멍청이
boca	여 입; 입구; 출입구
bocacalle	여 거리 입구
bocadillo	남 샌드위치
bocado	남 (음식물의) 한 입
bocamanga	여 소맷부리
boceto	남 스케치
bocina	여 경적(警笛)
bocio	남 갑상선종

boda	여 결혼; 결혼식
bodega	여 선창; 포도주 저장실
bodegón	남 정물화
bofetada	여 따귀를 때리기
boga	여 노젓기; 유행, 인기
bogar	자 노를 젓다
Bogotá	[지명] 보고타
bogotano, na	형 보고타의
	남여 보고타 사람
bohemio, mia	형 보헤미아의; 자유분방한
	남여 보헤미아 사람; 집시
boicot	남 보이콧
boicotear	타 보이콧하다
boicoteo	남 보이콧
boina	여 베레모
bola	여 구슬; 공, 볼
bolchevique	형 공산주의의
	남여 공산주의자; 볼셰비키
bolchevismo	남 공산주의; 볼셰비키 사상
bolera	여 볼링장; 볼레라
bolero, ra	남여 볼레로를 추는 사람
	남 [음악] [무용] 볼레로
boleta	여 표, 입장권
boletería	여 표 파는 곳
boletero, ra	남여 표 파는 사람, 검표원
boletín	남 공보, 회보
boleto	남 [아메리카] 표, 티켓
bolígrafo	남 볼펜
bolívar	남 볼리바르 (베네수엘라 화폐)
bolivariano, na	형 볼리바르의
Bolívar, Simón	[인명] 시몬 볼리바르
Bolivia	여 [나라] 볼리비아
boliviano[1]	남 볼리비아노 (볼리비아의 화폐)
boliviano[2], na	형 볼리비아의
	남여 볼리비아 사람

bollería	여 bollo 만드는[판매하는] 곳
bollero, ra	남여 bollo 장수[만드는 사람]
bollo	남 식빵, 케이크
bolos	남복 볼링
bolsa	여 자루, 봉지; 핸드백
bolsillo	남 호주머니
bolsista	남여 주식 중개인
bolso	남 핸드백, 가방, 지갑
bomba	여 폭탄; 펌프
bombardear	타 폭격하다, 포격하다
bombardeo	남 폭격
bombardero	남 폭격기
bombero	남 소방대원; 복 소방대
bombilla	여 전구(電球)
bombón	남 봉봉 과자
bonaerense	형 부에노스아이레스 사람
	남여 부에노스아이레스 사람
bonanza	여 번영
bondad	여 선량함; 친절
bondadoso, sa	형 친절한, 선량한
boniato	남 고구마
bonificación	여 보너스; 개선
bonísimo, ma	형 매우 좋은
bonito[1], ta	형 예쁜
bonito[2]	남 [어류] 가다랑어
bono	남 채권, 사채; 회수권
bonobús	남 버스 회수권
bonometro	남 지하철 회수권
bonzo	남 승려
boquerón	남 멸치의 일종
boquilla	여 (악기의) 주둥이
borbónico, ca	형 보르봉 왕가의
borbotar	자 부글부글 끓다
borboteo	남 부글부글 끓음
borbotón	남 들끓음; 분출

borcequí	남 편상화
bordado	남 자수(刺繡), 자수품
bordador, ra	남여 자수 놓는 사람
bordadura	여 자수(刺繡)
bordar	자 수놓다, 자수를 놓다
borde	남 가, 언저리, 가장자리
bordillo	남 (건축물의) 가장자리
bordo	남 현측(舷側), 뱃전
borla	여 술, 술 장식
borne	남 단자(端子)
boro	남 붕소
borrachera	여 술 취함, 취기, 대취
borrachín	형 몹시 취한
	남여 술꾼, 주정뱅이
borracho, cha	형 술 취한
	남여 주정뱅이, 취한
borrador	남 초고(草稿); 지우개
borrar	타 (쓴 것을) 지우다
borrasca	여 저기압; 폭풍우
borrico, ca	남여 당나귀; 얼간이
borrón	남 (잉크의) 얼룩; 오점
bosque	남 숲; 삼림
bosquear	타 소묘하다, 데생하다
bosquejo	남 소묘, 데생; 디자인
bostezar	자 하품을 하다
bostezo	남 하품
bota	여 부츠, 장화, 반장화
botánico, ca	형 식물학의. 여 식물학
	남여 식물학자
botar	타 던지다, 내던지다
bote	남 보트, 소형 배; 깡통
botella	여 병(瓶)
botica	여 약국
boticario, ria	남여 약제사
botín	남 반장화

botiquín	남 구급 약상자
botón	남 단추, 버튼
botones	남복 벨보이, 보이, (호텔의) 사환
boutique	남 고급 양장점
bóveda	여 둥근 지붕, 둥근 천장
boxeador, ra	남여 복서, 권투 선수
boxear	자 권투를 하다
boxeo	남 권투, 복싱
boya	여 부표; (낚시의) 찌
bragas	여복 (여성용) 팬티
bragazas	남 공처가
brahmán	남 (인도의) 브라만
brahmanismo	남 바라만교
braille	남 점자(點字)
branquia	여 아가미
brasa	여 시뻘겋게 단 숯불
brasear	타 숯불로 굽다
brasero	남 화로
Brasil, el	[나라] 브라질
brasileño, ña	형 브라질의
	남여 브라질 사람
braveza	여 용감함, 사나움
bravamente	부 용감히, 사납게
bravo, va	형 용감한, 용맹한
	감 잘했다!, 만세!
brazal	남 완장
brazalete	남 팔찌
brazo	남 팔
Bretaña, Gran	[나라] 영국, 대영 제국
breva	여 무화과(나무의 첫 열매)
breve	형 간단한; 단시간의
brevedad	여 간단함, 간결함; 짧음
brevemente	부 간단히, 간결히
brida	여 고삐
brigada	여 [군사] 여단(旅團)

brillante[1]	형 빛나는, 번쩍이는
brillante[2]	남 브릴리언트형 다이아몬드
brillantez	여 번쩍거림, 빛남
brillantina	여 윤내는 머릿기름
brillar	자 빛나다, 번쩍이다
brincar	자 깡충깡충 뛰다
brindar	자 건배하다
brindis	남 건배
brío	남 활력, 기력
brioso, sa	형 활력이 있는, 원기 왕성한
briqueta	여 연탄
brisa	여 미풍, 산들바람
británico, ca	형 영국의. 남여 영국 사람
broca	여 송곳 끝
brocha	여 솔
broche	남 브로치
broma	여 농담, 신소리
bromista	남여 농담 잘하는 사람
bromo	남 [화학] 브롬, 취소(臭素)
bromuro	남 [화학] 브롬화물
bronce	남 청동, 브론즈; 청동 제품
bronceado, da	형 햇볕에 그을린
broncear	타 (피부를) 햇볕에 태우다
broncearse	((재귀)) 피부가 햇볕에 타다
bronco, ca	형 목소리가 잠긴
bronquial	형 기관지의
bronquio	남 [해부] 기관지
bronquitis	여 [의학] 기관지염
bronquítico, ca	형 기관지염의
broqueta	여 꼬챙이
brotar	자 싹트다
brote	남 (새)싹, 움, 눈
brujería	여 마법(魔法)
brujo, ja	남여 마법사; 마녀
brújula	남 컴퍼스; 나침반

bruma	여 아지랑이, 안개, 연무
bruñir	타 문지르다, 닦다, 광내다
bruscamente	부 돌연, 불의에
brusco, ca	형 돌연한, 당돌한
brusquedad	여 당돌함
brutal	형 난폭한; 잔인한
bruto, ta	형 우둔한; 미가공의; 총체적
bucal	형 입의, 구강의
buceador, ra	남여 잠수하는 사람, 다이버
bucear	자 잠수하다
buceo	남 잠수
bucle	남 고수머리, 곱슬머리
Buda	남 부처, 부처님
budín	남 푸딩
budismo	남 불교
budista	형 불교의
	남여 불교도, 불교신자
buen	형 좋은((bueno 가 남성단수 앞에서 o 탈락형))
bueno, na	형 좋은; 선량한; 양호한
buey	남 [동물] 수소
búfalo	남 [동물] 물소
bufanda	여 스카프, 목도리, 머플러
bufé	남 뷔페, 뷔페식 식당
buhardilla	여 다락방
búho	남 [조류] 수리부엉이
buitre	남 [조류] 독수리
bujía	여 스파크[점화] 플러그
bulbo	남 알뿌리, 구근(球根)
bulevar	남 대로, 넓은 가로수길
bulto	남 하물; 용적
bullicio	남 야단법석, 웅성거림
bullicioso, sa	형 떠들썩한, 요란스런
bullir	자 끓어오르다
bulto	남 짐, 꾸러미; 혹, 종기

buñuelo	남 고로케, 튀김 요리
buque	남 (큰) 배, 선박
burbuja	여 거품
burbujear	자 거품이 일다
burgués, sa	형 유산 계급의, 부르주아의
burguesía	여 부르주아 계급
buril	여 조각도
burla	여 조롱, 조소, 야유
burlar	타 조롱하다, 야유하다
burlarse	((재귀)) [+de] 비웃다
buró	남 사무용 책상; 사무국
burocracia	여 관료 제도, 관료주의
burócrata	남여 관리, 관료
burocrático, ca	형 관료적인, 관료의
burocratismo	남 관료주의
burocratización	여 관료화
burocratizar	타 관료화하다
burro	남 [동물] 당나귀
bus	남 버스; [컴퓨터] 버스
busca	여 수색; 추구
buscador, ra	형 찾는. 남여 찾는 사람
buscapersonas	남 삐삐, 휴대용 무선 호출기
buscar	타 찾다; 검색하다
búsqueda	여 수색; 검색
busto	남 가슴; 흉상, 반신상
butaca	여 안락의자
butano	남 부탄, 부탄 가스
buzo	남 다이버
buzón	남 우체통, 우편함
buzonero, ra	남여 [칠레] 우체부
byroniano, na	형 바이런(Byrón) 식의

C

cabal	형 정확한; 완전한
cabalgar	자 말을 타다
caballa	여 [어류] 고등어
caballería	여 기사, 기사도
caballeriza	여 마구간
caballerizo. za	남여 마부
caballero	남 기사(騎士), 신사
caballete	남 화가(畵架), 이젤
caballito	남 조랑말
caballo	남 [동물] 말(馬), 수말
cabaña	여 오두막; 축사
cabaré	남 카바레, 나이트 클럽
cabecear	자 머리를 흔들다
cabecera	여 시초, 시작; 베개맡
cabello	남 머리털, 머리카락
caber	자 들어갈 수 있다
cabeza	여 머리(頭); 두뇌
cabezazo	남 박치기
cabezón, na	형남여 머리가 큰 (사람)
cabezudo, da	형남여 머리가 큰 (사람)
cabida	여 용량; 수용 능력
cabina	여 작은 방; 조종실
cable	남 밧줄; 케이블
cablevisión	여 유선 텔레비전
cabo	남 곶, 갑(岬); 상등병
cabra	여 [동물] 염소, 산양
cabria	여 데릭 기중기
cabrío, a	형 염소의, 산양의

cabrito	남 새끼 염소
cacahuete	남 땅콩
cacao	남 [식물] 코코아; 코코아 음료
cacarear	자 닭이 크게 울다
cacatúa	여 [조류] 앵무새(의 일종)
cacería	여 사냥, 수렵, 수렵대
cacerola	여 손잡이 달린 냄비
cachalote	남 [동물] 향유고래
cacharro	남 사기그릇
cachear	타 소지품 검사를 하다
cacheo	남 소지품 검사
cactus	남 [식물] 선인장
cada	형 각각의
cadáver	남 시체, 주검
cadena	여 사슬, 체인; 채널
cadencia	여 박자, 리듬
cadera	여 둔부, 엉덩이, 힙
cadete	남여 사관 생도; 사관 후보생
cadmio	남 [화학] 카드뮴
caer	자 떨어지다
caerse	((재귀)) 넘어지다, 자빠지다
café	남 커피; 카페
cafeína	여 카페인
cafetal	남 커피 농장
cafetera	여 커피 포트
cafetería	여 카페테리아, 카페
caída	여 낙하; 전락; 붕괴
caimán	남 [동물] 악어
Caín	((인명)) 카인, 가인
caja	여 상자; 금고; 출납부
cajero, ra	남여 현금 출납 계원, 출납원
cajista	남여 식자공(植字工)
cajón	남 큰 상자; 서랍
cal	여 석회
calabacear	타 퇴짜놓다; 낙제시키다

calabacín	남 (작은) 호박, 애호박
calabaza	여 [식물] 호박
calabazada	여 박치기
calabazar	남 호박 밭
calabozo	남 독방, 유치장
calado	남 흘수(吃水)
calamar	남 [어류] 오징어
calambre	남 경련, 쥐
calamidad	여 재난, 재해, 천재지변
calar	타 스며들다
calavera	여 두개골
calcañar	남 발뒤꿈치
calcar	타 투사하다; 베끼다
calceta	여 스타킹
calcetín	남 [주로 복수형] 양말
calcio	남 [화학] 칼슘
calculadora	여 계산기
calcular	타 계산하다
cálculo	남 계산
caldear	타 따뜻하게 하다
caldera	여 가마솥; 보일러
caldo	남 묽은 수프, 육즙
calefacción	여 난방, 난방 장치
calendario	남 달력
calentador	남 난방기, 히터
calentamiento	남 가열; 데움
calentar	타 데우다; 가열하다
calesín	남 이륜 경마차
caleta	여 후미, 내포(內浦)
calibrador	남 게이지, 표준 치수
calibrar	타 구경(口徑)을 재다
calibre	남 구경(口徑)
calidad	여 품질; 자격
cálido, da	형 더운, 뜨거운
caliente	형 뜨거운, 더운, 따뜻한

calificación	여 평가; 능력
calificar	타 평가하다; 수식하다
caligrafía	여 습자; 서도; 필적
caligrafiar	타 달필로 쓰다
caligráfico, ca	형 습자의, 서도의; 달필의
calígrafo, fa	남여 서예가
caliza	여 석회암
callada	여 침묵, 무언
calladamente	부 조용히, 말없이
callado, da	형 침묵의, 조용한, 말없는
callar	자 조용히 하다, 입을 다물다
callarse	((재귀)) 조용히 하다
calle	여 거리, 가로(街路)
callejero, ra	형 거리의, 가두의
callejón	남 골목길, 뒷골목
callejuela	여 좁은 뒷골목, 소로
callista	남여 티눈 빼는 의사
callo	남 못, 티눈; 곱창 전골
calma	여 평온함, 고요함, 잔잔함
calmante	형 진통의. 남 진통제
calmar	타 가라앉히다, 진정시키다
calmarse	((재귀)) 가라앉다, 진정되다
calor	남 더위; 열
caloría	여 칼로리
calórico, ca	형 칼로리의, 열량의
calorífico, ca	형 열을 내는
calorimetría	여 열량 측정(법)
calorímetro	남 열량계
calumnia	여 중상, 모략, 비방
calumniador, ra	형 중상하는, 비방하는
	남여 중상자, 비방하는 사람
calumniar	타 중상하다, 비방하다
caluroso, sa	형 뜨거운, 더운; 열렬한
calvicie	여 [집합] 대머리
calvinismo	남 칼뱅주의

calvinista	형 칼뱅주의자의, 칼뱅파의
	남여 칼뱅주의자, 칼뱅파
calvo, va	형 대머리의, 민머리의
	남여 대머리
calzada	여 차도(車道)
calzado	남 신발
calzador	남 구두 주걱
calzar	타 (신발을) 신다, 신기다
calzarse	((재귀)) 신발을 신다
calzonazos	남 공처가
calzoncillos	남복 (남성용의) 팬티, 속바지
calzones	남복 반바지
cama	여 침대; (동물의) 잠자리
camafeo	남 카메오
camaleón	남 [동물] 카멜레온
cámara	여 카메라; 회의소; 방; 선실
camarada	여 친구, 동료
camarera	여 (객실 담당) 여자 종업원
camarero	남 남자 종업원
camarógrafo, fa	남여 (영화 등의) 촬영 기사
camarón	남 [동물] 작은 새우
camaronera	여 새우 잡는 그물
camaronero, ra	남여 새우 장수[잡는 어부]
camarote	남 선실(船室)
cambiable	형 바꿀 수 있는
cambiante	형 변하는, 교환하는
	남여 환전상
cambiar	타 교환하다, 바꾸다
cambiarse	((재귀)) 변하다, 바뀌다
cambiario, ria	형 돈을 환전하는
cambio	남 교환, 환전; 변화; 거스름돈
cambista	남여 환전상
camelia	여 [식물] 동백나무
camello	남 낙타
camerino	남 드레스 룸

camilla	여 들것, 담가
camillero	남 들것 드는 사람; 담가병
caminar	자 걷다
caminata	여 걷기; 소풍
camino	남 길; 도로
camión	남 트럭, 화물 자동차
camionero, ra	남여 트럭 운전사
camioneta	여 소형 화물자동차
camisa	여 셔츠, 와이셔츠
camisería	여 셔츠 가게, 양품점
camisero, ra	남여 와이셔츠 제조자[판매자]
camiseta	여 속셔츠
camisón	남 슈미즈
campamento	남 야영, 캠프
campana	여 종(鐘)
campanada	여 종소리
campanario	남 종루, 종탑
campanilla	여 방울, 초인종
campaña	여 캠페인, 운동
campeador, ra	형 뛰어난
campeón, na	여 챔피언, 선수권 보유자
campeonato	남 챔피언십, 선수권 (시합)
campero, ra	형 시골의
campesino, na	형 시골의
	남여 농민, 농부
campestre	형 시골의
camping	남 야영지, 캠핑
campista	남여 캠핑 참가자
campo	남 시골; 밭, 들; 계(界); 필드
camposanto	남 묘지
campus	남 캠퍼스
camuflaje	남 위장, 카무플라주
camuflar	타 위장하다
can	남 [시어] 개(犬)
Canadá, el	남 [나라] 캐나다

canadiense	형 캐나다의
	남여 캐나다 사람
cana	여 백발, 흰 머리카락
canal	남 운하, 수로; 채널
canapé	남 소파, 긴 의자
canario	남 [조류] 카나리아
canasta	여 바구니
canastilla	여 작은 바구니
canasto	남 바구니
cancelación	여 취소, 해약
cancelar	타 취소하다, 해약하다
cáncer	남 암(癌)
canceriforme	형 암 모양의
cancerígeno	형 암을 유발하는
cancerología	여 암의학
cancerológico	형 암의학의
cancerólogo, ga	남여 암전문의(癌專門醫)
canceroso	형 암을 앓는; 암성의
cancha	여 (테니스 등의) 코트
canciller	남여 (일부 국가의) 수상, 총리
cancillería	여 canciller의 사무소
canción	여 노래, 가요
cancionero	남 가요 모음집
candado	남 자물쇠, 자물통
candela	여 양초, 초; 촛대
candelabro	남 (가지 장식의) 촛대
candelero	남 촛대
candente	형 불타는; 뜨거운
candidato, ta	남여 후보자; 지원자
candidatura	여 입후보; [집합] 후보자
candidez	여 순진함, 천진난만함
cándido, da	형 순진한, 천진난만한
candilejas	여복 (무대의) 각광
canela	여 [식물] 계피
canelo	남 [식물] 계수나무

canelo, la	형 계피 빛깔의
canelón	남 홈통, 물받이
canesú	남 (속옷 등의) 어깻죽지
cangrejo	남 [동물] 바닷게
canguro	남 [동물] 캥거루
caníbal	형 식인종의; 잔혹한
	남여 식인종; 잔혹한 사람
canibalismo	남 잔인함; 식인(食人)
canica	여 유리 구슬; 유리 구슬 놀이
caniche	남 [동물] 푸들
canícula	여 삼복; 대서(大暑)
canicular	형 삼복의, 대서의
canino^1	남 송곳니
canino^2, na	형 개(犬)의
canje	남 교환
canjear	타 교환하다
cannabis	남 대마초
cano, na	형 백발의, 흰머리의
canoa	여 카누
canon	남 법규; 표준; 목록
canoso, sa	형 백발의, 흰머리가 많은
canotié	남 맥고모자
cansado, da	형 지친, 피곤한
cansancio	남 피로, 피곤
cansar	타 피곤하게[지치게] 하다
cansarse	((재귀)) 피곤하다, 지치다
cantante	형 노래하는. 남여 가수
cantar^1	타 노래하다
cantar^2	남 노래
cántaro	남 항아리, 동이
cantata	여 [음악] 칸타타
cantera	여 채석장
cantero	남 석공(石工)
cantidad	여 양(量); 금액; 다수; 음량
cantina	여 (역 등의) 간이 식당

스페인어-한국어 67

canto	남 노래; (시의) 편(篇)
cantor, ra	남여 가수
cánula	여 주사 바늘
caña	여 줄기; 갈대; 사탕수수; 낚싯대
cáñamo	남 삼, 대마
cañería	여 도관(導管), 파이프
cañón	남 대포, 포(砲)
cañonazo	남 포격; 포성
cañonear	타 포격하다
cañoneo	남 포격
cañonería	여 포열(砲列)
cañonero	남 포함(砲艦)
	남여 [운동] 스트라이커
cañonismo	남 레포츠
caoba	여 [식물] 마호가니
caolín	남 [광물] 고령토
caos	남 혼돈; 큰 혼란, 무질서
caótico, ca	형 혼돈의, 무질서한
capa	여 지층, 층; 어깨 망토
capacidad	여 용량; 능력; 재능
capacitación	여 양성, 연수; 기능
capacitar	타 자격을 부여하다
capataz	남 십장, 현장 감독
capaz	형 능력[자격] 있는
caperuza	여 두건
capilla	여 예배당
capital[1]	남 자본
capital[2]	여 수도, 서울
capitalino, na	형 수도의, 서울의
capitalismo	남 자본주의
capitalista	형 자본주의의
	남여 자본가; 재벌, 부호
capitalización	여 자본화
capitalizar	타 자본화하다
capitalizarse	((재귀)) 자본화되다

capitán	남여 대장; 주장; 대위; 선장
capitana	여 기함(旗艦); capitán의 아내
capitel	남 기둥머리, 주두(柱頭)
capitular	자 항복하다
capítulo	남 (책 등의) 장(章)
capó	남 보닛
capote	남 [투우] 짧은 망토; 소매 있는 외투
capricho	남 변덕; [음악] 공상곡
caprichoso, sa	형 변덕스러운
cápsula	여 캡슐; 병마개
captar	타 얻다, 획득하다; 포착하다
captura	여 체포; 포획
capturar	타 체포하다; 잡다
capucha	여 두건, 후드; 뚜껑
capuchina	여 [식물] 금련화(金蓮花)
capullo	남 누에고치; (꽃의) 봉오리
caqui	남 [식물] 감나무; 감; 감색
cara	여 얼굴; 표정, 안색; 면(面)
carabela	여 카라벨라 선(船)
carabina	여 카빈총
caracol	남 [동물] 달팽이
caracola	여 소라고둥
carácter	남 성격; 특징; 문자
característico, ca	형 특징적인
	여 특징; 개성
caracterización	여 특징, 특색
caracterizado, da	형 걸출한, 평판이 높은
caracterizar	타 특성[특징]을 나타내다
caracterizarse	((재귀)) (이) 특징이다
caramba	감 젠장!, 빌어먹을!
caramelo	남 캐러멜, 엿
caravana	여 대상(隊商), 캐러밴
carbohidrato	남 [화학] 탄수화물
carbón	남 석탄; 목탄
carbonato	남 [화학] 탄산염

스페인어-한국어 69

carboncillo	남 [미술] (데생용의) 목탄
carbonería	여 숯 가게; 연탄 가게
carbonero, ra	형 석탄의
	남여 숯장수; 숯 굽는 사람
	남 석탄 운반선
	여 석탄 하치장
carbonilla	여 분탄, 목탄 가루
carbonización	여 탄화
carbonizar	타 탄화시키다; 타버리다
carbono	남 [화학] 탄소
carboquímica	여 석탄 화학
carboquímico, ca	형 석탄 화학의
carbunco	남 [의학] 탄저병
carburador	남 카뷰레터, 기화기
carburo	남 [화학] 탄화물; 카바이트
carcajada	여 폭소, 너털웃음
carcajear	자 깔깔거리며 웃다
carcasa	여 캐비닛
cárcel	여 교도소
carcelero, ra	남여 (교도소의) 교도
carcinógeno, na	형 발암성의
carcicoma	여 [의학] 암종
cardenal	남 추기경; 타박상, 멍
cardiaco, ca	형 심장의, 심장병의
	남여 심장병 환자
cárdigan	남 카디건
cardinal	형 기본의
cardiografía	여 [의학] 심전도
cardiógrafo	남 심박동 기록기
cardiología	여 심장학
cardiológico, ca	형 심장학의
cardiólogo, ga	남여 심장병 전문의
cardítico, ca	형 [의학] 심장염의
carditis	여 [의학] 심장염
cardo	남 [식물] 엉겅퀴

cardumen	囲 어군, 물고기 떼
carear	団 대질하다; 대조하다
carecer	困 [+de] 부족하다, 없다
carencia	예 부족, 결핍; 결핍증
carencial	형 결핍증의
carente	형 (이) 없는, 빠진, 결핍된
careo	囲 대조; 대질; 조합
carestía	예 등귀, 앙등; 부족
careta	예 가면, 탈; 마스크
carga	예 충전; 습격; 짐, 화물
cargadero	囲 하역 장소
cargado, da	형 짐을 싣는; 후텁지근한
cargador, ra	囲예 하역 인부. 囲 탄창
cargar	団 (짐을) 지다, 싣다; 충전하다
cargo	囲 직무; 임무; 담당
carguero, ra	형 화물을 운반하는
	囲예 화물 운반 인부
	囲 화물선; 화물 열차
cariado, da	형 충치의
cariar	団 충치를 만들다
Caribe	囲 카리브해(Mar Caribe)
caribeño, ña	형 카리브해의
	囲예 카리브해 사람
caricato	囲 성대 모사 연예인
caricatura	예 풍자 만화; 희화(戱畵)
caricaturista	囲예 풍자 만화가[화가]
caricia	예 애무
caridad	예 자비, 자선(慈善)
caríes	예 [의학] 충치, 카리에스
cariño	囲 애정; 애착
cariñosamente	뷔 사랑스레, 다정하게
cariñoso, sa	형 사랑스러운, 자애로운
carisma	囲 카리스마; 통솔력
caritativo, va	형 자선의; 자비심이 많은
carismático, ca	형 카리스마의

carlinga	여 (비행기의) 조종실
carlismo	남 까를로스당(黨)
carlista	형 까를로스 지지자의
	남여 까를로스 지지자
carmesí	형남 심홍색(의)
carmín	형남 양홍색(의)
carnal	형 육체의; 혈연의; 육욕의
carnalval	남 카니발, 사육제
carne	여 (육류) 고기; 살; 과육
carné	남 신분증
carnero	남 [동물] 수양
carnicería	여 정육점
carnicero, ra	남여 정육점 주인
carnívoro, ra	형 육식의
carnosidad	여 궂은살, 군살; 비만
carnoso, sa	형 살이 많은, 육질의
caro, ra	형 (값이) 비싼
carpa	여 잉어
carpeta	여 폴더, 문서철
carpincho	남 [동물] 쥐처럼 생긴 동물
carpintear	자 목수 일을 하다
carpintería	여 목수 직[일, 작업장]
carpintero	남 목수
carpo	남 손목뼈
carrera	여 달리기, 경주; 경력
carreta	여 짐마차, 달구지
carrete	남 (필름 등의) 두루마리, 코일; 실패
carretera	여 도로, 차도, 하이웨이
carretero	남 마부; 마차 만드는 사람
carretilla	여 (바퀴 하나의) 손수레
carril	남 레일, 궤도; 차선
carrilada	여 바퀴 자국
carrillo	남 도르래
carrito	남 (슈퍼마켓 등의) 손수레
carro	남 짐수레; [중남미] 자동차

carrocería	여 차체(車體)
carrocero, ra	남여 카 디자이너
carroza	여 호화 마차
carruaje	남 차, 탈것
carta	여 편지; 카드; 헌장, 메뉴
cartel	남 포스터, 벽보
cartelera	여 게시판; (영화 등의) 간판
cartera	여 지갑; 서류 가방
carterista	남여 소매치기
cartero	남 우편집배원
cartílago	남 연골(軟骨)
cartilla	여 통장; 수첩
cartón	남 판지, 후지(厚紙)
cartucho	남 탄약통, 약포, 화약통
casa	여 집; 가정, 가족; 회사
casadero, ra	형 결혼 적령기의
casado, da	형 결혼한, 기혼의
	남여 기혼자
casamiento	남 결혼; 결혼식
casar	타 결혼시키다
casarse	((재귀)) 결혼하다
cascabel	남 방울
cascada	여 폭포
cascajal	남 자갈밭
cascajar	남 자갈밭
cascajo	남 자갈, 돌멩이
cascanueces	남단복 호두 까는 기구
cascar	타 빻다, 찧다, 까다
cáscara	여 껍질, 외피(外皮)
cascarilla	여 (곡물 등의) 껍질
casco	남 헬멧; 선체(船體)
caserío	남 별장; 부락, 마을
casero, ra	형 집의; 집에서 만든
caseta	여 움막; 탈의실; 전시실
casete	남 카세트 테이프

casetera	여 카세트 끼우는 장치
casetero	남 카세트 보관 상자
casi	부 거의; 대략; 하마터면
casilla	여 파수막; 매점
casillero	남 정리 선반
casino	남 카지노
caso	남 경우; 환자; 사건, 사례
caspa	여 비듬
casposo, sa	형 비듬이 많은
casquete	남 헬멧
casta	여 혈통; 가계; 카스트
castaña	여 밤(栗)
castañal	남 밤나무 숲
castañar	남 밤나무 숲
castañero, ra	남여 밤 장수
castañeta	여 [악기] 캐스터네츠
castañetear	자 캐스터네츠를 치다
castaño^1	남 밤나무; 밤색
castaño^2, ña	형 밤색의
castañuelas	여복 캐스터네츠
castellano^1, na	형 까스띨랴의
castellano^2, na	남여 까스띨랴 사람
	남 스페인 어, 까스띨랴 어
casticismo	남 순수주의
casticista	남여 순수주의자
castidad	여 순결, 정절
castigar	타 벌하다; 괴롭히다
castigo	남 벌; 페널티
castillo	남 성(城)
castizamente	부 순수하게
castizo, za	형 순수한, 순종의
casto, ta	형 순결한, 정절의
castor	남 [동물] 비버, 해리(海狸)
castración	여 거세
castrar	타 거세하다

casual	형 우연의
casualidad	여 우연, 우연한 사건
casualmente	부 우연히
casuca	여 초라한 집, 누옥
cata	여 시식, 시음
catador, ra	남여 (포도주의) 감정가
catalán, na	형 까딸루냐의.
	남여 까딸루냐 사람
	남 까딸루냐 어
catalejo	남 망원경
catálisis	여 [화학] 촉매 작용
catalítico, ca	형 촉매 작용의
catalizador, ra	형 촉매의. 남 촉매제
catalogación	여 목록 작성
catalogar	타 (의) 목록 작성을 하다
catálogo	남 카탈로그, 목록
Cataluña	[지명] 까딸루냐
catapulta	여 쇠뇌, 투석기
catar	타 맛보다, 시음[시식]하다
catarata	여 백내장; 폭포
catarral	형 카타르성(性)의
catarro	남 카타르, 감기
catarsis	여 [철학] 카타르시스
catastro	남 토지 대장
catástrofe	여 큰 참사, 큰 재해
catastrófico, ca	형 큰 참사의
catchup	남 케첩
cátedra	여 정교수직; 강좌
catedral	여 성당, 교회
catedrático, ca	남여 정교수
categoría	여 범주; 등급
catinga	여 땀내
catión	여 [물리] 양이온
catódico, ca	형 [물리] 음극의
cátodo	남 [물리] 음극(陰極)

catolicismo	남 천주교
católico, ca	형 천주교의. 남여 천주교도
catolicón	남 만병 통치약
catolizar	타 천주교도로 만들다
catorce	남 14; 14일. 형 14의
catre	남 (1인용의) 간이침대
catrecillo	남 (소형의) 접는 침대
catrera	여 나쁜 침대
caucáseo, a	형 코커서스 산맥[지방]의
caucásico, ca	형 코커서스 인종의
	남복 코커서스 인종
cauce	남 하천의 바닥
cauchal	남 고무 농장
cauchero, ra	형 고무의. 여 고무나무
	남여 고무 채취자
caucho	남 고무
caución	여 보증, 보증금; 보석금
caudal	남 수량(水量); 재산
	형 수량이 많은
caudaloso, sa	형 수량이 많은; 부유한
caudillo	남 수령, 지도자
causa	여 원인, 이유
causal	형 원인의
causalidad	여 인과 관계
causante	형 원인이 되는
causar	타 야기하다; 원인이 되다
causarse	((재귀)) 일어나다, 비롯되다
cautela	여 주의, 조심
cauteloso, sa	형 조심스런, 주의 깊은
cauterio	남 뜸, 뜸 요법
cauterización	여 뜸뜨기, 뜸 요법
cauterizador, ra	형 뜸을 뜨는
	남여 뜸 뜨는 사람
cauterizar	타 뜸을 뜨다, 지지다
cautivador, ra	형 매력적인, 감동적인

cautivar	타 포로로 하다; 사로잡다
cautiverio	남 포로 생활[상태]
cautivo, va	형 포로의, 붙잡힌 남여 포로
cauto, ta	형 신중한, 빈틈없는
cavador	남 땅 파는 인부
cavadura	여 땅 파기
cavar	타 (땅을) 파다
caverna	여 동굴
cavernícola	형 동굴에서 사는. 남여 혈거인
caviar	남 캐비어
cavidad	여 도랑, 구멍; 강(腔)
cavilación	여 심사 숙고
cavilar	타 심사 숙고하다
cayac	남 카약
cayo	남 모래톱, 사주(砂洲)
caza	여 사냥, 수렵; 사냥감 남 전투기
cazabe	남 [중남미] 까사베 전병
cazabombardeo	남 전천후 폭격기
cazadero	남 수렵장
cazador, ra	남여 사냥꾼. 여 점퍼
cazar	타 사냥하다
cazatorpedero	남 구축함
cazo	남 (나무) 국자
cazuela	여 소스 냄비, 스튜 냄비
cebada	여 보리
cebadal	남 보리밭
cebar	타 먹이를 주다
cebiche	남 날 생선[조개] 요리
cebo	남 사료; 먹이, 미끼
cebolla	여 양파
cebollar	남 양파 밭
cebollero, ra	남여 양파 장수
cebolleta	여 골파

스페인어-한국어 77

cebra	여 [동물] 얼룩말
cecear	자 s를 c로 발음하다
ceceo	남 s를 c로 발음하기
cecografía	여 점자; 점자학
cecográfico, ca	형 점자의, 점자학의
ceder	타 양보하다; 양도하다
cedro	남 삼나무; 삼나무 목재
cédula	여 문서; 주민등록증; 표
cefalalgia	여 [의학] 두통
cefalitis	여 [의학] 뇌염
céfalo	남 [어류] 농어
cegar	타 눈을 멀게 하다
	자 장님이 되다
ceguedad	여 실명(失明), 장님
ceguera	여 실명, 장님.
ceiba	여 [식물] 판야나무
ceja	여 눈썹
celda	여 감방
celebración	여 (행사의) 개최, 거행
celebrar	타 개최하다; 축하하다
celebrarse	((재귀)) 개최되다
célebre	형 유명한, 이름난
celebridad	여 명성, 유명함; 명사
celeste	형 하늘의; 하늘색의
celestial	형 하늘의, 천국의
celibato	남 독신, 미혼; 독신 남자
célibre	형 독신의, 미혼의
	남여 독신자, 독신주의자
celo	남 열의, 열심
	남복 질투, 질투심
celofán	남 셀로판, 유리 종이
celosamente	부 열심히, 기를 쓰고
celoso, sa	형 질투가 심한
celta	형 켈트의, 켈트족의
	남 켈트 말

	[남복] 켈트 족
célula	[여] 세포; 작은 방; 전지
celulado, da	[형] 세포 조직의, 세포 같은
celular	[형] 세포의, 세포 모양의
	[남] [중남미] 휴대전화기
celuloide	[여] 셀룰로이드
celulosa	[여] 셀룰로오스, 식물 섬유소
cementerio	[남] 공동 묘지
cementero, ra	[형] 시멘트의
cemento	[남] 시멘트
cena	[여] 저녁밥
Cena, la	[여] 최후의 만찬
cenador	[남] 정자(亭子)
cenagal	[남] 진창길, 수렁; 난관
cenagoso, sa	[형] 질퍽질퍽한
cenar	[타] 저녁밥을 먹다
cenicero	[남] 재떨이
ceniciento, ta	[형] 회색의
cenit	[남] 천정(天頂); 정점, 절정
cenital	[형] 천정의; 절정의
ceniza	[여] 재; 유해, 유골
cenizo, za	[형] 회색의
cenizoso, sa	[형] 재가 있는; 잿빛의
censal	[형] 국세 조사의
censar	[자][타] (인구를) 조사하다
censo	[남] 국세 조사, 센서스
censor, ra	[남여] 검열관; 평론가
censura	[여] 검열; 비난
censurable	[형] 비난할 수 있는
censurador, ra	[형] 비난하는; 검열하는
	[남여] 검열[비난]하는 사람
censurar	[타] 검열하다; 비난하다
centavo	[형][남] 100분의 1(의)
	[남] [화폐 단위] 센타보
centella	[여] 번갯불; 불꽃

스페인어-한국어 79

centena	여 약 100, 100 단위
centenal	남 호밀 밭
centenar	남 100 단위; 100년제
centenario, ria	형 100의, 100살의
	남여 백세 노인; 100년간
centenas	형 수백(數百)의
centeno	남 호밀
centesimal	형 100분의 1의
centésimo, ma	형 100번째의; 100분의 1의
centígrado	형 섭씨의
centímetro	남 센티미터
céntimo	남 [화폐 단위] 센티모
centinela	여 보초, 보초병
centollo	남 털게
central	형 중앙의, 중심의
	여 본부; 발전소; 전화국
centralita	여 교환대
céntrico, ca	형 중심의, 중심에 있는
centrifugadora	여 원심분리기
centrífugo, ga	형 원심의, 원심력에 의한
	여 원심분리기
centrípeto, ta	형 구심의, 구심력에 의한
centrismo	남 중도주의, 중도 정책
centrista	형 중도파의
	남여 중도파 사람
centro	남 중앙, 중심지; 중심
centroafricano, na	형 중앙 아프리카의
	남여 중앙 아프리카 사람
Centroamérica	여 중앙 아메리카
centrocampista	남여 미드필더
centuplicar	타 100배로 하다
céntuplo, pla	형 100배의. 남 100배
ceñidor	남 허리띠, 벨트; 끈
ceñir	타 동여매다, 감다
ceño	남 찌푸린 얼굴

ceñudo, da	형 얼굴을 찌푸린
cepilladura	여 솔질
cepillar	타 솔질하다
cepillarse	((재귀)) (자신의 것에) 솔질하다
cepillo	남 솔
cepo	남 올가미, 덫
cera	여 납, 왁스; 양초; 귓밥
cerámica	여 도자기; 도예
cerámico, ca	형 도자기의
ceramista	남여 도공, 도예가
cerca^1	부 가까이
cerca^2	여 울타리
cercanía	여 가까움. 복 교외
cercano, na	형 가까운
cercar	타 포위하다; 담장을 치다
cerco	남 포위; (통의) 테
cerdito	남 새끼 돼지
cerdo	남 돼지; 돼지고기
cereal	남 곡물
cerebro	남 뇌(腦); 대뇌; 두뇌
ceremonia	여 식, 의식, 식전
ceremonial	형 의식의, 의식용의
cereza	여 버찌
cerezal	남 앵두나무 밭
cerezo	남 벚나무; 앵두나무
cerilla	여 성냥
cerillero, ra	남여 성냥팔이
	남 성냥갑. 여 성냥갑
cerrillo	남 납초
cerner	타 (가루 등을) 체로 치다
cernícalo	남 [조류] 황조롱이
cero	남 영, 제로
cerrado, da	형 닫혀진; 폐쇄된; 짙은
cerradura	여 자물쇠, 자물통
cerramiento	남 폐쇄; 출입 금지

스페인어-한국어 81

cerrar	타 닫다; 잠그다; 폐쇄하다
cerro	남 언덕
cerrojo	남 빗장, 걸쇠; 볼트, 나사못
certamen	남 콩쿠르
certeza	여 확실함; 확신
certificación	여 증명, 증명서
certificado, da	형 증명된, 보증된; 등기의 남 증명서; 등기 우편
certificar	타 증명하다; 등기 우편으로 하다
certitud	여 확실함; 확신
Cervantes	[인명] 세르반테스
cervantesco, ca	형 세르반테스의
cervántico, ca	형 세르반테스의
cervantino, na	형 세르반테스의
cervantismo	남 세르반테스 연구
cervantista	형 세르반테스 연구의 남여 세르반테스 연구자
cervecería	여 맥주홀; 맥주 공장
cervecero, ra	형 맥주의; 맥주 제조의 남여 맥주홀 주인; 맥주 양조자
cerveza	여 맥주
cerviz	여 목덜미
cervuno, na	형 사슴의
cesación	여 중지, 중단
cesar	타 그치다; 그만두다
césar	남 (로마 제국의) 황제
cesárea	여 제왕 절개
cese	남 중지; 해고; 퇴직; 휴직
cesión	여 양도
cesionario, ria	남여 양수인
cesionista	남여 양도인
césped	남 잔디; 잔디 운동장
cesta	여 바구니, 광주리
cesto	남 (크고 깊은) 바구니
cetro	남 왕권; 홀(笏)

chabola	여 오두막, 움막
chacal	남 [동물] 재구어
chalé	남 빌라, 문화 주택
chaleco	남 (양복) 조끼
chalet	남 빌라, 문화 주택
chamán	남 무당, 마법사
chamanismo	남 샤머니즘
champán^1	남 샴페인
champán^2	남 바닥이 편편한 큰 배
champiñón	남 식용 버섯
champú	남 샴푸
chance	남(여) 기회, 찬스
chancha	여 [동물] 암퇘지
chancho	남 [동물] 돼지, 수퇘지
chancleta	여 슬리퍼, 실내화
chanclos	남 오버슈즈; 나막신; 샌들
chao	감 안녕!(Adiós)
chapa	여 (금속 등의) 얇은 판자
chapar	타 금속으로 장식하다
chaparrón	남 소나기; 폭우; 스콜
chapista	남여 판금 기술자
chapitel	남 첨탑
chapurrear	자 (외국어를) 서툴게 말하다
chapurrar	자 (외국어를) 서툴게 말하다
chaqué	남 모닝코트
chaqueta	남 웃옷, 상의
chaquetón	남 긴 웃옷
charca	여 못, 저수지
charcal	남 물웅덩이
charco	남 웅덩이 물
charla	여 대화; 잡담
charlar	자 담소하다; 잡담하다
charlatán, na	형 수다스러운, 말 많은
	남여 수다쟁이
chárter	형 전세의, 용선의

	남 전세 계약, 용선 계약
chasis	남 (자동차의) 섀시, 차대
chat	남 대화
chatarra	여 파쇠, 고철
chato, ta	형 납작코의
	남여 코가 납작한 사람
chelín	남 실링
chelista	남여 첼로 연주자
chelo	남 [악기] 첼로
	남여 첼로 연주자
cheque	남 수표
chequear	타 조사하다; 대조하다
chequearse	((재귀)) 조사 받다, 검사 받다
chequeo	남 조사, 검사; 점검; 건강 진단
chequera	여 수표장; 수표장 지갑
chicle	남 치클 껌
chico, ca	형 작은, 어린. 남여 소년, 소녀
chifla	여 호루라기
chiflado	형 미친, 정신나간
chiflar	자 호루라기를 불다
	타 비웃다, 조소하다
chifle	남 호루라기
chile	남 고추(ají)
Chile	[나라] 칠레
chileno, na	형 칠레의. 남여 칠레 사람
chillar	자 끽끽거리다; 소리치다
chillido	남 비명, 고함소리
chillón, na	형 고함을 지르는
chimenea	여 굴뚝; 벽난로
chimpancé	남 [동물] 침팬지
china	여 도자기; 돌멩이, 자갈
China	여 [나라] 중국
chinche	남 [곤충] 빈대
chincheta	여 제도용 핀, 압핀
chinchilla	여 [동물] 친칠라

chinela	여 슬리퍼, 실내화
chino, na	형 중국의. 남여 중국인
	남 중국어
chip	남 [컴퓨터] 칩
chiquillo, la	남여 어린아이, 아동
chiquito, ta	남여 귀여운 어린아이
chirriar	자 삐걱거리다
chirrido	남 삐걱거리는 소리
chis	감 조용히!, 쉿!; 이봐요!
chisme	남 악담, 험담
chismear	자 험담하다, 중상하다
chismoso, sa	형 남의 말하기 좋아하는
chispa	여 불꽃, 불똥
chispazo	남 섬광, 불똥
chispeante	형 번쩍거리는, 불꽃이 튀기는
chispear	자 불똥을 튀기다
chist	감 조용히!, 쉿!
chiste	남 우스개, 재담
chistera	여 실크해트(silk hat)
chistoso, sa	형 익살맞은, 우스꽝스러운
chiva	여 새끼 암 산양
chivo	남 새끼 수 산양
chocar	자 충돌하다, 부딪치다
chochear	자 망령 들다, 노망들다
chochera	여 치매, 노망
chochez	여 치매, 노망
chocho, cha	형 치매 걸린, 노망한
chocolate	남 초콜릿; 초콜릿 차
	형 초콜릿색의
chocolatería	여 초콜릿 공장[가게]
chocolatero, ra	남여 초콜릿 제조자[장수]
chocolatín	남 초콜릿 과자
chocolatina	여 초콜릿 과자
chófer, chofer	남 운전 기사
chopo	남 [식물] 포플러, 백양

choque	男 충돌; 충격
chorizo	男 순대, 소시지
chorlito	男 [조류] 물떼새
chorro	男 분출
choza	女 오두막
chubasco	男 소나기
chuleta	女 갈비; 커닝 페이퍼
chupar	他 빨다, 핥다
chupete	男 (젖병의) 젖꼭지
churro	男 추로 (도넛의 일종)
ciber	男 사이버
ciberarte	男 사이버 아트
cibercafé	男 사이버 카페
cibercharla	男 사이버 체트
cibercultura	男 사이버 문화
ciberlenguaje	男 사이버 언어
cibernauta	男 사이버 누리꾼
cibernética	女 인공 두뇌학
cibersexo	男 사이버 섹스
ciberviuda	男 사이버 과부
cicatriz	女 흉터, 상처 자국
ciclamen	男 [식물] 시클라멘
cíclico, ca	形 주기적인, 순환의
ciclismo	男 사이클링, 자전거 경기
ciclista	形 자전거의
	男女 자전거 선수
ciclo	男 주기, 사이클
ciclón	男 (큰) 회오리바람
cicuta	女 독(毒)당근
ciego, ga	形 눈 먼. 男女 장님. 男 맹장
cielito	男 (작은) 하늘
cielo	男 하늘; 하늘나라, 천당
ciempiés	男 [동물] 지네
cien	形 [ciento가 명사와 mil 앞에서 -to 탈락형] 100의

cienaga	여 습지
ciencia	여 과학; 학문; 지식
cieno	남 진흙
científico, ca	형 과학의, 과학적인
	남여 과학자
ciento	형 100의. 남 100
cierre	남 폐쇄; 폐회; 마감
cierto, ta	형 확실한; [명사 앞에서] 어떤
cierva	여 [동물] 암사슴
ciervo	남 [동물] 사슴, 수사슴
cifra	여 숫자; 암호
cifrar	타 암호로 쓰다
cigarra	여 [곤충] 매미
cigarrería	여 담배 가게
cigarrero, ra	남여 여송연 장수[제조자]
	여 여송연 갑[곽]
cigarrillo	남 궐련
cigarro	남 여송연, 시거
cigüeña	여 [조류] 황새
cilindro	남 실린더
cima	여 정상, 꼭대기
címbalo	남 [악기] 심벌즈
cimentación	여 기초 공사
cimentar	타 기초를 만들다
cimiento	남 토대, 기초
cinc	남 아연
cincel	남 끌; 조각칼, (조각용) 끌
cincelado	남 조각
cincelador, ra	남여 조각가
cincelar	타 조각하다
cincha	여 (말의) 복대
cinchar	타 (말에게) 복대를 하다
cinco	형 5의. 남 5, 다섯
cincuenta	형 50의. 남 50
cincuentavo, va	형남 50분의 1(의)

cincuentenario	남 50주년 기념일
cincuentón, na	형남여 50대(의)
cine	남 영화관; [집합] 영화
cineasta	남여 영화인; 영화 배우
cinema	남 영화, 영화관
cinematografía	여 영화 예술[기술]
cinematografiar	타 영화로 촬영하다
cinematográfico, ca	형 영화의
cinematógrafo	남 [고어] 영사기
cinético, ca	형 [물리] 운동의
cinta	여 리본; 테이프; 영화 필름
cintura	여 허리, 몸통; (옷의) 허리
cinturón	남 허리띠, 혁대; 벨트
ciprés	남 [식물] 사이프러스
circense	형 서커스의
circo	남 원형 경기장; 서커스(단)
circuito	남 회로, 회선
circulación	여 교통; 순환; 통화
circulante	형 순환의; 순회의
circular^1	자 순환하다; 유통하다
circular^2	남 회람장, 인사장
circular^3	형 원형의, 환상의
circulatorio, ria	형 [의학] 순환의
círculo	남 원(圓); 회, 서클; 바퀴; 고리
circunferencia	여 원주(圓柱); 주위, 주변
circunstancia	여 상황, 사정
cirro	남 털구름, 새털구름
cirro-cúmulos	남 털쎈구름, 조개구름
cirro-estratos	남 털층구름, 햇무리구름
cirrosis	여 [의학] 간경변
ciruela	여 자두
ciruelo	남 [식물] 자두나무
cirugía	여 외과
cirujano, na	남여 외과 의사
cisma	여 (교회의) 분립, 분파

cisne	男 [조류] 백조
cisterna	여 물탱크
cistitis	여 [의학] 방광염
cita	여 만날 약속; 데이트; 인용
citación	여 소환, 소환장
citado, da	형 앞에서 말한[기재한]
citar	타 만날 약속을 하다; 인용하다
ciudad	여 도시, 시(市); 도시 국가
ciudadanía	여 시민권, 공민권, 국적
ciudadano, na	형 도시의, 도회지의
	남여 시민, 도시인; 국민
cívico, ca	형 시민의, 공민의
civil	형 시민의; 민간의; 민사의
civilización	여 문명
civilizado, da	형 문명화된
civilizar	타 문명화하다
clamar	자 부르짖다; 희구하다
clamor	남 외침, 절규
clan	남 일족, 한 집안; 일당, 파
clandestinidad	여 비밀, 불법 활동
clandestino, na	형 불법의, 비밀의
clara	여 (달걀의) 흰자위
claramente	부 분명히, 뚜렷이
clarear	타 밝게 하다
	자 동이 트다
clarearse	((재귀)) 맑아지다
claridad	여 분명함, 명백함; 맑음
clarín	남 [악기] 클라리온
clarinete	남 [악기] 클라리넷
	남여 클라리넷 연주자
clarinetista	남여 클라리넷 연주자
clarividencia	여 혜안, 선견지명
clarividente	형 선견지명이 있는
	남여 선견지명이 있는 사람
claro, ra	형 밝은; 맑은; 연한, 옅은

claroscuro	남 [미술] 명암법
clase	여 교실; 등급; 계급, 계층
clasicismo	남 고전주의
clasicista	형 고전주의의 남여 고전주의자
clásico	형 고전(古典)의
clasificación	여 분류; 순위
clasificador, ra	형 분류하는 남여 분류하는 사람 남 정리 서랍, 분류 상자
clasificar	타 분류하다
claustral	형 수도원의
claustro	남 수도원 (생활); 회랑, 복도
claustrofobia	여 밀실 공포증
cláusula	여 (계약 등의) 조항, 약관
clausura	여 종료, 폐쇄
clausurar	타 종료하다; 폐쇄하다
clausurarse	((재귀)) 종료되다; 폐쇄되다
clavar	타 (에) 못을 박다
clave	여 (문제 해결의) 열쇠; 풀이; [컴퓨터] 키; [형용사적] 중요한
clavel	남 [식물] 카네이션
clavicordio	남 [악기] 클라비코드
clavícula	여 [해부] 쇄골
clavicular	형 쇄골의
clavija	여 마개; 쐐기; 빨래집게
clavo	남 못, 징, 압정
claxon	남 경적, 클랙슨
clerecía	여 성직; 성직자
clerical	형 성직자의
clérigo	남 성직자, 승려
clero	남복 성직자들
clic	남 클릭
cliente	남여 고객, 손님
clientela	여 [집합] 고객; 단골 손님

clima	몡 기후; 풍토; 분위기
climatérico, ca	혱 갱년기의
climaterio	몡 [의학] 갱년기, 폐경
climático, ca	혱 기후의
climatización	예 온도 조절
climatizado, da	혱 냉난방 완비의
climatizar	탸 공기 조절을 하다
clímax	몡 클라이맥스, 절정
clínica	예 외과 병원, 개인 병원
clínico, ca	혱 임상의
	몡예 임상의, 일반의
clip	몡 클립, 종이 집게
clitoris	몡 음핵
clon	몡 [생물] 복제, 클론
clonación	예 [생물] 복제, 복제 기술
clonaje	몡 [생물] 복제, 복제 기술
clonar	탸 복제하다
clónico, ca	혱 복제의, 클론의
cloro	몡 [화학] 염소(鹽素)
clorofila	예 [식물] 엽록소
clorofílico, ca	혱 [식물] 엽록소의
cloruro	몡 [화학] 염화물
close	몡 닫기
club	몡 클럽
coacción	예 강제, 강요
coaccionar	탸 강제하다, 강요하다
coactivo, va	혱 강제적인
coagulación	예 응고, 응결
coagulante	혱 응고하는, 응결하는
	몡 응고제
coagular	탸 응결[응고]시키다
coágulo	몡 응고물; 혈괴
coala	예 [동물] 코알라
coalición	예 동맹, 제휴
coaligarse	((재귀)) 동맹하다, 연합하다

coartada	여 알리바이, 현장 부재 증명
coartación	여 제한
coartar	타 (자유 등을) 제한하다
coaseguro	남 공동 보험
coautor, ra	남여 공저자; 공동 정범자
cobalto	남 [화학] 코발트
cobarde	형 비겁한, 겁이 많은
cobardía	여 비겁함, 겁 많음
cobertizo	남 헛간
cobertor	남 이불, 침대용 모포
cobertura	여 덮개, 침대 시트
cobijar	타 보호하다; 감싸다
cobijo	남 도피처, 피난처
cobra	여 [동물] 코브라
cobrador, ra	남여 (버스의) 차장(車掌)
cobranza	여 수금, 회수
cobrar	타 (돈을) 받다; 징수하다
cobre	남 동(銅), 구리
cobro	남 수금, 징수; 회수
coca	여 [식물] 코카; 코카 잎
cocaína	여 코카인
cocainismo	남 코카인 중독
cocainómano, na	형 코카인 중독의
	남여 코카인 중독자
cocer	타 삶다, 찌다, 요리하다
coche	남 차, 자동차; 객차
cochecito	남 (상자형의) 유모차
cochero, ra	남여 마부
cochina	여 암퇘지
cochinillo	남 새끼 돼지
cochino	남 돼지, 수퇘지
cocido, da	형 삶은, 삶아진; 찐
cociente	남 [수학] 몫, 상(商); 지수
cocina	여 부엌, 주방; 레인지; 요리
cocinar	타 삶다, 요리하다

cocinero, ra	남여 요리사
coco	남 [식물] 야자나무; 야자
cocodrilo	남 [동물] 악어
cocotero	남 [식물] 코코 야자나무
coctel, cóctel	남 칵테일; 칵테일 파티
coctelería	여 칵테일 바
codear	자 팔꿈치로 쿡쿡 찌르다
codicia	여 탐욕, 욕심
codiciar	타 욕심내다, 탐내다
codicioso, sa	형 욕심이 많은
codificación	여 부호화, 체계화
codificar	타 부호화하다
código	남 법전(法典); 법규; 코드
codo	남 팔꿈치
codorniz	여 [조류] 메추라기
coedición	여 공저(共著)
coeducación	여 공학
coeficiente	남 지수, 계수
coercer	타 억제하다, 금지하다
coerción	여 강제
coetáneo, a	형 동시대(同時代)의
coexistencia	여 공존
coexistir	자 공존하다
cofre	남 큰 상자, 궤
cogedor, ra	형 잡는, 줍는
	남여 잡는[줍는] 사람
	남 쓰레받기
coger	타 잡다; 줍다; 수확하다; (탈 것을) 타다
cognación	여 인식, 인식 행위
cogollo	남 (배추 등의) 속; 핵심
cogote	남 목덜미
cohabitación	여 동거
cohabitar	자 동거하다
coherencia	여 일관성; 응집성

coherente	형 일관된
cohesión	여 점착, 부착; 응집력
cohesivo, va	형 응집력이 있는
cohete	남 로켓; 폭죽, 불꽃(놀이)
cohetería	여 로켓 [폭죽] 제작 공장
cohetero, ra	남여 로켓 기술자
cohético, ca	형 로켓의
cohibición	여 억제, 근신
cohibir	타 억제하다, 삼가다
cohombral	남 오이 밭
cohombro	남 오이
coincidencia	여 (의견 등의) 일치
coincidente	형 일치하는, 같은
coincidir	자 일치하다
coitar	자 성교하다
coito	남 성교, 교미
cojear	자 다리를 절다
cojera	여 절름거림
cojín	남 쿠션, 방석
cojinete	남 바늘겨레; 베어링
cojo, ja	형 절룩거리는
	남여 절름발이
col	여 [식물] 양배추
cola	여 꼬리; (길게 늘어선) 열
colaboración	여 협력, 협동; 공동 집필
colaborador, ra	남여 협력자; 공동 집필자
colaborar	타 협력하다; 기고하다
colada	여 세탁; 세탁물
coladero	남 여과기; 거르는 천
colado, da	형 거르는, 여과하는
colador	남 여과기, 체
coladura	여 (액체의) 여과
colapso	남 허탈, 의기소침; 붕괴
colar	타 (액체를) 거르다, 여과하다
colcha	여 침대 덮개[커버]

colchón	남 메트리스, 침대요
colección	여 수집, 수집품
coleccionable	형 수집할 수 있는
coleccionador, ra	형 수집가
coleccionar	타 수집하다
coleccionismo	남 수집벽; 수집 취미
coleccionista	남여 수집가
colecistitis	여 [의학] 담낭염
colecta	여 자선 모금
colectación	여 모금, 징수
colectar	타 징수하다, 모금하다
colectividad	여 집단, 단체, 모임
colectivismo	남 집산주의
colectivización	여 국영화, 공유화
colectivizar	타 국영화[공영화]하다
colectivo, va	형 집단의, 단체의
	남 [중남미] 합승 버스
colector, ra	형 모으는, 수집하는
	남 수집가, 컬렉터
colega	남여 동료, 동업자
colegial, la	형 사립 학교의; 학생의
	남여 학생, 생도
colegiata	여 대성당
colegio	남 (사립) 학교; 초등학교
cólera	여 노함. 남 콜레라
colérico, ca	형 화난, 분노의; 콜레라의
colelitiasis	여 색맹
colesterol	남 콜레스테롤
coleta	여 변발(辮髮)
colgado, da	형 매달린, 늘어진
colgador	형 양복걸이, 옷걸이; 횃대
colgante	형 매다는, 걸린, 늘어진
	남 늘어뜨린 장식
colgar	타 걸다; 매달다; 수화기를 내려놓다

colibacilo	남 [생물] 대장균
colibacilosis	여 [의학] 대장균염
colibrí	남 [조류] 벌새
cólico	남 [의학] 산통, 복통
coliflor	여 [의학] 꽃양배추
coligación	여 동맹, 결속; 제휴
coligadura	여 동맹, 결속; 제휴
coligamiento	남 동맹, 결속; 제휴
coligarse	((재귀)) 결속하다; 동맹을 맺다
colina	여 언덕; 구릉; 야산
colindante	형 인접한, 이웃의
colindar	자 인접하다
colirio	남 안약, 눈약, 세정제
Coliseo	남 (고대 로마의) 콜로세움
colisión	여 충돌; (의견 등의) 대립
colisionar	자 (과) 충돌하다
colitis	여 [의학] 대장염. 결장염
collage	남 [미술] 콜라주
collar	남 목걸이
colmado, da	형 가득 찬, 철철 넘치는
	남 [도미니카 공화국] 구멍가게
colmar	타 가득 채우다; 듬뿍 주다
colmena	여 벌집, 벌통
colmenar	남 벌치는 곳
colmenero, ra	남여 양봉업자
colmillar	형 송곳니의
colmillo	남 송곳니
colmo	남 절정, 극한; 수북히 담음
colocación	여 배치; 일자리; 직책
colocar	타 놓다, 배치하다
colocarse	((재귀)) 취직하다
colofón	남 (서적의) 판권장
coloidal	형 교질(膠質)의
coloide	남 [화학] 교질
Colombia	여 [나라] 콜롬비아

colombiano, na	형 콜롬비아의
	남여 콜롬비아 사람
colombino, na	형 콜롬버스의
colon	남 [해부] 결장(結腸); [문법] 콜론
colón	남 [화폐 단위] 콜론
colonia	여 식민지; 거류민
colonial	형 식민지의, 식민지 풍의
colonialismo	남 식민지주의, 식민 정책
colonialista	형 식민지주의의
	남여 식민지주의자
colonización	여 식민지화
colonizador, ra	형 식민지화하는
	남여 개척자, 이주자
colonizar	타 식민지화하다
coloquial	형 구어(口語)의
coloquio	남 대화, 회화
color	남 색(色), 빛깔; 색채; 안색
coloración	여 착색; 색조; 특색
colorado, da	형 붉은; 음란한, 외설의
	남 붉은 색, 적색
colorante	형 채색하는, 착색하는
	남 착색, 착색제, 염료
colorar	타 착색하다, 염색하다
colorear	타 착색하다, 염색하다
colorete	남 입술 연지, 루주
colorido	남 색조, 배색; 활기
colorista	형 다채로운; 색채파의
colosal	형 거대한
columna	여 기둥; 종대; 난(欄)
columnista	남여 칼럼 집필자, 칼럼니스트
columpiar	타 그네에 태워 밀어주다
columpio	남 그네; 시소
coma^1	남 혼수 (상태)
coma^2	여 콤마, 구두점
comadreja	여 [동물] 족제비

스페인어-한국어

comandancia	여 지휘관의 지위[관할 구역]
comandante	남여 지휘관, 소령
comandar	타 지휘하다
comando	남 지휘, 사령부; 명령
comarca	여 지방, 지역
comarcal	형 지방의, 지역의
comba	여 줄넘기; 줄넘기 줄
combar	자 휘다, 구부리다
combate	남 전투
combatiente	형 전투의
combatir	자 싸우다, 전투하다
combativo, va	형 호전적인, 전투의
combinación	여 화합; 조합, 배합
combinar	자타 조합하다, 배합하다
combustible	형 타기 쉬운; 발화성의 남 연료
combustión	여 연소(燃燒)
comedia	여 희극; 코미디; 연극
comediante, ta	남여 희극 배우; 코미디언; 광대
comedor	남 (집이나 학교 등의) 식당
comentar	타 해설하다; 주석(註釋)하다
comentario	남 주석; 해설, 논평
comentarista	남여 (뉴스 등의) 해설자
comenzar	타 시작하다, 착수하다 자 시작하다, 시작되다
comer	타 먹다. 자 먹다, 식사하다 남 음식, 먹을거리
comercial	형 상업의, 무역의
comercialización	여 상품화; 마케팅
comercializar	타 상품화하다
comerciante	남여 상품
comerciar	자 장사하다, 거래하다
comercio	남 상업, 무역; 거래
comestible	형 먹을 수 있는, 식용의 남복 식료품

cometa	남 혜성, 살별. 여 연(鳶)
cometer	타 (죄 등을) 범하다, 저지르다
comezón	남 근질근질 가려움
comicios	남복 선거(選擧)
cómico, ca	형 희극의; 익살스런
	남여 희극 배우, 코미디언
comida	여 식사, 음식; 점심; 저녁밥
comienzo	남 시작
comilón, na	형 많이 먹는
	남여 대식가, 먹보
comisaría	여 경찰서
comisario, ria	남여 경찰서장
comisión	여 위임; 임무; 위원회; 수수료
comisionado, da	형 위임받은
comisionar	타 권한을 위임하다
comisionista	남여 중개인, 브로커
comité	남 위원회
comitiva	여복 수행원; 행렬
como	접 …처럼, …로서; 때문에
cómo	부 어떻게
cómoda	여 서랍 달린 침실용 옷장
cómodamente	부 편하게, 쾌적하게
comodidad	여 쾌적함; 편리함
comodín	남 조커
cómodo, da	형 쾌적한; 편리한, 편한
comoquiera	부 어떤 방법으로도, 어떻게든
compadecer	타 동정하다, 불쌍히 여기다
compadecerse	((재귀)) [+de] 동정하다
compañerismo	남 동료애, 전우애
compañero, ra	남여 동료; 파트너
compañía	여 회사; 극단(劇團); 중대
comparable	형 비교할 수 있는
comparación	여 비교; 대비, 비유
comparador	남 비교기
comparar	타 비교하다

스페인어-한국어 99

comparativo, va	형 비교의
	남 [문법] 비교급
comparecencia	여 출두, 출정
comparecer	자 출두하다
comparsa	여 [연극] 배우단, 배우단원
	남여 단역 (배우)
compartible	형 분배[나눌] 수 있는
compartidor, ra	남여 분배자; 참가자
compartimento	남 칸막이 객실
compartimiento	남 칸막이 객실
compartir	타 분배하다; 공유하다
compás	남 컴퍼스; 나침반; 박자
compasión	여 동정, 불쌍히 여김
compatible	형 양립할 수 있는
compatrota	남여 동포, 동국인
compeler	타 강제하다, 강요하다
compendiar	타 요약하다
compendio	남 요약, 개요
compensación	여 보상(금), 배상(금)
compensar	타 보상[배상]하다; 갚다
competencia	여 경쟁; 권한; 능력
competente	형 유능한; 자격이 있는
competer	타 해당하다
competición	여 경쟁; 경기, 시합; 경쟁 시험
competidor, ra	형 경쟁하는
competir	자 경쟁하다, 경합하다
competividad	여 경쟁력; 경쟁 관계
competitivo, va	형 경쟁의; 경쟁력 있는
compilación	여 편집; 엮음; 편집물
compilador, ra	형 편집[편찬]하는, 엮는
compilar	타 편집[편찬]하다, 엮다
complacencia	여 만족, 자기 만족
complacer	타 기쁨을 주다
complejo, ja	형 복합의; 복잡한
	남 열등감; 종합 시설

complementar	타 메우다, 채우다
complemento	남 보충; [문법] 보어
completamente	부 완전히
completar	타 완전하게 하다, 완성하다
completo, ta	형 완전한; 만원의
complexión	여 체격, 체질
complicación	여 복잡함, 분규; [의학] 합병증
complicado, da	형 복잡한, 뒤얽힌
complicar	타 복잡하게 하다
cómplice	남여 공범자
complicidad	여 공범, 공모
complot	남 음모
componedor, ra	남여 조립자, 수선인
componente	남 성분, 구성 요소; 부품
componer	타 구성하다; 수리하다; 작곡하다
comportamiento	남 행동, 거동
comportarse	((재귀)) 행동하다, 처신하다
comporte	남 행실, 소행
composición	여 구성; 성분; 작곡; 작문
compositor, ra	형 구성하는, 조립하는; 작곡하는
	남여 작곡가; 조립자
compostura	여 구성; 수리
compra	여 구입, 구매, 매입
comprador, ra	남여 구매자, 바이어
comprar	타 사다, 구매하다
compraventa	여 매매
comprender	타 이해하다
comprensión	여 이해, 이해력
comprensivo, va	형 이해력이 있는
compresa	여 [의학] 거즈, 가제
compresión	여 압축; 압박
compresor, ra	형 압축용의
	남 압축기, 콤프레서
comprimir	타 압축하다
comprobación	여 확인, 대조, 검사

comprobador, ra	형 확인하는
	남 확인 장치, 테스터
comprobante	남 증명서; 영수증
comprobar	타 확인하다, 대조하다
comprobatorio, ria	형 확인하는, 증명하는
comprometer	타 위태롭게 하다
comprometerse	((재귀)) 약혼하다
comprometido, da	형 약혼한
	남여 약혼자
compromiso	남 약속, 계약; 약혼
compuerta	여 (댐 등의) 수문
compuesto, ta	형 합성의; 구성된
	남 합성물; 화합물
compulsión	여 강제; [심리] 강박
computable	형 셀 수 있는, 가산의
computación	여 계산; 컴퓨터 조작
computacional	형 컴퓨터의
computador, ra	형 계산하는
	남 계산기; [중남미] 컴퓨터
	여 [중남미] 컴퓨터
computadorizar	타 컴퓨터에 입력시키다
computalizar	타 컴퓨터에 입력시키다
computarización	여 컴퓨터 입력
computarizar	타 컴퓨터에 입력시키다
computarizarse	((재귀)) 컴퓨터에 입력되다
computo	남 계산, 산정, 산출
computófilo	남 컴퓨터광
común	형 공통의; 보통의
comunicación	여 전달; 교통편; 통신
comunicado	남 공식 성명
comunicar	타 전달하다, 알리다
	자 연락하다, 통신하다
comunidad	여 공동체; 공통성
comunión	여 성체 배령; 성찬식
comunismo	남 공산주의

comunista	형 공산주의의
	남여 공산주의자
comunitario, ria	형 공동의, 공동체의
comúnmente	부 보통, 대개, 일반적으로
con	전 …과, …와, …함께
cóncavo, va	형 오목한
concebir	자 임신하다, 수태하다
	타 (감정 등을) 품다;
	이해하다; 임신하다
conceder	타 (권리 등을) 주다; 인정하다
consejal, la	남여 시의원
concentración	여 집중, 정신 통일
concentrado, da	형 전심하고 있는; 짙은
concentrar	타 집중시키다; 농축하다
concepción	여 임신; 개념
concepto	남 개념; 이념
conceptuar	타 생각하다, 판단하다
concernir	자 관계하다, 속하다
concertar	타 맞추다, 조정하다
concertista	남여 연주가
concesión	여 양보, 양도
concha	여 조개, 조가비
conciencia	여 의식, 자각; 양심
concienzudo, da	형 양심적인
concierto	남 연주회, 콘서트
conciliar	타 화해시키다; 양립시키다
concilio	남 종교 회의, 주교 회의
concisión	여 간결함, 간략함
conciso, sa	형 간단한, 간략한
concluir	타 끝내다; 결론짓다
conclusión	여 결론; 결말
concordancia	여 일치; 성서 사전
concordar	타 일치시키다. 자 일치하다
concordia	여 협정, 화해; 화합
concreción	여 구체화, 구체성

concretamente	부 구체적으로
concretar	타 구체화하다
concreto, ta	형 구체적인
concubina	여 첩, 애인
concurrencia	여 집중; 북적거림
concurrente	형 집중하는; 참가하는
concurrir	타 집중하다; 참가하다
concursante	형 응모자
concurso	남 콩쿠르; 채용 시험
conde	남 백작
condecoración	여 훈장, 서훈
condecorar	타 훈장을 수여하다, 서훈하다
condena	여 유죄 판결, 형의 선고
condenación	여 유죄 판결, 형의 선고
condenar	형 (형을) 선고하다
condensación	여 응축
condensador	남 축전기, 콘덴서
condensar	타 농축하다
condesa	여 여자 백작; 백작 부인
condición	여 조건, 상태
condicionado, da	형 조건부의
condicional	형 조건부의. 남 [문법] 조건법
condicionar	타 조건을 붙이다; 제약하다
condimentación	여 조미, 양념
condimentar	타 양념하다, 조미하다
condimento	남 양념, 조미료
condiscípulo, la	남여 급우, 동급생
condolecerse	((재귀)) 동정하다
condolencia	여 동정; 조의
condolerse	((재귀)) 동정하다
condominio	남 공동 통치(령); 콘도
condón	남 콘돔
condonación	여 (형의) 사면; (부채의) 면제
condonar	타 사면하다; (부채를) 면제하다
cóndor	남 [조류] 콘도르

conducción	여 운전; 지휘, 지도
conducir	타 운전하다; 안내하다; 지휘하다
conducta	여 행동, 거동
conducto	남 파이프, 도관
conductor[1]	남 도체(導體)
conductor[2], ra	남여 운전 기사
conectador	남 [전기] 커넥터
conectar	타 접속하다, 연결하다
coneja	여 암토끼
conejal	남 토끼장
conejar	남 토끼장
conejero, ra	남여 토끼 기르는 사람
conejo	남 [동물] 토끼, 집토끼
conexión	여 관계, 연결; 접속
conexo, xa	형 관계된, 연결된
confabulación	여 공모, 밀의
confabulador, ra	남여 공모자
confabular	타 공모하다
confección	여 작성; 제조; 기성품
confeccionador, ra	남여 제조자
confeccionar	타 제조하다
confederación	여 연방; 연합, 동맹
confederar	타 동맹하다, 연합하다
conferencia	여 회의; 강연; 장거리 전화
conferenciante	남여 연사
conferenciar	자 협의하다, 회담하다
conferencista	남여 연사
conferir	타 (특권 등을) 주다
confesar	자 자백하다; (신앙을) 고백하다
confesión	여 고백, 자백; 고해
confiable	형 믿을 수 있는
confianza	여 신뢰; 자신; 친밀함
confiar	타 신뢰하다, 믿다
confidencia	여 내밀함
confidencial	형 내밀한

스페인어-한국어 105

confidente	형 믿을 수 있는
configurar	타 형성하다, 구성하다
confín	남 경계
confinar	타 가두다, 감금하다
confirmación	여 확인; 시인
confirma	여 확인하다
confirmar	타 확인하다
confiscación	여 몰수, 압수
confiscar	타 몰수하다, 압수하다
confite	남 캔디, 사탕 과자
confitería	여 제과점, 과자점
confitero, ra	남여 과자 제조자[장수]
conflicto	남 분쟁; 갈등
confluencia	여 합류, 합류점
confluir	자 합류하다, 집결하다
conformar	타 일치시키다, 형성하다
	자 적합하다, 합치하다
conformarse	((재귀)) 따르다, 순응하다
conforme	형 일치된, 적합한
	부 …에 따라, 의해서
conformidad	여 일치; 인내
confort	남 쾌적한 설비
confortable	형 쾌적한, 편안한
confortablemente	부 쾌적하게, 편안하게
confraternidad	여 우애, 우호
confraternizar	자 우호 관계를 맺다
confrontación	여 대조, 조합; 대결, 대질
confrontar	타 대조하다; 대질시키다
	자 인접해 있다
confucianismo	남 유교(儒敎)
confuciano, na	형 유교의, 공자의
	남 유교도, 유림, 유학자
Confucio	남 ((인명)) 공자
confucionismo	남 유교
confucionista	남여 유교도, 유림, 유학자

confundible	형 혼동할 수 있는
confundir	타 혼동하다; 혼동시키다
confundirse	((재귀)) 혼동되다, 당황하다
confusión	여 혼란; 혼동; 당황함
confuso, sa	형 혼동된, 혼란한; 당황한
congelable	형 얼 수 있는
congelación	여 동결; 냉동; 동상
congelado, da	형 동결된, 얼린, 냉동의
congelador, ra	형 어는, 동결하는, 냉동의
	남 냉동고
congelar	타 동결시키다; 냉동하다
congestión	여 정체, 혼잡; 울혈
congestionar	타 혼잡하게 하다
congestionarse	((재귀)) 충혈되다
conglomaración	여 응집
conglomerar	타 응집시키다
conglomerarse	((재귀)) 응집하다
congoja	여 고뇌, 비탄
congojoso, sa	형 슬픔[시름]에 젖은
congratulación	여 축하, 경하
congratular	타 축하하다, 축하의 말을 하다
congregar	타 (사람을) 모으다
congresista	남여 국회의원
congreso	남 회의; 국회; 대회
congrio	남 [어류] 붕장어
conjetura	여 추측, 억측
conjeturar	타 추측하다, 억측하다
conjugación	여 (동사의) 활용, 변화
conjugar	타 (동사를) 활용[변화]시키다
conjunción	여 [문법] 접속사
conjuntar	타 단결시키다
conjuntiva	여 [해부] 결막
conjuntivitis	여 [의학] 결막염
conjuntivo, va	형 연결하는; 접속사의
conjunto, ta	형 연대의; 결합된

	图 집단; 전체; 총체
conjuración	여 음모, 공모
conjurar	타 (악령을) 내쫓다
conmemorable	형 기념할 만한
conmemoración	여 기념, 기념제
conmemorar	타 기념하다
conmigo	[con+mí] 나와 함께
conmoción	여 감동; 충격; 격동
conmover	타 감동시키다; 진동시키다
conmutador	남 [전기] 스위치
connatural	형 천부적인, 선천적인
cono	남 원뿔
conocedor, ra	형 정통한
conocer	타 알다, 알고 있다
conocerse	((재귀)) 자신을 알다
conocido, da	형 잘 알려진
	남여 아는 사람, 지인, 친지
conocimiento	남 지식, 앎
conque	접 그렇다면, 그래도 아직
conquista	여 정복
conquistador	남 정복자
conquistar	타 정복하다
consagrable	형 (신에게) 바칠 수 있는
consagración	여 헌납, 봉헌; 서품(식)
consagrado, da	형 서품을 받은
consagrar	타 바치다, 봉헌하다
consanguíneo, a	형 혈연의, 혈족의
consanguinidad	여 혈족 관계
consciencia	여 의식, 자각
consciente	형 의식이 있는
conscientemente	부 의식적으로
consecución	여 획득, 달성
consecuencia	여 결과; 결론, 귀결
consecuente	형 유래하는; 수미 일관한
consecutivamente	부 잇따라, 차례로

consecutivo, va	형 연속된, 계속된
conseguir	타 획득하다; 달성하다
consejero, ra	남여 고문, 조언자; 참사관
consejo	남 조언, 충고; 회의, 심의회
consenso	남 동의, 합의, 일치
consentimiento	남 동의, 허가
consentir	타 용인하다, 허락하다
	자 동의하다
conserje	남 수위(守衛)
conserva	여 통조림; 보존 식품
conservación	여 보존, 보관
conservador, ra	형 보수적인
	남여 보수적인 사람
conservar	타 보존하다, 보관하다
conservatismo	남 보수주의
conservativo, va	형 보존의; 보수의
conservatorio	남 (공립) 음악원, 음악 학교
considerable	형 상당한
consideración	여 고려, 숙고; 배려; 경의
considerar	타 고려하다; 생각하다
consigna	여 수화물 임시 보관소
consignación	여 위탁, 탁송
consignador, ra	남여 위탁자
consignar	타 충당하다; 위탁하다
consignatorio, ria	남여 위탁 판매인
consigo	[con+sí] 자기 자신과 함께
consiguiente	형 [+a] (에) 기인하는
consistencia	여 끈기, 견고함
consistente	형 끈기 있는, 견고한
consistir	자 [+en] (에) 있다
consocio, cia	남여 공동 사업자
consolación	여 위로; 패자 부활전
consolar	타 위로[위안]하다
consolidación	여 강화, 보강
consolidar	타 강화[보강]하다

consomé	남 콘소메, 묽은 수프
consonancia	여 조화, 일치; 협화음
consonante	형 조화된, 일치된; 자음의
	여 [문법] 자음
consorcio	남 업자 단체, 조합, 콘소시엄
consorte	남여 배우자
conspiración	여 음모, 공모
conspirador, ra	남여 공모자, 음모자
conspirar	자 음모를 꾸미다
constancia	여 인내, 끈기
constante	형 불변의; 부동의
constar	자 분명하다, 확실하다
constatación	여 확인, 증명
constatar	타 확인하다
constelación	여 별자리, 성좌
constipado, da	형 감기 걸린. 남 감기
constitución	여 구성; 헌법; 체질
constitucional	형 헌법의; 합헌의
constituir	타 구성하다; 지정하다
constricción	여 강제, 억압; 압박
constrictor, ra	형 수축하는
construcción	여 건설, 건축
constructivo, va	형 건설적인
constructor, ra	형 건축하는, 건조하는
	남여 건축가, 건축 기사
construir	타 건설하다, 건축하다
consuegrar	자 사돈을 맺다
consuegro, ra	남여 사돈 사이
consuelo	남 위로, 위안
cónsul	남여 영사(領事)
consulado	남 영사관(領事館)
consular	형 영사의, 영사관의
consulta	여 상담; 진찰; 참고
consultación	여 협의, 의논
consultar	타 상담하다; 진찰을 받다

consultivo, va	형 자문의
consultorio	남 상담소; 의원, 진료소
consumación	여 종료, 종말; 완수
consumar	타 (계약 행위를) 완수하다
consumición	여 음식, 음식 대금; 소비
consumido, da	형 여윈, 쇠약
consumidor, ra	형 소비하는
	남여 소비자
consumir	타 소비하다
consumo	남 소비, 소모
contabilidad	여 부기, 부기학; 경리
contable	남여 회계사, 계리사
contactar	자 접촉하다
contacto	남 접촉, 접속; 연락
contado, da	형 일정한, 정해진
contador, ra	형 계산하는; 계측하는
	남여 회계 담당자
	남 계량기, 계수기, 미터기
contaduría	여 경리부
contagiar	타 감염[전염]시키다, 옮기다
	자 감염되다, 전염되다
contagiarse	((재귀)) 감염되다, 전염되다
contagio	남 감염, 전염
contagioso, sa	형 전염성의
contaminación	여 오염
contaminador, ra	형 오염시키는
contaminante	형 오염시키는
	남 오염 물질
	남여 오염시키는 사람
contaminar	타 오염시키다
contante	형 현금의
contar	타 세다; 이야기하다
	자 계산하다
contemplación	자 묵상, 명상; 응시
contemplar	타 숙고하다

contemporáneo, a	형 현대의; 동시대의
contemporización	여 타협, 영합
contemporizar	자 타협하다, 영합하다
contención	여 억제, 제지
contender	자 다투다, 싸우다
contenedor	남 컨테이너
contener	타 포함하다; 억제하다
contenido	남 내용, 내용물, 콘텐츠
contentar	타 만족하게 하다
contentarse	((재귀)) 만족하다
contento, ta	형 만족한, 기쁜
contestación	여 대답, 답, 회답
contestador, ra	형 대답하는
	남 자동 응답기
contestar	타 대답하다, 회답하다
	자 답장을 보내다
contexto	남 문맥
contienda	여 언쟁, 말다툼, 싸움
contigo	[con+ti] 너와 함께
contiguo, gua	형 인접한
continencia	여 자제(自制); (성적) 금욕
continental	형 대륙의
continentalismo	남 대륙풍
continente	남 대륙(大陸)
continuación	여 계속, 연속
continuamente	부 계속적으로
continuar	타 계속하다
	자 계속되다
continuo, nua	형 계속하는, 연속된
contorno	남 윤곽; 주위. 복 근교
contra	전 (에) 반대해서, 반하여
contraalmirante	남 해군 소장
contraatacar	타 역습[반격]하다
contraataque	남 역습, 반격
contrabajo	남 콘트라베이스; 최저음

contrabando	남 밀수; 밀수품
contracción	여 수축; [문법] 축약
contracepción	여 피임(避姙)
contraceptivo, va	형 피임의, 피임용의
	남 피임용 기구[약품]
contradanza	여 [무용] 대무
contradecir	타 반론하다;
contradecirse	((재귀)) 모순되다
contradicción	여 반론; 모순
contraer	타 수축시키다; (병에) 걸리다
contraespionaje	남 방첩
contrafuerte	남 부벽(扶壁)
contralto	남 [음악] 콘트랄토; 알토
contraofensiva	여 반격
contrariamente	부 반대로
contrariar	타 반대하다
contrario, ria	형 반대의, 역의
contrarrevolución	여 반혁명
contraseña	여 암호
contraseñar	자 암호를 대다
contrastar	타 대조하다; 검정하다
	자 대조를 하다; 대항하다
contraste	남 대조, 대비
contrata	여 도급
contratación	여 도급 계약
contratante	남여 계약 당사자
contratar	타 계약하다
contratista	남여 도급인, 도급 업자
contrato	남 계약, 계약서
contraventana	여 셔터
contribución	여 공헌; 기부; 세금; 분담금
contribuidor, ra	형 공헌하는. 남여 공헌자
contribuir	타 공헌하다; 기부하다
contribuyente	형 납세자의. 남여 납세자
contrincante	남 [체스] 상대, 적수

control	남 통제, 제어, 관리; 검문소
controlador	남 드라이버, 제어기
controlar	타 통제[제어]하다
controversia	여 논쟁
controvertir	타자 논쟁하다
contusión	여 타박상, 멍
contusionar	타 타박상을 입히다
convalecencia	여 (병의) 회복, 회복기
convalecer	타 회복하다
convencer	타 설득하다; 납득시키다
convencimiento	남 확신
convención	여 협정; 전국 대회; 관습
convencional	형 약정의; 전통적인
convenido, da	형 협정에 의한
conveniencia	여 형편, 사정; 편의
conveniente	형 적당한
convenio	남 협정, 협약
convenir	타 합의하다
	자 형편이 좋다, 어울리다
convento	남 수도원, 수녀원
conversación	여 회화
conversar	자 대화하다, 말하다
conversión	여 변환; 개종
converso, sa	형 변한, 전향한; 개종한
	남여 전향[개종]한 사람
conversor	남 [컴퓨터] 변환기
convertible	형 바꿀 수 있는
convertidor	남 [전기] 변압기
convertir	타 변환[전환]하다; 개종시키다
convexo, xa	형 가운데가 볼록한
convicción	여 확신; 신념, 신조
convidado, da	형 초대받은
	남여 초대 손님, 초대받은 사람
convidar	타 초대하다
convincente	형 설득력 있는

convincentemente	뷔 납득이 가게, 설득력 있게
convite	남 초대; 연회
convivencia	여 동거; 공동 생활
conviviente	형 동거하는. 남여 동거자
convivir	자 동거하다
convocar	타 소집하다
convocatoria	여 소집; 모집 (요령)
convoy	남 호위대, 수송대
convoyar	타 호송하다, 호위하다
convulsión	여 경련; 경기(驚氣)
convulsionar	타 경련을 일으키게 하다
conyugal	형 부부(夫婦)의
cónyuge	남여 배우자. 복 부부
coñac	남 코냑, 브랜디
cooperación	여 협력
cooperador, ra	형 협력하는. 남여 협력자
cooperar	자 협력하다
cooperativa	여 협동 조합
cooperativo, va	형 협력의, 협동의
coordinación	여 정리, 정돈, 배열
coordinar	타 제휴하게 하다, 조정하다
copa	여 컵, 잔, 포도주 잔
copia	여 복사; 커닝; 보닛
copiador, ra	형 복사하는, 모사하는
	남여 복사[모사]하는 사람
	남 복사기
	여 복사기
copiar	타 복사하다; 커닝하다
copiloto	남여 부조종사
copioso, sa	형 많은, 풍부한
copista	남여 필경생(筆耕生)
copla	여 대구(對句); (노래 등의) 절
copo	남 설편(雪片), 눈송이
coproducción	여 합작, 공동 제작[생산]
coproducir	타 합작하다, 공동 제작하다

coproductor, ra	囘여 공동 제작자
copropiedad	여 공동 소유, 공유물
cópula	여 교미, 성교
copularse	((재귀)) 성교를 하다; 교미하다
copyright	남 판권, 저작권
coque	남 코크스
coqueta	형 요염한, 요사스런
	여 요부(妖婦)
coquetear	자 아양을 떨다
coqueteo	남 아양, 교태, 요염
coquetería	여 요염, 교태, 아양떨기
coquetón, na	형 아양을 떠는, 교태를 부리는
coraje	남 기력, 용기
coral¹	남 [동물] 산호
coral²	형 합창의. 남 코럴.
	여 합창단
Corán	남 코란; 코란경
corazón	남 심장(心臟); 마음; 중심
corbata	여 넥타이
corbeta	여 (옛날의) 포함(砲艦)
corcel	남 (승마용) 말
corcho	남 코르크; 코르크 마개
cordel	남 가는 줄[끈]
cordera	여 (한 살 미만의) 새끼 암양
corderino, na	형 새끼 양의
cordero	남 [동물] 새끼 양
cordial	형 마음으로부터의
cordialmente	부 진심으로, 마음으로부터
cordillera	여 산맥
córdoba	남 [화폐 단위] 꼬르도바
cordón	남 끈; 비상선
cordura	여 신중함, 분별, 분별력
corea	여 [의학] 무도병(舞蹈病)
Corea	여 한국, 대한민국
Corea del Norte	여 북한

Corea del Sur	여 남한
coreanista	남여 한국 연구자
conreanización	여 한국화
coreanizar	타 한국화시키다
coreano, na	형 한국의, 한글의, 한국 사람의
	남여 한국 사람, 조선 사람
	남 한글, 한국어, 조선어
coreanófilo, la	형 한국을 좋아하는
	남여 한국을 좋아하는 사람
coreanófobo, ba	형 한국을 싫어하는
	남여 한국을 싫어하는 사람
coreanología	여 한국학
coreanólogo, ga	남여 한국학 학자
corear	타 합창하다
coreografía	여 [무용] 안무
coreografiar	타 안무하다
coreógrafo, fa	남여 안무가
cormorán	남 [조류] 가마우지
córnea	여 [해부] 각막(角膜)
corneja	여 [조류] (작은) 까마귀
corneta	여 코넷, 나팔, 뿔피리
cornisa	여 처마 장식
coro	남 합창; 합창대, 합창단
corola	여 화관(花冠), 꽃부리
corona	여 왕관; 화관, 화환
coronación	여 대관식(戴冠式)
coronar	타 왕위에 앉히다
coronel	남여 [군사] 대령
coronela	여 여자 대령; 대령의 부인
corporación	여 공사(公社), 공단
corporal	형 육체의
corporalmente	부 육체적으로
corps	남 단, 단체
corpulencia	여 비대, 비만
corpulento	형 비만한

Corpus Christi	남 성체축일(聖體祝日)
corpúsculo	남 입자, 미립자
corral	남 농장 구내, 가축 우리
correa	여 벨트, 밴드
corrección	여 수정, 교정; 첨삭; 징계
correcto, ta	형 옳은, 정확한
corrector, ra	형 교정[수정]하는
	남여 교정하는 사람; 채점자
corredor	남 통로, 복도
	남여 주자, 러너; 브로커
corregir	타 교정하다, 수정하다
correlación	여 상관 관계
correlacionar	타 서로 연관시키다
correo	남 우편, 우편물; 메일. 복 우체국
correo aéreo	남 항공 우편
correo anónimo	남 익명 우편
correo certificado	남 등기 우편
correo electrónico	남 전자 우편, 이메일
correo no deseado	남 스팸 메일
correo ordinario	남 보통 우편
correo próximo	남 다음 우편
correo separado	남 별편(別便)
correo rápido	남 빠른 우편
correo urgente	남 속달 우편
correr	자 달리다, 흐르다
correspondencia	여 통신문, 서한
corresponder	자 상당하다, 상응하다
correspondiente	형 상응하는; 통신의
corresponsal	남여 특파원, 통신원
corrida	여 달리기, 경주
corrida de toros	여 투우
corriente	형 흐르는; 현재의; 보통의
	여 전류; 해류; 흐름
corrientemente	부 보통, 습관대로; 유창하게
corrobación	여 확증

corrobar	団 확증[입증]하다, 확인하다
corroer	団 부식시키다
corromper	団 부패시키다; 매수하다
corrupción	여 부패; 매수; 오직
corrupto, ta	형 부패한; 타락한
corruptor, ra	형 타락한
	남여 타락한 사람
corsario, ria	형 해적(海賊)의
	남여 해적
corsé	남 코르셋
cortacorriente	남 [전기] 차단기
cortador, ra	형 자르는, 재단하는
	남여 재단사(sastre)
	여 재단기, 절단 기구
cortadura	여 칼로 베인 상처
cortafrío	남 (금속용의) 정, 끌
cortalápices	남 연필깎이
cortante	형 자르는; 예리한; 잘 드는
cortaplumas	남 주머니칼, 작은 칼
cortar	団 자르다, 재단하다; 깎다
cortarse	((재귀) (자신의 몸의 것을) 자르다
cortaúñas	남 손톱
corte	남 절단; 재단
	여 조정(朝廷), 궁정
	여복 [C-] (스페인의) 국회
cortejar	団 (여성에게) 구애하다
cortejo	남 구애; [집합] 수행원
cortés	형 예의 바른, 공손한
cortésmente	부 예의 바르게, 공손히
cortesía	여 예의, 예절
corteza	여 나무껍질; (빵 등의) 껍질
cortina	여 휘장, 장막, 커튼
corto, ta	형 짧은
cortometraje	남 단편 영화
corva	여 오금

corvo, va	형 휜, 구부러진
corzo, za	남여 [동물] 노루
cosa	여 물건; 사물; 것
cosecha	여 수확, 추수, 가을
cosechar	타 수확하다, 추수하다
cosechero, ra	남여 수확하는 사람
coser	타 바느질하다, 꿰매다
cosido, da	형 바느질한, 꿰맨
cosmético, ca	형 화장용의. 남 화장품
cosmético base	남 기초 화장품
cósmico, ca	형 우주(宇宙)의
cosmonauta	남여 우주 비행사
cosmonave	여 우주선
cosmopolita	형 세계적인
	남여 국제인, 세계인
cosmos	남 우주(宇宙)
cosquillas	여복 간지럼
cosquillear	타 간질이다
cosquilleo	남 간지럼
costa	여 해안, 연안, 해변
Costa Rica	[나라] 코스타리카
costado	남 옆구리; 측면
costar	자 비용이 들다, 값이 …이다
costarricense	형 코스타리카의
	남여 코스타리카 사람
costarriqueño, ña	형 코스타리카의
	남여 코스타리카 사람
coste	남 비용, 경비
costilla	여 늑골, 갈비뼈
costo	남 비용, 경비
costra	여 (상처의) 딱지
costumbre	여 습관, 관습
costura	여 솔기; 바느질, 재봉
costurero	남 반짇고리, 바느질 상자
cotejar	타 대조하다

cotejo	남 대조
cotidiano, na	형 매일의, 일상의
cotización	여 시세
cotizar	타 값을 매기다
coxal	형 허리의
coxalgia	여 [의학] 고관절통
coxálgico, ca	형 고관절통에 걸린
	남여 고관절통 환자
coxis	남 [해부] 미골, 꼬리뼈
coyuntura	여 [해부] 관절
coz	여 (동물의) 뒷발 차기
cráneo	남 [해부] 두개골
cráter	남 분화구
creación	여 창조; 천지 창조; 창조물
Creador	남 창조주, 신, 하느님
creador, ra	형 창조하는
	남여 창설자, 창시자
crear	타 창조[창설]하다
crecepelo	남 양모제, 발모제(發毛劑)
crecer	자 자라다, 성장하다
creciente	형 증대하는
crecimiento	남 증대; 성장
credencia	여 신용 보증서, 소개장
crédito	남 신용; 신용 대출; 신용장
credo	남 신경(信經)
Credo	남 [종교] 사도 신경
creencia	여 믿음, 신앙
creer	타 믿다, 생각하다
creíble	형 믿을 수 있는
crema	여 (요리나 화장용의) 크림
cremación	여 화장(火葬)
cremallera	여 지퍼
crematorio, ria	형 화장의
	남 화장터; 쓰레기 소각장
crepuscular	형 황혼의

crepúsculo	남 황혼, 여명; 쇠퇴기
cresta	여 (새의) 볏; 도가머리
creyente	형 신앙심이 있는
	남여 신도, 신자
cría	여 사육; (동물의) 새끼
criadero	남 사육장, 양어장
criado, da	남여 하인; 하녀, 가정부
criador, ra	형 사육하는, 양육하는
crianza	여 양육, 육아; 사육
criar	타 기르다; 재배하다
criarse	((재귀)) 자라다, 크다
criatura	여 창조물; 인간; 유아
criba	여 체, 키; 선별기
cribar	타 체[키]로 치다; 선별하다
cric	남 잭, 작은 기중기
cricket	남 [운동] 크리켓
crimen	남 범죄; 범행
criminal	형 범죄의
	남여 죄인, 범죄자
crin	남 말갈기, 말총
criollo, lla	형 토착의
	남여 스페인계 중남미 사람
crisantemo	남 [식물] 국화(菊花)
crisis	여 위기, 난국
crisol	남 도가니
cristal	남 유리(vidrio)
cristalería	여 유리 가게; 유리 식기류
cristalero, ra	남여 유리 장수[제조자]
cristiandad	여 기독교 세계
cristianismo	남 기독교, 그리스도교
cristianización	여 기독교화(化)
cristianizar	타 기독교화하다
cristianizarse	((재귀)) 기독교화되다
cristiano, na	형 기독교의, 기독교도의
	남여 기독교도, 기독교 신자

cristo¹	남 십자가(상의 예수 수난)상(像)
Cristo²	남 예수 그리스도, 구세주
criterio	남 기준, 척도; 판단
crítica	여 비평
criticar	타 비평하다
crítico¹, ca	형 위독한; 위기의
crítico², ca	형 비평의, 비판적인
	남여 비평가
croar	자 (개구리가) 울다
crol	남 [수영] 자유형, 크롤
cromático, ca	형 색의, 색체의
cromosoma	남 [생물] 염색체
cromo	남 [화학] 크롬
crónica	여 연대기, 편년사
crónico, ca	형 만성(慢性)의, 만성적인
cronometrador	남 시간 기록기
cronometrar	자 시간을 재다
cronometría	여 시간 측정(법)
cronómetro	남 스톱워치, 표준 시계
croqueta	여 크로켓 ((튀김))
cruce	남 교차로, 네거리; (전화의) 혼선
crucero	남 순양함, 유람용 요트
crucificar	타 십자가에 못 박다
crucifijo	남 십자가
crucigrama	남 크로스워드 퍼즐
crudamente	부 생으로; 혹독하게
crudeza	여 날 것, 천연 그대로임
crudo, da	형 생의, 익지 않은; 노골적인
	남 원유(原油)
cruel	형 잔인한; 가혹한
crueldad	여 잔혹함, 무자비함; 혹독함
cruelmente	부 잔인하게; 혹독하게
crujido	남 삐걱거림
crujidor, ra	형 삐걱거리는
crujiente	형 삐걱거리는

crujir	자 삐걱거리다
cruz	여 십자가; 십자형
Cruzadas	여복 십자군
cruzados	남복 십자군 병사
cruzar	타 건너다, 횡단하다
cuadernillo	남 수첩, 소책자, 메모장
cuaderno	남 공책
cuadra	여 마구간; (도시의) 블록
cuadrado, da	형 정사각형의; 네모진; 제곱의
	남 정사각형; 제곱
cuadrángulo, la	형 사각형의, 네모진
	남 네모꼴, 사각형
cuadrilátero	남 사변형
cuadrilla	여 집단, 일당; 투우사의 일단
cuadro	남 그림; 사각형
cuádruple	형 네 배의, 4배의
	남 네 배, 4배
cuajar	타 굳게 하다, 응고시키다
cual	대 [관계 대명사; 늘 정관사와 함께 사용됨] …하는
	접 …처럼, … 같이
	형 (과) 같은; 위의, 앞에서 말한
cuál	대 어느 것, 어떤 것
	형 어느, 어떤
	부 어떻게
cualidad	여 특성, 특질; 성질
cualificado, da	형 숙련된, 자격이 있는
cualitativo, va	형 질적인
cualquier	형 cualquiera의 a 탈락형
cualquiera	형 어떤 것이라도 좋은, 누구라도 괜찮은
	대 누구라도, 어떤 것이라도
cuan	부 얼마나, 어떻게
cuando	부 …할 때; …하면
cuándo	부 언제
cuantía	여 양, 총량; 중요성

cuántico, ca	형 [물리] 양자의
cuanto[1]	남 [물리] 양자
cuanto[2], ta	형 …하는 모든
cuánto, ta	형 몇 개의, 얼마만큼의
	대 몇 사람, 몇 개
	부 얼마나, 얼마만큼, 얼마
cuarenta	형 40의, 40번째의
	남 40; 마흔 살; 40대
cuaresma	여 [기독교] 사순절
cuartel	남 막사(幕舍), 병영(兵營)
cuarteto	남 [음악] 사중주, 사중창
cuartilla	여 원고 용지; 4절지
cuarto[1]	남 방, 15분, 네 번째
cuarto[2]	형 네 번째의
cuarzo	남 [광물] 석영, 수정
cuatrimotor	남 사발(四發) 비행기
cuatro	형 4의; 네 번째의
	남 4, 넷; 4일
	여복 네 시, 4시
cuatrocientos, tas	형 400의; 400번째의
	남 400
cuba	여 (술이나 간장 등의) 통
Cuba	[나라] 쿠바
cubano, na	형 쿠바의
	남여 쿠바 사람
cubertería	여 식탁용 날붙이
cúbico, ca	형 입방체의, 세제곱의
cubierta	여 갑판; 덮개; (자전거) 타이어
cubierto, ta	형 덮여진; 지붕이 있는
cubiertos	남복 수저, 포크 및 나이프
cubismo	남 큐비즘, 입체파
cubista	형 입체파의
	남여 입체파 예술가
cúbito	남 [해부] 척골
cubo	남 양동이, 버킷, 물통

스페인어-한국어 125

cubrir	타 덮다, 씌우다; 메우다
cucaracha	여 [곤충] 바퀴, 바퀴벌레
cuchara	여 숟가락, 스푼
cucharada	여 스푼 하나 분량
cucharadita	여 찻숟가락 하나 가득
cucharilla	여 찻숟가락
cucharón	남 국자, 주걱
cuchichear	자 귀엣말을 하다
cuchicheo	남 귀엣말, 속삭임
cuchilla	여 고기 자르는[소 잡는] 칼
cuchillada	여 (칼로) 벤 데, 생긴 상처
cuchillería	여 칼 공장[가게]
cuchilllero, ra	남여 칼 장수
cuchillo	남 칼, 나이프
cuclillo	남 [조류] 뻐꾸기, 뻐꾹새
cuello	남 목; 칼라, 옷깃
cuenca	여 분지
cuenco	남 주발, 사발, 밥그릇
cuenta	여 계산, 계정; 계좌; 계산서
cuentecito	남 단편 소설
cuentista	남여 단편 소설 작가
cuento	남 이야기, 단편 소설, 콩트
cuerda	여 줄, 자일; 현(弦)
cuerdo, da	형 제정신의
cuerna	여 뿔잔; 뿔나팔; 뿔
cuerno	남 뿔; 뿔피리
cuero	남 (동물의) 가죽, 피혁
cuerpo	남 몸, 신체
cuervo	남 [조류] (큰) 까마귀
cuesta	여 비탈길, 고개; 급경사
cuestión	여 문제; 화제; 논평
cuestionario	남 질문표, 앙케트 표
cueva	여 동굴
cuidado	남 간병; 주의, 조심
cuidadoso, sa	형 주의 깊은

cuidar	타 주의하다; 간병하다
culata	여 실린더 헤드
culebra	여 [동물] 뱀
culebrón	남 (텔레비전의) 연속극
culi	남 (중국의) 노동자
culinario, ria	형 요리의
culmen	남 극치, 절정
culminación	여 최고조, 최고 절정
culminante	형 최고조의, 절정의
culminar	자 정점에 달하다
culo	남 엉덩이, 궁둥이
culón, na	형 궁두이가 큰
culpa	여 잘못, 탓; 죄; 책임
culpable	형 죄가 있는
cultismo	남 교양어(lenguaje culto)
cultivable	형 경작할 수 있는
cultivado, da	형 경작된, 재배된
cultivador, ra	형 경작하는, 재배하는
	남여 경작자, 재배자
cultivadora	여 경운기
cultivar	타 경작하다, 재배하다
cultivo	남 경작, 재배; 양성; 양식
culto, ta	형 교양 있는
	남 신앙; 예배 (의식); 예찬
cultura	여 문화; 교양; 수양; 훈련
cultural	형 문화의; 교양의
culturismo	남 보디빌딩
culturista	남여 보디빌딩을 하는 사람
cumbre	여 정상, 산꼭대기; 정상 회담
cúmel	남 퀴멜주(酒)
cumpleaños	남단복 생일, 탄생일
cumplido, da	형 완전한; 기한이 끝난
cumplimiento	남 (의무 등의) 수행; 만기, 만료
cumplir	타 이행하다; 만 …살이다
cúmulo	남 산적; 다량; 쌘구름, 뭉개구름

cúmulo-nimbo	남 쌘비구름, 적란운
cuna	여 요람; 출생지
cundir	자 전파하다, 퍼지다
cuneiforme	형 쐐기 모양의
cunicultor, ra	남여 토끼 기르는 사람
cunicultura	여 토끼 사육
cuña	여 쐐기
cuñada	여 처제, 처형; 시누이, 올케
cuñado	남 처남, 매부, 시동생, 동서
cuota	여 회비; 할당
cupón	남 할인권, 쿠폰
cúpula	여 돔, 둥근 지붕[천장]]
cura	여 치료. 남 사제(司祭)
curable	형 치료할 수 있는
curación	여 치료, 치유
curalotodo	남 만병 통치약
curanderismo	남 무허가 병원[치료소]
curandero, ra	남여 돌팔이의사
curar	타 치료하다
curiosamente	부 호기심에서; 의욕적으로
curiosear	자 호기심을 일으키다
curiosidad	여 호기심; 진품
curioso, sa	형 호기심이 강한
curricular	형 커리큘럼의, 교육 과정의
currículo	남 커리큘럼, 교육 과정
curriculum	남 이력서
curriculum vitae	남 이력서
curry	남 카레; 카레 요리
cursado, da	형 숙련된, 능숙한
cursar	타 이수하다
cursillista	남여 수강생; 연수생
cursivo, va	형 이탤릭체의. 여 이탤릭체
curso	남 과정, 코스; 강좌
cursor	남 [컴퓨터] 커서
curtido, da	형 무두질된

	남 무두질; 햇볕에 태우기
curtidor, ra	남여 무두질하는 사람
curtidura	여 무두질
curtiduría	여 피혁 공장
curtimiento	남 무두질; 햇볕에 탐
curtir	타 (가죽을) 무두질하다; (피부를) 햇볕에 태우다
curva	여 곡선; 굴곡, 커브
curvar	타 구부리다, 휘다
curvarse	((재귀)) 굽어지다; (몸을) 구부리다
curvo, va	형 굽은
custodia	여 감시; 관리; 보호, 감독
custodiar	타 감시하다; 보관하다; 감독하다
cutáneo, a	형 피부의
cutis	남(여) 피부
cuyo, ya	형 [소유 관계 형용사] …의
Cuzco	[지명] 꾸스꼬 ((잉카의 수도))
cuzqueño, ña	형 꾸스꼬(Cuzco)의
	남여 꾸스꼬 사람

D

dación	여 주기, 주는 일
dactilar	형 손의
dactilografía	여 타자, 타이핑
dactilográfico, ca	형 타이프라이터의
dactilógrafo, fa	남여 타자수, 타이피스트
dactiloscopia	여 지문학, 지문법
dadaísmo	남 다다이즘
dadaiiiista	형 다다이즘의
	남여 다다이스트
dádiva	여 선물(regalo)
dadivar	타 선물하다(regalar)
dadivoso, sa	형 인심이 좋은, 선심의
dado	남 주사위
dador, ra	남여 어음[수표] 발행자
daga	여 단도, 비수
dalia	여 [식물] 달리아
dalle	남 낫
daltoniano, na	형 색맹의. 남여 색맹
daltonismo	남 색맹
dama	여 귀부인; 시녀, 궁녀
damnificado, da	형 이재를 당한
	남여 이재민
damnificar	타 손해를 끼치다
dandi	남 멋쟁이
danés, sa	형 덴마크의
	남여 덴마크 사람
	남 덴마크 어

danza	여 댄스, 춤, 무용
danzante	형 춤추는
	남여 무용수, 댄서
danzar	자 춤을 추다
dañar	타 해치다, 손해를 주다
dañino, na	형 해로운, 유해한
daño	남 손해, 피해
dañoso, sa	형 해로운, 유해한
dar	타 주다; 건네다; 개최하다
dardo	남 투창, 화살던지기
data	여 날짜와 발신지
datar	타 날짜를 기입하다
dátil	남 대추
dativo	남 [문법] 여격
dato	남 자료, 데이터
de	전 의, 에서, 로부터
debajo	부 아래
debate	남 토론, 토의
debatir	타 토론하다, 토의하다
debe	남 [부기] 차변; 부채
deber¹	남 의무. 남복 숙제
deber²	타 빚을 지다; (은혜를) 입다
	[+*inf.*] …해야 한다
	[+de+*inf.*] …임에 틀림없다
	[no+deber+*inf.*] …해서는 안 된다
debido, da	형 반드시 그래야 할
	[+a] … 때문에, …에 의하여
débil	형 약한, 허약한
debilidad	여 허약함, 약함
debilitación	여 쇠약함, 허약함
debilitar	타 쇠약하게 하다
debilitarse	((재귀)) 쇠약해지다, 허약해지다
débilmente	부 약하게, 기운 없이
débito	남 [부기] 차변; 부채
debut	남 데뷔, 초연

debutante	남여 데뷔[초연]하는 사람
debutar	자 데뷔하다
década	여 10년, 10년간
decadencia	여 쇠퇴; 퇴폐; 쇠퇴기
decadente	형 쇠퇴기의; 퇴폐주의의
decaer	자 쇠해지다, 약해지다
decágono	남 [기하] 10각형
decano, na	남여 (대학의) 학장
decatlón	남 [운동] 십종 경기
decenas	여복 수십(數十)의
decencia	여 예의 바름
decente	형 예의 바른
decentemente	부 예의 바르게
decepción	여 실망, 환멸, 낙담
decepcionar	타 실망시키다
decibelio	남 데시벨
decidido, da	형 결정된, 확정된
decidir	타 결정하다, 결심하다
decígramo	남 데시그램
decílitro	남 데시리터
decimal	형 10분의 1의; 10진법의
	남 소수; 십진법, 10등분
decimalizar	타 10등분하다
decímetro	남 데시미터
décimo, ma	형 열 번째의, 10분의 1의
	남 10분의 1; [복권] 한 장
decimoctavo, va	형 18번째의
decimocuarto, ta	형 14번째의
decimonono, na	형 19번째의
decimonoveno, na	형 19번째의
decimoquinto, ta	형 15번째의
decimoséptimo, ma	형 17번째의
decimosexto, ta	형 16번째의
ddecimotercero, ra	형 13번째의
decir	타 말하다; 알리다

decisión	여 결정, 결심
decisivamente	부 단호히; 결정적으로
decisivo, va	형 단호한, 결정적인
declaración	여 언명, 성명, 선언; 신고
declarar	타 언명[선언]하다; 신고하다
declinación	여 쇠퇴; [문법] 격변화
declinar	자 기울다, 쇠하다; 내려가다
declive	남 경사, 비탈, 내리막
decoloración	여 퇴색; 표백
decolorante	남 표백제
decolorar	타 퇴색시키다; 표백시키다
decomisar	타 몰수하다, 압수하다
decomiso	남 몰수, 압수
decoración	여 장식; 장식하는 법; 장식품
decorado	남 무대 장치; 장식(품)
decorador, ra	형 장식하는
	남여 장식 미술가
decorar	타 장식하다; 꾸미다
decorativo, va	형 장식의, 장식용의
decoro	남 품위, 품격
decoroso, sa	형 품위[품격]이 있는
decrecer	자 줄다, 감소하다
decreciente	형 감소하는, 줄어드는
decrecimiento	남 감소, 저하
decrépito, ta	형 노쇠한; 쇠퇴한
decrepitud	여 노쇠; 쇠퇴
decretar	타 포고하다, 명령하다
decreto	남 법령
dedal	남 골무
dedalera	여 [식물] 디기탈리스
dedicación	여 헌신; 전념; 헌납; 헌정
dedicar	타 바치다; 헌정하다
dedicarse	((재귀)) [+a] (에) 종사하다
dedicatoria	여 헌사(獻辭)
dedicatorio, ria	형 헌사의

dedil	남 골무
dedo	남 손가락, 발가락
dedo anular	남 약지, 약손가락
dedo auricular	남 새끼손가락
dedo corazón	남 장지, 가운뎃손가락
dedo de en medio	남 장지, 가운뎃손가락
dedo del pie	남 발가락
dedo gordo	남 엄지손가락
dedo índice	남 검지, 집게손가락
dedo médico	남 약지, 약손가락
dedo meñique	남 새끼손가락
dedo mostrador	남 검지, 집게손가락
dedo pulgar	남 엄지손가락
dedo saludador	남 검지, 집게손가락
deducción	여 추론; 연역, 연역법
deducir	타 추론하다; 연역하다
deductivo, va	형 연역적인
defectivo, va	형 결점[결함]이 있는
defecto	남 결함, 결점, 단점
defectuoso, sa	형 결점[결함]이 있는
defender	타 지키다, 방어하다; 변호하다
defensa	여 방어; 방위; 수비수; 변호
defensivo, va	형 방어의, 방위의
defensor, ra	형 변호하는, 옹호하는
	남여 변호인; 수호자
deficiencia	여 결점, 결함; 부족
deficiente	형 결함이 있는; 불충분한
déficit	남 적자; 부족
definición	여 정의; (사전 등의) 말뜻
definido, da	형 명확한, 명료한
definir	타 정의하다; 명확히 하다
definitivamente	부 결정적으로; 최종적으로
definitivo, va	형 결정적인; 최종적인
deflación	여 [경제] 디플레이션
deflacionario, ria	형 [경제] 디플레이션의

deflacionista	형 디플레이션 (정책)의
	남여 디플레이션 정책론자
deformación	여 변형; 왜곡; 뒤틀림
deformar	타 변형시키다
deforme	형 기형의, 불구의; 왜곡된
deformidad	여 기형, 불구; 왜곡
defraudación	여 횡령, 사취
defraudador, ra	형 횡령하는, 사취하는
	남여 횡령[사취]하는 사람
defraudar	타 횡령[사취]하다; 실망시키다
defunción	여 죽음, 사망
degeneración	여 퇴화; 퇴폐, 타락
degenerar	타 퇴화시키다; 타락시키다
degollación	자 목을 자름, 참수
degollar	타 목을 자르다, 참수하다
degradación	여 강등, 박탈, 좌천
degradar	타 강등시키다, 박탈하다
degustación	여 시식, 시음; 시식[시음] 물건
degustar	타 시식하다, 시음하다
dehesa	여 목초지
dejación	여 포기; (재산 등의) 양도
dejado, da	형 게으른, 태만한
dejamiento	남 방임, 방치; 포기; 의기 소침
dejar	타 두다, 남기다; 놓다; 미루다
	[+de+*inf*.] (하는 것을) 중지하다
dejo	남 (음식 등의) 뒷맛
del	[de+el] …의, …부터
delantal	남 앞치마
delante	부 앞에. [+de] (의) 앞에
delantero, ra	형 앞의, 앞에 가는[있는]
	남여 공격수, 포워드
delatar	타 밀고하다; 폭로하다
delator, ra	형 밀고하는
	남여 밀고자
delegación	여 대표단; 위임

delegado, da	남여 대표; 사절
delegar	타 (권한을) 위임하다
deleitar	타 매우 즐겁게 하다
deleite	남 기쁨, 즐거움
deleitoso, sa	형 즐거운, 기쁜
delfín	남 [동물] 돌고래
delfinario	남 돌고래 쇼
delgadez	여 엷음, 가늘음; 여윔
delgado, da	형 가는; 여윈
deliberación	여 심의; 숙고
deliberar	타 심의하다; 숙고하다
delicadez	여 허약함, 나약함; 약함
delicadeza	여 섬세함, 미묘함; 우아함
delicado, da	형 섬세한, 미묘한; 허약한
delicia	여 환희, 쾌락, 기쁨
delicioso, sa	형 맛있는; 기분이 좋은
delincuenca	여 범죄
delincuente	형 죄를 지은. 비행을 저지른 남여 범죄자, 범인
delineante	남여 제도가
delinear	타 도면을 그리다
delirio	남 정신 착란, 망상
delito	남 죄, 범죄; 위반
delta	여 [지리] 삼각주
deltoides	남 삼각근
demacrado, da	형 수척해진, 여윈
demacrarse	((재귀)) 수척해지다, 여위다
demagogia	여 선동 정치
demagógico, ca	형 민중 선동의
demagogo, ga	남여 민중 선동가
demanda	여 수요; 청구
demandado, da	남여 [법률] 피고
demandante	남여 [법률] 원고
demandar	타 청구하다, 소송하다, 청원하다
demás	형 나머지의, 다른

	대 나머지[다른] 사람[물건]
demasia	여 과다, 지나침
demasiado, da	형 지나친, 과도한, 너무 많은
	부 너무, 지나치게, 극도로
demencia	여 광기; 정신 착란; 치매
demente	형 미친; 치매에 걸린
	남여 미친 사람, 광인
demérito	남 결점; 잘못
democracia	여 민주주의
demócrata	형 민주주의의
	남여 민주주의자
democrático, ca	형 민주적인, 민주주의의
democratización	여 민주화(民主化)
democratizador, ra	형 민주화하는
democratizar	타 민주화하다
demolición	여 파괴, 해체
demoler	타 헐다, 부수다, 해체하다
demoniaco, ca	형 악마의, 악마 같은
demoníaco, ca	형 악마의, 악마 같은
demonio	남 악마
demora	여 지연
demorar	타 지연시키다
	자 지연하다
demostración	여 표명, 명시; 증명; 실연
demostrar	타 보여주다; 표명[명시]하다
demostrativo, va	형 명시하는; [문법] 지시의
denegación	여 거절
denegar	타 거절하다
dengue	남 [의학] 뎅그열
denigración	여 중상, 모략, 비방
denigrante	형 헐뜯는, 비방하는
denigrar	타 비방하다, 헐뜯다
denominación	여 명명, 명칭, 호칭
denominador, ra	형 명명하는
	남여 명명하는 사람

	남 분모(分母)
denominar	타 명명하다
denotar	타 나타내다
densidad	여 밀도, 농도
densificar	타 (밀도를) 짙게 하다
densímetro	남 비중계
denso, sa	형 짙은; 밀도가 높은
dentadura	여 치아, 치열(齒列)
dental	형 이의; 잇소리의
dentar	타 (낫 등의) 날을 세우다
	자 이가 나기 시작하다
dentífrico	남 치약
dentina	여 상아질
dentista	남여 치과 의사
dentistería	여 치과 진료소[병원]
dentro	부 안에, 속에
	[+de] (의) 안에; [시간] 후에
denudación	여 노출
denudar	타 벌거벗기다
denuncia	여 알림, 신고; 밀고; 소송
denunciación	여 알림, 통보, 신고; 고발
denunciador, ra	형 알리는; 고발하는
	남여 신고자, 밀고자
denunciante	형 알리는, 신고하는; 고발하는
	남여 신고자, 밀고자
denunciar	타 고발하다; 알리다
departamental	형 부문(별)의; 부(部)의
departamento	남 국(局); 과(科); 아파트; 찻간
departir	자 말하다, 이야기하다
dependencia	여 의존, 종속; 지국, 출장소
depender	자 [+de] (에) 달려 있다
dependienta	여 여자 점원
dependiente	형 의존하는, 종속하는
	남여 점원; 아랫사람
depilatorio	남 탈모제

deplorar	타 한탄하다, 탄식하다
deportación	여 국외 추방; 강제 수용
deportar	타 (국외) 추방하다
deporte	남 운동, 스포츠
deportismo	남 운동 정신, 스포츠 정신
deportista	남여 스포츠맨, 스포츠 우먼
deportividad	여 스포츠맨십, 운동가 정신
deportivismo	남 스포츠맨십, 운동가 정신
deportivo, va	형 운동의, 스포츠의
depositador, ra	형 예금하는 남여 예금자
depositante	형 예금하는 남여 예금자
depositar	타 맡기다; 두다; 저장하다
depositaría	여 보관소
depositario, ria	형 보관하는 남여 보관자; 위탁 판매자
depósito	남 예금; 보증금; 저장소, 탱크
depravación	여 타락, 퇴폐
depravar	타 타락시키다
depreciación	여 가치 하락; 감가 상각
depreciar	타 값을 떨어뜨리다
depredar	타 약탈하다
depresión	여 침하; 불황; 우울증; 낙심
depresivo, va	형 기가 죽은, 풀이 죽은
deprimente	형 의기 소침한; 기가 죽은
deprimir	타 의기 소침하게 하다
deprisa	부 서둘러, 급히, 신속히
depuesto, ta	형 해임된
depuración	여 정화, 순화; 세련; 숙청
depurador, ra	형 정화하는
depurar	타 정화하다; 숙청하다
derechamente	부 곧장, 똑바로; 바로
derechismo	남 우익, 우익 정책
derechista	형 우익의

	남여 우익 분자
derechito	부 곧장, 똑바로 곧게
derechización	여 우경화, 보수화
derechizar	타 우경화[보수화]하다
derecho, cha	형 오른쪽의; 곧은, 직선의
	남 법, 법률; 권리
	남복 수수료; 세금
	여 오른쪽, 우측; 우익
	부 똑바로, 곧장
deriva	여 편류, 표류
derivación	여 유래; 파생어; 분기
derivado, da	형 파생의, 파생된
	남 파생어; 부산물
derivar	자 유래하다; 파생하다
dermatitis	여 [의학] 피부염
dermatología	여 피부과
dermatólogo, ga	남여 피부과 의사
dermatosis	여 [의학] 피부병
derogación	여 (법률 등의) 폐지
derogar	타 (법률 등을) 폐지하다
derramamiento	남 유출; (가족 등의) 이산
derramar	타 흘리다, 엎지르다, 흩뿌리다
derrame	남 유출(물), 누출(액)
derredor	남 주위
derretimiento	남 용해
derretir	타 녹이다, 용해시키다
derribamiento	남 철거, 철거 작업
derribar	타 (건물 등을) 철거하다
derribo	남 (건물 등의) 철거
derrocamiento	남 타도, 밀어 넘어뜨림
derrocar	타 전복하다, 밀어 넘어뜨리다
derrochar	타 낭비하다, 허비하다
derroche	남 낭비, 허비
derrota	여 패배
derrotar	타 패배시키다; 패배하다

derruir	타 (건물을) 해체하다
cerrumbamiento	남 붕괴, 낙반
derrumbar	타 붕괴시키다
derrumbe	남 도괴; 붕괴
desabotonar	타 단추를 풀다
desabotonarse	((재귀)) (자기의) 단추를 풀다
desabrido, da	형 맛이 없는
desabrochar	타 단추를 풀다
desabrocharse	((재귀)) 단추를 풀다
desaceleración	여 감속
desacelerar	타 속도를 줄이다, 감속하다
desacertar	자 [+en] (에) 실패하다
desacierto	남 예상에서 빗나감; 실수
desacuerdo	남 불일치, 부조화; 불화
desafiador, ra	형 도전하는
desafiante	형 도전적인
desafiar	타 도전하다; 맞서다
desafío	남 도전
desafortunado, da	형 불운의, 불행한
desagradable	형 불쾌한
desagradar	자 언짢아하다, 불쾌하다
desagradecer	타 은혜를 잊다
desagradecido, da	형 배은망덕한
desagrado	남 불쾌함
desagraviar	타 사과하다, 손해 배상하다
desagravio	남 보상; 사죄
desaguadero	남 배수구, 배수로
desaguador	남 배수구, 배수로
desaguar	타 배수하다
desagüe	남 배수; 배수구, 배수관
desahogar	타 한숨 돌리게 하다
desahogo	남 한숨 돌림, 휴식
desairar	타 업신여기다, 경시하다
desaire	남 경시, 경멸
desalar	타 염분을 빼다

desalentar	타 낙담[실망]시키다
desaliento	남 실망, 낙담; 의기소침
desalojar	타 몰아내다, 쫓아내다
desamparar	타 단념하다, 포기하다
desanimar	타 실망[낙담]시키다
desanimarse	((재귀)) 실망하다, 낙담하다
desánimo	남 낙담, 실망
desaparecer	자 사라지다, 없어지다
	타 숨기다, 감추다
desaparecido, da	형 없어진, 사라진
desaparición	여 소멸, 소실
desarmamiento	남 무장 해제, 군비 축소
desarmar	타 무장 해제하다
desarme	남 무장 해제; 군비 축소
desarrollado, da	형 발전된, 성장된
desarrollar	타 발전[발달, 발육]시키다
desarrollo	남 발전, 발달; 발육
desarticulación	여 탈구, 삠; 분해, 해체
desarticular	타 삐다; 분해[해체]하다
desastre	남 재해, 재난
desatar	타 (묶여진 것을) 풀다
desatención	여 실례, 무례; 방심
desatender	타 등한히 하다, 무시하다
desatento, ta	형 부주의한, 조심성없는
desayunar	자 아침밥을 먹다
desayuno	남 아침밥
desbordar	자 넘치다, 범람하다
desbordamiento	남 범람; 방자함
desbordarse	((재귀)) 넘치다, 범람하다
desborde	남 범람, 흘러 넘침
descafeinado, da	형 카페인을 제거한
	남 카페인 없는 커피
descafeinar	타 커피의 카페인을 없애다
descalificación	여 무자격; 자격 박탈
descalificado, da	형 자격이 없는

descalificar	타 신용을 떨어뜨리다
descalzar	타 신발을 벗기다
descalzarse	((재귀)) 신발을 벗다
descalzo, za	형 맨발의
descansar	자 쉬다, 휴식하다
	타 쉬게 하다
descansillo	남 층계참
descanso	남 휴식; 막간; 층계참
descarado, da	형 뻔뻔스러운
descarga	여 하역
descargadero	남 하역장, 부두
descargador, ra	남여 하역 인부
descargar	타 하역하다, 짐을 내리다
descargo	남 하역
descaro	남 뻔뻔스러움, 철면피
descarriar	타 길을 잃게 하다
descarriarse	((재귀)) 길을 잃다
descarrilar	자 (열차가) 탈선하다
descendencia	여 자손, 후손; 가계, 혈통
descendente	형 하강하는
descender	타 내리다, 내려놓다
	자 내리다, 내려가다
descendiente	남여 자손, 후손, 후예
descenso	남 하강, 내려감
descentralización	여 지방 분권
descentralizar	타 지방 분권화하다
descifrar	타 해독[판독]하다
descodificación	여 해독
descodificador	남 해독기
descodificar	타 해독하다
descolgar	타 (걸린 것을) 내리다
descolorido, da	형 빛깔이 바랜
descomponer	타 분해하다, 부수다
desconcertar	타 혼란하게 하다
desconfiado, da	형 믿지 않은, 미심쩍은

desconfianza	여 불신, 의심
desconfiar	타 [+de] (을) 불신하다
desconocer	타 모르다
desconocido, da	형 모르는, 낯선
	남여 모르는 사람, 낯선 사람
descontar	타 할인하다
descontento, ta	형 불만의. 남 불만
descortés	형 예의 없는, 버릇없는
descortesía	여 무례; 실례
describir	타 묘사하다, 기술하다
descripción	여 묘사, 기술
descubierto, ta	형 발견된
descubridor, ra	남여 발견자, 탐험가
descubrimiento	남 발견
descubrir	타 발견하다
descuento	남 할인
descuidado, da	형 부주의한
descuidar	타 소홀히 하다, 방심하다
descuidarse	((재귀)) 방심하다, 태만하다
descuido	남 부주의
desde	전 …부터, …에서, …이래
desdén	남 경멸
desdeñar	타 경멸하다
desdicha	여 불행, 불운, 재난
desdichado, da	형 불행한, 불운한
desear	타 원하다, 바라다
desechar	타 버리다; 거절하다
desecho	남 폐기물
desembarcadero	남 하역장, 부두, 선창
desembarcar	타 (배, 비행기에서) 내리다
	자 상륙하다
desembarcar	타 내리다, 양륙하다
desembarco	남 양륙
desembocadura	여 하구(河口), 강어귀
desembocar	자 (강물이) 흘러들다

desembragar	㉠ 회전축에서 분리하다
desempeñar	㉠ (임무를) 다하다
desempleado, da	㉖ 실업 상태에 있는
	㉠㉡ 실업자
desempleo	㉠ 실업(失業)
desenfocado, da	㉖ 초점이 틀어진[흐려진]
desenfocar	㉠ 초점을 흐려지게 하다
desenfoque	㉠ 초점이 틀어짐[흐려짐]
desengañar	㉠ (환멸을) 느끼게 하다
desengaño	㉠ 환멸, 실망
desenlace	㉠ 결말; 대단원
desenlazar	㉠ 매듭을 풀다
desenlazarse	((재귀)) 매듭이 풀리다
desenredar	㉠ 얽힌 것을 풀다
desentenderse	((재귀)) 모르는 척하다
desenvoltura	㉡ 경쾌함; 분방
desenvolver	㉠ 전개시키다
desenvolverse	((재귀)) 전개되다
deseo	㉠ 바람, 원망; 욕망
desequilibrar	㉠ 균형을 잃게 하다
desequilibrio	㉠ 불균형, 불안정
deserción	㉡ 탈주
desertar	㉠ 탈주하다
desesperación	㉡ 절망
desesperado, da	㉖ 절망적
desesperanza	㉡ 절망
desesperanzar	㉠ 절망시키다
desesperar	㉠ 절망하게 하다
desesperarse	((재귀)) 절망하다
desestimar	㉠ 과소 평가하다
desfallecer	㉣ 기절하다, 기운이 빠지다
desfallecimiento	㉠ 기절, 졸도; 쇠약
desfavorable	㉖ 불리한, 호의적이 아닌
desfavorecer	㉠ 불리하게 하다
desfiladero	㉠ 골짜기, 협곡

desfilar	타 행진하다
desfile	남 행진, 퍼레이드
desgana	여 식욕 부진
desganarse	((재귀)) 식욕이 없어지다
desgarrar	타 발기발기 찢다
desgastar	타 닳아지게 하다
desgaste	남 마멸; 소모
desgobierno	남 실정, 악정
desgracia	여 불행, 불운; 재난
desgraciado, da	형 불운한; 매력이 없는
deshacer	타 부수다, 파괴하다
desharrapado, da	형 남루한, 누더기를 걸친
deshidratación	여 탈수증
deshielo	남 해빙; 해동
deshollinador	남 굴뚝 청소부
deshonesto, ta	형 정직하지 못한
deshonra	여 불명예, 수치
deshonrar	타 모욕을 주다
deshumanización	여 비인간화
deshumanizar	타 인간성을 잃게 하다
desierto, ta	형 사람이 살지 않은, 무인의.
	남 사막, 불모지
designación	여 지명, 임명; 지정; 명칭
designar	타 지명하다, 임명하다
designio	남 계획; 의도
desigual	형 같지 않은; 불공평한
desigualar	타 불규칙하게 하다
desigualdad	여 불균등; 불공평; 불규칙
desilusión	여 환멸, 실망
desilusionar	타 실망시키다
desilusionarse	((재귀)) 실망하다
desinfectar	타 소독하다
desinterés	남 무관심; 무사, 공평
desinteresado, da	형 무관심한; 욕심이 없는
desinteresarse	((재귀)) 관심[흥미]가 없다

desintoxicación	여 해독; 중독 치료
desintoxicar	타 중독[해독]고치다
desistir	타 [+de] (을) 단념하다
desleal	형 불성실한, 불충한
deslealtad	여 부실, 불성실
deslizamiento	남 활주, 미끄러지기
deslizar	타 미끄러지게 하다
deslizarse	((재귀)) 미끄러지다
deslumbrar	타 눈부시게 하다, 현혹시키다
desmaquillar	타 (의) 화장을 지우다
desmayar	타 실신시키다
desmayarse	((재귀)) 실신하다, 졸도하다
desmayo	남 졸도, 기절, 실신
desmentir	타 부정하다, 반론하다
desmesurado, da	형 과도한, 거대한
desmilitarizar	타 비무장화하다
desmochar	타 가지를 짧게 치다
desmoche	남 나뭇가지 치기
desmontar	타 분해하다, 해체하다
desmonte	남 분해, 해체
desnaturalización	여 국적 박탈, 국적 상실
desnaturalizar	타 국적을 박탈[상실]하다
desnivel	남 고저(高低), 울퉁불퉁함
desnuclearización	여 비핵화, 핵무기 철거
desnuclearizar	타 핵무기를 철거하다
desnudar	타 나체로 만들다
desnudarse	((재귀)) 나체가 되다
desnudez	여 나체, 나체 상태
desnudismo	남 누디즘, 나체주의
desnudista	형 나체주의의
	남여 나체주의자
desnudo, da	형 나체의, 옷을 벗은
	남 [미술] 나체(화)
desnutrición	여 영양 실조, 영양 부족
desnutrirse	((재귀)) 영양 실조가 되다

desobedecer	타	불복하다, 말을 듣지 않다
desobediencia	여	불복, 불복종, 반항
desobediente	형	불복종하는, 반항적인
desocupado, da	형	실직한
desocupar	타	비우다; 해고하다
desodorante	남	방취제(防臭制)
desorden	남	무질서, 혼란
desordenado, da	형	무질서한, 혼잡한
desordenar	타	혼잡하게 하다
desorientar	타	방향을 잃게 하다
desoxidación	여	탈산(脱酸)
despachar	타	발송하다; 해고하다
despacho	남	처리; 집무실; 연구실
despacio	부	천천히
despedida	여	이별, 작별; 해고
despedir	타	해고하다
despedirse		((재귀)) [+de] (와) 작별하다
despegar	자	이륙하다
despegue	남	이륙
despejado	형	맑게 갠, 구름 한 점 없는
despejar	타	비우다, 치우다
despejarse		((재귀)) 분명하게 하다
despensa	여	식료품 저장실[저장소]
desperdiciar	타	낭비하다
desperdicio	남	낭비
despertador, ra	형	깨우는
	남	자명종(reloj despertador)
despertar	타	깨우다
despertarse		((재귀)) 깨어나다, 눈을 뜨다
despido	남	해고; 해고 수당
despiezar	타	분해하다, 해체하다
despierto, ta	형	잠에서 깨어난
despistar	타	(추적 등을) 따돌리다
desplantar	타	(식물을) 뽑다
desplazar	타	이동시키다

desplegar	탄 (접었던 것을) 펴다
despojar	탄 탈취하다
desposado, da	형 신혼의
	남여 신랑, 신부
desposarse	((재귀)) 결혼하다
desposorio	남 약혼. 남복 결혼식
despreciable	형 경멸할 만한
despreciar	탄 경멸하다
desprecio	남 경멸
desprender	탄 놓아주다, 풀다
desprenderse	((재귀)) 떨어지다, 나오다
después	부 후에, 나중에
destacado, da	형 걸출한
destacamento	남 파견, 파견대
destacar	탄 (부대를) 파견하다
destacarse	((재귀)) 돋보이다
desterrar	탄 (국외로) 추방하다
destetar	탄 젖을 떼게 하다
destetarse	((재귀)) 젖을 떼다
destete	남 젖을 떼기, 이유(離乳)
destierro	남 국외 추방
destilación	여 증류
destiladera	여 증류기
destilador, ra	형 증류하는. 남 증류기
destilar	탄 증류하다
destilería	여 증류 공장
destinar	탄 할당하다, 충당하다
destinatario, ria	남여 수취인
destino	남 운명, 숙명; 목적지
destitución	여 파면, 해임, 면직
destituir	탄 파면하다, 해임하다
destornillador	남 나사돌리개
destreza	여 재주, 재간
destronamiento	남 폐위, 왕위 박탈
destronar	탄 폐위하다, 왕위를 박탈하다

destrozar	타 산산조각으로 만들다
destrozo	남 파괴, 토막냄
destrucción	여 파괴
destructivo, va	형 파괴력이 있는
destructor, ra	형 파괴하는
	남 구축함
destruir	타 파괴하다, 부수다
desusar	타 못쓰게 만들다
desusarse	((재귀)) 못쓰게 되다
desuso	남 사용하지 않음
desválido, da	형 의지할 곳 없는
desvalorización	여 가치 하락, 저하
desvalorizar	타 가치를 내리다
desván	남 다락방, 더그매
desvanecer	타 지우다, 소멸시키다
desvelar	타 철야하게 하다
desvelarse	((재귀)) 철야하다
desventaja	여 불리, 불이익
desventajoso, sa	형 불리한; 불편한
desventura	여 불운, 불행
desventurado, da	형 불운한, 불행한
	남여 불운[불행]한 사람
desvergonzarse	((재귀)) 뻔뻔스레 굴다
desvergüenza	여 파렴치, 철면피
desvestir	타 (누구의 옷을) 벗기다
desviación	여 우회로; 편향
desviar	타 빗나가게 하다
desviarse	((재귀)) 빗나가다, 벗어나다
desyerba	여 제초(除草)
desyerbador, ra	남여 제초자(除草者)
desyerbadora	여 제초기(除草器)
desyerbar	타 제초하다
detalladamente	부 상세히, 자세히
detallar	타 상세히 술회[묘사]하다
detallado, da	형 상세한, 자세한

detalle	남 세목, 상세함
detección	여 검출, 탐지
detectar	타 검출하다, 탐지하다
detective	남여 탐정; 형사
detector, ra	형 검출하는
	남 검출기, 탐지기, 센서
detención	여 정지; 체포; 구류
detener	타 정지시키다; 체포[구류]하다
detenerse	((재귀)) 멈추다, 정지하다
detenido, da	형 체포된, 구류된; 상세한
	남여 죄수, 형사 피고인
detergente	남 세제, 가루비누
deteriorar	타 손상하다, 해치다
deterioro	남 파손; 악화
determinación	여 결정; 결심, 결의
determinado, da	형 결정된, 정해진
determinante	형 결정하는. 남 한정사
determinar	타 결정하다
detestable	형 증오할 만한
detestar	타 미워하다, 증오하다
detonación	여 폭음; 폭발, 폭발물
detonador	남 뇌관, 기폭 장치
detonante	형 폭발하는; 폭음을 내는
	남 폭약
detonar	자 크게 울리다, 폭음을 내다
detrás	부 후에, 나중에
deuda	여 빚, 채무
deudor, ra	남여 채무자
devaluación	여 평가 절하
devaluar	타 평가 절하하다
devoción	여 신심(信心), 신앙심; 기도
devolución	여 돌려줌, 반환, 반각(返却)
devolver	타 돌려주다
devorar	타 게걸스레 먹다
devoto, ta	형 믿음이 깊은

día	여 날, 낮, 하루
diabetes	여 당뇨병
diabético, ca	형 당뇨병의
	남여 당뇨병 환자
diablo	남 악마
diaconisa	여 여자 집사
diácono	남 [종교] 집사
diáfano, na	형 투명한
diafragma	남 [해부] 횡격막
diagnosis	여 진단, 진단법
diagnosticar	타 진단하다
diagnóstico	형 진단의. 남 진단
diagonal	형 대각선의. 남 대각선
dial	남 다이얼
dialectal	형 방언의
dialectalismo	남 방언, 사투리
dialéctica	여 변증법
dialéctico, ca	형 변증법적인
	남여 궤변가
dialecto	남 방언, 사투리
dialectología	여 방언학
diálisis	여 [의학] 투석
dialogar	자 대담하다; 교섭하다
diálogo	남 대화, 회화
diamante	남 다이아몬드
diametral	형 직경의
diámetro	남 지름, 직경
diana	여 [군사] 기상 나팔
Diana	여 [로마 신화] 달의 여신
diapositiva	여 [사진] 슬라이드
diarero, ra	남여 신문팔이
diariamente	부 날마다, 매일
diariero, ra	남여 신문팔이
diario, ria	형 매일의
	남 일기, 일지, 일간신문

diarismo	남 저널리즘
diarista	남여 저널리스트
diarrea	여 설사
dibujante	남여 디자이너, 제도가
dibujar	타 디자인하다, 제도하다
dibujo	남 도안, 디자인, 스케치
dicción	여 어법, 말
diccionario	남 사전
dicha	여 행복; 행운
dicho, cha	형 전술한, 전기의
	남 말, 표현, 격언
dichosamente	부 행복하게, 운 좋게
dichoso, sa	형 행복한, 행운의
diciembre	남 12월
dictado	남 받아쓰기; 구술
dictador, ra	남여 독재자
dictadura	여 독재
dictamen	남 의견, 판단
dictar	타 구술하다; 받아쓰기시키다
didáctico, ca	형 교육의, 교육적인
	여 교육법, 교수법
diecinueve	형 19의, 19번째의. 남 19
dieciocho	형 18의, 18번째의. 남 18
dieciséis	형 16의, 16번째의. 남 16
diecisiete	형 17의, 17번째의. 남 17
diente	남 이(齒); 마늘 쪽
diente canino	남 송곳니
diente de leche	남 젖니
diente incisivo	남 앞니
diente molar	남 어금니
diente picado	남 충치(蟲齒)
diente postizo	남 틀니, 의치
diéresis	여 분음부 (¨)
diesel	남 디젤 엔진
diestramente	부 능숙하게

diestro, tra	형 오른쪽의; 능숙한
	남 투우사
dieta	여 다이어트, 식이 요법
dietético, ca	형 식이 요법의
	남여 식이 요법 전문의
dietista	남여 영양사
diez	형 10의, 10번째의. 남 10
diezmo	남 십일조
difamación	여 모략, 중상, 비방
difamador, ra	형 중상하는, 모략하는
	남여 중상[모략]하는 사람
difamar	타 비방하다, 모략하다
diferencia	여 차(差), 차이
diferenciación	여 구별, 식별; 분화
diferencial	형 틀린, 차별의
	남 차동 장치
diferenciar	타 구별하다, 식별하다
diferente	형 다른, 틀린
diferir	타 연기하다, 미루다
difícil	형 어려운, 곤란한
difícilmente	부 어렵게, 간신히
dificultad	여 어려움, 곤란
dificultar	타 어렵게[곤란하게] 하다
difteria	여 디프테리아
diftérico, ca	형 디프테리아의
	남여 디프테리아 환자
difundir	타 방송하다; 보급시키다
difunto, ta	형 죽은, 사망한, 고(故)
	남여 고인(故人)
difusión	여 방송; 보급; 유포
difuso, sa	형 확산된; 산만한
difusor, ra	형 확산시키는; 보급시키는
digerir	타 소화하다, 흡수하다
	자 소화되다
digestible	형 소화시킬 수 있는

digestión	여 소화
digestivo, va	형 소화의. 남 소화제
digitación	여 [음악] 운지법
digital	형 디지털의; 손가락의
	남 디지털
digitalizar	타 디지털화하다
digitopuntura	여 지압
dignamente	부 위엄 있게, 당당히
dignarse	((재귀)) …하여 주시다
dignatario, ria	남여 고관
dignidad	여 위엄; 품격
digno, na	형 [+de] 가치가 있는
dilación	여 연기, 지연
ilatar	타 확대하다; 연기하다
dilema	남 딜레마, 진퇴 양난
diligencia	여 수속, 처치; 역마차
diligente	형 근면한, 부지런한
diligentemente	부 부지런히, 근면하게
diluvial	남 [지질] 홍적세, 홍적층
diluviar	자 호우가 내리다
diluvio	남 큰물, 대홍수
dimensión	여 크기; 차원
diminutivo, va	형 축소하는
	남 [문법] 축소사
diminuto, ta	형 아주 작은
dimisión	여 사직, 사임
dimitir	타 사직하다, 사임하다
Dinamarca	여 [나라] 덴마크
dinamarqués, sa	형 덴마크의
	남여 덴마크 사람
	남 덴마크 어
dinámica	여 역학
dinámico, ca	형 활동적인; 역학의
dinamismo	남 활력; [철학] 동력론
dinamita	여 다이너마이트

dinamo	남 발전기
dinamómetro	남 전력계
dinamotor	남 직류 발전기
dinastía	여 왕조
dinástico, ca	형 왕조(王朝)의
dinerario, ria	형 돈의, 돈에 관한
dinero	남 돈
dintel	남 문미, 상인방
dios[1]	남 신(神)
Dios[2]	남 하느님, 하나님, 신
diosa	여 여신(女神)
dióxido	남 이산화물
diploma	여 면장; 졸업[수료] 증서
diplomacia	여 외교; 외교단
diplomado, da	형 자격증을 소지한 남여 자격증 소지자
diplomático, ca	형 외교의, 외교적인 남여 외교관. 여 외교술
diptongo	남 [문법] 이중 모음
diputación	여 의원단; 지방 의회
diputado, da	남여 의원, 국회의원
dique	남 독, 선거(船渠)
dirección	여 주소; 지도, 지휘
directamente	부 직접, 직접적으로
directivo, va	형 지도적인 남여 간부, 일원 여 중역회; (당의) 집행부
directo, ta	형 직접의; 똑바른; 직행의
director, ra	남여 감독; 이사; 사장; 교장
directorio	남 지침, 명부, 이사회
dirigente	남여 지도자, 간부
dirigible	남 비행선
dirigir	타 향하게 하다; 감독하다
dirigirse	((재귀)) [+a] (로) 향하다
discernimiento	남 판별, 식별

discernir	타 판별하다, 식별하다
disciplina	여 규율; 훈련; 학과
disciplinar	타 훈련시키다
discípulo	남 제자; 신봉자
disco	남 원반; 레코드; 디스크
disco blanco	남 빈 디스크
disco compacto	남 컴팩트디스크
disco duro	남 하드디스크
disco fijo	남 고정 디스크
disco flexigle	남 플렉시블 디스크
disco floppy	남 플로피 디스크
disco magnético	남 자기 디스크
disco óptico	남 광 디스크
disco virtual	남 가상 디스크
discóbolo, la	남여 원반던지기 선수
discografía	여 레코드 목록
discográfico, ca	형 레코드의, 레코드 목록의
	여 레코드 회사
discontinuidad	여 불연속성, 중단
discontinuo, nua	형 불연속의, 중단의
discordancia	여 부조화, 불일치
discordante	형 부조화의, 일치하지 않은
discordar	자 일치하지 않다
discorde	형 조화되지 않은
discordia	여 불화, 불일치
discoteca	여 디스코텍; 레코드 보관소
discreción	여 신중, 분별; 기지(機智)
discrepancia	여 불일치
discrepar	자 [+de] (와) 다르다
discreto, ta	형 신중한, 용의주도한
discriminación	여 구별; 차별
discriminar	타 구별하다; 차별하다
discriminatorio, ria	형 구별하는, 차별적인
disculpa	여 변명, 평계
disculpar	타 용서하다

disculparse	((재귀)) 변명하다
discurrir	타 숙고하다
discurso	남 연설; 강연
discusión	여 토론, 의론; 말다툼
discutir	타 토론하다, 의론하다
disecador, ra	남여 박제사
disecar	타 박제로 만들다; 해부하다
disección	여 해부; 상세한 분석
diseccionar	타 해부하다
disensión	여 (의견의) 대립; 분쟁
disenso	남 (의견의) 상위, 틀림
disentería	여 이질
disentérico	형 이질의
disentimiento	남 (의견의) 상위, 틀림
disentir	자 의견이 틀리다
diseñador, ra	남여 디자이너, 설계가
diseñar	타 디자인하다, 제도하다
diseño	남 디자인, 스케치; 설계도
disertación	여 논술, 발표
disertar	타 논하다, 논술하다
disfasia	여 [의학] 부전 실어증
disfavor	남 꾸중; 무례, 경시
disformar	타 이지러뜨리다
disforme	형 모양이 흉한, 기형의
disfraz	여 변장, 가장, 위장
disfrazar	타 변장시키다
disfrazarse	((재귀)) 변장하다
disfrutar	타 향수하다
	자 [+de, con] (을) 즐기다
disfrutarse	자 [+de, con] (을) 즐기다
disfunción	자 [의학] 기능 부전
disgregación	여 분리, 분산
disgregar	타 분산[해산]시키다
disgustar	타 불쾌하게 하다
disgustarse	((재귀)) 불쾌해지다

disgusto	남 불쾌함, 불유쾌함
disidencia	여 의견 불일치
disidente	형 의견이 일치하지 않는
disidir	자 다른 의견을 주장하다
disimulación	여 은폐, 숨기기, 시치미떼기
disimular	타 숨기다, 감추다
disímulo	남 은폐, 위장
disipación	여 소산; 방탕
disipado, da	형 방탕한
	남여 방탕한 사람
disipador, ra	남여 낭비가
disipar	타 낭비하다
dislocación	여 탈구(脫臼), 뼘
dislocar	타 (의) 관절을 삐다
dislocarse	((재귀)) 뼈를 삐다, 탈구되다
disminución	여 감소, 경감, 감퇴, 저하
disminuir	타 감하다, 줄이다
disolución	여 용해; 용액; 해체
disoluto, ta	형 방탕한
	남여 방탕한 사람
disolvente	형 용해시키는
	남 [화학] 용제
disolver	타 녹이다, 용해시키다
disonancia	여 [음악] 불협화음; 부조화
disonante	형 불일치한, 귀에 거슬리는
disonar	자 귀에 거슬리는 음을 내다
dispar	형 다른, 틀린
disparador	남 발사 장치; [사진] 셔터
disparar	타 발사하다
disparate	남 엉터리
disparidad	여 불일치, 불균형
disparo	남 발사, 사격; 강 숫
dispendio	남 낭비
dispensa	여 면제; 특별 허가
dispensar	타 용서하다; 사면하다

	자 용서하다
dispensario	남 무료 진료소
dispepsia	여 소화 불량(증)
dispéptico	형 소화 불량의
dispersar	타 흩뜨리다, 분산시키다
dispersión	여 분산; 전파
disponer	타 배치하다; 준비하다
disponible	형 자유로이 사용할 수 있는
disposición	여 배치; 준비; 처리; 소질
dispositivo	남 장치
dispuesto, ta	형 준비된, 용의가 있는
disputa	여 말다툼, 언쟁, 싸움
disputar	타 언쟁하다, 말다툼하다
disquería	여 레코드 가게
disquete	남 프로피 디스크
distancia	여 거리, 간격, 격차, 차이
distanciamiento	남 소원함, 사이가 틀어짐
distanciar	타 거리를 두다
distanciarse	((재귀)) 거리를 두다, 떨어지다
distante	형 먼, 멀리 떨어진
distar	자 멀다, 거리가 떨어져 있다
distinción	여 구별, 식별; 영예; 기품
distinguido, da	형 탁월한; 저명한
distinguir	타 구별하다; 식별하다
distinguirse	((재귀)) 빼어나다, 뛰어나다
distintamente	부 뚜렷이, 분명히
distintivo, va	형 구별하는, 특유의
distinto, ta	형 다른, 상이한; 명료한
distocia	여 [의학] 난산
distracción	여 오락; 부주의
distraer	타 기분을 풀어주다; 주의를 딴 데로 돌리다
distraerse	((재귀)) 기분 전환을 하다
distraído	형 한 눈을 파는, 방심한
distribución	여 분배; 배급; 배달

distribuidor, ra	형 분배의, 배급의
	남여 배달인; 배포하는 사람
	남 자동 판매기
distribuir	타 분배하다; 배급하다
distributivo, va	형 분배하는
distrito	남 지구(地區), 지역(地域)
disturbio	남 소란, 소동; 복 폭동
disuadir	타 단념하게 하다, 설득시키다
disuasión	여 설득
disuasivo, va	형 설득시키는
disyuntor	남 회로 차단기
diuresis	여 [의학] 이뇨
diurético, ca	형 [의학] 이뇨의
	남 [의학] 이뇨제
diván	남 소파
diversidad	여 다양성
diversificación	여 다양화, 잡다함
diversificar	타 다양화하다
diversificarse	((재귀)) 다양화되다
diversión	여 오락, 기분 전환
diverso, sa	형 다양한, 변화가 풍부한
	형복 여러 가지의, 각종의
divertido, da	형 즐거운, 재미있는
divertir	타 즐겁게 하다
divertirse	((재귀)) 즐겁다
dividendo	남 피제수, 나뉨수; 배당금
dividir	타 나누다, 분할하다
divinidad	여 신성(神性), 신격(神格)
divinización	여 신성화, 신격화
divinizar	타 신성화하다, 신격화하다
divino, na	형 신(神)의; 숭고한
divisa	여 기장(記章); 외화
divisar	자 멀리에 보이다
divisible	형 나누어 떨어지는
división	여 분할; 나누기, 나눗셈; 사단

divisor	남 [수학] 제수(除數), 약수
divorciado, da	형 이혼한
	남여 이혼한 사람
divorciar	타 이혼시키다
divorciarse	((재귀)) 이혼하다
divorcio	남 이혼
divulgación	여 공표, 유포
divulgar	타 폭로하다; 공표하다
do	남 다 음(音), 다 조(調)
doblar	타 두 배로 하다; 굽히다
	자 돌다, 꺾어지다
doble	형 두 배의; 이중의
	남 두 배, 2배; 이중
doblegar	타 굴복시키다; 구부리다
doblemente	부 두 배로; 이중으로
doce	형 12의; 12번째의.
	남 12; 12일. 여복 12시
docena	여 타, 다스; 12개
docencia	여 교육
docente	형 교육의
	남여 교사, 교육자
dócil	형 유순한, 고분고분한
docilidad	여 순종, 고분고분함
docto, ta	형 박식한, 박학한
doctor, ra	남여 박사; 의사
doctorado	남 박사 학위[과정]
doctoral	형 박사의
doctorando, da	남여 박사 과정 학생
doctorar	타 박사 학위를 수여하다
doctrina	여 학설; 교의(教義)
docudrama	남 다큐멘터리 드라마
documentación	여 문서화; 정보; 증명서
documentado, da	형 관계 서류가 첨부된
documental	형 기록에 기초한; 문서의
	남 기록 영화, 다큐멘터리

documenentalista	남여 기록 영화 감독
documentalmente	부 자료에 기초하여
documentar	타 고증하다, 자료를 첨부하다
documento	남 서류, 문서; 증명서
dodecaedro	남 [수학] 12면체
dodecágono, na	형 [수학] 12각형의
	남 [수학] 12각형
dodecasílabo, ba	형 12음절의
	남 12음절의 시구
dogal	남 (말 등의) 목고리
dogma	남 교리, 교의(敎義)
dogmático, ca	형 교리의, 교의의; 독단적인
dogmatismo	남 독단(론); 교조주의
dogmatizar	타 거짓 교리를 가르치다
dólar	남 달러
dolencia	여 병고; 고통
doler	자 아프다
doliente	형 슬픈; 아픈
	남여 유족; 환자
dolmen	남 돌멘, 고인돌
dolménico, ca	형 고인돌의, 돌멘의
dolor	남 고통, 아픔, 통증
dolorido, da	형 아픈, 괴로운
doloroso, sa	형 고통스런, 아픈
domador, ra	남여 조련사
domar	타 (동물을) 길들이다
doméstico, ca	형 가정의; 국내의
domiciliario, ria	형 거주의, 주거의
domicilio	남 주소; 주거
dominación	여 지배, 통치
dominante	형 지배적인; 주요한
dominar	타 지배하다; 습득하다
domingo	남 일요일; 안식일, 주일
dominical	형 일요일의; 주일의
dominicano, na	형 도미니카공화국의

	남여 도미니카공화국
dominio	남 지배; 영토; 도메인
dominó	남 도미노 놀이
domo	남 돔, 둥근 지붕
don¹	남 돈 ((남성 이름 앞 경칭))
don²	남 선물, 은총; 천부의 재능
donación	여 기증, 증여; 기증물
donaire	남 기지; 품격
donante	남여 기증자; 장기 기증자
donar	타 기증하다, 증여하다
donatario, ria	남여 기증[기부]의 수령자
donativo	남 기부, 기증
doncel	남 (동정의) 청년
doncella	여 처녀; 소녀
doncellez	여 처녀성, 동정
donde	부 …하는 (장소)
dónde	부 [의문 부사] 어디, 어디에
dondequiera	부 어디든지, 아무 곳이나
donjuán	남 바람둥이, 색마
donoso, sa	형 우아한; 기지가 풍부한
doña	여 [기혼여성의 이름 앞에 놓는 경칭] 부인, 여사
dóping	남 도핑, 약물 검사
dorada	여 [어류] 도미
dorado, da	형 금빛의; 금빛
	남 금도금, 금박
dorar	타 금도금하다
dorarse	((재귀)) 누렇게 눋다
dórico, ca	형 [건축] 도리스식의
dormida	여 선잠; (누에의) 잠
dormilón, na	형 잠을 잘 자는, 잠이 많은
	남여 잠꾸러기
dormir	자 자다. 타 재우다
dormitar	자 꾸벅꾸벅 졸다
dormitivo, va	형 최면성의

	남 수면제, 최면제
dormitorio	남 침실
dorsal	형 등의, 뒤쪽의
	남 [운동] 등 번호, 백넘버
dorso	남 등; 뒤쪽
dos	형 2의; 두 번째의
	남 2; 2일. 예복 2시
doscientos, tas	형 200의, 200번째의
	남 200
dosificación	여 조제, 투약
dosificar	타 (약을) 조합하다
dosis	여 (약의) 복용량
dotación	여 기금; 지급; 지참금
dotado, da	형 재능이 있는
dotar	타 지참금을 주다; 기부하다
dote	남 지참금; 재능, 소질
dovela	여 (쐐기꼴의) 홍예석
dracma	여 드라크마 (그리스의 화폐)
draga	여 준설선, 준설기
dragado	남 준설
dragaminas	남 소해정(掃海艇)
dragar	타 준설하다
dragón	남 용
drama	남 드라마, 연극, 극
dramático	형 희곡의, 연극의; 극적인
dramatista	남여 극작가
dramatización	여 각색, 희곡화
dramatizar	타 각색하다
dramaturgia	여 극작술
dramaturgo, ga	남여 극작가
droga	여 마약; 약품
drogadicción	여 마약 중독
drogadicto, ta	형 마약 중독의
	남여 마약 중독자
droguería	여 약국; 잡화점

droguero, ra	남여 잡화상
dromedario	남 [동물] 단봉낙타
dual	형 이중의, 두 개의
dualidad	여 이원성, 이중성
ducado	남 공작(公爵)의 지위; 공국
ducal	형 공작의
ducha	여 샤워; 샤워실; 샤워 장비
duchar	타 샤워시키다
ducharse	((재귀)) 샤워하다
ductibilidad	여 가연성
duda	여 의심, 의혹
didar	타 의심하다
dudosamente	부 의심스럽게
dudoso, sa	형 의심스러운
duelo	남 결투; 상(喪); 비탄
duende	남 도깨비, 귀신
dueño, ña	남여 주인
dulce	형 (맛이) 단; 온화한
	남 과자
dulcería	여 과자점
dulcero, ra	형 단 것을 좋아하는
	남여 과자 제조자
dulcinea	여 의중의 여인
dulzura	여 단맛, 감미로움
dulzurar	타 달게 하다
dumdum	남 폭발탄
dumping	남 덤핑
duna	여 모래 언덕
dúo	남 [음악] 이중주곡, 이중창곡
duodécimo, ma	형 12번째의
duodenal	형 [해부] 십이지장의
duodenistis	여 [의학] 십이지장염
duodeno	남 [해부] 십이지장
duplicación	여 복사; 이중

duplicado, da	형 복사의; 정부 두 통의
duplicar	타 두 배 하다
duplicidad	여 이중성, 두 배; 꿍심
duplo, pla	형 2배의. 남 2배
duque	남 공작(公爵)
duquesa	여 공작 부인, 여자 공작
durabilidad	여 지속력, 내구성
durable	형 지속성[내구성]이 있는
duración	여 기간; 내구력
duradero, ra	형 내구성이 있는
duramente	부 혹독하게, 엄하게
durante	전 동안
durar	타 계속하다, 지속하다
duraznero	남 복숭아나무
durazno	남 복숭아
dureza	여 견고함, 단단함
durmiente	형 잠자고 있는
	남여 잠자고 있는 사람
	남 (철도의) 침목
duro, ra	형 단단한, 질긴; 엄한
	부 가혹하게, 엄하게; 단단히
	남 두로 (5 뻬세따)

E

e	접 [y가 i- 와 hi- 의 앞에서 사용되는 형] 와, 과, 그리고
ebanista	남여 흑단 세공사; 소목장이
ebanistería	여 가구 제작; 가구 제작업
ébano	남 흑단(黑檀)
ebriedad	여 만취, 대취, 술에 취함
ebrio, bria	형 술에 취한
ebullición	여 비등(沸騰)
eccema	남 [의학] 습진
echar	타 넣다; 따르다, 붓다
eclesial	형 교회의
Eclesiastés	남 [성서] 전도서
eclipse	남 [천문] 식(蝕)
eclipse lunar	남 [천문] 월식
eclipse solar	남 [천문] 일식
eco	남 반향, 에코
ecografía	여 초음파 임상 진단
ecología	여 생태학, 환경학
ecológico, ca	형 생태학의, 환경 친화적
ecologismo	남 환경[자연] 보호주의
ecologista	형 생태학의
	남여 환경 보호주의자; 생태학자
ecólogo, ga	남여 생태학자
economía	여 경제; 경제학; 절약
económicamente	부 경제적으로
económico, ca	형 경제의; 절약의; 검소한
economista	남여 경제학자

economizar	타 절약하다
ecosistema	남 생태계
ecuación	여 [수학] 방정식
ecuador[1]	남 적도(赤道)
Ecuador[2]	남 [나라] 에콰도르
ecuatorial	형 적도의, 적도 지대의
ecuatoriano, na	형 에콰도르의
	남여 에콰도르 사람
eczema	남 [의학] 습진
edad	여 나이, 연령; 시대, 기(期)
edén	남 [성서] 에덴 동산; 낙원
edición	여 출판, 간행, 판; 편집
edicto	남 칙령
edificabilidad	여 건축 허가
edificable	형 건설 가능한
edificación	여 건설, 건조; 건조물
edificar	타 건축하다, 세우다, 건설하다
edificio	남 건물, 건축물
edil, la	남여 시의회 의원; 시청 간부
editar	타 편집하다
editor[1]	남 ((컴퓨터)) 편집기
editor[2], ra	남여 출판업자, 발행자
editor[3], ra	형 출판의
editorial	형 출판의. 여 출판사
editorialista	남여 논설 위원
educación	여 교육
educacional	형 교육의
educado, da	형 가정 교육이 있는
educador, ra	형 교육하는
	남여 교육자
educando, da	남여 (주로 초등학교의) 학생
educar	타 교육하다; 훈련하다
efectivamente	부 실제로
efectividad	여 효과, 효력
efectivo, va	형 실제의; 유효한

	남	현금
efecto	남	효과; 결과; 재산; 상품
efectuar	타	행하다, 실행하다
eficacia	여	효력, 효과
eficaz	형	유효한, 효과적인
eficiencia	여	유효성; 능률
eficiente	형	유능한; 효과적인
efímero	형	단명(短命)의
efusión	여	유출; (감정의) 토로
efusivo, va	형	열렬한, 정열이 넘치는
egipcio, cia	형	이집트의
	남여	이집트 사람
Egipto	남	[나라] 이집트
égloga	여	목가(牧歌), 전원시
ego	남	자아(自我)
egoísmo	남	이기주의, 에고이즘
egoísta	형	이기주의의
	남여	이기주의자
eje	남	굴대, 축, 차축(車軸); 중심선
ejecutantte	남여	집행자; 연주자
ejecución	여	실행, 실시; 연주; 사형 집행
ejecutar	타	실행[연주]하다; 처형하다
ejecutivo, va	형	실행의, 집행의; 행정의
ejemplar	형	모범적인
	남	복사; 부(部), 책
ejemplo	남	예; 모범
ejercer	타	종사하다, 하다, 행하다
ejercicio	남	연습 (문제); 운동
ejercitar	타	행사하다, 발휘하다
ejército	남	군, 육군, 군대
el	관	[남성 단수 정관사] 그
él	대	[인칭 대명사] 그, 그 남자
El Salvador	남	[나라] 엘살바도르
elaboración	여	가공, 정제
elaborado, da	형	가공된, 정제된

elaborar	타 가공하다; 작성하다
elasticidad	여 탄성, 탄력성
elástico, ca	형 탄력성이 있는
elección	여 선택; 선거
electo, ta	형 당선된
elector, ra	남여 선거인, 유권자
electorado	남 [집합] 선거인, 유권자
electoral	형 선거의
electorero, ra	남여 선거 참모
electricidad	여 전기(電氣)
electricista	남여 전기 기사, 전공(電工)
eléctrico	형 전기(電氣)의
electrificación	여 전화(電化)
electrificar	타 전화(電化)하다
electrocardiografía	여 심전도 검사(법)
electrocardiógrafo	남 [의학] 심전계
electrocardiograma	여 심전도
electrochoque	남 전기 충격 (요법)
electrocución	여 감전사; 전기 사형
electrocutar	타 전기 사형시키다
electrocutarse	((재귀)) 감전사하다
electrodo	남 전극(電極)
electrodoméstico, ca	형 가전(家電)의
electrodomésticos	남복 가전 제품
electroencefalografía	여 뇌파 기록[검사](법)
electroencefalograma	남 뇌전도, 뇌전파
electrólisis	남 전기 분해
electroluminiscencia	여 전기 조명
electrómetro	남 전위계
electromotor, triz	형 전기를 일으키는, 기전의
electrón	남 전자(電子)
electrónica	여 전자 공학
electrónico, ca	형 전자의
electrotecnia	여 전기 공학
electroterapia	여 [의학] 전기 요법

elefante, ta	男 [동물] 코끼리
elefantiasis	女 [의학] 상피병
elegancia	女 우아함, 우미
elegante	形 우아한, 산뜻한
elegía	女 애가(哀歌), 비가(悲歌)
elegiaco, ca	形 애가의; 애조 띤
elegíaco, ca	形 애가의; 애조 띤
elegibilidad	女 피선거권
elegible	形 피선거권이 있는
elegido, da	形 선출된, 뽑힌; 선발된
elegir	他 뽑다, 선택하다; 선출하다
elemental	形 기초의, 기본의, 초보의
elemento	男 요소, 성분; 원소
elevación	女 상승; 고지(高地)
elevado, da	形 높은; 고상한; 고만한
elevador, ra	形 들어올리는
	男 양수기; 엘리베이터
elevar	他 올리다; 승진시키다
eliminación	女 제거; 배제
eliminar	他 제거하다; 배제하다
eliminatorio, ria	形 예선의; 예비 전형의
	女 예선
elipse	男 타원; 타원형
elite, élite	女 엘리트
elixir	男 영약, 묘약
ella	代 [주격 인칭 대명사] 그녀
ello	代 [중성 인칭 대명사] 그것
ellos, ellas	代 그들, 그녀들
elocución	女 연설법, 말하는 법
elocuencia	女 웅변
elocuente	形 웅변의; 능변의
elogiable	形 칭찬할 만한
elogiar	他 칭찬하다
elogio	男 칭찬, 찬사
elogioso, sa	形 칭찬의

eludir	타 회피하다
emanación	여 발산, 방사
emanar	자 [+de] (에서) 발산하다
	타 (감정 등을) 발산하다
emancipación	여 해방
emancipar	타 해방시키다
emanciparse	((재귀)) 해방되다
embajada	여 대사관
embajador, ra	남여 대사(大使)
embalaje	남 포장, 꾸러미
embalse	남 저수지, 댐
embarazada	형 임신한. 여 임신부
embarazar	타 임신시키다; 방해하다
embarazarse	((재귀)) 임신하다
embarazo	남 임신; 궁지; 곤혹
embarazoso, sa	형 난처한, 괴로운
embarcación	여 배, 선박; 선적, 승선
embarcadero	남 부두, 잔교
embarcar	타 선적하다, 승선시키다
embarcarse	((재귀)) 탑승하다, 승선하다
embarco	남 탑승, 승선, 승차
embargar	타 압류하다
embargo	남 압류; 수출 금지
embarque	남 선적; 탑승, 승선
embellecedor, ra	형 화장용의
	남 (자동차 등의) 장식품; 화장품
embellecer	타 아름답게 하다, 미화하다
embellecimiento	남 화장, 아름답게 함
embestida	여 공격; 돌진
embestir	타자 (투우 등이) 공격하다
emblandecer	타 부드럽게 하다
emblanquecer	타 희게 하다
emblema	남 기장, 표장; 문장; 상징
emblemático, ca	형 상징의, 상징적인
embocadura	여 (운하 등의) 입구; 재능

embocar	타 (입구로) 들어가다
emborrachar	타 취하게 하다
emborracharse	((재귀)) 취하다
émbolo	남 피스톤
emboscada	여 매복
emboscar	타 매복시키다
emboscarse	((재귀)) 매복하다
embotellado, da	형 병목 현상의
embotellador, ra	형 병에 담는
	여 병에 담는 기계
embotellamiento	남 교통 정체[마비, 체증]
embotellar	타 병에 담다; 봉쇄하다
embotellarse	((재귀)) (교통이) 마비되다
embragar	타 (회전축을) 연동시키다
embrague	남 클러치
embriagar	타 (술에) 취하게 하다
embriagarse	((재귀)) 취하다
embriaguez	여 술에 취함; 도취
embrión	남 [생물] 배(胚); 태아
embudo	남 깔때기
embuste	남 거짓말, 허풍
embustería	여 속임수, 사기
embustero, ra	형 둘러대는, 거짓말하는
	남여 허풍선이
embustir	자 거짓말을 하다
embutido	남 소시지
emergencia	여 긴급 사태
emergente	형 신생의, 두각을 나타내는
emerger	자 (수면에) 나타나다
emigración	여 이주, 이민
emigrado, da	남여 이민 이주자
emigrante	형 이주하는, 이민하는
	남여 이주자, 이민
emigrar	자 이주하다, 이민하다
emigratorio, ria	형 이주의, 출가의

eminencia	여 걸출함, 탁월함; 언덕
eminente	형 걸출한, 탁월한; 높은
eminentemente	부 걸출하게, 탁월하게
emisario, ria	남여 특사, 밀사
emisión	여 방송; 발행; 방출
emisor, ra	형 방송하는; 발행하는
	남여 방송인; 발행인
	남 송신기
	여 방송국
emitir	타 방송하다; 방출하다
emoción	여 감동, 감격
emocional	형 감정의, 감정적인
emocionante	형 감동적인
emocionar	타 감동[감격]시키다
emotividad	여 감동; 감수성
emotivo, va	형 감정의, 정서의; 감동적인
empacar	타 포장하다
	자 짐을 가방에 넣다
empadronar	타 주민 등록하다, 인구 조사하다
empanada	여 파이, 만두
empanadilla	여 다진 고기 요리
empanado, da	형 빵가루에 버무린[묻힌]
empapado, da	형 흠뻑 젖은
empapar	타 적시다
empapelado	남 벽지; 도배
empapelador, ra	남여 도배장이, 표구사
empapelar	타 도배하다, 표구하다
empaquetar	타 포장하다
empatar	자 동점이 되다, 비기다
empate	남 동점, 비김
empeine	남 발등; 무좀
empeñar	타 저당 잡히다,
empeñarse	((재귀)) 빚을 지다
empeño	남 저당, 담보; 열의
empeoramiento	남 악화(惡化)

empeorar	타 악화시키다
empeorarse	((재귀)) 악화되다
empequeñecer	타 작게 하다
emperador	남 황제
emperatriz	여 황후, 여자 황제
empero	접 그러나
empezar	타 시작하다
	자 시작하다, 시작되다
empiece	남 시작; 최초
emplasto	남 고약
emplazamiento	남 포상(砲床)
empleado, da	남여 직원, 고용원, 종업원, 사원
emplear	타 고용하다
empleo	남 고용; 사용; 직책
empobrecer	타 가난하게 하다
empobrecerse	((재귀)) 가난해지다
empobrecimiento	남 빈곤, 가난
empollar	타 벼락공부를 하다
empollón, na	남여 공부벌레, 책벌레
emprender	타 착수하다, 시작하다
empresa	여 회사, 기업
empresarial	형 기업의; 경영의
empresario, ria	남여 기업가, 기업주, 경영자
empréstito	남 공채; 차관, 대부
emular	타 (우열을) 다투다
emulsión	여 유제(乳劑)
emulsionar	타 유제로 만들다
en	전 에, 안에; 로
en línea	전 온라인, 인라인
enagua	여 속치마, 페티코트
enajenable	형 양도 가능한
enajenación	여 양도; 발광; 황홀
enajenamiento	남 양도; 발광; 황홀
enajenar	타 양도하다; 이성을 잃게 하다
enamoradizo, za	형 쉽게 반하는[혹하는]

enamorado, da	형 연정을 품는
	남여 연인; 애호가
enamoramiento	남 연모
enamorar	타 연정을 느끼게 하다
enamorarse	((재귀)) [+de] (에게) 반하다
enano, na	형 왜소한, 왜소증의
	남여 왜소증 환자; 난쟁이
encabezado	남 헤더(header)
encabezar	타 (이름이) 앞에 있다
encadenar	타 속박하다
encadenamiento	남 속박; 연계
encajar	타 넣다, 박다, 끼우다
encaje	남 레이스
encallar	자 자초하다; (일이) 꼬이다
encaminar	타 길을 가르쳐 주다
encantado, da	형 만족한; 황홀한
	감 [인사] 처음 뵙겠습니다
encantador, ra	형 매력적인
encantar	타 매혹시키다
encanto	남 매혹, 매력
encarecer	타 마구 추켜세우다; 강조하다
encargado, da	형 담당한; 부탁 받은
	남여 담당자
encargar	타 맡기다, 주문하다; 인계하다
encargarse	((재귀)) [+de] (을) 인수하다
encargo	남 의뢰; 임무; 주문
encebollado, da	형 양파를 많이 사용한
encefalitis	여 [의학] 뇌염
encéfalo	남 [해부] 뇌
encendedor, ra	형 불을 켜는
	남 라이터
encender	타 스위치를 켜다, 불을 켜다
encenderse	((재귀)) (불이) 켜지다
encendido, da	형 격심한; 새빨간
	남 점화, 발화; 점화 장치

encerado	남 칠판, 흑판
encerrar	타 가두다; 잘 보관하다
encerrarse	((재귀)) 틀어박히다; 유폐되다
enchufar	타 접속하다
enchufe	남 소켓, 플러그
encía	여 잇몸
enciclopedia	여 백과사전
enciclopédico, ca	형 백과사전의; 박식한
enciclopedista	남여 백과사전 집필자
encierro	남 농성; 은둔; 감금
encima	부 위에
encina	여 떡갈나무, 오크
encinta	형 임신한
encoger	타 오므리다, 위축시키다
encolerizar	타 화나게[성나게] 하다
encomendar	타 위탁하다
encomienda	여 위임, 위탁
encontrar	남 찾다, 발견하다; 만나다
encotrarse	((재귀)) 있다
encrucijada	여 십자로; 기로
encuadernación	여 제본
encuadernador	여 제본 기계
encuadernador, ra	남여 제본가, 제본 업자
encuadernar	타 제본하다
encuentro	남 만남; 시합; 충돌
encuesta	여 앙케트, 조사
encuestador, ra	남여 앙케트 조사원
encuestarse	((재귀)) 앙케트 조사를 하다
endemia	여 풍토병, 지방병
enderezar	타 똑바로 하다; 수정하다
endibia	여 [식물] 꽃상추
endocardio	남 [해부] 심내막
endocarditis	여 [의학] 심내막염
endosar	타 (수표 등에) 배서하다
endosatario, ria	남여 피배서인

endoscopia	여 내시경 검사
endoscopio	남 [의학] 내시경
endoso	남 배서(背書)
endurecer	타 견고하게 하다
enebro	남 [식물] 노간주나무, 두송
enema	여 관장(灌腸)
enemigo, ga	형 적(敵)의. 남 적군 남여 적; 반대자
enemistad	여 적의(敵意), 반감; 증오
enemistar	타 적대시키다
enemistarse	((재귀)) (서로) 적대하다
energético, ca	형 에너지의
energía	여 에너지; 정력, 활력
enérgico, ca	형 정력적인; 힘센
enero	남 1월
enfadar	타 화나게[성나게] 하다
enfadarse	((재귀)) 화내다, 노하다
enfado	남 화냄, 성냄, 노함
énfasis	남 강조; 역점
enfatizar	타 강조하다, 역설하다
enfermar	타 병에 걸리게 하다 자 병에 걸리다
enfermedad	여 병(病)
enfermería	여 의무실; 간호
enfermero, ra	남여 간호사
enfermizo, za	형 병약한
enfermo, ma	형 아픈, 병든. 남여 환자
enfisema	남 [의학] 기종
enflaquecer	타 여위게 하다
enflaquecerse	((재귀)) 여위다, 수척해지다
enfocado, da	형 초점을 맞춘
enfocar	타 초점을 맞추다
enfoque	남 초점 맞추는 일
enfrentamiento	남 도전, 대결; 대립
enfrentar	타 (에) 직면하다

enfrente	분 정면에, 앞에
enfriamiento	남 냉각
enfriar	타 차게 하다, 냉각시키다
enfriarse	((재귀)) 식다, 냉각되다
enfurecer	타 화나게[성나게] 하다
enfurecimiento	남 화냄, 격노함, 성냄
enganchar	타 쇠고리에 걸다
engancaharse	((재귀)) 걸리다
engañar	타 속이다, 사기하다
engaño	남 속임수, 사기
engañosamente	분 속임수로, 사기로
engañoso, sa	형 속임수가 많은
engastar	타 끼워 넣다[박다]
engaste	남 끼워 넣기[박기]
engendrar	타 (아이를) 낳다
engendro	남 태아
engordar	타 살찌게 하다
engordarse	((재귀)) 살찌다
engorde	남 가축을 살찌게 하기
engranaje	남 기어, 톱니바퀴
engrandecer	타 크게 하다
engrasador	남 주유기, 급유기
engrasar	타 기름을 치다[바르다]
engrase	남 기름칠(하기)
engreído, da	형 우쭐대는, 뻐기는
enhorabuena	여 축사
enigma	남 수수께끼
enigmático, ca	형 수수께끼의
enjabonar	타 비누 거품을 칠하다
enjardinar	타 조원하다
enjaular	타 새장에 넣다
enjoyar	타 보석으로 장식하다
enjuagar	타 (입을) 헹구다
enjuagatorio	남 양치질
enjuague	남 양치질; 양치질 물

enjugador, ra	형 말리는, 건조시키는
	남 건조기; 옷 말리기
enjugamanos	남 손수건, 타월; 냅킨
enjugar	타 말리다; 닦다, 훔치다
enjugarse	((재귀)) 닦다; 마르다
enlace	남 연결, 유대, 결합; 결혼
enladrillar	타 (에) 벽돌을 쌓다
enlatar	타 통조림하다
enlazar	타 연결하다
enloquecer	타 미치게 하다
enloquecerse	((재귀)) 미치다, 발광하다
enlutar	타 (에게) 상복을 입히다
enmascarar	타 (얼굴을) 가면으로 씌우다
enmendar	타 수정하다, 개정하다
enmendarse	((재귀)) 개심(改心)하다
enmienda	여 수정, 개정; 개심
enojar	타 노하게[성내게] 하다
enojarse	((재귀)) 노하다, 성내다
enojo	남 노함, 성냄, 화냄
enorgullecer	타 자랑하게 하다
enorgullecerse	((재귀)) [+de, por] (을) 자랑하다
enorme	형 거대한; 지독한, 막대한
enormemente	부 거대하게; 지독히, 심하게
enredadera	여 [식물] 덩굴나무
enredar	타 그물로 잡다, 그물을 치다
enredo	남 분규, 일이 얽힘
enriquecer	타 부유하게 하다
enrocar	타 ((체스)) 궁을 움직이다
enrojecer	타 붉게 하다
enrollar	타 감다
enroque	남 ((체스)) 궁을 움직이기
enroscarse	((재귀)) (꽃 등이) 휘감다
ensalada	여 샐러드
ensaladera	여 샐러드 그릇
ensanchar	타 넓히다, 확장하다

ensanchamiento	남 확장, 확대
ensanche	남 확장, 확대
ensayar	타 연습하다, 시연하다
ensayismo	남 (장르로서의) 수필
ensayista	남여 수필가
ensayo	남 리허설, 시연; 시험; 수필
enseguida	부 즉시, 바로
ensenada	여 해안[하천]의 만곡부
enseñante	남여 교사, 선생
enseñanza	여 교육, 교수; 교수법
enseñar	타 가르치다; 보여주다
enseres	남 가재 도구, 가구 집기
ensillar	타 (말에) 안장을 얹다
ensoñación	여 몽상
ensoñador, ra	남여 몽상가
ensoñar	타 꿈꾸다, 몽상하다
ensuciar	타 더럽히다, 더럽게 하다
ensuciarse	((재귀)) 더러워지다
ensueño	남 꿈
entablar	타 판자를 붙이다
entable	남 판자 둘러치기
entablillar	타 부목을 대다
ente	남 [철학] 존재; 단체, 기관
entender	타 이해하다
	남 판단, 의견
entendimiento	남 이해, 이해력, 분별
enterado, da	형 정통한, 알고 있는
enteramente	부 완전히, 몽땅
enterar	타 알리다, 통지하다
enterarse	((재귀)) [+de} (을) 알다
entereza	여 완전함; 청렴 결백함
entérico, ca	형 장(腸)의
enteritis	여 [의학] 장염
entero, ra	형 전부의; 완전한; 공정한
enterramiento	남 매장; 장의; 묘

enterrar	타 매장하다, 묻다
entibado	남 갱목, 갱도 지주
entibador	남 갱목 인부
entibar	타 갱목을 맞추어 넣다
entidad	여 기관, 단체, 조직; 실체
entierro	남 매장; 장례식
entomología	여 곤충학
entomólogo, ga	남여 곤충 학자
entonación	여 억양, 인토네이션
entonar	타 억양을 붙이다
entonces	부 그때, 당시; [형용사적] 당시의
	접 그러면, 그렇다면
entrada	여 입구; 입장; 입장료; 입장권
entrante	형 들어가는, 들어오는; 오는
entraña	여 내장; 내부; 본질
entrañar	타 내포하다, 포함하다
entrar	자 들어가다, 들어오다
entre	전 사이에
entreabrir	타 (문 등을) 약간[반쯤] 열다
entreacto	남 막간, 막간 연주
entrecano, na	형 (머리털이) 반백의
entrecejo	남 미간; 눈살을 찌푸림
entrecubierta	여 중갑판
entrecruzar	타 교차시키다; 교배하다
entrefilete	남 (신문의) 박스 기사
entrega	여 인도; 수여; 교부
entregado, da	형 담당한, 몰두한
	남여 담당자
entregar	타 인계하다, 넘기다
entrelínea	여 행간; 행간에 써넣음
entrelinear	남 행간에 써넣다
entremeses	남복 오르되브르, 전채(前菜)
entremeter	타 끼우다, 뒤섞다
entremetido, da	형 말참견하는
	남여 말참견하는 사람

entremetimiento	남 말참견
entremezclar	타 뒤섞다
entrenador, ra	남여 감독, 코치, 트레이너
entrenamiento	남 훈련, 연습, 트레이닝
entrenar	타 훈련하다, 단련하다
	자 트레이닝을 하다
entrenarse	((재귀)) 자신을 훈련하다
entreoír	타 얼핏 듣다
entresuelo	남 (극장의) 특등석
entretanto	부 그런 사이에
entretener	타 위로하다; 즐겁게 하다
entretenido, da	형 즐거운, 재미있는
entretenimiento	남 오락, 기분 전환
entrevía	여 (철도의) 궤간
entrevista	여 인터뷰, 회견
entrevistador, ra	남여 면접관; 인터뷰하는 사람
entrevistar	타 회견하다, 인터뷰하다
entristecer	타 슬프게 하다
entristecerse	((재귀)) 슬프다
entrometer	타 끼우다; 뒤섞다
entumecer	타 마비시키다
entumecerse	((재귀)) 마비되다
enturbiar	타 흐리게 하다
enturbiarse	((재귀)) 흐려지다
entusiasmar	타 열광[감격]시키다
entusiasmo	남 열광; 흥분
entusiasta	형 열광적인
	남여 열광하는 사람
entusiástico, ca	형 열광적인
enumeración	여 열거; 매거
enumerar	타 열거하다
enuresis	여 [의학] 야뇨증
envasado, da	형 그릇에 넣어진
envasador	남 큰 깔때기
envasar	타 그릇에 넣다

envase	남 용기에 넣기; 용기
envejecer	타 노쇠하게 하다
envejecerse	((재귀)) 늙다, 노쇠하다
envejecido, da	형 노쇠한, 늙은
	남 늙음, 노쇠
envejecimiento	남 노화, 노령화
envenenamiento	남 독살
envenenar	타 독살하다; 중독시키다
envergadura	여 (비행기의) 날개 길이[폭]
enviado, da	남여 외교 사절; 통신원
enviar	타 보내다, 발송하다
envidia	여 선망; 질투, 시기(심)
envidiar	타 선망하다, 시샘[질투]하다
envío	남 발송, 파견
enviudar	자 미망인이 되다
envoltorio	남 포장; 포장물, 포장지
envoltura	여 포장
envolver	타 싸다, 포장하다
enzima	남(여) [생물] 효소
enzimático, ca	형 [생물] 효소의
enzootia	여 (동물의) 풍토병
épica	여 서정시
epicardio	남 [해부] 심외막
epicarpio	남 [식물] 외과피
epicentro	남 [지질] 진앙
épico, ca	형 서사시의, 서사시적인
epidemia	여 [의학] 유행병
epidémico, ca	형 유행성의
epidérmico, ca	형 표피의
epidemis	여 [해부] 표피, 피부
epígrama	여 풍자시
epilepsia	여 간질병
epiléptico	형 간질의, 간질병에 걸린
	남여 간질병 환자
epílogo	남 에필로그; 결론

episódico, ca	형 삽화의; 일시적인
episodio	남 삽화, 에피소드
epístola	여 서간(書簡), 편지
epistolar	형 편지의, 서간의
epistolario	남 서간집
época	여 시대; 시기
epopeya	여 서사시
épsilon	여 [그리스 문자] 입실론
equidad	여 공평, 공정
equidistancia	여 등거리
equidistante	형 등거리의
equidistar	자 등거리에 있다
equilátero	남 등변, 등변형
equilibrar	타 균형을 맞추다
equilibrio	남 평형, 균형
equilibrismo	남 곡예
equilibrista	남여 곡예사
equinoccio	남 주야 평분시
equinoccial	형 주야 평분의
equipaje	남 수화물, 짐
equipamiento	남 장비, 설비
equipar	타 설비하다
equiparse	((재귀)) 준비하다, 갖추다
equipo	남 팀; 장비, 비품, 장치
equitación	여 승마, 마술
equitativo, va	형 공평한, 공정한
equivalencia	여 동등, 등가
equivalente	형 동등한, 상당한
equivaler	자 동등하다, 상당하다
equivocación	여 오류, 과실, 잘못
equivocado, da	형 틀린
equivocar	타 틀리다, 잘못하다
equivocarse	((재귀)) 틀리다, 잘못하다
equívoco, ca	형 애매한, 모호한
era	여 기원; 연대, 시대, 시기

erección	여 건립, 설립, 제정
eréctil	형 발기성의
erector, ra	형 발기시키는
eremita	남여 은자(隱者)
eremítico, ca	형 은자의
eremitorio	남 은자의 암자가 있는 곳
ergio	남 에르그 (에너지의 단위)
erguimiento	남 직립
erguir	타 세우다, 일으키다
erial	형 미개간의, 황량한
	남 황무지
erigir	타 건립하다; 설립하다
erizar	타 (머리털 등을) 곤두세우다
erizo	남 [동물] 고슴도치
ermita	여 암자, 수도원
ermitaño, ña	남여 은자, 수행자, 도사
erógeno, na	형 성욕을 자극하는
eros	남 성애; 성의 본능
Eros	남 [그리스 신화] 에로스
erosión	여 [지질] 침식, 침식 작용
erosionar	타 [지질] 침식하다
erosivo, va	형 침식성의
erótico, ca	형 관능적인, 선정적인
erotismo	남 호색, 에로티즘
erotizar	타 성적으로 자극하다
erotomanía	여 색정광
erotómano, na	형 색정광의
	남여 색마, 치한
erradicación	여 (전염병의) 근절
erradicar	타 뿌리뽑다, 근절시키다
errar	자 틀리다, 잘못하다; 방랑하다
errata	여 오식(誤植), 미스프린트
erróneo, a	형 틀린, 잘못된
error	남 잘못, 틀림; 에러, 오류
erudición	여 학식

erudito, ta	형 박학한, 박식한
	남여 박식한 사람, 학자, 석학
erupción	여 분출, 분화; 발진
eruptivo, va	형 분화의; 발진성의
esbeltez	여 날씬함, 날씬한 몸매
esbelto, ta	남여 날씬한
esbozo	남 밑그림, 스케치
escala	여 규모; 음계; 기항, 기착
escalada	여 등반, 기어오르기
escalar	타 등반하다, 기어오르다
escaldadura	여 (끓는 물에 의한) 화상
escaldar	타 미지근한 물에 데치다
escaldarse	((재귀)) (끓는 물에) 화상을 입다
escaleno	남 부등변 삼각형
escalera	여 계단; 사다리
escalera mecánica	여 에스컬레이터
escalerilla	여 (비행기의) 트랩
escalofriar	타 (몸을) 오싹하게 하다
escalofrío	남 오한, 한기
escalón	남 (계단의) 단, 층계
escama	여 비늘
escamar	타 (의) 비늘을 떼다
escampar	타 말끔하게 치우다
escándalo	남 스캔들, 추문
escandaloso, sa	형 파렴치한
Escandinavia	여 [지명] 스칸디나비아
escandinavo, va	형 스칸디나비아의
	남여 스칸디나비아 사람
escáner	남 스캐너
escaño	남 의석(議席)
escapada	여 도망, 탈주
escapar	재 도망하다
escaparate	남 쇼윈도, 진열창
escaparatista	남여 쇼윈도 장식가
escape	남 (가스 등의) 누출; 도망

escarabajo	남 [곤충] 딱정벌레, 풍뎅이
escaramujo	남 [식물] 야생 장미나무
escarbadientes	남 이쑤시개
escarbar	자타 긁다, 후비다
escarcha	여 서리
escarchar	자 서리가 내리다
escarda	여 제초; 제초용 괭이
escardar	타 제초하다
escarlata	형 진홍색의, 주황색의
	남 진홍색, 주황색
escarlatina	여 [의학] 성홍열
escarmentar	타 혼내주다
	자 자숙하다
escasamente	부 모자라게, 부족해
escasear	자 부족하다, 모자라다
escasez	여 부족, 결핍
escaso, sa	형 부족한, 모자라는
escatimar	타 인색하게 굴다
escena	여 장면, 무대
escenario	남 무대; 촬영 현장
escénico, ca	형 무대의, 연극의
escenificación	여 각색, 무대화
escenificar	타 각색하다, 극화하다
escenografía	여 무대 미술
escenográfico, ca	형 무대 미술의
escenógrafo, fa	남여 무대 미술가
escéptico, ca	형 회의적인
esclarecer	타 해명하다
esclavitud	여 노예 제도, 노예 신분
esclavo, va	남여 노예
esclerosis	여 [의학] 경화증
escoba	여 비, 빗자루
escobilla	여 작은 비, 브러시
escobón	남 자루걸레
escocés, sa	형 스코틀랜드의

	남여 스코틀랜드 사람
Escocia	여 [지명] 스코틀랜드
escocia	여 깊이 파인 쇠시리
escoger	타 뽑다, 선출하다
escogido, da	형 골라내는, 골라 뽑는
escolar	형 학교의. 남여 학생
escoliosis	여 [의학] 척추 측만증
escollera	여 방파제
escollo	남 암초; 장애
escolta	여 호송, 호위
escoltar	타 호송하다, 호위하다
escombrar	타 (잔해 등을) 치우다
escombrera	여 폐기물 처리장
escombro	남 돌 부스러기
esconder	타 숨기다
esconderse	((재귀)) 숨다
escondidamente	부 숨어서, 살그머니
escondido, da	형 숨은; (장소가) 외진
escondite	여 숨는 장소; 숨바꼭질
escondrijo	남 은닉처
escopeta	여 엽총
escopetazo	남 총격; 총성; 탄흔
escoplo	남 끌
escorbuto	남 [의학] 괴혈병
escoria	여 쇠 찌꺼기; 화산암재
escorpión	남 [동물] 전갈
escotar	타 (옷의 앞가슴을) 도려내다
escote	남 (옷의) 앞가슴 도려내기
escotilla	여 승강구, 해치
escribanía	여 공증인 사무소[직]
escribano, na	남여 공증인
escribiente	남여 서기, 필경사
escribir	타 (글을) 쓰다
	자 편지를 쓰다
escrito, ta	형 쓰인, 쓰여진. 남 문서

escritor, ra	남여 작가, 저자
escritorio	남 (사무용) 책상
escritura	여 문서, 증서
Escritura	여 성서(聖書)
escriturar	타 공정증서를 작성하다
escriturario, ria	형 공정 문서로 확인된
Escrituras	여복 성서(聖書)
escrúpulo	남 근심, 걱정, 걱정거리
escrupuloso, sa	형 면밀한; 양심적인
escrutador, ra	형 자세히 조사하는
escrutar	타 자세히 조사하다
escrutinio	남 개표, 표의 집계
escuadra	여 함대; 자, 쇠자
escuadrilla	여 작은 함대
escuadrón	남 비행[기병] 중대
escucha	여 청취
escuchar	타 듣다, 청취하다
escudero	남 종자(從者)
escudete	남 작은 방패
escudilla	여 수프용 접시
escudo	남 방패; 문장
escuela	여 학교; 파; 유파
esculpir	타 조각하다
escultismo	남 보이[걸] 스카우트 (운동)
escultor, ra	남여 조각가
escultórico, ca	형 조각(彫刻)의
escultura	여 조각(彫刻)
escultural	형 조각의, 조각 같은
escupir	자 침[담]을 뱉다
	타 토하다
escurreplatos	남 그릇 건조대
escurrido	남 (세탁물의) 탈수
escurrir	타 건조시키다, 말리다
escúter	남 스쿠터
ese, sa	형 [지시 형용사] 그

ése, sa	대 [지시 대명사] 그것
esencia	여 본질, 정수
esencial	형 본질적인; 중요한
esencialismo	남 [철학] 본질주의
esencialmente	부 원래, 본질적으로
esfenoides	남 설상골
esfera	여 구체(球體), 구(球)
esférico, ca	형 구체의, 구형의
esfinge	여 스핑크스; 수수께끼의 인물
esforzar	타 (에) 힘을 들이다
esforzarse	((재귀)) 노력하다, 애쓰다
esfuerzo	남 노력
esgrima	여 펜싱, 검술
esgrimidor, ra	남여 펜싱 선수
esgrimir	타 (칼 등을) 다루다
esguince	남 삠, 접질림, 염좌(捻挫)
eslalon	남 [스키] 회전
eslavo, va	형 슬라브의
	남 슬라브 어
	남복 슬라브 민족
eslogan	남 슬로건, 표어
eslora	여 선체(船體)의 길이
eslovaco, ca	형 슬로바키아의
	남여 슬로바키아 사람
	남 슬로바키아 어
Eslovaquia	여 [나라] 슬로바키아
Eslovenia	여 [나라] 슬로베니아
esloveno, na	형 슬로베니아의
	남여 슬로베니아 사람
	남 슬로베니아 어
esmaltado, da	형 에나멜을 입힌
	남 칠보 가공; 법랑질
esmalte	남 에나멜, 법랑, 칠보
esmeralda	여 [광물] 에메랄드
esmeraldino, na	형 에메랄드 색의

esmerar	타 광내다, 윤을 내다
esmeril	남 금강사
esmerilado	남 반투명 유리
esmerilar	타 금강사로 문지르다
esmero	남 공, 열성, 정성, 열심
eso	대 [중성 지시 대명사] 그것
esofágico, ca	형 식도(食道)의
esfagitis	여 [의학] 식도염
esófago	남 식도(食道)
espaciador	남 (키보드의) 스페이스 바
espacial	형 공간의; 우주의
espaciar	타 (의) 간격을 띄우다
	자 [인쇄] 행간을 넓히다
espacio	남 공간; 우주
espacioso, sa	형 넓은, 널찍한
espada	여 칼, 검
	남 [투우] 주 투우사
espadachín	남 자객; 검의 명수
espadero, ra	남여 도검 제조자[판매자]
espagueti	남 [요리] 스파게티
espalda	여 등
espaldar	남 (네발짐승의) 등
espaldilla	여 (주로 동물의) 견갑골
espantapájaros	남 허수아비
espantar	타 놀라게 하다; 쫓아버리다
espanto	남 놀람, 공포
espantoso, sa	형 공포의, 무시무시한
España	여 [나라] 서반아, 스페인, 에스빠냐
español[1]	남 스페인 어, 에스빠냐 어
español[2], la	형 스페인의
	남여 스페인 사람
esparadrapo	남 반창고
esparavel	남 투망
esparcidamente	부 따로따로, 뿔뿔이 흩어져
esparcimiento	남 살포; 산재; 오락

esparcir	타	살포하다, 뿌리다
espárrago	남	아스파라거스
espasmo	남	[의학] 경련
especia	여	양념; 향신료, 양념류
especial	형	특별한, 특수한
especialidad	여	전문, 전공
especialista	형	전문가, 전문의(專門醫)
especialización	여	전문화; 전문 과정
especializado, da	형	전문(專門)의
especialmente	부	특히, 특별히
especiar	타	(에) 향신료를 넣다
especie	여	종, 종류
especiería	여	향신료 가게
especiero, ra	남여	향신료 상인
	남	향신료 그릇
especificación	여	명시, 명기; 명세서
específicamente	부	특히; 명확히
especificar	타	명기하다, 명시하다
especificidad	여	특이성; 특효성
específico, ca	형	특유의
espécimen	남	견양, 표본
espectacular	형	구경거리의; 흥행의
espectáculo	남	흥행, 쇼; 광경
espectador, ra	남여	관객; 방관자
espectral	형	스펙트럼의, 분광의
espectro	남	스펙트럼; 혼령
espectrógrafo	남	분광 사진기
espectrograma	남	분광 사진
espectroscopia	여	분광학
espectroscopio	남	분광기
especulación	여	사색; 투기
especulador, ra	형	투기적인
	남여	투기사
especular	타	투기하다; 사색하다
espejismo	남	신기루

espejo	男 거울; 반영
espera	女 대기, 기다림
esperantista	形 에스페란토 어의
	男女 에스페란토 어 사용자
esperanto	男 에스페란토 어
esperanza	女 희망, 기대
esperanzar	他 희망을 품게 하다
esperar	他 기다리다; 바라다
esperma	男(女) 정액(精液)
espermático, ca	形 정액의, 정자의
espermatozoide	男 [생물] 정자, 정충
espermatozoo	男 [생물] 정자, 정충
espesar	他 짙게 하다, 걸쭉하게 하다
espeso, sa	形 짙은, 농후한
espesor	男 두께; 농도
espesura	女 농도, 짙음
espía	女 탐정, 스파이 노릇
	男女 스파이, 간첩
espiar	他 탐정하다
	自 스파이 노릇을 하다
espiga	女 이삭
espigador, ra	男女 이삭 줍는 사람
espigar	他 이삭을 줍다; 수집하다
espigón	男 뾰족한 끝, 칼끝; 이삭
espina	女 가시; (물고기의) 가시; 척추
espinaca	女 [식물] 시금치
espinal	形 척추의
espinazo	男 [해부] 척추
espineta	女 소형 클라비코드
espinilla	女 정강이
espinillera	女 정강이 보호대
espino	男 [식물] 가시나무
espinoso, sa	形 가시가 있는[많은]
espionaje	男 스파이 행위
espira	女 나선(螺線)

스페인어-한국어 195

espiral	형 나선(螺線) 모양의
espiritoso, sa	형 알코올 도수가 높은
espíritu	남 정신, 영혼, 영(靈)
Espíritu Santo	남 성령(聖靈)
espiritual	형 정신의, 정신적인
espiritualidad	여 정신성, 영성
espiritualmente	부 정신적으로
espiritualismo	남 유심론; 정신주의
espiritualista	형 유심론의
	남여 유심론자
espirituoso, sa	형 알코올 도수가 높은
espiroidal	형 나선 모양의
espirómetro	남 폐활량계
espirometría	여 폐활량 측정
espléndidamente	부 훌륭하게; 화려하게
esplendidez	여 훌륭함, 화려함
espléndido, da	형 훌륭한, 화려한
esplendor	남 화려함, 화사함
espliego	남 라벤더
espolada	여 박차를 가하기
espolear	타 (말에) 박차를 가하다
espolazo	남 박차를 가하기
espoleta	여 신관(信管)
espolín	남 박차; 며느리발톱; 방파제
espolón	남 며느리발톱
esponja	여 거품
espontáneo, a	형 자발적인; 자연 발생의
esposa	여 아내
esposo	남 남편
esposos	남복 부부(marido y mujer)
esprimelimones	남복 레몬즙 짜는 기구
espuela	여 박차
espuma	여 거품
espumaje	남 많은 거품
espumajear	자 입에서 거품을 튀기다

espumante	형 거품이 이는
	남 발포제
espumar	자 거품을 내다, 거품이 일다
	타 (의) 거품을 떠내다
espumear	자 거품을 내다, 거품이 일다
espumoso, sa	형 발포성의, 거품이 일어나는
esputo	남 담(痰)
esquejar	타 접목하다, 꺾꽂이하다
esqueje	남 접목, 꺾꽂이
esquela	여 사망 통지; (간단한) 편지
esquelético, ca	형 뼈와 가죽만 남은
esqueleto	남 해골; 골격
esquema	여 도표, 도식; 개요
esquí	남 스키
esquiador, ra	남여 스키 선수
esquiar	자 스키를 타다
esquilar	타 양털을 깎다
esquileo	남 양털 깎기
esquimal	형 에스키모의
	남여 에스키모
	남 에스키모 어
esquina	여 코너, 길모퉁이
esquinar	타 (의) 모퉁이에 있다
	자 (의) 모퉁이에 있다
esrilanqués, sa	형 스리랑카의
	남여 스리랑카 사람
esquivar	타 피하다, 비켜서다
esquirol	남 [동물] 다람쥐
esquizofrenia	여 정신 분열증
esquizofrénico, ca	형 정신 분열증의
esta	형 [지시 형용사] 이
ésta	대 [지시 대명사 여성형] 이것
estabilidad	여 안정, 안정성
estabilización	여 안정화
estabilizador, ra	형 안정시키는

	명 (차 등의) 안정 장치
estabilizante	형 [화학] 안정제
estabilizar	타 안정시키다
estable	형 안정된, 견실한, 튼튼한
establecedor, ra	형 설립의
	남여 설립자
establecer	타 설립하다 ; 제정하다
establecimiento	남 설립, 제정; 시설; 점포
establo	남 마구간, 외양간
estaca	여 말뚝
estación	여 역, 정거장; 계절
estacional	형 계절의
estacionamiento	남 주차, 주차장
estacionar	타 주차시키다
estacionario, ria	형 정체된
estacionarse	((재귀)) 주차하다
estada	여 체제, 체류, 체류 기간
estadía	여 체류; 초과 정박, 체선료
estadio	남 스타디움, 경기장
estadista	남여 정치가; 통계 학자
estadístico, ca	형 통계의, 통계학의
	여 통계, 통계학
estado	남 상태; 신분; 주; 국가
estadounidense	형 미국의
	남여 미국 사람
estafa	여 사기, 사취
estafador, ra	남여 사기꾼
estafar	타 사취하다, 사기하다
estalinismo	남 스탈린주의
estalinista	형 스탈린주의의
	남여 스탈린주의자
estallar	타 폭발하다; 돌발하다
estallido	남 파열, 파열음
estambre	남 [식물] 수술
estampa	여 판화, 삽화; 인쇄; 스탬프

estampar	타 인쇄하다, 날염하다
estampilla	여 ((중남미)) 우표; 검인; 수입인지
estancar	타 정체시키다
estancia	여 체류, 체재
estanciero, ra	남여 농장주, 목장주
estanco	남 담배 가게
estándar	형 (상품이) 표준의, 규격에 맞는
	남 표준, 규격, 기준
estandarización	여 규격화, 표준화
estandarizar	타 표준화[규격화]하다
estandarte	남 단기, 군기(軍旗)
estanque	남 못, 연못, 저수지
estanquero, ra	남여 담배 장수
estante	남 선반; 책장
estantería	여 선반; 책장
estaño	남 [광물] 주석(朱錫)
estar	자 있다, 이다
estatal	형 국가의, 국영의, 국유의
estatalizar	타 국영화[국유화]하다
estático, ca	형 정적인; 정지된
estatua	여 상(像), 조각상
estatuario, ria	형 조각상의, 조각상 같은
estatuilla	여 작은 조각상
estatura	여 신장, 키
estutario, ria	형 법규의; 정관에 의한
estatuto	남 법규; 규약
estay	남 버팀줄
este[1]	남 동(東), 동쪽
este[2], ta	형 [지시 형용사] 이
éste, ta	대 [지시 대명사] 이것
estela	여 항적; 비행기운
estelar	형 별의; 천체의
estenocardia	여 [의학] 협심증
estenosis	여 [의학] 협착증
estera	여 거적, 돗자리

estéreo	남 스테레오
estereofonía	여 입체 음향
estereofónico, ca	형 스테레오의
estereotipia	여 연판(鉛版)
estéril	형 불모의; 불임의
esterilidad	여 불모; 불임(증)
esterilización	여 불임 수술; 살균
esterilizador, ra	형 불임 수술을 한
esterilizar	타 불임 수술을 하다
esternón	남 [해부] 가슴뼈, 흉골
esteta	남여 탐미주의자, 미학자
esteticismo	남 탐미주의
esteticista	형 탐미주의의
	남여 탐미주의자; 전신 미용사
estético, ca	형 미학의; 심미적인; 미용의
	남여 미학자; 심미가
	여 미학(美學); 미의식
estetoscopia	여 청진, 청진법
estetoscopio	남 청진기
estibador	남 부두 노동자
estiércol	남 똥, 인분(人糞)
estilismo	남 무대 미술가의 직
estilista	남여 무대 미술가, 디자이너
estilístico, ca	형 문체론의
	남 문체론
estilo	남 양식(樣式), 식(式); 형식
estilo barroco	남 바로크 양식
estilo bizantino	남 비잔틴 양식
estilo dórico	남 도리아 양식
estilo gótico	남 고딕 양식
estilo jónico	남 이오니아 양식
estilo romántico	남 로마네스크 양식
estilográfica	여 만년필
estilográfico	남 샤프펜슬
estima	여 평가

estimable	형 평가할 만한
estimación	여 존경; 존중; 평가; 견적
estimado, da	형 평판이 좋은; 존경하는
estimar	타 존경[존중]하다; 평가하다
estimativo	남 판단력; 동물적 본능
estimulación	여 자극
estimulador, ra	형 자극하는, 흥분시키는
estimulante	형 자극하는, 흥분시키는
	남 흥분제, 각성제
estimular	타 자극하다, 흥분시키다
estímulo	남 자극; 자극제
estío	남 여름
estipendiario, ria	형 보수를 받는
	남여 보수를 받는 사람
estipendio	남 급여, 보수
estipulación	여 약관; 계약
estipular	타 정하다, 규정하다
estirar	타 늘이다, 잡아당기다
estirpe	여 혈통, 가계
estival	형 여름의
esto	대 [중성 지시 대명사] 이것
estofado, da	형 약한 불로 삶은
	남 [요리] 스튜
estofar	타 약한 불로 삶다
estoicidad	여 극기심
estoicismo	남 금욕주의; 스토아 철학
estoico, ca	형 금욕적인; 스토아 철학의
	남여 금욕주의자; 스토아 철학자
estoma	남 [식물] 기공
estomacal	형 위(胃)의
estómago	남 위(胃)
estomático, ca	형 (사람의) 입(boca)의
estomatitis	여 [의학] 구내염
estomatología	여 구강 외과
estomatólogo, ga	남여 구강 외과 의사

Estonia	여 [나라] 에스토니아
estoniano, na	형 에스토니아의
	남여 에스토니아 사람
estonio, nia	형 에스토니아의
	남여 에스토니아 사람
estoque	남 (가늘고 긴) 양날 칼
estorbar	타 방해하다; 괴롭히다
estorbo	남 방해, 장애
estornino	남 [곤충] 찌르레기
estornudar	자 재채기하다
estornudo	남 재채기
estrábico, ca	형 사팔뜨기의
	남여 사팔뜨기
estrabismo	남 사시(斜視)
estrado	남 교단
estragón	남 [식물] 개사철쑥
estrangulación	여 교살
estrangulador, ra	남여 교살자
estrangular	타 목 졸라 죽이다
estraperlear	자 암거래하다
estraperlista	남여 암상인
estraperlo	남 암거래; 암시장
estratagema	여 전략; 책략
estratega	남여 전략가
estrategia	여 작전, 전략
estratégico, ca	형 전략적인
	남여 전략가
estrato	남 지층; 계층; 층운
estratosfera	여 성층권
estrechamente	부 긴밀히; 검소하게
estrechamiento	남 좁은 부분
estrechar	타 좁히다; 껴안다
estrecharse	((재귀)) 서로 껴안다; 좁아지다
estrechez	여 협소함; 곤란; 빈궁
estrecho, cha	형 좁은; 꼭 낀

	남 해협
estrella	여 별; 스타
estrellado, da	형 별 모양의; 기름에 튀긴
estrellamar	여 [동물] 불가사리
estrellar^1	형 별의
estrellar^2	타 내던지다; 기름에 튀기다
estrellarse	((재귀)) (비행기가) 추락하다
estremecer	타 동요시키다; 떨게 하다
estremecerse	((재귀)) 동요되다; 몸을 떨다
estremecimiento	남 동요; 전율
estrenar	타 초연(初演)하다, 데뷔하다
estrenarse	((재귀)) 데뷔하다
estreno	남 초연, 데뷔
estreñimiento	남 변비
estreñir	타 변비를 일으키다
estrépito	남 큰소리; 호들갑스러움
estrepitoso, sa	형 시끄러운, 소란스런
estreptomicina	여 스트렙토마이신
estrés	남 스트레스
estresado, da	형 스트레스를 받은
estresante	형 스트레스가 많은
estresar	타 스트레스를 받게 하다
estribar	자 얹혀 있다, 받쳐 있다
estribillo	남 후렴, 반복
estribo	남 등자, 발디딤판
estribor	남 우현(右舷)
estricto, ta	형 엄밀한; 엄한, 엄격한
estridente	형 (소리가) 날카로운
estrofa	여 (시의) 연(聯), 절(節)
estropear	타 부수다, 엉망으로 만들다
estructura	여 구조, 구성
estructural	형 구조상의
estructuralismo	남 구조주의
estructuralista	형 구조주의의
	남여 구조주의자

eestructurar	타 구조화[조직화]하다
estruendo	남 큰 음향, 소음
estruendoso, sa	형 시끄러운, 소란스러운
estrujadora	여 짜는 그릇[기구]
estrujadura	여 (과즙) 짜기
estrujamiento	남 (과즙) 짜기
estrujar	타 구겨 짓누르다
estuario	남 강어귀
estuche	남 작은 상자; 케이스
estudiante	남여 학생
estudiar	타 공부하다, 연구하다
estudio	남 공부, 연구
estudioso, sa	형 학구적인
estufa	여 난로
estupendo, da	형 훌륭한, 멋진
estupidez	여 어리석은 짓, 바보짓
estúpido, da	형 우둔한, 어리석은
esturión	남 철갑상어
etano	남 [화학] 에탄
etapa	여 단계; 기간
etc.	etcétera(등등)의 약어
etcétera	여 등등, 기타
éter	남 [화학] 에테르
eternamente	부 영원히, 영구히
eternidad	여 영원, 영구, 영겁
eterno, na	형 영원한, 영구적인
ético, ca	형 윤리의, 윤리학의
	여 윤리학, 윤리
etimología	여 어원학, 어원
etimológico, ca	형 어원학의, 어원의
etiope, etíope	형 에티오피아의
	남여 에티오피아 사람
Etiopía	여 [나라]에티오피아
etiqueta	여 예의; 라벨
etnia	여 민족

étnico, ca	형 민족의
etnología	여 민족학
etnológico, ca	형 민족학의
etnólogo, ga	남여 민족학자
eucaristía	여 성체(聖體)
eufenismo	남 완곡 어법
euforia	여 행복감, 도취
eugenesia	여 우생학
eugenésico, ca	형 우생학의
eunuco	남 환관; 고자
euro	남 에우로, 유로, 유로화(貨)
euroasiático, ca	형 유럽-아시아의
eurocomunismo	남 유럽 공산주의
eurocomunista	형 유럽 공산주의의
	남여 유럽 공산주의자
eurodólar	남 유러달러
Europa	여 유럽
europeización	여 유럽화
europeizar	타 유럽화하다
europeo, a	형 유럽의
	남여 유럽 사람
Eva	여 ((성서)) 이브
evacuación	여 피난; 철퇴; 배변
evacuar	타 피난시키다
	자 배변하다
evadir	타 피하다, 회피하다
evadirse	((재귀)) 도망하다, 달아나다
evaluación	여 견적, 평가
evaluar	타 견적하다, 평가하다
evangélico, ca	형 복음의, 복음주의의
	남여 복음주의자; 개신교도
evangelio	남 복음, 복음서
evangelista	남여 복음 사가
evangelización	여 복음 전도
evangelizar	타 복음을 전하다

evaporación	여 증발
evaporador	남 증발 장치
evaporar	타 증발시키다
evaporarse	((재귀)) 증발하다
evasión	여 도피, 도망
evasivo, va	형 도망하는; 핑계를 대는
evasor, ra	형 도망하는, 도피하는
evento	남 이벤트; 사건
eventual	형 우발적인; 임시의
evidencia	여 명백함; 증거
evidenciar	타 명백하게 하다
evidente	형 명백한, 분명한
evidentemente	부 명백히, 분명히
evitable	형 피할 수 있는
evitación	여 회피, 피함
evitar	타 피하다, 회피하다
evocación	여 초혼(招魂)
evocar	타 (영혼을) 부르다
evolución	여 진전, 전개; 발전; 진화
evolucionar	타 진화하다; 진전되다
evolucionismo	남 진화론
evolucionista	형 진화론의
	남여 진화론자
evolutivo, va	형 진화의
ex	형 전(前), 구(舊)
ex presidente	남여 전 대통령
exactamente	부 정확히
exactitud	여 정확함
exacto, ta	형 정확한; 정밀한
exageración	여 과장, 허풍; 과도
exagerado, da	형 과장된, 허풍을 떠는
exagerar	타 과장하다
	자 허풍을 떨다, 도를 넘다
exaltación	여 흥분; 찬미
exaltado, da	형 흥분한, 열광적인

exaltar	탁 흥분시키다, 고양시키다
exaltarse	((재귀)) 흥분하다, 열광하다
examen	남 시험; 검사; 검진; 조사
examinador, ra	남여 시험관; 심사관
examinando, da	남여 수험생, 수험자
examinar	탁 시험하다, 조사하다
examinarse	((재귀)) 시험을 치르다
excavación	여 굴착; 발굴; 동굴
excavar	탁 파다, 발굴하다
excedente	형 초과된, 과잉의
	남 초과, 과잉; 흑자
exceder	탁 초과하다
excederse	((재귀)) 초과되다, 넘다
excelencia	여 우수함; [경칭] 각하
excelente	형 우수한
excentricidad	여 기행, 기벽; 기발함
excéntrico, ca	형 기발한
excepción	여 예외; 제외
excepcional	형 예외의, 예외적인
exceptivo, va	형 예외적인
excepto	전 제외하고(menos)
exceptuar	탁 제외하다
excesivamente	부 과도하게, 지나치게
excesivo, va	형 과도한, 지나친
exceso	남 과함, 과도, 과다
excitación	여 흥분, 흥분 상태
excitante	형 흥분시키는
	남 흥분제; 자극물
excitar	탁 흥분시키다, 자극하다
excitarse	((재귀)) 흥분하다, 자극되다
exclamación	여 감탄, 절규; 감탄 부호
exclamar	탁 절규하다; 부르짖다
exclamativo, va	형 감탄의
exclaustración	여 환속
exclaustrar	탁 환속시키다

exclaustrarse	((재귀)) 환속하다
excluir	타 추방하다; 배제하다
exclusión	여 추방; 제적; 제외
exclusive	부 (을) 제외하고
exclusividad	여 배타성, 편협성; 독점권
exclusivismo	남 배타주의
exclusivista	형 배타주의의 남여 배타주의자
exclusivamente	부 한결같이, 오로지
exclusivo, va	형 배타적인; 독점적인
excombatiente	남여 퇴역 군인
excomulgar	타 파문하다; 추방하다
excomunión	여 파문, 파문장
excoriación	여 찰과상
excreción	여 배설
excremento	남 똥, 대변; 배설물
excretar	타자 배설하다, 분비하다
excursión	여 소풍, 관광 여행
excursionista	남여 소풍하는 사람; 견학자
excusa	여 변명; 면제
excusado, da	형 면제된; 무익한
excusar	타 변명하다; 용서하다
exención	여 무세(無稅), 면제
exento, ta	형 [+de] (을) 면제받은
exequátur	남 (외국 영사에게 주는) 인가장
exequias	여복 장례(葬禮)
exhalar	타 발산하다, 토하다
exhausto, ta	형 바닥난, 고갈된
exhibición	여 전시(회); 공개
exhibicionismo	남 노출증
exhibicionista	남여 노출증 환자
exhibir	타 전시하다; 공개하다
exhortar	타 권하다, 권고하다
exhumación	여 발굴
exhumar	타 발굴하다, 파내다

exigencia	여	요구, 욕구
exigente	형	요구가 많은
exigible	형	요구할 수 있는
exigir	타	요구하다, 청구하다
exiliado, da	형	추방된; 정치 망명한
exiliar	타	국외 추방시키다
exilio	남	추방; 망명
existencia	여	존재; 재고(품)
existencial	형	실존의
existencialismo	남	실존주의
existencialista	형	실존주의의
	남여	실존주의자
existente	형	실재의, 현존하는
existir	자	존재하다; 살다
existazo	남	대성공; 큰 히트
éxito	남	성공; 성공 작품
éxodo	남	집단 탈출, 이주
exorcismo	남	액막이(굿)
exorcista	남여	무당
exorcizar	타	(악마를) 쫓아내다
exótico, ca	형	외국(산)의; 이국풍의
exotismo	남	이국 정서[취미]
expandir	타	보급하다
expansibilidad	여	팽창성
expansible	형	팽창성이 있는
expansión	여	팽창; 확대; 확장
expansionarse		((재귀)) 퍼지다, 팽창되다
expansionismo	남	(영토) 팽창주의
expansionista	형	팽창주의의
	남여	팽창주의자
expansivo, va	형	팽창성의; 개방적인
expectación	여	기대, 예상
expectativa	여	기대
expedición	여	원정(대), 탐험(대); 발송
expedicionario	형	원정의, 탐험의

expedidor, ra	남여 발송인
expediente	남 일건 서류; 성적
expedir	타 발송하다; (서류를) 발행하다
experiencia	여 경험, 체험
experimentación	여 실험, 실험법
experimentado	형 숙달된, 경험을 쌓은
experimental	형 실험적인
experimentar	타 실험하다; 체험하다
experimento	남 실험; 시험, 시도
epertamente	형 능란하게, 솜씨 좋게
experto, ta	형 노련한; 밝은
	남여 명인, 전문가
expiración	여 만기, 기한 만료
expirar	자 숨을 거두다; (기한이) 끝나다
explanación	여 땅 고르기; 설명
explanada	여 평지
explanar	타 반반하게 하다; 설명하다
explicable	형 설명할 수 있는
explicación	여 설명, 해설; 강의
explicar	타 설명하다, 해설하다
exlpicarse	((재귀)) 납득하다
explicativo, va	형 설명적인, 설명하는
explicatorio, ria	형 설명적인, 설명하는
explicitar	타 명시하다
explícito, ta	형 명시된, 뚜렷한
explorable	형 탐험[조사]할 수 있는
exploración	여 탐험, 조사, 답사
explorador, ra	형 탐험의, 탐사의; 정찰의
explorar	타 탐험하다, 조사하다
explosión	여 폭발; 폭발음
explosionar	타 폭발시키다
	자 폭발되다
explosivo, va	형 폭발성의, 파열음의
	남 폭약, 폭발물
	여 [언어] 파열음

explotable	형 개척[개발]할 수 있는
explotación	여 개발, 개척; 채굴
explotador, ra	형 경영하는; 개발하는
	남여 개발자, 개척자, 채굴자
explotar	타 개발[개척]하다; 채굴하다
	자 폭발하다
expoliar	타 약탈하다, 강탈하다
expolio	남 약탈(품), 강탈
exponente	남 [수학] 지수; 판단의 근거
exponer	타 전시[진열]하다; 표명하다
exponerse	((재귀)) 몸을 들어내놓다
exportable	형 수출할 수 있는
exportación	여 수출(품)
exportador, ra	형 수출하는
	남여 수출업자
exportar	타 수출하다
exposición	여 전시(회), 전람회; 표명
exposímetro	남 노출계
expositivo, va	형 설명적인
expositor, ra	남여 출품자; 해설자; 강연자
exprés	형 특급의
	남 익스프레스 커피
expresar	타 표현하다, 표하다
expresión	여 표현; 표정
expresionismo	남 표현주의
expresionista	형 표현주의의
	남여 표현주의자
expresivo, va	형 표현력이 있는, 표정이 풍부한
expreso, sa	형 명백한
	남 급행 열차; 빠른 우편
exprimidor	남 (과일 등을) 짜는 기계
exprimir	타 (과일 등을) 짜다; 착취하다
expuesto, ta	형 설명된; 위험한
expulsar	타 추방하다, 몰아내다
expulsión	여 추방; 제명; 배척

expulsivo, va	형 추방하는, 몰아내는
exquisitez	여 절묘함, 우수함, 훌륭함
exquisito, ta	형 절묘한, 우수한
éxtasis	남 황홀(경), 무아경
extasiarse	((재귀)) 황홀경에 빠지다
extático, ca	형 황홀경에 빠진
extender	타 펼치다, 넓히다; 늘이다
extenderse	((재귀)) 퍼지다; 유행하다
extensión	여 연장, 확장; 면적
extensivo, va	형 넓은, 광대한
extenso, sa	형 넓은, 광범위한
exterior	형 밖의; 외국의
	남 바깥쪽; 외모; 외국
exteriormente	부 바깥에, 외부는
exterioridad	여 외견, 외관; 감정 표출
exterminación	여 근절, 소탕
exterminar	타 근절하다; 전멸시키다
exterminio	여 근절; 전멸, 몰살
externado	남 (기숙생에 대한) 통학생
externamente	부 내면적으로
externo, na	형 바깥의; 외부의, 외면의
extinción	여 소화; 소멸
extinguible	형 소멸할 수 있는
extinguidor	남 [중남미] 소화기
extinguir	타 (불 등을) 끄다; 절멸시키다
extinguirse	((재귀)) (불이) 꺼지다; 절멸되다
extinto, ta	형 없어진, 소멸된
extintor	남 소화기(消火器)
extirpación	여 근절; 적출
extirpador, ra	형 뿌리를 뽑는
	남 제초기
extirpar	타 뿌리째 뽑다; 근절시키다
extra	형 임시의, 여분의
	남 호외, 임시 증간
	여 특별 수당, 보너스

	남여 엑스트라
extracción	여 발췌, 추출; 채굴
extractar	타 요약하다, 발췌하다
extractivo, va	형 추출할 수 있는
extracto	남 요약; 정수, 진액
extractor, ra	형 뽑아내는, 추출하는
extracurricular	형 교과 과정 외의, 교외의
extradición	여 (범인의) 인도, 송환
extraditar	타 (범인을) 인도하다
extraer	타 (이 등을) 뽑다; 채굴하다
extraescolar	형 교외의
extramarital	형 혼외 성교의
extranjería	여 외국인 법적 지위
extranjerismo	남 외래어; 외국 숭배
extranjero, ra	형 외국(外國)의
	남여 외국인. 남 외국
extrañamente	부 이상하게
extrañar	타 이상하게 생각하다
extrañeza	여 이상함, 기묘함
extraño, na	형 이상한, 기묘한; 외국의
extraordinario	형 기묘한, 이상한; 특별한; 임시의
extraterrestre	형 지구(地球) 외의
extravagancia	여 무법, 불법 행위
extravagante	형 터무니없는; 지나친
extraversión	여 외향성
extravertido, da	형 외향성의
	남여 외향성의 사람
extraviar	타 길을 잃게 하다; 분실하다
extraviarse	((재귀)) 길을 잘못 들다
extravío	남 분실; 빗나감; 탈선
extremidad	여 끝; 수족, 손발
extremismo	남 과격주의
extremista	형 과격주의의, 과격론의
	남여 과격주의자
extremo, ma	형 끝의, 극단의

	男 끝; 극단, 극도
exuberancia	여 풍부함; 무성함
exuberante	형 풍부한; 무성한
exudación	여 분비; 분비물
exudar	자 (액체가) 스며 나오다
exultación	여 굉장한 기쁨
exultante	형 굉장히 기쁜
exultar	자 뛸 듯이 기뻐하다
eyaculación	여 [생리] 사정
eyacular	타 [생리] 사정하다
eyección	여 분출; 배출물
eyectable	형 사출[배출]할 수 있는
eyectar	타 배출[사출]하다
eyector	남 사출[배출] 장치
Ezequiel	남 [성서] 에스겔; 에스겔서

F

fa	남 ((음악)) 파
fábrica	여 공장, 제작소; 제조
fabricación	여 제조, 제작
fabricante	형 제조하는, 제작하는 남여 제조업자, 제조원
fabricar	타 제조[제작]하다
fabril	형 제조의
fábula	여 우화; 만들어낸 말
fabular	타자 꾸며낸 이야기를 하다
fabulista	남여 우화 작가
fabuloso, sa	형 전설적인; 터무니없는
facción	여 분파; 도당. 복 용모
faccionario, ria	형 당파적인
faccioso, sa	형 당파의, 당파적인
faceta	여 (일의) 면; (보석의) 잘린 면
facha	여 용자, 용모와 자태
fachada	여 외모; (건물의) 정면
fachado, da	형 용모가 좋은[나쁜]
facial	형 얼굴의, 안면의
facies	여단복 면모; (지층의) 상(相)
fácil	형 쉬운, 용이한
facilidad	여 쉬움, 용이함
facilitación	여 쉽게 하는 것; 편의 제공
facilitar	타 (일을) 쉽게 하다; 제공하다
fácilmente	부 쉽게, 용이하게
facsímil	남 팩시밀리
factor	여 요인; 인수(因數)

스페인어-한국어 215

factorial	형 인수(因數)의
factorización	여 인수 분해
factorizar	타 인수 분해하다
factura	여 청구서, 계산서; 송장
facturación	여 송장 작성; 매상고
facturar	타 청구하다, 송장을 작성하다
facultad	여 능력; 단과 대학
facultar	타 (에게) 허가를 내주다
facultativo, va	형 임의의; 전문직의
fado	남 파두 (포르투갈의 민요)
faena	여 일, 작업, 노동
fagot	남 바순, 파고토
Fahrenheit	남 화씨 온도계
faisán	남 [조류] 장끼, 수꿩
faisana	여 [조류] 까투리, 암꿩
faja	여 띠, 어깨띠, 장식 띠
fajo	남 다발, 묶음, 속
falange	남 손가락뼈, 발가락뼈
falda	여 스커트; 옷자락
falla	여 단층(斷層)
fallar	타 판결하다; 결정하다
fallecer	자 죽다, 사망하다
fallecido, da	형 사망한 남여 고인, 죽은 사람
fallecimiento	남 죽음, 사망
fallido, da	형 실패한. 남 파산 남여 파산자
fallo	남 판결; 결정; 고장, 장애
falseador, ra	형 위조하는 남여 위조자
falseamiento	남 왜곡; 속임수, 거짓
falsear	타 속이다
falsedad	여 허위, 거짓, 날조
falsificación	여 위조, 위조품
falsificador, ra	형 위조하는 남여 위조자

falsificar	타 위조하다, 모조하다
falso, sa	형 위조의; 거짓의, 허위의
falta	여 오류; 결핍, 부족; 홈
faltar	자 모자라다, 부족하다; 없다
falto, ta	형 없는, 부족한
fama	여 명성, 평판; 소문
familia	여 가족; 가정; 가문; 자녀
familiar	형 가족의, 가정의.
	남여 친척
familiaridad	여 친밀함, 친함; 허물없음
familiarizar	타 친하게 하다
familiarizarse	((재귀)) 친해지다
famoso, sa	형 유명한, 이름난
fan	남여 (가수 등의) 팬
fanático, ca.	형 열광적인, 광신적인
	남여 광신자, 팬
fanatismo	남 열광; 광신적 행위
fango	남 진흙, 진창
fangoso, sa	형 진흙투성이의, 진창의
fantasía	여 공상, 환상
fantasioso, sa	형 공상적인
fantasma	남 유령
fantástico, ca	형 공상적인, 환상적인; 훌륭한
faraón	남 파라오 (고대 이집트의 왕)
fardel	남 포대
fardo	남 (주로 의류의) 보따리
faringe	여 [해부] 인두(咽頭)
faringeo, a	형 인두의
faringitis	여 [의학] 인두염
farmaceuta	남여 [중남미] 약제사
farmacéutico, ca	형 약학(藥學)의, 제약의
	남여 약사, 약제사
farmacia	여 약국; 약학
fármaco	남 의약품, 약제
faro	남 등대

farol	남 초롱불; 가로등
farola	여 가지 달린 가로등
farsa	여 광대놀이; 광대
fascinación	여 매혹; 매력
fascinador, ra	형 매혹적인
fascinante	형 매혹적인
fascinar	타 매혹하다, 현혹시키다
fascismo	남 파시즘
fascista	형 파시즘의, 파시스트의
	남여 파시스트
fase	여 국면, 단계; 상(相)
fastidiado, da	형 아픈, 병약한
fastidiar	타 귀찮게 하다, 괴롭히다
fastidiarse	((재귀)) 불쾌하다, 진저리나다
fastidio	남 싫증; 불쾌함, 불쾌감
fastidioso, sa	형 불쾌한, 싫증이 난
fatal	형 숙명적인; 치명적인
fatalidad	여 숙명, 운명; 불행
fatalismo	남 숙명론, 운명론
fatalista	형 숙명론적인
	남여 숙명론자, 운명론자
fatiga	여 피로, 피곤
fatigar	타 피곤[피로]하게 하다
fatigarse	((재귀)) 피곤하다, 피로하다
fauna	여 (한 지방이나 시대의) 동물
fauvismo	남 [미술] 야수파, 야수주의
fauvista	형 야수파의
	남여 야수파 화가
favor	남 호의; 친절
favorable	형 유리한; 친절한; 바람직한
favorablemente	부 안성맞춤으로, 호의적으로
favorecedor, ra	형 유리한, 호의적인
favorecer	타 유리하게 하다; 돕다
favorito, ta	형 마음에 든, 좋아하는
	남여 마음에 든 사람, 총아

fax	남 팩스
faxear	타 팩스로 보내다
faz	여 얼굴; (화폐 등의) 겉쪽
fe	여 믿음, 신앙; 증명서
fealdad	여 추함; 추악함
feamente	부 추하게, 비열하게
febrero	남 2월
febrífugo, ga	형 해열의
	남 해열제
febril	형 열병의; 흥분한
fecha	여 날짜
fechador	남 일부인, 날짜 스탬프
fechar	타 날짜를 적어 넣다
fécula	여 전분
fecundación	여 비옥함; 풍요로움; 수정
fecundar	타 비옥하게 하다; 수정시키다
fecundidad	여 생식력; 비옥함
fecundizar	타 비옥하게 하다
fecundo, da	형 풍요로운; 다산의
federación	여 연방; 연합, 연맹; 협회
federal	형 연방의, 연합의
federalismo	남 연방제, 연방주의
federalista	형 연방주의의
	남여 연방주의자
federar	타 연방제로 하다
federativo, va	형 연합의; 연방제의
felicidad	여 행복; 행운
felicitación	여 축하; 축사
felicitar	타 축하하다; 축사를 하다
feliz	형 행복한
felizmente	부 행복하게
felpa	여 우단, 비로드, 벨벳
femenil	형 여자의, 여성의
femenilidad	여 여성다움
femenino, na	형 여성의; 여성다운

스페인어-한국어 219

feminidad	여 여성다움
feminismo	남 여성 해방 운동
feminista	형 여성 해방의
	남여 여성 해방주의자
femoral	형 [해부] 대퇴의
fémur	남 [해부] 대퇴골, 넓적다리뼈
fenecer	타 끝마치다, 끝내다
fenecimiento	남 종결; 사망
fenicio, cia	형 페니키아의
	남여 페니키아 사람
fénix	남 불사조
fenomenal	형 자연 현상의
fenomenalismo	남 현상론
fenómeno	남 현상
feo, a	형 미운, 못생긴
feria	여 장; 견본 시장; 축제
feriado	남 휴일; 축제일
fermentable	형 발효성의
fermentación	여 발효, 발효 작용
fermentar	타 발효시키다
fermento	남 효모, 효소; 발효
ferocidad	여 잔인함; 맹렬함
feroz	형 흉포한, 잔인한
ferozmente	부 흉포하게, 잔인하게
férreo, a	형 쇠의, 철의
ferrería	여 대장간; 제철소
ferretería	여 철물점
ferretero, ra	남여 철물점 주인
ferrocarril	남 철도
ferroviario, ria	형 철도의. 남 철도원
fértil	형 비옥한, 기름진
fertilidad	여 비옥함, 기름짐
fertilización	여 비옥하게 함
fertilizante	형 비옥하게 하는
	남 비료, 거름

fertilizar	타 비옥하게 하다
férula	여 부목(副木)
ferviente	형 열렬한
fervor	남 열렬함, 열의
fervoroso, sa	형 열렬한, 열광적인
festejar	타 환대하다; 구슬리다
festejo	남 환대; 축하연, 잔치
festival	남 축제, 페스티발
festividad	여 축제, 축전
festivo, va	형 경축의; 흥겨운, 명랑한
fetal	형 태아의
feto	남 태아
feudal	형 봉건제의, 봉건적인
feudalismo	남 봉건 제도
feudo	남 봉토, 영지(領地)
fiabilidad	여 신용도, 신뢰성
fiable	형 신뢰할 수 있는
fiado, da	형 외상 판매의
fiador, ra	남여 보증인
fiambre	남 냉육 ((햄, 소시지 등))
fianza	여 보증금; 보석금
fiar	타 보증하다
	자 [+de] 믿다, 신용하다
fibra	여 섬유
fibra óptica	여 광섬유
fíbula	여 [해부] 비골(腓骨), 비녀뼈
ficción	여 허구, 픽션
ficha	여 카드; 말; 토큰
fichaje	남 [운동] 계약, 계약금
fichar	타 카드에 기재하다
fichero	남 (서류) 정리함, 카드 상자
ficticio, cia	형 가공의, 허구의
fideicomiso	남 신탁 통치; 신탁
fideicomitente	남여 신탁자
fidelidad	여 충실함, 성실함

fideo	남 (가는) 국수
fiebre	여 열, 열병, 발열(發熱)
fiel	형 충실한, 성실한
	남여 신자(信者)
fieltro	남 펠트, 모전(毛氈)
fiero, ra	형 사나운, 흉포한; 잔인한
	여 맹수; 잔인한 사람
fiesta	여 휴일, 축제
fígaro	남 이발사
figura	여 모양; 인물; 도형
figurar	타 나타내다, 묘사하다
figurarse	((재귀)) 상상하다
figurativismo	남 [미술] 구상주의
figurativo, va	형 [미술] 구상의, 구상파의
fijación	여 고정; 정착; 결정
fijado, da	형 고정된
fijador, ra	형 고정시키는
	남 머리 크림; 정착제
fijapelo	남 머리 염료
fijar	타 고정시키다; 정하다
fijarse	자 [+en] (을) 보다
fijo, ja	형 고정된; 정해진
fila	여 줄, 열; 대열
filamento	남 가는 실; 섬유
filamentoso, sa	형 섬유질의
filantropía	여 박애, 자선
filantrópico, ca	형 박애의, 자선의
filarmonía	여 음악 애호
filarmónico, ca	형 음악을 좋아하는
	남여 음악 애호가
	여 교향악단
filatelia	여 우표 수집[연구]
filatélico, ca	형 우표 수집[연구]의
	남여 우표 수집가[연구가]
filatelista	형 우표 수집[연구]의

	남여 우표 수집가[연구가]
filete	남 스테이크, 등심살
filial	형 자(子)의
	여 자회사
Filipinas, las	여복 [나라] 필리핀
filipino, na	형 필리핀의
	남여 필리핀 사람
filmación	여 (영화의) 촬영
filmador, ra	형 촬영의, 촬영하는
	남여 카메라맨
	여 소형 촬영기
filmar	타 (영화를) 촬영하다
filme	남 필름; 영화
filmeteca	여 필름 보관소
fílmico, ca	형 영화의
filo	남 칼날
filón	남 광맥
filosofía	여 철학
filosófi co, ca	형 철학의
filósofo, fa	남여 철학자
filtración	여 여과
filtrador	형 여과하는
	남 필터, 여과기
filtrar	타 여과하다
filtro	남 필터
fin	남 끝; 최후; 목적, 목표
fin de semana	남 주말
finado, da	남여 고인, 죽은 사람
final	형 최후의, 최종의
	남 최후, 끝
	여 결승전
finalidad	여 목적
finalista	형 결승전에 진출한
	남여 결승전 진출자
finalización	여 종료, 끝

finalizar	타 끝내다. 자 끝나다
finalmente	부 마침내, 드디어, 결국
financiación	여 융자, 자금 조달
financiador, ra	남여 출자자
financiamiento	남 융자, 자금 조달
financiar	타 융자하다, 조달하다
financiero, ra	형 재정의; 금융의
	남여 금융업자
	여 금융 회사, 투자 회사
finanzas	여복 재무, 재정; 금융
finar	자 (사람이) 죽다
finca	여 농장; 부동산
finés, sa	형 핀란드의
	남여 핀란드 어
	남 핀란드 어
fineza	여 정교함, 치밀함; 섬세함
fingido, da	형 거짓의, 꾸민
fingimiento	남 허위, 거짓, 거짓말
fingir	타 가장하다, 체하다
finlandés, sa	형 핀란드의
	남여 핀란드 사람
	남 핀란드 어
fino, na	형 가는; 세련된; 품질이 좋은
finura	여 섬세함; 우아함
firma	여 서명, 사인
firmamento	남 천공
firmante	형 서명하는
	남여 서명자
firmar	타자 서명하다
firme	형 견고한; 확고한
firmemente	부 견고히, 단단하게
firmeza	여 단단함, 굳건함
fiscal	형 국고의, 재정의
	남여 검사(檢事)
fiscalía	여 검찰청

física	여 물리학
físicamente	부 물리학적으로, 몸으로
físico, ca	형 물리학의; 물질의
	남여 물리학자
fisicoquímico, ca	형 물리 화학의
fisión	여 분열
fisiología	여 생리학
fisiológico, ca	형 생리학의, 생리학적
fisiólogo, ga	남여 생리학자
fisioterapeuta	남여 물리 치료사
fisioterapia	여 물리 치료
fisonomía	여 인상(人相); 골상학
fisonómico, ca	형 인상의
fisonomista	남여 관상가, 골상학자
fisura	여 갈라진[터진] 곳; 골절
flaco, ca	형 마른, 여윈
flamenco	남 플라멩코
flan	남 과자의 일종
flanco	남 (대열의) 측면
flaquear	자 (체력 등이) 약해지다
flaqueza	여 쇠약함, 여윔
flash	남 플래시
flatulencia	여 고창(鼓脹)
flauta	여 플루트, 피리
flautista	남여 플루트 연주자
flebitis	여 [의학] 정맥염
flecha	여 화살
flema	여 가래, 담
flemático, ca	형 가래의, 담의
fletar	타 (배나 비행기를) 전세 내다
flete	남 전세 요금; 운임
flexibilidad	여 유연성
flexibilizar	타 유연하게 하다
flexible	형 유연한
flojedad	여 무기력, 태만

flojera	여 무기력; 쇠약
flojo, ja	형 무기력한; 약한
flor	여 꽃
flora	여 (한 지역의) 식물
floración	여 개화, 개화기
floral	형 꽃의
florecer	자 꽃이 피다, 개화하다
floreciente	형 꽃이 피는; 번창한
florecimiento	남 개화; 번영
florería	여 꽃집, 꽃가게
florero, ra	형 꽃의 남여 꽃집 주인; 꽃병, 화병
floricultor, ra	남여 꽃 재배자; 화훼 원예가
floricultura	여 꽃 재배, 화훼 원예
florista	남여 꽃장수
floristería	여 꽃집, 꽃가게
flota	여 선단; 함대
flotación	여 뜨기, 표류
flotador	남 낚시찌; 부표
flotante	형 뜨는, 표류하는
flotar	자 뜨다, 표류하다
fluctuación	여 변동; 가격 변동
fluctuar	자 변동되다
fluidez	여 유동성; 유창함
fluido, da	형 유동하는; 유창한
fluir	자 (액체가) 흐르다
flujo	남 유동, 유출; 밀물
flúor	남 불소, 플루오르
fluorar	타 불소를 첨가하다
fluorescencia	여 형광
fluorescente	남 형광등
fluvial	형 하천의
fobia	여 공포증
foca	여 [동물] 물개, 바다표범
focal	형 초점의

foco	남 초점
fogata	여 모닥불, 화톳불
fogón	남 난로, 요리용 레인지
fogonero	남 화부(火夫)
folclore	남 민간 전승; 민속학
folclórico, ca	형 민간 전승의
folclorista	남여 민속학자
folk	남 민속 음악, 민요
follaje	남 (한 그루 초목의) 잎 (전부)
folletín	남 연재 소설
folleto	남 소책자, 팸플릿
fomentar	타 촉진하다, 장려하다
fomento	남 진흥, 조장, 창출
fon	남 폰 (소리 강도의 단위)
fonda	여 여인숙
fondo	남 자금, 기금; 배경; 자금
fonema	남 음소
fonemática	여 음소론
fonendoscopio	남 청진기
fonética	여 음성학
fonético, ca	형 음성학의
fonógrafo	남 (구식의) 축음기
fonograma	남 표음 문자
fonología	여 음운론
fontana	여 샘, 우물
fontanería	여 배관 시설
fontanero	남 배관공(配管工)
foráneo, a	형 타국의, 타관의
forastero, ra	형 타국의, 타관의
	남여 외국인, 타관 사람
fórceps	남 [의학] 겸자
forestación	여 조림, 식림
forestal	형 조림의, 식림의
forestar	타 조림하다, 식림하다
forjar	타 (금속을) 단련하다

forma	여	형식, 방법; 틀, 형(型)
formación	여	형성; 양성; 대형
formal	형	형식적인; 정식의
formalidad	여	수속; 형식
formalismo	남	형식주의
formalista	형	형식주의의
	남여	형식주의자
formalizar	타	형식을 갖추다
formar	타	형성하다; 양성하다
formateador	남	[컴퓨터] 포맷터
formatear	타	[컴퓨터] 포맷하다
formateo	남	[컴퓨터] 포메팅
formativo, va	형	형성하는, 양성하는
formato	여	판형, 판, 형(型), 포맷
formidable	형	무서운, 두려운; 거대한
formol	남	[화학] 포르말린
formón	남	(끝이 얇고 넓은) 끌
fórmula	여	형식, 서식
formular	타	(문서를) 작성하다; 표명하다
formulario	남	용지, 서식
formulismo	남	형식주의
fornicación	여	간음
fornicador, ra	형	간음하는
	남여	간음한 사람
fornicar	타	간음하다
foro	남	배경; 포럼
forraje	남	(짐승용의) 꼴
forrajear	자	꼴을 베다
forrar	타	안감을 대다
forro	남	안감 대기, 안 받치기
fortalecer	타	강하게 하다
fortaleza	여	강함; 요새, 성채
forte	남부	[음악] 포르테
fortificación	여	요새화; 성채
fortificar	타	강화하다

fortísimo	형 매우 강한
	남부 [음악] 포르티시모
fortuito, ta	형 우연의, 우발적인
fortuna	여 운명; 행운; 재산
forzadamente	부 강제로, 폭력으로
forzado, da	형 강제된; 억지로 시킨
forzar	타 강제하다, 무리하게 …하다
forzosamente	부 필히, 억지로, 불가피하게
forzoso, sa	형 불가피한; 필연적인
fósforo	남 인(燐); 성냥
fosforera	여 성냥갑; 성냥 공장
fósil	형 화석의, 화석화된
	남 화석
fosilización	여 화석화
fosilizarse	((재귀)) 화석이 되다
foto	여 사진
fotocopia	여 사진 복사
fotocopiadora	여 사진 복사기
fotocopiar	타 사진 복사를 하다
fotogénico, ca	형 사진을 잘 받는
fotograbado	남 그라비어 인쇄
fotografía	여 사진
fotografiar	타 사진을 찍다, 촬영하다
fotográfico, ca	형 사진의
fotógrafo, fa	남여 사진사
fotómetro	남 노출계
fototelegrafía	여 전송 사진
frac	남 연미복
fracasado, da	형 실패된
	남여 실패자
fracasar	타 실패하다
fracaso	남 실패
fracción	여 분할; 분수(分數)
fraccionar	타 분할하다; 세분하다
fraccionamiento	남 분할; 주택 단지

fraccionario, ria	형 분수의; 단편적인
fractura	여 골절, 좌상(挫傷)
fracturar	타 (뼈를) 뼈다
fracturarse	((재귀)) 골절되다
fragancia	여 향기, 방향
fragante	형 향기로운, 향긋한
fragata	여 프리깃함(艦)
frágil	형 부서지기 쉬운; 약한
fragmentación	여 분열
fragmentar	타 갈갈이 찢다
fragmentario, ria	형 단편적인; 파편의
fragmento	남 파편, 단편
fragua	여 (대장간의) 노(爐)
fraguar	타 (금속을) 벼리다
fraile	남 수도사, 수사
frambuesa	여 나무딸기
francamente	부 솔직히 (말해서)
francés, sa	형 프랑스의
	남여 프랑스 사람
	남 프랑스 어
Francia	여 [나라] 프랑스
franco, ca	형 솔직한; 무세(無稅)의
	남 [화폐 단위] 프랑
franela	여 플란넬
franja	여 (옷 등의) 테두리 장식
franquear	타 (세금 등을) 면제하다
franqueo	남 우편 요금
franqueza	여 솔직함
frasco	남 병(瓶)
frase	여 구, 어구; 문장
fraternal	형 형제의; 우애의
fraternidad	여 형제애, 우애
fraude	남 부정; 사기
fraudulencia	여 부정(不正)
fraudulentament	부 부정하게

fraudulento, ta	형 부정한, 거짓의, 사기의
frecuencia	여 빈번함; 빈도; 주파수
frecuentar	자 (어디에) 자주 가다
frecuente	형 빈번한, 잦은
frecuentemente	부 빈번히, 자주
fregadero	남 싱크대, 개수통
fregar	타 닦다, 문지르다
fregasuelos	남 자루걸레
freír	타 기름에 튀기다
frejol	남 강낭콩
frenado	남 억제, 억지; 제동
frenar	타 브레이크를 걸다
frenazo	남 급브레이크
frenesí	남 열광; 광란
frenético, ca	형 열광적인; 광란의
freno	남 브레이크; 억제
frente	여 이마
	남 전선(前線/戰線)
fresa	여 딸기
fresal	남 딸기밭
fresco, ca	형 신선한; 시원한
	남 시원함; 프레스코 화
frescor	남 시원함
frescura	여 시원함; 신선함
fresno	남 물푸레나무
freza	여 (물고기의) 산란(기)
frialdad	여 참; 냉담함
fríamente	부 차게, 냉담하게
fricción	여 마찰; 마사지; 불화
friccionar	타 마찰하다, 마사지하다
friega	여 마사지, 마찰
frigorífico	남 냉장고
frigorista	남여 냉동 기술자
frijol, fríjol	남 강낭콩
frío	형 찬, 추운. 남 추위

스페인어-한국어 231

fritada	여 기름 튀김
frito, ta	형 기름으로 튀긴, 프라이한
frivolidad	여 천박함, 경박함
frívolo, la	형 천박한, 경박한
frondoso, sa	형 잎[가지]가 무성한
frontal	형 정면의
	남 이마 뼈
frontera	여 국경; 경계
fronterizo, za	형 국경의; 국경을 접한
frontispicio	형 (건물의) 정면
frotar	타 문지르다, 마찰하다
frugal	형 소식(小食)의
frugalidad	여 소식; (식사가) 검소함
frunce	남 집어넣은 단
fruncir	타 (옷단을) 시쳐 넣다
frustración	여 좌절; 실망
frustrar	타 좌절시키다
fruta	여 과실, 과일
frutal	형 과실의, 과일의
	남 과수(果樹)
frutería	여 과일 가게, 청과상
frutero, ra	남여 과일 장수
frutícola	형 과실의; 과수 재배의
fruticultura	여 과수 재배, 과수 재배법
fruto	남 열매, 과실, 과과
fuego	남 불; 화재
fuelle	남 풀무
fuente	여 분수(噴水); 큰 접시,
fuera	부 밖에, 밖으로
fuerte	형 강한, 힘센
	부 강하게, 세게
fuertemente	부 강하게, 세게; 비상히
fuerza	여 힘, 권력
	여복 군대, 부대
fuga	여 도망; (가스 등의) 누수

fugarse	((재귀)) 도망하다, 도피하다
fugaz	형 덧없는; 즉시 없어지는
fugitivo, va	형 도망하는
	남여 도망자
fulano, na	남여 모(某), 어떤 사람
fulminación	여 낙뢰; 폭발
fulminante	형 폭발성의
fulminar	타 폭발시키다
fumadero	남 흡연 장소
fumador, ra	형 흡연하는
	남여 흡연자, 애연가
fumar	자 담배를 피우다
	타 (담배를) 피우다
función	여 기능; 상연, 공연
funcional	형 기능의, 기능적인
funcionamiento	남 작동; 영업, 조업
funcionar	타 움직이다, 작동하다
funcionario, ria	남여 공무원
funda	여 봉지; 덮개; 씌우개
fundación	여 수립, 창립, 창설
fundacional	형 재단의; 창설의
fundado, da	형 설립된
fundador, ra	형 창설의
	남여 설립자, 창설자
fundamental	형 기본적인; 근본적인
fundamentar	타 기초[근거]를 두다
fundamento	남 토대; 기초; 근거
fundar	타 수립하다, 창립하다
fundición	여 주조, 주물
fundidor	남 주물공
fundir	타 주조하다, (상을) 뜨다
fúnebre	형 장례식의
funeral	남 장의; 장례식
funerario, ria	형 장례식의; 매장의
	여 장의사(葬儀社)

funesto, ta	형 불길한
funicular	남 케이블카
furgón	남 수화물차, 유개 화차
furgoneta	여 밴, 소형 화물차
furia	여 격노, 분노, 격분
furioso, sa	형 격분한, 격노한
furor	남 격노
fuselaje	남 (비행기의) 동체, 기체
fusibilidad	여 가용성
fusible	여 퓨즈
fusil	남 총, 소총
fusilamiento	남 총살; 표절
fusilar	타 총살하다; 표절하다
fusilero, ra	형 소총병, 저격병
fusión	여 용해; 합병
fusionar	타 용해시키다; 합병시키다
fusionarse	((재귀)) 용해하다, 합병하다
fútbol	남 축구
futbolista	남여 축구 선수
futbolístico, ca	형 축구의
futurista	형 미래의; 미래파의
	남여 미래주의자
futuro, ra	형 미래의, 장래의
	남 미래, 장래
futurología	여 미래학
futurólogo, ga	남여 미래학자
fututearse	((재귀)) 넌더리나다
fututo	남 소라고둥
fuyente	형 도주하는
	남여 도망자

G

gabán	남 오버코트
gabardina	여 비옷, 레인코트
gabarra	여 바지선(船)
gabinete	남 내각; 정부; 서재; 연구실
Gabón	남 [나라] 가봉
gabonés, sa	형 가봉의
	남여 가봉 사람
gacela	남 ((동물)) 가젤
gaceta	여 정기 간행물
gacetilla	여 (신문의) 가십 기사
gacetillero, ra	남여 가십 기자
gacha	여 죽; 죽처럼 묽은 것
gafas	남복 안경(anteojos)
gafas de sol	남 선글라스, 색안경
gala	여 예복
galáctico, ca	형 은하의, 은하계의
galán	남 미남; 주역
galano, na	형 말쑥한; 세련된
galante	형 (여성에) 친절한
galapagar	남 거북 서식지
galápago	남 큰 거북, 코끼리 거북
galardonar	타 (에게) 상을 주다
galaxia	여 성운(星雲)
Galaxia	여 은하, 은하수
galena	여 방연광
galeón	여 갈레온선(船)
galera	여 갤리선(船)

스페인어-한국어 235

galeradas	여복 교정쇄
galería	여 무대의 양옆; 갱도
galgo, ga	남여 그레이하운드
Galicia	여 [지명] 갈리시아
galicismo	남 프랑스 어에서 차용한 말
gallardo, da	형 씩씩한, 당당한, 늠름한
gallegada	여 갈리시아 특유의 습관[표현]
gallego, ga	형 갈리시아의
	남여 갈리시아 사람
	남 갈리시아 말
gallera	여 투계장, 닭싸움 장소
galleta	여 비스킷
galletero	남 비스킷 상자
gallina	여 암탉
gallinero	남 닭장
	남여 닭 장수; 양계가
gallo	남 수탉
galón	남 갤런
gamba	여 작은 새우
gamma	여 [그리스 문자] 감마
gamo	남 수사슴
gamuza	여 먼지떨이, 총채
gana	여 의욕, 욕망
ganadería	여 목축
ganadero, ra	남여 목장 주인
ganado	남 가축, 목축
ganador, ra	형 이긴, 승리한
	남여 승자(勝者)
ganancia	여 이익, 이득
ganar	타 이기다; 얻다; 벌다
gancho	남 갈고리
ganga	여 대매출, 바겐세일
ganglio	남 신경절
gangrena	여 회저, 탈저병
ganso, sa	남여 거위

garabatear	타 낙서하다, 갈겨쓰다
garabato	남 낙서, 갈겨쓰기
garaje	남 차고; 정비 공장
garante	형 보증하는
	남여 보증인
garantía	여 보증; 보증서
garantizar	타 보증하다
garbanzal	남 이집트콩 밭
gabanzo	남 이집트콩, 병아리콩
garfio	남 갈고리
garganta	여 목구멍
gargantilla	여 짧은 목걸이
garita	여 망루, 파수막; 초소
garito	남 도박장; 선술집
garra	여 (동물의) 발톱
garza	여 [조류] 왜가리, 해오라기
gas	남 기체, 가스
gasa	여 가제; 엷은 천
gaseosa	여 소다수, 탄산수
gaseoso, sa	형 기체의, 가스의
gasoducto	남 천연가스 파이프라인
gasógeno	남 가스 발생로
gasóleo	남 경유(輕油); 디젤 오일
gasolina	여 가솔린
gasolinera	여 주유소
gastado, da	형 닳아빠진; 힘이 다한
gastador, ra	형 낭비하는
	남여 낭비하는 사람
gastar	타 소비하다, 소모하다
gasto	남 경비, 비용; 지출; 소비
gastaralgia	여 [의학] 위통
gástrico, ca	형 위(胃)의
gastritis	여 [의학] 위염, 위카타르
gastrocolitis	여 [의학] 위결장염
gastroenteritis	여 [의학] 위장염

스페인어-한국어 237

gastronomía	여 미식, 미식학; 요리법
gastrónomo, ma	남여 미식가
gastrotomía	여 위절개, 위절개술
gastroperitonitis	여 위복막염
gatillo	남 (총의) 방아쇠
gatito, ta	남여 새끼 고양이
gato, ta	남여 고양이
gauchesco, ca	형 가우초의, 목동의
gaucho, cha	형 가우초의, 목동의
	남여 가우초, 목동
gavilán	남 [조류] 새매
gavilla	여 다발, 단
gavillar	타 다발로[단으로] 묶다
gaviota	여 [조류] 갈매기
gazpacho	남 가스빠초 ((냉 야채 수프))
gelatina	여 젤라틴, 젤리
gema	여 보석, 보옥
gemelar	형 쌍둥이의
gemelo, la	형 쌍둥이의
	남여 쌍둥이
	남복 쌍안경; 커프스 단추
gemido	남 신음, 신음소리
gemir	자 신음하다
gen	남 유전자
gendarme	남 헌병
gendarmería	여 헌병대 (본부)
gene	남 유전자
genealogía	여 가계, 가계도, 족보
genealógico, ca	형 가계의, 가계도의
genealogista	남여 족보 학자
generación	여 세대; 발생
generacional	형 세대의, 세대간의
generador, ra	형 발생시키는
	남 발전기
general	형 일반적인; 전반적인; 전체의

	남여 장군
generalidad	여 일반성, 보편성
generalísmo	남 총사령관, 총통
generalista	남여 일반 의사
generalitat	남 까딸루냐 자치주 정부
generalización	여 일반화, 보급
generalizar	타 일반화하다
generalmente	부 일반적으로
generar	타 발전하다; 발생시키다
generatriz	여 발전기; 발생기
genérico, ca	형 [생물] 속(屬)의; [문법] 총칭의
género	남 종류; 분야; 상품; [문법] 성
generosamente	부 관대히, 후하게
generosidad	여 관대함, 관용
generoso, sa	형 관대한, 너그러운
genésico, ca	형 생식의
génesis	여 기원, 생성 과정
Génesis	여 [성서] 창세기
genético, ca	형 생성 과정의; 유전(학)의
geneticista	남여 유전학자
genetista	남여 유전학자
genial	형 천재적인
genio	남 천재; 성질; 기분
genital	형 생식의
genitivo, va	형 [문법] 속격의
	남 [문법] 속격
genitor, ra	남여 친부모
genocidio	남 (민족) 대학살
genitourinario	형 비뇨 생식기의
genoma	남 [생물] 게놈
genotípico, ca	형 유전자형의
genotipo	남 [생물] 유전자형
genovés, sa	형 제네바의
	남여 제네바 사람
gente	여 사람들

gentil	형 고상한; 친절한
gentileza	여 고상함, 우미함
gentilhombre	남 [역사] 시종
gentío	남 군중
genuino, na	형 진짜의; 순수한
geobiología	여 지구 생물학
geobotánica	여 지구 식물학
geocentrismo	남 천동설
geodinámica	여 지구 역학
geografía	여 지리학
geográfico	형 지리학의, 지리학적
geógrafo, fa	남여 지리학자
geología	여 지질학
geológico, ca	형 지질학의
geólogo, ga	남여 지질학자
geometría	여 기하학
geometra	남여 기하학자
geométrico	형 기하학의, 기하학적
geomorfía	여 지형학
geomorfología	여 지형학
geopolítico, ca	형 지정학의
	여 지정학
geoquímico, ca	형 지구 화학의
	여 지구 화학
geranio	남 제라늄
gerencia	여 관리직; 지배인의 사무실
gerente	남여 부장, 이사; 지배인
germánico, ca	형 게르마니아의; 독일의
	남여 게르만 사람; 독일 사람
germanio	남 게르마늄
germano, na	형 게르마니아의; 독일의
	남여 게르만 사람, 독일 사람
germen	남 세균, 병원균
gerontología	여 노인학
gerontólogo, ga	남여 노인학 학자

gerundio	남 [문법] 현재 분사
gestación	여 임신
gestacional	형 임신의, 임신 기간의
gestión	여 관리; 수속
gestionar	타 수속을 하다; 수행하다
gesto	남 표정, 제스처
giba	여 혹
gibón	남 [동물] 긴팔원숭이
giga	남 기가
gigabit	남 기가비트
gigabyte	남 기가바이트
gigahercio	남 기가헤르츠
giganta	여 몸집이 큰 여인
gigante	형 거대한, 대형의
	남 거인; 큰 인형
gigantesco, ca	형 거대한
gigantismo	남 [의학] 거인증
gijonés, sa	형 히혼(Gijón)의
	남여 히혼 사람
gimnasia	여 체조
gimnasio	남 체육관
gimnasta	남여 체조 선수
gimnástico, ca	형 체조의
gimotear	자 홀짝홀짝 울다
gimoteo	남 홀짝홀짝 울기
gin	남 [술] 진
ginebra	여 [술] 진
ginecología	여 [의학] 부인과
ginecológico, ca	형 부인과의, 부인과학의
ginecólogo, ga	남여 부인과 의사
gira	여 일주 여행, 주유; 원족
girador, ra	남여 어음 발행인
giralda	여 풍향계
girar	자 돌다, 회전하다
	타 돌리다, 회전시키다

스페인어-한국어 241

girasol	남 [식물] 해바라기
giratorio, ria	형 회전하는, 선회하는
giro	남 회전; 환(換)
gitano, na	남여 집시
glacial	형 빙하의; 얼음의
glaciar	형 빙하의. 남 빙하
gladiolo	남 [식물] 글라디올러스
glamour	남 요염한 매력, 매혹
glande	남 [해부] 귀두
glándula	여 [해부] 샘, 선(腺), 분비선
glandular	형 [해부] 샘의, 선(腺)의
global	형 전체의, 포괄적인
globo	남 기구(氣球); 풍선
glóbulo	남 혈구(血球)
gloria	여 영광; 광영
glorieta	여 로터리
glorificación	여 찬양, 찬미
glorificar	타 찬양하다, 찬미하다
glorioso, sa	형 영광스런
glosario	남 (책 뒤의) 어휘집, 용어 해설
glotón, na	형 대식의, 게걸스레 먹는 남여 대식가, 먹보
glotonear	자 걸신들린 듯이 먹다
glucemia	여 혈당
glucógeno	남 글리코겐
glucosa	여 포도당
glucosura	여 당뇨
gobernable	형 통치[지배]할 수 있는
gobernación	여 통치, 경영, 관리
gobernador, ra	남여 도지사; 총재; 총독
gobernante, ta	형 통치하는 남여 통치자
gobernar	타 통치[지배]하다; 조종하다
gobierno	남 정부(政府)
goce	남 환희, 기쁨

gol	냠	골, 득점
goleada	여	대량 득점
goleador, ra	남여	득점 선수
golear	타자	(대량) 득점하다
goleta	여	스쿠너선(船)
golf	남	골프
golfista	남여	골프 선수
golfo	남	만(灣)
golondrina	여	[조류] 제비
golosina	여	(단) 과자
goloso, sa	형	단 것을 좋아하는
golpe	남	타격; 구타; 충격
golpe de estado	남	쿠데타
golpear	타	때리다
golpetear	타자	가볍게 계속 때리다
goma	여	고무; 고무 지우개
góndola	여	곤돌라
gong	남	[악기] 징
gongo	남	[악기] 징
gonococo	남	[의학] 임균
gonorrea	여	[의학] 임질
gordo, da	형	뚱뚱한, 살찐
	남	(복권의) 일등
gordura	여	비만; 지방
gorila	남	[동물] 고릴라
gorra	여	(차양 있는) 모자
gorrión	남	[조류] 참새
gorro	남	(차양 없는) 모자
gota	여	방울
gotear	자	방울져[뚝뚝] 떨어지다
gotera	여	비가 샘, 비가 새는 곳
gótico, ca	형	고딕 양식의
gozar	자	향수하다; 즐기다
gozo	여	기쁨
grabación	여	녹음; 녹화

grabado	남 삽화; 판화; 조각
grabador, ra	형 조각하는, 새기는
	남여 판화가; 데이터 입력자
	여 테이프 레코더
grabar	타 조각하다; 녹음[녹화]하다
gracia	여 기품, 우아; 은혜
	여복 감사. 감사합니다
gracioso, sa	형 기지가 풍부한
grada	여 써레; (계단의) 단
gradación	여 단계
gradar	타 써레질하다
gradeo	남 써레질
grado	남 계급; 도(度); 학년
graduación	여 졸업; 학위 수여
graduado, da	형 졸업한
	남여 졸업생
gradual	형 점진적인, 단계적인
gradualmente	부 점진적으로, 단계적으로
graduando, da	남여 (대학의) 새 졸업자; 졸업 후보생
graduando, da	남여 (대학의) 새 졸업자
graduar	형 조절하다; 측정하다; 등급을 매기다
graduarse	((재귀)) 졸업하다
gráficamente	부 그래프로, 도표로
gráfico, ca	형 그래픽의[으로 나타내는]
	여 그래픽
grafito	남 석묵, 흑연
gramática	여 문법
gramático, ca	형 문법의
	남여 문법 학자
gramo	남 그램
gran	형 [단수 명사 앞에서 de 탈락형] 큰, 위대한
gramófono	남 축음기
gran	형 [de 탈락형] 큰, 위대한
granada	여 유탄; 석류

Granada	여	[지명] 그라나다
granadino, na	형	그라나다의
	여	그라나다 사람
granado, da	형	우수한, 빼어난
granar	자	[식물] 여물다
grande	형	큰, 위대한
grandemente	부	크게, 몹시, 극도로
grandeza	여	위대함; 큰 것
grandiosidad	여	장대함, 웅대함
grandioso, sa	형	웅대한, 당당한
graneado, da	형	낟알 모양의
granel	부	[+a] 낱개로, 포장하지 않은 채로
granero	남	곡창; 헛간, 광
granito	남	화강암
granizar	자	우박이 내리다
granizo	남	우박
granja	여	농장(農場)
granjero, ra	남여	농장주, 농부
grano	남	낟알, 곡식
granoso, sa	형	좁쌀알 같은 것이 돋아난
granular	형	낟알 모양의
grapa	여	(스테이플러) 알
grapadora	여	종이 찍개, 호치키스
grapar	타	호치키스로 박다
grasa	여	기름기, 지방, 비계
grasiento, ta	형	지방분이 많은
graso, sa	형	지방질의
gratificación	여	수당
gratificar	타	수당을 주다
gratis	부	무료로
gratitud	여	감사, 사의
grato, ta	형	즐거운, 기쁜
gratuitamente	부	무료로
gratuito, ta	형	무료의
grava	여	자갈

gravamen	남	부담; 세금
gravar	타	과세하다, 부담을 주다
grave	형	중대한, 심각한
gravedad	여	중대성, 심각함; 중력
gravemente	부	몹시, 대단히, 매우
gravímetro	남	중력계
gravitación	여	중력, 인력
gravitacional	형	중력의
gravitar	자	인력에 끌리다
Grecia	여	[나라] 희랍, 그리스
greco, ca	형	그리스의
	남여	그리스 사람
grcorromano, na	형	그리스-로마의
greda	여	점토
gredal	남	점토 채취장
gredoso, sa	형	점토질의
green	남	[골프] 그린
gremial	형	동업 조합의
gremio	남	동업 조합
griego, ga,	형	그리스의
	남여	그리스 사람
	남	그리스 어
grieta	여	균열, 금
grifería	여	급수 조절 장치
grifo	남	수도꼭지
grillo	남	[곤충] 귀뚜라미
gripe	여	인플루엔자, 유행성 감기
gris	형	회색의. 남 회색, 쥐색
grisáceo, a	형	희끄무레한
grisú	남	메탄가스
grita	여	항의의 절규
gritar	자	외치다, 소리르다
grito	남	외침, 소리침
grosería	여	무례함; 촌스러움, 천함
grosero, ra	형	거친, 조잡한

grosor	남 두께
grotesco, ca	형 괴상한, 우스꽝스러운
grúa	여 기중기, 크레인
grueso, sa	형 살찐; 두꺼운
grulla	여 학(鶴)
gruñido	남 불평; 돼지의 꿀꿀거리는 소리
gruñir	타자 불평하다; (돼지가) 꿀꿀거리다
grupa	여 (말 등의) 궁둥이
grupo	남 그룹, 집단
gruta	여 동굴
guacamayo	남 [조류] 금강앵무
guaco	남 [조류] 뇌조
guadaña	여 (자루가 긴 큰) 낫
guagua	여 [쿠바] 시내 버스
guano	남 구아노
guante	남 장갑
guapo, pa	형 잘생긴
	남여 미남, 미녀
guaraní	남 구아라니 ((파라과이의 화폐 단위)); 구아라니 말; 구아라니 족
guarda	남여 감시인
guardacoches	남 주차장 경비원
guardar	타 지키다; 감시하다; 보관하다
guardaagujas	남 전철수(轉轍手)
guardabarro	남 (자전거 등의) 흙받이
guardacostas	남 연안 경비정
guardarropa	남 휴대품 보관소
guardería	여 탁아소, 보육원
guardia	여 경비, 감시; 경비대
	남여 경찰관
guardia tumbado	남 과속 방지 턱
guardia urbano	남여 교통 경찰관
guardián,m na	남여 파수꾼, 관리인
guarecer	타 보호하다
guarismo	남 아라비아 숫자

guarnecer	타 꾸미다, 장식하다
guarnición	여 곁들인 요리, 안주; 수비대
Guatemala	여 [나라] 과테말라
guatemalteco, ca	형 과테말라의
	남여 과테말라 사람
gubernamental	형 정부의, 행정의
gubernativo, va	형 정부의
guerra	여 전쟁
guerra civil	여 내전(內戰)
guerra fría	여 냉전
guerra local	여 국지전
guerra nuclear	여 핵전쟁
guerrera	여 군복의 상의
guerrero, ra	남여 전사(戰士)
guerrilla	여 게릴라전, 유격전
guerrillero, ra	남여 게릴라대원, 유격대원
gueto	남 (유대인 등의) 거주 지역
guía^1	여 안내, 안내서
guía^2	남여 안내원
guiar	타 안내하다; 운전하다
guija	여 조약돌, 돌멩이
guijarro	남 둥근 돌멩이, 자갈
guillotina	여 단두대
guindilla	여 고추
guineo	남 [식물] 바나나
guiñar	타 윙크하다, 눈짓하다
guiño	남 윙크, 눈짓
guión	남 대본, 각본, 시나리오
guionar	자타 시나리오를 쓰다
guionista	남여 시나리오 작가
guirnalda	여 (목에 두르는) 화환
guisado	남 스튜, 요리, 삶은 것
guisante	남 푸른 완두(콩)
guisar	타 요리하다, 조리하다
guiso	남 요리, 조리, 삶은 것

güisqui	男 위스키
guitarra	여 [악기] 기타
guitarrería	여 기타 제조 공장; 기타 점
guitarrero, ra	남여 기타 제조자[장수]
guitarrillo	남 [악기] 네 줄 소형 기타
guitarrista	남여 기타리스트
gula	여 폭식
gusano	남 구덩이, 지렁이
gustar	자 좋아하다, 마음에 들다
	타 맛보다; 경험하다
gustillo	남 뒷맛; 쾌감
gusto	남 미각(味覺); 취미
gustosamente	부 기꺼이, 즐겁게
gustoso, sa	형 맛있는; 유쾌한
gutural	형 목구멍의, 목구멍에서 나오는
guturalmente	부 후음으로, 목구멍소리로

H

haba	여 잠두(蠶豆), 누에콩
habanero, ra	형 라 아바나(La Habana)의
	남여 라 아바나 사람
	남 (쿠바 산의) 여송연
habano, na	형 라 아바나의
	남여 라 아바나 사람
	남 (쿠바 산의) 여송연
haber	타 [직설법 현재형은 hay] 있다
	남복 재산, 자산; [상업] 대변
habichuela	여 강낭콩
habiente	형 소유하고 있는
hábil	형 유능한, 능숙한, 교묘한
habilidad	여 유능함
hábilmente	부 유능하게, 능숙하게, 교묘히
habitación	여 방(房)
habitante	남 주민, 거주자
habitar	자 살다, 거주하다
hábitat	남 서식지; 거주 조건
hábito	남 습관, 벽
habitual	형 습관적인
habitualmente	부 습관적으로
habituar	타 순응시키다, 길들이다
habituarse	((재귀)) 길들다, 익숙해지다
habla	여 언어, 말
hablador, ra	형 수다스런, 말이 많은
	남여 수다쟁이
hablante	남여 화자(話者)
hablar	자타 말하다

hacedor, ra	남여 작자, 만드는 사람
hacendado, da	남여 지주, 농장주
hacer	타 하다, 만들다
hacerse	((재귀)) …이 되다
hacha	여 도끼
hacia	전 …쪽으로; … 경에
hacienda	여 농장, 농원; 재산
hacinar	타 차곡차곡 쌓다
hacker	남여 해커
hada	여 요정(妖精)
Haití	남 [나라] 아이티
haitiano, na	형 아이티의
	남여 아이티 사람
halagar	타 아부하다, 아첨하다
halago	남 아부, 아첨
halcón	남 ((조류)) 매, 새매
hallado, da	형 발견된
hallar	타 발견하다, 찾아내다
hallarse	((재귀)) 있다
hallazgo	남 발견; 습득물
halo	남 (태양이나 달의) 무리
haltera	여 아령
hamaca	여 해먹, 그물그네
hambre	여 공복, 기아; 갈망
hambriento, ta	형 굶주린
hamburquesa	여 햄버거
handcap	남 핸디캡
hangar	남 격납고
haragán, na	형 게으른
	남여 게으름뱅이
harapiento, ta	형 누더기를 걸친
harapo	남 넝마, 누더기
hardware	남 하드웨어
harén	남 하렘
harina	여 가루, 밀가루

스페인어-한국어 251

harinero, ra	형 밀가루의
	남여 제분 업자
hartada	여 포식, 만복
hartar	타 포식시키다
hartarse	((재귀)) 포식하다
harto, ta	형 포식한; 물린, 싫증난
hasta	전 까지
hastío	남 혐오, 불쾌
hay	자 있다
haya	여 너도밤나무
haz	남 다발
hazaña	여 위업
hebilla	여 (혁대 등의) 버클
hebra	여 섬유
hebreo, a	형 히브리의
	남여 히브리 사람
	남 히브리 어
hechicería	여 주술(呪術)
hechicero, ra	형 마력을 가진
	남여 주술사(呪術師)
hecho, cha	형 만들어진; 잘 익은; 잘 구워진
	남 사실, 행동
hehcura	여 제작, 가공; 작품
hectárea	여 헥타르
hectólito	남 헥토리터
hectómetro	남 헥토미터
hediondez	여 악취
hediondo, da	형 악취가 나는; 역겨운
hedor	남 악취
hegemonía	여 헤게모니, 주도권
hegemónico, ca	형 패권주의의
hégira	여 헤지라, 회교 기원
héjira	여 헤지라, 회교 기원
helado, da	형 언; 매우 찬
	남 아이스크림

	여 결빙; 서리
heladera	여 아이스크림 제조기
heladería	여 아이스크림 가게
heladero, ra	남여 아이스크림 장수
helar	타 얼리다
helarse	((재귀)) 얼다
helecho	남 양치류
helenismo	남 헬레니즘
hélice	남 프로펠러
helicóptero	남 헬리콥터
helio	남 헬륨
helvético, ca	형 스위스의
	남여 스위스 사람
hematíe	남 적혈구
hematites	여 [광물] 적철광
hembra	형 암, 암컷의
	여 암, 암컷; 암나사
hemiciclo	남 반원, 반원형
hemisférico, ca	형 반구(半球)의
hemisferio	남 반구(半球)
hemofilia	여 [의학] 혈우병
hemofílico, ca	형 혈우병의
	남여 혈우병 환자
hemoglobina	여 헤모글로빈
hemorragia	여 [의학] 출혈
hemorrágico, ca	형 출혈의, 출혈성의
hemorroide	남 [의학] 치핵, 치질
hemostasis	여 [의학] 지혈
hender	타 쪼개다, 나누다
hendidura	여 균열, 갈라진 금
henequén	남 [식물] 용설란
henil	형 건초 저장소
heno	남 건초(乾草), 꼴
henrio	남 헨리
hepático, ca	형 [해부] 간장의

	남여	간장병 환자
hepatitis	여	[의학] 간염
heptaedro	남	[수학] 칠면체
heptagonal	형	[수학] 칠각형의
heptágono, na	형	[수학] 칠각형의
	남	칠각형
heráldica	여	문장학(紋章學)
heraldo	남	문장관(紋章官)
hercio	남	헤르츠
hércules	남	괴력의 남자
Hércules	남	[신화] 헤라클레스
heredable	형	상속 가능한
heredad	여	(가산을 포함한) 소유지
heredar	타	상속하다
heredero, ra	형	상속하는
	남여	상속인; 후계자, 계승자
hereditario, ria	형	세습의, 세습제의
hereje	남여	이교도, 이단자
herejía	여	이교, 이단
herencia	여	유산, 상속 재산; 유전
herido, da	형	부상당한, 다친
	남여	부상자
	여	부상, 상처
herir	타	상처를 입히다
herirse		((재귀)) 다치다, 부상당하다
hermana	여	자매, 누이, 언니, 여동생
hermanar	타	배열하다, 배합하다
hermanastra	여	의붓자매, 의붓누이
hermanastro	남	의붓형제, 의붓동생
hermandad	여	형제애, 우애
hermanito	남여	형제, 자매
hermano	남	형제, 형, 남동생, 오빠
hermanos	남복	형제자매; 믿음의 형제들
hermosamente	부	아름답게, 예쁘게
hermoseamiento	남	미화(美化)

hermosear	타 아름답게 꾸미다
hermoso, sa	형 아름다운
hermosura	여 아름다움, 미(美)
hernia	여 헤르니아
herniado, da	형 헤르니아에 걸린
	남여 헤르니아 환자
héroe	남 영웅; 용사
heroico, ca	형 영웅적인
heroína	여 여걸, 여자 영웅; 헤로인
heroinómano, na	형 헤로인 중독의
	남여 헤로인 중독자
heroismo	남 영웅적 행위; 영웅 정신
herradura	여 편자
herramienta	남 공구, 도구
herrería	여 대장간, 철공소
herrero	남 대장장이
hertzio	남 헤르츠
hervido, da	형 끓는, 끓인
hervir	자 끓다, 펄펄 끓어오르다
hervor	남 비등; 발광
heterodoxo, xa	형 이단(異端)의
	남여 이단자
hibernación	여 동면
hibernal	형 겨울의
hibernar	자 동면하다
	타 냉동 보존하다
hidalgo	남 시골 양반
hidráulico, ca	형 수력의
hidroavión	남 수상 비행기
hidroelectricidad	여 수력 전기
hidroeléctrico, ca	형 수력 전기의
hidrofobia	여 공수병, 광견병
hidrófobo	형 공수병의, 광견병의
hidrógeno	남 수소(水素)
hiedra	여 [식물] 담쟁이덩굴

hiel	여 쓸개즙
hielo	남 어름
hiena	여 하이에나
hierba	여 풀(草)
hierbabuena	여 [식물] 박하
hierbajo	남 잡초
hierro	남 철, 쇠
hígado	남 간(肝)
higiene	남 위생
higiénico, ca	형 위생적인
higo	남 무화과
higuera	여 무화과나무
higueral	남 무화과 밭
hija	여 딸
hijastra	여 의붓딸
hijastro	남 의붓아들
hijo	남 아들
Hijo	남 예수 그리스도
hilada	여 열, 줄
hilado	남 방적; 실, 원사
hilador, ra	형 실을 잣는
hilandería	여 방적; 방적 공장
hilar	타 (실을) 잣다
	자 실을 잣다
hilera	여 연속; 줄, 열
hilo	남 실
hilván	남 시침질
hilvanado	남 시침질
hilvanar	타 시침질하다
himalayo, ya	형 히말라야 산맥의
himen	남 [해부] 처녀막
himeneal	형 처녀막의
himno	남 찬가
himnario	남 찬미가집
hincha	여 (운동 팀 등의) 팬, 서포터

hinchado, da	형 부픈; 부운; 으스대는
hinchamiento	남 부기; 부풀음
hinchar	타 부풀리다; 과장하다
hincharse	((재귀)) 부풀다, 붓다
hindi	남 힌디어
hindú, dúa	형 힌두교의
	남여 힌두교도
hinduísmo	남 인도교, 힌두교
hinduista	형 힌두교의
	남여 힌두교도
hinojo	남 회향
hipar	자 딸꾹질하다
hipérbola	여 [수학] 쌍곡선
hipermercado	남 대형 슈퍼마켓
hipermetropía	여 원시(遠視)
hiperpotencia	여 초강대국
hipertensión	여 고혈압, 고혈압증
hipertenso, sa	형 고혈압의
	남여 혈압이 높은 사람
hipertrofia	여 비대증
hipertrofiarse	((재귀)) 비대해지다
hipertrófico, ca	형 비후성의
hípico, ca	형 말의; 마술의
	남 마술 경기; 경마장
hipismo	남 마술; 마술 경기
hípnico, ca	형 최면의
hipnología	여 최면학
hipnólogo, ga	남여 최면술사
hipnosis	여 최면 상태
hipnótico, ca	형 최면의, 최면술의
hipnotismo	남 최면술
hipnotizable	형 최면술에 걸리기 쉬운
hipnotización	여 최면; 매료
hipnotizador, ra	형 최면술의
	남여 최면술사

hipnotizar	타 최면술을 걸다, 도취시키다.
hipo	남 딸꾹질
hipocalórico, ca	형 저칼로리의
hipoamnios	남복 양수(羊水) 감수
hipocampo	남 경마장
hipocresía	여 위선
hipócrita	형 위선적인 남여 위선자
hipódromo	남 경마장
hipopótamo	남 [동물] 하마
hipoteca	여 담보, 저당권
hipotecar	타 (부동산을) 저당 잡히다
hipotecario, ria	형 저당(권)에 관한
hipotensión	여 저혈압; 저혈압증
hipotenso, sa	형 저혈압의 남여 혈압이 낮은 사람
hipotenusa	여 [기하] 빗변
hipótesis	여 가설(假說); 추측
hipotético, ca	형 가정의
hippie	형 히피의. 남여 히피
hippy	형 히피의. 남여 히피
hirviendo	형 끓는, 끓고 있는
hirviente	형 부글부글 끓는
Hispania	여 [역사] 이스파니아
hispánico, ca	형 스페인계[어권]의 남여 스페인 어권의 사람
hispanidad	여 스페인 어권 문화
hispanismo	남 스페인 어[문화] 연구
hispanista	남여 스페인 어[문화] 연구자
hispanización	여 스페인화(化)
hispanizar	타 스페인화하다
hispano, na	형 이스파니아의, 스페인의 남여 스페인 사람
Hispanoamérica	여 스페인 어권 중남미

hispanoamericano, ca	형 스페인계 아메리카의
	남여 스페인계 아메리카 사람
histamina	여 히스타민
histamínico, ca	형 히스타민의
histeria	여 히스테리
histérico, ca	형 히스테리의
	남여 히스테리 환자
historia	여 역사; 이야기
historiador, ra	남여 역사가
historial	남 경력, 이력
historicidad	여 역사성; 사실성
historicismo	남 역사주의
histórico, ca	형 역사의, 역사적
historieta	여 만화; 일화
historiografía	여 정사(正史); 사료 편찬
historiográfico, ca	형 사료 편찬의
historiógrafo, fa	남여 사료 편찬자
hobby	남 취미
hocico	남 (동물의) 코
hockey	남 하키
hogar	남 가정(家庭); 난로
hogareño, ña	형 가정의, 가정적인
hoguera	여 모닥불, 화톳불
hoja	여 잎; (책, 종이의) 장; 칼날
hojalata	여 양철
hojalatería	여 양철 공장[판매소]
hojalatero, ra	남여 양철 제조자[장수]
hojear	타 (책의) 쪽을 넘기다
hojoso, sa	형 잎이 많은
hola	감 여보세요; 안녕하세요
Holanda	여 [나라] 네덜란드
holandés, sa	형 네덜란드의
	남여 네덜란드 사람
	남 네덜란드 어
holgadamente	부 헐겁게, 낙낙하게

holgado, da	형 헐거운, 낙낙한
holgazán, na	형 게으른, 태만한
	남여 게으른 사람
holgazanear	자 게으름피우다
holgazanería	여 나태, 태만, 게으름
hollín	남 그을음, 매연
hombre	남 사람, 인간, 남자
hombre-mono	남 [인류학] 원인(猿人)
hombrillo	남 (웃옷 등의) 어깨바대
hombrera	여 어깨 보호대
hombro	남 어깨
hombruno, na	형 (여자가) 남자 같은
homenaje	남 경의(敬意); 경의를 표함
homenajear	타 경의를 표하다
homicida	형 살인의
	남여 살인자, 살인범
homicidio	남 살인, 살인죄
homoerótico, ca	형 동성애의
homosexual	형 동성애의
	남여 동성애자
homosexualidad	여 동성애
hondo, da	형 깊은
Honduras	남 [나라] 온두라스
hondureño, ña	형 온두라스의
	남여 온두라스 사람
honestamente	부 정직하게
honestidad	여 정직, 성실
honesto, ta	형 정직한
hongo	남 버섯(seta)
honor	남 명예, 체면
honorable	형 존경할 만한
honorario, ria	형 명예직의
	남복 사례금
honorífico, ca	형 명예직의
honra	여 체면, 면목, 명예

honradamente	🈗 정직하게, 성실하게
honradez	🈑 정직, 성실
honrado, da	🈓 정직한, 성실한
honrar	🈂 명예를 주다
honrarse	((재귀)) 영광으로 생각하다
hora	🈑 시간, 시
horario	🈔 시간표; 시침(時針)
horca	🈑 교수대
horcajadas	[+a] 걸터앉아
horizontal	🈓 수평의
horizontalmente	🈗 수평으로
horizonte	🈔 지평선, 수평선
horma	🈑 (구두 등의) 골, 형
hormiga	🈑 [곤충] 개미
hormigón	🈔 콘크리트
hormigonera	🈑 콘크리트 믹서
hormiguear	🈖 저리다, 마비되다
hormigueo	🈔 저림, 마비
hormiguero, ra	🈓 개미의
hormona	🈑 호르몬
hormona ambiental	🈑 환경 호르몬
hormona masculina	🈑 남성 호르몬
hormona femenina	🈑 여성 호르몬
hormonal	🈓 호르몬의
hornilla	🈑 휴대용 풍로
hornillo	🈔 풍로
horno	🈔 오븐, 화덕; 노(爐)
horóscopo	🈔 점성(술)
horquilla	🈑 머리핀, 헤어핀
hórreo	🈔 고가식 창고
horrible	🈓 무서운; 지독한
horriblemente	🈗 무섭게; 지독히
horror	🈔 공포; 혐오
horrorizar	🈂 벌벌 떨게 만들다
horrosamente	🈗 무섭게; 지독히

horroso, sa	형 무서운; 지독한
hortaliza	여 야채
hortelano, na	형 야채 밭의
	남여 야채 재배자
hortense	형 야채 밭의
hortensia	여 수국(水菊)
hortícola	형 야채 밭의
horticultura	여 원예; 야채 재배
hosanna	남 [종교] 호산나
hospedaje	남 숙박, 숙박료
hospedar	타 숙박시키다
hospedarse	((재귀)) 숙박하다
hospedería	여 여관
hospedero, ra	남여 여관 주인
hospicio	남 아동 양호 시설
hospital	남 병원
hospitalario, ria	형 환대하는; 보호하는
hospitalidad	여 환대; 입원
hospitalización	여 입원
hospitalizar	타 입원시키다
hospitalizarse	((재귀)) 입원하다
hostal	남 오스딸, 여관
hostelería	여 호텔 및 음식업
hostelero, ra	형 호텔 및 음식업의
	남여 hostal 주인
hostería	여 여관
hostil	형 적의가 있는, 적대의
hostilidad	여 적의, 적대 행위
hostilizar	타 적대하다, 공격하다
hotel	남 호텔
hotelero, ra	남여 호텔 경영자
hoy	부 오늘
hoya	여 큰 구덩이
hoyo	남 구멍
hoyuelo	남 보조개

hoz	여 [연장] 낫
hucha	여 저금통
hueco, ca	형 오목한; 텅 빈
	남 구덩이
huelga	여 파업
huelguista	남여 파업자
huelguístico, ca	형 파업의
huella	여 발자취; 흔적
huérfano, na	형 고아의. 남여 고아
huerta	여 과수원, 남새밭
huertano, na	형 관개 농지 주민의
	남여 관개 농지 주민
huerto	남 작은 과수원
huesero, ra	남여 접골의
hueso	남 뼈; (복숭아 등의) 씨
huesoso, sa	형 뼈의; 뼈가 붙은
huésped, da	남여 숙박하는 사람; 하숙인
hueva	여 어란(魚卵), 생선 알
huevería	여 달걀 가게
huevo	남 알, 달걀, 계란
huido, da	형 도망한, 탈옥한
	여 도망, 도주
huir	자 도망하다, 도주하다
hule	남 고무; 방수포
hulla	여 석탄
hullero, ra	형 석탄의
humanamente	부 인간적으로
humanar	타 인간답게 만들다
humanidad	여 인류; 인간성
humanismo	남 인도주의; 인간성
humanista	남여 인도주의자
humanístico, ca	형 인문주의의
humanitario, ria	형 인도주의적인, 박애의
humanitarismo	남 인도주의, 박애주의
humano, na	형 인간의, 인간다운

스페인어-한국어 263

	남 인간, 인류
humectador	남 가습기
humedad	여 습기; 습도
humedecer	타 습하게 하다
humedal.	남 습지
humedecer	타 적시게 하다
humedecerse	((재귀)) 적시다
húmedo, da	형 습한, 젖은
húmero	남 상박골
humildad	여 겸허함; 비천함
humilde	형 겸손한, 겸허한; 비천한
humillación	여 비굴함; 모욕
humillante	형 굴욕적인, 모욕적인
humillar	타 굴복시키다
humillarse	((재귀)) 굴복하다
humo	남 연기; 증기, 김
humor	남 기분; 성미
humoral	형 체액(體液)의
humorismo	남 유머; 만담
humorista	남여 유머 작가; 코미디언
humorístico, ca	형 익살스러운, 유머스러운
hundido, da	형 침몰된; 오목한
hundimiento	남 침몰, 함몰
hundir	타 가라앉히다
hundirse	((재귀)) 가라앉다
húngaro, ra	형 헝가리의
	남여 헝가리 사람
Hungría	여 [나라] 헝가리
huracán	남 허리케인, 폭풍
hurón	남 [동물] 흰 족제비
hurtadillas	[+a] 살그머니, 살짝
hurtar	타 훔치다, 도둑질하다
hurto	남 도둑질
husma	여 냄새 맡고 다니기
husmeador, ra	형 냄새를 맡고 다니는

husmear	타 냄새를 맡다
husmeo	남 냄새 맡고 다니기
husmo	남 썩은 (고기) 냄새
huso	남 북, 방추; 실패
huyente	형 도망치는, 달아나는

I

Iberia	여 [지명] 이베리아
ibérico, ca	형 이베리아의
Iberoamérica	여 중남미(中南美)
ibídem	부 동서(同書)에, 동절에
iceberg	남 빙산
icono	남 상(像), 성화(聖畵)
iconografía	여 초상화법 (연구); 성상 연구
iconográfico, ca	형 초상화의
iconólatra	형 성상 예배주의의
	남여 성상 예배주의자
iconolatría	여 성상 예배, 우상 숭배
ictericia	여 [의학] 황달
ida	여 가기, 가는 일
idea	여 생각, 아이디어
ideal	형 이상적인; 관념적인
	남 이상
idealismo	남 이상주의
idealista	형 이상주의의
	남여 이상주의자
idealización	여 이상화, 관념화
idealizador, ra	형 이상화하는
idealizar	타 이상화하다
idealmente	부 이상적으로
idear	타 생각하다, 고안하다
ídem	대부 동상, 동저자
idéntico, ca	형 동일의
identidad	여 동일성; 본인인 것
identificación	여 식별; 감식

identificar	타 동일시하다; 신원을 확인하다
ideograma	남 표의문자
ideología	여 이데올로기
ideológico, ca	형 이데올로기의
ideólogo, ga	남여 이론가, 사상가
idioma	남 언어; 국어
idiomático, ca	형 관용 어법의
idiota	형 바보의, 백치의; 우둔한
	남여 바보, 백치
idiotismo	남 숙어; 관용적인 표현
ídolo	남 우상(偶像)
iglesia	여 교회, 성당
iglú	남 (에스키모의) 얼음집
ignorancia	여 무지, 무식, 무학
ignorante	형 모르는, 무식한
	남여 무식한 사람
ignorar	타 모르다
igual	형 같은, 동등한; 평등한
igualación	여 균등화, 평등화
igualado, da	형 평등한, 대등한
	여 (시합의) 동점
igualar	타 같게 하다; 필적하다
igualdad	여 평등, 동등
igualitario, ria	형 평등주의의
igualitarismo	남 평등주의
igualmente	부 동등하게, 같게
iguana	여 [동물] 이구아나
ilegal	형 불법의, 불법적인
ilegalidad	여 불법, 불법 행위
ilegible	형 판독할 수 없는
ilegítimo, ma	형 불법의; 서출의
ilícito, ta	형 불법의, 위법의
ilimitado, da	형 무한의, 무제한의
ilógico, ca	형 비논리적인
iluminación	여 조명(照明), 조명도

iluminado, da	형 조명된
iluminador, ra	형 조명하는, 비추는
	남여 조명 담당자
iluminar	타 밝게 하다, 비추다
ilusión	여 환각, 착각; 환상, 꿈
ilusionar	타 환상을 품게 하다
ilusionarse	((재귀)) 환상을 품다
ilustración	여 삽화, 도해
ilustrado, da	형 그림이 들어 있는
ilustrador, ra	형 삽화가
ilustrar	타 그림을 넣다; 설명하다
ilustrativo, va	형 예증하는
ilustre	형 이름난, 저명한
imagen	여 이미지; 상, 화면; 화상
imaginable	형 상상할 수 있는
imaginación	여 상상, 상상력
imaginar	타 상상하다
imaginario, ria	형 상상의, 가공의
imaginativo, va	형 상상의
imam	남 [이슬람교] 이맘, 도사
imán	남 자석(磁石)
imbécil	형 우둔한, 저능한
	남여 바보, 멍청이
imbecilidad	여 우둔함, 멍청함
imitable	형 모방할 수 있는
imitación	여 모방; 모조품
imitador, ra	형 모방하는
	남여 모방하는 사람
imitar	타 모방하다; 모조하다
imitativo, va	형 모방의, 모방적인
impaciencia	여 조바심, 안달
impacientar	타 초조하게 하다
impacientarse	((재귀)) 초조해 하다
impaciente	형 초조한, 성급한
impacto	남 충격; 탄흔

impagable	형 지불 불능의
impagado, da	형 미결제의, 미불의
impar	형 기수(基數)의. 남 기수
imparcial	형 공평한
imparcialidad	여 공평, 불편부당
impecable	형 완벽한, 완전무결한
impecablemente	부 완벽하게
impedimiento	남 장애, 방해
impedir	타 방해하다, 막다
impenetrable	형 통과할 수 없는
impensado, da	형 예기치 못한, 뜻밖의
imperativo, va	형 명령의, 명령적인
	남 [문법] 명령법
imperdible	남 안전핀
imperdonable	형 용서할 수 없는
imperecedero, ra	형 불멸의, 영원의
imperfección	여 미완성; 결함
imperfecto, ta	형 불완전한, 미완성의
imperial	형 제국의, 황제의
imperialismo	남 제국주의
imperialista	형 제국주의의
	남여 제국주의자
imperio	남 제국
impermeable	형 방수의, 방수 가공의
	남 비옷; 콘돔
impersonal	형 비인격적인; 인칭이 없는
impertinente	형 무례한
ímpetu	남 격렬함, 과격
impetuoso, sa	형 격렬한, 과격한
implacable	형 비정한, 용서 없는
implantación	여 도입; 이식
implantar	타 도입하다; 이식하다
implantarse	((재귀)) 정착하다
implicar	타 끌어들이다; 함유하다
implícito, ta	형 암묵적인

imploración	여 애원, 간원
implorar	타 애원하다, 간원하다
imponente	형 당당한, 위압적인
imponer	타 과하다; 과세하다
imponible	형 과세 대상이 되는
impopular	형 인기가 없는, 평판이 나쁜
impopularidad	여 인기 없음, 평판이 나쁨
importación	여 수입; 수입품
importador, ra	형 수입하는
	남여 수입업자
importancia	여 중요성
importante	형 중요한
importar	타 수입하다; 중요하다; 관계가 있다; 총계가 …이다
importe	남 대금, 요금
importunar	타 귀찮게 조르다
importunidad	여 철이 지남; 귀찮음
importuno, na	형 제철이 아닌
imposibilidad	여 불가능
imposibilitar	타 불가능하게 하다
imposibilitado	형 (신체가) 부자유스런
	남여 지체 장애자
imposible	형 불가능한
imposición	여 과세(課稅)
impositivo, va	형 과세의; 조세의
impositor, ra	남여 예금자
imposta	여 홍예머리
impotencia	여 무력, 무능
impotente	형 무력한, 무능한
imprecisión	여 부정확함
impreciso, sa	형 부정확한
impregnar	타 포화시키다
imprenta	여 인쇄; 인쇄소
imprescindible	형 (필요) 불가결한
impresión	여 인상; 인쇄

impresionable	형 감수성이 강한
impresionante	형 인상적인
impresionar	타 감동시키다, 감명을 주다
impresionarse	((재귀)) 감동되다
impresionismo	남 인상파, 인상주의
impresionista	형 인상주의의, 인상파의
	남여 인상파 예술가
impreso	형 인쇄된. 남 인쇄물
impresor, ra	남여 인쇄공, 인쇄업자
impresora	여 인쇄기; ((컴퓨터)) 프린터
imprevisto, ta	형 의외의
imprimir	타 인쇄하다, 프린트하다
improductivo, va	형 불모의, 비생산적인
impropio, pia	형 부적절한
improvisación	여 즉흥(극); 즉석
improvisar	타 즉흥적으로 짓다
improviso, sa	형 불의의; 즉흥의
imprudencia	여 경솔함, 무분별함
imprudente	형 경솔한, 무분별한
impuesto	남 세금
impulsar	타 밀다; 추진하다
impulsión	여 추진
impulsivo, va	형 충동적인
impulso	남 충격; 추진
impulsor, ra	형 추진하는
	남여 추진하는 사람
impuro, ra	형 불순한
inacabable	형 끝없는
inacabado, da	형 미완성의
inaceptable	형 받아들일 수 없는
inactivo, va	형 활발하지 못한
inadaptable	형 적응할 수 없는
inadecuado, da	형 부적절한
inadmisible	형 받아들일 수 없는
inadvertencia	여 부주의

inadvertido, da	형 부주의한, 태만한
inagotable	형 무진장한
inaguantable	형 참을 수 없는
inalámbrico, ca	형 무선(無線)의
inanimado, da	형 생기가 없는
inánime	형 의식[생명]이 없는
inapetencia	여 식욕 감퇴
inaudito, ta	형 전대미문의
inauguración	여 개회(식), 개통(식)
inaugurar	타 개회식을 열다; 개시하다
inca	형 잉카의
	남여 잉카 사람
incaico, ca	형 잉카의
incalculable	형 헤아릴 수 없는
incalificable	형 언어 도단의
incansable	형 피로를 모르는
incapacidad	여 무능, 불능
incapacitado, da	형 자격이 없는
	남여 자격 없는 사람
incapacitar	타 부적격하게 만들다
incapaz	형 무능한
incendiar	타 방화하다, 불지르다
incendio	남 화재, 불
incensario	남 향로
incentivo	남 인센티브; 자극
incertidumbre	여 불확실함
incesante	형 부단한, 끊임없는
incesantemente	부 계속, 끊임없이
incesto	남 근친 상간
incestuoso, sa	형 근친 상간의
incidencia	여 우발적 사건
incidental	형 우발적인; 부수적인
incidentalmente	부 우발적으로; 부수적으로
incidente	남 (작은) 사건; 혼란
incidir	자 빠지다; 강조하다

incienso	남 [종교] 향
inciertamente	부 불확실하게, 애매하게
incierto, ta	형 불확실한, 애매한
incineración	여 소각; 화장
incinerador	남 (유골의) 소각로
incineradora	여 (유골의) 소각로
incinerar	타 소각하다; 화장하다
incitación	여 격려, 고무; 선동
incitador, ra	형 부추기는, 사주하는
incitar	타 자극하다; 부추기다
incivil	형 교양이 없는
incivilizado, da	형 미개한; 버릇없는
inclinación	여 경사; 경향
inclinado, da	형 경사진, 기운
inclinar	타 기울이다, 구부리다
inclinarse	((재귀)) 기울다; 경향이 있다
incluido, da	형 포함된, 내포된
incluir	타 포함시키다
inclusión	여 포함, 함유
inclusive	부 포함하여
incluso	부 동봉하여
incógnito, ta	형 미지의
incombustible	형 불연성의, 내화성의
incomodidad	여 불편함
incómodo, da	형 불편한, 쾌적하지 못한
incomparable	형 비할 데 없는
incompatible	형 양립할 수 없는
incompetente	형 무능한, 부적격한
incompleto, ta	형 미완의, 미완성의
imcomprensible	형 이해할 수 없는
incomunicabilidad	여 연락 불가능
incomunicable	형 연락할 수 없는
incomunicar	타 연락 불능하게 하다
incondicionado	형 무제한의, 무조건의
incondicional	형 무조건의

inconquistable	형 정복할 수 없는
inconsciencia	여 무의식
inconsciente	형 무의식의
inconsiderado	형 무분별한
inconstancia	여 변하기 쉬움; 무정견함
inconstante	형 변하기 쉬운, 무정견한
inconstitucional	형 헌법 위반의
incontaminado	형 오염되지 않은
incontenible	형 억제할 수 없는
incontrolable	형 억제할 수 없는
incontrolado, da	형 억제하지 못하는
inconveniencia	여 부적절함, 부적합함
inconveniente	형 부적당한
	남 불편, 지장
incorporación	여 가입, 편입; 합병
incorporar	타 합체하다, 가입시키다
incorporarse	((재귀)) 합해지다, 가입하다
incorrección	여 부정확함; 무례
incorrecto, ta	형 부정확한
incorregibilidad	여 교정 불능
incorregible	형 교정할 수 없는
incorruptable	형 부패하지 않은
incrédulo, la	형 의심이 많은
increíble	형 믿을 수 없는
incriminación	여 고발, 기소
incriminar	타 기소하다, 고발하다
incruento, ta	형 무혈(無血)의
incubación	여 잠복
incubar	타 (알을) 품다; 부화시키다
incubadora	여 인큐베이터, 미숙아 보육기
incultivable	형 경작할 수 없는
inculto, ta	형 교양이 없는
incumplimiento	남 불이행, 위반
incumplir	타 거역하다, 따르지 않다
incurable	형 불치(不治)의

incurrir	자 (죄 등을) 범하다, 저지르다
indagación	여 탐구, 조사
indagar	타 조사하다, 수사하다
indebido, da	형 부당한
indecible	형 말로 표현할 수 없는
indecisión	여 우유부단
indeciso, sa	형 미결정의; 우유부단한
indefenso, sa	형 무방비의
indefinido	형 무한(無限)의
indemnización	여 배상
indemnizar	타 배상하다, 보상하다
indicador	남 지시기; 프래그
independencia	여 독립, 자립
independentismo	남 독립 운동
independentista	형 독립파의
	남여 독립파
independiente	형 독립의, 자립의
independizar	타 독립시키다
independizarse	((재귀)) 자립하다
indeterminable	형 확정[결단]할 수 없는
indeterminación	여 불확정, 불명확
indeterminado	형 확정 안 된, 불명확한
India	여 [나라] 인도
indicación	여 지시, 표시
indicador, ra	형 지시하는, 표시하는
	남 표시; 지시기, 지침
indicar	타 지시하다; 가리키다
indicativo, va	형 지시하는; 직설법의
índice	남 지수; 색인
indicio	남 징후; 형적
índico, ca	형 인도의
indiferencia	여 무관심, 냉담함
indiferente	형 무관심한, 냉담한
indígena	형 토착의
	남여 원주민, 토착민

indigestarse	((재귀)) 소화 불량이 되다
indigestión	여 소화 불량
indigesto, ta	형 소화되지 않은
indignación	여 분개, 분노
indignar	타 분개하게 하다
indignarse	((재귀)) 분개하다
indignidad	여 모욕, 모욕적인 행위
indigno, na	남 가치 없는; 천한
índigo	남 쪽빛, 남색
indio, dia	형 인디오의; 인디언의; 인도의
	남여 인디오; 인디언; 인도 사람
indirectamente	부 간접적으로
indirecto, ta	형 간접의
indiscreto, ta	형 경솔한
indiscriminado	형 무차별의
indiscutible	형 명백한, 논의의 여지가 없는
indiscutiblemente	부 논의의 여지가 없이
indispensable	형 필요 불가결한
indisponer	타 기분을 상하게 하다
indisponerse	((재귀)) 악감정을 품다
indisposición	여 가벼운 병; 장애
indispuesto, ta	형 몸 상태가 나쁜
indistintamente	부 구별 없이; 불분명히
indistinto, ta	형 분간할 수 없는; 불분명한
individual	형 개인의, 개인적인
individualidad	여 개성
individualismo	남 개인주의
individualista	형 개인주의의
	남여 개인주의자
individualizar	타 개성을 주다
individuo, dua	형 개인의. 남 개인
indivisibilidad	여 불가분성
indivisible	형 불가분의
indócil	형 순종하지 않는
indocto, ta	형 무지한, 무학의

indocumentado	형 신분증을 휴대하지 않은
indoeuropeo, a	형 인도-유럽어(족)의
índole	여 성질; 종류
indomable	형 (동물이) 길들여지지 않은
Indonesia	여 [나라] 인도네시아
indonesio, sia	형 인도네시아의
	남여 인도네시아 사람
	남 인도네시아 어
inducción	여 귀납, 귀납법
inducir	타 귀납하다; 도입하다
inductancia	여 [전기] 유도 계수
inductivo, va	형 귀납적인
inductor, ra	형 [전기] 유도하는
	남 [전기] 유도자
indudable	형 의심의 여지가 없는
indudablemente	부 의심 없이, 확실히
indulgencia	여 관대함, 관용
indulgente	형 관대한
indultar	타 사면하다; 면제하다
indumentaria	여 [집합] 의복, 옷
industria	여 산업, 공업
industrial	형 산업의, 공업의
industrialismo	남 산업주의
industrialización	여 산업화, 공업화
industrializar	타 산업화[공업화]시키다
inédito, ta	형 미간(未刊)의, 미발표의
ineducación	여 무학; 무례
ineducado, da	형 무학의; 무례한
inefable	형 말로 표현할 수 없는
inefectivo, va	형 효과가 없는
ineficaz	형 효과[효험]이 없는
ineficiente	형 능률이 오르지 않는
inepcia	여 무능; 부적격
inepto, ta	형 무능한; 부적격한
inequivocado, da	형 명백한, 틀림없는

inercia	여 관성, 타성
inesperadamente	부 예상외로, 뜻밖에
inesperado, da	형 예기치 않은
inestabilidad	여 불안정, 불안정성
inestable	형 불안정한, 변하기 쉬운
inestimable	형 평가할 수 없는
inevitable	형 피할 수 없는
inevitablemente	부 불가피하게
inexactitud	여 부정확
inexacto, ta	형 부정확한
inexistente	형 존재하지 않은
inexperiencia	여 무경험
inexperto, ta	형 미숙한, 경험이 없는
inexplicable	형 설명할 수 없는
inexplorado, da	형 미지의, 전인 미답의
infamia	여 불명예, 치욕
infancia	여 유년(기), 유년 시대
infante	형 유아의
	남여 유아, 소아; 왕자, 공주
infantería	여 보병대; 보병
infantil	형 유아의; 유치한
infarto	남 경색, 경색증
infatigable	형 지칠 줄 모르는
infausto, ta	형 불행한, 불운한
infección	여 공기 전염, 병균 감염
infeccioso	형 전염성의, 전염병의
infectar	타 전염[감염]시키다
infecto, ta	형 전염된, 감염된
infecundidad	여 불임, 불임증; 불모
infecundo, da	형 불임의, 불임증의
infelicidad	여 불행
infeliz	형 불행한
inferior	형 (보다) 못한; 아래의
inferioridad	여 열등; 하위, 하급
infermal	형 지옥의; 지옥 같은

infértil	형 비옥하지 않은
infidelidad	여 불성실, 충실하지 못함
infiel	형 불성실한, 충실하지 못한
infierno	여 지옥
infiltración	여 침투, 침윤; 스며듬
infiltrar	타 침투시키다, 스며들게 하다
iiinfimo, ma	형 최저의, 최하급의
infinidad	여 무수함; 무한
infinitamente	부 한없이, 무한히
infinitivo, va	형 [문법] 부정사의
	남 [문법] 부정사(不定詞)
infinito, ta	형 무수한; 무한의
inflación	여 인플레이션
inflacionario	형 인플레이션의
inflacionismo	남 인플레이션 경향
inflacionista	형 인플레이션 (경향)의
inflamable	형 인화성의, 가연성의
inflamación	여 염증
inflamar	타 염증을 일으키다
inflamatorio, ria	형 염증성의
inflar	타 부풀리다; 과장하다
inflarse	((재귀)) 부풀다; 과장되다
inflexibilidad	여 불굴; 굽히지 않음
inflexible	형 불굴의; 굽히지 않은
inflexión	여 굴절, 구부러짐
influencia	여 영향, 영감; 세력
influenciar	타 감화시키다
influenza	여 유행성감기, 인플루엔자
influir	자 영향을 미치다
	타 감화시키다
influjo	남 영향; 만조
influyente	형 영향력을 가진
información	여 안내, 안내소; 정보
informado, da	형 정보에 밝은
informador, ra	형 정보를 제공하는

	남여 정보 제공자
informal	형 비공식의
informalidad	여 비공식
informante	형 정보를 제공하는
	남여 정보 제공자
informar	타 보고하다, 알리다
informática	여 정보 과학
informático, ca	형 정보 과학의
informativo, va	형 정보를 주는
informatización	여 컴퓨터 입력
informatizar	타 컴퓨터에 입력시키다
informatizarse	((재귀)) 컴퓨터에 입력되다
informe	남 보고, 보고서; 정보
infortunado, da	형 불운한, 불행한
infortunio	남 역경; 불행, 불운
infracción	여 위반, 위배
infractor, ra	형 위반하는 남여 위반자
infraestructura	여 하부 구조; 기초 공사
infrarrojo, ja	형 적외선의
infringir	타 위반하다
infundado, da	형 근거 없는, 이유 없는
infundir	타 (감정을) 품게 하다
infusión	여 탕약, 탕제
ingeniar	타 고안하다
ingeniería	여 공학
ingeniero, ra	남여 엔지니어, 기사
ingenio	남 재능; 재인(才人)
ingenioso, sa	형 재치 있는
ingenuo, nua	형 순진한
ingerir	타 (음식물을) 섭취하다
ingestión	여 (음식물의) 섭취
Inglaterra	여 [나라] 영국
ingle	여 [해부] 샅
inglés, sa	형 영국의
	남여 영국 사람

	남 영어
ingrato, ta	형 은혜를 모르는
ingrediente	남 성분, 재료, 원재료
ingresar	자 [+en] 들어가다, 입학하다
	타 입금하다; 입원시키다
ingreso	남 입학; 입회; 복 수입
inhábil	형 미숙한, 서툰
inhabilidad	여 미숙함, 서투름
inhabilitar	타 무능력하게 만들다
inhabitado, da	형 사람이 살지 않은
inhalación	여 흡입
inhalador	남 흡입기
inhalar	타 흡입하다
inherencia	여 [철학] 내속
inherente	형 고유의; 내재의
inhospitalario	형 대접이 나쁜, 불친절한
inhumación	여 매장(埋葬)
inhumano, na	형 비인간적인, 무정한
inhumar	타 매장하다
iniciación	여 개시; 입회식
iniciador, ra	형 개시하는, 선도적인
	남여 개시자, 선도자
inicial	형 최초의. 여 머릿글자
iniciar	타 시작하다
iniciativa	여 솔선, 주도권
inicio	여 홈(home)
iniquidad	여 불공평
injerirse	((재귀)) 간섭하다, 참견하다
injertar	타 접목하다; [의학] 이식하다
injerto	남 접목; 이식 (조직)
injuria	여 모욕
injuriar	타 모욕하다
injusticia	여 부정, 부정 행위
injustamente	부 부당하게, 부정하게
injusto, ta	형 부정한, 부당한

inmediatamente	便 즉시, 바로
inmediato, ta	형 즉시의; 직접의
inmejorable	형 나무랄 데 없는
inmemorial	형 태고의
inmensamente	便 무한히; 대단히
inmenso, sa	형 광대한
inmigración	여 이주, 입국
inmigrado, da	남여 이주자, 이민
inmigrante	형 이주하는, 이민의
inmigrar	자 이주하다
inminencia	여 절박함, 급박함, 위급
inminente	형 절박한, 급박한, 위급한
inmobiliario, ria	형 부동산의
	여 부동산 회사
inmoderado, da	형 과도한, 절도가 없는
inmodesto, ta	형 뻔뻔스러운, 철면피한
inmoral	형 부도덕한
inmoralidad	여 부도덕
inmortal	형 불멸의, 불사의
inmortalidad	여 불멸, 불사(不死)
inmóvil	형 부동(不動)의
inmovilizar	타 고정시키다
inmueble	형 부동산의
	남 부동산
inmune	형 면역의; 면제된
inmunidad	여 면역; 특권
inmunitario, ria	형 면역성의
inmunizar	타 면역성을 주다
innato, ta	형 타고난, 천부의
innecesario, ria	便 불필요한
innovación	여 혁신, 쇄신
innovar	타 쇄신하다
innumerable	형 셀 수 없는, 무수한
inocencia	여 무죄; 결백; 순진함
inocente	형 무죄의; 결백한; 순진한

inodoro	남 (방취 장치를 한) 변기
inofensivo, va	형 무해(無害)의
inolvidable	형 잊을 수 없는
inoportuno, na	형 시기를 놓친, 시기가 나쁜
inquietar	타 불안하게 하다, 걱정시키다
inquietarse	((재귀)) 걱정하다
inquieto, ta	형 불안한, 걱정하는
inquietud	여 불안, 걱정
inquilino, na	남여 셋집에 든 사람
inquiridor, ra	형 조사하는
	남여 조사하는 사람
inquirir	타 조사하다
Inquisición	여 종교 재판소
insano, na	형 건강이 나쁜
insatisfacción	여 불만; 혐오
insatisfactorio	형 불만족한
insatisfecho, cha	형 불만족한, 불만스러운
inscribir	타 새기다, 조각하다; 기입하다; 등록하다
inscribirse	((재귀)) 기입하다; 등록하다
inscripción	여 등록, 신청; 비문
inscrito, ta	형 등록된
insecticida	여 살충제
insecto	남 곤충
inseguridad	여 불안정
inseguro, ra	형 불안정한, 확실치 않은
inseminación	여 수정(水精)
inseminar	타 수정시키다
insensatez	여 무분별한 언동
insensato, ta	형 무분별한
insensibilidad	여 무감각, 마비
insensible	형 무감각한
inseparable	형 불가분의
inserción	여 삽입; 게재
insertar	타 삽입하다; 게재하다

스페인어-한국어 283

inserto, ta	형 삽입된; 게재된
insigne	형 저명한
insignia	여 기장, 배지
insignificancia	여 무의미; 사소한 일
insignificante	형 무의미한; 사소한
insinuar	타 시사하다, 암시하다
insipidez	여 맛없음, 무미
insípido, da	형 맛없는, 풍미(風味)가 없는
insistencia	여 고집, 끈질김; 강조
insistente	형 고집 센, 끈질긴
insistentemente	부 끈덕지게, 끈질기게
insistir	자 [+en] (에) 고집하다
insolación	여 일사병
insolarse	((재귀)) 일사병에 걸리다
insolente	형 무례한
insólito, ta	형 이례적인
insolvencia	여 지불 불능
insolvente	형 변제 불능의, 파산의
insomne	형 불면증의
insomnio	남 불면증
insoportable	형 참을 수 없는
inspección	여 검사, 감사; 시찰
inspeccionar	타 검사하다; 시찰하다
inspector, ra	남여 검사관, 시찰관
inspiración	여 영감(靈感)
inspirador, ra	형 영감을 주는
	남여 영감을 주는 사람
inspirar	자 영감을 주다
inspiratorio, ria	형 숨을 들어마시는
instalación	여 시설, 설치
instalar	타 시설하다, 설치하다
instalarse	((재귀)) 살다, 앉다; 개업하다
instancia	여 간원, 청원; 청원서
instantáteamente	부 순간적으로, 즉석에서
instantáneo, a	형 순간적인; 즉석의

	여 스냅 사진, 속사(速寫)
instante	남 즉시, 찰나, 순간
instar	타 간청하다
instauración	여 설립, 수립, 창설
instaurador, ra	형 설립하는, 수립하는
	남여 설립자, 수립자
instaurar	타 설립하다, 창설하다
instigación	여 선동, 교사
instigador, ra	형 선동하는 부추기는
	남여 선동하는 사람
instigar	타 선동하다, 부추기다
instintivo, va	형 본능적인
instinto	남 본능
institución	여 기관, 시설; 제도
institucional	형 제도상의, 제도적인
instituir	타 제정하다, 설립하다
instituto	남 연구소, 학원; 협회
instrucción	여 교육; 훈련, 지도
instructivo, va	형 교육적인; 교훈적인
instructor, ra	형 가르치는
	남여 교육 담당자; 교관
instruir	타 교육시키다, 가르치다
instrumentación	여 편곡, 악기 편성
instrumental	형 악기의; 문서의
instrumentar	타 (악기용으로) 편곡하다
instrumentista	남여 악기 연주자[제작자]
instrumento	남 도구, 기구; 악기
insuficiencia	여 불충분, 부족; 결함
insuficiente	형 불충분한, 부족한
insular	형 섬의
	남여 섬사람
insulina	여 인슐린
insultante	형 모욕적인
insultar	타 모욕하다
insulto	남 모욕

insurgente	형 반란을 일으키는
	남여 반도(叛徒)
insurrección	여 반란, 봉기
insustancial	형 내용이 없는; 천박한
intacto, ta	형 손을 대지 않은; 본래 대로
integración	여 통합
integral	형 완전한, 전면적인; 적분의
	여 [수학] 적분
integrante	남여 구성원, 일원
integrar	타 구성하다; 통합하다
integridad	여 완전함; 청렴결백
íntegro, gra	형 완전한, 전부의
intelecto	형 지성; 이해력
intelectual	형 지적(知的)인, 지능한
	남여 지식인, 인테리
inteligencia	여 지능
inteligente	형 총명한, 영리한; 지능적
intención	여 의도, 의향, 방향
intencionado, da	형 의도적인, 고의의
intencional	형 의지의, 고의의
intensidad	여 강도(强度)
intensificación	여 강화, 격화
intenfificar	타 강화시키다
intensivo, va	형 집중적인; 격렬한
intenso, sa	형 강렬한; 집중적인
intentar	자 시도하다, 꾀하다
intento	남 시도, 기도
intercalación	여 삽입
intercalar	타 삽입하다
intercambiar	타 교환하다
intercambiarse	((재귀)) 서로 교환하다
intercambio	남 교환; 교역
interceder	자 중재하다, 조정하다
intercelular	형 세포간의
interceptar	타 가로채다; 차단하다

intercesión	여 중재, 조정, 주선
interconexión	여 인터넷워크
intercontinental	형 대륙 간의
interés	남 흥미, 관심; 이익; 이자
interesado, da	형 관심[흥미]가 있는
	남여 당사자, 본인
interesante	형 재미있는, 흥미 있는
interesar	타 흥미[관심]을 갖게 하다
interesarse	((재귀)) 흥미가 있다
interferencia	여 간섭; 전파 방해
interferir	자 간섭하다, 전파 방해를 하다
	타 방해하다
interferón	남 인터페론
interfono	남 인터폰
interino, na	형 대리의, 대행의
	남여 대리, 대행
interior	형 내부의; 국내의
	남 내부; 인테리어
interioridad	여 내면성, 내재성
interiorismo	남 실내 장식
interiorista	남여 실내 장식가
interjección	여 [문법] 감탄사
interlocución	여 대화
interlocutor, ra	남여 대화자, 대담자
intermediación	여 중재, 중개
intermediar	타자 중재하다, 중개하다
intermediario, ria	형 중재[중개]하다
	남여 중개업자; 중매쟁이
intermedio, dia	형 중간의
interminable	형 제한이 없는
intermisión	여 중단, 휴지(休止)
intermitencia	여 단속성, 간헐성
intermitente	형 간헐적인, 단속적인
intermitentemente	부 간헐적으로
internación	여 수용, 입원

internacional	형 국제의, 국제적인
internado, da	형 수용된
	남여 수용된 사람
	남 기숙사, 기숙 학교
internamiento	남 수용, 입원
internar	타 수용하다, 입원시키다
internarse	남(여) 인터넷
internauta	남여 인터넷 사용자, 누리꾼
internet	남 인터넷
Internet Worm	남 인터넷 웜
internista	형 내과의
interno, na	형 내부의. 남여 기숙생
interpol	여 인터폴, 국제 형사 경찰 기구
interponer	타 사이에 끼우다[넣다]
interpretación	여 해석; 연주; 연기
interpretar	타 해석하다; 연주[연기]하다
intérprete	남여 통역; 연주자; 연기자
interrogación	여 질문, 신문; 의문부호
interrogador, ra	남여 질문자
interrogante	형 의문점, 문제점
interrogar	타 질문하다, 심문하다
interrogativo, va	형 [문법] 의문의
interrogarorio, ria	형 심문, 취조; 조서
interrumpir	타 정지하다, 중단하다
interrumpirse	((재귀)) 중단되다
interrupción	여 정지, 중단
interruptor	남 스위치
intersecarse	((재귀)) 교차하다, 교차되다
intersección	여 교점(交點)
intersexual	형 이성간의
interurbano, na	형 도시간의
intervalo	남 간격; 기간
intervención	여 간섭, 개입; 중재; 참가
intervenir	타 간섭[개입]하다; 중재하다; 참가하다
interviú	남 인터뷰

intestinal	형 장(腸)의
intestino	남 장(腸)
íntimamente	부 친밀하게; 긴밀히
intimar	자 친해지다
intimidación	여 협박, 위협
intimidad	여 친밀; 사생활
intimidar	타 협박하다, 위협하다
íntimo, ma	형 친밀한; 충심의
intolerable	형 견딜[참을] 수 없는
intolerancia	여 편협
intolerante	형 편협한, 옹졸한
	남여 편협[옹졸]한 사람
intoxicación	여 중독
intoxicar	타 중독시키다
intoxicarse	((재귀)) 중독되다
intradós	남 (아치의) 안 둘레
intransferible	형 양도할 수 없는
intransigente	형 타협의 여지가 없는, 완고한
intransitivo, va	형 [문법] 자동사의
	남 [문법] 자동사
intrauterino, na	형 자궁내의
intravenoso, sa	형 [의학] 정맥내의
intrépido, da	형 대담한, 용감한
intriga	여 음모, 책략
intrigante	형 음모를 꾸미는
	남여 음모가, 책사
intrigar	자 음모를 꾸미다
	타 호기심을 불러일으키다
introducción	여 도입; 삽입; 입문; 서론
introducir	타 삽입하다; 도입하다; 입력하다
intruso	남 침입자
intuición	여 직관, 직관력
intuicionismo	남 직관주의
intuitivo, va	형 직관적인
inundación	여 홍수, 범람, 침수

inundar	재 홍수를 일으키다, 범람하게 하다
inundarse	((재귀)) 범람하다, 홍수가 일어나다
inútil	형 무익한, 쓸모 없는
inutilidad	여 무익함, 쓸모없음
inutilizar	타 무익하게 만들다
inútilmente	부 무익하게, 헛되이, 쓸모없이
invadir	타 침입하다
invalidar	타 무효로 하다
invalidez	여 무효; 장애
inválido, da	형 (몸이) 움직이지 않는
invaluable	형 (평가할 수 없이) 귀중한
invariable	형 불변의; 변화하지 않는
invasión	여 침입, 침략
invasor, ra	형 침략[침입]하는
	남여 침입자, 침략자
invectiva	여 욕설; 독설
invencible	형 무적의, 불패의
invención	여 발명, 발명품
invendible	형 팔리지 않는
inventar	타 발명하다
inventario	남 (재산 등의.) 목록; 재고
invento	남 발명품
invernación	여 피한
invernáculo	남 온실
invernada	여 겨울철
invernadero	남 피한지
invernal	형 겨울의
invernar	재 겨울을 보내다
inverosímil	형 거짓말 같은
inversión	여 투자
inversionista	남여 투자자, 출자자
inverso, sa	형 역(逆)의, 반대의
inversor, ra	형 투자의
	남여 투자자, 출자자
invertido, da	형 역의, 반대의

	남여	동성애자, 성도착자
invertir	타	투자하다
investigación	여	조사; 연구
investigador, ra	형	연구의, 조사의
	남여	연구자, 조사원
investigar	타	조사하다, 연구하다
invierno	남	겨울
invisible	형	눈에 보이지 않는
invitación	여	초대, 초청; 초청장, 초대장
invitado, da	형	초대받은
	남여	초대 손님
invitar	타	초대하다, 초청하다
invocación	여	호출; 축원; 인용
invocar	타	호출하다; 축원하다
involuntario, ria	형	무의지의, 무의식의
involutivo, va	형	퇴행성의, 퇴행기의
inyección	여	주사
inyectable	형	주사용의
	남	주사액, 주사약, 앰플
inyectadora	여	주사기
inyectar	타	주사를 놓다
inyector	남	주사기
ion	남	이온
ípsilon	여	[그리스 문자] 입실론
ir	자	가다; 꼭 맞다; 조화를 이루다
ira	여	노함
iracundo, da	형	잘 노하는; 격노한
Irak	남	[나라] 이라크
Irán	남	[나라] 이란
iraní	형	이란의
	남여	이란 사람
iraquí	형	이라크의
	남여	이라크 사람
irascibilidad	여	성을 잘 냄, 성미가 급함
irascible	형	성미가 급한, 화 잘 내는

iridio	남 이리듐
iris	남 홍채(虹彩); 무지개
ironía	여 빈정거림, 비꼼
irónico, ca	형 빈정거리는, 비꼬는
irracional	형 불합리한, 도리에 어긋난
irradiación	여 발광, 방사
irradiar	타 (빛 등을) 발하다
irrazonable	형 무분별한, 비이성적인
irrealizable	형 실현 불가능한
irregular	형 불규칙한
irregularidad	여 불규칙, 불규칙성
irresistible	형 저항할 수 없는
irresponsabilidad	여 무책임; 면책
irresponsable	형 무책임한; 책임이 없는
irrevocable	형 취소할 수 없는
irrigación	여 관개; (혈액 등의) 순환
irrigar	타 관개시키다; 순환시키다
irritable	형 성미가 급한; 화를 잘 내는
irritación	여 자극, 흥분; 안달
irritar	타 화나게 하다
irritarse	((재귀)) 화내다, 성내다
isabelino	형 이사벨 여왕 (시대)의
isla	여 섬
islam	남 이슬람교
islámico, ca	형 이슬람교의
islamismo	남 이슬람교
islamita	형 이슬람교의
	남여 이슬람교도
islandés, sa	형 아이슬란드의
	남여 아이슬란드 사람
Islandia	여 [나라] 아이슬란드
isleño, ña	형 섬의
	남여 섬사람
isleta	여 작은 섬; (도로의) 안전 지대
isósceles	형 이등변의

isotopo	몡 [물리] 동위 원소
Israel	몡 [나라] 이스라엘
israelí	형 이스라엘의
	남여 이스라엘 사람
istmo	몡 지협(地峽)
Italia	여 [나라] 이탈리아
italiano, na	형 이탈리아의
	남여 이탈리아 사람
	몡 이탈리아 어
itálico, ca	형 이태릭체의
ítem	부 또한, 또 마찬가지로
	몡 항목, 조항; 품목
itinerante	형 순회하는, 이동하는
itinerario	몡 여행 스케줄, 여정(旅程)
izar	타 (기를) 게양하다; 높이 올리다
izquierda	여 왼쪽, 좌측
izquierdista	형 좌익의
	남여 좌익 분자, 좌익주의자
izquierdo, da	형 왼쪽의; 좌익의

J

jabalí	남 멧돼지
jabalina	여 (투창용의) 창
jabón	남 비누
jabonar	타 비누로 씻다; 비누칠을 하다
jaboncillo	남 화장[약용] 비누
jabonero, ra	형 비누의
	남여 비누 제조자[장수]
	여 비눗갑
jabonería	여 비누 공장[가게]
jaca	여 [동물] 조랑말
jacinto	남 [식물] 히아신스
jactancia	여 자만, 으스대기, 뽐내기
jactancioso, sa	형 자만하는, 으스대는
jactarse	((재귀)) 자만하다, 으스대다
jade	남 비취(翡翠), 옥(玉)
jadeante	형 숨을 헐떡이는
jadear	자 숨을 헐떡이다
jadeo	남 숨을 헐떡거림
jaez	남 마구(馬具)
jaguar	남 [동물] 재규어
jalea	여 젤리, 잼
jaleador, ra	형 갈채를 보내는
	남여 갈채를 보내는 사람
jalear	타 갈채를 보내다
jaleo	남 갈채, 환호성
jalifa	여 (모로코 보호령의) 부총독
jamás	부 결코 (…이 아니다)
jamba	여 문설주

jamón	남 햄
Japón, el	남 [나라] 일본
japonés, sa	형 일본의
	남여 일본 사람
	남 일본어
jaque	남 ((체스)) 궁
jaqueca	여 편두통
jarabe	남 시럽
jardín	남 정원; [야구] 외야
jardinería	여 조원, 원예
jardinero, ra	남여 정원사
jarra	여 물병; 물주전자, 항아리
jarro	남 항아리; 물병
jarrón	남 (장식) 항아리
jaspe	남 [광물] 벽옥
jaula	여 새장
jazmín	남 [식물] 재스민
jazz	남 [음악] 재즈
jazzista	남여 재즈 연주가
jeans	남복 [복장] 진
jeep	남 지프
jefa	여 여자 보스, 과장, 부장, 사장
jefatura	여 본부
jefe	남여 보스, 두목; 과장, 부장, 사장
jenjibre	남 생강
jerarquía	여 계급(제), 서열
jerez	남 셰리주(酒)
jerga	여 은어(隱語)
jeringa	여 주사기
jeringuilla	여 작은 주사기
jeroglífico, ca	형 상형 문자의
	남 상형 문자, 그림 문자
jersey	남 스웨터
Jesucristo	남 예수 그리스도
Jesús	남 예수 (그리스도)

스페인어-한국어 295

jet	남 제트기
jibia	여 [어류] 오징어
jilguero	남 [조류] 검은 방울새
jilote	남 영글지 않은 옥수수
jinete	남 기수(騎手)
jira	남 소풍, 피크닉
jirafa	여 [동물] 기린
jit	남 [야구] 히트
jitomate	남 토마토
jockey	남 경마의 기수
joggin, jogging	남 조깅
jocosidad	여 명랑함, 익살
jocoso, sa	형 명랑한, 익살스러운
jornada	여 1일; 1일분의 노동
jornal	남 일급(日給)
jornalero, ra	남여 날품팔이
joroba	여 곱사등, 새우등
jorobado, da	형 등이 굽은; 곱사등의
	남여 곱사등이
jota	여 [음악] [무용] 호따
joven	형 젊은, 어린
	남여 젊은이, 청년
jovencito, ta	형 어린
	남여 소년, 소녀
jovial	형 명랑한, 활달한, 쾌활한
jovialidad	여 명랑함, 활달함, 쾌활함
jovialmente	부 명랑하게, 활달하게, 쾌활하게
joya	여 보석(寶石), 장신구
joyería	여 보석상, 보석 가게
joyero, ra	남여 보석상, 보석 세공사
juanete	남 건막류(腱膜瘤)
jubilación	여 퇴직; 연금
jubilado, da	형 퇴직한; 연금을 받는
	남여 퇴직자; 연금 생활자
jubilar	타 퇴직시키다

	자 기뻐하다
jubilarse	((재귀)) 퇴직하다
júbilo	남 기쁨, 환희
judaico, ca	형 유대인의
judaísmo	남 유대교, 유태교
judería	여 유대인 거리[사회]
judía	여 강낭콩
judía roja	여 팥
judicial	형 사법의, 재판의
judío, a	형 유대의; 인색한
	남여 유대인
judo	남 유도
judoca	남여 유도인; 유도 선수
judoísta	남여 유도인; 유도 선수
juego	남 놀이, 경기, 게임; 도박
juerga	여 술잔치, 주연
jueves	남 목요일
Jueves Santo	남 성목요일
juez	남여 심판; 판사, 재판관
jugada	여 국면, 회; 상담
jugador, ra	남여 선수, 경기자; 노름꾼
jugar	자 놀다, 경기를 하다; 노름하다
	타 (시합 등을) 하다
juglar	남 음유 시인; 유랑 극단원
jugo	남 즙, 주스(zumo)
jugo gástrico	남 위액(胃液)
jugoso, sa	형 즙이 많은, 수분이 많은
juguera	여 주서; 과즙 짜는 기구
juguete	남 장난감
juguetería	여 장난감 가게, 완구점
juguetero, ra	남여 장난감 장수
juguetón, na	형 장난을 좋아하는
	남여 장난꾸러기
juicio	남 판단; 이성; 재판
juicioso, sa	형 현명한, 분별력이 있는

julio	남 7월
jumbo	남 점보기, 점보 제트기
junco	남 골풀, 등심초; 정크
jungla	여 정글, 밀림 (지대)
junio	남 6월
junior	형 손아래의, 2세의
júnior	남 견습 수도사
junta	여 회의, 회합; 위원회
juntamente	부 함께, 일제히
juntar	타 모으다; 합치다
junto, ta	형 함께 한, 밀접한; 동봉한
	부 바로 가까이에, 과 함께
juntura	여 이음매; [해부] 관절
Júpiter	남 목성(木星)
jura	여 선서, 선서식
jurado, da	남여 배심원; 심사원
juramentar	타 선서하게 하다
juramentarse	((재귀)) 선서하다
juramento	남 선서, 선서문
jurar	타 선서하다
jurídico, ca	형 법적인, 사법의
jurisdicción	여 재판권, 사법권
jurisdiccional	형 재판권의, 사법권의
jurista	남여 법학자, 법률가
justamente	부 틀림없이, 정확히
justicia	여 정의, 공정함; 재판, 사법
justificación	여 정당화; 해명, 변명
justificado, da	형 정당한
justificar	타 정당화하다; 증명하다
justificarse	((재귀)) 정당화되다
justillo	남 소매 없는 짧은 조끼
justinianeo, a	형 (동로마 황제) 유스티니아누스의
justipreciación	여 평가, 견적
justipreciar	타 평가하다, 견적하다
justiprecio	남 평가, 견적

justo, ta	형 공정한, 공평한; 정확한
	부 공정하게; 정확히, 꼭
juvenil	형 젊은, 청춘의; 연소한
juventud	여 청춘, 청년 시절, 청춘기
juzgado	남 재판소, 법정
juzgador, ra	형 판정을 내리는
juzgamundos	남여 욕쟁이
juzgante	형 심판하는; 재판하는
juzgar	타 재판하다; 심판하다, 판단하다
juzgón, na	형 남의 흉을 잘 잡아내는

K

káiser	남 카이저 (독일의 황제)
kaki	남 [식물] 감나무; 감
kantiano, na	형 칸트의, 칸트 철학의
	남여 칸트 철학자
kantismo	남 칸트 철학
kantista	남여 칸트 파 철학자
kaolín	남 [광물] 고령토
karate	남 [운동] 당수
karateca	남여 당수 선수[지도자]
karma	남 카르마, 업(業); 인과응보
kazaco, ca	형 카자흐스탄의
	남여 카자흐스탄 사람
kazajistano, na	형 카자흐스탄의
	남여 카자흐스탄 사람
	남 카자흐스탄 어
Kazajstán	남 [나라] 카자흐스탄
Kenia	여 [나라] 케냐
keniano, na	형 케냐의
	남여 케냐 사람
ketchup	남 케첩
kilo	남 킬로
kilobit	남 킬로비트
kilobyte	남 킬로바이트
kilociclo	남 킬로사이클
kilogramo	남 킬로그램
kilohercio	남 킬로헤르츠
kilometraje	남 주행 거리
kilométrico, ca	형 킬로미터의

kilómetro	남 킬로미터
kilovatio	남 킬로와트
kindergarten	남 유치원
kiosco	남 매점, 신문 판매대
kiwi	남 [식물] [동물] 키위
koljoz	남 집단 농장
kremlin	남 크레믈린 궁정
kung fu	남 [운동] 쿵푸
kurdo, da	형 쿠르드족의
	남여 쿠르드 족 사람
Kuwait	남 [나라] 쿠웨이트
kuwaiti	형 쿠웨이트의
	남여 쿠웨이트 사람

L

la¹	관 [단수 여성 정관사] 그
la²	대 [직접 목적 대명사 여성 단수형] 그녀를, 그것을
la³	남 [음악] 가 음(音), 가 조(調)
laberinto	남 미궁, 미로; 달팽이관
labial	형 입술의
labio	남 입술
labor	여 노동, 일; 농경; 수예
laborable	형 노동[일]할 수 있는
laboral	형 노동의
laborar	자 일하다
laboratorio	남 실험실
laboriosamente	부 부지런히, 근면하게
laboriosidad	여 근면, 근면성
laborioso, sa	형 근면한, 부지런한
labrado, da	형 세공한
	남 세공; 경작지
labrador, ra	형 경작하는; 농군의
	남여 경작자, 농부
labranza	여 경작
labrar	타 경작하다; 세공하다; 수놓다
labriego, ga	남여 농부, 농민, 농군
laburno	남 [식물] 금잔화
laca	여 래커, 래커 칠; 칠기
lacónico, ca	형 간결한
lacre	남 봉랍(封蠟)
lacrimal	형 눈물의

lacrimógeno, na	형 최루의, 최루성의
lactancia	여 수유기; 수유
lactante	형 유아의; 수유하는
	남여 유아; 수유하는 여성
lactar	타 수유(授乳)하다
lácteo, a	형 젖의; 젖 모양의
láctico, ca	형 유산(乳酸)의
ladear	타 기울이다; 갸웃하다
ladearse	((재귀)) 기울다
ladera	여 산비탈, 산기슭, 경사지
ladilla	여 사면발이
ladino, na	형 간사한, 교활한
lado	남 옆, 측면; 면(面).
ladrador, ra	형 (개가) 짖는, 잘 짖는
ladrar	자 (개가) 짖다
ladrido	남 (개의) 짖는 소리
ladrillo	남 벽돌
ladrón, na	남여 도둑
ladroncillo, lla	남여 좀도둑
lagartija	여 [동물] 작은 도마뱀
lagarto. ta	남여 [동물] 도마뱀
lago	남 호수
lágrima	여 눈물
lagrimal	형 눈물의
lagrimear	자 눈물이 나다; 울다
laguna	여 늪, 작은 연못
laico, ca	형 세속의, 속인의
lamentable	형 가엾은; 슬픈, 애처로운
lamentación	여 비탄; 탄식의 소리[말]
lamentar	타 유감스럽게 생각하다
lamento	남 탄식[한탄]하는 소리
lamer	타 핥다
lámina	여 얇은 판; 도판
laminación	여 압연
laminar	타 압연하다

lámpara	여 등, 램프
lamprea	여 [어류] 칠성장어
lana	여 양모(羊毛), 울
lance	남 던지기, 투망 던지기
lancha	여 거룻배, 보트
lanchero, ra	남여 거룻배 선장
lanero, ra	형 양모(羊毛)의
langosta	여 메뚜기; 바닷가재
langostín	남 [동물] 가재
langostino	남 [동물] 가재
languidecer	자 쇠약하다, 기운이 없어지다
lánguido, da	형 쇠약한, 힘이 없는
lanza	여 창(槍)
lanzabombas	남 박격포
lanzador, ra	남여 [야구] 투수
lanzagranadas	남 수류탄 투척기
lanzallamas	남 화염방사기
lanzamiento	남 발사
lanzar	타 던지다; 발사하다
lanzarse	((재귀)) 몸을 던지다
lapicera	여 [남미] 펜, 볼펜, 만년필
lapicero	남 샤프펜슬; 연필
lápida	여 비석, 묘석
lápiz	남 연필; ((컴퓨터)) 펜
lapso	남 경과, 기간
largamente	부 장기간, 오래
largavistas	남 쌍안경
largo, ga	형 긴. 남 길이
largometraje	남 장편 영화
larguero	남 크로스바, 골 가로대
largura	여 길이
laringe	남 [해부] 후두(喉頭)
laríngeo, a	형 [해부] 후두의
laringitis	여 후두염
laringología	여 후두염학

laringólogo, ga	남여 후두염 전문가
laringoscopia	여 후두 검사
laringoscopio	남 후두경
larva	여 유충, 구더기
larval	형 구더기의, 유충의
las	관 [정관사 여성 복수형] 그 대 [직접 목적 대명사, 여성 복수형] 그녀들을, 당신들을, 그것들을
lascivia	여 음탕함, 호색
lascivo, va	형 음탕한, 호색의
lástima	여 동정, 불쌍히 여김; 유감
lastimar	타 상처를 입히다
lata	여 통조림; 깡통
latencia	여 잠복, 잠복기
latente	형 잠재한, 잠재성의
lateral	형 측면의; 가로의
latex	남 (식물의) 유액
latido	남 맥박, 고동
latiente	형 맥박이 뛰는
latigazo	남 편타성 손상, 편타증(鞭打症)
látigo	남 채찍
latín	남 라틴 어
latino, na	형 라틴계(系)의; 라틴 어의 남여 라틴계 사람
latinoamericano, na	형 라틴 아메리카의 남여 라틴 아메리카 사람
latir	자 (심장이) 뛰다
latitud	여 위도
latón	남 놋쇠, 황동
laureado, da	형 상을 받은; 월계관을 쓴
laurear	타 상을 받다; 월계관을 쓰다
laurel	남 월계수; 영관
lava	여 용암, 화산암
lavabo	남 세면기, 세면대, 세면장
lavadero	남 세탁 장소, 세탁실

lavado	남 세탁, 세정
lavador, ra	형 세탁하는, 씻는
	남여 세탁하는 사람
	여 세탁기
lavadora-secadora	여 탈수기 부착 세탁기
lavadura	여 세탁
lavamanos	남 세숫대야
lavamiento	남 세탁
lavandería	여 세탁소
lavandero, ra	남여 세탁소 주인
	여 세탁하는 여자
lavaplatos	남 접시 닦는 기계; 개수통
	남여 (직업으로) 접시 닦는 사람
lavar	타 씻다, 씻기다, 씻어 주다
lavarropas	남 세탁기
lavarse	((재귀)) (자신의 신체의 일부를) 씻다
lavasecadora	여 탈수기 부착 세탁기
lavativa	여 관장(灌腸); 관장약
lavatorio	남 세면대, 세면기; 화장대
lavavajillas	남 접시 닦는 기계
laxante	남 변비약
lazarillo	남 맹인 안내 소년
lazo	남 리본 매듭; 나비넥타이
le	대 [간접 목적 대명사 3인칭 단수]
	그[그녀, 당신]에게
	[직접 목적대명사 3인칭 단수]
	그를, 당신을
leal	형 충실한
lealmente	부 충실히
lealtad	여 충실함
lección	여 수업; 강의; 과
leche	여 젖, 우유
lechera	여 우유병
lechería	여 우유 가게
lechero, ra	형 젖의, 우유의

	남여 우유 장수[배달인]
lecho	남 침대, 침상; 지층
lechuga	여 [식물] 상추
lechuguino	남 상추밭
lechuza	여 [조류] 부엉이
lectivo, va	형 수업의, 수업 기간의
lector¹	남 ((컴퓨터)) 판독기
lector², ra	형 독서(讀書)의
	남여 독자(讀者)
lectura	여 독서, 읽기; 강독
leedor, ra	형 책을 읽는
	남여 독자(讀者)
leer	타 읽다, 독서하다
legación	여 공사관; 사절단
legado	남 사절, 특사; 유산(遺産)
legal	형 법적인; 합법적인
legalidad	여 합법성, 적법성
legalmente	부 법률적으로; 합법적으로
legalización	여 합법화; 사증; (문서의) 증명
legalizar	타 합법화하다; 사증하다
legaña	여 눈곱
legañoso, sa	형 눈곱투성이의
legar	타 유증하다; 파견하다
legendario, ria	형 전설의; 전설적인
legible	형 읽을 수 있는, 판독 가능한
legión	여 부대; 다수
legislación	여 입법
legislador, ra	남여 입법자
legislar	자 법률을 제정하다
legislativo, va	형 입법의
legislatura	여 입법 기간; 입법부
legista	남여 법률가, 법률 학자
legitimar	타 합법화하다
legitimidad	여 합법성, 정통성
legítimo, ma	형 합법적인, 적법한

legua	여 레구아 ((5,572 미터))
legumbre	여 야채, 푸성귀, 채소
leído, da	형 읽히고 있는; 박식한
lejano, na	형 먼
lejía	여 잿물; 표백제
lejos	부 [+de] (에서) 멀리
lema	남 표어, 모토
lempira	남 렘뻬라 ((온두라스의 화폐 단위))
lencería	여 란제리, (여성의) 속옷 종류
lengua	여 혀; 언어, 국어
lenguado	남 [어류] 혀가자미, 혀넙치
lenguaje	남 언어
leninismo	남 레닌주의
leninista	형 레닌주의의
	남여 레닌주의자
lentamente	부 천천히, 느리게
lente	여 렌즈. 남복 안경
lenteja	여 [식물] 렌즈콩
lentilla	여 콘택트 렌즈
lentitud	여 느림, 더딤; 완만함
lento, ta	형 느린, 더딘
leña	여 장작, 땔감
leñador	남 나무꾼
león	남 [동물] 사자, 수사자
León	남 [지명] 레온
leona	여 [동물] 암사자
leonado, da	형 황갈색의
leonera	여 사자 우리
leonés, sa	형 레온의
	남여 레온 사람
leopardo	남 표범
leotardos	남복 타이츠
lepra	여 한센병, 나병
leprosería	여 한센 병원, 나병원
leproso, sa	형 한센병의

	남여 한센병 환자
les	대 [직접 목적 대명사 3인칭 복수] 그들[당신들]을; [간접 목적 대명사 3인칭 복수] 그들[당신들, 그녀들]에게
lesbiano, na	형 동성애의
	여 동성애 여성
lesión	여 장애, 손상; 정신적 상해; 상처, 부상
lesionado, da	형 부상당한; 손상된
	남여 부상자
lesionar	타 상처[부상]을 입히다
letárgico, ca	형 혼수(昏睡)의
letargo	남 혼수, 혼수 상태
letra	여 글자, 문자; 활자; 어음
	여복 학문, 문학
letrado, da	형 박식한, 학문이 있는
	남여 (법정) 변호사
letrero	남 간판; 게시
leucemia	남 [의학] 백혈병
leucéimico, ca	형 백혈병의
	남여 백혈병 환자
leucocito	남 백혈구
leucocitosis	여 백혈구 증가
leucoma	남 [의학] (각막의) 백반
leva	여 징병, 동원; 출항, 출범
levadura	여 효모(균), 누룩
levantamiento	남 올리기, 상승; 봉기; 기상
levantar	타 일으키다
levantarse	((재귀))일어나다
levante	남 동(東), 동쪽, 동방; 동풍
leve	형 가벼운
léxico, ca	형 어휘의
	남 ((컴퓨터)) 사전, 어휘집
lexicógrafo, fa	남여 사전 편찬인
lexicología	여 사전학, 어휘론, 어휘학

ley	여 법, 법률
leyenda	여 전설
lezna	여 송곳
liar	타 묶다, 매다; 말다, 싸다
libélula	여 ((곤충)) 잠자리
liberación	여 석방; 해방; 면제
liberal	형 자유주의의; 자유업의 남여 자유주의자, 자유당원
liberalismo	남 자유주의
liberalista	형 자유주의의 남여 자유주의자
liberalmente	부 자유롭게; 관대하게
liberar	타 자유롭게 하다, 석방하다
libertad	여 자유; 석방
libertador, ra	형 해방시키는, 자유롭게 하는
libertinaje	남 방탕, 방종
libertino, na	형 방탕한 남여 방탕한 사람
libra	여 [중량, 화폐의 단위] 파운드
librado, da	남여 어음 수취인
librador, ra	남여 어음 발행인
librar	타 석방하다; 면제하다
libre	형 자유로운; 한가한; 면제받은; (장소에) 사람이 없는, 빈
librería	여 책방, 서점; 책장
librero, ra	남여 서점 주인; 책장수
libreta	여 수첩, 메모장
libro	남 책; 장부
licencia	여 허가(증), 라이센스
licenciado, da	남여 학사(學士)
licenciador, ra	남여 허가권 소유자
licenciar	타 제대시키다; 학사 학위를 주다
licenciarse	((재귀)) 학사 학위를 받다
licenciatura	여 학사 학위
liceo	남 중고등학교; 동호회

licitación	여 경매, 입찰
licitador, ra	남여 입찰자
licitante	남여 입찰자
licitar	타 입찰하다, 경매에 붙이다
lícito, ta	형 정당한, 합법적인
licor	남 알코올 음료, 술, 독주
licorería	여 술집, 주점
licuadora	여 과즙 짜는 기구
líder	남여 지도자, 리더
liebre	여 [동물] 산토끼; 겁쟁이
lienzo	남 삼베; 캔버스, 화포(畫布)
liga	여 리그; 동맹, 연맹
ligadura	여 연결; 끈
ligamento	남 [해부] 인대
ligar	타 묶다, 결박하다; 맺다
ligarse	((재귀)) 결합하다, 연합하다
ligeramente	부 가벼이, 경쾌하게; 경솔히
ligereza	여 가벼움; 경쾌함; 경솔함
ligero, ra	형 가벼운; 경쾌한; 경솔한
lignito	남 갈탄
liguero	남 대님
lija	여 사포(砂布), 샌드페이퍼
lijar	타 사포로 닦다
lila	여 라일락꽃
lilo	남 [식물] 라일락
lima	여 라임의 열매; ((연장)) 줄
Lima	여 [지명] 리마 (페루의 수도]
limar	타 줄질하다, 줄로 갈다
limeño, ña	형 리마(Lima)의
	남여 리마 사람
limitación	여 제한; 한계
limitado, da	형 제한된; 지능이 낮은
limitar	타 제한하다; 경계를 정하다
	자 경계를 접하다
limitarse	((재귀)) [+a] (로) 한정하다

límite	남 제한; 한계; 국경
limón	남 레몬
limonada	여 레모네이드
limonero	남 [식물] 레몬나무
limosna	여 동냥, 구걸; 헌금
limpiabotas	남여 구두닦이
limpiador, ra	형 깨끗이 하는, 청소하는 남여 청소부. 남 청소 도구
limpiaparabrisas	남 (자동차의) 와이퍼
limpiar	타 청소하다, 깨끗이 하다
limpieza	여 청소, 청결
limpio, pia	형 깨끗한, 청결한
linaje	남 혈통, 가계
lince	남 [동물] 스라소니
linchamiento	남 린치
linchar	타 린치를 가하다
lindamente	부 교묘히, 완전히
lindar	자 인접하다
lindo, da	형 예쁜, 아름다운
línea	여 선; 노선; 라인, 행(行)
lineal	남 선형(線形)
linfa	여 림프, 림프액
lingote	남 잉곳, 주괴, 금은괴
lingual	형 혀의. 남 [언어] 설음
lingüística	여 언어학
lingüístico, ca	형 언어학의
lingüista	남여 언어학자
lino	남 아마(亞麻), 삼
linografía	여 석판술, 석판 인쇄
linotipia	여 주조 식자기
lío	남 꾸러미; 분규, 혼란
liquidación	여 청산; 바겐세일
liquidador, ra	남여 청산인
liquidar	타 청산하다; 바겐세일을 하다
liquidez	여 유동성

líquido, da	형 액체의; [상업] 정미의
	남 액체; 유동식
lira	여 [악기] 수금
lírica	여 서정시
lírico, ca	형 서정의, 서정적인
	남여 서정시인
lirio	남 [식물] 백합, 나리
lirón	남 겨울잠쥐
lisiado, da	형 장애가 있는
	남여 신체 장애자
lisiar	타 불구로 만들다
lisiarse	((재귀)) 불구가 되다
liso, sa	형 반반한, 평평한; 매끄러운
lisonja	여 아부, 아첨, 알랑거림
lisonjear	타 아부하다, 아첨하다
lisonjero, ra	형 아부하는, 아첨하는
	남여 아부[아첨]하는 사람
lista	여 리스트, 표; 명부; 줄무늬
listo, ta	형 준비된, 영리한
litera	여 침대
literario	형 문학의, 문학적인, 문예의
literato, ta	남여 문학자, 문인, 문필가
literatura	여 문학
litiasis	여 [의학] 결석, 결석증
litigante	형 소송을 일으키는
litigar	자 소송을 하다; 논쟁하다
	타 소송하다
litigio	남 [법률] 소송
litoral	남 해안선
litro	남 리터
liviano, na	형 가벼운
liza	여 투기장

LL

llaga	여 종양, 궤양, 종기
llagar	타 궤양을 일으키다
llama¹	여 ((동물)) 야마
llama²	여 화염, 불꽃
llamada	여 호출, 콜; 통화; 점호
llamado, da	형 (무엇이라는) 이름인, 불리는
llamador	남 노커; 초인종
llamamiento	남 호출; 호소; 소집
llamar	타 부르다, 호출하다; 전화하다
llamarse	((재귀)) 이름이 …이다
llana	여 흙손
llano, na	형 평평한, 편편한
	남 평원(平原)
llanta	여 [중남미] 타이어
llanto	남 낙루; 눈물; 한탄, 비탄
llanura	여 평원, 평야, 벌판
llave	여 열쇠; [아르헨티나] (가게의) 권리
llavero	남 열쇠 고리
llegada	여 도착
llegar	자 도착하다, 닿다
llenar	타 채우다
llenarse	((재귀)) 채워지다
lleno, na	형 가득 찬
llevar	타 가지고 가다, 데리고 가다; 입다; 생활하다
llorar	자 울다, 눈물을 흘리다
llorón, na	형 잘 우는. 남여 울보
llovedizo, za	형 비가 새는

llover	자 비가 내리다
llovizna	여 이슬비, 가랑비, 보슬비
lloviznar	자 이슬비가 내리다
lloviznoso, sa	형 비가 많은, 폭우의; 우기의
lluvia	여 비(雨); 대량, 많음
lluvioso, sa	형 비가 많이 내리는; 우기의
lo	관 [중성 정관사] [+형용사] …하는 것 대 [남성 단수 목적대명사] 그것을, 그를, 당신을; [중성 목적대명사] 그것을
lobina	여 [어류] 농어
lobo, ba	남여 [동물] 늑대, 이리
lóbulo	남 귓불
local	형 지방의; 국지의 남 장소; 시설, 점포
localidad	여 거주 지역; 좌석; 입장권
localismo	남 향토애, 지방주의
localista	형 지방주의의, 향토애의
localizar	타 지방화하다
locamente	부 실성해서, 미쳐서
locha	여 [어류] 미꾸라지
loción	여 로션, 화장수
loco, ca	형 미친, 정신 나간 남여 미친 사람, 광인
locomotora	여 기관차
locuacidad	여 말이 많은, 수다, 다변
locuaz	형 말이 많은, 수다스런
locura	여 광기(狂氣)
locutor, ra	남여 아나운서
lodo	남 수렁, 진창
logaritmo	남 대수(代數)
logarítmico, ca	형 [수학] 대수의
lógicamente	부 논리적으로
lógico, ca	형 논리적인. 여 논리

logos	남 로고스, 이성
lograr	타 얻다, 획득하다, 달성하다
logro	남 성과, 성취, 달성; 이득
loma	여 산등성이, 산마루
lombriz	여 [동물] 지렁이
lomo	남 (동물의) 등; 등고기
lona	여 돛배, 텐트의 천
longaniza	여 롱가리사 (소시지의 일종)
longevidad	여 장수(長壽), 장명(長命)
longevo	형 오래 산, 장수의
longitud	여 길이; 경도, 경선
lord	남 경; 귀족
lores	남복 lord의 복수
loro	남 [조류] 앵무새
los	관 [정관사 남성 복수형] 그 대 [직접 목적대명사, 3인칭 복수] 그들을, 당신들을, 그것들을
lotería	여 복권(福券)
lotero, ra	남여 복권 판매자
loza	여 오지 그릇, 도자기 식기류
lozano, na	형 생생한, 생기가 돋는
lubricación	여 주유, 급유
lubricante	남 윤활유
lubricar	타 기름을 치다; 주유하다
lucero	남 샛별, 금성
lucha	여 레슬링; 투쟁, 싸움
luchador, ra	남여 레슬링 선수; 투사
luchar	자 투쟁하다, 싸우다
luciérnaga	여 반딧불이, 개똥벌레
lucio	남 [어류] 창꼬치
lucir	자 빛나다, 반짝이다
lucro	남 이익
luego	부 나중에, 뒤에, 후에 접 그러므로, 고로
lueguito	부 즉시, 곧, 바로, 금방

lugar	남 장소, 곳.
lugarteniente	남 부책임자, 차석
lujo	남 사치, 호화로움
lujoso, sa	형 사치스러운, 고급의
lujuria	여 음란, 음탕, 색욕
lujurioso, sa	형 음란한, 호색의
lumbago	남 요통(腰痛)
lumbre	여 불
lumen	남 [물리] 루멘
luminosidad	여 광도
luminoso, sa	형 빛나는, 발광의
luna	여 달
lunar	형 달의. 남 사마귀, 혹
lunes	남 월요일
lupa	여 확대경
luso, sa	형 포르투갈의
	남여 포르투갈 사람
lustrabotas	남 구두닦이
lustrador, ra	남여 구두닦이
lustrar	타 (구두를) 닦다; 윤을 내다
lustre	남 윤, 광택
lustroso, sa	형 윤기[광택]이 있는
luteína	여 노란 색소
luteranismo	남 루터 신도단; 루터의 신조
luterano, na	형 루터 파의
	남여 루터 교도, 루터 신봉자
Lutero, Martín	남 [인명] 마르틴 루터 (독일의 종교 개혁자)
luto	남 상(喪), 상복
lux	남 [조도의 단위] 룩스
Luxemburgo	남 [나라] 룩셈부르크
luxemburgués, sa	형 룩셈부르크의
	남여 룩셈부르크 사람
luz	여 빛; 전등, 전깃불, 불

M

maca	여 (과실 등의) 흠, 상처
macadam	남 도로 포장용의 돌[자갈]
macadamizar	타 (도로에) 돌을 깔다
macarrón	남 마카로니
maceta	여 화분(花盆)
machacar	타 찧다, 빻다
machete	남 큰 낫
machismo	남 남존여비
machista	형 남존여비의
	남여 남존여비 사상을 가진 자
macho	형 수컷의. 남 수컷
macizo	남 화단, 꽃밭
macrocosmos	남 대우주(大宇宙)
madera	여 목재
maderero	남여 제재업자; 벌목꾼
madona	여 마돈나 (성모 마리아의 상)
madrastra	여 의붓어머니
madre	여 어머니; 원천
madreperla	여 진주패
madreselva	여 [식물] 인동덩굴
Madrid	여 [지명] 마드리드
madrileño, ña	형 마드리드의
	남여 마드리드 사람
madrina	여 대모(代母); 후견인
madrugada	여 새벽
madrugador, ra	형 일찍 일어나는
	남여 부지런한 사람

madrugar	자 일찍 일어나다
madrugón, na	형 매우 일찍 일어나는
	남여 매우 일찍 일어나는 사람
madurar	타 익게 하다. 자 익다.
madurez	여 성숙, 익음; 성숙기, 원숙기
maduro, ra	형 익은; 성숙한, 원숙한
maestría	여 교묘함, 숙련됨; 석사 과정
maestro, ra	남여 교사, 선생; 명장; 석사
	형 주요한; 완전한
mafia	여 폭력단, 마피아
mafioso, sa	형 마피아 단원
magia	여 마술, 마법
mágico, ca	형 마법의
	남여 마술사, 마법사
magisterio	여 교직; [집합] 교사(敎師)
magistrado	남 사법관, 대법관
magistral	형 교사의, 교사 같은
magnanimidad	여 도량이 넓음, 아량, 관용
magnánimo, ma	형 마음이 넓은, 관용의
magnetófono	남 테이프 리코더
magnesio	남 [화학] 마그네슘
magnético, ca	형 자기(磁氣)의
magnetismo	남 자기(磁氣), 자력
magnífico, ca	형 훌륭한; 장대한
magnitud	여 크기, 장대함; 중요성.
magnolia	여 목련
mago, ga	남여 마술사
magro, gra	형 (고기가) 비계가 없는
magulladura	여 타박상
Mahoma	남 [인명] 마호메트
mahometano, na	형 이슬람교의
	남 이슬람교도, 회교도
mahomético	형 이슬람교의, 회교의
mahometista	남여 이슬람교도, 회교도
mahometizar	자 이슬람교를 믿다

maíz	남	옥수수
maizal	남	옥수수 밭
majestad	여	위엄; 폐하
majestuosidad	여	위엄
majestuoso, sa	형	위엄이 있는
majo, ja	형	매력적인, 느낌이 좋은
	남여	미남, 미녀
mal¹	부	나쁘게, 서툴게
mal²	형	[남성 단수 명사 앞에서 o탈락형] 나쁜
	남	악(惡), 병(病)
mala	여	역경; 우편 행낭
Málaga	여	[지명] 말라가
malagueño, ña	형	말라가(Malaga)의
	남여	말라가 사람
malaria	여	말라리아
Malasia	여	[나라] 말레이시아
malasio, sia	형	말레이시아의
	남여	말레이시아 사람
malaventurado, da	형	불운한, 불행한
maldad	여	악, 악한 일, 부정
maldecir	타	저주하다
	자	[+de] (누구를) 헐뜯다, 악담하다
maldición	여	저주; 험담, 악담
maldito, ta	형	저주받은; 사악한
	남여	저주받은 사람; 악당
maleabilidad	여	가연성
malecón	남	방파제
maleducado, da	형	가정 교육[행실]이 나쁜
	남여	버릇없는 사람
malentender	타	오해하다
malentendido	남	오해
malestar	남	(몸의) 부조, 불쾌함
maleta	여	여행 가방
maletero, ra	남여	가방 제조자[장수]
	남	(자동차의) 트렁크

	여 [남미] (자동차의) 트렁크
maletín	남 작은 여행 가방
malgastador, ra	형 낭비하는
	남여 낭비하는 사람
malgastar	타 낭비하다
malhechor, ra	남여 악인, 범죄자
malicia	여 악의(惡意)
malicioso, sa	형 악의가 있는
maligno, na	형 악성(惡性)의
malla	여 그물코
malnutrición	여 영양 실조
malnutrido, da	형 영양 실조의
malo, la	형 나쁜; 아픈
malograr	타 (기회를) 잃다
malograrse	((재귀)) 실패하다
malsano, na	형 건강에 나쁜
malta	여 맥아, 맥아 음료
maltosa	여 맥아당
maltratar	타 학대하다
maltrato	남 학대
malva	여 [식물] 당아욱
malvado, da	형 사악한, 흉악한
malversación	여 공금 횡령, 공금 횡령죄
malversador, ra	남여 공금 횡령자
malversar	타 (공무원이) 착복하다, 횡령하다
mama	여 젖통, 젖꼭지; 엄마
mamá	여 엄마
mamar	타 젖을 빨다. 자 젖을 먹다
mamario, ria	형 젖통의
mambo	남 맘보
mamífero, ra	형 포유류의
mamut	남 맘모스
maná	남 [성서] 만나
manada	여 가축 떼
manantial	형 솟아나는

	남 샘; 근원, 원천
mancebo	남 독신자; 젊은이
	여 정부, 연인
mancha	여 반점, 얼룩
manchado, da	형 얼룩진, 반점이 있는
manchar	타 더럽게 하다
mancharse	((재귀)) 더러워지다
manco, ca	형 손[발]이 없는; 외팔이의
	남여 불구자
mancomunidad	여 협력, 협동; 연대 책임
mandadero, ra	남여 심부름꾼
mandamiento	남 명령; 계율
mandante	남여 위탁자, 위임자
mandar	타 명령하다; 보내다
mandarín, na	형 표준 중국어의
	남 표준 중국어
mandarina	여 만다린 (오렌지의 일종)
mandarinero	남 [식물] 밀감나무의 일종
mandarino	남 [식물] 밀감나무의 일종
mandatario, ria	남여 수임자, 수탁자
mandato	남 명령; 임기
mandíbula	여 턱
mandibular	형 턱의
mandioca	여 [식물] 만디오까 (고구마 비슷함)
mando	남 지휘, 지배; 임기; 제어 장치
mandolina	여 [악기] 만돌린
mandril	남 [동물] 비비, 개코원숭이
manecilla	여 (시계의) 바늘
manejable	형 다루기[취급하기] 쉬운
manejar	타 취급하다; 조작하다; 운전하다
manejo	남 취급; 조작; 운전
manera	여 방법; 태도
manerismo	남 매너리즘
manerista	남여 매너리즘에 빠진 사람
manga	여 소매; 선폭(船幅)

manganeso	남 [광물] 망간
mango	남 손잡이; [식물] 망고
mangosta	여 [동물] 망구스
manguera	여 호스, 수도용 관
manguero	남 호스로 물 뿌리는 사람
manguito	남 토시
maní	남 땅콩, 낙화생
manía	여 편집; 열중; 기벽, 광
maniaco, ca	형 편집(偏執)의 남여 편집광
maníaco, ca	형 편집(偏執)의 남여 편집광
maniático, ca	형 편집의 남여 편집광
manicomio	남 정신 병원
manicura	여 메니큐어
manicurista	남여 미조술사(美爪術士)
manicuro, ra	남여 미조술사(美爪術士)
manifestación	여 표명; 시위, 시위 행진
manifestante	남여 데모 참가자
manifestar	타 표명하다
manifestarse	((재귀)) 나타내다; 데모를 하다
manifiesto, ta	형 명백한; 공표된 남 성명서
manilla	여 (시계의) 바늘; 수갑
manillar	남 (자전거의) 핸들
maniobra	여 조작, 운전. 복 기동 연습
maniobrar	타 조작하다, 운전하다
manipulación	여 취급, 조작
manipular	타 취급하다, 조작하다
maniquí	남 마네킹 여 패션 모델
manivela	여 기중기, 크랭크
manjar	남 식량, 식품
mano	여 손; 일손; 바늘
manojo	남 다발, 묶음

manosear	타 자주 만지다; 애무하다
manoseo	남 애무
manotazo	남 손바닥으로 때리기
mansedumbre	여 온순함, 온화함; 부드러움
mansión	여 맨션, 저택
manso, sa	형 부드러운, 온화한
manta	여 담요
manteca	여 버터; 돼지기름
mantel	남 식탁보
mantención	여 유지
mantener	타 유지하다
mantenimiento	남 유지
mantequera	여 (식탁용의) 버터 그릇
mantequería	여 유제품 공장[판매점]
mantequilla	여 (식탁용) 버터
mantilla	여 부인의 머리에 쓰는 비단
mantillo	남 부식토(腐植土)
mantis	남 ((곤충)) 사마귀
manto	남 망토
mantón	남 어깨걸이, 숄
manual	형 손의, 손으로 만든
	남 수첩; 입문서
manualmente	부 손으로; 수공으로
manufactura	여 수공업 제품; 공장
manufacturado	남 공업 제품
manufacturar	타 제조하다; 가공하다
manufacturero, ra	형 제조의, 제조업의
	남여 제조업자
manuscrito, ta	형 손으로 쓴, 육필의
	남 원고(原稿); 사본
manutención	여 부양; 생활비; 유지, 유지비
manzana	여 사과; 블록
manzanal	남 사과밭, 사과나무
manzanar	남 사과밭
manzanilla	여 [식물] 카밀레 (국화과 식물)

manzano	남 사과나무
maña	여 솜씨, 기묘함, 수환
mañana	부 내일. 여 오전, 아침
mañoso, sa	형 솜씨 있는, 교묘한
maoísmo	남 모택동주의
maoísta	남여 모택동주의자
mapa	남 지도(地圖)
mapache	남 [동물] 미국 너구리
maquiavélico, ca	형 마키아벨리의; 권모술수에 능한
maquiavelismo	남 마키아벨리즘
maquiavelista	남여 권모술수에 능한 사람
maquillador, ra	남여 메이크업 담당자
maquillaje	남 메이크업, 화장
maquillar	타 (에게) 메이크업하다
máquina	여 기계; 엔진
maquinaria	여 [집합] 기계, 기계 장치
maquinilla	여 안전 면도기; 소형 기계
maquinista	남여 기관사; 기계 조작 담당
mar	남 바다
maratón	남 마라톤
maratoniano, na	남여 마라톤 선수
maravilla	남 경이로움, 경탄, 불가사의
maravillamente	부 놀랍게, 불가사의하게
mavilloso, sa	형 놀라운, 불가사의한
marca	여 표시; 점수; 마크, 상표
marcador	남 득점 게시판; 전광판
marcar	타 득점하다; (전화의) 번호를 돌리다
marcha	여 행진; 행진곡
marchar	자 행진하다
marcharse	((재귀))떠나다, 가버리다
marchitar	타 시들게 하다
marchitarse	((재귀))시들다
marcial	형 군신(軍神)의; 군의
marciano, na	형 화성의
	남여 화성인(火星人)

marco¹	남 틀, 사진틀, 액자
marco²	남 [화폐 단위] 마르크
marea	여 조수(潮水)
marear	타 멀미하게 하다
marearse	((재귀)) 멀미하다
mareo	남 멀미, 어지럼증
marfil	남 상아
margarina	여 마가린
margarita	여 들국화, 데이지
margen	여 마진, 폭; 난외, 여백
marginal	형 가장자리의; 여백의
mariachi	남 마리아치 (거리의 악단원)
marido	남 남편
marihuana	여 마리화나
marijuana	여 마리화나
marijuanero, ra	남여 마리화나 흡연자
marina	여 해군; [집합] 선박
marinero, ra	형 바다의 남여 선원, 뱃사람
marino, na	형 바다의 남여 선원, 뱃사람
marioneta	여 꼭두각시 인형
mariposa	여 [곤충] 나비; 나비넥타이
mariquita	여 무당벌레
mariscal	남 원수(元帥)
marisco	남 조개, 연체 동물, 패류, 해산물
marital	형 결혼의, 남편의
marítimo, ma	형 바다의, 해상의
marmita	여 냄비
mármol	남 대리석
marmota	남 [동물] 마못
marqués, sa	남여 후작; 후작 부인
marquetería	여 상감 세공
marrón, na	형 밤색의 남 밤색, 초콜릿색
marroquí	형 모로코의

	남여 모로코 사람
Marruecos	남 [나라] 모로코
marsopa	여 돌고래(의 일종)
marta	여 담비
Marte	남 [천문] 화성
martes	남 화요일
martillo	남 해머, 망치
martín pescador	남 [조류] 물총새
mártir	남여 순교자
martirio	남 순교
martirizar	타 박해하다, 순교하게 하다
marxismo	남 마르크스주의
marxista	형 마르크스주의의
	남여 마르크스주의자
marzo	남 3월
mas	접 그러나
más	형 더 많은
	부 더 많이
	남 더하기, 플러스
masa	여 덩어리; 대량; 대중
masacrar	타 대량 학살하다
masacre	남 대량 학살, 살륙
masaje	남 마사지
masajear	타 마사지하다, 안마하다
masajista	남여 안마사
mascar	타 씹다, 깨물다
máscara	여 가면, 마스크
mascarada	여 가장 행렬
mascarilla	여 마스크; 팩; 데드마스크
mascota	여 마스코트
masculinidad	여 남자다움
masculinizar	타 남성으로 만들다
masculino, na	형 남자의; 남자다운; [문법] 남성의
	남 [문법] 남성, 남성형
máser	남 메이저

masivo, va	형 대량(大量)의
máster	남 석사 학위[과정]
masticar	타 씹다, 깨물다
mástil	남 돛대; (기타 등의) 목
mastitis	여 [의학] 유선염
masturbación	여 자위, 수음
masturbar	타 (다른 사람에게) 수음하다
masturbarse	((재귀)) 자위하다, 수음하다
mata	여 덤불; 작은 관목
matadero	남 도살장
matador	남 마따도르 ((주 투우사))
matamoscas	남 파리채; 파리 잡는 끈끈이
matanza	여 살육, 학살
matar	타 죽이다, 살해하다
matarse	((재귀)) 자살하다
matasellos	남 소인(消印), 스탬프
mate	남 마떼 차(茶); 마떼 차 그릇
matemáticas	여복 수학
matemático, ca	형 수학의. 남여 수학자
materia	여 물질; 재료; 과목, 교과
material	형 물질의, 물질적인
	남 재료, 자재
materialmente	부 물질적으로, 육체적으로
materialidad	여 물질성; 구체성
materialismo	남 물질주의; 유물론
materialista	형 물질주의의; 유물론의
	남여 물질주의자; 유물론자
materializar	타 물질화하다
materializarse	((재귀)) 물질화되다
maternal	형 어머니의, 어머니 같은
maternidad	여 모성; 산원(産院)
materno, na	형 어머니의
matinal	형 아침의
matiz	남 색조(色調)
matorral	남 덤불, 잡초지

matrícula	여 등록(부); (차의) 번호판
matricular	타 등록하다
matricularse	((재귀)) 등록하다; 입학 수속을 하다
matrimonial	형 결혼의
matrimonio	남 결혼; 부부; 결혼식
matriz	여 자궁; 본사
matute	남 밀수, 밀수입품
matutear	자 밀수입하다
matutino, na	형 아침의. 남 조간 신문
maullar	자 (고양이가) 야옹 하고 울다
maullido	남 (고양이의) 우는 소리
mausoleo	남 능(陵)
maxilar	형 턱의. 남 상악골, 턱뼈
máxima	여 격언, 금언
máximo, ma	형 최대의, 최고의. 남 최대한
máximum	남 최대한
mayo	남 5월
mayonesa	여 마요네즈
mayor	형 [grande의 비교급] 더 큰; 연상의
	남 [음악] 장음계, 장조
mayoral	남 우두머리 목동; (농장의) 감독
mayordomo	남 집사, 하인의 우두머리
mayoría	여 대부분, 대다수
mayorista	형 도매의. 남여 도매상
mayoritario, ria	형 다수파의
	남여 다수파 사람
mayormente	부 특히
mayúsculo, la	형 대문자의. 여 대문자
maza	여 곤봉; 북채, 큰 메
mazo	남 나무 메; 북채
mazorca	여 옥수수 이삭
me	대 [목적 대명사] 나를; 나에게
	[재귀 대명사] 나 자신을
mecánica	여 역학(力學)
mecánico, ca	형 기계의

스페인어-한국어 329

	남여	정비사, 수리공, 기계공
mecanismo	남	장치, 구조, 기구
mecanización	여	기계화
mecanizar	타	기계화하다
mecanografía	여	타자술
mecanografiar	타	타자기로 치다
mecanógrafo, fa	남여	타자수
mecedor, ra	형	흔드는; 휘저어 섞는
	여	흔들의자
mecer	타	흔들다
mecha	여	(초나 램프의) 심지
mechero	남	라이터; 버너
medalla	여	메달; 상패; 훈장
	남여	메달 수상자
medallero	남	메달 획득 수
medallista	남여	메달리스트; 메달 제작자
media	여	스타킹; 30분; 평균
mediación	여	중재, 조정
mediado, da	형	절반 가량의
mediador, ra	남여	중재자; 조정자
mediana	여	(도로의) 중앙 분리대
medianero, ra	남여	중재자
medianil	남	(도로의) 중앙 분리대
mediano, na	형	중간의
medianoche	여	자정, 한밤중
mediante	전	(을) 통해서, (에) 의해서
mediar	자	게재하다; 사이에 넣다
medicable	형	치료 가능한
medicación	여	의약품; 투약; 의료 행위
medicamento	남	약, 약제
medicar	타	투약하다; 약을 먹이다
medicastro	남	돌팔이 의사
medicina	여	약; 의학
medicinal	형	약용의; 의료용의
médico, ca	형	의학의, 의료의

	남여 의사
medida	여 측정, 계량; 치수, 크기; 조치
medidor, ra	형 계량용의
	남 계량기, 미터기
medieval	형 중세(中世)의; 중세 풍의
medievo	남 중세
medio, dia	형 반의; 중간의; 평균의
	남 반(半); 중앙; 하프, 하프백
medioambiental	형 환경의
medioambiente	남 환경, 자연 환경
mediocampista	남여 미드필드 선수
mediocampo	남 [운동] 미드필드
mediocre	형 평범한, 범용한
mediocridad	여 범용함
mediodía	남 정오, 대낮, 한낮
medioeval	형 중세(中世)의, 중세 풍의
medioevo	남 중세(中世)
medir	타 재다, 측정하다
	자 신장이 …이다
meditación	여 명상, 묵상
meditar	자 묵상하다; 명상에 잠기다
	타 (에 대해) 숙고하다
meditativo, va	형 명상에 잠기는
mediterráneo, a	형 지중해의
médium	남 영매(靈媒)
medrar	자 성장하다, 번영하다
medula	여 골수
médula	여 골수
megabit	남 메가비트
megabyte	남 메가바이트
megaciclo	남 메가사이클
megafonía	여 음향 장치[기술]
megafono	남 확성기, 메가폰
megahercio	남 메가헤르츠
megatón	남 메가톤

스페인어-한국어 331

megavatio	男 메가와트
megavoltio	男 메가볼트
mejicano, na	形 멕시코의(mexicano)
	男女 멕시코 사람(mexicano)
Méjico	男 [나라] 멕시코(México)
mejilla	女 뺨, 볼
mejillón	男 홍합
mejor	形 [bueno의 비교급] 더 좋은
	副 [bien의 비교급] 더 좋게
mejora	女 개량, 개선
mejorable	形 개선[개량]할 수 있는
mejoramiento	男 개선, 개량; 회복
mejorar	他 개량하다, 개선하다
mejorarse	((재귀)) 병이 한층 좋아지다
mojoría	女 회복; 개선
melancolía	女 우울함, 우수; [의학] 울증
melancólico, ca	形 우울한
melcocha	女 엿, 엿 과자
melena	女 갈기
mellizo, za	形 쌍둥이의
	男女 쌍둥이
melocotón	男 복숭아
melocotonar	男 복숭아 밭
melocotonero	男 복숭아나무
melodía	女 멜로디, 가락, 곡조
melódico, ca	形 선율의, 선율적인
melodioso, sa	形 가락이 아름다운, 음악적인
melodrama	男 멜로드라마
melón	男 서양 참외, 멜론
melonar	男 멜론 밭, 서양 참외 밭
melonero, ra	男女 멜론 장수[재배자]
meloso, sa	形 달콤한; 부드러운
membrana	女 막(膜)
membrillo	男 모과나무; 모과 젤리
memorable	形 기억할 수 있는

memorándum	남 [외교] 각서; 주문서; 메모
memoria	여 기억(력); 회상; 보고서; [컴퓨터] 기억 장치, 메모리
memorial	남 메모장, 비망록; 청원서
mención	여 언급; 기재
mencionar	타 언급하다
mendigar	타 구걸하다, 동냥하다
mendigo, ga	남여 거지
menear	타 흔들다
menearse	((재귀)) 흔들리다
menester	남 필요
menguar	자 감소되다, 줄어들다 타 줄이다, 축소하다, 감소하다
meningitis	여 [의학] 뇌막염, 수막염
menopausia	여 [의학] 폐경, 갱년기
menopáusico, ca	형 갱년기의
menor	형 [pequeño의 비교급] 연하의; 더 작은 남여 연소자; 미성년자
menos	형 [poco의 비교급] 더 적은 부 [poco의 비교급] 더 적게
menospreciar	타 경멸하다, 경시하다
menosprecio	남 경멸, 경시, 업신여김
mensaje	남 메시지
mensajero, ra	남여 사자, 메신저
menstruación	여 [의학] 월경, 월경주기
menstrual	형 월경의
menstruo	남 월경
mensual	형 매월의, 월 1회의
mensualidad	여 월급; 월부금
mensualmente	부 매월, 달마다
mental	형 마음의; 정신의
mentalidad	여 기질, 정신 상태; 사고 방식
mentalmente	부 정신적으로
mente	여 마음, 정신
mentir	자 거짓말을 하다

mentira	여 거짓말
mentiroso, sa	형 거짓말을 잘 하는
	남여 거짓말쟁이
mentol	남 박하뇌
menú	남 메뉴, 식단표
menudamente	부 자세히, 상세히
menudo, da	형 극히 작은, 미세한
	남 잔돈
meñique	남 새끼손가락
meramente	부 단순히
mercadeo	남 마케팅
mercader, ra	남여 상인
mercadería	여 상품
mercadillo	남 노천 시장, 벼룩시장
mercado	남 시장(市場), 마켓
mercadotecnia	여 마케팅, 시장 조사
mercancía	여 상품(商品)
mercante	형 해운의
	남여 화물선, 상선
mercantil	형 상업의
merced	여 은혜, 후의, 자비
mercería	여 잡화 상점
mercero, ra	남여 잡화상
mercurio	남 수은(水銀)
Mercurio	여 수성(水星)
merecedor, ra	형 칭찬할 만한; 공적이 있는
merecer	타 가치가 있다; 받을 만하다
merendar	자 간식을 먹다
	타 간식으로 (무엇을) 먹다
merendero	남 (관광지의) 휴게소, 찻집
merengue	남 메렝게 ((춤))
meridiano, na	형 정오의
	남 [천문] 자오선
meridional	형 남(南)의, 남쪽의
merienda	여 (오후의) 간식, 도시락

mérito	남 장점; 공적
meritocracia	여 능력주의, 능력주의 사회
meritorio, ria	형 칭찬할 만한 (가치가 있는)
merluza	여 [어류] 메를루사 ((대구의 일종))
mermar	타 줄이다
mermelada	여 잼
mero, ra	형 단순한, 바로 그
mes	남 달; 1개월
mesa	여 식탁, 탁자, 테이블
meseta	여 고원, 대지(臺地)
mesetario, ria	형 고원(高原)의
mesías	남 [유대교] 메시아, 구세주
Mesiiias, El	남 예수 그리스도(Jesucristo)
mesilla	여 침대 머리맡 탁자
mesita	여 작은 탁자
mesón	남 선술집, 목로주점
mesonero, ra	남여 mesón의 주인
mestizo, za	형 (백인과 인디오의) 혼혈의
	남여 메스티조, 혼혈인
mesura	여 절도, 신중함
meta	여 골; 목표
metabolismo	남 신진대사
metacarpo	남 손바닥뼈
metafetamina	여 필로폰
metafiiiisico, ca	형 형이상학적
	남여 형이상학 학자
	여 형이상학(形而上學)
metáfora	여 은유, 은유법
metafórico, ca	형 은유의, 은유적인
metal	남 금속
metálico, ca	형 금속의
	남 경화(硬貨); 현금
metalurgia	여 야금, 야금학, 야금술
metalúrgico	형 야금의.
	남여 야금공(冶金工)

metano	남 메탄, 메탄 가스
metatarso	남 척골
meteorito	남 운석, 별똥별
meteoro	남 유성, 운석
meteorología	여 기상 예보
meteorológico, ca	형 기상의, 기상학의
meteorólogo, ga	남여 기상 예보관; 기상학자
meter	타 넣다, 삽입하다
meterse	((재귀)) 개입하다
metódico, ca	형 체계적인, 질서 있는
método	남 방법, 방식
metraje	남 [영화] 길이
metralleta	여 경기관총, 자동 소총
métrica	여 운율론, 시법
métrico, ca	형 운율의, 운율법의; 미터법의
metritis	여 [의학] 자궁근층염
metro	남 지하철; 미터; 미터자
metrópoli	남 대도시, 주요 도시; 수도
metropolitano, na	형 수도의, 대도시의
metrópolis	남 대도시, 주요 도시; 수도
metrorragia	여 [의학] 자궁 출혈
mexicanismo	남 멕시코 특유의 말[말투, 표현]
mexicano, na	형 멕시코의
	남여 멕시코 사람
México	남 [나라] 멕시코
mezcla	여 혼합, 혼합물
mezclador, ra	형 [방송] (음성과 음악을) 혼성하는
	남여 [방송] 녹음 기사
mezclar	타 혼합하다, 섞다
mezquino, na	형 인색한; 도량이 좁은
	남여 구두쇠, 노랑이
mezquita	여 모스크, 이슬람교 사원
mezzo-soprano	여 [음악] 메조소프라노
mi	형 [소유 형용사] 나의
mí	대 [전치사격 인칭대명사] 나

mialgia	여 [의학] 근육통
miau	감 야옹
mica	여 [광물] 운모
micción	여 배뇨
mico, ca	남여 [동물] 긴꼬리원숭이
micología	여 균학(菌學)
micólogo, ga	남여 균학자(菌學者)
micosis	여 균증(菌症)
micro	남 마이크로폰, 마이크로버스
microbiano, na	형 세균의. 미생물의
microbio	남 미생물, 세균
microbiología	여 미생물학
microbiológico, ca	형 미생물학의
microbiólogo, ga	남여 미생물학자
microbús	남 마이크로버스
microbusero, ra	남여 [칠레] 버스 기사
microchip	남 마이크로 칩
microcomputadora	여 마이크로컴퓨터
microcopia	여 축소 사진
microcosmos	남 소우주(小宇宙)
microeconomía	여 미시 경제
microelectrónica	여 마이크로 전자 공학
microficha	여 마이크로 필름 카드
microfilmación	여 마이크로 필름 촬영
microfilmar	타 마이크로 필름에 촬영하다
microfilme	남 마이크로필름
micrófono	남 마이크로폰
microfotografía	여 현미경[마이크로] 사진
micrográficos	남복 마이크로 그래픽스
microordenador	남 마이크로 컴퓨터
microorganismo	남 미생물
microprocesador	남 마이크로프로세서
microprogramación	남 마이크로프로그래밍
microscopia	여 현미경 검사[사용법]
microscópico, ca	형 현미경의[에 의한]

microscopio	남 현미경
microsurco	남 엘피 레코드
miedo	남 공포, 무서움
miedoso, sa	형 두려워하는, 무서워하는
miel	여 꿀, 벌꿀
mielitis	여 [의학] 척수염
mieloma	여 [의학] 골수종
miembro	남 회원, 멤버; 수족, 팔다리; [형용사적으로] 회원의
miente	여 사고(思考)
mientras	접 …하는 동안 부 그 사이, 그 동안
miércoles	남 수요일
mierda	여 똥
miga	여 부스러기, 쪼가리
migaja	여 (빵 등의) 부스러기
migración	여 이동, 이주; 회유
migratorio, ria	형 이동의, 이주의; 회유의
mijo	남 [식물] 기장, 수수
mil	형 천의. 남 천(千), 1,000
milagro	남 기적; 경이, 경이로움
milagroso, sa	형 기적의, 기적적인
milenario, ria	형 천(千)의; 천년의
milenio	남 천년간
milésimo, ma	형 천 번째의; 1000분의 1의 남 1000분의 1
milibar	남 밀리바
milibaro	남 밀리바
milicia	여 군; 민병; 병역
miliciano, na	남여 민병; 의용병
miligramo	남 밀리그램
mililitro	남 밀리터
milimétrico, ca	형 밀리미터의; 매우 정밀한
milímetro	남 밀리미터
militante	형 전투적인, 행동적인

	남여 투사, 당원
militar	형 군대의, 군인의
	남여 군인
militarismo	남 군국주의
militarista	형 군국주의의
	남여 군국주의자
milla	여 마일
millar	남 천 개. 남복 수 천, 수많음
millón	남 백만; 다수, 무수함
millonario, ria	남여 백만장자
mimado, da	형 응석받이의
mimar	타 응석을 받아 주다
mimbre	남 버들가지, 등
mímico, ca	형 몸짓에 의한, 판토마임의
	여 몸짓 표현, 제스처
mimosa	여 함수초, 미모사
mina	여 광산; 기뢰, 지뢰
minador	남 기뢰 부설함
minar	타 기뢰[지뢰]를 부설하다
minarete	남 (회교 사원의) 광탑(光塔)
mineral	형 광물의
	남 광물(鑛物), 광석
mineralero	남 광석 운반선
mineralogía	여 광물학
mineralógico, ca	형 광물학의
mineralogista	남여 광물학자
minería	여 광업
minero, ra	형 광업의
	남여 광산 노동자, 광부
minerva	여 소형 인쇄기
Minerva	여 [로마 신화] 미네르바
mini	여 미니스커트; 소형 컴퓨터
miniatura	여 모형; 세밀화
miniaturista	남여 세밀화가
miniaturización	여 소형화

스페인어-한국어 339

miniaturizar	타 소형화하다
minibús	남 마이크로버스
minicámara	여 소형 카메라
minicomputadora	여 미니 컴퓨터
minifalda	여 미니스커트
minigolf	남 미니 골프
minimizar	타 과소 평가하다
mínimo, ma	형 최소의, 최저의
	남 최소, 최저
minimum	남 최소, 최저
miniordenador	남 미니 컴퓨터
minirrobot	남 미니 로봇
ministerial	형 장관의; 각료의; 부(部)의
ministerio	남 부(部); 각료
ministro, tra	남여 장관; 공사
minoración	여 감소
minorar	타 감소시키다
minoría	여 소수, 소수파
minorista	남여 소매상
minoritario, ria	형 소수파의
minucia	여 하찮은 일, 사소한 일; 상세함
minuciosamente	부 상세히, 면밀히
minuciosidad	여 세심함, 면밀함
minucioso, sa	형 세심한, 면밀한
minué	남 [음악] [무용] 미뉴에트
minuendo	남 [수학] 피감수
minueto	남 [음악] [무용] 미뉴에트
minúsculo, la	형 극히 작은, 미소한
	여 소문자
minusvalía	여 가격 하락[감소]; 심신 장애
minusvalidez	여 신체 장애
minusválido, da	형 심신의 장애가 있는
	남여 장애인
minusvalorar	타 과소 평가하다
minuta	여 (계약서 등의) 초안;

	(변호사 등의) 요금 청구서
minutar	타 [방송] 분 단위로 편성하다
minutero	남 분침(分針)
minuto	남 (시간의) 분(分)
mío, a	형 [소유 형용사] 나의
	대 [소유 대명사] 내 것
miope	형 근시안의.
	남여 근시안의 사람
miopía	여 근시, 근시안
miositis	여 물망초
mira	여 (총의) 조준기; 목표
mirada	여 시선
mirador	남 (산꼭대기 등의) 전망대
miramiento	남 고려, 배려
mirar	타 바라보다, 보다
mirasol	남 해바라기
mirlo	남 [조류] 구관조
mirón, na	형 호기심이 많은
	남여 호기심이 많은 사람
mirto	남 은매화
misa	여 [천주교] 미사
misceláneo, a	형 오합지졸의; 여러 가지 잡다한
	여 오합지졸; 논총
miserable	형 빈궁한; 가련한; 인색한
miseria	여 비참함; 빈궁, 극빈
misericordia	여 자비, 연민
misericordioso, sa	형 인정이 많은
misil, mísil	남 미사일
misión	여 사명, 임무; 사절단
misional	형 포교의, 전도의
misionario, ria	남여 선교사
misionero, ra	남여 선교사
mismo, ma	형 같은, 동일한
misterio	남 신비; 비밀
misterioso, sa	형 신비적인

misticismo	남 신비주의
místico, ca	형 신비한, 신비주의의
	남여 신비주의자, 신비주의 작가
mitad	여 반(半); 중간
mítico, ca	형 신화의, 신화적인
mitigación	여 완화, 경감
mitigador, ra	형 경감하는, 완화시키는
mitigar	타 경감하다, 완화시키다
mitin	남 집회, 미팅
mito	남 신화(神話)
mitología	여 [집합] 신화
mitológico, ca	형 신화(神話)의
mitologista	남여 신화학자, 신화 작가
mitones	남복 벙어리장갑
mixto, ta	형 혼합의, 혼성의; 잡종의
mixtura	여 혼합물
mnemotecnia	여 기억술
mnemónico, ca	형 기억술의
mnemotécnico, ca	형 기억술의
mobiliario, ria	형 동산(動産)의
	남 가구(家具)
mocedad	여 청춘 시대, 청년기
mochila	여 배낭
mochilero, ra	남여 배낭 여행자; 배낭족
mochuelo	남 [조류] 수리부엉이
moción	여 동의(動議)
moco	남 콧물
mocoso, sa	형 콧물을 흘리는
moda	여 유행; 패션
modal	형 형식의, 양식의
	남복 예절, 예의범절
modalidad	여 형식, 양식
modelar	타 (의) 본[모형]을 뜨다
modelismo	남 양식, 방식
modelista	남여 복식 디자이너

modelización	여 ((컴퓨터)) 모델링
modelo	남 모델; 본, 모형
	남여 (작품 등의) 모델
módem	남 모뎀
moderación	여 온건, 절도; 완화
moderadamente	부 절도 있게, 적당히
moderado, da	형 적당한; 온건파의
	남여 온건파
	부 [음악] 모데라도
moderador, ra	형 조절하는, 조정하는
	남여 사회자
moderantismo	남 중도주의, 온건 사상
moderar	타 절제하다, 조절하다
moderarse	((재귀)) 자제하다; 누그러지다
moderato	부 [음악] 모데라토
modernamente	부 최근, 현대적으로
modernidad	여 근대성, 현대성
modernismo	남 근대주의, 모더니즘
modernista	형 근대주의의, 모더니즘의
	남여 근대주의자
modernización	여 근대화, 현대화
modernizar	타 근대화시키다
modernizarse	((재귀)) 근대화되다
moderno, na	형 현대의; 근대의
	남여 유행의 첨단을 걷는 사람
modestamente	부 겸허하게; 검소하게
modestia	여 겸손, 겸허함; 검소
modesto, ta	형 겸허한, 겸손한
modificable	형 변경[수정] 가능한
modificación	여 변경, 수정; [문법] 수식
modificador	남 [문법] 수식어
modificar	타 변경[수정]하다; [문법] 수식하다
modismo	남 숙어, 관용구
modista	남여 양재사
modisto	남 양재사

modo	男 방법; [문법] 법
modulación	여 변화, 억양; 변조
modular	타 조절하다, 조정하다
módulo	男 [컴퓨터] 모듈; 기준 치수
mofa	여 야유, 우롱, 조롱
mofarse	((재귀)) 조롱하다, 놀리다
mofeta	여 [동물] 스컹크
moflete	男 토실토실한 볼
mofletudo, da	형 볼이 토실토실한
moho	男 곰팡이; 녹
mohoso, sa	형 곰팡이가 낀; 녹이 슨
Moisés	男 ((인명)) 모세
mojado, da	형 젖은; 습한
mojar	타 적시다
mojarse	((재귀)) 젖다
mojón	男 도표; 이정표, 경계표
molar	형 어금니의; 맷돌의
molde	男 형; 주형(鑄型)
moldear	타 주조하다, 형에 넣어 만들다
moldura	여 사진틀, 액자
molécula	여 [화학] 분자(分子)
molecular	형 [화학] 분자의
moler	타 맷돌에 갈다, 타다, 빻다
molestar	타 괴롭히다, 귀찮게 하다
molestarse	((재귀)) 신경을 쓰다, 걱정하다
molestia	여 폐, 괴로움; 귀찮음
molesto, ta	형 귀찮은, 번거로운
molinería	여 제분업
molinero, ra	형 제분의
	男여 제분업자
molinete	男 환기 장치
molinillo	男 (소형의) 빻는 기구; 풍차
molino	男 물레방아; 물방앗간; 풍차
molleja	男 모래주머니
molusco	男 연체 동물

momentáneo, a	형 순간적인, 일시적인
momento	남 순간, 잠깐
momia	여 미라; 미라처럼 깡마른 사람
monarca	여 군주, 제왕
monarquía	여 군주국, 군주 정치
monárquico, ca	형 군주(국)의, 군주제의
monarquismo	남 군국주의, 왕정주의
monasterial	형 수도원의
monasterio	남 수도원
monástico, ca	형 수도사[수녀]의; 수도원의
mondadientes	남복 이쑤시개
mondar	타 (과일 등의) 껍질을 벗기다
mondongo	남 [요리] 내장탕
moneda	여 동전; 돈, 화폐
monedero	남 돈지갑
monetario, ria	형 통화의, 화폐의
mongol, la	형 몽골의
Mongolia	여 [나라] 몽골
monismo	남 일원론
monista	남여 일원론자
monitor^1	남 ((컴퓨터)) 모니터
monitor^2, ra	남여 모니터
monitorear	타 모니터하다
monitorizar	타 모니터하다
monja	여 수녀, 여승
monje	남 수도사, 수사, 승려
mono, na	형 예쁜, 귀여운, 깨끗한
	남여 [동물] 원숭이
monocultivo	남 단일 재배
monogamia	여 일부일부제
monólogo	남 독백
monoplano	남 단엽 비행기
monopolio	남 독점, 전매
monopolista	형 독점의
monopolización	여 독점화

monopolizar	타	독점하다, 전매하다
monorraíl	남	모노레일
monosílabo, ba	형	단음절의
	남	단음절
monotipia	여	자동 주조 식자기
mpnotonía	여	단조로움
monótono, na	형	단조로운
monstruo	남	괴물
monstruoso, sa	형	괴물 같은
monta	여	합계; 가치; 승마
montacargas	남	화물용의 승강기
montado, da	형	말에 탄, 승마의
montador, ra	남여	(기계 등의) 조립공
montaje	남	조립; 필름 편집; 몽타주
montanero	남	산지기
montano, na	형	산의, 산에 사는
montaña	여	산(山)
montañero, ra	형	산의; 등산용의
	남여	등산가
montañés, sa	형	산에 사는
	남여	산에 사는 사람
montañismo	남	등산
montañista	남여	등산가
montañoso, sa	형	산이 많은, 산악의
montar	타	오르다
monte	남	산(山)
montés	형	야생의
montículo	남	동산, 구릉; [야구] 마운드
monto	남	총액
montón	남	더미; 다수, 다량
montura	여	상감(象嵌)
monumental	형	기념비적인, 불후의
monumento	남	기념물, 기념비
monzón	남	계절풍, 몬순
monzónico, ca	형	계절풍의, 몬순의

moña	여 리본 장식
moño	남 올린 머리, 상투
moquear	자 콧물이 나오다
mora	여 오디
morada	여 주거; 체재
morado, da	형 자줏빛의, 보라색의
	남 자줏빛, 보라색
morador, ra	남여 거주자
moral	형 도덕의, 도덕적인; 정신적인
	여 도덕, 사기
	남 [식물] 뽕나무
moraleda	여 뽕나무 밭
moralidad	여 도덕성, 덕성; 품행
moralismo	남 윤리주의
moralista	남여 도덕가, 도학자
moralmente	부 도덕적으로; 정신적으로
morar	자 살다, 거주하다
moratoria	여 지불 유예, 모라토리엄
morbididad	여 이환율, 질병 상태
mórbido, da	형 병의, 병적인
morbo	남 병, 질환
morbosidad	여 이환율, 병적 상태
morboso, sa	형 질병의; 병에 걸린
mordaz	형 신랄한
mordazmente	부 신랄하게
mordaza	여 재갈
mordedor, ra	형 무는, 물어뜯는
mordedura	여 물어뜯기; 물린 상처
morder	타 물다, 물어뜯다
mordida	여 물린 상처
mordiscar	타 질겅질겅 씹다
moreno, na	형 갈색의; 검은
morera	여 [식물] 뽕나무; 뽕
morfina	여 모르핀
morfinismo	남 모르핀 상용

moribundo	형 위독한; 빈사(瀕死)의
morir	자 죽다, 사망하다
mormonismo	남 모르몬교
mormón, na	형 모르몬교의
	남여 몰몬교도
mormónico, ca	형 모르몬교의, 모르몬교도의
moro, ra	형 모로 사람의, 모로 족의
	남여 모로 사람
morral	남 자루, 배낭, 주머니
morrión	남 검은 모피로 만든 모자
morro	남 (동물의) 코, 주둥이
morsa	여 [동물] 해마(海馬)
mortaja	여 수의(壽衣)
mortal	형 치명적인
mortalidad	여 사망률; 사망자수
mortalmente	부 치명적으로
mortandad	여 (질병에 의한) 많은 사망자
mortero	남 회반죽, 모르타르; 맷돌, 절구통
mortuorio, ria	형 죽은 사람의, 장례식의
mosaico	남 모자이크
mosaico, ca	형 모세(Moisés)의; 모자이크 풍의
mosca	여 [곤충] 파리
moscardón	남 [곤충] 청파리
mosquitera	여 모기장
mosquitero	남 모기장
mosquito	남 [곤충] 모기
mostacera	여 (식탁의) 겨자 그릇
mostacero	남 (식탁의) 겨자 그릇
mostacho	남 콧수염
mostaza	여 겨자
mosto	남 (주조용의) 과즙
mostrador	남 카운터; 진열대
mostrar	타 보여주다, 제시하다
mostrarse	((재귀)) 보이다
mote	남 표어; 별명

motín	남 소동, 폭동
motivación	여 동기
motivar	타 구실을 주다, 동기가 되다
motivo	남 동기, 이유; 주제
moto	여 오토바이 (motocicleta의 약자)
motocicleta	여 오토바이
motociclismo	남 오토바이 경기
motociclista	남여 오토바이 운전자
motonave	여 모터보트
motoniveladora	여 불도저
motor, ra	형 움직이는; 발동의
	남 엔진, 모터
motorismo	남 오토바이 여행
motorista	남여 오토바이 타는 사람
motriz	형 움직이는, 발동의
movedizo, za	형 가동의; 불안정한
mover	자 움직이다, 옮기다
moverse	((재귀)) 움직이다
movible	형 움직일 수 있는; 불안정한
móvil	형 움직이는, 이동의, 이동성의
	남 휴대전화, 핸드폰
movilidad	여 운동성, 가동성
movilización	자 동원
movilizar	타 동원하다; 소집하다
movimiento	남 운동, 움직임
moxa	여 뜸, 뜸질
moxibustión	여 뜸 요법
mozo, za	남여 종업원; 젊은이
	남 짐꾼
	형 젊은; 독신의
muchacho, cha	남여 소년, 소녀
muchedumbre	여 군중
mucho, cha	형 많은. 부 많이
	대 많은 사람[물건]
mucosidad	여 점액

스페인어-한국어 349

mucoso, sa	형 점액의; 점액을 분비하는
muda	여 변경; 교환; 변성; 털갈이
mudable	형 변하기 쉬운
mudanza	여 이사; 변화
mudar	타 바꾸다, 변경하다
mudarse	((재귀)) 이동하다, 바뀌다
mudez	여 말을 못함
mudo, da	형 말 못하는 남여 말 못 하는 사람, 벙어리
mueble	남 가구(家具)
mueblería	여 가구점, 가구 공장
mueblista	남여 가구점 주인; 가구 기술자
mueca	여 우거지상, 찡그린 얼굴
muela	여 어금니; 맷돌
muelle	형 포근한; 안락한 남 스프링; 선창, 부두
muérdago	남 ((식물)) 겨우살이
muerte	자 죽음, 사망
muerto, ta	형 죽은; (식물이) 시든 남여 죽은 사람, 사자(死者)
muestra	여 견본
muestrario	남 견본
muestreo	남 샘플링; 표본 추출
mugido	남 소의 울음소리
mugir	자 (소가) 울다
mugre	여 때, 기름 때
mugriento, ta	형 때가 낀, 때투성이의
muguete	여 은방울꽃
mujer	여 여자; 아내
mujeriego, ga	형 여자를 좋아하는 남여 엽색꾼
mujeril	형 여성의, 여성 특유의
mujerona	형 (중년의) 억센 여성
mújol	남 [어류] 숭어
mula	남여 노새, 암노새

muladar	남 똥 더미, 거름더미
mulato, ta	형 흑인과 백인의 혼혈의 남여 물라토 (흑인과 백인의 혼혈)
muleta	여 목발; [투우] 물레타
mulo	남 [동물] 노새, 수노새
multa	여 벌금
multar	(누구에게) 벌금을 과하다
multicelular	형 다세포(多細胞)의
multicolor	형 다색(多色)의
multicopiadora	여 복사기
multicopiar	타 복사하다
multicopista	여 복사기
multimillonario, ria	남여 억만장자
múltiple	형 다수의; 복식의; 다양한
multiplicación	여 곱하기, 곱셈
multiplicando	남 [수학] 피승수
multiplicador	남 곱수, 승수(乘數)
multiplicar	타 늘리다; [수학] 곱하다
múltiplo, pla	형 [수학] 배수의. 남 배수
multitud	여 다수; 군중
multiuso	형 다목적(多目的)의
mundanal	형 세속의, 속세의
mundano, na	형 세속의, 속세의
mundial	형 세계의, 세계적
mundo	남 세계; 사회; 대형 트렁크
mundología	여 처세술
munición	여 탄약; 군수품
municionamiento	남 군수품 조달[보급]
municipal	형 시의, 지방자치단체의
municipalidad	여 시당국; 지방자치단체; 시청
municipio	남 시; 시청; 시의회
muñeca	여 손목; 인형
muñeco	남 남자 인형, 마네킹 인형
muñequera	여 손목 보호대
mural	형 벽의, 벽면의. 남 벽화

스페인어-한국어 351

muralista	남여 벽화가
muralla	여 성벽(城壁), 벽
murciélago	남 [동물] 박쥐
murmullo	남 속삭임; (시냇물의) 졸졸거림
murmuración	여 험담, 중상
murmurador, ra	형 험담[중상]하는
	남여 험담[중상]하는 사람
murmurar	타 투덜거리다, 불평하다
	자 험담[중상]을 하다
muro	남 벽, 담
musa	여 영감, 감흥, 시재(詩材)
musculación	여 근육 강화
muscular	형 근육의
musculatura	여 근육 조직, 근육질
músculo	남 근육; 근력
musculoso, sa	형 근육이 있는
museo	남 박물관, 미술관
museo naciona	남 국립 박물관[미술관]
museografía	여 박물관지(博物館誌)
museología	여 박물관학
musgo	남 이끼
musgoso, sa	형 이끼 낀[덮인]
música	여 음악; 곡; 악보; 악단
musical	형 음악의; 뮤지컬의
	남 뮤지컬
músico, ca	형 음악의. 남여 음악가
musicógrafo, fa	남여 음악 평론가
musicología	여 음악학
musicólogo, ga	남여 음악학 연구자
musicómano, na	남여 음악 애호가
musitar	타 중얼거리다, 속삭이다
muslime	형 이슬람교의
	남여 이슬람교도
muslo	남 넓적다리
musulmán, na	남여 이슬람교도

musulmanismo	남 이슬람교
mutabilidad	여 가변성(可變性)
mutable	형 변하기 쉬운
mutación	여 돌연변이; [연극] 전환
mutante	남 돌연 변이체, 변종
mutilación	여 절단; 파손; 삭제
mutilado, da	형 불구의, 손이 없는
mutilar	타 절단하다; 파손하다
mútilo, la	형 불구의; 불완전한
mutis	남 [연극] 퇴장
mutismo	남 침묵, 무언
mutual	형 서로의, 상호의
mutualidad	여 상호 관계; 공제 조합
mutualista	형 상호주의의, 상호 부조의
mutuamente	부 서로, 상호간에
mutuo, tua	형 상호의, 서로의
muy	부 매우, 무척, 대단히

N

naba	여 [식물] 무; 무의 뿌리
nabal	형 무의. 남 무밭
nabar	형 무의. 남 무밭
nabiforme	형 무 모양의
nabo	남 [식물] 순무, 무
nácar	남 진주모; 조개
nacer	자 태어나다; 나오다
naciente	형 탄생하는, 태어나는
	남 동(東), 동쪽
nacimiento	남 탄생, 출생; 기원, 시초
nación	여 나라; 국민, 민족
nacional	형 국가의, 국립의
nacionalidad	여 국적
nacionalismo	남 민족주의, 국가주의
nacionalista	형 민족주의의, 국가주의의
	남여 민족주의자, 국가주의자
nacionalización	여 국유화, 국영화; 귀화
nacionalizar	타 국유화하다; 귀화시키다
nacionalsocialismo	남 국가사회주의
nacionalsocialista	형 국가사회주의의
	남여 국가사회주의자
nada	대 아무것도 …이 아니다
nadador, ra	남여 수영 선수, 수영하는 사람
nadar	자 수영하다, 헤엄치다
nadie	대 아무도 …이 아니다
nafta	여 [화학] 나프타; 가솔린
naftalina	여 [화학] 나프탈렌

naipe	남 카드, 트럼프
nalga	여 궁둥이, 엉덩이; 둔부
nanómetro	남 나노미터
napalm	남 네이팜
naranja	여 귤, 오렌지
naranjada	여 오렌지 주스
naranjado, da	형 오렌지색의
naranjal	남 오렌지 밭, 귤 밭
naranjero, ra	형 오렌지의, 귤의
	남여 오렌지[귤] 장수[재배자]
	남 [식물] 오렌지나무, 귤나무
naranjo	남 [식물] 오렌지나무, 귤나무
narcisismo	남 자기 도취, 자기 도취증
narcisista	형 자기 도취의
	남여 자기 도취자
narciso	남 [식물] 수선(水仙)
narcosis	여 마취 상태
narcótico, ca	형 마취성의; 마취 상태의
	남 마취제
narcotismo	남 마취 상태, 마취제 중독
narcotraficante	남여 마약 밀매자
narcotráfico	남 마약 거래
narigón, na	형 코가 큰
	남여 코가 큰 사람
narigudo, da	형 코가 큰
	남여 코가 큰 사람
nariguera	여 코걸이
narina	여 콧구멍
nariz	여 코; 취각
narración	여 이야기; 서술
narrador, ra	남여 화자; (단편) 소설 작가
narrar	타 이야기하다, 말하다
narrativo, va	형 서술적인, 이야기 체의
	여 이야기, 소설; 화술
nasal	형 코의; [언어] 비음(鼻音)의

nata	여 생크림; 유지
natación	여 수영
natal	형 출생의
natalicio, cia	형 탄생일의. 남 탄생일
natalidad	여 출생률
natatorio, ria	형 수영(水泳)의
natillas	여복 커스터드 크림
nativo, va	형 토착의; 탄생의; 천연의
natural	형 자연의, 천연의; 당연한; 날 때부터의
naturaleza	여 자연, 천연; 본성
naturalismo	남 자연주의
naturalista	형 자연주의의
	남여 자연주의자, 박물학자
naturalización	여 귀화; 정착
naturalizar	타 귀화시키다; 정착시키다
naturalizarse	((재귀)) 귀화하다; 정착하다
naturalmente	부 당연히, 물론
naufragar	자 난파되다, 조난되다
naufragio	남 난파, 조난
náufrago, ga	형 난파된, 조난된
	남여 조난된 사람
náusea	여 구토, 구역질
nausear	자 구토증을 느끼다
náutico, ca	형 항해의; 수상의
navaja	여 주머니칼; 면도칼
naval	형 배의; 해군의
nave	여 배, 선박
navegable	형 항해 가능한
navegación	여 항해, 항행
navegante	남여 항공사, 항법사
navegar	자 항해하다, 항행하다
Navidad	여 크리스마스, 성탄절
navideño, ña	형 크리스마스의
naviero, ra	형 배의, 항해의
navío	여 배; 군함(軍艦)

nazi	형 나치의. 남여 나치
nazismo	남 나치즘, 국가사회주의
nazista	형 나치주의의, 국가사회주의의 남여 나치주의자, 국가사회주의자
neblina	여 안개
neblinoso, sa	형 안개가 많이 낀
neblumo	남 스모그
nebulosa	여 성운(星雲)
nebuloso, sa	형 안개 낀; 흐린
necedad	여 어리석음; 어리석은 행동
necesariamente	부 꼭, 반드시; 필요에 의해
necesario, ria	형 필요한; 필연적인
neceser	남 화장 (도구) 상자[가방]
necesidad	여 필요; 결핍
necesitado, da	형 필요한; 곤궁한, 가난한
necesitar	타 필요로 하다
necio, cia	형 어리석은, 둔한
néctar	남 미주(美酒)
neerlandés, sa	형 네덜란드의 남여 네덜란드 사람 남 네덜란드 어
negación	여 부인, 부정; [문법] 부정(어)
negado, da	형 무능한 남여 무능한 사람
negar	타 부정하다; 거절하다
negativamente	부 부정적으로; 소극적으로
negativo, va	형 부정의; 소극적인; 음화(陰畫)의 남 [사진] 음화, 네가 여 부정, 부인, 거부
negligencia	여 태만; 부주의
negligente	형 태만한; 부주의한
negociabilidad	여 시장성; 유통성
negociable	형 양도 가능한
negociación	여 상담; 교섭; 거래
negociador, ra	남여 교섭 위원; 중개자

negociante	남여 사업가
negociar	자 거래하다
	타 교섭하다
negocio	남 사업, 거래
negrilla	여 [인쇄] 고딕체
negrita	여 [인쇄] 고딕체
negrito, ta	형 고딕체의
negro, gra	형 검은; 암흑의; 흑인의
	남 검은빛, 흑색, 검정
	남여 흑인
negruzco, ca	형 거무스름한
nemotecnia	여 기억술
nemotécnico, ca	형 기억술의
nene, na	남여 갓난아이
nenúfar	남 [식물] 수련(睡蓮)
neocapitalismo	남 신자본주의
neocelandés, sa	형 뉴질랜드의
	남여 뉴질랜드 사람
neoliberalismo	남 신자유주의
neoliberal	형 신자유주의의
	남여 신자유주의자
neomicina	여 [의학] 네오마이신
neozelandés, sa	형 뉴질랜드의
	남여 뉴질랜드 사람
Nepal	남 [나라] 네팔
nepalés, sa	형 네팔의
	남여 네팔 사람
	남 네팔 어
Neptuno	남 [천문] 해왕성; [신화] 넵튠
nervio	남 신경(神經); 신경 과민
nerviosidad	여 신경 과민
nerviosismo	남 신경증; 스트레스
nervioso, sa	형 신경의; 신경질적인
netamente	부 분명히, 명확히
neto, ta	형 정미(正味)의; 분명한

neumático, ca	형 공기의, 기체의
	남 타이어
neumonía	여 [의학] 폐렴
neuralgia	여 [의학] 신경통
neurálgico, ca	형 신경통의
neuritis	여 [의학] 신경염
neurocirujano, na	남여 신경 외과 의사
neurocirugía	여 신경 외과
neuroeje	남 신경 중추
neurología	여 신경학, 신경 내과
neurológico, ca	형 신경학의, 신경과의
neurólogo, ga	남여 신경과 의사
neurosis	여 노이로제
neurótico, ca	형 노이로제의; 신경 과민의
neutral	형 중립의
neutralidad	여 중립; 불편 부당
neutralismo	남 중립주의
neutralista	형 중립주의의
	남여 중립주의자
neutralización	여 중립화
neutralizar	타 중립화시키다; 중화시키다
neutralizarse	((재귀)) 중화(中和)하다
neutro, tra	형 중성의; 중간적인
	남 [물리] 중성자
nevada	여 강설(降雪), 적설
nevado, da	형 눈처럼 하얀; 눈 덮인
nevar	자 눈이 내리다
nevera	여 냉장고; 아이스박스
nevoso, sa	형 눈이 많은, 눈이 많이 내리는
newton	남 뉴톤 (힘의 단위)
ni	접 …도 …이 아니다
Nicaragua	여 [나라] 니카라과
nicaragüense	형 니카라과의
	남여 니카라과 사람
nicotina	여 니코틴

nicotinismo	남 니코틴 중독
nicotismo	남 니코틴 중독
nicromo	남 니크롬
nido	남 둥지; 소굴
niebla	여 안개; 혼돈
nieta	여 손녀
nieto	남 손자. 복 손자손녀들
nieve	여 눈(雪)
nihilismo	남 허무주의
nihilista	형 허무주의의
	남여 허무주의자
ninfa	여 [신화] 님프, 요정
nilón	남 나일론
nimbo	남 비구름
ningún	형 [ninguno의 남성 단수 앞에서 o 탈락형] 어떤 …이 아니다
ninguno, na	형 어떤 …이 아니다
	대 누구[어느 것]도 …이 아니다
niña	여 눈동자; 여자아이
niñera	여 유모
niñez	여 어린 시절, 유년 시대
niño, ña	남여 어린아이, 어린이, 아이
nipón, na	형 일본의
	남여 일본 사람
níquel	남 니켈
nirvana	여 열반, 해탈
nitidez	여 청결; 투명
nítido, da	형 청결한, 깨끗한
nitrato	남 [화학] 질산염
nitrógeno	남 [화학] 질소
nivel	남 수준; 수준기
nivelación	여 평준화; 균등화
nivelador, ra	형 평준화하는
	여 땅 고르는 기계
nivelar	타 평평하게 하다; 균등히 하다

níveo, a	〖형〗 눈의; 눈처럼 하얀
no	〖부〗 아니오; …이 아니다
nobel	〖남〗 노벨상
	〖남여〗 노벨상 수상자
nobiliario, ria	〖형〗 귀족(貴族)의
noble	〖형〗 귀족의; 고귀한
	〖남여〗 귀족
nobleza	〖여〗 귀족, 귀족 계급[신분]
noche	〖여〗 밤, 야간
Nochebuena	〖여〗 크리스마스 이브
Nochevieja	〖여〗 섣달 그믐날
noción	〖여〗 개념, 관념
nocional	〖형〗 개념[관념]의, 관념상의
nocividad	〖남여〗 유독성, 유해성
nocivo, va	〖형〗 유해한, 해로운
nocturno, na	〖형〗 밤의, 야간의
	〖남〗 야상곡(夜想曲)
nodriza	〖여〗 유모(乳母)
nogal	〖남〗 [식물] 호두나무
nómada	〖형〗 유목의; 방랑[유랑]의
nombrado, da	〖형〗 이름난, 유명한
nombramiento	〖남〗 지명, 임명
nombrar	〖타〗 지명하다, 임명하다
nombre	〖남〗 이름; 명칭; [문법] 명사
nomeolvides	〖남〗 [식물] 물망초
nómina	〖여〗 급료; 임금 대장
nominación	〖여〗 지명, 임명
nominal	〖형〗 명목상의, 이름뿐인
nominalmente	〖부〗 명목상으로, 이름으로
nominalización	〖여〗 명사화
nominalizar	〖타〗 명사화하다
nominar	〖타〗 지명하다; 명명하다
nominativo, va	〖형〗 주격의; 기명식의
non	〖형〗 기수(基數)의. 〖남〗 기수
nonagenario, ria	〖형남여〗 90대의 (노인)

nonagésimo, ma	형 90번째의; 90분의 1의
	남 90분의 1
nono, na	형 아홉 번째의, 아홉째의
noquear	타 녹아웃[케이오]시키다
noray	남 배 매는 기둥
norcoreano, na	형 북한의. 남여 북한 사람
nordeste	남 북동(北東); 북동풍
nórdico, ca	형 북(北)의; 북부의; 북유럽의
	남여 북쪽 사람; 북유럽 사람
norma	여 규범, 기준
normal	형 정상의, 보통의
	여 사범 학교
normalidad	여 정상(正常)
normalización	여 정상화; 표준화
normalizar	타 정상화시키다; 표준화하다
normalmente	부 정상적으로, 보통은
nornordeste	남 북북동(北北東)
nornoroeste	남 북북서(北北西)
noroeste	남 북서(北西); 북서풍
norte	남 북(北), 북쪽; 북풍
norteafricano, na	형 북아프리카의
	남여 북아프리카 사람
Norteamérica	여 북아메리카
norteamericano, na	형 북아메리카의
	남여 북아메리카 사람
norteño, ña	형 (주로 스페인의) 북(부)의
	남여 북부 지방 사람
Noruega	여 [나라] 노르웨이
noruego, ga	형 노르웨이의
	남여 노르웨이 사람
	남 노르웨이 어
nos	대 [목적 대명사] 우리를, 우리에게
nosotros, tras	대 [주격 인칭 대명사] 우리들
nostalgia	여 향수, 회향병
nostálgico, ca	형 향수에 젖은

nota	여 메모; 각서; 주(註); 평점; 악보, 음표
notable	형 현저한; 주목할 만한
	남 유력자, 명사
notablemente	부 현저하게, 두드러지게
notar	타 깨닫다, 알아차리다
notaria	여 공증인 사무소
notarial	형 공증인의
notario, ria	남여 공증인
noticia	여 소식, 뉴스
noticiario	남 뉴스 영화; 뉴스 (프로그램)
noticiero, ra	형 보도하는
	남 (신문의) 뉴스란
notificación	여 통지, 통지서
notificar	타 통지[통고]하다
notoriedad	여 저명함; 명백함
notoriamente	부 명백히, 분명히
notorio, ria	형 주지의; 명백한; 유명한
novato, ta	형 신참의; 경험이 없는
	남여 풋내기, 신참; 신인 선수
novecientos, tas	형 900의, 900번째의
	남 900
novedad	여 새로운 것[사건]; 뉴스
novedoso, sa	형 새로운, 참신한
novel	형 미숙한, 초심자의
novela	여 (장편) 소설
novelar	타 소설화하다
	자 소설을 쓰다
novelesco, ca	형 소설의, 소설 같은
novelista	남여 소설가
novelístico, ca	형 소설의, 소설에 관한
novena	여 야구팀, 나인
novenario, ria	남 9일장(九日葬)
noveno, na	형 아홉 번째의; 9분의 1의
	남 9분의 1
noventa	형 90의; 90번째의

	남 90, 아흔
noventón, na	형남여 90대의 (노인)
noviazgo	남 약혼기간; 연인 관계
noviciado	남 수련기; 수련원
novicio, cia	형 입문의, 초심의; 수련자의
noviembre	남 11월
novillero, ra	남여 견습 투우사
novillo, lla	남여 (두세 살의) 송아지
novio, via	남여 연인; 약혼자; 신랑, 신부
nubarrón	남 검은 뭉게구름
nube	여 구름
núbil	형 (주로 여성의) 결혼 적령기의
nubilidad	여 결혼 적령기
nublado, da	형 흐린, 구름 낀
	남 흐림, 흐린 상태
nublar	타 흐리게 하다
nublarse	재 흐리다, 흐려지다
nubosidad	여 약간 흐림
nuboso, sa	형 약간 흐린
nuca	여 목덜미
nuclear	형 핵의, 원자핵의
núcleo	남 핵심, 중심; 핵
nudillo	남 손가락 관절[마디]
nudismo	남 나체주의
nudista	형 나체주의의
	남여 나체주의자
nudo	남 매듭; 마디; (속도의) 노트
nudoso, sa	형 마디가 많은
nuera	여 며느리
nuestro, tra	형 우리들의
	대 우리들의 것
nueva	여 소식, 뉴스, 정보
nuevamente	부 다시, 또 한 번
nueve	형 9의; 아홉째의, 아홉 번째의
	남 9, 아홉; 9일

	여복 9시, 아홉 시
nuevo, va	형 새로운, 신(新)
nuez	여 결후(結喉); 호두
nulidad	여 무효(無效)
nulo, la	형 무효의
numerable	형 헤아릴 수 있는
numeración	여 열거; 계산(법)
numerador	남 [수학] 분자(分子); 넘버링
numeradora	여 넘버링
numeral	형 수의, 수를 표시하는
numerar	타 셈하다, 헤아리다
numerario, ria	형 정규 고용의
numerativo, va	형 계산의
numéricamente	부 숫자상으로
numérico, ca	형 수(數)의, 수치의
número	남 수, 숫자; 번호; 번지
Números, los	남복 민수기
numeroso, sa	형 다수의, 많은
numisma	여 화폐
numismática	여 고전학(古錢學)
numismático, ca	형 고전학의
	남여 고전학자, 고전 수집가
nunca	부 결코 …이 아니다
nuncio	남 교황 대사; 사자(使者)
nupcial	형 결혼의
nupcialidad	여 결혼율
nupcias	여복 결혼
nutria	여 [동물] 수달
nutrición	여 영양, 영양 섭취
nutrido, da	형 영양을 취한; 많은
nutriente	남 영양소, 양분
nutrimental	형 영양의
nutrimento	남 영양, 영양 섭취
nutrimiento	남 영양, 영양 섭취
nutriólogo, ga	남여 영양 학자

nutrir	타 영양을 주다
nutritivo, va	형 영양이 있는; 영양에 관한
nutriz	여 유모(乳母)

Ñ

ña	여 [남미] 아주머니, 마님
ñamal	남 참마 밭
ñame	남 [식물] 참마
ñandu, ñandú	남 [동물] (아메리카의) 타조
ño	남 [남미] 아저씨; 나으리

O

o	접 혹은
oasis	남 오아시스
obedecer	타 말을 잘 듣다, 복종하다
obediencia	여 복종
obediente	형 순종한, 복종한
obelisco	남 오벨리스크, 방첨탑
obertura	여 [음악] 서곡, 전주곡
obesidad	여 비만, 비대함; 비만증
obeso, sa	형 비만한, 비대한
obispado	남 주교직; 주교구; 주교관
obispal	형 주교(主敎)의
obispo	남 [천주교] 주교(主敎)
óbito	남 [법률] [종교] 사망
obituario	남 (교회의) 사망자의 명부
objeción	여 반대, 이론
objetante	남여 반대자
objetar	타 반대하다
objetivación	여 객관화
objetivar	타 객관화하다
objetividad	여 객관성
objetivismo	남 객관주의
objetivamente	부 객관적으로
objetivo, va	형 객관적인
	남 목표, 대상
objeto	남 물건; 목적; 대상
oblicuo, cua	형 경사진, 기울어진
obligación	여 의무; 채무, 채권
obligado, da	형 은의를 받은

obligar	타 강제[강요]하다
obligarse	((재귀)) 자신에게 강요하다
obligatorio, ria	형 의무의, 강제의
oboe	남 [악기] 오보에
	남여 오보에 연주자
obra	여 작품; 일, 공사
obrador	남 (손일의) 작업장
obrar	자 행동하다, 작용하다
	타 (기적 등을) 행하다
obrerismo	남 노동 운동, 노동 이론
obrerista	형 노동 운동의
	남여 노동 운동가
obrero, ra	형 노동의. 남여 노동자
obscenidad	여 난잡한 일, 외설
obsceno, na	형 난잡한, 외설의
obscurecer	타자 어둡게 하다
obscuridad	여 어두움
obscuro, ra	형 어두운
obsequiar	타 선물하다
obsequio	남 선물
observación	여 관찰; 관측; 의견, 소견
observador, ra	형 관찰하는
	남여 옵서버; 관측자; 관찰자
observancia	여 (규율의) 준수
observar	타 관찰하다; 준수하다
observatorio	남 기상대, 천문대
obsesión	여 강박 관념, 망상
obsesionar	자 (강박관념에) 사로잡히다
	타 고통[괴로움]을 주다
obsesivo, va	형 망상에 사로잡힌
obstaculizar	타 방해하다
obstáculo	남 장애, 장애물
obstante	형 방해가 되는
obstar	자 방해가 되다
obstetricia	여 [의학] 산과학

obstétrico, ca	형 [의학] 산과의
	남여 산과 의사
obstinación	여 고집, 완고함, 집요함
obstinadamente	부 완고하게, 집요하게
obstinado, da	형 고집 센, 완고한, 집요한
obstinarse	((재귀)) 고집하다
obstrucción	여 장애, 방해
obstructor, ra	형 방해하는
	남여 방해하는 사람
obstruir	타 방해하다, 막다
obtención	여 취득, 획득
obtenible	형 획득[취득]할 수 있는
obtener	타 얻다, 획득하다
obturador	남 셔터
obús	남 곡사포
obviamente	부 분명히, 명백히
obviar	타 (장애 등을) 피하다
obvio, via	형 분명한, 명백한, 자명한
ocasión	여 기회, 호기; 동기; 때
ocasional	형 우연한, 우발적인; 임시의
ocasionalmente	부 우연히; 임시로; 때때로
ocasionar	타 야기하다, 일으키다
ocaso	남 쇠퇴기, 말기; 일몰
occidental	형 서(西)의; 서양의
	남여 서양 사람
occidente	남 서, 서쪽; 서양
occipital	남 후두골
Oceanía	여 [지명] 오세아니아
oceánico, ca	형 대양의; 대양주의
océano	남 대양(大洋), 해양
oceanografía	여 해양학
oceanográfico, ca	형 해양학의
ocelote	남 [동물] 스라소니
ochenta	형 80의, 80번째의. 남 80
ochentón, na	형남여 80대의 (노인)

ocho	형 8의; 여덟 번째의
	남 8; 8일. 여명 8시
ochocientos, tas	형 800의; 800번째의
	남 800
ocio	남 여가, 레저; 나태
ociosamente	부 빈둥빈둥, 아무 것도 하지 않고
ociosidad	여 게으름, 나태, 태만
ocioso, sa	형 한가한, 게으른, 나태한
octaédrico, ca	형 팔면체의
octaedro	남 팔면체
octagonal	형 8각형의
octágono, na	형 8각형의. 남 8각형
octanaje	남 옥탄가
octano	남 [화학] 옥탄
octava	여 옥타브, 8도 음정; 8행시
octavo, va	형 여덟 번째의; 8분의 1의
	남 8분의 1
octogenario, ria	형남여 팔순의 (노인)
octubre	남 10월
ocular	형 눈의
	남 [광학] 접안 렌즈
oculista	남여 안과 의사
ocultación	여 은닉; 은폐
ocultar	타 숨기다
ocultarse	((재귀)) 숨다
oculto, ta	형 숨은, 보이지 않은
ocupa	남여 불법 거주자
ocupación	여 직업; 점령
ocupacional	형 작업의; 작업에 의한
ocupado, da	형 바쁜, 분주한; 사용중인
ocupante	형 점유[점거]하고 있는
	남여 점유한 사람; 거주자
ocupar	타 점하다, 점령하다
ocuparse	((재귀)) 전념하다
ocurrencia	여 문득 생각남; 사건; 기지

ocurrente	형 기지가 넘치는
ocurrir	자 (사건 등이) 일어나다
oda	여 송시(頌詩), 부(賦)
odiar	타 증오하다, 미워하다
odio	남 증오, 혐오
odiosamente	부 증오심을 품고
odiosidad	여 증오, 증오심, 혐오감
odioso, sa	형 증오하는; 미운; 불쾌한
odisea	여 모험 여행, 일련의 모험
odontología	여 구강 외과
odontológico, ca	형 구강 외과의
odontólogo, ga	남여 구강 외과 의사
odre	남 (술 등을 넣은) 가죽 자루
oeste	남 서(西), 서쪽; 서부; 서풍
ofender	타 모욕하다
ofenderse	((재귀)) 기분이 상하다, 불쾌하다
ofensa	여 모욕, 무례; 위법
ofensivo, va	형 모욕적인. 여 공격
ofensor, ra	형 모욕하는, 무례한
	남여 모욕하는 사람, 무례한 사람
oferta	여 공급; 신청, 제공
ofertar	타 특매하다, 바겐세일을 하다
offset	남 오프셋
oficial[1]	형 공식적인, 공인의
	남여 장교, 관리
oficial[1], la	남여 직인, 공장(工匠)
oficializar	타 공인하다
oficialmente	부 공적으로, 공식적으로
oficina	여 사무소; 직장; 연구실
oficinista	남여 사무원, 회사원
oficio	남 직, 직무
oficioso, sa	형 비공식의
ofrecer	타 제공하다; 신청하다
ofrecimiento	남 제공, 신청
ofrendar	타 바치다, 올리다

oftalmia	여 [의학] 안질, 안염
oftalmía	여 [의학] 안질, 안염
oftalmología	여 안과
ofuscación	여 현혹, 눈을 아찔하게 함
ofuscamiento	남 현혹, 눈을 아찔하게 함
ofuscar	타 눈을 아찔하게 하다
oh	감 오!, 아아!, 저런!
ohmio	남 [전기 저항의 단위] 옴
oído	남 청각, 청력; 귀
oír	타 듣다, 들리다; 청강하다
ojal	남 단추 구멍; 갈라진 곳
ojalá	감 부디, 제발
ojeada	여 한 번 봄; 일별, 일견
ojeriza	여 악의(惡意), 반감
ojo	남 눈(目); (바늘 등의) 구멍
ola	여 파도
ole	남 올레 (안달루시아의 춤이나 노래)
olé	감 힘내라, 만세
oleada	여 큰 파도; 인파, 군중
oleaje	남 파도, 물결
oleicultura	여 올리브 재배; 올리브유 제조
óleo	남 유화 그림물감, 유화
oleoducto	남 석유 파이프라인
oler	자 냄새가 나다
olfatear	타 냄새를 맡고 다니다
olfateo	남 수색; 냄새 맡고 다니기
olfato	남 후각(嗅覺)
olimpiada	여 (국제) 올림픽 대회
olimpíada	여 (국제) 올림픽 대회
olímpico, ca	형 올림픽의; 뽐내는
	남여 올림픽 출전 선수
olimpismo	남 올림픽 정신
oliva	여 올리브
oliváceo, a	형 올리브색의
olivar	남 올리브 밭

olivarero, ra	형 올리브의, 올리브 생산의
	남여 올리브 재배자
olivícola	형 올리브 재배[생산]의
olivicultor, ra	남여 올리브 재배자
olivicultura	여 올리브 재배
olivo	남 [식물] 올리브
olla	여 솥, 밥솥
olla a presión	여 압력 밥솥
ollares	남복 (말의) 콧구멍
olmo	남 [식물] 느릅나무
olor	남 냄새
oloroso, sa	형 향기로운, 냄새가 좋은
olvidadizo, za	형 건망증이 심한
olvidado, da	형 배은망덕한, 잘 잊는
olvidar	타 잊다
olvidarse	((재귀)) 잊다, 잊어버리다
olvido	남 망각
ombligo	남 배꼽
omega	여 [그리스어 문자] 오메가
omisible	형 생략할 수 있는
omisión	여 생략; 누락
omitir	타 생략하다
omnibús	남 승합 버스; 버스
omnipotencia	여 전지전능; 절대 권력
omnipotente	형 전지전능한, 절대 권력의
omoplato	남 [해부] 견갑골, 어깨뼈
omóplato	남 [해부] 견갑골, 어깨뼈
onanismo	남 자위, 자위 행위
onanista	형 자위의, 자위하는
	남여 자위하는 사람
once	형 11의; 열한 번째의.
	남 11; 11일
	여복 11시
onceavo, va	형남 11분의 1(의)
oncología	여 [의학] 종양학

oncológico, ca	형 [의학] 종양학의
onda	여 파도; 파(波); 전파(電波)
ondear	자 물결치다, 파도치다
ondulación	여 기복; 파동
ondulado, da	형 파도치는; 파도 모양의
ondular	자 파도치다, 기복이 생기다
	타 물결 모양으로 만들다
ondulatorio, ria	형 물결 모양의
oneroso, sa	형 귀찮은, 성가신
onza	여 온스
opacar	타 불투명하게 하다
opacidad	여 불투명함; 불투명도
opaco, ca	형 불투명한
ópalo	남 오팔, 단백석(蛋白石)
opción	여 선택; 선택권
opcional	형 선택할 수 있는
ópera	여 오페라
operable	형 수술 가능한
operación	여 수술; 작용; 조작; 작전
operacional	형 작전의, 작전 행동의
operador, ra	남여 수술하는 사람; 촬영 기사
operar	타 수술하다
	자 작용하다
operario, ria	남여 공원; 작업자
operativo, va	형 효과적인; 작업의; 조작의
operatorio, ria	형 수술의
	남여 작업하는 사람
opereta	여 오페레타, 경가극
operístico, ca	형 오페라의
opinable	형 의론의 여지가 있는
opinar	타 (무엇이라는) 의견이다
opinión	여 의견, 견해; 평판
opio	남 아편
oponente	형 대항하는
	남여 상대방, 적수, 대항자

스페인어-한국어 375

oponer	타 대치하다, 대항하게 하다
oponerse	((재귀)) 반대하다, 방해하다
oporto	남 포트 와인
oportunamente	부 안성맞춤으로
oportunidad	여 기회, 호기, 안성맞춤
oportunismo	남 기회주의, 편의주의
oportunista	형 기회주의의, 편의주의의
	남여 기회주의자
oportuno, na	형 적절한, 안성맞춤의
oposición	여 반대, 대립; 채용 시험
opositar	자 경쟁 시험을 보다
opositor, ra	남여 (경쟁 시험의) 지원자
opresión	여 압박; 억압
opresivo, va	형 억압의; 견디기 힘든
opresor, ra	형 억압하는
oprimir	타 압박하다, 억압하다
oprobio	남 오명, 치욕
oprobioso, sa	형 오명의, 치욕스런
optar	자 선택하다; 지망하다
óptico, ca	형 눈의; 광학의
	남여 안경사
	여 광학; 안경점, 안경방
optimismo	남 낙관주의, 낙천주의
optimista	형 낙천적인
	남여 낙천주의자
óptimo, ma	형 최선의, 더없이 좋은
optoelectrónica	여 전자 광학
opuesto, ta	형 반대의; 적대의
opulencia	여 (육체의) 풍만함; 풍부함
opulento, ta	형 (육체의) 풍만한; 풍부한
ora	접 혹은 … 또 혹은
oración	여 기도(祈禱); [문법] 문, 절
oracional	형 [문법] 문의, 절의
orador, ra	남여 연설자; 웅변가
oral	형 구두의; 구전의; 입의

oralmente	彤 입으로, 구두로
orangután	男 [동물] 오랑우탄
orante	形 기도하는 자세의
orar	自 기도(祈禱)하다
oratorio, ria	形 연설의; 웅변술의
órbita	女 [천문] 궤도; 눈구멍
orbitador	男 오비터 (우주 연락선의 본체)
orbital	形 궤도의; 눈구멍의
orbitar	自 궤도에 오르다, 궤도를 그리다
orden	女 명령, 지령; 주문; 훈장
	男 순서; 질서; 등급
ordenación	女 배치, 배열
ordenado, da	形 정돈된, 질서 있는
ordenador	男 컴퓨터
ordenamiento	男 법령; 배치, 배열
ordenanza	女 법규, 법령
	男女 (회사의) 사환
ordenar	他 명령하다; 정리하다; 서품하다
ordeñador, ra	形 젖을 짜는
	男女 젖을 짜는 사람
ordeñar	他 (무엇의) 젖을 짜다
ordeño	男 착유, 젖 짜기
ordinal	形 순서의. 男 서수
ordinariamente	彤 보통으로, 통상은
ordinario, ria	形 보통의, 통상의; 일상의
oreja	女 귀
orejera	女 귀마개; (추위용의) 귀걸이
orejón, na	形 귀가 큰
orejudo, da	形 귀가 큰, 귀가 긴
orfanato	男 고아원
orfebre	男 금 세공사
orgánico, ca	形 기관의; 유기체의
organillero	男 수동식 오르간 연주자
organillo	男 [악기] 수동식 오르간
organismo	男 유기체; 생물; 기관, 기구

organista	【남여】 오르간 연주자
organizado, da	【형】 조직된; 정연한
organización	【여】 조직, 편성; 기구
organizador, ra	【형】 조직하는
	【남여】 조직하는 사람; 게임 메이커
organizar	【타】 조직하다; 기획하다
órgano	【남】 기관(器官); 기구; 오르간
orgásmico, ca	【형】 오르가슴의
orgasmo	【남】 오르가슴
orgullo	【남】 자존심, 긍지, 자랑
orgullosamente	【부】 자랑스레; 긍지를 가지고
orgulloso, sa	【형】 자랑하는; 자존심이 강한
orientación	【여】 방향; 지도, 오리엔테이션
orientador, ra	【형】 지도하는
oriental	【형】 동(東)의, 동쪽의; 동양의
	【남여】 동양 사람
orientalismo	【남】 동양학
orientalista	【남여】 동양학자
orientar	【타】 방향을 정하다; 향하다
oriente	【남】 동, 동방; 동양
origen	【남】 원천, 출처, 기원; 원산지
original	【형】 독창적인, 특이한, 독특한
	【남】 원문, 원본
originalmente	【부】 원래; 독창적으로; 최초에는
origentalidad	【여】 독창성; 기행
originar	【타】 일으키다, 야기하다
originariamente	【부】 원래, 처음부터
originario, ria	【형】 원래의; 원산의; 출신의
orilla	【여】 물가
orín	【남】 쇠의 녹. 【복】 오줌
orina	【여】 오줌, 소변
orinal	【남】 변기, 요강
orinar	【자】 오줌을 누다, 소변을 보다
ornamentación	【여】 장식
ornamental	【형】 장식의, 장식용의

ornamentar	타	장식하다
ornamento	남	장식
ornitorrinco	남	오리너구리
oro	남	금, 황금
orquesta	여	오케스트라, 관현악단
orquídea	여	난초(蘭草)
ortografía	여	철자, 스펠링
ortodoxia	여	정통, 정통성; 그리스정교
ortodoxo, xa	형	정통적인; 동방 정교회의
ortografía	여	철자; 정자법
ortografiar	타	(정자법에 의해) 철자를 쓰다
ortográfico, ca	형	철자의; 정자법의
ortopedia	여	정형외과
ortopédico, ca	형	정형외과의
	남여	정형외과 의사
ortopedista	남여	정형 외과 의사
oruga	여	모충, 쐐기벌레
os	대	너희들을[에게]
	대	[재귀] 너희들 자신
osadamente	부	대담하게, 과감하게
osadía	여	대담함, 과감함
osado, da	형	대담한, 과감한
osario	남	납골당
óscar	남	오스카상(賞)
oscilación	여	흔들림; 변동; 진동
oscilador	남	발진기; [물리] 진동자
oscilante	형	흔들리는, 진동하는
oscilar	자	흔들리다; 진동하다, 요동하다
oscilatorio, ria	형	진동하는
oscuramente	부	어둡게; 애매 모호하게; 막연히
oscurecer	타	어둡게 하다
	자	어두워지다
oscurecimiento	남	어둡게 함; 어두어짐
oscuridad	여	어두움
oscuro, ra	형	어두운; 짙은, 진한,

osezno	남 새끼 곰
oso, sa	남여 [동물] 곰
ostentación	여 과시, 허식; 으스대기
ostentar	타 과시하다, 으스대다
ostentoso, sa	형 화려한, 호화스런
ostión	남 [조개] 큰 굴
ostra	여 [조개] 굴
ostrero, ra	형 굴의
	남여 굴 장수; 굴 따는 사람
	남 굴 양식장
	여 굴 양식장
ostricultor, ra	남여 굴 양식자
ostricultura	여 굴양식
osuno, na	형 곰의, 곰 같은
otitis	여 [의학] 귀 염증
otoñada	여 가을철
otoñal	형 가을의, 가을 같은
otoño	남 가을
otorgamiento	남 허락; 수여
otorgar	타 허락하다; 수여하다
otorrino, na	남여 이비인후과 의사
otorrinolaringología	여 이비인후과
otorrinolaringólogo	남여 이비인후과 의사
otro, tra	형 다른, 또 하나의
	대 다른 사람, 다른 것
oval	형 달걀 모양의, 타원형의
óvalo	남 타원형; 달걀형
ovárico, ca	형 [해부] 난소의; 씨방의
ovario	남 [해부] 난소; [식물] 씨방
ovaritis	여 [의학] 난소염
oveja	여 [동물] 양(羊), 암양
ovejero, ra	형 양을 치는
	남여 양치기, 양치는 사람
ovillo	남 실꾸리, 얽힘
ovulación	여 [생리] 배란

ovular	타 [생리] 배란하다
	형 배란의
óvulo	남 [식물] 밑씨, 배주
oxidable	형 산화할 수 있는
oxidación	여 산화, 녹슮
oxidante	형 산화시키는
	남 산화제(酸化劑)
oxidar	타 산화시키다, 녹슬게 하다
oxidarse	((재귀)) 산화(酸化)하다
óxido	남 산화물
oxigenación	여 산소 처리[공급]
oxigenar	타 산소 처리하다
oxígeno	남 [화학] 산소
oyente	형 듣는
	남여 청중, 청취자; 청강생
ozonización	여 오존 처리, 오존화(化)
ozonizador	남 오존 처리기[발생기]
ozonizar	타 오존 처리하다
ozono	남 [화학] 오존
ozonometría	여 오존 측정(법)
ozonómetro	남 오존계
ozonosfera	여 [기상] 오존층

P

pabellón	남 텐트; 별동
pabilo, pábilo	남 (초의) 심지
pacer	자 (가축이) 풀을 뜯다
paciencia	여 인내, 참을성
paciente	형 인내심이 강한
	남여 환자
pacientemente	부 끈기 있게, 참을성 있게
pacificación	여 화해; 평정; 강화
pacificador, ra	형 평화를 가져오는; 중재하는
	남여 중재자
pacificar	타 평정하다; 중재하다
pacífico, ca	형 평화스러운, 온화한
pacifismo	남 평화주의, 온건주의
pacifista	형 평화주의의
	남여 평화주의자
pactar	타 합의하다; 결정하다
	자 협정하다, 타협하다
pacto	남 협정, 조약
padecer	타 번민[걱정]하다; 괴로워하다
	자 인내하다, 참다; 괴롭다
padecimiento	남 (심신의) 고통, 괴로움; 병에 걸림
padrastro	남 의붓아버지
padrazo	남 여린 아버지
padre	남 아버지; 신부; 복 부모
padrenuestro	남 주기도문
padrino	남 대부(代父); 후원자
padrón	남 주민 명부; 오점, 불명예
paella	여 [요리] 빠에야

paga	여 급료; 지불
pagadero, ra	형 지불의
pagado, da	형 지불을 끝낸
pagador, ra	형 돈을 지불하는
	남여 지불인
paganismo	남 이교(異敎)
pagano, na	형 이교도의
	남여 이교도
pagar	타 지불하다; 보상하다
	자 돈을 지불하다
pagaré	남 약속 어음
página	여 쪽, 페이지
paginación	여 쪽 매기기; 쪽 수
paginar	타 쪽을 매기다
pago	남 지불; 보복; 벌
pagoda	여 불탑, 파고다
país	남 나라, 국가; 지방; 풍경화
paisaje	남 경치, 풍경; 풍경화
paisajismo	남 풍경화
paisajista	남여 풍경화가
paisajístico, ca	형 풍경의, 경치의
paisano, na	형 동향의, 같은 나라의
	남여 동향인, 같은 나라 사람
paja	여 짚, 밀짚, 보리짚
pájara	여 종이 비행기
pajarería	여 애완 동물 가게
pajarero, ra	남여 새를 키우는[파는] 사람
pajarita	여 나비넥타이; 종이 새
pájaro	남 (작은) 새
pajilla	여 빨대
pala	여 삽
palabra	여 단어, 언어; 약속
palacio	남 궁, 왕궁, 궁전
paladar	남 입천장
palanca	여 지레

스페인어-한국어 383

palatal	형 입천장의; 경구개음의
	여 [언어] 경구개음
palco	남 특등석, 칸막이 좌석
Palestina	여 [나라] 팔레스타인
palestino, na	형 팔레스타인의
	남여 팔레스타인 사람
paleta	여 흙손, 모종삽; 팔레트
paletilla	여 견갑골
palidecer	자 얼굴이 창백해지다
palidez	여 창백함; 어스름한 빛
pálido, da	형 창백한; (색이) 연한
palillo	남 이쑤시개; 북채
paliza	여 세게 때림, 후려침
palma	여 손바닥; 야자
palmada	여 손바닥으로 때리기
palmera	여 [식물] 종려나무
palmípedo, da	형 물갈퀴의[가 있는]
palmípedos	남복 유금류(游禽類)
palmo	남 빨모 (약 21센티미터)
palmotear	자 손바닥[박수]를 치다
	타 어깨를 톡톡 치다
palo	남 몽둥이, 막대기; [야구] 배트
paloma	여 [조류] 비둘기, 암비둘기
palomar	남 비둘기의 집
palomita	여 작은 비둘기; 팝콘
palomo	남 [조류] 수비둘기
palpable	형 만질 수 있는; 명백한
palpación	여 만지기, 촉진(觸診)
palpar	타 만지다; 촉진하다
palpitación	여 고동침, 두근거림
palpitante	형 가슴이 두근거리는
palpitar	자 (심장이) 고동 치다, (가슴이) 두근거리다
palpito	남 예감
paludismo	남 말라리아

pampa	여 대초원, 팜파
Pamplona	여 [지명] 빰쁠로나 (스페인의 도시)
pamplonica	형 빰쁠로나의
	남여 빰쁠로나 사람
pan	남 빵; 식량; 밀
panacea	여 만병 통치약
panadería	여 빵집
panadero, ra	남여 빵장수; 제빵 업자
panal	남 벌통, 벌집
panamá	남 파나마모자
Panamá	남 [나라] 파나마
panameño, ña	형 파나마의
	남여 파나마 사람
panamericano, na	형 범미(汎美)의
panamericanismo	남 범미주의(汎美主義)
pancarta	여 플래카드
panceta	여 (돼지의) 삼겹살
pancho, cha	형 온순한; 무기력한
páncreas	남단복 [해부] 췌장
pancreático	형 [해부] 췌장의
pancreatitis	여 [의학] 췌장염
panda	여 [동물] 판다
pandereta	여 빤데레따 ((북의 일종))
pandilla	여 (악당의) 집단, 도당
Pandora	여 [그리스신화] 판도라
pandorga	여 연(鳶); 뚱뚱한 여자
panecillo	남 작은 빵, 한 덩어리의 빵
panel	남 [건축] 패널; (문의) 경판
panelista	남여 패널리스트
panero, ra	형 빵을 좋아하는
	남 큰 빵 광주리
	여 (식탁에 놓는) 빵 그릇
panfleto	남 팸플릿, 소책자
pánico, ca	형 [상업] 공황의
	남 [상업] 공황

panificación	여 빵 제조
panificadora	여 제빵 공장; 빵 굽는 곳
panocha	여 이삭
panoja	여 이삭
panorama	남 전경, 전망; 파노라마
panorámico, ca	형 전망의, 전경의, 파노라마의
panqueque	남 [중남미] 소형 부침개
pantalla	여 스크린, 영사막, 화면
pantalón	남 바지; 팬츠
pantanal	남 늪지
pantano	남 늪; 저수지
pantanoso, sa	형 늪지의, 습지의
panteón	남 판테온; 묘; 묘지
pantera	여 [동물] 표범
pantomima	여 팬터마임, 무언극
pantomimo, ma	남여 팬터마임 배우
pantorrilla	여 종아리, 장딴지
pantufla	여 실내화, 슬리퍼
pantuflo	남 실내화, 슬리퍼
panty	남 팬티 스타킹
panza	여 올챙이배, 똥배
panzudo, da	형 올챙이배의, 배가 나온
pañal	남 기저귀
pañería	여 옷감; 옷감 가게
pañero, ra	남여 옷감 가게 주인
paño	남 천, 포목; 행주; 걸레
pañol	남 선창(船倉)
pañoleta	여 숄, 스카프
pañuelo	남 손수건; 스카프
papa[1]	여 [중남미] 감자
Papa[2]	남 교황
papá	남 아빠
papable	형 교황 후보의
papado	남 교황의 직위[재임 기간]
papagayo	남 [조류] 앵무새

papal	〘형〙 교황(敎皇)의
papamóvil	〘남〙 교황 전용차
paparazzi	〘남〙 파파라치
papaya	〘여〙 [열매] 파파야
papayo	〘남〙 [식물] 파파야
papel	〘남〙 종이, 서류; 역, 역할
papelera	〘여〙 휴지통; 쓰레기통
papelería	〘여〙 문방구점
papelero, ra	〘남〙〘여〙 제지업자, 문방구점 주인
papeleta	〘여〙 투표 용지; 용지
papera	〘여〙 [의학] 이하선염
papila	〘여〙 젖꼭지, 유두
papilar	〘형〙 젖꼭지의, 젖꼭지 같은
papilla	〘여〙 (주로 어린이용의) 죽
paquete	〘남〙 꾸러미; 소포; 소화물
paquistaní	〘형〙 파키스탄(Pakistán)의
	〘남〙〘여〙 파키스탄 사람
par	〘형〙 짝수의, 우수(偶數)의
	〘남〙 한 쌍, 두 개, 한 벌
para	〘전〙 (을) 위하여; (의) 용의, 비해서; 늦어도 …까지
parabién	〘남〙 (성공에 대한) 축사
parábola	〘여〙 우화, 비유; 포물선
parabrisas	〘남〙〘단복〙 (자동차의) 앞 유리
paracaídas	〘남〙〘단복〙 낙하산
paracaidismo	〘남〙 스카이다이빙
paracaidista	〘남〙〘여〙 낙하산 병사, 스카이다이버
parachoques	〘남〙 범퍼
parada	〘여〙 정지, 정차; 정류소
paradero	〘남〙 거처, 주소
parado, da	〘형〙 멈춘, 정지한; 실업의
paradoja	〘여〙 역설(逆說)
paradójico, ca	〘형〙 역설적인
parador	〘남〙 (국영) 관광 호텔
paraestatal	〘형〙 반관반민의

스페인어-한국어 387

parafina	여 파라핀
parágrafo	남 단락, 문절
paraguas	남단복 우산
Paraguay	남 [나라] 파라과이
paraguayo, ya	형 파라과이의
	남여 파라과이 사람
paragüero	남 우산 꽂는 곳
paraíso	남 천국; 낙원
paralelamente	부 평행으로
paralelo, la	형 평행의
	남 대조, 비교; [지리] 위선
	여복 평행선
paralimpiada	여 국제 신체 장애인 체육대회
paralímpico, ca	형 paralimpiada의
paralelogramo	남 평행 사변형
parálisis	여 마비, 중풍
paraliiiiitico, ca	형 신체가 마비된
	남여 신체가 마비된 사람
paralización	여 마비
paralizante	형 마비 작용이 있는
paralizar	타 마비시키다
paralizarse	((재귀)) 마비되다
paramilitar	형 군대식의; 군용의
paranieves	남 눈을 막는 수풀[울타리]
paraolimpiada	여 국제 신체 장애인 체육대회
paraolímpico, ca	형 paralimpiada의
parar	자 멈추다, 서다
	타 세우다; 막다, 저지하다
pararrayos	남 피뢰침
parasitar	타자 기생하다
parasitario, ria	형 기생 생물의
parasiticida	여 기생충 약
parásito, ta	형 기생하는
	남 기생 생물
	남여 군식구, 식객

parasitosis	여 [의학] 기생충증
parasol	남 양산
paratifus	여 [의학] 파라티푸스
parcela	여 (토지의) 구획; 분양지
parcelación	여 구분; 분양
parcelar	타 구분하다; 분양하다
parcelario, ria	형 구분의; 분양지의
parcelero, ra	남여 자작농
parche	남 고약, 파스
parcial	형 부분적인; 불공평한
parcialidad	여 불공평; 편애, 역성
parcómetro	남 주차 미터기
pardo, da	형 암갈색의
	남 암갈색; [동물] 표범
parecer	자 … 같다; …처럼 보이다
	남 의견; 외견
parecerse	((재귀)) 닮다
parecido, da	형 같은; 닮은, 비슷한
pared	여 벽(壁); 담; (산의) 벽면
pareja	여 커플; 부부, 약혼자
parentela	여 혈족 관계, 인척 관계
parentesco	남 혈연 관계, 친척 관계
paréntesis	남 괄호, 삽입구
parida	형 산후의, 출산 직후의
	여 산부, 임산부
paridad	여 동일성; [경제] 평가, 등가
pariente, ta	남여 친척; 남편, 아내
parietal	남 두정골, 노정골, 두로
parihuela	여 담가, 들것
parilla	여 석쇠
parir	타자 낳다; 출산하다
París	남 [지명] 파리, 빠리
parisién	형 파리의
	남여 파리 사람
parisiense	형 파리의

	남여 파리 사람
parisino, na	형 파리의
	남여 파리 사람
paritorio	남 분만실
párkinson	남 [의학] 파킨슨병
parkinsoniano, na	형 파킨슨병[증후군]의
parkinsonismo	남 파킨슨병[증후군]
parlamentar	재 (휴전 등의) 교섭을 하다
parlamentario, ria	형 의회의, 의회제의
parlamentarismo	남 의회주의, 의회 제도[정치]
parlamento	남 의회, 국회
parlachín, na	형 수다스런, 말이 많은
	남여 수다쟁이
parlar	재타 지껄이다
parlotear	재 수다 떨다
parloteo	남 수다, 잡담
paro	남 실업; 파업
parpadear	재 눈을 깜박이다, 떨다
parpadeo	남 눈을 깜박임, 윙크
párpado	남 눈까풀, 눈꺼풀
parque	남 공원
parquímetro	남 주차 미터기
parra	여 덩굴식물; 포도 덩굴
párrafo	남 (인용한) 일절, 한 구절, 단락
parral	남 포도 시렁; 포도 밭
parricidio	남 근친자 살인
parrilla	여 석쇠
parrillada	여 석쇠구이
parroco	남 [천주교] 주임 신부, 교구 사제
parroquia	여 교구; 교구 교회; 고객
parroquial	형 [천주교] 교구의
parroquiano, na	형 작은 교구의
parte	여 부분; 일부; 장소
	남 (공적인) 보고서; [방송] 뉴스
partero, ra	남여 산파, 조산부

partición	여 분배; [수학] (집합의) 분할
participación	여 참가; 통지
participante	형 참가하는
	남여 참가자, 응모자
participar	자 참가하다; 공유하다
	타 알리다, 통지하다
partícipe	형 참가하는
	남여 참가자
participio	남 [분사] 분사
partícula	여 분자, 입자, 미립자
particular	형 특별한; 개인의
particularidad	여 독자성, 특수성; 특징
particularismo	남 개인주의
particularizar	타 특징을 부여하다
particularmente	부 특히; 개별적으로
partida	여 출발; 시합; 증명서
partidario, ria	형 지지하는; 신봉하는
	남여 지지자
partidismo	남 당파주의
partidista	형 당파심이 강한
	남여 당파주의자
partido	남 정당; 당파; (구기의) 시합
partir	자 출발하다
	타 분할하다, 나누다
partisano, na	남여 유격대, 빨치산
partitura	여 [음악] 총보(總譜)
parto	남 출산, 분만
parturienta	형 분만 중의
parvulario, ria	남 유치원; 유치원아
parvulista	남여 유치원 원아
pasa	여 건포도
pasada	여 통과; 처리, 작업; 마무리
pasadero, ra	형 건너기 쉬운
	여 징검돌
pasado, da	형 지난; 과거의

	남 과거, 옛날
pasador	남 (장식용의) 핀, 비녀; 안전핀
pasaje	남 요금; 통로; 통행료
pasajero, ra	형 일시적인
	남여 승객, 탑승객
pasamanería	여 (의복 등의) 장식 끈
pasamano	남 난간; (탈것의) 가죽 손잡이
pasamanos	남단복 난간; (탈것의) 가죽 손잡이
pasaporte	남 여권, 패스포드
pasar	자 지나가다; 일어나다; 들리다
pasarela	여 육교
pasatiempo	남 여가, 오락
pascal	남 파스칼 (압력의 단위)
Pascua	여 부활절, 부활 주간
pascual	형 부활절의
pase	남 통행 허가증; 정기권
paseante	남여 산책하는 하는 사람
pasear	자 산책하다
pasearse	((재귀)) 산책하다
paseiiillo	남 투우사의 입장 행진
paseo	남 산책; 산책로
pasillo	남 통로, 복도, 낭하
pasión	여 정열, 열정; 격정
Pasión	여 그리스도의 수난
pasional	형 (사랑의) 격정에 의한
pasividad	여 수동성, 소극성
pasivo, va	형 소극적인, 수동적인; 수동의
pasmado, da	형 몹시 놀란, 기겁을 한
pasmar	타 몹시 놀라게 하다
pasmo	남 놀람, 기겁을 함
pasmoso, sa	형 놀랄 만한, 경악할 만한
paso	남 통과, 통행; 통로; 한 걸음; 보조
pasta	여 반죽, 반죽 가루
pasta culinaria	여 반죽
pasta de dientes	여 치약

pastel	남 케이크; [미술] 파스텔(화)
pastelería	여 제과점, 다과점
pastelero, ra	남여 제과 업자; 과자 제조자
paste(u)rización	여 (우유 등의) 저온 살균법
paste(u)rizar	타 저온 살균하다
pastilla	여 정(錠), 정제(錠劑), 알약
pastizal	남 (말의) 목초지; 목장
pasto	남 목장, 목초지, 목초
pastor, ra	남여 목동, 목자; 목사
pastoral	형 주교의, 목사의; 목가적인
	여 목가(牧歌)
pastorela	여 전원시, 목가
pastoril	형 목동의, 양치기의
pata	여 (동물이나 가구의) 다리
patada	타 발로 차기; (총의) 반동
patata	여 [식물] [열매] 감자
patatal	남 감자 밭
patatar	남 감자 밭
patatero, ra	형 감자의; 감자를 주식으로 하는
patear	타 발로 차다
patentar	타 (의) 특허를 취득하다
patente	형 분명한, 뚜렷한
	여 특허, 특허권
paternal	형 아버지의, 아버지 쪽의
paterno, na	형 아버지의, 아버지 쪽의
patético, ca	형 비장한, 비통한
patilla	여 구레나룻
patín	남 스케이트 화
patinador, ra	형 스케이트를 타는
	남여 스케이트 타는 사람
patinaje	남 스케이트
patinar	자 스케이트를 타다
patinódromo	남 스케이트 링크, 스케이트장
patio	남 안뜰, 마당, 정원
pato, ta	남여 [조류] 오리

스페인어-한국어 393

patología	여 병리학
patológico, ca	형 병리학의; 병적인
patólogo, ga	남여 병리학자
patria	여 조국
patriarca	여 장로; 족장; 대주교
patrimonial	형 세습의, 선조 전례의
patrimonio	남 유산, 세습 재산
patrio, tria	형 조국의
patriota	형 애국자의, 나라를 사랑하는
	남여 애국자
patriótico, ca	형 애국의, 애국적인
patriotismo	남 조국애, 애국심
patrocinador, ra	형 후원하는, 옹호하는
patrocinar	타 후원하다, 옹호하다
patrocinio	남 후원, 협찬
patrón, na	남 (옷의) 본; 형; 원형
	남여 후원자, 수호 성인
patronal	형 경영자의; 수호 성인의
patronato	남 경영자 단체; (문화 등의) 재단
patrono, na	남여 경영자
patrulla	여 척후대, 순찰대; 초계정
patrullar	타자 순찰하다, 초계하다
patrullero, ra	형 순시의, 순찰의; 초계의
paulatinamente	부 느리게, 천천히
paulatino, na	형 느린, 완만한; 점진적인
pausa	여 중단; 휴게; 온쉼표
pavimentación	여 포장(鋪裝)
pavimentar	타 포장하다
pavimento	남 포장, 포장 도로
pavo, va	남여 [조류] 칠면조
pavón	남 [조류] 공작
pavor	남 공포
payasada	여 익살스런 말[동작]
payaso, sa	남여 광대, 피에로
paz	여 평화; 강화; 화합, 화해

PC	여 피시, 개인 컴퓨터
peaje	남 통행료; 톨게이트
peatón, na	남여 보행자
peatonal	형 보행자의
	남 [남미] 횡단 보도
peatonalizar	타 (도로를) 보행자 우선으로 하다
peca	남 주근깨
pecado	남 죄; 실수; 잘못
pecador, ra	형 죄의
	남여 죄인
	여 성매매 여성; 바람둥이 여자
pecar	자 죄를 짓다; 실수하다
pechera	여 와이셔츠의 가슴; 유방
pechero	남 흉갑, 가슴 보호대, 턱받이
pechina	여 조가비
pecho	남 가슴, 흉곽
pechuga	여 (닭의) 가슴, 가슴살
pechugón, na	형 가슴이 큰; 파렴치한
pectoral	형 가슴의, 흉부의
	남 가슴 근육, 가슴힘살
pecuario, ria	형 목축의
peculiar	형 독특한, 특유의
peculiaridad	여 독자성; 특징
pedagogía	여 교육학, 교육법
pedagógico, ca	형 교육학[법]의; 교육적인
pedagogo, ga	남여 교육학자, 교육가
pedal	남 페달; 발판; [음악] 페달(음)
pedalear	자 페달을 밟다
pedazo	남 조각, 단편
pedernal	남 부싯돌
pedestal	남 (조각 등의) 대좌
pediatra	남여 소아과 의사
pediatría	여 소아과
pediátrico, ca	형 소아과의
pedículo	남 꽃꼭지

pedicura	여 페디큐어 (발톱 미용술)
pedicuro, ra	남여 발 치료사
pedida	여 구혼(求婚)
pedido	남 주문; 부탁
pedimento	남 신청, 신청서; 청원, 청원서
pedir	타 부탁하다, 요구하다; 주문하다
pedo	남 방귀; 만취
pedrada	여 투석; 돌팔매
pedregal	남 자갈밭, 돌밭
pedregoso, sa	형 돌투성이의
pedrera	여 채석장
peerse	((재귀)) 방귀를 뀌다
pega	여 접착제, 풀
pegadizo, za	형 잘 붙는, 끈적끈적한
pegajoso, sa	형 잘 붙는, 끈적끈적한
pegamento	남 접착제, 풀
pegamiento	남 접착제, 풀
pegar	타 붙이다; 때리다
pegatina	여 스티커
peinada	여 머리 빗기
peinado, da	형 머리를 손질한, 곱게 빗은 남 머리 손질(법); 머리형
peinador, ra	남여 [중남미] 이발사, 미용사 남 어깨 망토; 경대, 화장대
peinar	타 빗다, 빗어 주다
peinarse	((재귀)) (자신의) 머리를 빗다
peine	남 빗
peineta	여 (여성의 머리 장식용) 빗
pelado, da	형 초목이 없는; 벗겨진; 한푼 없는
pelar	타 껍질을 벗기다; 산발하다
pelarse	((재귀)) 털이 빠지다, 탈모되다
peldaño	남 (계단의) 단, 층계
pelea	여 다툼, 분쟁, 싸움, 전쟁
pelea de gallos	여 닭싸움, 투계
pelear	자 다투다, 싸우다; 전쟁을 하다

peletería	여 모피 가공[가게]; 모피
peletero, ra	남여 모피 가공업자; 피혁공
peliagudo, da	형 (이해나 해결이) 어려운
pelícano	남 [조류] 펠리컨
pelicorto, ta	형 머리털이 짧은
película	여 영화, 필름
peliculero, ra	형 영화를 좋아하는
	남여 영화를 좋아하는 사람
peliculón	남 우수 영화
peligrar	자 위험한 상태에 있다
peligro	남 위험
peligrosidad	여 위험성
peligroso, sa	형 위험한
pelirrojo, ja	형 머리털이 불그스름한
pelleja	여 모피
pellejería	여 피혁 업, 가죽 업
pellejero, ra	남여 피혁상(皮革商)
pellejo	남 껍질, 가죽; 모피
pellizcar	타 꼬집다
pellizco	남 꼬집기; 꼬집은 자국
pelo	남 머리털; (신체나 식물의) 털
pelón, na	형 (머리)털이 없는[짧은]
	남여 대머리; 빈털터리
pelota	여 (야구공처럼) 작은 공; 뻴로따 ((바스크 지방의 공놀이))
pelotazo	남 공으로 때리기; 폭탄주 (한 잔)
pelotear	자 (연습으로) 공을 차다[던지다]
pelotera	여 심한 언쟁[말다툼]
pelotero, ra	남여 [중남미] 축구[야구] 선수
pelotilla	여 (실 등의) 엉클어진 작은 덩어리
pelotillero, ra	형 아첨하는, 아부하는
	남여 아첨하는 사람
pelotón	남 [군사] 반, 분대; 선수의 일단
peluca	여 가발
pelucón, na	형 털이 많은; 장발의

peludo, da	형 털이 많은
	남여 털이 많은 사람
peluquería	여 이발소, 미용실
peluquero, ra	남여 이발사
pelusa	여 (천의) 보푸라기; (식물의) 털
pelviano, na	형 [해부] 골반의
pélvico, ca	형 [해부] 골반의
pelvis	여 [해부] 골반(骨盤)
pena	여 고통; 노고; 벌
penacho	남 도가머리
penado, da	남여 죄수
penal	형 형벌의; 형사법상의
penalidad	여 노고, 수고; 고생; 형벌
penalista	형 형법 전문의
	남여 형법 학자
penalizar	타 (에) 벌칙을 가하다
penalti	남 반칙, 페널티; 페널티 킥
penar	타 (에) 괴로워하다; 형벌을 가하다
penarse	((재귀)) 괴롭다, 괴로워하다
pender	자 매달리다, 늘어지다
pendiente	형 미해결의; 경사진
	여 귀걸이, 귀고리
péndola	여 추; 추시계
pendón	남 (군대 등의) 작은 기, 군기
péndulo	남 진자(振子), 흔들이
pene	남 자지, 음경
penene	남여 강사(講師)
penetrable	형 침입 가능한; 이해할 수 있는
penetración	여 침입, 침투, 투과; 이해력
penetrante	형 관통하는; 날카로운; 예민한
penetrar	자 들어가다, 잠입하다
	타 뚫다, 찌르다; 간파하다
penicilina	여 페니실린
península	여 반도(半島)
penisular	형 반도의; 본토의

penique	남 [화폐 단위] 페니, 펜스
penitencia	여 회개, 참회; 후회
penitencial	형 회개의, 참회의; 후회의
penitenciaría	여 교도소; 고해 신부의 직
penitenciario, ria	형 회개의, 회오의; 통회의
penitente	남여 회개하는 사람; 고해자
penoso, sa	형 괴로운, 가슴 아픈; 처참한
pensado, da	형 생각된
pensador, ra	남여 사상가; 사색하는 사람
pensamiento	남 생각, 사고
pensante	형 생각하는, 사고하는
pensar	타 생각하다; 고려하다
pensativo, va	형 생각에 잠긴
pensión	여 연금; 펜션, 여관; 하숙집
pensionado, da	형 연금 수혜자
	남 기숙 학교; 기숙사
pensionar	타 연금을 지급하다
pensionista	남여 연금 생활자; 기숙생; 하숙생
pentágono	남 [수학] 오각형
Pentágono	남 (미국의) 펜타곤, 오각형
pentagrama	남 오선(五線)
pentatleta	남여 오종 경기 선수
pentatlón	남 [운동] 오종 경기
penúltimo, ma	형 끝에서 두 번째의
penumbra	여 어스름, 희미한 불빛
penuria	여 결핍, 부족
peña	여 바위; 작은 바위산
peñascal	남 바위투성이의 토지
peñasco	남 큰 바위, 우뚝 솟은 바위
peñascoso, sa	형 큰 바위로 덮인
peñón	남 암산, 암벽
peón	남 노무자, 인부; 팽이
peonada	여 (농부의) 하루 분량의 일
peonaje	남 노무자
peonía	여 [식물] 작약

peonza	여 팽이
peor	형 [malo의 비교급] 더 나쁜
	부 [mal의 비교급] 더 나쁘게
pepinazo	남 강타, 작열; 강한 슛
pepinillo	남 [식물] 작은 오이
pepino	남 [식물] 오이
pepita	여 (귀금속의) 덩어리; (과실의) 씨
pepsina	여 [생화학] 펩신
pequeñez	여 작음; 사소함; 협량함
pequeño, ña	형 작은, 어린
	남여 어린아이
pera	여 [열매] 배(梨)
perada	여 배로 만든 잼
peral	남 [식물] 배나무
perca	여 [어류] 농어의 일종
percal	남 옥양목
per cápita	((라틴어)) 1인당
percebe	남 [조개] 삿갓조개
percepción	여 지각; 인식; 수령
perceptible	형 인식[지각]할 수 있는
perceptivo, va	형 지각의, 인식의
perceptor, ra	형 지각하는; 수령[징수]하는
	남여 수령[징수]하는 사람
percha	여 옷걸이, 모자걸이
percibir	타 지각하다; 받다
percusión	여 타악기; 진찰(법)
percusionista	남여 타악기 연주자
percutir	타 진찰하다
perdedor, ra	형 잃은; 패한
	남여 잃은 사람; 패자
perder	타 잃다; 손해 보다; (탈것을) 놓치다; (경기에) 지다
perderse	((재귀)) 잃어버리다; 길을 잃다
perdición	여 타락, 파멸
pérdido, da	형 잃은, 분실된; 길을 잃은

	여 손해, 손실; 분실
perdigar	타 살짝 굽다
perdigón	남 산탄
perdiz	여 [조류] 자고
perdón	남 용서
	감 죄송합니다!, 실례합니다!
perdonable	형 용서할 수 있는
perdonar	타 용서하다
perdurable	형 영원의; 오래 계속하는
perdurar	자 오래 지속하다
perecedero, ra	형 오래 가지 못하는
perecer	자 죽다; 소멸되다
peregrinación	여 순례
peregrinaje	남 순례
peregrinar	자 순례하다
peregrino, na	형 순례의; 기묘한
	남여 순례자
perejil	남 [식물] 미나리
perenne	형 영구의, 영속적인
pereza	여 나태, 게으름
perezosamente	부 게을리
perezoso, sa	형 게으른, 나태한
	남 [동물] 나무늘보
perfección	여 완전함, 완벽함; 완성
perfeccionamiento	남 완성; 개량
perfeccionar	타 완전하게 하다
perfeccionismo	남 완벽주의, 완전주의
perfeccionista	형 완벽주의의
	남여 완벽주의자
perfectamente	부 완전히, 완벽하게
	감 알았습니다, 좋습니다
perfecto, ta	형 완전한, 완벽한
perfil	남 측면; 윤곽
perfilado, da	형 윤곽이 뚜렷한; 얼굴이 갸름한
perfilar	타 (의) 윤곽을 잡다

perforación	여 천공; 시추 구멍
perforador, ra	형 천공의, 구멍을 뚫는
	여 착암기; 천공기
perforar	자 구멍을 뚫다
perfumador, ra	형 향수 제조업의
	남여 향수 제조업자
	남 향수 분무기
perfumar	타 향기를 뿌리다[치다]
perfume	남 향수; 냄새
perfumería	여 화장품[향수] 가게
perfumista	남여 향수 제조업자[장수]
pericia	여 숙달, 숙련, 능숙함
pericial	형 전문가의
periferia	여 (원 등의) 주위; (도시의) 근교; [컴퓨터] 주변 기기[장치]
periférico, ca	형 주변의
	남 [컴퓨터] 주변 기기[장치]
perímetro	남 경계선; [수학] 주위
periódicamente	부 정기적[주기적]으로
periódico, ca	형 정기적인, 주기적인
	남 신문(新聞); 정기 간행물
periodismo	남 저널리즘, 신문계[업]
periodista	남여 신문 기자, 저널리스트
periodístico, ca	형 신문의; 신문 기자의
periodo, período	남 기간; 시대; 마침표
periquito	남 [조류] (작은) 잉꼬
periscopio	남 잠망경
peritación	여 사정, 감정; 사정 보고서
peritaje	남 사정, 감정; 사정 보고서
peritar	타 사정하다, 사정 보고서를 내다
perito, ta	형 정통한
	남여 전문가
peritoneo	남 [해부] 복막
peritonitis	여 [의학] 복막염
perijudicado, da	형 손해를 입은

	남여 피해자
perjudicar	타 해롭게 하다
perjudicial	형 해로운, 유해한
perjuicio	남 손해, 해
perjurio	남 위증, 위증죄
perjuro, ra	형 위증하는
	남여 위증하는 사람
perla	여 진주
perlado, da	형 진주 같은, 진주 빛의
permanecer	자 체재하다; 꼼짝하지 않고 있다
permanencia	여 체류, 체재; 영구성
permanente	형 영속적인; 상설의
	여 파마
permanentemente	부 영구적[영속적]으로
permisible	형 허가할 수 있는
permiso	남 허가, 허가장
permitir	타 허가하다, 허락하다
permutar	여 물물 교환
permutación	여 교환, 교대
permutar	타 교환[교대]하다
pernera	여 (바지의) 가랑이 (부분)
pernicioso, sa	형 유해한, 해로운
perno	남 [기계] 볼트
pernoctar	자 외박하다
pero¹	접 그러나
pero²	남 흠, 단점
perpendicular	형 수직의
	남 수직선, 수직면
perpendicularidad	여 수직
perpetuación	여 영속, 보존
perpetuamente	부 영구히, 영속적으로
perpetuar	타 영속시키다
perpetuidad	여 영속성
perpetuo, tua	형 영구의; 종신의
perplejidad	여 당황함, 당혹, 곤혹

perplejo, ja	형 당혹스런
perra	여 암캐
perrera	여 개집
perrillo	남 (총의) 격철
perrito, ta	남여 강아지
perro, rra	남 개, 수캐
perruno, na	형 개의
persa	형 페르시아의 남여 페르시아 사람
persecución	여 추적, 수사; 탐구; 박해
persecutorio, ria	형 추적의; 추구의; 박해의
perseguidor, ra	남여 추적자; 박해하는 사람
perseguimiento	남 추적, 수사; 탐구; 박해
perseguir	타 추적[추구]하다; 박해하다
perseverancia	여 끈기; 고심
perseverante	형 끈기 있게; 고집하는
perseverar	자 끈기 있게 버티다
persiana	여 블라인드, 격자 창
pérsico, ca	형 페르시아의 남여 페르시아 사람
persistencia	여 완고함, 고집; 지속
persistente	형 완고한, 고집 센; 지속적인
persistir	타 고집하다; 지속하다
persona	여 사람, 인물; [문법] 인칭
personaje	남 인물, 명사; 등장 인물
personal	형 개인의, 개인적인 남 직원, 간부, 참모
personalidad	여 인격, 개성; 요인
personalista	형 개인적인, 이기적인
personalizar	타 개인화하다; 인격화하다
personalmente	부 개인적으로; 스스로, 친히
personarse	((재귀)) 모습을 나타내다; 출두하다
personificación	여 의인화
personificar	타 의인화하다
personificarse	((재귀)) 의인화되다

perspectiva	여 조망; 전망; 원근법
perspicacia	여 혜안, 예리한 통찰력
perspicaz	형 통찰력 있는
persuadir	타 납득시키다, 설득하다
persuasión	여 설득; 확신, 납득
persuasividad	여 설득력
persuasivo, va	형 설득력 있는
pertenecer	자 [+a] (에) 속하다
perteneciente	형 속하는
pertenencia	여 소속, 귀속; 소유물
pértiga	여 장대
pertiguista	남여 장대높이뛰기 선수
pertinacia	여 영속; 집요함
pertinaz	형 장기의, 오래 계속하는
pertinente	형 적절한
perturbación	여 혼란, 교란, 방해
perturbado, da	형 정신 착란의
perturbador, ra	형 질서를 어지럽히는
	남 교란자, 방해하는 사람
perturbar	타 혼란하게 하다, 방해하다
Perú	남 [나라] 페루
peruano, na	형 페루의
	남여 페루 사람
perversidad	여 사악함, 악랄함
perversión	여 퇴폐, 타락; 도착
perverso, sa	형 사악한, 악랄한
	남여 사악한 사람
pervertido, da	형 도착된
	남여 도착된 사람
pervertir	타 타락[퇴폐]시키다
pesa	여 추; 바벨; 무게
pesabebés	남복 유아용의 체중계
pesada	여 계량; 무게
pesadamente	부 무겁게; 집요하게
pesadez	여 무거운 것; 답답함; 부담

pesadilla	여 악몽
pesado, da	형 무거운; 답답한; 무더운
pesador, ra	형 계량하는, 재는
	남여 계량하는 사람
pesadumbre	여 괴로움, 슬픔
pésame	남 애도, 조의
pesar	자 무겁다, 무게를 달다[재다]
	타 무게가 있다, 무게를 달다
pesario	남 [의학] (피임용의) 페서리
pesca	여 낚시질, 낚시; 어업
pescadería	여 생선 가게
pescadero, ra	남여 생선 장수
pescadilla	여 새끼 대구
pescado	남 생선
pescador, ra	남여 낚시꾼; 어부
pescar	타 낚시질하다, (고기를) 잡다
	자 낚시질을 하다, 고기를 잡다
pescuezo	남 (주로 동물의) 목, 목덜미
pese	[+a] (무엇)에도 불구하고
pesebre	남 구유
peseta	여 [화폐 단위] 뻬세따
pesimismo	남 비관주의
pesimista	형 비관적인
	남여 비관주의자
pésimamente	부 매우 나쁘게
pésimo, ma	형 최악의
peso	남 무게; [화폐 단위] 뻬소, 페소
pespunte	남 박음질
pespuntear	타 박음질하다
pesquería	여 어업; 어장
pesquero, ra	형 어업의
	남 어선(漁船), 고기잡이배
	여 어장; 어획고
pesquisa	여 수사(搜査)
pestaña	여 속눈썹

pestañear	자 눈을 깜박이다
pestañeo	남 눈을 깜박거림
peste	여 [의학] 페스트
pesticida	형 살충제의, 농약의
	남 살충제, 농약
pestilencia	여 악취; 역병
petaca	여 담배쌈지
pétalo	남 꽃잎, 화판(花瓣)
petición	여 신청, 요청; 소원
peticionar	타 신청하다
peticionario, ria	형 신청의, 신청하는
	남 신청서
petirrojo	남 [조류] 개똥지빠귀, 로빈
petrodólar	남 석유 달러
petróleo	남 석유
petrolero	형 석유의
	남여 석유 판매자
	남 유조선(油槽船)
petrolífero, ra	형 석유를 함유한
petrología	여 암석학
petroquímico, ca	형 석유 화학의
	여 석유 화학
petulante	형 오만 불손한
	남여 오만 불손한 사람
petulancia	여 오만 불손
petunia	여 [식물] 페튜니아
pez^1	남 물고기
pez^2	여 송진
pezuña	여 (동물의) 발톱
piadoso, sa	형 경건한, 신앙심이 깊은
pianísimo	부 [음악] 매우 여리게
pianista	남여 피아니스트
piano	남 피아노
piar	자 (새가) 삐악삐악 울다
piara	여 가축 떼

pica	여 창, 긴 창
picadillo	남 갈거나 저민 돼지고기
picado, da	형 벌레 먹은; 다진, 새긴
	남 급강하; 잘게 다진 고기 요리
picador	남 [투우] 빠까도르, 주 투우사
picadura	여 찌르기; 찔린[쏘인] 상처
picante	형 매운; 혀를 톡톡 쏘는
picapderero	남 석공
picaporte	남 걸쇠, 빗장
picar	타 쏘다, 찌르다
picarse	((재귀)) 자신의 몸을 찌르다
picardía	여 악행, 악의, 비행
picaresco, ca	형 악한의; 심술궂은; 장난꾸러기의
pícaro, ra	형 악한의; 심술궂은, 장난꾸러기의
	남여 악동, 망나니, 불량배, 악한
picea	여 [식물] 가문비나무
pichón	남 새끼 비둘기
pico	남 주둥이, 부리; 산꼭대기
picor	남 가려움
picos	남복 ((카드)) 스페이드
pictórico, ca	형 그림의, 회화적인
pie	남 발(足); 피트; (물건의) 다리
piedad	여 동정, 불쌍히 여김; 신앙심
piedra	여 돌, 석재(石材)
piel	여 피부, 살갗; 가죽
pielitis	여 [의학] 신우염
pienso	남 건초, 꼴
pierna	여 (사람의) 다리
pieza	여 조각; 한 개; 부품; 세트
pigmentación	여 색소 형성; 착색
pigmentar	타 착색하다
pigmento	남 색소, 안료
pigmeo, a	형 피그미족(族)의
	남복 피그미족
pijama	남 파자마

pila	여	배터리, 전지
pilar	남	기둥, 주석(柱石)
pilastra	여	벽기둥
píldora	여	환약; 경구 피임약
pilila	여	음경(陰莖)
pillaje	남	약탈
pillar	타	약탈하다; 붙잡다; 얻다
pilotaje	남	조종(술); 물길 안내, 도선
pilotar	타	조종하다; 물길을 안내하다
piloto	남여	조종사, 파일럿
pimental	남	피망 밭, 고추 밭
pimentero	남	[식물] 후추나무; 후추 그릇
pimentón	남	[식물] [열매] 파프리카
pimienta	여	후추
pimiento	남	후추; 피망; 고추
pimpollo	남	꽃봉오리; 새싹
pimpón	남	탁구
pinacoteca	여	화랑; 회화 전문 미술관
pináculo	남	(건물의) 제일 높은 부분; 첨탑
pinar	남	소나무 숲
pinariego, ga	형	소나무의
pinaza	여	작은 돛배
pincel	남	화필, 붓, 모필
pincelada	여	필법, 필치
pinchadiscos	남녀복	디스크자키
pinchar	타	찌르다, 쏘다
	자	펑크가 나다
pinchaúvas	남녀복	변변치 못한 사람
pinchazo	남	찔린 상처; 펑크
pinche	남	주방 심부름꾼
pinchito	남	꼬치구이
pincho	남	꼬치구이; 바늘, 가시
pineda	여	소나무 숲, 송림
ping pong	남	탁구
pingüino	남	[조류] 펭귄

스페인어-한국어 409

pinitos	남복 아장걸음
pino	남 [식물] 소나무
pinocha	여 솔잎
pinta	여 얼룩, 반점
pintado, da	형 색을 칠한, 채색한
	여 낙서
pintalabios	남단복 입술연지
pintamonas	남단복 엉터리 화가
pintar	타 (그림을) 그리다
	자 칠하다, (과실이) 물들다
pintarse	((재귀)) 화장을 하다
pintarrajar	타 더덕더덕 칠하다; 낙서하다
pintarrajear	타 더덕더덕 칠하다; 낙서하다
pintaúñas	남단복 매니큐어 액
pinto, ta	형 반점[얼룩]이 있는
pintor, ra	남여 화가; 페인트칠하는 사람
pintoresco, ca	형 그림 같은
pintura	여 페인트; 그림, 회화
pinzamiento	남 (핀셋 등으로) 집기
pinzas	여복 핀셋
pinzar	타 (핀셋 등으로) 집다
pinzón	남 [조류] 방울새
piña	여 파인애플; 솔방울
piñón	남 소나무 씨; 잣
pío, a	형 신앙심이 깊은, 경건한
piojo	남 ((곤충)) 이
pionero, ra	남여 개척자, 선구자
pipa	여 담배 파이프, 담뱃대
pique	남 불화, 언쟁, 말다툼
piqueta	여 석공용의 해머
piquete	남 짧은 말뚝; 피켓
piragua	여 카누
piragüismo	남 카누 경기
piragüista	남여 카누 선수; 배 젓는 사람
piramidal	형 피라미드의, 피라미드 모양의

pirámide	남 피라미드
piramidón	남 [약학] 피라미돈
piraña	여 [어류] 피라냐
pirata	형 해적의. 남 해적
piratear	자 해적 노릇을 하다
pirateo	남 무단 복제
piratería	여 해적 행위; 불법 침입
pirenaico, ca	형남 피레네산맥의 (주민)
pirético, ca	형 [의학] 발열의
pirexia	여 [의학] 발열; 열병
pirita	여 황철광
pirógeno, na	형 열을 내는; 발열성의 남 발열 물질
piropo	남 [광물] 루비; [의학] 탄저병
pis	남 [유아의 말] 쉬, 오줌
pisa	여 밟기
pisada	여 발소리; 발자취; 밟기
pisapapeles	남단복 문진(文鎭), 서진(書鎭)
pisar	타 밟다, 짓밟다
piscícola	형 양어(養魚)의, 양어법의
piscicultor, ra	남여 양어가
piscicultura	여 양어, 양어법, 양식
piscifactoría	여 양식장
piscina	여 수영장, 풀장
piso	남 층, 방바닥; 아파트
pisón	남 달구
pisotear	타 밟다; 짓밟다
pista	여 발자취; 활주로; 트랙
pistilo	남 암술
pistola	여 권총, 피스톨
pistolero, ra	남여 권총 강도
pistoletazo	남 권총 발사
pistolón	남 큰 권총
pistón	남 피스톤
pita	여 [식물] 용설란

pitada	여 호루라기 소리; 휘파람
pitagórico, ca	형 피타고라스의
pitagorismo	남 피타고라스 학설
pitar	자 휘파람을 불다
	타 휘슬을 불다, 심판을 하다
pitido	남 호루라기[경적] 소리
pitillera	여 담뱃갑
pitillo	남 궐련
pito	남 호루라기; 경적 (소리)
pitón	남 [동물] 비단뱀
pitopausa	여 남성 갱년기 (장애)
pituita	여 [의학] 점액
pituitario, ria	형 점액의, 점액을 분비하는
pivot	남여 (농구나 핸드볼의) 센터
pivotar	자 [농구] 센터를 보다; 회전하다
pivote	남 (주차 등의 방지용) 기둥
pivotear	자 [농구] 센터를 보다; 회전하다
piyama	남(여) 파자마, 잠옷
pizarra	여 슬레이트; 흑판, 칠판
pizarral	남 슬레이트 채굴장
pizarrín	남 석필
pizca	여 작은 조각, 적은 양
pizza	여 피자
pizzería	여 피자 가게
pizzicato	남 [음악] 피치카토
placa	여 (차량의) 번호판; (금속 등의) 판
placaje	남 [럭비] 태클
placar	타 [럭비] 태클을 하다
placé	남 [경마] 복승식
pláceme	남 축하, 축사
placenta	여 [해부] 태반
placentario, ria	형 태반의
placentero, ra	형 유쾌한, 즐거운
placer	남 기쁨; 쾌락
	타 기쁘게 하다

placero, ra	남여 노점상
plácet	남 승인; 아그레망, 신임장
plácidamente	부 온화하게
placidez	여 온화함
plácido, da	형 온화한
plaga	여 역병; 해충; 재액
plagar	타 범람시키다
plagarse	((재귀)) 범람하다; 가득해지다
plagiar	타 표절하다
plagiario, ria	형 표절하는
plagio	남 표절
plan	남 계획, 기획
plana	여 (잡지 등의) 쪽; (신문의) 면
plancha	여 철판, 금속판; 다리미
planchado, da	형 다리미질한; 무일푼의
	남 다리미질
	여 다리미질
planchador, ra	남여 다리미질하는 사람
	남 다리미질 방
planchar	타 다리미질하다
planchazo	남 실패, 실수, 실언
plancton	남 플랑크톤
planctónico, ca	형 플랑크톤의
planeador	남 글라이더
planeadora	여 고속 모터보트
planeamiento	남 입안, 구상
planear	타 계획을 세우다, 입안하다
	자 활공하다
planeo	남 활공
planeta	남 [천문] 행성, 유성, 혹성
planetario, ria	형 [천문] 혹성의
planicie	여 대평원, 평야
planificación	여 계획, 계획화
planificador, ra	형 입안하는, 계획하는
	남여 입안자, 계획자

planilla	여 신청서
plano, na	형 편편한, 평평한, 반반한
	남 설계도; 평면, 수평면
planta	여 식물; 층; 평면도; 공장; 발바닥
plantación	여 큰 농장(의 작물)
plantado, da	형 심어진; 세워진
plantador, ra	남여 큰 농장의 주인
plantar	타 심다, 식수하다; 설치하다
planteamiento	남 입안; 문제 제기
plantear	타 입안하다; 제기하다
plantel	남 [농업] 모판, 못자리
planteo	남 입안; 문제 제기
plantificar	타 (구타나 모욕을) 주다
plantilla	여 (구두의) 안창; 종업원 명부
plantillar	타 (구두에) 가죽을 대다
plantío	남 모판, 못자리; 밭
plantón	남 모종, 묘목
plañir	자 한탄하다, 탄식하다
	타 슬퍼하다
plaqué	남 금도금, 은도금
plaqueta	여 혈소판
plasma	여 혈장(血漿)
plastia	여 [의학] 형성술
plasticidad	여 가소성, 유연성
plástico, ca	형 플라스틱의; 조형의
	남 플라스틱 제품
	여 조형, 조형술
plastificación	여 플라스틱 가공
plastificado	남 플라스틱 가공
plastificar	타 플라스틱 가공하다
plata	여 은(銀); 은화; 은제품; 돈
platabanda	여 화단(花壇)
plataforma	여 플랫폼; 대륙붕; 강령
platanal	남 바나나 밭
platanar	남 바나나 밭

platanero, ra	남여 바나나 재배자
	남 [식물] 바나나나무
	여 바나나 공장[회사]
plátano	남 [식물] [열매] 바나나
plateado, da	형 은도금의; 은색의
platear	타 은도금하다
plateriia	여 은세공술, 은세공업
platero	남 금세공사, 은세공사
plática	여 회화(會話)
platija	여 [어류] 가자미
platillo	남 받침 접시; (저울의) 접시
platillos	남복 심벌즈
platinado	남 백금 도금
platinar	타 백금 도금하다
platino	남 [광물] 백금(白金)
plato	남 접시; 요리
platónico, ca	형 플라톤의; 플라톤 학파[철학]의; 이상적인; 정신적인
platonismo	남 플라톤 철학
playa	여 해변, 물가, 바닷가
plaza	여 광장; 시장; 자리
plazo	남 기간, 기한; 분할 지불
plazoleta	여 작은 광장
plazuela	여 작은 광장
pleamar	남 만조(滿潮)
plebeyo, ya	형 평민의, 서민의
	남여 평민, 서민
plebiscito	남 국민 투표, 주민 투표
plegable	형 접을 수 있는
plegadera	여 종이 자르는 칼
plegadizo, za	형 접을 수 있는
plegadora	여 종이 접는 기계
plegamiento	남 [지질] 습곡
plegar	타 (종이 등을) 접다; 주름을 넣다
pleitear	자 소송을 걸다; 변론하다

pleirtesia	여 경의, 존경
pleito	남 소송
plenamar	남 만조
plenario, ria	형 완전한, 전부의
plenilunio	남 만월
plenipotencia	여 전권(全權)
plenipotenciario, ria	형 전권을 가진
	남여 전권 위원, 전권 사절
plenitud	여 완전함; 절정기
plenamente	부 완전히; 가득히
pleno, na	형 한창의; 가득 찬; 완전한
	남 총회; [볼링] 스트라이크
pleura	여 늑막, 흉막
pleuresía	여 [의학] 늑막염
pliego	남 접은 종이; 용지; 봉서
pliegue	남 주름, 구김살
plisado, da	형 주름이 잡힌
plomada	여 다림줄
plomería	여 (가스나 수도의) 배관 (공사)
plomero, ra	남여 배관공
plomo	남 납, 연
pluma	여 깃; 펜
plumero	남 먼지떨이, 총채
plumafuente	여 [중남미] 만년필
plumaje	남 깃털; 깃털 장식
plumero	남 깃털 빗자루; 깃털 장식; 필통
plumón	남 (조류의) 솜털; 깃털 이부자리
plural	형 [문법] 복수의.
	남 [문법] 복수
pluralidad	여 다양함; 다원성
pluralismo	남 다원론, 다원성
pluralista	형 다원론의, 다원성의
pluralizar	타 [문법] 복수형으로 만들다
pluriempleo	남 겸임, 겸직
pluripartidismo	남 다당제

plus	男 수당; 할증 임금
plusmarca	男 [운동] 기록, 최고 기록
plutocracia	女 금권 정치[지배]; 재벌
plutócrata	男女 금권 정치가; 부호
plutocrático, ca	形 금권 정치의
Plutón	男 명왕성
plutonio	男 플루토늄
pluvial	形 비의
pluviómetro	男 우량계
poblacho	男 빈촌, 한촌
población	女 인구; 마을, 촌; 주민
poblado, da	形 (사람이) 살고 있는
	男 촌락
poblador, ra	男女 입식하는 사람
poblamiento	男 입식, 식민
poblar	他 식민하다; 마을을 세우다
	自 마을을 만들다
pobre	形 가난한; [명사 앞에서] 가련한
	男女 가난한 사람
pobremente	副 가난하게; 불쌍하게, 가련하게
pobrería	女 가난한 사람; 인색한 사람
pobrete, ta	形 가련한
	男女 가련한 사람
pobretería	女 가난한 사람; 인색한 사람
pobretón, na	男女 째지게 가난한 사람
pobreza	女 가난, 빈곤
pocilga	女 지저분한 곳; 돼지우리
poción	女 물약, 영약
poco	形 적은
	副 적게, 거의 … 아니다
poda	女 가지치기, 전정(剪定)
podadera	女 전정용의 가위
podar	他 가지를 치다, 전정하다
poder[1]	他 할 수 있다, 해도 된다
poder[2]	男 힘, 능력; 권력

poderío	남 힘, 세력, 권력
poderoso, sa	형 힘있는, 강한
podómetro	남 만보계
podrido, da	형 썩은, 부패한
podrir	타 부패시키다, 썩히다
poema	남 시(詩)
poemario	남 시집
poesía	여 시(詩); 시풍, 시작
poeta	남여 시인
poetastro	남 엉터리 시인
poético, ca	형 시의, 시적인
	여 시학, 시법
poetisa	여 여류 시인
poetizar	타 시로 만들다, 시적으로 표현하다
polaco, ca	형 폴란드의
	남여 폴란드 사람
	남 폴란드 어
polaina	여 각반, 정강이 보호대
polar	형 극지의
polca	여 폴카
polea	여 도르래
polémico, ca	형 논쟁의, 논쟁을 일으키는
	여 논쟁
polemista	남여 논객
polemizar	타 논쟁하다
polen	남 [식물] 꽃가루
policía[1]	남여 경찰관
policía[2]	여 경찰
policiaco, ca	형 경찰의, 탐정의
policíaco, ca	형 경찰의, 탐정의
policial	형 경찰의
policlínica	여 종합 병원
poliéster	남 폴리에스텔
polígono	남 다각형, 다변형
polilla	여 [곤충] 나방

polio	남 소아마비
poliomielitis	여 척수성 소아마비
polis	여 도시 국가, 폴리스
politécnico, ca	형 공예의, 종합 기술의
politicastro	남여 사이비 정치가
político, ca	형 정치의, 정치적인; 인척 관계의
	남여 정치가
	여 정치, 정책
politología	여 정치학
politólogo, ga	남여 정치학자
póliza	여 (보험 등의) 증서; 수입 인지
polla	여 암평아리; 계집아이
pollería	여 닭고기 전문점
pollero, ra	남여 양계가; 닭고기 장수
pollito, ta	남여 병아리; 풋내기, 햇병아리
pollo	남 병아리; 통닭
polluelo	남 병아리
polo	남 (지구의) 극(極)
polución	여 공해, 오염
polvera	여 화장품 상자
polvo	남 먼지; 가루
pólvora	여 화약(火藥)
polvoriento, ta	형 먼지투성이의
polvoriiin	남 화약고
polvos	남복 파우더
pomada	여 포마드; 연고
pomar	남 과수원; 사과 과수원
pomelo	남 포멜로 ((왕귤의 일종))
pompa	남 성대함, 화려함
pómulo	남 광대뼈
ponche	남 펀치
poncho	남 폰초 (몸에 걸치고 다니는 모포)
poner	타 놓다, 넣다; 입히다
ponerse	((재귀)) 입다, 신다, 쓰다, 끼다
poney	남 조랑말

스페인어-한국어 419

poni	남 조랑말
poniente	남 서쪽, 서풍
pontazgo	남 교량 통행세
pontiiifice	남 교황; 고위 성직자
pontón	남 잔교, 배다리, 부교
ponzoña	여 독; 해악
ponzoñoso, sa	형 독이 있는, 유해한
popa	여 선미, 선미루(船尾樓)
popelín	남 포플린
populacho	남 서민, 하층민
popular	형 대중의; 인민의; 인기 있는
popularidad	여 인기, 평판
popularización	여 보급; 풍속화
popularizar	타 보급시키다
populoso, sa	형 인구가 조밀한
poquito, ta	형 아주 작은
	부 아주 작게
por	전 때문에, 동안; 의하여; 통해서
porche	남 현관(玄關)
porcelana	여 도자기
porcentaje	남 백분율, 퍼센티지
porcentual	형 백분율의
porcicultor, ra	남여 양돈가
porcino, na	형 돼지의
	남 새끼 돼지; 돼지
porción	부 부분, 몫
porcuno, na	형 돼지의
porfolio	남 서류 가방
pormenor	남 상세함
porno	형 포르노의. 남 포르노
pornografía	여 포르노, 외설
pornográfico, ca	형 외설의, 포르노의
porque	접 왜냐하면 (…이기 때문에)
porqué	남 이유, 원인, 동기
porquería	여 더러움, 불결함

porqueriza	여 양돈장
porquero, ra	남여 양돈업자
porra	여 곤봉, 막대기; 경찰봉
porrazo	남 (곤봉 등의) 일격; 강타
porta	여 현창, 포문
portaaviones	남단복 항공모함
portacontenedores	남단복 컨테이너선
portada	여 (건물의) 정면; 현관
portador, ra	남여 지참인
portaequipaje	남 자동차의 지붕 위의 짐받이
portaequipajes	남단복 자동차의 지붕 위의 짐받이
portafolio	남 서류 가방
portafolios	남 서류 가방
portal	남 현관
portalámpara	남 (전등의) 소켓
portalámparas	남단복 (전등의) 소켓
portaminas	남단복 샤프펜슬
portamonedas	남 지갑
portaplumas	남단복 펜대
portar	타 휴대하다, 착용하다
portarse	((재귀)) 행동하다
portarretrato	남 사진 액자
portarretratos	남단복 사진 액자
portátil	형 휴대용의
portaviones	남단복 항공모함
portavoz	남여 대변인
porte	남 운송, 운임
portear	타 운반하다, 운송하다
porteador, ra	남여 운송업자; 짐꾼
porteño, ña	형 부에노스아이레스의
	남여 부에노스아이레스 사람
portería	여 골; 관리인 실, 수위실
portero, ra	남여 문지기, 골키퍼; 수위
portazuela	여 (탈것의) 승강구, 문
pórtico	남 주랑 현관(柱廊玄關)

portilla	여 현창(舷窓), 현문(舷門)
portillo	남 쪽문; 작은 출입구
portón	남 큰 문; 현관(의 문)
portorriqueño, ña	형 푸에르토리코의
	남여 푸에르토리코 사람
portuario, ria	형 항구(港口)의
Portugal	남 [나라] 포르투갈
portugués, sa	형 포르투갈의
	남여 포르투갈 사람
	남 포르투갈 어
porvenir	여 미래, 장래
posada	여 여인숙
posaderas	여복 궁둥이, 엉덩이
posadero, ra	남여 여인숙 주인
posar	자 포즈를 취하다
posarse	((재귀)) 침전되다; (새가) 앉다
posdata	여 추신
pose	남 자세, 포즈
poseedor, ra	형 소유하는
	남여 소유자
poseer	타 소유하다
poseído, da	형 열중한; 사로잡힌; 홀린
	남여 악령에 홀린 사람
posesión	여 소유; 소유물
posesional	형 소유의, 점유의
posesionar	타 (누구에게) 양도하다
posesionarse	((재귀)) [+de] (을) 손에 넣다
posesivo, va	형 [문법] 소유의; 독점욕이 심한
posgrado	남 대학원, 대학원 과정
posgraduado, da	형 대학원의
	남여 대학원생
posguerra	여 전후; 제이차 세계 대전 후
posibilidad	여 가능, 가능성
posibilitar	타 가능하게 하다
posible	형 가능한; 있음직한

posiblemente	🔲 가능하게; 어쩌면, 아마
posición	🔲 위치; 지위; 자세; 입장
positivismo	🔲 실리주의, 실증주의, 현실주의
positivista	🔲 실리주의[실증주의, 현실주의]의
positivamente	🔲 적극적으로; 명확히
positivo, va	🔲 긍정적인; 적극적인; 양화의; 양화, 포지티브; [언어] 원급
positrón	🔲 [물리] 양전자
poso	🔲 앙금, 침전물
posparto	🔲 산욕기; 산후 쇠약함
posponer	🔲 연기하다, 뒤에 놓다
posposición	🔲 연기; [언] 후치
postal	🔲 우편의 🔲 엽서, 그림엽서, 우편엽서
postdata	🔲 추신(posdata)
poste	🔲 기둥; 표시; [운동] 골대
postergación	🔲 연기; 경시, 무시
postergar	🔲 연기하다; 경시하다
posteridad	🔲 자손, 후예; 사후의 명성
posterior	🔲 (시간이나 공간의) 뒤의
posterioridad	🔲 [시간적으로] 뒤, 다음
posteriormente	🔲 뒤에, 다음에
postgrado	🔲 대학원, 대학원 과정
postgraduado, da	🔲 대학원의 🔲 대학원생
postimpresionismo	🔲 후기 인상파
postimpresionista	🔲 후기 인상파의 🔲 후기 인상파 화가
postizo, za	🔲 인공의
postre	🔲 디저트, 후식
postrer	🔲 [postrero의 o 탈락형] 최후의
postrero, ra	🔲 최후의
póstumo, ma	🔲 죽은 후의, 사후의
postura	🔲 자세; 태도
posventa	🔲 판매 직후

potable	형 마실 수 있는
potaje	남 (콩 종류가 주인) 스튜
potasio	남 [화학] 칼륨
pote	남 항아리; 철제 냄비
potencia	여 힘, 능력; 권력, 세력; 강대국
potencial	형 잠재적인; [문법] 가능법의
	남 잠재력; [문법] 가능법
potente	형 힘있는, 강력한
potestad	여 권력, 권한
potranca	여 (네 살 미만의) 암 망아지
potro, tra	남여 망아지. 남 [체조] 뜀틀
pozal	남 두레박
pozo	남 샘, 우물; 수직 갱도
práctica	여 실행; 실습, 연습
practicable	형 실현할 수 있는, 실행 가능한
prácticamente	부 실제로
practicante	남여 수련의(修鍊醫)
practicar	타 실행하다; 연습하다
práctico, ca	형 실용적인; 실제적인
	남 도선사, 물길 안내원
pradera	여 목장, 목초지
prado	남 목초지, 초원; 목장
preacuerdo	남 예비 협정
preámbulo	남 머리말, 서언; 전문(前文)
preaviso	남 예고
precario, ria	형 불안정한
precaución	여 예방책
precaver	타 예방하다; 주의[조심]하다
precavido, da	형 신중한, 용의주도한
precedencia	여 우선, 우위, 상위; 우선권
precedente	형 선행의
	남여 전임자. 남 전례, 선례
preceder	자 [+a] (에) 선행하다
precepto	남 계율; 규칙
preceptor, ra	남여 (주로 입주한) 가정교사

precio	남 가격, 값
precioso, sa	형 귀중한, 가치 있는
precipicio	남 절벽, 낭떠러지
precipitación	여 침전; 화급함; 강수량
precipitadamente	부 급히; 경솔히
precipitado, da	형 화급한, 조급한 남 침전물
precipitar	타 침전하다; 재촉하다
precipitarse	((재귀)) 추락하다; 침전되다
precisamente	부 정확히
precisar	타 명확히 하다
precisión	여 정확, 정밀함; 필요성
preciso, sa	형 정확한, 필요한
precontrato	남 선약(先約)
precoz	형 조숙한; 올된
precursor, ra	남여 선구자
predecesor, ra	남여 전임자, 선임자
predecible	형 예언할 수 있는
predecir	타 예언하다
prédica	여 설교; 열변
predicación	여 설교; 전도
predicador, ra	형 설교하는 남여 설교사
predicamento	남 권위, 영향력
predicar	타 설교하다; [문법] 서술하다
predicativo, va	형 [문법] 서술의, 술어의 남 [문법] 술어, 서술 술어
predicción	여 예보
predilección	여 편애, 역성듦
predilecto, ta	형 편[역성]을 드는
predisponer	타 (에게) 영향을 끼치다
predisposición	여 경향; 소질
predispuesto, ta	형 경향이 있는
predominante	형 지배적인, 우세한
predominar	자 우위를 점하다, 지배적이다

predominio	남 우위, 우월함
preelectoral	형 선거 전(選擧前)의
preeminencia	여 상위, 우위
preeminente	형 탁월한, 상위의
preescolar	형 취학 전의
	남 보육원, 유치원
preestreno	남 시사회, 시연(試演)
prefacio	남 머리말, 서문
preferencia	여 편애; 우선권
preferente	형 보다 나은; 우선적인
preferible	형 [+a] (보다) 좋은, 바람직한
preferir	타 [+a] (보다) 좋아하다, 택하다
prefijo, ja	형 [문법[접두어의
	남 [전화] 시외 국법; [문법] 접두어
pregonar	타 외치고 다니면서 팔다
pregonero, ra	남여 외치고 다니면서 파는 사람
pregunta	여 질문; 조회
preguntar	타 묻다, 질문하다; 조회하다
preguntón, na	형 질문하기 좋아하는
	남여 질문하기 좋아하는 사람
prehistoria	여 선사 시대; 선사학
prehistórico, ca	형 유사 이전의
prejuicio	남 선입관, 편견
prelación	여 우선, 우선 순위
preliminar	형 예비의; 예선의
preludio	남 서막, 서장; 서곡
prematrimonial	형 결혼전의, 혼전의
prematuro, ra	형 시기 상조의
premiado, da	형 입상(入賞)한, 수상한
premiar	타 (상을) 수여하다, 표창하다
premio	남 상(賞); 상금; (복권의) 당첨
premisa	여 [논리] 전제; 전제 조건
prenatal	형 출생 전의
prenda	여 옷, 의류; 담보
prender	타 잡다, 체포하다; (불을) 켜다

prendería	여 헌옷 가게; 고물상
prendero, ra	남여 헌옷 장수; 고물 장수
prensa	여 인쇄기; 인쇄; 신문
prensar	타 압축하다, 압착하다
preñado, da	형 수태한, 새끼를 밴; 임신한
preñar	타 임신시키다
preñez	여 수태, 임신; 임신 기간
preocupación	여 걱정
preocupado, da	형 걱정된
preocupante	형 걱정하는
preocupar	타 걱정시키다
preocuparse	((재귀)) 걱정하다
preolímpico	남 올림픽 예선
preoperatorio, ria	형 수술 전의
preparación	여 준비
preparado, da	형 준비된; 숙련된, 정통한
	남 조제약; 조제
preparar	타 준비하다; 예습하다
preparativo	남 준비
preparatorio, ria	형 준비의; 예비의; 예비 교육의
	남 대학 준비 과정
	여 [중미] 고등학교
preposición	여 [문법] 전치사
prepucio	남 포피
presa	여 포획, 포획한 물건; 댐
presagiar	타 (의) 징후를 보이다; 예언하다
presagio	남 전조; 예감
presbicia	여 원시안, 노안
présbita	형 [의학] 노인의
	남여 [의학] 노인
présbite	형남여 [의학] 노인의; 노인
presbiteriano, na	형 [종교] 장로파의
	남여 장로파 신도
prescindir	타 무시하다, 지양하다
prescribir	타 지시하다; 처방하다

	자 시효에 걸리다
prescripción	여 처방; 지시; 시효
presencia	여 존재; 풍채; 전면
presencial	형 (어떤 곳에) 있는
presenciar	타 목격하다; 참가하다
presentación	여 소개; 제출, 제시
presentado, da	형 응모된
presentador, ra	형 (프로그램의) 해설자, 사회자
presentar	타 소개하다; 제출하다
presentarse	((재귀))자신을 소개하다; 응모하다
presente	형 출석한; 현재의
	남 현재
presentimiento	남 예감
presentir	타 예감하다
preservación	여 예방; 보호
preservante	남 자연 환경 보호 관리
preservar	타 예방하다; 보호하다
preservativo, va	형 예방의
	남 예방; 콘돔; 피임 도구
presidencia	여 대통령[의장, 회장]의 직[임기]
presidenciable	형 대통령 입후보의
	남여 대통령 입후보자
presidencialismo	남 대통령제
presidencialista	형 대통령제의
	남여 대통령제 지지자
presidente, ta	남여 대통령; 의장; 회장; 총장
president	남여 까딸루냐 자치주의 정부 수상
presidir	타 (의) 사회를 보다, 의장을 맡다
presión	여 압력; 기압; 혈압
presionar	타 누르다, 압력을 가하다
preso, sa	형 체포된, 붙잡힌
	남여 포로; 죄수
prestación	여 봉사, 원조
prestado, da	형 빌려준, 차용물의
prestador, ra	남여 빌려주는 사람

prestamista	남여 고리 대금 업자
préstamo	남 대부, 대여, 차관
prestar	타 빌려 주다
prestario, ria	남여 차용인
presigiar	타 (의) 명성을 높이다
prestigio	남 위신; 명성
prestigioso, sa	형 명성이 높은, 위신이 있는
presto, ta	형 빠른
presumible	형 추측할 수 있는
presumido, da	형 우쭐대는, 으스대는, 뻐기는
	남여 우쭐대는[으스대는] 사람
presumir	타 추측하다, 추정하다
presunción	여 추측; [법률] 추정
presuntamente	부 추정으로
presuntivamente	부 추측으로, 추정해서
presuntivo, va	형 가정의, 추측의, 추정의
presunto, ta	형 추정의, 용의가 있는
presuntuosamente	부 우쭐해서, 자부해서
presuntuosidad	여 자부심
presuntuoso, sa	형 우쭐한, 으스대는, 허영심 강한
presuponer	타 예상하다
presuposición	여 상정; 전제
presupuestar	타 예산을 세우다, 견적하다
presupuestario, ria	형 예산의
presupuesto	남 예산; 견적; 상정
pretender	타 바라다, 희구하다
pretendido, da	형 자칭의
pretendiente, ta	형 지망하는, 지원하는
	남여 지망자, 지원자
	남 구혼자
pretensión	여 요구, 주장; 목표, 표적
pretérito, ta	형 [문법] 과거의
	남 [문법] 과거, 과거형
pretexto	남 구실, 핑계
prevalecer	타 (보다) 우수하다, 낫다

스페인어-한국어 429

prevaleciente	형 우세한, 지배적인
prevaricación	여 부정, 배임
prevaricar	자 부정 행위를 하다
prevención	여 준비; 예방
prevenido, da	형 준비된
prevenir	타 준비하다; 예방하다
prevenirse	((재귀)) 주의하다; 준비하다
preventivo, va	형 예방의, 방지하는
preventorio	남 결핵 예방 진료소
prever	타 예견하다, 예지하다
previamente	부 미리, 사전에
previo, via	형 사전의, 앞선
previsible	형 예상[예측]할 수 있는
previsión	여 예측, 예보; 예방
previsor, ra	형 선견지명이 있는
	남여 선견지명이 있는 사람
previsto, ta	형 예상된, 미리 준비된
prima	여 프리미엄; 보험료; 수당
prima ballerina	여 프리마 발레리나
primacia	여 우위, 우월함, 수위
prima donna	여 프리마 돈나
primario, ria	형 최초의, 초등의; 주요한
primavera	여 봄
primaveral	형 봄의, 봄 같은
primer	형 [primero의 남성 단수 명사 앞에서 o 탈락형] 첫째의
primeramente	부 첫째로, 최초로, 처음으로
primerizo, za	형 초심자의; 초산의
	남여 초심자, 신출내기
	여 초산부
primero, ra	형 첫째의, 최초의, 제일의
	남여 최초의 사람; 수석
	부 첫째로
primicia	여 햇것, 맏물
primípara	형 초산의. 여 초산부

primitivo, va	형 원시의, 원시적인; 미개의
	남여 미개인, 원시인
primo, ma	남여 사촌
primordial	형 기본적인
primogénito, ta	형 장남의, 장녀의
	남여 장남, 장녀
priiiinceps	형 초판(初版)의
princesa	여 공주, 황녀
principado	남 공국(公國)
principal	형 주요한
principalmente	부 주로, 우선
príncipe	남 왕자, 황태자
principianta	형 신참의, 초심자의
	남여 신참, 초심자
principiante	형 초심자의, 풋내기의
	남여 초심자, 풋내기
principiar	자 시작하다
principio	남 초순; 원칙; 주의; 초보
prioridad	여 선행; 우선, 우선 순위
prioritariamente	부 우선적으로
prioritario, ria	형 우선권을 가진
prisa	여 조급함, 서두름
prisión	여 교도소; 징역
prisionero, ra	남여 포로; 죄수
prisma	여 프리즘; 각기둥
prismático, ca	형 프리즘의, 각기둥의
privacidad	여 프라이버시.
privación	여 박탈; 상실; 결핍
privadamente	부 사적으로, 개인적으로
privado, da	형 사적인, 개인적인
privanza	여 총애
privar	자 [+de] (을) 빼앗다
privaivo, va	형 고유의; 박탈하는
privatización	여 민영화; 민간 불하
privatizar	타 민영화하다

privilegiado, da	형 특권을 받은
	남여 특권을 받은 사람
privilegiar	타 (에게) 특권을 부여하다
privilegio	남 특권, 특전
pro^1	전 (을) 위해
pro^2	남 이점, 이익
proa	여 이물, 뱃머리
probabilidad	여 그럴듯함, 있을법함; 확률
probable	형 그럴듯한, 있을법한
probablemente	부 아마, 어쩌면 (…일지도 모르다)
probado, da	형 증명 필의; 증명된
probador	남 옷 입어보는 방
probar	타 먹어[마셔] 보다, 입어 보다
probarse	((재귀)) 옷을 입어 보다
probeta	여 시험관
problema	남 문제
problemático, ca	형 (해결이) 미심쩍은
	남 문제
procedencia	여 기원, 출신; 출처; 출발지
procedente	형 [+de] (에서) 나온
proceder	자 [+de] 유래하다; 행동하다
	남 행동, 거동, 행동거지
procedimiento	남 수속; 방법
procesado, da	형 고소된, 기소된; 처리된
	남여 피고
procesador	남 처리기; 프로세서, 워드 프로세서
procesal	형 소송의, 소송에 관한
procesamiento	남 기소, 소송; 처리
procesar	타 기소하다, 소송하다
procesión	여 행렬
proceso	남 통과, 과정; 처리; 소송
proclama	여 포고, 공시
proclamación	여 선언, 성명; 공표
proclamar	타 선언하다, 공표하다
proclamarse	((재귀)) 자칭하다

procuración	여 위임장
procurador, ra	남여 검사(檢事); 검찰관
procuraduría	여 검사[검찰관]의 임무
procurar	타 애쓰다, 노력하다
prodigalidad	여 낭비, 허비
prodigar	타 낭비하다, 허비하다
prodigio	남 경이, 경이로움
prodigioso, sa	형 경이적인
pródigo, ga	형 다산의, 다작의
	남여 낭비가
producción	여 생산; 제작
producir	타 생산하다; 제작하다
productividad	여 생산성, 생산력
productivo, va	형 생산적인, 생산력이 있는
producto	남 생산물, 제품, 생산품
productor, ra	남여 생산자, 제조업자
proeza	여 위업, 공훈, 공적
profecía	여 예언 능력; 예언, 신탁
profesar	타 신봉하다, 표명하다
profesión	여 직업; 직업란
profesional	형 직업의; 본직의
	남여 전문가, 프로
profesionalidad	부 직업 의식; 프로 정신
profesionalismo	남 프로 정신
profesionalización	여 프로화(化)
profesionalizar	타 프로로 만들다
profesionalmente	부 직업적으로
profesor, ra	남여 선생, 교사, 교수
profesorado	남 교수단; 교수직, 교직
profeta	남 예언자
profético, ca	형 예언의, 예언자의
profetisa	여 여자 예언자
profetizar	타 예언하다
prófugo, ga	형 도망하는. 남여 도망자
	남 병역 기피자

profundamente	부 깊게, 깊이
profundidad	여 깊이
profundizar	타 깊게 하다
profundo, da	형 깊은; 마음으로부터의
progenitor, ra	남여 선조; 아버지, 어머니
programa	남 프로그램; 계획
programación	여 프로그래밍
programador, ra	남여 프로그래머
programar	타 프로그램을 작성하다
progresar	자 진보하다, 발전하다
progresión	여 진전, 진행; [수학] 급수, 수열
progresismo	남 진보주의
progresista	형 진보주의의, 진보적인
	남여 진보주의자
progresivamente	부 점차, 점진적으로
progresivo, va	형 점진적인, 진전의
progreso	남 진보, 발전, 향상
prohibición	여 금지
prohibido, da	형 금지된
prohibir	타 금하다, 금지하다
prohibitivo, va	형 금지의
prohijar	타 양자로 삼다
prójimo, ma	남여 이웃, 이웃 사람
proletariado	남 노동자 계급
proletario, ria	형 프롤레타리아의
	남여 프롤레타리아, 천민
proliferación	여 [생물] 증식, 번식
proliferar	자 증식하다, 번식하다
proliiiifico, ca	형 다산의, 번식력이 있는
prologar	타 (의) 머리말을 쓰다
prólogo	남 머리말, 서문
prologuista	남여 (남의 작품에) 서문 쓰는 사람
prolongable	형 연장 가능한
prolongación	여 연장; 연장 부분
prolongamiento	남 연장; 연장 부분

prolongar	他 연기하다, 연장하다
prolongarse	((재귀)) 연기되다, 연장되다
promediar	他 (의) 평균을 내다
promedio	男 평균
promesa	女 약속
prometedor, ra	形 유망한, 가망이 있는
prometer	他 약속하다
	自 유망하다
prometido, da	形 약속된; 유망한
	男女 약혼자
prominencia	女 돌기; 걸출
prominente	形 돌출 되어 있는; 걸출한
promisión	女 약속
promisorio, ria	形 장래가 유망한
promoción	女 촉진; 승진, 진급; 동기생
promocionar	他 촉진하다; 승진시키다
promontorio	男 곶, 갑; 둔덕
promotor, ra	形 촉진하는
	男女 발기인, 프로모터, 흥행사
promover	他 촉진시키다; 승진시키다
promulgación	女 공포, 발포
promulgar	他 (법률을) 공포하다, 발포하다
pronombre	男 [문법] 대명사
pronosticar	他 예상하다, 예측하다
pronóstico	男 예측, 예상
prontito	副 즉시, 바로, 곧
prontitud	女 신속, 민첩함
pronto, ta	形 빠른, 민첩한
	男 빨리, 곧, 머지않아
pronunciación	女 발음
pronunciado, da	形 돌출한, 튀어나온
pronunciamiento	男 군부 봉기[쿠데타]; 선고
pronunciar	他 발음하다; 말하다, 술회하다
propagación	女 보급, 전파
propagador, ra	形 전파하는; 선전하는

	남여 선전하는 사람
propaganda	여 선전; 전단, 포스터
propagandista	남여 선전하는 사람
propagandístico, ca	형 선전(宣傳)의
propagar	타 증식[번식]하다; 번식시키다
propagarse	((재귀)) 만연하다, 번지다
propano	남 [화학] 프로판
propender	자 [+a] (의) 경향이 있다
propensión	여 경향, 성벽
propenso, sa	형 경향이 있는
propiamente	부 적절히
propiedad	여 소유물; 소유권, 소유지
propietario, ria	형 소유의, 소유자의
	남여 소유자; 집주인, 지주
propina	여 팁
propio, pia	형 자기 자신의; 고유의
proponer	타 제안하다; 제기하다
proporción	여 비율; 비례
proporcionado, da	형 균형 잡힌; 적절한
proporcional	형 비례의; 균형 잡힌
proporcionalidad	여 균형, 조화
proporcionar	타 조화시키다; 비례시키다
proposición	여 제안, 신청
propósito	남 의도; 목적
propuesta	여 제안
propulsar	타 추진하다
propulsión	여 추진
propulsor, ra	형 추진하는
	남여 추진하는 사람
prórroga	여 연기, 연장; [운동] 연장전
prorrogable	형 연기[연장] 가능한
prorrogar	타 연기하다, 연장하다
prosa	여 산문(散文); 산문체
prosaico	형 평범한; 산문의
prosecución	여 계속, 속행

proseguir	타 계속하다, 속행하다
	자 계속하다
prosista	남여 산문 작가
prosístico, ca	형 산문의, 산문체의
prospección	여 지하 탐사; 채광; 조사
prospectivo, va	형 미래의, 장래의
	여 미래학, 미래 연구
prospecto	남 선전 전단; (사용) 설명서
prosperar	자 번영하다, 번창하다
prosperidad	여 번연, 번창, 호황
próspero, ra	형 번영하는, 번창하는
prostíbulo	남 집창촌
prostitución	여 성매매, 매춘
prostituir	타 성매매를 시키다
	자 성매매를 하다, 몸을 팔다
prostituta	여 성매매 여성, 매춘부
prostituto	남 남창
protagonista	남여 주인공, 주연 배우
protagonizar	타 (의) 주연을 맡다
protección	여 보호, 방지
proteccionismo	남 보호무역주의
proteccionista	형 보호무역주의의
	남여 보호무역주의자
protector, ra	형 보호하는
	남여 보호자, 옹호자
	남 [운동] 안전 장치, 가슴 보호대
protectorado	남 보호령, 보호국
proteger	타 보호하다, 지키다
protegido, da	형 보호된, 보호받은
proteído	남 복합 단백질
proteína	여 단백질
proteiiinico, ca	형 단백질의
protesta	여 항의, 이의
protestante	형 신교의, 개신교의
	남여 신교도, 개신교도

protestantismo	남 신교, 개신교
protestar	타 항의하다, 이의를 제기하다
protesto	남 [법률] 거절 증서
protocolario, ria	형 의례의, 의례적인
protocolo	남 공식 의례; 의견서; 의정서
protón	남 [물리] 양자
protónico, ca	형 [물리] 양자의
protoplasma	남 [생물] 원형질
prototipo	남 원형; 전형; 모범
prototípico, ca	형 전형적인
provecho	남 이익, 이득
provechosamente	부 유익하게
provechoso, sa	형 유익한, 유용한
proveedor, ra	남여 단골 가게 주인
proveer	타 갖추다, 준비하다
provenir	자 [+de] (에서) 나오다, 비롯되다
proverbial	형 속담의, 격언의
proverbio	남 속담, 격언
proverbista	남여 속담 연구가
Proverbios	남복 [성서] 잠언
providencia	여 섭리, 신의(神意)
providencial	형 섭리에 의한; 천우신조의
providenciar	타 조치를 취하다; 조정하다
provincia	여 주, 도; 지방
provincial	형 주의, 도의, 지방의
provincialismo	남 지방 제일주의; 방언
provinciano, na	형 지방의, 시골의
	남여 지방 사람, 시골 사람
provisión	여 저장; 식량
provicional	형 임시의; 일시적인
provisionalmente	부 임시로, 일시적으로
provisto, ta	형 준비된, 갖추어진
provocación	여 도발, 선동
provocador, ra	형 도발하는, 선동하는
	남여 도발자, 선동하는 사람

provocar	탄	도발하다; 부추기다
provocativo, va	형	도발적인; 선정적인
próximamente	문	대충, 대략; 가까이
proximidad	여	근접, 접근; 주변
próximo, ma	형	다음의; 가까운
proyección	여	투영도, 투영법
proyeccionista	남여	영상 기사
proyectar	탄	발사[투영, 계획]하다
proyectil	남	발사체, 탄도 병기
proyectista	남여	디자이너, 설계가, 제도가
proyecto	남	계획, 기획; 초안; 프로젝트
proyector	남	영사기; 탐조등
prudencia	여	신중함; 분별
prudencial	형	분별 있는
prudente	형	신중한; 분별이 있는
prueba	여	증거; 시험; 실험; 교정쇄;
pseudónimo	남	필명, 아호, 펜네임
psicoanálisis	남	정신 분석
psicoanalisista	남여	정신 분석 전문의
psicoanalítico, ca	형	정신 분석의
psicoanalizar	탄	정신 분석을 하다
psicodrama	남	심리극
psicolingüística	여	심리 언어학, 언어 심리학
psicología	여	심리학; 심리
psicológicamente	문	심리학적으로
psicológico, ca	형	심리학의; 심리적인
psicólogo, ga	남여	심리학자
psicópata	남여	정신병 학자[전문의]; 정신병자
psicopatía	여	정신병
psicopatología	여	정신 병리학
psicosis	여	정신병
psicosociología	여	사회 심리학
psicoterapia	여	정신[심리] 요법
psiquiatra	남여	정신과 의사
psiquiatría	여	정신과

púa	여 가시, 바늘, 침; 빗살
púber	형 사춘기의
	남여 사춘기의 소년[소녀]
pubertad	여 (성징이 시작되는) 사춘기
pubiano, na	형 음부의, 치골의
púbico, ca	형 음부의, 치골의
pubis	여 치골(恥骨), 두덩뼈
publicable	형 출판할 수 있는
publicación	여 출판, 발행, 발간
publicador, ra	남여 발행자
públicamente	부 공적으로, 공공연히
publicar	타 출판하다, 발행하다
publicidad	여 광고, 선전
publicista	남여 광고업자; 선전 부원
publicitario, ria	형 선전의, 광고의
	남여 광고업자; 선전부원
público, ca	형 공공의; 공개의
	남여 관중, 관객, 청중; 공중
puchero	남 질냄비
puches	남복 죽
pudendo, da	형 부끄러운, 수치스러운
	남 남경(男莖)
pudin, pudín	남 푸딩
pudor	남 수치, 부끄러움
pudoroso, sa	형 수치심이 있는
pudrición	여 부패
pudrir	타 썩히다, 부패시키다
pudrirse	((재귀)) 썩다, 부패되다
pueblo	남 마을, 읍; 국민, 인민
puente	남 다리, 교량
puerco, ca	남여 [동물] 돼지
	형 더러운, 지저분한
puercoespín	남 [동물] 호저(豪豬)
puericia	여 소년기, 소년 시절
puericultor, ra	남여 육아 전문가; 보모

puericultura	여 육아법
pueril	형 어린애 같은, 유치한
puerilidad	여 어린아이 같음, 유치함
puérpera	여 (갓 출산한) 임산부
puerperal	형 산욕의, 산욕기의
puerperio	남 산욕기
puerro	남 [식물] 부추, 실파
puerta	여 문(門), 게이트
puerto	남 항, 항구
Puerto Rico	남 [나라] 푸에르토리코
puertorriqueño, ña	형 푸에르토리코의 남여 푸에르토리코 사람
pues	접 왜냐하면, 그런데
puesta	여 (천체의) 지는 일
puesta del sol	여 일몰
puesto, ta	형 놓여진 남 장소; 지위, 신분; 노점
púgil	남 권투 선수
pugilato	남 권투; 격렬한 싸움
pugilismo	남 권투, 복싱
pugilista	남여 권투 선수, 복서
pugilístico, ca	형 권투의, 복싱의
pugna	여 싸움, 다툼
pugnar	자 싸우다, 다투다
pujante	형 기세가 좋은
pujanza	여 기세, 세력, 활력
pujar	자 노력하다; 말을 주저하다
pulcritud	여 청결, 깨끗함
pulcro, cra	형 깨끗한, 청결한
pulga	여 벼룩
pulgada	여 인치
pulgar	남 엄지손가락, 엄지발가락
pulgoso, sa	형 벼룩투성이의
pulido, da	형 닦아 놓은; 윤을 낸, 고운
pulidor, ra	남여 연마 전문가

	남 연마기; 연마분
pulimentado, da	형 닦아 놓은, 윤을 낸
pulimentar	타 닦다, 연마하다
pulimento	남 닦기, 연마
pulir	타 닦다, 연마하다
pulmón	남 폐(肺)
pulmonar	형 폐의
pulmonía	여 폐렴
pulmoniaco, ca	형 폐렴의
	남여 폐렴 환자
pulpa	여 펄프
pulpo	남 문어, 낙지
pulque	남 뿔께 (용설란 술)
pulsación	여 맥박, 고동; 키 누름
pulsador	남 누름단추, 스위치
pulsar	타 누르다; 맥박을 재다
	자 맥을 두드리다, 맥이 뛰다
pulsear	자 팔씨름을 하다
pulsera	여 팔찌
pulsímetro	남 맥박계
pulso	남 맥; 맥박
pulsómetro	남 맥박계
pulverización	여 가루로 만듦; 분무 가루
pulverizador	남 분무기, 스프레이
pulverizar	타 가루로 만들다
pum	감 펑!, 꽝!
puma	남 [동물] 퓨마
pundonor	남 자존심, 긍지
pundonoroso, sa	형 자존심이 있는
	남여 자존심이 있는 사람
punitivo, va	형 처벌의
punta	여 끝; 끝이 뾰족한 것
puntada	여 바늘땀
puntal	남 갑판까지의 높이
puntapié	남 발로 걷어차기

punteado	남 점묘; 점선; 손톱 끝으로 타기
puntear	타 (에) 점을 찍다; 점검하다
punteo	남 점묘; 손톱 끝으로 타기
puntería	여 겨냥, 조준, 조준법
puntero, ra	형 수위의; 겨냥이 확실한
	남 (흑판 등에 가리키는) 막대기
puntiagudo, da	형 끝이 뾰족한, 날카로운
puntilla	여 레이스
puntillazo	남 [투우] 숨통을 끊음; 결정타
puntillismo	남 [미술] 점묘 화법
puntillista	형 점묘 화법의
	남여 점묘 화법 화가
punto	남 점; 지점; 마침표; 득점
puntuación	여 구두점; 성적; 득점
puntual	형 시간을 잘 지키는
puntualidad	여 시간 엄수; 면밀함
puntualización	여 명확한 설명, 명확화
puntualizar	타 명확히 하다
puntualmente	부 시간을 지켜; 면밀히
puntuar	타 구두점을 찍다; 채점하다
punzada	여 찌르는 듯한 고통; 자상(刺傷)
punzante	형 (통증이) 찌르는 듯한; 예리한
punzar	타 따끔하게 찌르다[쏘다]
punzón	남 송곳, 끌
puñada	여 구타, 주먹질
puñado	남 한 움큼, 한 손 가득
puñal	남 단도, 비수
puñalada	여 (단검 등으로) 찔림; 자상
puñetazo	남 구타, 주먹질
puño	남 주먹; 커프스
pupila	여 눈동자
pupitre	남 책상
puramente	부 순수하게
puré	남 짙은 수프
pureza	여 순수함; 순결

스페인어-한국어 443

purgar	타 깨끗이 하다, 청정하게 하다
purgativo	남 하제(下劑)
purgatorio	남 연옥(煉獄)
purificación	여 정화, 청정, 정련
purificador, ra	형 맑게 하는; 정화[정련]하는
	남 정화 장치, 정화조; 정수기
purificar	타 정화하다; 깨끗이 하다
purismo	남 순수주의; [언어] 순정주의
purista	형 순수주의의, 순정주의의
	남여 순수주의자, 순정주의자
puritanismo	남 청교도주의; 엄격주의
puritano, na	형 청교도의. 남여 청교도
puro, ra	형 순수한; 청순한
	남 여송연
púrpura	여 자줏빛
purpurado	남 추기경
purpúreo, a	형 자줏빛의
purulencia	여 화농(化膿)
purulento, ta	형 화농된
pus	남 [의학] 고름
puta	여 성매매 여성, 창녀
putear	자 성매매를 하다, 몸을 팔다
puto	남 남창
putrefacción	여 부패
putrefacto, ta	형 부패한, 썩은
pútrido, da	형 썩은, 부패한
puyar	타 찌르다, 쑤시다

Q

que	접 …라는 것을
	대 [관계 대명사] …하는
qué	대 [의문대명사] 무엇
	형 [의문형용사] 무슨
	부 [감탄문에서] 얼마나
quebradizo, za	형 깨지기 쉬운; 파산된
quebrado, da	형 부서진, 깨진; 파산된
	남여 파산자
	남 파산; [수학] 분수(分數)
quebradura	여 균열; 갈라진 금[틈]
quebramiento	남 침해, 위반
quebrantar	타 침해하다; 파괴하다
quebrantarse	((재귀)) 침해되다; 파괴되다
quebranto	남 손실, 손해; 쇠약함; 침해
quebrar	타 파산하다, 도산하다
queche	남 쌍 돛대 범선
quechua	남 께추아 어(페루의 공용어의 하나)
queda	여 소등 시간; 야간 외출 금지
quedar	자 남다, 있다, 체류하다
quedarse	((재귀)) 있다, 머물다
quehacer	남 용건, 볼일; 일; 가사
queja	여 불평
quejarse	((재귀)) 불평하다
quema	여 소각; 화재
quemadero	남 소각장
quemado, da	형 탄, 타버린; 그을은
quemadura	여 화상(火傷)
quemar	타 태우다, 굽다; 애태우다

스페인어-한국어 445

quemarse	((재귀)) 화상을 입다
quepis	男 군모(軍帽)
querella	女 고소; 싸움
querellado, da	男女 피고
querellante	形 고소하는
	男女 고소인; 원고, 원고측
querencia	女 (동물의) 귀소 본능; 집, 고향
querer	他 원하다, 바라다; 사랑하다;
	[+*inf.*] …하고 싶다, 하기를 바라다
querido, da	形 사랑하는, 친애하는
	男女 애인
quesería	女 치즈 공장[가게]
quesero, ra	形 치즈의, 치즈를 좋아하는
	男女 치즈 제조업자[장수]
quesito	男 삼각형 치즈
queso	男 치즈
quetzal	男 [조류] 껫살 (과테말라의 국조); 껫살 (과테말라의 화폐 단위)
quichua	男 끼추아 말 ((에콰도르에서 사용하는 원주민의 말))
quid	男 요점, 핵심; 난점
quiebra	女 파산, 도산
quien	代 [관계대명사] …하는 (사람)
quién	代 [의문대명사] 누구
quienquiera	代 [관계대명사] 누구나
quieto, ta	形 조용한, 평온한; 움직이지 않은
quietud	女 조용함, 평온함; 움직이지 않음
quijada	女 [해부] 턱뼈
quijote	男 돈 끼호떼 같은 사람
quijotesco, ca	形 돈 끼호떼 같은, 비현실적인
quijotismo	男 돈 끼호떼 같은 성격[언동]
quilate	男 캐럿
quilla	女 용골(龍骨)
quilo	男 킬로(kilo)
quilogramo	男 킬로그램

quilómetro	남 킬로미터
quilovatio	남 킬로와트
quimera	여 망상, 환상
quimérico, ca	형 망상적인, 환상적인
químico, ca	형 화학의
	남여 화학자. 여 화학
quina	여 [식물] 키나, 기나수
quince	형 15의; 열다섯 번째의
	남 15
quinceañero, ra	형 틴에이저의
	남여 틴에이저
quinceavo, va	형 5분의 1의
	남 5분의 1
quincena	여 15일, 보름
quincuagenario, ria	형 50대의; 50을 단위로 하는
	남여 50대
quiniela	여 끼니엘라 스포츠 복권
quinientos, tas	형 500의; 500번째의
	남 500
quinina	여 [약학] 키니네
quinquenal	형 5년의, 5년간의
quinquenio	남 5년간
quinta	여 별장
quintal	남 [무게의 단위] 킨탈 (100파운드)
quinteto	남 오중주(단), 오중창(단)
quinto, ta	형 다섯 번째의; 5분의 1의
	남 5분의 1
quintuple	형 5배의. 남 5배
quintuplicar	타 다섯 배하다, 5배하다
quíntuplo, pla	형 5배의
	남 다섯 배, 5배
quinzavo, va	형 15분의 1의
	남 15분의 1
quiosco	남 키오스크, 매점; (공원의) 정자
qujiosquero, ra	남여 키오스크의 주인[점원]

스페인어-한국어 447

quiquiriquí	냄 꼬끼요 (수탉 우는 소리)
quiroprático, ca	형 척주 교정사, 지압 요법사
	여 [의학] 척주 교정, 지압 요법
quirúrgico, ca	형 외과의
quisicosa	여 수수께끼
quiste	남 낭종(囊腫)
quita	여 (차용금 상환의) 일부 면제
quitanieves	남단복 제설기, 제설차
quitar	타 빼앗다, 제거하다; 벗기다
quitarse	((재귀)) (옷 등을) 벗다
quitasol	남 파라솔, 양산
quite	남 방해, 훼방
quiteño, na	형 끼또(Quito)의
	남여 끼또 사람
Quito	[지명] 끼또 ((에콰도르의 수도))
quizá	부 아마, 혹시 …일지 모르다
quizás	부 아마, 혹시 …일지 모르다
quórum	남 정족수

R

rabanal	남 무 밭
rábano	남 [식물] 무(nabo)
rabia	여 노함; 광견병
rabiar	타 격노하다; 공수병에 걸리다
rabicorto, ta	형 꼬리가 짧은
rabioso, sa	형 격노한, 격분한; 광견병에 걸린
rabo	남 (동물의) 꼬리
rabón, na	형 꼬리가 없는[짧은]
racha	여 돌풍
racial	형 인종(raza)의
rácimo	남 [식물] 송이
ración	여 배급량; 1인분
racional	형 합리적인; 이성적인
racionalidad	여 합리성
racionalmente	부 이성적으로; 합리적으로
racionalismo	남 합리주의; 이성론
racionalista	형 합리주의적인
	남여 합리주의자
racionalización	여 합리화
racionalizar	타 합리화하다
racionamiento	남 배급, 배급제도
racionar	타 배분하다, 배급하다
racionista	형 인종 차별의
	남여 인종 차별주의
racismo	남 인종주의; 인종 차별
radar	남 레이더
radiación	여 [물리] 방사, 방사선, 복사
radiactividad	여 방사능

radiactivo, va	형	방사성의
radiador	남	라디에이터
radial	형	방사상의; 반경의
radiante	형	방사의, 복사의; 빛나는
radiar	타	방사하다; 방송하다
radicación	여	정착, 정주
radical	형	근본적인; 급진적인
	남여	급진주의자, 과격파
	남	[화학] 기; [수학] 근호
radicalismo	남	급진주의, 과격파
radicalización	여	급진화
radicalizar	타	급진적으로 만들다
	자	과격하게 되다
radicalmente	부	근본적으로; 급진적으로
radicar	자	뿌리내리다; 유래하다
radio	여	라디오 (수신기, 방송, 방송국)
	남	라듐; 반경
	남여	무선 통신사
radioactividad	여	방사능
radioactivo, va	형	방사능의
radioaficionado, da	남여	아마추어 무선사
radiocasete	남	라디오 카세트
radiocomunicación	남여	라디오 통신
radiodiagnóstico	남	방사선 진단
radriodifundir	타	라디오 방송하다
radiodifusión	여	라디오 방송
radiodifusora	여	라디오 방송국
radioescucha	남여	라디오 청취자
radiofónico, ca	형	라디오 방송의
radiofrecuencia	여	라디오 방송 주파수
radiografía	여	방사선 (투과) 사진
radiografiar	타	방사선 사진을 찍다
radiográfico, ca	형	방사선 사진(술)의
radiograma	남	무선 전보
radioisótopo	남	방사성 동위원소

radiolocutor, ra	남여 라디오 아나운서
radiología	여 방사선과, 방사선 의학
radiológico, ca	형 방사선 의학의
radiólogo, ga	남여 방사선과 의사
radiometría	여 방사 측정
radiómetro	남 방사계
radionovela	여 연속 드라마 소설
radiorreceptor	남 라디오 수신기
radioscopia	여 방사선 투시
radioscópico, ca	형 방사선 투시의
radiotaxi	남 무선 택시
radiotecnia	여 무선 공학
radiotécnico, ca	형 무선 공학의
radiotelecomunicación	여 무선 통신
radiotelefonía	여 무선 전화
radiotelefónico, ca	형 무선 전화의
radioteléfono	남 무선 전화기
radiotelegrafía	여 무선 통신
radiotelegráfico, ca	형 무선 통신의
radiotelegrafista	남여 무선 통신사
radiotelégrafo	남 무선 전신기
radiotelegrama	남 무선 전보
radiotelescopio	남 전파 망원경
radiotelevisar	타 [라디오, 텔레비전] 방송하다
radiotelevisión	여 라디오와 텔레비전 방송
radioterapia	여 방사선 요법
radiotransmisor	남 무선 송신기
radioyente	남여 라디오 청취자
radios	남복 (자전거의) 살
radón	남 [화학] 라돈
raer	타 깎다, 문질러 닳게 하다
ráfaga	여 돌풍; 섬광
raid	남 급습
raído, da	형 닳은, 사용하여 낡은
rail, raíl	남 레일

raíz	여 뿌리; [수학] 근; [언어] 어근
raja	여 틈, 갈라진 금, 균열
rajadura	여 갈라진 금, 균열
rajar	타 빠개다, 쪼개다
	자 허풍을 떨다, 거짓말을 하다
rajarse	((재귀)) 금이 가다, 쪼개지다
ralladura	여 강판으로 간 것
rallar	타 (강판에) 갈다
rama	여 (나무의) 가지; 분파; 지점
ramadán	남 [이슬람교] 라마단
ramal	남 분기선; (철도의) 지선; 샛길
ramera	여 성매매 여성, 매춘부
ramificación	여 분기, 가지자르기
ramificarse	((재귀)) 가지로 갈라지다
ramilla	여 작은 가지
ramillete	남 꽃다발
ramilletero, ra	남여 꽃다발 장수
	남 꽃병, 화분
ramito	남 작은 꽃다발
ramo	남 작은 가지, 분지(分枝); 꽃다발
rana	여 [동물] 개구리
ranchero, ra	남여 [군사] 취사 담당; 밴, 왜건
rancho	남 [군사] 식사, 급식; 농장
rancio, cia	형 불쾌한 냄새[맛]이 나는
rango	남 지위, 신분, 계급
ranking	남 [운동] 랭킹
ranura	여 (자동 판매기의) 동전 투입구
rapacidad	여 도벽; 탐욕
rapador, ra	형 (동물의) 털을 깎는
	남여 (동물의) 털을 깎는 사람.
rapadura	여 수염 깎는 일; 빡빡 깎은 머리
rapar	타 수염을 깎다; 빡빡 깎다
rapaz[1]	형 맹금류의; 도벽이 있는
	여 맹금류
rapaz[2], za	남여 어린이; 소년, 소녀

rape	냄 [어류] 아귀
rapé	남 코담배
rápidamente	부 속히, 빨리, 급히
rapidez	여 신속함
rápido, da	형 빠른
	부 속히, 빨리, 급히
	남 급행 열차
rapiña	여 약탈, 강탈
rapiñar	타 약탈[강탈]하다, 훔치다
rapsoda	여 서사시인
rapsodia	여 광시곡, 랩소디
raptar	타 유괴하다; 약탈[강탈]하다
rapto	남 (여성의) 유괴; 강탈, 약탈
raptor, ra	남여 유괴
raqueta	여 라켓
raquialgia	여 [의학] 척주 통증
raquídeo, a	형 척추의
raquis	남 [의학] 척추
raquítico, ca	형 척추의
raquitis	여 [의학] 곱사병
raquitismo	여 곱사병
raquitismo	남 구루병
raquitomía	여 척추 수술
raquitomo	남 척추 절개 기구
raramente	부 드문드문, 드물게
rarefacción	여 희소화, 희박하게 함
rareza	여 희소성; 진품
raro, ra	형 드문, 희귀한
rascacielos	남 마천루
rascador	남 효자손, 등 긁는 기구
rascadura	여 긁기, 할퀴기; 할퀸 자국
rascar	타 긁다, 할퀴다
rascón	남 [조류] 흰눈썹뜸부기
rasgado, da	형 (눈이나 입이) 옆으로 긴
rasgadura	여 찢기; 갈라진 데[곳], 금

스페인어-한국어 453

rasgar	타 (종이 등을) 찢다
rasgo	남 용모, 이목구비; 필적
rasgón	남 (천 등의) 갈라진 금[데]
rasgueado	남 (기타 등을) 손톱으로 타기
rasguear	타 (기타 등을) 손톱으로 켜다
rasgueo	남 (기타 등을) 손톱으로 타기
rasguñar	타 긁다, 할퀴다
rasguñarse	((재귀)) 할퀸 상처를 입다
rasguño	남 할퀸 상처, 찰과상
raso, sa	형 매끄러운; 반반한; 개인, 맑은
raspado	남 갉아내기, 깎아내기
raspadura	여 찰과상
raspar	타 갉아내다, 깎아내다
rastra	여 자국, 흔적; 써래
rastreador, ra	형 추적하는, 수색하는
rastrear	타 (누구의) 뒤를 밟다; 추적하다
rastreo	남 물밑 탐색; 저인망 어업
rastrero, ra	형 기는; 붙어서 기어가는
rastrillar	타 갈퀴로 긁어모으다
rastrillo	남 갈퀴
rastro	남 자국, 흔적
Rastro, el	남 (마드리드의) 벼룩시장
rastrojera	여 그루터기만 남은 밭
rastrojo	남 그루터기
rasura	여 수염깎기
rasurador	남 [중남미] 전기 면도기
rasuradora	여 [멕시코] 전기 면도기
rasurar	타 (의) 수염을 깎다
rasurarse	((재귀)) 자신의 수염을 깎다
rata	여 [동물] 쥐
ratero, ra	남여 소매치기
raticida	남 쥐약
ratificación	여 비준, 비준서
ratificar	타 비준하다, 인증하다
ratio	남 비율

rato	남 잠깐, 짧은 시간
ratón	남 생쥐; 마우스
ratonero, ra	형 쥐의
	여 쥐덫; 쥐구멍
raudal	남 급류, 분류; 대량
raya^1	여 [어류] 가오리
raya^2	여 가르마
rayado, da	형 줄을 친, 선을 그은
rayar	타 (에) 선[줄]을 긋다
rayo	남 광선; 번개, 벼락
rayón	남 인견, 레이온
raza	여 인종; 민족; 혈통
razón	여 이성; 이유; 도리
razonable	형 도리에 맞는, 합당한
razonablemente	부 합리적으로, 사리에 맞게
razonamiento	남 논법, 추론; 도리
razonar	타 추론하다, 논리적으로 생각하다
razonarse	((재귀)) (계산 등을) 맞추다
re	남 [음악] 라 음(音), 라 조(調)
rabastecer	타 [+de] (무엇을 어디에) 보급하다
reabrir	타 재개하다
reabrirse	((재귀)) 재개되다
reacción	여 반응; 반동, 반발
reaccionar	자 반응하다; 반발하다
reaccionario, ria	형 반동적인
	남여 반동 분자
reacondicionar	타 수리하다, 개선하다
reactancia	여 [전기] 유도[감응] 저항
reactivación	여 (경기 등의) 회복
reactivar	타 다시 활발하게 하다
reactivo, va	형 반응하는; 반작용적인
	남 시약, 반응체
reactor	남 원자로; 제트기
readaptación	여 재적응, 재훈련, 복귀
readaptar	타 다시 적응시키다

readaptarse	((재귀)) 다시 적응하다
readmisión	여 복학, 재고용, 재입학
readmitir	타 복귀시키다; 복학시키다
readquirir	타 되찾다, 회복하다
reafirmar	타 재확인하다
reagrupación	여 재편성
reagrupar	타 재편성하다
reajustar	타 재조정하다, 재수정하다
reajuste	남 조정, 재조정, 개정, 개조
real	형 실제의, 현실의; 왕의, 왕립의
realce	남 강조; 중요성; 돋을새김 (세공)
realeza	여 왕권; 호화스러움; 왕가
realidad	여 현실, 진실
realismo	남 사실주의, 리얼리즘
realista	형 현실주의의, 사실파의
	남여 현실주의자; 사실주의 예술가
realizable	형 실현할 수 있는
realización	여 실현, 현실화; 실재성
realizador, ra	남여 [영화] 감독; [TV] 프로듀서
realizar	타 실현하다, 실행하다; 환금하다
realmente	부 사실로, 현실적으로; 실은
realquilado, da	형 다시 빌린
	남여 다시 빌린 사람
realquilar	타 빌린 것을 다시 빌려 주다
realzar	타 뛰어나게 하다, 강조하다
reanimación	여 소생
reanimar	타 활기를 주다, 원기를 돋우다
reanudación	여 재개
reanudar	타 재개하다
reaparecer	자 다시 나타나다, 재현하다
reaparición	여 재현, 재발
reapertura	여 재개
rearmar	타 재무장시키다
rearme	남 재무장; 군비 강화
reasegurador, ra	남여 재보험자

reasegurar	타 재보험을 들다
reaseguro	남 재보험
reasumir	타 다시 떠맡다, 인수하다
rebaja	여 할인; 바겐세일
rebajado, da	형 할인된; 폄하된
rebajar	타 낮게 하다, 내리다
rebanada	여 길쭉한 조각
rebañar	타 남김없이 먹다
rebaño	남 떼, 무리
rebasar	타 (한도 등을) 넘다, 초과하다
rebatiña	여 쟁탈전, 싸움
rebatibloe	형 반박[반론]할 수 있는
rebatimiento	남 반박, 반론
rebatir	타 반박하다, 반론하다
rebato	남 경종, 경보; 기습, 급습
rebeca	여 카디건
rebeco	남 [동물] 영양
rebelarse	((재귀)) 반란을 일으키다
rebelde	남 반도(叛徒), 반란자
rebeldía	여 반역, 반항; 궐석, 결석
rebelión	여 반란, 반역, 모반
reblandecer	타 부드럽게 하다
reblandecimiento	남 부드럽게 하기, 연화
reborde	남 가장자리
rebosadero	남 (넘치는 물의) 배수구
rebosante	형 가득 차서 넘치는
rebosar	자 (액체 등이) 넘치다
rebotar	자 튀겨 돌아오다; (반동으로) 튀다
rebote	남 되 튀김; 튀겨 돌아옴
reboteador, ra	남여 리바운드 볼을 능숙하게 다루는 선수
rebotear	자 리바운드 볼을 잡다
rebozar	타 밀가루를 묻혀 기름에 튀기다
rebozo	남 구실, 핑계
rebrincar	자 (기뻐서) 껑충껑충 뛰다

스페인어-한국어 457

rebrotar	자 다시 싹이 나오다
rebullir	자 꿈틀거리다, 꿈실거리다
rebusca	여 수색, 탐색
rebuscar	타 탐색하다; 뒤지다, 찾다
rebusque	남 [남미] 아르바이트, 파트 타임
rebuznar	자 (나귀가) 울다
rebuzno	남 나귀의 울음소리
recabar	타 구하다, 획득하다; 요구하다
recabadero, ra	남여 심부름꾼, 사자(使者)
recado	남 전언, 쪽지; 안부
recaer	자 다시 떨어지다; 재발하다
recaída	여 (병 등의) 재발
recalcar	타 조이다, 짓누르다
recalentador	남 과열기
recalentamiento	남 과열; 다시 데우기
recalentar	타 과열시키다; 다시 데우다
recamado	남 자수(刺繡)
recamar	타 자수하다, 수놓다
recámara	여 (총의) 약실; [중미] 침실
recambiar	타 바꾸다, 교환하다
recambio	남 교체, 대체; 예비 부품
recapacitar	타자 (심사) 숙고하다
recapitulación	여 요점의 반복; 요약
recapitular	타 요점을 되풀이하다; 요약하다
recarga	여 다시 짐 싣기; 재장천, 재충전
recargable	형 재충전할 수 있는
recargado, da	형 더덕더덕 장식한
recargar	타 다시 짐을 싣다; 채워 넣다
recargo	남 추가 짐 싣기; 추가 요금
recatado, da	형 신중한
recatar	타 숨기다, 감추다
recato	남 신중함; 정숙함, 단아함.
recauchar	타 고무를 씌워 재생하다
recauchutado	남 타이어 재생
recauchutar	타 고무를 씌워 재생하다

recaudación	여 수금, 징수, 징수액, 수입(액)
recaudador, ra	형 수금의, 징수의
recaudar	타 수금하다, 징수하다
recelar	타 의심하다
recelo	남 의심, 의혹
receloso, sa	형 의심이 많은
recensión	여 평론, 서평
recepción	여 접수, 수령; 접수처, 프런트
recepcionista	남여 접수처 직원, 접수원
receptáculo	남 그릇, 용기; 피난처
receptividad	여 수용성, 이해력
receptivo, va	형 받아들이는; 감수성이 강한
receptor	남 리시버, 수신기, 수상기
recesión	여 불경기; 후퇴
recesivo, va	형 불황의, 불경기의
receta	여 조리법, 요리법; 처방
recetar	타 (약을) 처방하다
recetario	남여 처방, 방법
rechace	남 [축구] 리바운드
rechazar	타 거절하다, 각하하다
rechazo	타 거절; [의학] 거부 반응
rechifla	여 (항의나 불만 표시의) 야유
rechiflar	자타 (에게) 야유하다
rechinar	자 삐걱거리다; 불평을 말하다
rechoncho, cha	형 땅딸막한
recibí	남 영수필(領收畢)
recibidor	남 대합실, 로비, 현관 홀
recibimiento	남 응접, 면접; 접대
recibir	타 받다; 영수하다; 수신하다
recibo	남 영수증
reciclable	형 재생할 수 있는
reciclado	남 재생 처리; 재교육
recilaje	남 재생 처리; 재교육
reciclamiento	남 재생 처리; 재교육
recién	형 [과거분사 앞에서 - temente

	탈락형] 최근의, 갓
reciente	형 최근의
recientemente	부 최근, 요즈음
recinto	남 구내, 경내, 회장(會場)
recio, cia	형 옹골찬, 늠름한; 두꺼운
recipiendario, ria	남여 신입 회원
recipiente	남 그릇, 용기
reciprocidad	여 상호성; 호혜주의
recíproco, ca	형 상호의, 서로의
recirculación	여 (자본 등의) 순환 사용
recitación	여 낭송, 암송
recitado	남 낭송, 암송
recital	남 리사이틀, 독창회, 독주회
recitar	타 낭송하다, 암송하다
recitativo	남 [음악] 서창
reclamación	여 요구, 청구; 주장
reclamar	타 요구하다, 청구하다
	자 항의하다
reclame	남(여) 광고
reclamo	남 미끼 새, 후림 새
reclinar	타 기대어 놓다
reclinarse	((재귀)) 기대다
reclinatorio	남 기도하는 대; 소파
recluir	타 가두다, 감금하다
recluirse	((재귀)) 들어박히다
reclusión	여 감금, 유폐; 은둔
recluso, sa	남여 감금된[유폐된] 사람; 죄수
recluta	남여 신병, 보충병
reclutamiento	남 징모, 징병
reclutar	타 징모하다, 징병하다
recobrar	타 받다, 회복하다
recobro	남 회복
recocer	타 다시 삶다[끓이다]; 너무 굽다
recodo	남 (강이나 길의) 굽이
recogebalones	남단복 [축구] 볼 보이

recogebasuras	남단복 쓰레기 청소차
recogedor	남 쓰레받기
recogepelotas	남여 [테니스] 공 줍는 소년[소녀]
recoger	타 줍다, 주워 모으다
recogerse	((재귀)) (자신의 옷을) 걷어올리다
recogido, da	형 앞이 막힌; 은퇴한; 줄인
	여 수집; 수확
recogimiento	남 (부드러운 물건의) 작은 더미
recolección	여 수확, 수집; 수확물
recolectar	타 수확하다; 모으다
recolecto, ta	형 외진; 인기가 없는
recolector, ra	형 수확하는, 모으는
	남여 수확[모금]하는 사람
recombinación	여 유전자 재편
recomendable	형 추천할 만한
recomendación	여 추천; 권고
recomendado, da	형 추천된
	남여 추천된 사람
recomendar	타 추천하다; 권하다
recomenzar	타자 다시 시작하다, 재개하다
recompensa	여 포상; 보복, 응보, 벌
recompensar	타 보답하다, 갚다; 포상하다
recomponer	타 수선하다, 수리하다
recompra	여 (판 것을) 되사기
reconcentrado, da	형 정신을 집중한; 내향적
reconcentrar	타 집중하다; 농축하다
reconciliación	여 화해; 교회 복귀
reconciliar	타 화해시키다
reconciliarse	((재귀)) 화해하다
reconcomer	타 불쾌하게 하다
reconcomerse	((재귀)) 번민하다, 괴로워하다
reconcomio	남 집요한 욕구, 열망
reconducción	여 갱신
reconducir	타 (대차 계약을) 갱신하다
reconfirmación	여 예약의 재확인

reconfirmar	타 (예약을) 재확인하다
reconfortante	형 기운을 북돋우는
reconfortar	타 기운[힘]을 북돋우다
reconocer	타 인식하다, 식별하다; 인정하다
reconocible	형 식별할 수 있는
reconocido, da	형 감사하고 있는, 고마워하는
reconocimiento	남 식별; 승인; 검사; 감사
reconquista	여 재정복
Reconquista, la	여 국토 회복 운동
reconquistar	타 재정복하다
reconsiderar	타 재고하다, 다시 생각하다
reconstitución	여 재구성; [의학] 재생
reconstituir	타 재구성하다; [의학] 재생시키다
reconstituyente	남 강장제
reconstrucción	여 재건, 부흥
reconstruir	타 재건하다, 부흥하다
recontar	타 다시 세다[계산하다]
reconvención	여 비난, 책망
reconvenir	타 비난하다, 책망하다
reconversión	여 재편성
reconvertir	타 (산업 등을) 재편성하다
recopa	여 챔피언 대회
recopilación	여 수집; 편집
recopilador, ra	남여 수집[편집, 편저]하는 사람
recopilar	타 수집하다; 편집하다, 편저하다
récord	남 기록, 신기록
recordar	타 기억하다
recordatorio, ria	형 생각해내는, 주의를 환기시키는 남 통지, 통고
recorrer	타 돌아다니다; 쏘다니다
recorrido	남 노선; [골프] 라운드
recortable	형 오려낸 그림
recortar	타 자르다, 베다, 깎다
recorte	남 잘라내기, 오려내기, 스크랩
recosar	타 다시 꿰매다

recostar	타 기대다, 기대어 놓다
recostarse	((재귀)) 기대다
recoveco	남 (길 등의) 꺾어진 곳
recreación	여 오락, 레크리에이션
recrear	타 재창조하다; 즐겁게 하다
recrearse	((재귀)) 즐기다
recreativo, va	형 오락의, 기분 전환의
recreo	남 오락, 레크리에이션
recría	여 사육
recriminación	여 비난
recriminar	타 비난하다
recristalización	여 재결정
recrudecer	타 악화시키다
recrudecerse	((재귀)) 악화되다
recrudecimiento	남 다시 악화됨; 악화
recta	여 [수학] 직선; [운동] 직선 코스
rectal	형 직장(直腸)의
rectamente	부 똑바로, 곧장
rectangular	형 직사각형의
rectángulo, la	형 직각의
	남 직사각형
rectificable	형 정정할 수 있는
rectificación	여 정정; [화학] [전기] 정류
rectificador	남 [전기] 정류기
rectificar	타 개정[교정]하다; 바르게 하다
rectilíneo, a	형 직선의; (성격이) 곧은
rectitud	여 곧음; 정직함
recto, ta	형 곧은, 직선의; 공정한
rector, ra	형 지도적인, 지배적인
	남여 (대학의) 학장
rectorado	남 학장직[임기, 실]
rectoral	형 학장의
	여 사제관
rectoría	여 사제관; 학장직
recuadro	남 사각 테두리; 박스 기사

recubrimiento	남 덮기, 바르기; 피복
recubrir	타 (얇은 층으로) 전체를 덮다
recuento	남 다시 세기[계산하기]
recuerdo	남 기억; 기념품. 복 안부
reculada	여 후퇴; 양보
recular	자 후퇴하다; 양보하다
recuperable	형 회복할 수 있는
recuperación	여 회복; 복구
recuperar	타 회복하다
recuperarse	((재귀)) 회복되다
recurrente	형 재현하는; 반복해서 발생하는 남여 [법률] 상소인
recurrir	타 의뢰하다; 상소[상고]하다
recursivo, va	형 재능이 있는
recurso	남 수단, 방책; 상고; 복 자원, 자력
recusación	여 거부; [법률] 기피 (신청)
recusar	타 거부하다; [법률] 기피하다
red	여 그물, 망; 네트워크
redacción	여 편집; 편집부
redactar	타 편집하다; 작성하다
redactor, ra	남여 작성자; 편집자; 편집부원
redada	여 그물 던지기; 일제 단속
redaño	남 [해부] 장간막
redecilla	여 머리그물, 헤어네트
redecir	타 다시 말하다; 확인하다
redención	여 구속(救贖), 구원(救援)
Redentor, el	남 구세주, 그리스도
redentor, ra	형 구제의; [의학] 속죄의
redescubir	타 재발견하다
redescuento	남 재할인
redil	남 양 우리
rediseñar	타 구출하다; 구제하다
redistribuir	타 재분배하다
rédito	남 이자; 수익
redituar	타 (이자를) 낳다; (이익을) 올리다

redoblado, da	〖형〗 늠름한; 힘찬
redoblamiento	〖남〗 강화; 격화
redoblar	〖타〗 강화하다; 여러 겹으로 접다
redoble	〖남〗 강화
redoma	〖여〗 [화학] 증류기
redonda	〖여〗 로마체; [음악] 전음부
redondamente	〖부〗 단호히, 딱 잘라
redondeado, da	〖형〗 둥그런
redondear	〖타〗 둥글게 하다
redondearse	((재귀)) 둥글게 되다
redondel	〖남〗 원, 원형; [투우] 모래밭
redondez	〖여〗 동그라미; 구면
redondilla	〖여〗 4행시; 로마체
redondo, da	〖형〗 둥근; 완전한
reducción	〖여〗 삭감, 축소
reduccionismo	〖남〗 환원주의
reducido, da	〖형〗 좁은, 작은; 한정된
reducir	〖타〗 축소하다, 감하다
reductor, ra	〖형〗 [화학] 환원하는
	〖남〗 환원제
redundancia	〖여〗 장황함, 췌언
redundante	〖형〗 장황한; 여분의
redundar	〖자〗 [+en] (라는) 결과가 되다
reduplicación	〖여〗 강화; [문법] 중복형
reduplicar	〖타〗 강화하다; [문법] 중복하다
reedición	〖여〗 재판, 중판
reedificación	〖여〗 재건, 재기
reedificar	〖타〗 재건하다, 회복하다
reeditar	〖타〗 재판하다, 중판하다
reeducación	〖여〗 재교육, 재훈련
reeducar	〖타〗 재교육시키다, 재훈련시키다
reelección	〖여〗 재선
reelegir	〖타〗 재선하다
reembarcar	〖타〗 옮겨 쌓다; 다시 승선시키다
reembarque	〖남〗 옮겨 쌓기; 재승선

reembolsable	형 상환 가능한
reembolsar	타 환불하다, 상환하다
reembolso	남 환불, 상환; 환불금
reempaquetear	타 다시 포장하다
reemplazable	형 교환[대체]할 수 있는
reemplazar	타 교체하다; 대신하다
reemplazo	남 교체, 대체; 대리
reemprender	타 다시 착수[시작]하다
reencamación	여 환생
reencamarse	((재귀)) 환생하다
reencontrar	타 재발견하다; 되찾다, 회복하다
reencuentro	남 재발견, 재회
reenganchar	타 (병역을 마친 후) 재소집하다
reenganche	여 재소집, 재입대
reenviar	타 반송하다
reenvío	남 반송
reestrenar	타 재상영하다
reestreno	남 재상영
reestructuración	여 재구성, 재편성
reestructurar	타 재구성[재편성]하다
reexaminación	여 재시험, 재조사
reexaminar	타 다시 시험[검사, 검토]하다
reexpedición	여 반송
reexpedir	타 반송하다, 되돌려 보내다
reexportación	여 재수출
reexportar	타 재수출하다
refacción	여 가벼운 식사, 스낵; 개장, 개수
refaccionar	타 개장하다, 개수하다
referencia	여 참조; 조회; 언급, 관련
referendo	남 국민 투표
referéndum	남 국민 투표
referente	형 [+a] (에) 관한
referí	남여 [중남미] (축구의) 심판
referir	타 말하다, 언급하다; 참조시키다
refinación	여 세련; 정제

refinado, da	형 세련된, 기품 있는; 정제된
	남 정제
refinamiento	남 세련, 기품 있음; 정제
refinanciación	여 채무 갱신
refinanciar	타 채무를 갱신하다
refinar	타 정제하다; 세련하다
refinería	여 정제소, 정련소; 정유소
refino	남 정유, 원유 정제
reflación	여 통화 재팽창, 리플레이션
reflacionar	타 [경제] (통화를) 재팽창시키다
reflectante	형 반사하는
reflectar	자 (빛 등을) 반사하다
reflector, ra	형 반사시키는
	남 반사 장치; 서치라이트; 반사경
reflejar	타 반사하다; 반영하다
reflejarse	((재귀)) 반영하다, 비치다
reflejo, ja	형 반사하는, 반사 작용의
	남 반사광
reflexión	여 숙고; 반성
reflexionar	타 숙고하다; 반성하다
reflexivo, va	형 사려 깊은; [문법] 재귀의
refluir	자 역류하다; (조수가) 빠지다
reflujo	남 썰물; 퇴조, 쇠퇴
reforestación	여 식림
reforestar	타 식림하다
reforma	여 개혁; 개정
Reforma, la	여 종교 개혁
reformador, ra	남여 개혁자
reformar	타 개혁하다
reformatorio, ria	형 개혁하는, 고치는
	남 소년원
reformismo	남 개량주의
reformista	형 개량주의의
	남여 개량주의자
reforzar	타 보강하다, 증강하다

refracción	여 [물리] 굴절
refractar	타 굴절시키다
refrán	남 격언, 속담
refranero	남 격언집, 속담집
refregar	타 문지르다, 닦다; 비난하다
refreír	타 (기름으로) 다시 튀기다
refrenable	형 억제할 수 있는
refrenamiento	남 억제
refrenar	타 억누르다, 억압[억제]하다
refrescante	형 시원한, 찬, 상쾌한
refrescar	타 시원하게 하다
	자 시원하게 되다
refrescarse	((재귀)) 시원하다
refresco	남 청량 음료수
refrigeración	여 냉각 (장치), 냉방 (장치)
refrigerador, ra	형 냉각하는, 냉방의
	남 냉장고
refrigerante	형 냉각용의
	남 냉각제; 냉각기
refrigerar	타 냉각시키다; 냉동[냉장]하다
refrigerio	남 간식, 가벼운 식사
refrito, ta	형 두 번 튀긴; 다시 튀긴
refuerzo	남 보강, 증강
refugiado, da	형 피난한, 망명한
	남여 피난민; 망명자
refugiar	타 은닉하다, 숨겨두다
refugiarse	((재귀)) 피난하다; 숨다; 망명하다
refugio	남 피난처; 보호 시설
refundición	여 다시 용해함[주조함]; 개작,
refundir	타 (주물을) 다시 용해하다[녹이다]
regadera	여 물뿌리개
regador, ra	남여 물 대는 사람
regaladamente	부 기분 좋게; 쾌적하게
regalado, da	형 기분 좋은, 쾌적한
regalar	타 선물하다; 기증하다

regalo	남 선물; 덤
regañar	타 힐책하다
	자 언쟁하다; 불평을 말하다
regañina	여 언쟁; 힐책, 힐난
regar	타 물을 대다, 관개하다
regatear	타 흥정하다
regateo	남 흥정; 값 깎기
regatista	남여 요트 경기자
regencia	여 통치; 섭정
regeneración	여 재생; 갱생
regenerar	타 재생시키다
regenerarse	((재귀)) 갱생하다; 재생되다
regente	형 지배하는, 통치하는; 섭정의
regidor, ra	남여 조감독
régimen	남 정체, 체제; 식이요법, 다이어트
regimiento	남 [군사] 연대
regio, gia	형 왕(王)의
región	여 지방, 지역
regional	형 지방의, 지역의
regionalismo	남 지방 분권주의
regionalista	형 지방 분권주의의
	남여 지방 분권주의자
regionalizar	타 지역으로 나누다
regir	타 통치하다, 지배하다
	자 유효하다, 효력이 있다
registrado, da	형 등록된, 기록된
registrador, ra	형 기록하는, 검사하는
registrar	타 등록하다; 조사[검사]하다
registro	남 등록, 기록; 장부, 대장; 검사
regla	여 자; 규칙
reglamentación	여 규제; 규칙
reglamentar	타 규제하다, 통제하다
reglamentario, ria	형 정규의; 규정에 맞는[관한]
reglamentista	형 규칙을 엄수하는
reglamento	남 규칙

reglar	타 규칙에 따르게 하다
regocijar	타 매우 기쁘게 하다
regocijarse	((재귀)) 매우 기쁘다
regocijo	남 기쁨, 환희
regordete	형 땅딸막한
regresar	자 돌아오다, 돌아가다
regresión	여 후퇴; 퇴보; 퇴화; 퇴행
regresivo, va	형 후퇴하는; 퇴화하는; 퇴행성의
regreso	남 귀환, 돌아옴
reguera	여 관개용의 수로
reguero	남 작은 시내; 길고 작은 흔적
regulación	여 제어, 조절
regulador, ra	형 조정하는, 조절하는
	남 조절기
regular	형 규칙적인; 보통의
	타 규제하다, 조절하다
regularidad	여 정상화; 정규화
regularizar	타 정상화하다
regularmente	부 규칙적으로; 정기적으로
regusto	남 뒷맛
rehabilitación	여 복권
rehabilitar	타 복권시키다
rehabilitarse	((재귀)) 복권되다, 사회에 복귀하다
rehacer	타 다시 하다
rehacerse	((재귀)) 회복하다
rehén	남 인질
rehervir	타 다시 비등시키다
rehervirse	((재귀)) (식품 등이) 발효되다
rehuir	타 피하다
rehusar	타 거절하다, 거부하다
reimplantar	타 다시 도입[이식]하다
reimportación	여 재수입
reimportar	타 재수입하다; 역수입하다
reimpresión	여 [인쇄] 중판, 중판본
reimprimir	타 [인쇄] 중판하다

reina	여 여왕, 왕비
reinado	남 통치, 치세, 군림
reinador, ra	남여 통치자
reinante	형 통치하는, 군림하는
reinar	타 통치하다, 군림하다
reincidencia	여 [법률] 재범
reincidente	형 재범의. 남여 재범자
reincidir	타 재범하다
reincorporación	여 다시 편입[합병]
reincorporar	타 다시 편입[합병]하다
reingresar	자 복귀하다
	타 다시 입원시키다
reingreso	남 복귀
reiniciar	타 다시 시작하다
reino	남 왕국; …계(界)
reinserción	여 사회 복귀
reinsertar	타 사회에 복귀시키다
	자 사회에 복귀하다
reinstalar	타 다시 설치하다
reintegración	여 복귀, 복직
reintegrar	타 복귀시키다, 복직시키다
reintegro	남 복귀, 복직; 상환
reinversión	여 재투자
reinvertir	타 재투자하다
reír	자 웃다
reírse	((재귀)) [강조] 웃다
	[+de] (를) 비웃다
reiteración	여 반복, 되풀이
reiteradamente	부 반복해서, 되풀이해서
reiterado, da	형 반복된, 되풀이된
reiterar	타 반복하다, 되풀이하다
reiterativo, va	형 반복의
reivindicación	여 (권리의) 요구; 요구 사항
reivindicar	타 (권리로) 요구하다; 되찾다
reja	여 격자, 쇠 격자

rejilla	여 그물 선반
rejuvenecer	타 젊어지게 하다
rejuvenecerse	((재귀)) (다시) 젊어지다
relación	여 관계, 관련; 보고
relacionado, da	형 관계가 있는, 관련되어 있는
relacionar	타 관련시키다
relacionarse	((재귀)) 관계하다
relacionista	남여 홍보 담당자
relajación	여 느슨해짐, 느긋함
relajado, da	형 느슨해진, 긴장이 풀린
relajamiento	남 느슨해짐, 느긋함
relajante	형 긴장을 풀게 하는, 이완시키는
relajar	타 늦추다, 느슨하게 하다
relamer	타 구석구석까지 핥다
relámpago	남 번개
relampaguear	자 번개를 치다
relampagueo	남 번개 침; 번쩍임
relapso, sa	형 재범의; 다시 이단으로 전향한
relatar	타 이야기하다, 보고하다
relatividad	여 상대성, 상관성; 상대성 이론
relativismo	남 [철학] 상대주의
relativista	형 상대주의의; 상대성 이론 지지의 남여 상대성 이론 지지자
relativizar	타 상대적으로 생각하다
relativamente	부 상대적으로
relativo, va	형 관계가 있는; 상대적인
relato	남 이야기, 보고
relator, ra	남여 (의회의) 위원회 보고자
relax	남 느슨해짐, 느긋함
relé	남 중계
releer	타 다시 읽다
relevar	타 (누구와) 교대하다
relevista	남여 릴레이 선수
relevo	남 교대; 릴레이
relicario	남 납골당; 성유물함(聖遺物函)

relieve	남 돋을새김, 부조(浮彫)
religión	여 종교
religiosamente	부 종교적으로
religiosidad	여 신앙심, 경건함, 절제
religioso, sa	형 종교의; 신앙심이 깊은
	남여 수도사, 수녀
reliquia	여 (성자 등의) 유품
rellenar	타 다진 고기를 넣다
relleno, na	형 속을 채운; 소
reloj	남 시계
relojero, ra	남여 시계 수리공; 시계포 주인
relojería	남 시계방, 시계포
reluciente	형 번쩍이는; 번쩍번쩍 빛나는
relucir	자 번쩍이다
relumbrar	자 번쩍번쩍 빛나다
relumbrón	남 섬광, 번뜩임
remanente	형 남은, 잔존한
remar	자 노를 젓다
remarcable	형 주목할 만한, 저명한
remarcar	타 강조하다, 특히 지적하다
rematadamente	부 완전히
rematado, da	형 (광기 등이) 완전한, 구제 불능의
rematador, ra	남여 [축구] 스트라이커
rematante	남여 낙찰자
rematar	타 끝마치다, 결론짓다; 죽이다
	자 매듭짓다; 끝내다
remate	남 종료; 결정타
remediable	형 치료할 수 있는, 구할 수 있는
remediar	타 구제하다; 치료하다
remedio	남 치료법; 요법
remendar	타 수리하다, 수선하다
remendón, na	형 수선하는
	남여 신기료 장수, 구두 수선공
remero, ra	남여 뱃사공, 노 젓는 사람
remesa	남 발송, 발송품; 송금

스페인어	품사	뜻
remeter	타	되돌리다, 반환하다
remiendo	남	기운 천, 바대; 응급 수리
reminiscencia	여	무의식적 기억, 추억
remirar	타	다시 보다, 잘 보다
remisión	여	송부; 참조; 사면, 용서
remiso, sa	형	소극적인, 우유부단한
remite	남	발신인의 주소와 성명
remitente	형	발송인의
	남여	발신인, 발송인
remitir	타	보내다, 발송하다
remo	남	노
remoción	여	파면, 해임
remodelación	여	개편, 개조; 리모델링(하기)
remodelar	타	개편[개조]하다; 리모델링하다
remojar	타	(물에) 담그다; 흠뻑 적시다
remojo	남	물에 담금[적심]
remolacha	여	[식물] 사탕무
remolcador, ra	형	견인하는; 예인하는
	남	예인선; 견인차, 레커차
remolcar	타	예선하다, 예항하다; 견인하다
remolino	남	회오리바람, 소용돌이
remolque	남	견인, 예항
remontar	타	높이 올리다; (장애를) 극복하다
remontarse	((재귀))	(새 등이) 높이 오르다
remonte	남	상승, 높이 오르기; 극복
remorder	타	후회하게 하다
remordimiento	남	양심의 가책; 후회
remotamente	부	어렴풋이, 막연히; 먼 옛날에
remoto, ta	형	먼, 아득한
remover	타	움직이다, 휘젓다
	자	[+de] (에서) 해임하다
remuneración	여	보수, 보상
remunerar	타	(에게) 보수를 주다; 보답하다
remunerativo, va	형	이가 남은, 벌이가 되는
renacentista	형	르네상스의, 문예 부흥(기)의

renacer	재 다시 태어나다, 소생하다
renaciente	형 소생[재생, 부활]하는
renacimiento[1]	남 재생, 부활
Renacimiento[2]	남 르네상스, 문예 부흥
renacuajo	남 올챙이
renal	형 [해부] 신장(腎臟)의
rencilla	여 말다툼, 언쟁; 분쟁
renco, ca	형 다리를 절름거리는
	남여 절름발이
rencor	남 원한, 앙심
rencoroso, sa	형 앙심을 품은, 원한에 사무친
rendición	여 항복, 투항
rendidamente	부 녹초가 되어, 축 늘어져
rendido, da	형 녹초가 된, 축 늘어진; 지쳐버린
rendija	여 틈. 빈 틈
rendimiento	남 수익; 효율; 경의; 종속
rendir	타 굴복시키다, 항복시키다
rendirse	타 정복하다; 인계하다; 항복하다
renegado, da	형 배교자(背敎者의). 남여 배교자
renegar	타 강하게 부인하다
	재 [+de] (신앙 등을) 버리다
renegociación	여 (조약 등의) 재교섭
renegociar	타 재교섭하다
RENFE	여 국철(國鐵)
renglón	남 (문장의) 행; 품목
reno	남 [동물] 순록(馴鹿)
renombrado, da	남 명성이 높은, 유명한, 이름난
renombre	남 명성, 고명(高名)
renovable	형 갱신할 수 있는
renovación	여 갱신, 새롭게 하기
renovar	타 갱신하다, 새롭게 하다
renta	여 소득; 연금; 임대(료)
rentabilidad	여 수익성
rentabilizar	타 (투자의) 원금을 취하다
rentable	형 수익성이 있는, 수입이 좋은

스페인어-한국어 475

rentado, da	형 [남미] 유급의
rentar	타 (수익을) 가져오다; 임대하다
rentista	남여 연금 생활자
renuevo	남 새싹; 갱신, 재생
renuncia	여 포기, 단념; 사직
renunciación	여 포기, 단념; 사직
renunciar	타 단념[체념]하다
renunciarse	((재귀)) [종교] 금욕하다
reñidero	남 투계장
reñido, da	형 사이가 나쁜; 호각의, 긴박한
reñir	자 싸우다, 언쟁하다, 말다툼하다
reñirse	((재귀)) 서로 싸우다
reo	남여 죄인, 죄수
reojo	부 [+de] 곁눈질로
reorganización	여 재조직, 재편성
reorganizar	타 재조직하다, 재편성하다
reorientación	여 재교육, 방향 전환, 재조정
reorientar	타 재교육시키다
reparación	여 수리, 수선; 보상
reparador, ra	형 수리하는, 고치는
reparar	타 수리하다, 고치다
reparo	남 이의; 주저, 망설임
repartición	여 분배, 배분
repartidor, ra	남여 분배[배달]하는 사람; 배달원
repartimiento	남 분배, 배분
repartir	타 분배하다, 배달하다
reparto	남 배역, 캐스트; 배달, 분배
repasar	타 복습하다; 재조사하다
repaso	남 복습; 재조사
repatriación	여 본국 송환, 귀국
repatriado, da	형 송환된, 귀환된
	남여 송환된 사람, 귀환된 사람
repatriar	타 본국에 송환하다, 귀국시키다
repelente	형 혐오감을 일으키는
repeler	타 물리치다; 혐오감을 주다

repensar	타 재고하다; 숙고하다
repente	남 돌연한 동작
	[de+] 갑자기, 돌연
repentinamente	부 갑자기, 느닷없이, 돌연
repentino, na	형 돌연한, 갑작스러운
repertorio	남 레퍼토리, 목록
repetición	여 반복, 되풀이
repetir	타 반복하다, 되풀이하다
repintar	타 다시 칠하다; (그림에) 가필하다
repisa	남여 (벽에 돌출한) 선반
replantar	타 다시 심다, 이식하다
replantear	타 (계획 등을) 다시 세우다
repleción	여 충만; 만복 상태
replegar	타 (날개를) 접어 개다
repleto, ta	형 가득 찬, 넘친; 배부른
replica	여 말대답, 반박
replicar	타 말대답하다, 반박하다
repliegue	남 철수, 후퇴; (의복 등의) 주름
repoblación	여 식림; (치어의) 방류
repoblar	타 식림하다; 방류하다
repollo	남 [식물] 양배추, 캐비지
reponer	타 다시 놓다; 복직시키다
reportaje	남 보도 기사; 기록 영화
reportar	타 (감정을) 억제하다, 억누르다
reporte	남 리포트, 보고서
reportear	타 취재하다
reportero, ra	남여 리포터, 통신원
reposabrazos	남 (의자의) 팔걸이
reposacabezas	남 (의자의) 머리 받침
reposado, da	형 안정된, 진정된; 피로가 풀린
reposapiés	남 (이발용 의자 등의) 발판
reposar	자 휴식하다, 쉬다
reposarse	((재귀)) 쉬다, 휴식을 취하다
repositorio	남 저장소
reposo	남 휴식, 휴게; 안정

repostar	타 (연료 등을) 보급하다
repostería	여 과자점, 제과점
repostero, ra	남여 제과 기술자, 과자 제조자
repreguntar	타 (에) 반대 신문을 하다
reprender	타 나무라다, 꾸중하다
reprensión	여 나무람, 꾸중, 힐책, 책망
represa	여 [남미] 댐; 저수지
represalia	여 보복, 복수
represaliar	타 (보복 조치로) 처분하다
represar	타 (물의 흐름을) 막다
representación	여 상연, 상영, 연출, 흥행
representante	남여 대표자; 대리인
representar	타 표현하다; 상연하다, 상영하다; 대표하다
representativo, va	형 대표적인; 대표하는
represión	여 진압; 탄압; 억압
represivo, va	형 억압적
represor, ra	형 억압하는 남여 억압자
reprimenda	여 나무람, 꾸중, 힐책
reprimido, da	형 억압받은 남여 억압받은 사람
reprimir	타 억제하다; 진압하다
reprobable	형 비난할 만한
reprobación	여 비난
reprobado, da	형 불합격의 남여 불합격자
reprobar	타 비난하다, 반대하다
reprobo, ba	형 사악한, 비난할 만한
reprocesar	타 재처리하다
reprochable	형 비난할 만한
reprochar	타 비난하다
reproche	남 비난
reproducción	여 재현; 재생; 복제
reproducir	타 재현하다; 복제하다

reproductivo, va	형 생식의; 재생산의
reproductor, ra	형 재생용의; 생식용의
	남여 종축
	남 재생용의 기기
reprografía	여 복사
reprogramación	여 순연
reprogramar	타 순연하다
reptar	자 (파충류가) 땅을 기다
reptil	형남 파충류(의)
república	여 공화국; 공화제
republicano, na	형 공화국의, 공화제의
	남여 공화주의자; 공화당원
repudiación	여 거절; 비난
repudiar	타 거절하다; 비난하다
repudio	남 거절; 비난
repudrir	타 많이 썩히다; 좀먹다; 괴롭히다
repuesto, ta	형 (병이) 회복된
	남 비축; 교환 부품
repugnancia	여 구역질; 혐오, 혐오감
repugnante	형 불쾌한; 혐오감을 일으키는
repugnar	타 싫어하다
	자 혐오감을 일으키다
repulsión	여 거절; 반감; 격퇴
repulsivo, va	형 불쾌한, 반감을 가지게 하는
reputación	여 평판; 명성
reputado, da	형 유명한; 평판이 좋은
reputar	타 (로) 간주하다, 평가하다
requemar	타 눌리다, 태우다
requerimiento	남 요구, 요청
requerir	타 요청하다, 요구하다, 필요로 하다
réquiem	남 레퀴엠; 진혼곡
requisa	여 점검, 검사; 징용; 수색
requisar	타 징발하다, 징용하다; 수색하다
requisición	여 [군사] 징발, 징용
requisito	남 필요 조건

requisitoria	여 [법률] 출정 명령, 출두 청구
resabio	남 (불쾌한) 뒷맛; 악습
resaltar	자 두드러지다, 눈에 띄다
rebaladizo, za	형 미끄러지지 쉬운
rebalar	자 미끄러지다
rescatar	타 되찾다, 회수하다
rescate	남 회수; 구출; 수색
rescindible	형 취소 가능한
rescisión	여 [법률] 취소, 해제
resecar	타 잘 말리다
resecarse	((재귀)) 바싹 말리다
reseco, ca	형 말라비틀어진; 잘 마른
resembrar	타 씨앗을 다시 뿌리다
resentido, da	형 원한을 가진, 앙심을 품은
	남여 원한을 가진 사람
resentimiento	남 원한, 앙심; 노함
resentirse	((재귀)) 원한을 품다; 노하다
reseña	여 인상서; (신문의) 단평; 서평
reseñar	타 단평을 쓰다; 신간 안내를 하다
reserva	여 예약; 준비금
	남여 [운동] 보결[대기] 선수
	남 3년 이상 묵힌 술
reservación	여 예약
reservado, da	형 예약된; 신중한; 과묵한
	남 예약석; 노인 및 장애인 좌석
reservar	타 예약하다
reservista	형 예비역의
	남여 예비역병
resfriado, da	형 감기 걸린. 남 감기
resfriar	타 감기에 걸리게 하다
resfriarse	((재귀)) 감기에 걸리다
resguardar	타 보호하다
resguardarse	((재귀)) 몸을 지키다
resguardo	남 보호, 방어; 영수증; 보관증
residencia	여 거주, 주거; 저택

residencial	형 (주로) 고급 주택용의
	남 [주로 남미] 숙박 시설; 여인숙
residenciar	타 조사하다, 연구하다
residente	형 거주의, 거주하는
	남여 거주자
residir	자 거주하다
residual	형 남은 찌꺼기의
residuo	남 앙금, 찌꺼기
resignación	여 단념, 체념
resignado, da	형 단념한, 체념한
resignar	타 사직하다, 그만두다
resignarse	((재귀)) 단념[체념]하다, 감수하다
resina	여 송진
resinar	타 (나무에서) 수지를 채취하다
resistencia	여 저항, 항전, 대항; 지구력
Resistencia, la	여 레지스탕스, 지하 저항 운동
resistir	타 (에) 견디다; 저항하다, 대항하다
resma	여 연 ((종이 20첩))
resolución	여 해결; 결정; 결의, 결심
resoluto, ta	형 판단력 있는; 과단성 있는
resolutorio, ria	형 해결하는; 결단하는
resolver	타 해결하다; 결정하다; 결심하다
resonancia	여 반향, 울림; [물리] 공명
resonante	형 잘 울리는, 울려 퍼지는
resonar	자 울리다, 울려 퍼지다, 반향하다
resoplar	자 숨이 차다, 헐떡거리다
resoplido	남 숨이 참, 헐떡임
resoplo	남 숨이 참, 헐떡임
resorte	남 용수철, 스프링, 태엽
respaldar	타 보호하다, 원조하다; 보증하다
respaldo	남 (의자의) 등; 원호
respectar	자 관련되다
respectivamente	부 각기, 저마다
respectivo, va	형 각각의, 저마다의, 각자의
respecto	남 관계, 관련

respetable	형 존경할 만한; 상당한
respetar	타 존경하다; 존중하다
respeto	남 존경, 경의; 존중
respetuoso, sa	형 정중한; 존경심이 있는
respiración	여 호흡
respirador, ra	형 호흡기의
	남 인공 호흡 장치
respirar	자 호흡하다, 숨쉬다
respiratorio, ria	형 호흡의
respiro	남 휴식, 쉼; 안도; 위로
resplandecer	자 번쩍이다; 반짝반짝 빛나다
resplandor	남 강한 빛, 빛남
resplandeciente	형 빛나는, 반짝이는
responder	타 (에) 대답하다, 답하다
	자 답장을 하다; 응답하다
responsabilidad	여 책임; 책임감
responsabilizar	타 (누구에게) 책임을 전가시키다
responsable	형 책임(감) 있는
respuesta	여 대답, 응답; 회답
resta	여 빼기, 뺄셈
restablecer	타 회복시키다, 복구시키다
restablecerse	((재귀)) 회복하다
restablecimiento	남 회복; 부활; 부흥
restante	형 나머지의, 남아 있는
restañar	타 (액체의) 유출을 막다; 지혈하다
restaño	남 지혈
restar	타 빼다; 제거하다
	자 (뺄셈에서) 남다; 존속하다
restauración	여 복원; 왕정 복고, 부흥
restaurador, ra	형 부활[부흥, 복원]하는
restaurante	남 식당, 레스토랑
restaurar	타 복원하다; 회복하다
restitución	여 반환
restituir	타 반환하다, 배상하다
restituirse	((재귀)) (원래 자리로) 되돌아가다

resto	남 나머지; 잔액, 잔금
	복 폐허; 유해
restregar	타 문지르다, 문질러 닦다
restricción	여 제한, 규제
restrictivo, va	형 제한하는
restringir	타 제한하다, 제약하다; 수축하다
restriñimiento	남 변비
resucitación	여 소생, 의식 회복
resucitar	타 소생[부활]시키다
resuelto, ta	형 단호한, 확고한, 과감한
resulta	여 결원, 공석
resultado	남 결과, 성과; 성적
resultar	자 [+de] (에서) 생기다
resumen	남 요약, 개요
resumir	타 요약하다
resurgimiento	남 원기 회복; 재기, 재생
resurgir	자 출현하다; 부활되다
resurrección[1]	여 부활; 소생
Resurrección[2]	여 [기독교] 부활제
retablo	남 제단 뒤쪽의 장식
retaguardia	여 [군사] 후위; 후방 부대
retardado, da	형 더딘, 늦은; 연기된
retardar	타 더디게 하다; 지연시키다
retardo	남 지연, 연기
retención	여 교통 정체; 보유; 정체
retenedor	남 문의 쇠사슬
retener	타 만류하다, 말리다; 정산하다
retentivo, va	형 보유력이 있는; 기억력이 좋은
	여 기억력
retina	여 [해부] 망막
retirada	여 후퇴, 퇴각; 제거
retiradamente	부 은둔해서; 가만히, 살그머니
retirado, da	형 은퇴한; 많이 외진
retirar	타 철수[퇴각]시키다; 제거하다
retirarse	((재귀)) 후퇴하다, 퇴각하다

스페인어-한국어 483

retiro	남 은퇴, 퇴직; 연금
retocar	타 수정하다, 마무리하다
retomar	타 재개하다
retoñar	자 싹이 나오다; 재생되다
retoño	남 움, 싹, 새싹; 자식, 어린아이
retoque	남 수정, 가필, 마무리
retorcer	타 비틀다, 쥐어짜다; 왜곡하다
retorcido, da	형 비틀린, 꼬인
retoricar	자 수사를 하다
retórico, ca	형 수사의, 수사학의
	남여 수사학자
	여 수사학; 수사, 미사여구
retornar	자 되돌아가다, 되돌아오다
	타 되돌리다, 반환하다
retorno	남 되돌림; 복귀, 귀환; 반환
retorsión	여 꼬임, 비틀림; 보복
retracción	여 수축; 감소
retractable	형 취소 가능한
retracción	여 철회, 취소; 자금 회수
retractar	타 철회하다, 취소하다
retractarse	((재귀)) [+de] (을) 취소[철회]하다
retracto	남 취소, 철회
retraer	타 (몸을) 수축시키다; 단념시키다
retraerse	((재귀)) 은둔하다; 은퇴하다
retransmisión	여 중계 방송
retransmisor	남 발신기, 통신기
retransmitir	타 중계 방송하다; 재방송하다
retrasado, da	형 (성장이나 진행이) 느린, 더딘
retrasar	타 지연시키다, 미루다
retrasarse	((재귀)) 지연되다, 늦다
retraso	남 지연, 지체
retratar	타 초상화를 그리다
retratista	남여 초상화가
retrato	남 초상화
retrete	남 변소, 화장실

retribución	여 보수, 급료
retribuir	타 (에게) 급료를 지급하다
retroacción	여 소급성
retroactividad	여 소급성
retroactivo, va	형 소급의, 소급력 있는
retroceder	자 후퇴[퇴각]하다, 주춤하다
retroceso	남 후퇴, 퇴각; 패주
retrospección	여 회고
retrospectivo, va	형 회고적인
retrovisor	남 백미러
retumbar	자 울려 퍼지다, 사방에 울리다
retumbante	형 울려 퍼지는, 사방에 울리는
reubicar	타 다시 배치하다
reuma, reúma	남(여) 류머티즘
rumático, ca	형 류머티즘의
	남여 류머티즘 환자
reumatismo	남 류머티즘
reumatología	여 류머티즘학(學)
reumatólogo, ga	남여 류머티즘 전문 의사
reunificación	여 재통일
reunificar	타 재통일하다
reunión	여 집회, 회합; 회의
reunir	타 모으다; 겸비하다
reunirse	((재귀)) 모이다
reutilizable	형 재이용할 수 있는
reutilización	여 재이용
reutilizar	타 재이용하다
reválida	여 (고교 수료의) 검정 시험
revalidación	여 유효함을 다시 인정함
revalidar	타 다시 유효하게 하다
revaloración	여 재평가
revalorar	타 재평가하다
revalorización	여 재평가
revalorizar	타 재평가하다
revaluación	여 재평가

revaluar	타 재평가하다
revancha	여 보복, 복수; [운동] 설욕전
revanchismo	남 복수심
revelación	여 폭로; 하늘의 계시; 데뷔
revelado	남 [사진] 현상(現像)
revelador, ra	형 밝히는 털어놓는, 폭로하는
	남 [사진] 현상액
revelar	타 폭로하다; 현상하다
revendedor, ra	남여 소매상, 암표상
revender	타 다시 팔다, 전매하다
revenirse	((재귀)) 수축하다; 시어지다
reventa	여 재판매, 전매, 다시 매각
reventador, ra	남여 야유로 방해하는 사람
reventar	타 파열시키다, 터뜨리다
reventarse	((재귀)) 파열하다
reventón, na	형 파열할 것 같은
	남 파열; 펑크; 궁지; 급경사
reverberar	타 반사하다; 반짝반짝 빛나다
reverencia	여 존경, 경의
reverenciar	타 존경하다, 존경하다; 숭상하다
reverendo, da	형 (성직자에게 붙이는) …사(師)
	남여 신부님, 목사님, …님
reverente	형 경건한, 정중한
reversible	형 뒤집을 수 있는; 양면용의
reversión	여 역전, 반전, 전도; 복귀
reverso	남 뒷면; 뒤, 배후
revertir	자 (원래 상태로) 되돌리다
revés	남 뒤, 뒷면, 이면
revestimiento	남 외장, 포장, 피복
revestir	타 (의) 겉을 덮다[바르다]
revirarse	((재귀)) 선회하다, 방향전환을 하다
revisable	형 수정할 수 있는
revisación	여 검사, 재검토
revisada	여 검사, 재검토
revisar	타 점검하다; 검진하다

revisión	여 점검; 검진
revisionismo	남 수정주의
revisionista	남여 수정주의자
revisor, ra	남여 검표원, (열차의) 차장
revista	여 잡지; 점검
revistar	타 열병하다; 점검하다
revistero	남 잡지 꽂는 대
revitalización	여 생기 회복, 활성화
revitalizante	형 생기 회복의, 활성화의
revitalizar	타 (의) 생기를 회복시키다
revival	남 (예술 등의) 부활, 부흥
revivificar	자 소생시키다
revivir	자 소생하다, 되살아나다
revocable	형 취소 가능한, 취소할 수 있는
revocación	여 취소, 철회, 폐지
revocar	타 취소하다, 철회하다
revocatoria	여 (판결의) 취소; 폐지
revoco	남 덧칠
revolcar	타 쓰러뜨리다; 뒤엎다
revolcón	남 전도; 넘어짐; 패배
revolotear	자 날아다니다, 훨훨 날다
revoloteo	남 날아다니기, 훨훨 날음
revoltoso, sa	형 (아이들이) 짓궂은, 장난이 심한
revolución	여 혁명; 회전
revolucionar	타 변혁시키다, 혁명을 일으키다
revolucionario, ria	형 혁명의; 혁명적인
	남여 혁명가
revolver	타 휘젓다; 휘저어 뒤섞다
revolverse	((재귀)) 움직이다, 작동되다
revólver	남 연발 권총
revoque	남 덧칠
revuelco	남 전도, 넘어짐, 쓰러짐
revuelo	남 선회; 떼지어 낢
revuelto, ta	형 뒤얽힌; 뒤범벅이 된; 짓궂은
	남 휘저어 부친 달걀

	여 폭동, 반란; 싸움; 방향 전환
revulsión	여 [의학] 유도 요법
revulsivo, va	형 [의학] (용변 등을) 유도하는
	남 [의학] 유도 자극제
rey	남 왕(王), 국왕; 왕자(王者)
reyerta	여 난투극, 치고 받는 싸움
rezar	자 빌다, 기도하다
	타 (에게) 기도 드리다
rezo	남 기도, 기원, 축수
rezumar	자 (액체가) 스며[배어] 나오다
	타 (액체를) 스며 나오게 하다
ría	여 작은 내
riachuelo	남 작은 시내, 개울
riada	여 (강의) 증수, 홍수
rial	남 리알 (이란의 화폐 단위)
ribera	여 강가, 강변; 유역
ribereño, ña	형 연안의
	남여 연안 주민
ribete	남 가, 면; 테 두르기
ricamente	부 부유하게; 풍부하게; 호화스레
ricino	남 [식물] 아주까리
rico, ca	형 부유한; 풍부한; 맛있는
	남여 부자
ridiculez	여 우스운 일
ridiculizar	타 우습게 만들다; 놀리다
ridículo, la	형 우스꽝스러운, 익살스런
	남 야유의 대상, 조롱거리
riego	남 관개(灌漑); 살수
riel	남 [철도] 레일
rienda	여 고삐
riesgo	남 위험
riesgoso, sa	형 [중남미] 위험한
rifa	여 제비뽑기
rifar	타 제비뽑기를 하다
rifle	남 라이플, 소총

riflero, ra	남여 라이플 소지 병사
rígidez	여 굳어짐, 경직; 엄격함
rígido, da	형 굳은, 딱딱한; 엄격한
rigor	남 엄격함; 엄함
rigurisidad	여 엄격함; 엄함
rigurosamente	부 엄히, 엄격히
riguroso, sa	형 엄격한; 엄한
rima	여 [시] 운(韻), 각운(脚韻)
rimar	자 운을 달다, 운이 맞다
rincón	남 구석, 방구석
rinconera	여 구석에 놓는 가구
ring	남 [운동] 링
rinitis	여 [의학] 비염(鼻炎)
rinoceronte	남 무소, 코뿔소
rinofaringe	여 [해부] 비인후
rinología	여 비과학
rinoplastia	여 코 성형술
rinoplástico, ca	형 코 성형술의
riña	여 싸움, 언쟁, 말다툼
riñón	남 [해부] 신장(腎臟)
	남복 ((요리)) 콩팥
riñonera	여 코르셋, 허리 보호대
río	남 강(江), 하천
riqueza	여 부(富); 재산
risa	여 웃음; 웃음소리
risotada	여 폭소, 홍소
risueño, ña	형 생글거리는, 상냥하게 웃는
rítmico, ca	형 운율의, 리듬이 있는
ritmo	남 리듬, 박자
rito	남 의식, 성찬식, 예배식
ritual	형 의식의; 습관의
rival	남 라이벌, 경쟁 상대
rivalidad	여 경쟁 관계
rivalizar	자 경쟁하다, 대항하다
rivera	여 작은 내

riyal	남 리얄 (화폐 단위)
rizador	남 머리털 지지는 쇠 기구
rizar	타 (머리털을) 곱슬곱슬하게 하다
rizarse	((재귀)) 곱슬곱슬해지다
rizo	남 고수머리, 곱슬머리
róbalo	남 [어류] 대구의 일종
robar	타 훔치다, 도둑질하다
roble	남 오크, 떡갈나무
robleda	여 떡갈나무 숲
robledal	남 떡갈나무 숲
robledo	남 떡갈나무 숲
robo	남 도둑질
robot	남 로봇
robótica	여 로봇 공학
robotización	여 로봇화
robotizar	타 로봇화하다
robustecer	타 강건하게 하다
robustecimiento	남 강건함; 강화
robustez	여 강건함; 견고함
robusto, ta	형 건장한, 씩씩한
roca	여 바위
roce	남 마찰, 문지르기; 불화, 다툼
rociada	여 살수; 이슬
rociadera	여 스프링클러, 살수기
rociador	남 스프링클러; 분무기
rociar	타 (에) 물을 뿌리다, 살수하다
rocín, na	남여 거칠고 무식한 사람
	남 늙은 말, 몹쓸 말; 여윈 말
rocinante	남 여위고 늙어빠진 말
rocío	남 이슬
rock	남 록 음악; 로큰롤
rockero, ra	남여 록의; 록 팬의
	남여 록 가수[연주가]; 록 팬
rock and roll	남 로큰롤
rococó	형 로코코 양식의

	남 로코코 양식
rocoso, sa	형 바위투성이의
rodaballo	남 [어류] 가자미의 일종
rodado, da	형 (흐름이) 순조로운; 차량의
	여 바퀴 자국
rodador, ra	남여 [자동차] 평지에 강한 선수
rodadura	여 (자동차의) 주행
rodaja	여 (원통형의 물건을) 둥글게 자름; 둥글게 자른 물건
rodaje	남 [영화] 촬영; 연습 운전
rodamiento	남 [기계] 베어링; 구르기
rodapié	남 굽도리널
rodar	자 구르다, 굴러 떨어지다
	타 빙빙 돌리다; [영화] 촬영하다
rodear	타 둘러싸다, 에워싸다
	자 [+por] (를) 일주하다
rodearse	((재귀)) 둘러 쌓이다, 포위되다
rodeo	남 우회로; 로데오
rodete	남 똬리
rodilla	여 무릎
rodillazo	남 무릎으로 일격
rodillera	여 무릎 보호대
rodillo	남 룰러; 밀방망이
rodrigón	남 [농업] 지주; 버팀나무
roedor, ra	형 갉는, 갉아먹는
	남복 쥐 무리 동물
roentgen	남 뢴트겐
roer	타 갉다, 갉아먹다
rogar	타 간청하다, 바라다
rogativa	여 기원
rojizo	형 불그스름한, 불그레한
rojo	여 빨간.
	남여 좌익[분자] 공산주의자
	남 빨강, 적색
rol	남 역할; [연극] 역; 명부

rollizo, za	형 포동포동한, 토실토실한
rollo	남 둘둘 만 것; 두루마리
ROM	남 롬, 판독 전용 기억 장치
Roma	여 [지명] 로마
romance	남 로망스 어; 허구; [시] 로망세
romancero, ra	남여 로망세 시인[가수]
románico, ca	형 로마네스크의; 로망스 어의
	남 [건축] 로마네스크 양식
romanista	형 로망스 어학의
	남여 로망스 어 학자; 로마법 학자
romanística	여 로마법 연구; 로망스 어 연구
romanización	여 로마화
romanizar	타 로마화하다
romano, na	형 로마의
	남여 로마 사람
romanticismo	남 낭만주의
romántico	형 낭만적인, 로맨틱한
romántico, ca	형 낭만주의의, 낭만파의
rombo	남 마름모꼴
romboide	남 편마름모꼴
romeo	남 연인, 사랑하는 남자
rompehielso	남단복 쇄빙선
rompehuelgas	남여단복 구사 대원
rompeolas	남단복 (항구 등의) 방파제
romper	타 부수다, 파괴하다
romperse	((재귀)) 부서지다, 파괴되다; 삐다
rompiete	남 암초
rompimiento	남 파괴; 절교
ron	남 럼, 럼주
roncar	차 코를 골다
ronco, ca	형 (목이) 쉰, 잠긴
ronda	여 순찰, 순시
rondó	남 [음악] 론도, 회상곡
ronquear	재 쉰 목소리로 말하다
ronquera	여 목이 쉼

ronquido	남 코 고는 소리
ropa	여 옷, 의류
ropaje	남 의상, 의복
ropavejería	여 헌옷 가게
ropevejero, ra	남여 헌옷 장수
ropería	여 (기성복) 양복점; 의상실
ropero, ra	남여 (극단 등의) 의상 담당
	남 양복장
roquero, ra	남여 록 가수[연주자]
rosa	여 장미꽃; 장밋빛, 장미색
	형 장밋빛의, 핑크빛의
rosáceo, a	형 장밋빛의, 핑크빛의
rosado, da	형 핑크빛의, 장밋빛의
	남 장밋빛, 핑크빛
rosal	남 [식물] 장미
rosaleda	여 장미 화원
rosario	남 로사리오; 염주
rosbif	남 쇠고기 구이
roseta	여 뺨의 붉은 기; 복 팝콘
rosetón	남 [건축] 장미창; 장미 장식
rostro	남 얼굴; 표정
rotación	여 회전; (지구의) 자전; 교대
rotar	자 돌다, 회전하다
	타 돌리다, 회전시키다
rotario, ria	형 로터리클럽의
	남여 로터리클럽 회원
rotativo, va	형 회전하는; 교대[윤번]제의
	여 윤전기
rotatorio, ria	형 회전하는; 로터리클럽의
roto, ta	형 부서진, 깨진
rontonda	여 [교통] 로터리; 원형 광장[건물]
rotor	남 [전기] 회전자
rótula	여 [해부] 슬개골
rotulador, ra	형 라벨을 붙이는
	남여 문자 도안 디자이너

	남 라벨 부착 기계; 펠트 펜
	여 라벨 부착 기계
rotular	타 라벨을 붙이다
	형 [해부] 슬개골의
rotulista	남여 문자 도안 디자이너
rótulo	남 라벨, 간판
rotundo, da	형 단호한, 단정적인; 명확한
rotura	여 절단, 파괴; 균열
roturación	여 개간
roturar	타 개간하다; 경작하다
rozadura	여 찰상; 생채기
rozamiento	남 문지르기; 찰과상; 마찰
rozar	타 문지르다; 찰과상을 입다
	자 관계가 있다; 가깝다
rubéola	여 풍진(風疹)
rubí	남 [광물] 루비
rubio, bia	형 금빛의; 금발의
	남여 금발의 사람
rubor	남 (얼굴의) 홍조, 붉어짐; 수치
ruborizar	타 얼굴을 붉히게 하다
rúbrica	여 서명, 사인; 표제
rubricar	타 서명[사인]하다
rudeza	여 투박함; 까칠까칠함
rudimental	형 초보적인; 발육 부전의
rudimentario, ria	형 초보적인; 발육 부전의
rudimento	남 초보, 기본
rudo, da	형 투박한; 가혹한; 까칠까칠한
rueca	여 실패, 북, 실감개
rueda	여 바퀴, 차륜
ruedo	남 (투우장의) 모래사장
ruego	남 간청, 간원, 청원
rufián	남 뚜쟁이, 매춘 알선자
rugby	남 [운동] 럭비
rugido	남 포효; 우는 소리; 신음 소리
rugir	자 (사자 등이) 포효하다

rugosidad	여 주름(살); 울퉁불퉁함
rugoso, sa	형 주름이 있는; 울퉁불퉁한
ruido	남 소음; 잡음
ruidoso, sa	형 시끄러운, 소란스러운
ruin	형 천박한, 추잡스런
ruina	여 붕괴; 멸망
	복 유적, 폐허, 폐허지
ruindad	여 천박함; 야비함
ruinoso, sa	형 파괴된; 몰락한
ruiseñor	남 [조류] 나이팅게일
rular	자 구르다, 회전하다
ruleta	여 룰렛
rulo	남 대형 롤러; 곱슬곱슬한 머리털
Rumania	여 [나라] 루마니아
rumano, na	형 루마니아의
	남여 루마니아 사람
	남 루마니아 어
rumba	여 룸바
rumbo	남 방향; 진로
rumboso, sa	형 호화로운, 화려한
rumen	남 (반추 동물의) 첫째 위
rumiante	남 반추 동물
rumiar	타 반추하다; 숙고하다
rumor	남 풍문, 소문
rumorear	자 소문이 나다
rupestre	형 암벽에 새겨진
rupia	여 루피아, 루피 (화폐의 단위)
ruptor	남 [전기] 자동 접촉 차단기
ruptura	여 절단; 단절; 절교
rural	형 시골의, 농촌의
Rusia	여 [나라] 러시아
ruso, sa	형 러시아의. 남 러시아 어
	남여 러시아 사람
rusticidad	여 전원풍
rústico, ca	형 시골의; 전원의, 전원풍의

	남여 시골 사람
ruta	여 항로, 루트, 노선; 진로
rutina	여 숙련, 인습; 일과
rutinario, ria	형 일상의; 매일의; 습관적인

S

S.A.	주식 회사(Sociedad Anónima)
sábado	남 토요일
sabana	여 대초원, 사바나
sábana	여 시트, 홑이불
sabanilla	여 천 조각, 헝겊
sabañón	남 동상(凍傷)
sabánico, ca	형 토요일의
sabatino, na	형 토요일의
sabedor, ra	형 알고 있는
sabelotodo	형 박식한 체하는 남여 박식한 체하는 사람
saber	타 알다; [+*inf.*] …할 줄 알다; [+a] …의 맛이 나다 남 지식, 학식
sabido, da	형 잘 알려진, 잘 아는; 박식한
sabiduría	여 지식; 학식
sabio, bia	형 학식이 있는; 현명한 남여 학자; 현인
sable	남 사브르, 검
sabor	남 맛
saborear	타 맛보다
sabotaje	남 사보타주, 태업
saboteador, ra	형 사보타주하는 남여 사보타주하는 사람
sabroso, sa	형 맛있는
sacaclavos	남 못뽑이
sacacorchos	남 코르크 마개 뽑는 도구
sacador, ra	남여 [운동] 서버

스페인어-한국어 497

sacapuntas	남 (회전식) 연필깎이
sacar	타 뽑다, 꺼내다; 취득하다
sacárido	남 [화학] 당류
sacarimetría	여 검당법
sacarímetro	남 검당계
sacarina	여 [화학] 사카린
sacerdocio	남 [천주교] 사제직; 성직
sacerdotal	형 [천주교] 사제의
sacerdote	남여 성직자; 사제, 신부
sacerdotista	여 여자 사제; 무당, 무녀
saciar	타 (갈증 등을) 채우다, 풀다
saciedad	여 만족; 배가 부름
saco	남 부대, 자루, 마대
sacramento	남 [종교] 비적
sacrificador, ra	형 희생하는. 남여 희생자
sacrificar	타 희생시키다
sacrificarse	((재귀)) 희생하다
sacrificio	남 희생
sacro, cra	형 거룩한; [해부] 선골의
	남 천골(薦骨), 엉치등뼈
sacudida	여 진동, 흔들림; 지진; 감전
sacudir	타 흔들다; 때리다
sadismo	남 사디즘, 가학성 성애
saeta	여 화살
safari	남 사파리, 원정 여행; 탐험대
sagacidad	여 총명함, 명민함; 혜안
sagaz	형 총명한, 명민한; 혜안의
sagrado, da	형 성스러운, 신성한
sahariano, na	형 사하라 사막의
	남여 사하라 사막 사람
sahumador	남 향로
sahumar	타 (에) 향을 피우다
sahumerio	남 향; 향의 연기
sainete	남 사이네떼 (1막물 풍속 희극)
sal	여 소금; 염(鹽); 기지

sala	여 응접실, 객실, 거실
salacot	남 햇볕 가리는 헬멧
salado, da	형 (맛이) 짠
saladura	여 소금 절임
salamandra	여 [동물] 불도마뱀
salar	타 소금에 절이다, 소금을 넣다
salariado	남 임금 제도
salarial	형 봉급의, 급료의, 임금의
salario	남 봉급, 급료
salchicha	여 소시지, 순대
salchichería	여 소시지[순대] 가게
salchichero, ra	여 순대 장수, 소시지 장수
salchichón	남 소시지
saldar	타 결재하다; 싸게 팔아 치우다
saldista	남여 재고품을 싸게 파는 사람
saldo	남 잔고; 청산; 바겐세일
salero	남 소금 그릇
salido, da	형 돌출한, 튀어나온
	여 출구; 출발; 출력
salida del sol	여 일출
saliente	형 돌출한; 튀어나온
salina	여 염전, 제염소
salinero, ra	형 소금의; 염전의
	여 염전
salinidad	여 염분, 소금기
salir	자 나가다, 나오다; 출발하다
salirse	((재귀)) 외출하다; (액체가) 넘치다
saliva	여 침, 타액
salivación	여 타액 분비
salival	형 침의, 타액의
salivar	자 침을 흘리다
salmista	남여 성시(聖詩) 작가
salmo	남 성시(聖詩)
Salmos	남복 [성서] 시편
salmón	남 [어류] 연어

스페인어-한국어 499

salmón ahumado	남 훈제 연어
salmonella	여 살모넬라균
salmonelosis	여 살모넬라균 감염증
salmonete	남 노랑촉수
salón	남 살롱, 홀, 큰 방
salón de belleza	남 미장원
saloncillo	남 (극장의) 휴게실; 작은 방
salpicadero	남 계기반(計器盤)
salpicado, da	형 (물이나 흙탕물이) 튀긴
salpicadura	여 (물 등이) 튀김; 튀긴 흙탕물
salpicar	타 끼얹다, 뒤집어씌우다
salpresar	타 소금으로 간을 맞추다
salsa¹	여 소스; 간장; 육즙
salsa²	여 살사 춤[곡]
salsera	여 소스 그릇
salsero, ra	형 살사 춤[곡]의
saltador, ra	남여 점프 경기의 선수
saltamontes	남단복 메뚜기
saltar	자 뛰다, 점프하다; 날아 오르다
salteador, ra	남여 산적, 노상 강도
saltear	타 (노상 강도가) 습격하다
salto	남 도약, 점프; 폭포
salto de altura	남 높이뛰기
salto de longitud	남 멀리뛰기
salto con pértiga	남 장대높이뛰기
salud	남 건강. 감 건배!
saludable	형 건강에 좋은; 건전한
saludar	타 인사하다
saludo	남 경례, 인사; 복 안부
salutación	여 인사; 경례
salva	여 예포, 축포
salvable	형 구조할 수 있는
salvación	여 구조; [종교] 구제
Salvador, el	남 구세주, 예수 그리스도
Salvador, El	남 [나라] 엘살바도르

salvador, ra	혱 구조하는
	남여 구조하는 사람
salvadoreño, ña	혱 엘살바도르의
	남여 엘살바도르 사람
salvaguarda	여 통행 허가증; 보호
salvaguardar	타 보호하다, 비호하다
salvaguardia	여 통행 허가증; 보호
salvaje	혱 야생의; 미개의
	남여 난폭한 사람; 미개인, 원시인
salvamento	남 구조, 구출
salvar	타 구제하다; 원조하다; 극복하다
salvavidas	남단복 튜브, 구명 장비
salvo, va	혱 무사한
	전 (을) 제외하고, 이외에(는)
salvoconducto	남 통행 허가증
samba	여 삼바 (춤, 곡)
sampán	남 삼판 (선박의 일종)
san	혱 [santo의 to 탈락형] 성(聖)
sanamente	부 건강히, 건전하게
sanar	자 (병이) 낫다, 치유하다
sanatorio	남 (결핵 등의) 요양소, 병원
sanción	여 징계; 제재; 비준, 재가
sancionar	타 징계하다, 제재하다; 비준하다
sancocho	남 [요리] 산꼬초 (잡탕 요리)
sandalia	여 샌들
sandía	여 [식물] 수박
sandial	남 수박 밭
sandiar	남 수박 밭
sandinismo	남 산디노(Sandino)주의
sandinista	혱 산디노주의의
	남여 산디노주의자
sandwich	남 샌드위치
saneamiento	남 위생 설비; 하수 설비
sanear	타 위생적으로 하다
sangrar	자 피를 흘리다

	타 피를 뽑다
sangre	여 피, 혈액
sangría	여 [술] 상그리아; 출혈
sangriento, ta	형 유혈의; 피투성이의
sanguijuela	여 거머리
sanguíneo, a	형 혈액의; 다혈질의
sanidad	여 위생 (상태); 건강함; 의료, 보건
sanitario, ria	형 위생의; 건강의; 의료의
	남여 보건소 직원; 위생병
	남 위생 기구[설비]
sano, na	형 건강한, 건전한
sánscrito, ta	형남 산스크리트 어(의)
Santa Biblia	여 성서(聖書)
Santa Sede	여 교황청
santidad	여 신성함
santo, ta	형 성스러운, 성(聖), 신성한
	남여 성인, 성녀, 성자
	남 (책의) 삽화
santonina	여 [약학] 산토닌
santoral	남 성인전; 순교록
santuario	남 성지, 순례지
sapo	남 [동물] 두꺼비
saque	남 [축구] 킥오프; [운동] 서브
saqueador, ra	형 약탈하는
	남여 약탈자
saquear	타 약탈하다
saqueo	남 약탈
sarampión	남 [의학] 홍역
sarape	남 사라뻬 (멕시코의 폰초)
sardana	여 사르다나 (까딸루냐의 민속 무용)
sardina	여 [어류] 정어리
sardinero, ra	형 정어리의
	남여 정어리 장수
sargento	남 하사관, 중사, 상사
sarna	여 옴, 개선(疥癬)

sarracenos	남복 사라센 사람
sarro	남 치석, 이똥
sartén	여 프라이팬
sastre, tra	남여 재단사, 재봉사
sastrería	여 양복점; 재단 공장; 재단사직
Satán	남 사탄, 마왕, 악마
Satanás	남 사탄, 마왕, 악마
satánico, ca	형 악마의, 악마 같은
satanismo	남 악마 숭배; 악마 같은 행동
satélite	남 위성; 인공 위성
satín	남 공단, 새틴
sátira	여 풍자; 풍자시
satírico, ca	형 풍자의, 풍자적인
	남여 풍자시인, 풍자 문학가
satirizar	타 풍자하다
sátiro	남 색마, 호색한
satisfacción	여 만족
satisfacer	타 만족시키다
satisfactorio, ria	형 만족스러운; 나무랄 데 없는
satisfecho, cha	형 만족한
saturación	여 포화
saturar	타 포화시키다
saturnal	형 토성(Saturno)의
saturnino, na	형 무뚝뚝한, 음울한
saturnismo	남 연 중독, 연독
Saturno	남 [천문] 토성(土星)
sauce	남 [식물] 버드나무
sauce llorón	남 [식물] 수양버들
sauceda	여 버드나무 숲
saucedal	남 버드나무 숲
sauco	남 [식물] 말오줌나무
saudade	여 향수
saudí	형 사우디아라비아의
	남여 사우디아라비아 사람
saudita	형 사우디아라비아의

	남여 사우디아라비아 사람
sauna	여 사우나
saurio	남 공룡
sauvástica	여 만자(卍字)
savia	여 수액(水液)
saxofón	남 [악기] 색소폰
saxofonista	남여 색소폰 연주자
saxofono	남 [악기] 색소폰
sazón	남 성숙; 맛; 호기
sazonado, da	형 맛을 낸; (표현이) 감칠맛 나는
sazonamiento	남 맛을 냄; 맛을 낸 것
sazonar	타 맛을 내다, 맛들이다
scooter	남 스쿠터
se	대 [재귀대명사 원형, 3인칭 단수 및 복수형]; [간접 목적 대명사 le, les가 lo, la, los, las 앞에서]
sebo	남 수지, 비계; 지방, 비만
seboso, sa	형 기름기가 있는; 비계의
secadero	남 건조실, 건조장
secado	남 건조, 말리기
secador	남 헤어드라이어
secadora	여 건조기
secamente	부 냉담하게
secante	형 말리는, 건조하는 남 압지, 흡묵지 여 [수학] 할선; 시컨트
secar	타 말리다, 건조시키다
secarse	((재귀)) 마르다; (몸을) 닦다
sección	여 부문, 부분; 과; 단면
seccionar	타 절단하다
secesión	여 이탈; 분리, 이반
secesionismo	남 분리주의
secesionista	형 분리주의의 남여 분리주의자
seco, ca	형 마른, 건조한; 말린

secoya	여 [식물] 아메리카 삼나무
secreción	여 [생리] 분비, 분비물
secretamente	튀 비밀리에, 몰래, 가만히
secretar	타 분비하다
secretaría	여 사무국; 비서과, 서기국
secretario, ria	남여 비서, 서기
secretariado	남 비서과, 비서학
secreto, ta	형 비밀의
	남 비밀, 기밀; 비결, 비법
secretor, ra	형 분비의
	여 당파, 분파; 종파
sectario, ria	형 당파[분파, 종파]의
sectarismo	남 파벌 근성; 당파심
sector	남 부문, 분야
sectorial	형 부문의, 분야의
secuela	여 영향, 결과; 후유증
secuencia	여 연속; [수학] 수열
secuencial	형 연속의
secuenciar	타 연속시키다
secuestrador, ra	형 유괴하는; 납치하는
	남여 유괴범; 납치범
secuestrar	타 유괴하다; 납치하다
secuestro	남 유괴; 납치
secular	형 세속의; 재가의
secularización	여 환속; 비종교화
secularizar	타 환속시키다
secularizarse	((재귀)) 환속되다
secundar	타 지지하다; 보좌하다
secundario, ria	형 두 번째의; 이차적인
secundinas	여복 [의학] 후산(後産)
sed	여 갈증, 목마름
seda	여 비단, 실크
sedal	남 낚싯줄
sedán	남 [자동차] 세단
sedante	형 진정 작용이 있는

	남 진정제
sedar	타 (마음을) 진정시키다
sedativo, va	형 진정하는
sede	여 본부, 본거지
sedería	여 양잠업
sedero, ra	형 비단의, 명주의
	남여 견직물 제조자[판매자]
sedicente	형 자칭의
sediciente	형 자칭의
sedición	여 반란, 봉기; 폭도
sedicioso, sa	형 반란을 일으키는
	남여 반란자, 폭도
sediento, ta	형 목마른, 갈증이 난
sedimentación	여 침전, 퇴적
sedimentar	타 가라앉히다, 침전시키다
sedimentarse	((재귀)) (앙금 등이) 침전하다
sedimentario, ria	형 침전물[퇴적물]의
sedimento	남 침전물; 퇴적물
sedoso, sa	형 비단 같은; 윤기 나는
seducción	(이성의) 유혹; 매혹
seducir	타 (성적으로) 유혹하다
seductor, ra	형 유혹하는
	남여 유혹하는 자; 색마
segador, ra	남여 수확하는 사람
	여 자동 수확기
segar	타 베어 들이다, 수확하다
seglar	형 세속의; 일반 신도의
segmentación	여 분할, 분단화
segmentar	타 분할하다
segmento	남 선분(線分)
Segovia	여 [지명] 세고비아
segoviano, na	형 세고비아의
	남여 세고비아 사람
segregación	여 차별, 격리, 분리; 분비
segregacionismo	남 인종 분리 정책

segregacionista	형 인종 분리주의의
	남여 인종 분리주의자
segregar	타 격리[분리]하다; 분비하다
seguidamente	부 계속해서, 잇달아
seguidilla	여 세기디야 (스페인 무용 및 음악)
seguido, da	형 연속된, 계속된, 잇따른
	부 곧, 즉시, 직후에
	여 연속, 열
seguidor, ra	형 따르는, 추적하는
	남여 추종자; 신봉자; (팀 등의) 팬
seguimiento	남 추종, 수행, 추적
seguir	타 따르다, 계속하다
según	전 (에) 의하면, (에) 따라서
segundar	타 (종료 직후에) 반복하다
segundero	남 초침(秒針)
segundo, da	형 둘째의, 두 번째의; 제이의
	남 초(秒)
	여 (기어의) 2단; (탈것의) 2등
seguramente	부 확실히, 분명히
seguridad	여 안전, 보안
seguro, ra	형 안전한; 확신하고 있는
	여 보험
seis	형 6의, 여섯 번째의.
	남 6; 6일. 여복 6시
seisavo, va	형 6분의 1의. 남 6분의 1
seiscientos, tas	형 600의, 600번째의
	남 600
seísmo	남 지진
seismología	여 지진학
selección	여 선택, 선발; 선집
seleccionado, da	형 선발된, 선택된, 선별된
	남 [남미] 국가 대표팀
seleccionador, ra	남여 감독
seleccionar	타 선발[선택, 선별]하다
selectividad	여 선발 기준[시험];

	(스페인의) 대학 입시 자격시험
selectivo, va	형 선택의; 선택[선발]하는
	남 예비 강좌
selector	남 선별 기계
self-service	남 셀프서비스 (가게)
sellado, da	형 봉인된, 봉함된
	남 날인, 압인; 봉인
sellar	타 (에) 도장을 찍다, 봉인하다
sello	남 도장, 스탬프; 우표
selva	여 밀림, 숲
selvático, ca	형 삼림의, 밀림의
selvicultura	여 조림, 식림
semáforo	남 (교통) 신호, 신호등
semana	여 주(週); 1주간; 주간; 주급
Semana Santa	여 성주간
semanal	형 주의; 1주간의; 매주의
semanalmente	부 주에 한 번
semanario, ria	형 주의; 1주간의
	남 주간 잡지
semblante	남 안색, 용모
semblanza	여 (개인의) 약력
sembradera	여 파종기(播種機)
sembrado	남 [파종된] 밭
sembrador, ra	형 씨앗을 뿌리는
	남여 파종하는 사람
	여 파종기(播種機)
sembradura	여 파종, 씨 뿌리기
sembrar	타 파종하다, 씨를 뿌리다
semejante	형 비슷한, 유사한
semejanza	여 유사성; 닮음
semejar	타 (에) 비슷하다
semejarse	((재귀)) 닮다, 비슷하다
semen	남 [생리] 정액
semental	형 씨의, 종자의; 종축의
	남 씨말, 종마(種馬)

sementera	여 파종, 파종 시기
semestral	형 반년간의; 반년마다의
semestralmente	부 6개월마다, 반년마다
semestre	남 반년; 학기
semicírculo	남 반원
semiconductor	남 반도체
semifinal	여 준결승
semifinalista	남여 준결승 출전 선수[팀]
semifondo	남 [운동] 중거리
semilla	여 씨, 씨앗, 종자
semillero	남 못자리, 묘상, 모판
seminal	형 정액의; 씨앗의
seminario	남 신학교; 세미나
seminarista	남여 신학생
semipesado	남 라이트 헤비급
semiproducto	남 반제품
semiprofesional	형 반직업적, 세미프로의
semisótano	남 반 지하실
semivocal	형 반모음의
	여 반모음
senado	남 원로원, 상원
senador, ra	남여 원로원 의원, 상원의원
sencillamente	부 단순히, 간단히
sencillez	여 단순함, 간단함
sencillo, lla	형 간단한, 단순한; 단일의
senda	여 샛길, 좁은 길
senderismo	남 하이킹, 트레킹
sendero	남 샛길, 좁은 길
sendos, das	형 각자 하나씩의
senectud	여 노년기
senescencia	여 노쇠; 노화 현상
senescente	형 노쇠의, 노화 현상의
senil	형 노쇠한, 노망한; 노인의
senilidad	여 노쇠, 노화
seno	남 가슴, 유방

sensación	여 감각; 감동
sensacional	형 선풍적 인기의; 선정적인
sensacionalismo	남 선정주의
sensacionalista	형 선정주의의 남여 선정주의자
sensatez	여 양식, 분별
sensato	형 사려 있는, 분별 있는
sensibilidad	여 감수성; 감각
sensibilización	여 민감하게 함
sensibilizado, da	형 민감한
sensibilizar	타 민감하게 하다
sensible	형 분별 있는, 현명한; 민감한
sensiblemente	부 눈에 띄게; 똑똑히; 확실히
sensitivo, va	형 감각의
sensor	남 센서, 감지기
sensorial	형 감각의, 감각기의
sensorio, ria	형 감각의, 감각기의
sensual	형 관능의, 관능적인
sensualidad	여 관능적임; 호색
sensualismo	남 향락주의
sentado, da	형 앉은; 분별 있는, 양식 있는 여 연좌, 연좌 농성; 눌러앉음
sentar	타 앉히다 자 (몸에) 맞다
sentarse	((재귀)) 앉다
sentencia	여 판결, 선고; 격언
sentenciar	타 선고하다, 판결하다
sentencioso, sa	형 거드름피우는, 점잔빼는
sentido, da	형 감정 어린; 화를 잘 내는 남 의미; 감각; 방향
sentimental	형 감상적인; 잘 감동하는
sentimentalismo	남 감상주의, 감상 과다
sentimiento	남 감정; 기분; 심리 상태
sentir	타 느끼다, 미안해하다, 유감으로 생각하다, 섭섭해하다, 안되었다

sentirse	((재귀)) 느끼다
seña	여 신호; 표시. 복 주소
señal	여 표, 표시; 신호; 표지
señaladamente	부 현저히, 몹시, 특히
señalado, da	형 눈부신, 놀라운; 표시된
señalador	남 서표(書標)
señalar	타 지시하다; 지정하다
señalero	남 신호수
señalización	여 표지 설치; 표지
señalizar	타 (도로 등에) 표지를 설치하다
señor	남 남자, 분, 씨; 복 부부
Señor, el	남 구세주, 예수 그리스도
señora	여 부인, 여사
señorear	타 (주인으로서) 지배하다
señorío	남 (영주의) 지배; 영지; 상류 인사
señorita	여 아가씨, 양
separable	형 분리할 수 있는
separación	여 분리; 이별; 별거
separadamente	부 따로따로
separado, da	형 떨어진, 갈라진; 별거중인
separador	남 분리기; 분리 기호[문자]
separar	타 나누다, 분리하다; 갈라놓다
separarse	((재귀)) 이별하다, 헤어지다
separatismo	남 분리주의
separatista	형 분리주의의
	남여 분리주의자
sepia	여 뼈오징어
septentrión	남 북쪽; 북두칠성; 큰곰자리
septentrional	형 북쪽의, 북부의
	남여 북부 지방 사람
septeto	남 [음악] 칠중주; 칠중창
septicemia	여 [의학] 패혈증
septicémico, ca	형 [의학] 패혈증의
septiembre	남 9월
séptimo, ma	형 일곱 번째의; 7분의 1의

	남 7분의 1
septuagenario, ria	형남여 70대의 (노인)
septuagésimo, ma	형 70번째의
séptuplo, pla	형남 7배(의)
septuplicar	타 7배하다
sepulcral	형 묘의
sepulcro	남 묘, 분묘
sepultar	타 (묘에) 매장하다
sepultura	여 매장; 묘; 묘혈
sepulturero, ra	남여 무덤 파는 사람
sequedad	여 건조; 냉담함
sequía	여 한발, 가뭄
ser	자 이다; (이) 되다; 존재하다
Serbia	여 [나라] 세르비아
serbio, bia	형 세르비아의
	남여 세르비아 사람
	남 세르비아 어
serbocroata	형 세르비아크로아티아의
	남여 세르비아크로아티아 사람
	남 세르비아크로아티아 어
serenamente	부 조용히, 고요히
serenar	타 가라앉히다, 진정시키다
serenarse	((재귀)) 가라앉다, 진정되다
serenata	여 세레나데, 소야곡
serenidad	여 평정, 냉정함; 조용함
sereno, na	형 (하늘이) 맑은; 조용한
	남 야경꾼
serial	형 시리즈의, 연속의
	남 연속극
serialización	여 시리즈화; 연속 방영
serializar	타 연속 방영하다
seriamente	부 성실히, 진지하게
seriar	타 연속 방영하다
sericicultura	여 양잠, 양잠업
sérico, ca	형 혈청의

sericultor, ra	남여 양잠가
sericultura	여 양잠, 양잠업
serie	여 연속, 시리즈
seriedad	여 진지함; 진심, 본마음
serigrafía	여 실크 인쇄(물)
serio, ria	형 진지한; 무뚝뚝한; 중대한
sermón	남 교훈; 설교; 잔소리
sermonario	남 설교집
sermoneador, ra	형 잔소리하기 좋아하는
	남여 잔소리[설교]하는 사람
sermonear	자 설교를 하다; 잔소리하다
sermoneo	남 설교; 잔소리
serología	여 혈청학
seropositivo, va	형 양성 반응의
	남여 양성 반응자
seroso, sa	형 혈청의, 장액의
	여 [해부] 장막
seroterapia	여 혈청 요법
serpentear	자 꾸불꾸불 굽어지다
serpiente	여 [동물] 뱀
serradujra	여 톱밥
serrano, na	형 산지[산악]의
	남여 산지 주민
serrar	타 톱질하다, 톱으로 켜다
serrería	여 제재소
serrín	남 톱밥
serrucho	남 손 톱
servible	형 아직 사용할 수 있는
servicial	형 (종업원이) 친절한
servicio	남 봉사, 접대, 서비스; 업무; 변소
servidor, ra	남여 하인, 급사
	남 [컴퓨터] 서버
servidumbre	여 하인들; 예속; 종속
servil	형 노예의; 하인의; 비굴한
servilismo	남 비굴함, 추종

servilleta	여 냅킨
servilletero	남 냅킨 꽂는 곳
servir	타 봉사하다, 접대하다
servirse	((재귀)) 스스로 먹어보다; 사용하다
sésamo	남 [식물] 참깨; 참깨 씨
sesenta	형 60의; 60번째의 남 60, 예순. 복 60년대; 60대
sesentavo, va	형남 60분의 1(의)
sesentón, na	형남 60대의 (사람)
sesión	여 회의; 공연, 상영
seso	남 뇌; 두뇌
sestear	자 낮잠을 자다; 휴식을 취하다
sesteo	남 낮잠
set	남 [운동] [영화] 세트; 한 조, 일습
seta	여 버섯
setecientos, tas	형 700의; 700번째의. 남 700
setenta	형 70의; 70번째의 남 70, 일흔. 복 70년대; 70대
setentavo, va	형남 70분의 1(의)
setentón, na	형남 70대의 (사람)
setiembre	남 9월(septiembre)
sétimo, ma	형남 일곱 번째(의)
seto	남 산울타리
seudónimo	남 필명; 예명
severamente	부 엄히, 호되게
severidad	여 엄함, 호됨, 가혹함
severo, ra	형 엄한, 엄격한
sexagenario, ria	형남 60대의 (노인)
sexagésimo, ma	형 60번째의; 60분의 1의 남 60분의 1
sex-appeal	남 성적 매력
sexenio	남 6년간
sexismo	남 성차별, 성차별주의
sexista	형 성차별주의의 남여 성차별주의자

sexo	남 성(性); 성별; 성기
sexología	여 성과학(性科學)
sexológico, ca	형 성과학의
sexólogo, ga	남여 성과학자
sex-shop	남 포르노 가게
sex-symbol	남여 섹스 심벌
sexteto	남 [음악] 6중주단; 6중주곡
sexto, ta	형 여섯 번째의; 6분의 1의
	남 6분의 1
sextuplo, pla	형남 6배(의)
sextuplicar	타 6배하다
sexual	형 성의, 성적(性的)
sexualidad	여 성; 성행위; 성욕
sexy	형 섹시한
sherpa	형 세르파 족의
	남여 세르파
show	남 쇼, 흥행; 과시
si^1	남 [음악] 나 음(音), 나 조(調)
si^2	접 만일 …이라면; …인지 어쩐지
sí^1	대 자기 자신
sí^2	부 예; [부정 의문의 대답] 아닙니다
sicología	여 심리학
sicomoro	남 [식물] 무화과 무리
sida, Sida, SIDA	남 에이즈
sidecar	남 사이드카
siderita	여 [광물] 능철광
siderurgía	여 제철, 제철업
siderúrgico, ca	형 제철의
sidítico, ca	형 에이즈의
	남여 에이즈 환자
sidoso, sa	형 에이즈의
	남여 에이즈 환자
sidra	여 사이다; 사과주
sidrería	여 사과주 판매점
siega	여 추수, 베어들임

siembra	여 파종; 파종기
siempre	부 늘, 언제나, 항상
sien	여 관자놀이
sierra	여 톱; 산맥
siervo, va	남여 (봉건 시대의) 농노
siesta	여 낮잠
siete	형 7의; 7번째의
	남 7; 7일. 여복 7시
sífilis	여 [의학] 매독
sifilítico, ca	형 매독의. 남여 매독 환자
sigilo	남 비밀; 은폐, 정숙함
sigla	여 약어, 약호
siglo	남 세기(世紀)
sigma	여 [그리스 문자] 시그마(Σ)
signar	타 서명하다
signarse	((재귀)) 십자를 긋다
signatario, ria	형남여 서명자(의)
signatura	여 기호, 부호; 서명
significación	여 의미; 어의; 중요성
significado, da	형 중요한, 걸출한
	남 의미; 의의
significante	형 의미 있는; 의미 심장한
significar	타 의미하다, 뜻하다
significativo, va	형 의미 심장한; 중요한
signo	남 기호, 부호; 징후
siguiente	형 다음의
sílaba	여 음절
silabación	여 음절 분리
silabear	타 음절을 단락을 지어 발음하다
silabeo	남 음절 분리
silábico, ca	형 음절의
silba	여 (야유의) 휘파람
silbante	형 씽씽 울리는
silbar	자 휘파람을 불다, 피리를 불다
	타 (곡을) 휘파람으로 불다

silbato	男 호루라기
silbido	男 (휘파람 등의) 소리
silbo	男 (휘파람 등의) 소리
silenciador	男 (총의) 소음기, 소음 장치
silenciar	他 침묵을 지키다; 침묵하게 하다
silencio	男 정숙함; 침묵
	間 조용히
silencioso, sa	形 말없는, 무언의
silicio	男 실리콘
silicona	女 실리콘 수지
silicosis	女 [의학] 규폐증
silla	女 의자
sillín	男 (자전거의) 안장
sillón	男 안락의자
silo	男 사일로
silogismo	男 삼단 논법
silogizar	他 삼단 논법으로 증명하다
silueta	女 윤곽; 그림자 그림, 실루엣
siluetar	他 (에) 윤곽을 그리다
siluetear	他 (에) 윤곽을 그리다
silvestre	形 야생의
silvicultor, ra	男女 임학자, 산림학자, 임업자
silvicultura	女 임학(林學), 조림학, 임업
simbionte	形 [생물] 공생의. 男 공생자
simbiosis	女 [생물] 공생
simbiótico, ca	形 [생물] 공생의
simbólico, ca	形 상징적인
simbolismo	男 상징주의; 상징성
simbolista	形 상징주의의
	男女 상징주의자
simbolización	女 상징화
simbolizar	他 상징화하다
símbolo	男 상징, 심볼; 기호
simbología	女 상징학
simetría	女 대칭; 조화

simétrico, ca	형 대칭의
simiente	여 씨, 종자
simiesco, ca	형 원숭이의, 원숭이 같은
símil	남 비교; 유사; 직유
similar	형 유사한
similtud	여 유사성
simio, mia	남여 [동물] 원숭이; 유인원
simpatía	여 호감; 공감; 교감
simpático, ca	형 호감이 가는; 마음에 드는
simpatizante	형 공명하는; 동조적인
simpatizar	타 공감하다, 호감을 가지다
simple	형 단순한, 간단한; 간소한
simplemente	부 단순히, 간단히
simpleza	여 단순함, 간단함; 하찮은 것
simplicidad	여 단순함; 간단함; 간소함
simplificación	여 단순화, 간략화
simplificar	타 단순하게[간단하게] 하다
simposio	남 심포지엄
simulación	여 흉내, 가장; 모의 실험
simulacro	남 [군사] 연습, 모의전; 외관
simulador	남 모의 훈련 장치
simular	타 흉내내다; 가장하다; 체하다
simultanear	타 (두 개를) 동시에 하다
simultaneidad	여 동시성
simultáneo, a	형 동시의
sin	전 없는, 없이
sinagoga	여 유대교 교회당
sinceramente	부 마음으로부터, 솔직히
sinceridad	여 성실
sincero, ra	형 성실한, 마음으로부터의
sincope	여 실신
sincronía	여 동시성
sincrónico, ca	형 동시에 일어나는, 같은 주기의
sincronismo	남 동시성; 동기
sincronización	여 동기화, 동조

sincronizar	타 동시에 일어나다
sindicación	여 (노동자의) 조합 가입
sindical	여 노동 조합의
sindicalismo	남 노동 조합 운동, 노동조합주의
sindicalista	형 노동 조합의; 노동 조합주의의
	남여 노동 조합 활동가
sindicar	타 노동 조합에 가입시키다
sindicato	남 노동 조합
síndrome	남 증후군
Síndrome de Inmunodeficiencia Adquirida	
	남 에이즈, 후천성 면역 부전 증후군
Síndrome Respiratorio Agudo (y) Grave	
	남 중증 급성 호흡기 증후군, 사스
sindromología	여 증후군학
sinfin	남 무수함
sinfonía	여 교향곡, 심포니
sinfónico, ca	형 교향곡의, 심포니의
sinfonista	남여 심포니 작곡가; 교향악 단원
single	형 싱글 음반의; 싱글즈의
	남 싱글 음반; 싱글즈
singular	형 독특한; 기묘한; [문법] 단수의
singularidad	여 특이성; 독자성
singularizar	타 눈에 띄게 하다; 단수형으로 하다
singularmente	부 별개로, 특별히; 유난히
siniestro, tra	형 왼쪽의; 불길한
	남 재해, 재난, 사고
sinnúmero	남 무수함
sino[1]	전 [+no] …이 아니고 …이다
sino[2]	남 운명, 숙명
sinología	여 중국학, 중국 연구
sinólogo, ga	남여 중국학 학자
sinónimo	형 동의(同義)의
	남 동의어, 비슷한 말
sinrazón	여 부당한 행위
sintaxis	여 종합, 총론

sintesis	여 종합; 총괄; 합성
sintético, ca	형 종합하는, 종합적인
sintetizador	남 신시사이저
sintetizar	타 종합하다, 집대성하다
síntoma	남 증상, 징후; 전조
sintomático, ca	형 징후를 나타내는
sintomatología	여 징후학
sintoniiia	여 동조; 테마 음악
sintonizador	남 튜너
sintonizar	타 동조시키다
sinusitis	여 정맥두염(靜脈竇炎)
sinvergüenza	형 철면피한, 낯가죽이 두꺼운
	남여 철면피, 뻔뻔스런 사람
sionismo	남 시온주의, 유대주의, 시오니즘
sionista	형 시온주의의, 시오니즘의
siquiera	부 적어도, 하다 못해; (조차) 아니다
	접 설령 …일지라도
sirena	여 [신화] 인어
Siria	여 [나라] 시리아
sirio, ria	형 시리아의
	남여 시리아 사람
sirope	남 시럽
sirviente, ta	남여 하인
sísmico, ca	형 지진의
sismo	남 지각 지진
sismografía	여 지진 관측(학)
sismógrafo	남 지진계
sismograma	남 지진도
sismología	여 지진학
sismológico, ca	형 지진학의
sismómetro	남 지진계
sistema	남 제도, 방식; 체계; 계통
sistemático, ca	형 조직적인, 체계적인
sistematización	여 조직화, 체계화
sistematizar	타 체계화하다

sitiador, ra	형 포위하는
sitiar	타 점령하다, 포위하다
sitio	남 점령, 포위; 장소
sitio Web	남 웹사이트
situación	여 상태, 상황, 입장; 계통
situado, da	형 위치한
situar	타 배치하다, 위치하게 하다
slip	남 수영 팬츠
sobaco	남 겨드랑이
sobaquera	여 (겨드랑이 밑에 대는) 땀받이
sobaquina	여 암내, 액취
soberanía	여 주권, 통치권
soberanamente	부 최고로, 극도로
soberano, na	형 주권을 가진; 최고의
	남여 군주, 제왕
soberbiamente	부 건방지게, 거만하게; 훌륭히
soberbio, bia	형 오만한, 건방진; 훌륭한
	여 오만, 건방짐, 거만
sobornable	형 매수할 수 있는
sobornar	타 매수하다, 뇌물을 주다
soborno	남 매수, 뇌물
sobra	여 과잉; 여분; 먹다 남은 밥
sobradamente	부 충분히, 남아돌 만큼
sobrado, da	형 남은, 여분의. 부 충분히
sobrante	형 여분의, 남은
	남 여분, 나머지
sobrar	자 남다, 남아 있다
sobre^1	전 (의) 위에; (에) 관해; 약…
sobre^2	남 봉투
sobreabundancia	여 과다, 과잉
sobrabundante	형 푸짐한, 충분한; 남아돌 만큼의
sobraabundar	자 남아돌다
sobrecalentar	타 과열시키다
sobrecama	여 침대 커버
sobrecapacidad	여 설비 과잉

스페인어-한국어 521

sobrecarga	여 과적, 중량 초과; 과부하
sobrecargar	타 짐을 너무 싣다
sobrecargo	남 [항공] 사무장
sobrecubierta	여 (책 등의) 커버; (배의) 상갑판
sobredicho, cha	형 전기의, 전술한
sobredorar	타 금도금하다
sobredosis	여 복용 과다
sobreestrés	남 과도한 스트레스
sobreexcitación	여 극도의 흥분
sobreexcitar	타 극도로 흥분시키다
sobreexponer	타 과다 노출시키다
sobreexposición	여 과다 노출
sobregirar	타 초과 발행하다
sobregiro	남 초과 발행
sobrehumano, na	형 초인적인
sobrellevar	타 (불행 등에) 참다
sobremesa	여 식후의 한동안; 식탁보
sobrenadar	자 표면에 뜨다
sobrenatural	형 초자연적인
sobrepaga	여 특별 수당
sobreparto	남 산후(産後)
sobrepasar	타 상회하다, 우수하다
sobrepeso	남 중량[체중] 초과
sobrepoblación	여 인구 과잉
sobrepoblado, da	형 인구 과잉의
sobreponer	타 포개다, 쌓아올리다
sobreprecio	남 할증 가격
sobreprima	여 추징 보험료
sobreproducción	여 과잉 생산
sobreprotección	여 과잉 보호
sobreprotector, ra	형 과잉 보호의
sobreproteger	타 과잉 보호하다
sobrepuesto	남 아플리케
sobrepujar	타 낫다, 우수하다, 능가하다
sobresaliente	형 걸출한, 우수한

	남 (성적의) 우
sobresalir	자 두드러지다, 뛰어나다
sobresaltar	타 깜짝 놀라게 하다
sobresalto	남 놀람; 갑작스런 공포
sobresanar	자 (상처가) 겉만 치료되다
sobreseer	자타 (심리를) 기각하다
sobreseimiento	남 기각
sobrestadía	여 [상업] 체선, 체선료
sobrestante	남 현장 감독
sobrestimar	타 과대 평가하다
sobresueldo	남 부수입
sobretasa	여 추가 요금, 과징금
sobretensión	여 [전기] 과전압
sobretodo	남 외투
sobrevaloración	여 과대 평가
sobrevalorar	타 과대 평가하다
sobrevaluado, da	형 과대 평가된
sobrvenir	자 돌발하다
sobrevidriera	여 이중창; (창의) 철망
sobreviviente	형 생존한
sobrevivir	자 살아 남다, 목숨을 건지다
sobrevolar	타 (의) 상공을 날다
sobrexceder	자 [+a] (을) 상회하다
sobrexcitar	타 극도로 흥분시키다
sobriedad	여 (음주의) 절제, 절도
sobrina	여 여자 조카, 질녀
sobrino	남 남자 조카, 생질
sociabilidad	여 사교성
sociable	형 사교적인
social	형 사회의, 사회적인; 회사의
socialcristiano, na	형 기독교 사회주의의
socialdemocracia	여 사회민주주의
socialdemócrata	형 사회민주주의의
	남여 사회주의자; 사회당원
socialismo	남 사회주의

socialista	형 사회주의의
	남여 사회주의자
socialización	여 사회주의화
socializar	타 사회주의화하다
sociedad	여 사회; 회사; 단체
socio, cia	남여 회원
sociología	여 사회학
sociológico, ca	형 사회학의, 사회학적인
sociólogo, ga	남여 사회학자
socorrer	타 원조하다, 구조하다
socorrido, da	형 편리한, 안이한
socorrismo	남 해난 구조; 구급 의료[반원]
socorrista	남여 인명 구조원; 해난 구조 대원
socorro	남 구조. 감 구해 주세요!
soda	여 소다수; 가성 소다
sódico, ca	형 나트륨의
sodio	남 나트륨, 소듐
sodomía	여 남색, 수간, 비역
sodomita	형 남색의
	남여 남색자, 비역자
sofá	남 소파
sofisma	남 궤변
sofista	남여 궤변가; 소피스트
sofisticación	여 지적 소양; 정교화
sofisticado, da	형 세련된; 정교한
sofisticar	타 세련시키다
sofocación	여 불 끄기; 질식
sofocante	형 숨이 막힌, 답답한
sofocar	타 질식시키다
sofocarse	((재귀)) 질식하다
sofoco	남 숨이 막힘, 숨막힐 듯한 더위
sofocón	남 불쾌감, 격노
sofreír	타 기름에 살짝 볶다[지지다]
sofrito, ta	형 기름에 살짝 볶은[지진]
sofrenar	타 (감정을) 억제하다

software	남 소프트웨어
soga	여 줄, 새끼줄, 포승
sol¹	남 태양, 해; 솔
sol²	남 [음악] 사 음(音), 사 조(調)
solamente	부 단지, 오직, 뿐
solana	여 양달, 양지; 강한 햇살
solanera	여 강한 햇살이 비치는 장소
solapa	여 (저고리 등의) 접은 옷깃
solar	형 태양의, 해의; 터, 장소
solariego, ga	형 명문의, 구가의
	남여 명문가의 사람
solada	여 (군인 등의) 봉급
soldado, da	남여 병사, 군인
soldado raso	남 병졸
soldador¹	여 용접용 인두
soldador², ra	남여 용접공, 땜장이
soldadura	여 용접, 땜질, 접합
soldar	타 용접하다, 땜질하다
soldeo	남 용접, 땜질
soleado, da	형 볕이 드는; 하늘이 활짝 개인
soleamiento	남 햇볕에 쪼임
solear	타 햇볕에 쪼이다[말리다]
soledad	여 고독
solemne	형 장엄한, 성대한
solemnemente	부 장엄하게, 성대하게
solemnidad	여 장엄함, 성대함
solemnizar	타 장엄하게 행하다
soler	타 [+*inf.*] 자주 …하다
solicitación	여 신청; 간원
solicitado, da	형 인기가 있는
solicitador, ra	형 신청하는; 간원하는
	남여 신청자; 간원하는 사람
solicitante	형 신청하는; 간원하는
	남여 신청자; 간원하는 사람
solicitar	타 신청하다; 지원하다

solicitud	여 배려; 신청, 출원; 지원
sólidamente	부 견고히; 확고히
solidaridad	여 연대, 단결; 연대 책임
solidario, ria	형 연대한; 연대 책임을 가진
solidarizar	타 연대시키다
solidez	여 견고함, 확고함
solidificación	여 응고, 고체화
solidificar	타 응고시키다, 고체화시키다
sólido, da	형 고체의; 단단한
	남 고체
solista	남여 독주자, 솔리스트
solitario, ria	형 고독한; 사람이 없는
	남여 고독한 생활을 즐기는 사람
	여 촌충
	남 (다이아몬드의) 외알박이
sollozar	자 흐느껴 울다
sollozo	남 흐느껴 욺
solo, la	형 단일의; 홀로
	남여 솔로, 독주, 독창
sólo	부 단지, 오직, 뿐
solomillo	남 등심살
solsticio	남 [천문] (태양의) 지점
soltar	타 놓아주다; 석방하다
soltería	여 미혼, 독신 생활
soltero, ra	형 독신의, 미혼의
	남여 독신자, 총각, 처녀
solterón, na	형 나이 많은 독신의
	남여 노총각, 노처녀
soltura	여 유창함; 자유 자재
solubilidad	여 가용성; 용해도
soluble	형 녹는, 가용성의
solución	여 해결, 해답; 용해
solucionar	타 해결하다
solvencia	여 지불 능력
solventar	타 (채무를) 갚다; 해결하다

solvente	형	부채가 없는; 지불 능력이 있는
sombra	여	그늘, 음영(陰影), 그림자
sombrear	타	그림자를 만들다[그리다]
sombrerera	여	모자걸이
sombrerería	여	모자 가게
sombrerero, ra	남여	모자 장수[기술자, 업자]
sombrero	남	(테가 있는) 모자, 중절모자
sombrilla	여	양산, 비치 파라솔
sombrío, a	형	어두운, 어둑어둑한; 음울한
someter	타	복종시키다; 따르게 하다
someterse		((재귀)) 복종하다; 따르다
sometimiento	남	복종, 항복
somnífero, ra	형	최면성의
somnolencia	여	꾸벅꾸벅 졸음; 졸음
somnoliento, ta	형	졸리는 (듯한)
son	남	소리, 음
sonambulismo	남	몽유병
soñambulo, la	형	몽유병의. 남여 몽유병 환자
sonar	자	울리다; 울려 퍼지다
sónar	남	수중 음파 탐지기
sonata	여	소나타, 주명곡
sonatina	여	소나티나, 소주명곡
sonda	여	[해사] 측심기; [의학] 존데
sondar	타	(깊이를) 재다; 탐사하다
sondeador	남	측심기
sondear	타	탐사하다
sondeo	남	탐사; 조사
sonería	여	시간을 울리는 장치
sonetillo	남	8행 이하의 시
sonetizar	자	소네트를 쓰다
soneto	남	소네트; 14행시
sónico, ca	형	음속의; 가청음의
sonido	남	소리, 음향, 음성; 사운드
sonista	남여	녹음 기사
sonoramente	부	울림이 좋게[크게]

스페인어-한국어 527

sonoro, ra	형 소리의, 음의
	여 유성음
sonreír	자 미소를 짓다
sonreírse	((재귀)) 미소를 짓다[머금다]
sonriente	형 생글거리는, 미소를 띤
sonrisa	여 미소
sonrojar	타 얼굴을 붉히게 하다
sonrojarse	((재귀)) 얼굴을 붉히다
sonrojo	남 얼굴을 붉힘, 얼굴이 붉어짐
sonrosado, da	형 장밋빛의, 불그스레한
sonrosar	타 장밋빛으로 만들다
sonrosarse	((재귀)) 장밋빛이 되다
sonrosear	타 장밋빛으로 만들다
sonrosearse	((재귀)) 장밋빛이 되다
soñador, ra	형 꿈꾸는, 공상에 잠긴
soñar	자 꿈꾸다; 공상하다
soñolencia	여 꾸벅꾸벅 졸음
soñoliento, ta	형 졸리는
sopa	여 수프, 국
sopar	타 (빵을, 무엇에) 적시다
sopear	타 (빵을, 무엇에) 적시다
sopero, ra	형 수프용의
	남 수프용의 접시
	여 뚜껑 달린 수프 그릇
soplar	자 바람이 불다
soplo	남 (바람이) 붐; 밀고; 일순
soplón, na	형 고자질을 좋아하는
soporífero	남 수면제
soportable	형 참을 수 있는
soportal	남 [건축] 아케이드
soportalibros	남 책꽂이
soportar	타 참다; 떠받치다
soporte	남 받침, 대, 지주
soprano	남 소프라노
	남여 소프라노 가수

sorber	타 홀짝홀짝 마시다; 빨아들이다
sorbete	남 빨대; 과일 얼음 과자
sordamente	부 가만히, 몰래
sordera	여 난청, 귀머거리
sordo, da	형 귀가 먼, 귀머거리의
sordomudez	여 농아(聾啞)
sordomudo, da	형 농아의. 남여 농아
sorocharse	((재귀)) 고산병에 걸리다
soroche	남 [남미] 고산병
sorprendente	형 놀라운, 놀랄만한
sorprender	타 놀라게 하다
sorprenderse	((재귀)) 놀라다
sorpresa	여 놀라움
sorteable	형 피할 수 있는
sortear	타 추첨으로 정하다
sorteo	남 추첨, 제비뽑기
sortija	여 (무늬 있는) 반지
SOS	남 조난 신호, 구조 요청
sosa	여 [화학] 소다
sosegado, da	형 온화한; 얌전한
sosegar	타 진정시키다
	자 쉬다; 잠잠해지다
sosiego	남 평온, 평정, 정숙
soslayar	타 비스듬히 하다
soslayo, ya	형 비스듬한, 기운
soso, sa	형 맛없는; 애교가 없는
sospecha	여 의혹, 혐의
sospechar	타 추측[예측]하다
sospechoso, sa	형 의심스러운, 혐의가 가는
	남여 용의자
sostén	남 지주; 브래지어
sostener	타 받치다; 지지하다; 지속하다
sostenido, da	형 떠받쳐진; 지원된
sostenimiento	남 떠받치기; 유지; 부양
sota	여 [카드] 잭

sótano	男 지하실
souvenir	男 (여행의) 기념품, 토산품
soviet	男 소비에트
soviético, ca	形 소비에트의
soya	女 [중남미] 콩(soja)
sponsor	男女 스폰서
sport	男 스포츠(deporte)
sprint	男 단거리 경주, 스프린트
sprinter	男女 단거리 선수, 스프린터
Sr.	男 [약어] señor …씨
Sra.	女 [약어] señora … 여사
Sres.	男複 [약어] señores 귀중; 부부
Srta.	女 [약어] señorita …양
starter	男 스타터
stock	男 재고
stop	男 (교통 표지의) 적신호
striptease	男 스트립쇼
su	形 [소유 형용사] 그[그녀, 당신, 그것, 그들, 그녀들, 당신들, 그것들]의
suástica	女 갈고리 십자
suave	形 부드러운; 촉감이 좋은
suavemente	副 부드럽게
suavidad	女 부드러움
suavizar	他 부드럽게 하다
suavizante	形 부드럽게 하는
suavizar	他 부드럽게 하다
subalterno, na	形 (지위 등이) 낮은, 말단의
subarrendado, ra	男女 전대인
subarrendar	他 전대하다
subarrendario, ria	男女 전차인
subarriendo	男 전대차(轉貸借)
subasta	女 경매, 입찰
subastador, ra	男 경매인 女 경매장, 옥션 회사
subastar	他 경매하다; 입찰하다
subcampeón, na	男女 준우승자

subcomisión	여 소위원회
subcontratación	여 하청
subcontratar	타 하청 계약을 하다
subcontratista	남여 하청업자
subcontrato	남 하청
subcutáneo, a	형 [해부] 피하의
subdesarrollado, da	형 저개발의
subdesarrollo	남 저개발
subdirector, ra	남여 부사장, 차장, 부지배인
subdirectorio	남 [컴퓨터] 섭디렉터리
súbdito, ta	형 지배를 받는, 종속되어 있는
	남여 신하, 신민
subdividir	타 다시 나누다
subdivisión	여 재분할, 세분
subempleado, da	형 불완전 취업의
subempleado	남 불완전 취업
subestación	여 변전소
subestimar	타 과소 평가하다
subido, da	형 높은; 극상의, 최고급의
	여 상승; 비탈길
subinspector, ra	남여 부검사관
subir	자 오르다, 올라가다
	타 올리다
subirse	((재귀)) (자신의 무엇을) 올리다
súbitamente	부 돌연, 갑자기
súbito, ta	형 갑작스런
subjefe, fa	남여 차장, 부주임
subjetividad	여 주관성, 주체성
subjetivismo	남 주관론, 주관주의
subjetivo, va	형 주관적인
subjuntivo, va	형 [문법] 접속법의
	남 [문법] 접속법
sublevación	여 반란, 봉기
sublevar	타 반란을 일으키게 하다
sublevarse	((재귀)) 반란을 일으키다

sublimación	여 승화; 순화
sublimado	남 승화물; 염화수은
sublimar	타 승화시키다
sublime	형 숭고한
submarinismo	남 잠수, 다이빙; 해저 개발
submarinista	형 잠수의; 해저 개발의
submarino, na	형 해저의, 바다 속의
	남 잠수함
subocupación	여 불완전 취업
suboficial	남여 [군사] 하사관
subordinación	여 종속, 종속 관계; 복종
subordinado, da	형 종속된; 하위의
subordinar	타 종속시키다
subordinarse	((재귀)) 종속되다
subproducto	남 부산물, 이차 제품
subrayar	타 밑줄을 긋다; 강조하다
subscribir	타 신청하다, 출자하다
subscripción	여 예약; 정기 구독
subscriptor, ra	남여 신청자, 정기 구독자
subscritor, ra	남여 신청자, 정기 구독자
subsecretaría	여 차관의 직[사무소]
subsecretario, ria	남여 비서관 보좌관; 차관
subsidiar	타 보조금을 지급하다
subsidiario, ria	형 보조적인; 보조금의
	여 자회사
subsidio	남 보조금, 조성금
subsistencia	여 생존; 식량
subsistente	형 잔존하고 있는
subsistir	자 존속하다
substancia	여 물질; 실질; 실체
substancial	형 실질적인; 본질적인
substantivo, va	형 본질적인
substituir	타 대신하다
subte	남 [남미] 지하철
subteniente	남여 [군사] 준위

subterráneo, a	형 지하의
	남 지하도, 지하실; 지하철
subtitular	타 부제를 붙이다
subtítulo	남 부제(副題); 자막
subtotal	남 소계
subtropical	형 아열대의, 아열대성의
suburbano, na	형 교외의, 근교의
	남 교외 전차
subvención	여 보조금
subvencionar	타 (에) 보조금을 내다
subvenir	자 비용을 부담하다
subversión	여 전복
subversivo, va	형 반체제적인
subvertir	타 (체제 등을) 뒤집다
subyugación	여 정복, 지배
subyugar	타 정복하다, 지배하다
succión	여 빨기; 흡입
succionar	타 빨다, 흡입하다
sucedáneo, a	형 대용의. 남 대용물
suceder	자 (사건 등이) 일어나다; 계승하다
sucedido	남 (실제의) 사건, 사고
sucesión	여 후계; 계승; 상속
sucesivamente	부 연달아, 잇따라
sucesivo, va	형 계속 일어나는, 잇따른
suceso	남 사건; 사고
sucesor, ra	형 후계의, 후임의
	남여 후계자; 상속자
sucesorio, ria	형 상속의
suciedad	여 더러움, 불결함
sucinto, ta	형 간결한; 요약한
sucio, cia	형 더러운, 불결한
suculento, ta	형 맛좋은, 깊은 맛이 있는
sucumbir	자 항복하다; (사고로) 죽다
sucursal	형 지사의, 지점의
	여 지사, 지점

sudación	여 발한
sudadera	여 땀받이 셔츠
sudadero	남 땀 닦는 천
Sudáfrica	여 [지명] 남아프리카
sudafricano, na	형 남아프리카의
	남여 남아프리카 사람
Sudamérica	여 [지명] 남아메리카
sudamericano, na	형 남아메리카의
	남여 남아메리카 사람
sudar	자 땀을 흘리다
Sudcorea	여 [나라] 남한
sudcoreano, na	형 남한의. 남여 남한 사람
sudeste	남 남동(南東); 남동풍
sudoeste	남 남서(南西); 남서풍
sudor	남 땀
sudoración	여 (대량의) 발한
sudoriento, ta	형 땀으로 흠뻑 젖은
sudorífero, ra	형 발한을 촉진하는
sudorífico, ca	형 발한을 촉진하는
	남 발한제
sudoroso, sa	형 땀에 젖은, 땀투성이의
sudsudeste	남 남남동; 남남동풍
sudsudoeste	남 남남서; 남남서풍
Suecia	여 [나라] 스웨덴
sueco, ca	형 스웨덴의
	남여 스웨덴 사람
	남 스웨덴 어
suegra	여 장모, 시어머니
suegro	남 장인, 시아버지
suela	여 (신발의) 밑바닥, 밑창
sueldo	남 급료, 봉급
suelo	남 흙, 땅; 바닥
sueltamente	부 유창히; 훌륭히
suelto, ta	형 (매듭 등이) 풀린; 유창한
	남 잔돈. 여 석방, 해방

sueño	남 꿈; 졸음
suero	남 [의학] 혈청
sueroterapia	여 혈청 요법
suerte	여 운, 행운; 운명
suéter	남 스웨터(jersey)
suficiencia	여 적성, 능력; 충분함
suficiente	형 충분한
suficientemente	부 충분히
sufijo, ja	형남 접미어(의)
sufragio	남 선거 (방법); 투표, 표
sufrido, da	형 (괴로움을) 받은; 참을성이 강한
sufrimiento	남 고통; 인내, 참음
sufrir	자 괴로워하다, 번민하다
	타 인내하다, 견디다
sugerencia	여 제안, 권유; 암시
sugerente	형 암시적인; 연상시키는
sugeridor, ra	형 암시적인; 연상시키는
sugerir	타 상기시키다; 시사하다; 암시하다
sugestión	여 암시; 시사
sugestionable	형 암시[영향] 받기 쉬운
sugestionar	타 암시를 주다; 감화시키다
sugestionarse	((재귀)) 자기 암시에 걸리다
sugestivo, va	형 암시적인, 시사적인
suicida	형 자살하는; 자살 행위의
	남여 자살자
suicidarse	((재귀)) 자살하다(matarse)
suicidio	남 자살
suite	남 (호텔의) 스위트 룸
Suiza	여 [나라] 스위스
suizo, za	형 스위스의
	남여 스위스 사람
sujeción	여 예속, 복종; 속박
sujetador, ra	형 죄는, 매는, 잠그는
	남 브래지어
sujetalibros	남 책버팀, 북앤드

sujetapapeles	명 (종이를 끼우는) 클립
sujetar	타 지배하다; 고정시키다
sujetarse	((재귀)) (자신의 일부를) 죄다[매다]
sujeto, ta	형 묶여진; 구속된; (에) 준하는
	명 [문법] 주어; [철학] 주체; 인간
sultán	명 술탄
suma	여 더하기; 합계; 가산
sumador	명 ((컴퓨터)) 가산기
sumadora	여 계산기, 가산기
sumar	타 더하다
sumariamente	부 간결하게; 약식으로
sumario, ria	형 간결한; 간략한
	명 개요, 요약
sumergible	형 잠수할 수 있는; 방수의
	명 잠수함
sumergir	타 잠수시키다; 담그다
sumersión	여 잠수; 수몰
sumidero	명 하수구, 하수도
suministrable	형 공급할 수 있는
suministrador, ra	형 공급하는
	명여 공급자
suministrar	타 공급하다
suministro	명 공급
sumir	타 가라앉히다; 매장하다
sumisión	여 복종; 항복
sumiso, sa	형 순종하는, 온순한
sumamente	부 극히, 더없이
sumo, ma	형 최고의; 극도의
suntuario, ria	형 사치스러운
suntuosamente	부 사치스레, 호화롭게
suntuosidad	여 사치스러움, 호화로움
suntuoso, sa	형 호화스러운
súper	형 (가솔린이) 옥탄가가 높은
	부 매우, 몹시, 대단히
	명 슈퍼마켓

	여 옥탄가가 높은 기름, 고급 휘발유
superable	형 극복할 수 있는
superabundancia	여 과잉, 과다
superabundante	형 과잉의, 과다의
superabundar	자 너무 많다, 남아 돌다
superación	여 극복
superar	타 극복하다; 웃돌다
	자 [+a] (보다) 낫다, 능가하다
superávit	남 흑자
supercarburante	남 옥탄가가 높은 휘발유
supercomputadora	여 슈퍼컴퓨터
superestrella	여 슈퍼스타
superficial	형 표면의; 표면적인
superficialidad	여 표면적인 일; 천박함
superficialmente	부 표면적으로
superficie	여 면, 표면; 면적
superfino, na	형 가느다란
superfluidad	여 여분, 불필요한 것
superfluo, flua	형 여분의, 불필요한
superhombre	남 슈퍼맨, 초인
superintendencia	여 감독직
superintendente	남여 (행정 기관의) 본부장, 감독
superior^1	형 위의, 상부의; 우수한; 상급의
superior^2, ra	남여 수도원장
superioridad	여 우월함, 우위
superlativo, va	형 최고의, 최상의; 최상급의
	남 [문법] 최상급
supermercado	남 슈퍼마켓
supernumerario, ria	형 여분의, 정원 외의
	남여 정원 외 직원; 평회원
superordenador	남 슈퍼컴퓨터
superpesado	남 슈퍼헤비급
superpoblación	여 과잉 인구; 인구 과잉
superpoblado, da	형 인구 과잉의
superpoblar	타 인구 과잉으로 만들다

스페인어-한국어 537

superpoblarse	((재귀)) 인구 과잉이 되다
superponer	타 포개다
superpotencia	여 초강대국
superproducción	여 과잉 생산
superstición	여 미신
superventas	형남 베스트셀러(의)
supervisar	타 (일을) 감독하다
supervisión	여 (일의) 감독
supervisor, ra	형 감독하는. 남여 감독자
supervivencia	여 생존, 살아 남음
superviviente	형 생존한. 남여 생존자
suplementario, ria	형 추가의
suplemento	남 추가; 할증금
suplencia	여 대행, 대리
suplente	형 대리의, 대행의 남여 대리자; [운동] 후보
súplica	여 간청, 애원; 청원
suplicante	형 간청하는, 애원하는 남여 간청하는 사람
suplicar	타 간청하다, 애원하다
suplicatorio, ria	형 간청하는, 애원하는
suplir	타 대행하다
suponer	타 가정하다, 추측하다
suposición	여 가정; 추측, 억측
supranacional	형 초국가적인
supremacía	여 패권
supremo, ma	형 최고의, 지상(至上)의
supresión	여 폐지; 삭제
suprimir	타 폐지하다, 삭제하다
supuestamente	부 추정으로; 아마
supuesto, ta	형 가정의; 가짜의 남 가정, 추정, 추측
supuración	여 화농
supurar	자 고름이 나오게 하다
sur	남 남, 남쪽; 남풍

surafricano, na	형 남아프리카의
	남여 남아프리카 사람
suramericano, na	형 남아메리카의
	남여 남아메리카 사람
surcar	타 고랑[이랑]을 파다
surco	남 이랑, 고랑
surcoreano, na	형 남한의. 남여 남한 사람
sureño, ña	형 남쪽의, 남부의
	남여 남쪽[남부] 사람
sureste	남 남동; 남동풍
surf	남 서핑, 파도타기
surfista	남여 서퍼, 파도 타는 사람
surgir	자 출현하다; 솟아 나오다
Surinam	남 [나라] 수리남
surinamita	형 수리남의. 남여 수리남 사람
suroeste	남 남서; 남서풍
surrealismo	남 초현실주의
surrealista	형 초현실주의의
	남여 초현실주의 예술가
surtidero	남 (연못 등의) 배수관; 분수
surtido, da	형 상품이 풍부한
	남 골고루 갖춤
surtidor, ra	남 주유소; 가솔린 펌프
	남여 납입자; 어용 상인
surtir	타 공급하다
susceptibilidad	여 의심이 많음
susceptible	형 마음이 상하기 쉬운
suscitar	타 환기시키다, 부채질하다
suscribir	타 신청하다; 출자하다
suscripción	여 정기 구독(료), 예약; 응모
suscripto, ta	남여 서명자
suscriptor, ra	남여 정기 구독자; 응모자
suscrito, ta	남여 서명자
suscritor, ra	남여 정기 구독자; 응모자
susodicho, cha	형 앞에서 말한[쓴]

suspender	타 중지하다; 매달다
	자 낙제하다
suspense	남 서스펜스
suspensión	여 중지, 정지; 완충 장치
suspenso, sa	형 낙제된; 매단, 매달린
	남 불합격, 낙제(점)
suspensores	남복 멜빵
suspicacia	여 의심, 의심이 많음
suspicaz	형 의심이 많은, 믿지 않는
suspirado, da	형 열망된, 갈망된
suspirar	자 한숨을 쉬다
suspiro	남 한숨; 탄식
sustancia	여 물질; 요점; 실체
sustancial	형 실질적인
sustancialmente	부 실질적으로
sustanciar	타 요약하다
sustancioso, sa	형 자양분이 풍부한; 내용이 충실한
sustantivación	여 명사화
sustantivar	타 명사화하다
sustantivo	남 [문법] 명사(nombre)
sustentable	형 지지[변호]할 수 있는
sustentación	여 부양
sustentador, ra	형 받치는, 지지하는
	남여 지지자
sustentar	타 부양하다; 지지하다
sustento	남 양식, 식량; 기둥, 지주
sustitución	여 교체; 대용, 대체; 대입
sustituible	형 바꿀 수 있는
sustituir	타 바꾸다; 대신하다
sustitutivo, va	형 대용품의, 대체의
sustituto, ta	남여 대리인; 임시 대역 배우
susto	남 놀라움; 두려움
sustracción	여 뺄셈; 소매치기, 도둑질
sustraendo	남 [수학] 감수
sustrear	타 빼다; 소매치기하다

sustrato	남 실체; 하층토
susurrante	형 속삭이는, 소곤거리는
susurrar	타 속삭이다, 소곤거리다
susurro	남 속삭임, 소곤거림
sutil	형 가는, 엷은; 섬세한
sutileza	여 엷음; 섬세함
sutilidad	여 엷음; 섬세함
sutura	여 [의학] 봉합
suturar	타 봉합하다
suyo, ya	형 [명사 뒤에 오는 형] 그[그녀, 당신, 그들, 그녀들, 당신들]의 대 [소유 대명사] 그[그녀, 당신, 그들, 그녀들, 당신들]의 것
swahili	남 스와힐리 어.
swing	남 휘두름, 휘두르기; [골프] 스윙

T

ta	감 조금씩!, 잠깐!
taba	여 [해부] 복사뼈
tabacal	남 담배 밭
tabaco	남 [식물] 담배; (흡연용의) 담배
tabaco negro	남 독한 담배
tabaco rubio	남 순한 담배
tabaquero, ra	형 담배 재배의[판매의]
	남여 담배 재배자[제조자, 장수]
tabaquismo	남 담배[니코틴] 중독[중독증]
taberna	여 술집, 주점
tabernero, ra	남여 술집 주인[종업원]
tabla	여 판자; 표, 일람표
tablero	남 장기판; [농구] 백보드
tableta	여 알약, 정제
tablilla	여 작은 판; [의학] 부목
tabloide	남 타블로이드판 신문
tablón	남 널빤지, 두꺼운 판자
tabú	형남 금기(의), 터부(의)
tabulador	남 (타자기의) 도표 작성 장치
tabuladora	여 도표 작성용의 컴퓨터
taburete	남 발판; (등이 없는) 걸상
tacañería	여 인색함, 노랑이 짓
tacaño, ña	형 인색한
	남여 인색한 사람
tacha	여 결점; 오점
tachar	타 비난하다
tácito, ta	형 암묵의
taciturnidad	여 과묵함, 말수가 적음

taciturno, na	형 과묵한, 말수가 적은
taco	남 따꼬 ((부침개 쌈)); 마개
tacómetro	남 운행 기록계
tacón	남 (신발의) 뒤축, 굽
táctica	여 전술
táctico, ca	형 전술의. 남여 전술가
tactil	형 촉각의
tacto	남 촉감, 감촉; 촉각
taekwondo	남 태권도
taekwondoca	남여 태권도 선수[배우는 사람]
taekwondoísta	남여 태권도 선수[배우는 사람]
taekwondoteca	남여 태권도 선수[배우는 사람]
tagalo, la	형 타갈로그의
	남여 타갈로그 사람
	남 타갈로그 어 (필리핀의 공용어)
tailandés, sa	형 태국의, 태국어의, 태국 사람의
	남여 태국 사람
	남 태국어
Tailandia	여 [나라] 태국
taimado, da	형 교활한, 뱃속이 검은
taiwanés, sa	형 대만의, 타이완의
	남여 대만 사람
tajada	여 생선 토막, 살조각
tajamar	남 선수재(船首材)
tajante	형 자르는; 시원시원한
tajar	타 자르다, 베다, 절단하나
tal	형 그런, 저런
talador, ra	남여 벌목꾼, 나무꾼
taladradora	여 드릴, 천공기
taladrar	타 (에) 구멍을 파다
taladro	남 드릴; 송곳
talar	타 (뿌리에서) 자르다
talco	남 [광물] 활석
talega	여 자루, 주머니
talego	남 (저장이나 운반용의) 자루, 포대

스페인어-한국어 543

talento	남 재능, 능력
talentoso, sa	형 재능이 있는
talentudo, da	형 재능이 있는
talismán	남 부적
talla	여 조각, 목각(木刻)
tallado	남 조각, 새기는 일
tallador, ra	남여 조각가, 조각사
tallar	타 조각하다, 새기다
tallarín	남 따야린 (국수의 일종)
talle	남 몸집, 체격; 자태, 모양
taller	남 작업장, 일터, 공장
tallista	남여 나무 조각가, 세공사
tallo	남 줄기, 대
talmud	남 탈무드
talón	남 발뒤꿈치; 쿠폰
talonario	남 수표책
talonera	여 (구두의) 뒤꿈치의 천
tamaño	남 크기, 사이즈
tambaleante	형 비틀거리는
tambalearse	((재귀)) 비틀거리다
tambaleo	남 비틀거림
también	부 역시, 또한, …도
tambor	남 북, 드럼
tamboril	남 장고, 작은 북
tamiz	남 체
tamizar	타 체로 치다
tampoco	부 역시 …이 아니다
tan	형 그렇게, 저렇게, 이렇게
tanda	여 무리, 떼; (순번의) 차례
tangente	남 [수학] 탄젠트
tangible	형 명백한; 만질 수 있는
tango	남 [춤] 탱고
tanguista	남여 탱고 가수[무용가]
tanino	남 [화학] 탄닌
tanque	남 탱크; 전차

tanqueta	여 소형 탱크[전차]
tanteador, ra	남여 점수[득점] 기록원
	남 스코어보드, 득점 기록판
tantear	타 재다, 견적하다
	자 손으로 더듬어 나아가다
tanteo	남 눈대중, 견적; [운동] 득점
tanto, ta	형 그렇게 많은
	부 그렇게 많이
	대 그 만큼, 그 정도
tañer	타 (악기를) 치다; 연주하다
tañido	남 (종 등의) 소리
taoísmo	남 도교, 노장 철학
taoísta	형 도교의, 노장 철학의
	남여 도교 신자, 도학자
tapa	여 뚜껑; 표지; 간단한 마른 안주
tapaboca	여 (폭이 넓은) 목도리
tapabocas	남단복 (폭이 넓은) 목도리
tapadera	여 뚜껑
tapar	타 덮다, 씌우다
taparse	((재귀)) 몸을 감싸다
tapete	남 길쭉한 융단
tapia	여 토담, 담
tapiar	타 주위에 담을 치다
tapicería	여 벽걸이 융단; 실내 장식용의 천
tapicero, ra	남여 실내 장식 업자; 융단 기술자
tapilla	여 구두의 뒤축 가죽
tapioca	여 타피오카 (전분)
tapique	남 칸막이 방
tapir	남 [동물] 맥(貊)
tapiz	남 태피스트리, 벽걸이 융단
tapizar	타 (태피스트리로) 장식하다
tapón	남 마개
taponar	타 (에) 마개를 하다, 막다
taquería	여 따꼬 가게
taquigrafía	여 속기술

스페인어-한국어 545

taquigrafiar	타 속기하다
taquígrafo, fa	남여 속기사
taquilla	여 표 파는 곳
taquillero, ra	남여 표 파는 사람
taquimecanografía	여 속기 겸 타자
taquimecanografiar	타 속기 겸 타자를 하다
taquimecanógrafo, fa	남여 속기 겸 타자수
taquímetro	남 운행 기록계
tardanza	여 지체, 지연
tardar	자 늦다, 시간이 걸리다
tarde	여 오후, 저녁때
	부 늦게
tardíamente	부 늦은 시간에
tardío, a	형 늦은; 시기를 놓친
tardo, da	형 느린, 둔한
tarea	여 일, 작업
tarifa	여 요금, 요금표
tarifar	타 (의) 가격을 정하다
tarjeta	여 엽서; 그림엽서, 카드
tarjetera	여 명함 곽
tarjetero	남 명함 곽
tarro	남 단지, 항아리
tarso	남 족근골, 발목뼈
tarta	여 케이크, 파이
tartamudear	자 말을 더듬다
tartamudeo	남 말을 더듬기
tartamudez	여 말을 더듬기
tartamudo, da	형 말을 더듬는
	남여 말더듬이
tasa	여 사정; 율; 공정 가격
tasación	여 (가격의) 결정; 평가
tasador, ra	형 평가하는, 사정하는
tasar	타 평가하다, 사정하다
tatarabuela	여 고조할머니
tatarabuelo	남 고조할아버지

tataranieta	여 고손녀
tataranieto	남 고손자
tatuaje	남 문신
tatuar	타 (에) 문신을 하다
taumaturgia	여 기적을 일으키는 힘
taumaturgo, ga	남여 기적을 행하는 자
taurino, na	형 투우의
Tauro	남 [천문] 황소자리
tauromaquia	여 투우술
taxi	남 택시
taxidermia	여 박제 기술
taxidermista	남여 박제 기술자
taxímetro	남 택시 미터기
taxista	남여 택시 기사
taza	여 (손잡이 달린) 잔, 찻잔
taza para café	여 커피 잔
taza para té	여 찻잔
tazón	남 사발, 공기
te	대 [목적 대명사] 너를, 너에게 [재귀 대명사] 너 자신을
té	남 차(茶)
té chino	남 중국 차
té coreano	남 한국 차
té japonés	남 일본 차
té negro	남 홍차
té verde	남 녹차
teatral	형 연극의; 연극적인; 부자연스러운
teatralmente	부 연극적으로; 부자연스레
teatro	남 극장; 드라마, 희곡, 극시
teca	여 티크나무
techado	남 지붕
techar	타 (지붕을) 이다
techo	남 천장; 지붕
techumbre	여 지붕
tecla	여 건(鍵), 키

teclado	남 [음악] 건반; 키보드
teclear	타 (의) 키를 치다
tecleo	남 키를 치기
teclista	남여 키펀처; [음악] 건반 연주자
técnicamente	부 기술적으로
tecnicismo	남 전문성; 전문 용어
técnico, ca	형 기술적인; 전문적인
	남여 기술자, 기사; 전문가
	여 기술
tecnicolor	남 테크니컬러
tecnología	여 공학; 과학 기술; 전문어
tecnológico, ca	형 과학 기술의
tecnólogo, ga	남여 과학 기술자
tedio	남 지루함; 무료함
tedioso, sa	형 지루한, 무료한
tee	남 [골프] 티
teísmo	남 유신론
teísta	형 유신론의
	남여 유신론자
teja	여 기와
tejado	남 지붕
tejar	타 (지붕에) 기와를 이다
tejedor, ra	형 짜는, 엮는, 엮어 짜는
tejer	타 짜다; 엮다
	자 직물[편물]을 짜다
tejera	여 기와[벽돌] 제조 공장
tejido	남 조직; 피륙, 직물
tejo	남 주목(朱木)
tejón	남 [동물] 오소리
tejonera	여 오소리 굴
tela	여 천(paño), 직물
telar	남 베틀, 직기
telaraña	여 거미줄, 거미집
tele	여 텔레비전, 텔레비전 세트
telebanco	남 현금 자동 인출기

telecine	남 텔레비전 영화
telecomedia	여 (텔레비전의) 코미디 프로그램
telecompra	여 텔레비전 쇼핑
telecomunicación	여 원격 통신
teleconferencia	여 화상 회의
teleconmutar	자 원격 근무하다
telecontrol	남 원격 조작
telediario	남 텔레비전 뉴스
teledifusión	여 텔레비전 방송
teledirección	여 원격 조정, 무선 유도
teledirigir	타 원격 조정하다
teledrama	남 텔레비전 드라마
telefax	남 전화 팩스
teleférico	남 공중 케이블
telefilme	남 텔레비전 영화
telefonear	타 전화하다, 전화를 걸다
telefonema	남 전화 전보
telefonía	여 전화 통신
telefónico, ca	형 전화의
telefonillo	남 인터폰
telefonista	남여 전화 교환원
teléfono	남 전화, 전화기
teléfono celular	남 [중남미] 휴대 전화
teléfono móvil	남 휴대 전화
teléfono público	남 공중 전화
telefotografía	여 전송 사진
telegrafía	여 전신
telegrafiar	타 전신으로 보내다
telegráfico, ca	형 전신의, 전보에 의한
telegrafista	남여 전신 기사
telégrafo	남 전신; 전신기
telegrama	남 전보
telemando	남 원격 조정
telenovela	여 텔레비전 연속극
teleobjetivo	남 (카메라의) 망원 렌즈

telepata	남여 텔레파시 능력자
telepatía	여 텔레파시
telepático, ca	형 텔레파시의
telescópico, ca	형 망원경의[에 의한]
telescopio	남 망원경
teleserie	여 텔레비전 연속극
telespectador, ra	남여 텔레비전 시청자
teletexto	남 문자 방송
televendedor, ra	남여 전화 판매자
televentas	여복 전화 판매
televidente	남여 텔레비전 시청자
televisar	타 텔레비전 방송을 하다[을 보다]
televisión	여 텔레비전
televisivo, va	형 텔레비전의
televisor	남 텔레비전 수상기[세트]
télex	남 텔렉스
telón	남 (무대의) 막, 커튼
tema	남 주제, 테마
temario	남 테마, 프로그램
temático, ca	형 테마의, 주제에 관한
temblar	자 흔들리다, 진동하다, 떨리다
temblón, na	형 흔들리는, 떨리는
temblor	남 진동; 지진
tembloroso, sa	형 흔들리는, 떨리는
temer	타 두려워하다; 걱정하다
temerariamente	부 무모하게
temerario, ria	형 무모한
temeridad	여 무모함, 경솔함
temerosamente	부 두려워하면서, 겁내면서
temeroso, sa	형 무서워하는, 겁내는
temible	형 무서운, 가공스러운
temor	남 무서움, 공포
tempano	남 얼음덩이; (단단한 것의) 파편
témpera	여 [미술] 템페라화
temperamental	형 기질의; 신경질적인

temperamento	남 체질; 기질
temperancia	여 절도, 온건함
temperar	타 부드럽게 하다
temperatura	여 온도; 체온; 기온
tempestad	여 폭풍우
tempestuoso, sa	형 폭풍우의
templado, da	형 절도 있는; 온화한
templanza	여 절도, 온건함; 절제
templar	타 부드럽게 하다
temple	남 기분; 강인함, 용기
templete	남 작은 사원[사당]
templista	남여 템페라화 화가
templo	남 신전, 사원
tempo	남 [음악] 템포
temporada	여 시기; 계절, 시즌
temporal	형 일시적인, 임시의
	남 풍랑, 폭풍우
temporalmente	부 일시적으로, 임시로
temporario, ria	형 일시적인
temporizador	남 (전기 기구 등의) 타이머
temporizar	자 시류에 영합하다[편승하다]
tempranero, ra	형 이른; 조생의
temprano, na	형 이른. 부 일찍
tenacidad	여 끈질김; 완강함
tenacillas	여복 머리 지지는 인두
tenaz	형 완고한
tenazas	여복 집게; 머리 지지는 인두
tenca	여 (유럽산) 잉어의 일종
tendencia	여 경향
tendenciosidad	여 편향
tendencioso, sa	형 편향적인
tendente	형 지향하는
tender	타 펼치다, 널다, 치다
	자 경향이 있다
ténder	남 급수차

스페인어-한국어 551

tenderete	남 (노천의) 노점
tendero, ra	남여 가게 주인
tendido	남 (전선 등의) 부설; 말린 세탁물
tendón	남 힘줄, 건(腱)
tenebrosidad	여 어두움, 깜깜함
tenebroso, sa	형 어두운, 깜깜한
tenedor, ra	남여 (어음 등의) 소지자, 지참인
	남 포크
teneduría	여 부기; 회계 사무소
tenencia	여 소유, 소지
tener	타 가지다, 소유하다
	자 부자(富者)이다
tenería	여 무두질한 가죽 공장
tenerse	((재귀)) 서다, 정지하다
teniente	남여 [군사] 중위(中尉)
tenis	남 테니스
tenista	남여 테니스 선수
tenístico, ca	형 테니스의
tenor	남 테너; 테너 가수
tenorio	남 바람둥이, 난봉꾼
tensar	타 팽팽히 당기다
tensímetro	남 장력계
tensiómetro	남 장력계
tensión	여 긴장, 긴장 상태
tensional	형 긴장의; 장력의
tensionar	타 긴장하게 하다
tensionámetro	남 장력계
tenso, sa	형 긴장한; 팽팽한
tentación	여 유혹, 유혹물
tentacular	형 촉수의, 촉각의
tentáculo	남 촉각, 촉수, 촉모
tentado, da	형 유혹에 사로잡힌
tentador, ra	형 유혹하는
	남여 유혹자
tentar	타 더듬다; 시도하다; 유혹하다

tentativa	여 시험, 기도
tentativo, va	형 시험의, 시험적인
tenue	형 엷은, 가느다란; 희미한
tenuemente	부 엷게; 희미하게
tenuidad	여 엷음, 가늘음; 희미함
teñido	남 염색
teñir	타 염색하다
teocracia	여 신권 정치
teocrático, ca	형 신권 정치의
teologal	형 신학의
teología	여 신학(神學)
teológicamente	부 신학적으로
teológico, ca	형 신학의, 신학적인
teologizar	자 신학적으로 연구하다
teólogo, ga	남여 신학자; 신학도
teorema	남 [수학] 정리
teorérico, ca	형 논리적인
teoría	여 이론, 학설
teóricamente	부 이론상으로
teórico, ca	형 이론의, 이론상의
teorizar	자 이론을 세우다
tequila	여 떼낄라 (멕시코의 용설란 술)
terapeuta	남여 치료사; 요법사
terapéutico, ca	형 치료의, 치료에 의한
	여 치료학, 치료법
terapia	여 요법, 치료, 치료법
tercer	형 [남성 단수 앞에서 o 탈락] 셋째의.
tercero, ra	형 셋째의; 세 번째의
	남여 제삼자; 중개인
	남 3분의 1; 제삼국
terceto	남 [음악] 삼중주곡; 삼중주단
terciana	여 [의학] 3일열
terciar	타 셋으로 나누다; (밭을) 세 번 갈다; (의복 등을) 비스듬히 걸다
terciarse	((재귀)) (호기 등이) 우연히 생기다;

	(자신의 몸에) 비스듬히 걸다
terciario, ria	형 3차 산업의; [지질] 제3기의
	남 [지질] 제3기
tercio, cia	형 세 번째의; 삼등분의
	남 3분의 1
terciopelo	남 벨벳, 우단
terco, ca	형 고집 센, 완고한
tergiversación	여 왜곡
tergiversar	타 (사실을) 왜곡하다
termal	형 온천의
térmico, ca	형 열의, 온도의
terminación	여 종료, 종결; 결말
terminal	형 (병이나 환자가) 말기의; 최종의
	여 터미널 역, 종착역; 공항 터미널
	남 [컴퓨터] 단말기. 단말 장치
terminante	형 단정적인; 결정적인
terminantemenre	부 결정적으로; 단호히
terminar	타 끝내다. 자 끝나다
término	남 마지막, 종말; 기한; 용어
terminología	여 술어, 전문 용어
terminológico, ca	형 전문 용어의
termita	여 [곤충] 흰개미
termo	남 보온병
termología	여 열학
termometría	여 온도 측정, 온도 측정학
termométrico, ca	형 온도계의, 온도 측정의
termómetro	남 체온계, 온도계, 한란계
termonuclear	형 열핵의, 열핵 반응의
ternero, ra	남여 (한 살까지의) 송아지
	여 쇠고기; 송아지 고기
ternilla	여 연골
ternura	여 부드러움, 상냥스러움
terquedad	여 완고함
terramicina	여 테라마이신
terraplén	남 흙을 쌓음; 낭떠러지, 절벽

terraplenar	타 흙을 쌓다
terraza	여 발코니; 슬래브지붕
terremoto	남 지진
terrenal	형 현세의, 세속의
terreno, na	형 땅의, 토지의
	남 땅, 흙; 토지
terrestre	형 지구의; 지상의, 육상의
terrible	형 무서운, 가공할
terriblemente	부 무섭게; 지독히, 극히
terrícola	형 지구인의. 남여 지구인
territorial	형 영토의
territorialidad	여 영토권
territorio	남 영토
terrón	남 덩어리; 흙덩어리; 각설탕
terror	남 공포, 두려움
terrorismo	남 테러, 테러리즘
terrorista	형 테러의, 공포 정치의
	남여 테러리스트, 테러 분자
terruño	남 고향, 탄생지
terso, sa	형 매끄러운, 번질번질한
tertulia	여 (같은 패거리의) 모임
tesis	여 논문; 명제, 제목
tesorería	여 재무국
tesorero, ra	남여 재무관; 경리 담당자
tesoro	남 보물, 보배; 국고
test	남 테스트
testado, da	형 유언을 남기고 죽은
testador, ra	남여 유언하는 사람
testaforro	남 명의인
testamentaría	여 유언 집행
testamentario, ria	형 유언의
	남여 유언 집행자
testamento	남 유언, 유언장
testar	자 유언하다; 유언장을 작성하다
testarudo, da	형 완고한

testicular	형 고환의
testículo	남 불알, 고환
testificación	여 증언; 증거
testifical	형 증언의
testificar	타 증언하다
testificativo, va	형 증거가 되는
testigo	남 증언; 목격자
testimonial	형 증거가 되는
testimoniar	타자 증거하다
testimonio	남 증언, 증거
teta	여 (여성의) 유방, 젖꼭지
tétanos	남복 파상풍
tetera	남여 찻주전자
tetero	남 젖병
tetilla	여 (남성의) 젖꼭지
tetina	여 고무 젖꼭지
tetona	형여 유방이 큰 (여자)
tetraedro	남 [수학] 4면체
tetragonal	형 [수학] 4각형의, 4변형의
tetrágono	형남 [수학] 4각형(의), 4변형(의)
tetrasílabo, ba	형남 [언어] 4음절(의)
textil	형 직물의, 섬유의
texto	남 교과서; 원문, 본문
textual	형 원문의, 본문의
textualmente	부 원문 그대로
textura	여 피륙 짜는 법; 방직
tez	여 얼굴, 안색
ti	대 [전치사격 대명사] 너
tía	여 숙모, 고모, 이모, 아주머니
tibetano, na	형 티베트의. 남여 티베트 사람 남 티베트 어
tibia	여 경골(脛骨), 정강이뼈
tibial	형 경골의, 정강이뼈의
tibio, bia	형 미지근한
tiburón	남 [어류] 상어

tiburoneo	여 (기업의) 지배권 탈취
tic	남 [의학] 안면 경련
tico, ca	형 코스타리카의
	남여 코스타리카 사람
tictac	남 (시계의) 재깍재깍
tiempo	남 시간; 날씨
tienda	여 가게, 상점; 천막, 텐트
tiendecita	여 구멍가게
tienta	여 넌지시 떠보기; 예상 적중
tiento	남 감촉; 기지, 임기응변
tierno, na	형 연한, 부드러운
tierra	여 땅, 지구, 흙, 육지
tieso, sa	형 굳은; 팽팽해진
tiesto	남 화분(花盆)
tífico, ca	형 티푸스의. 남여 티푸스 환자
tifoideo, a	형 티푸스성의, 장티푸스의
tifón	남 [기상] 태풍
tifus	남 발진티푸스
tigra	여 [동물] 재규어 암컷
tigre	남 호랑이, 범, 수범
tigresa	여 암호랑이, 암범
tijera	여 [주로 복] 가위
tildar	타 (결점을) 지적하다
tilde	남(여) 띨데 (ñ의 ~)
tilo	남 [식물] 보리수, 참피나무
timador, ra	남여 사기꾼
timar	타 사취하다
timbal	남 [악기] 팀파니
timbalero, ra	남여 팀파니 연주자
timbrar	타 증인을 찍다
timbre	여 초인종, 벨; 인지; 우표
tímidamente	부 머뭇머뭇, 주뼛주뼛
timidez	여 소심함, 우유부단함
tímido, da	형 소심한, 우유부단한
timo	남 사취, 편취

timón	남 (배의) 키, 타륜(舵輪)
timonear	자 키를 잡다
	타 지휘하다
timonel	남 조타수
timonera	여 조타실
timpanitis	여 [의학] 고창
tímpano	남 [해부] 고막; [악기] 팀파니
tinglado	남 부두, 선창
tinieblas	여복 암흑, 어둠
tinta	여 잉크; 염료
tintar	타 염색하다, 물들이다
tinte	남 염색; 염료; 세탁소, 염색소
tintero	남 잉크병, 잉크스탠드
tintín	남 따르릉, 찌르릉
tintinar	자 초인종이 울리다
tintinear	자 초인종이 울리다
tintineo	남 따르릉, 찌르릉
tinto, ta	형 물든, 적색의, 포도주 빛깔의
	남 적포도주
tintoreo, a	형 염색용의
tintorería	여 염색소, 세탁소
tintorero, ra	남여 염색소[세탁소] 주인
tintorro	남 (주로 싼) 적포도주
tintura	여 염색, 염료
tiña	여 [의학] 백선
tiñoso, sa	형 [의학] 백선에 걸린
tío, a	남여 삼촌, 숙모; 아저씨, 아주머니
tiovivo	남 회전목마
típicamente	부 전형적으로
típico, ca	형 전형적인, 특이한
tiple	남 (합창곡의) 고음부; 소프라노
tipo	남 형, 타입; 율; 활자
tipografía	여 활판 인쇄술
tipográfico, ca	형 인쇄의, 활자의
tipógrafo, fa	남여 활판 인쇄공

tique	남 영수증; 증서
tira	여 가늘고 긴 줄; 끈, 띠
tirachinas	여단복 고무줄 새총
tirado, da	형 잡아당긴; 내팽개쳐둔
	남여 타락한 사람
	여 인쇄 (부수); 던지기
tirador, ra	남여 궁수, 사수
	남 문의 손잡이; 당김 줄
tiranía	여 폭정, 압정; 횡포
tiránico, ca	형 폭군의; 전제적인; 횡포한
tiranizar	타 압정을 하다
tirano, na	형 폭군의
	남여 폭군, 전제 군주
tirante	형 팽팽해진, 긴장한
	남복 바지 멜빵
tirar	타 던지다; 넘어뜨리다; 발사하다; 인쇄하다; (선을) 긋다
	자 발사하다; [+de] 잡아당기다
tirita	여 구급 반창고
tiritar	자 (추위 등으로) 와들와들 떨다
tiro	남 발사, 발포; 총성
tiro con arco	남 양궁
tiroideo, a	형 [해부] 갑상선의
tiroides	남단복 [해부] 갑상선
tirón	남 세게 잡아당김; (근육의) 경련
tísico, ca	형 폐결핵에 걸린
	남여 폐결핵 환자
tisis	여 폐결핵, 폐병
tisú	남 티슈 페이퍼
tisular	형 생체 조직의
titán	남 거인; 대형 크레인
Titán	남 [신화] 타이탄
titánico, ca	형 초인적인
titanio	남 티탄, 티타늄
títere	남 꼭두각시; 괴뢰; 인형극

스페인어-한국어 559

titiritero, ra	남여 (인형극의) 인형 조종자
titubeante	형 주저하는, 망설이는
titubear	자 말을 더듬다; 망설이다
titubeo	남 주저, 망설임
titulación	여 학력; 대학 졸업 자격
titulado, da	형 제목을 붙인; 학사의
titular	형 전속의, 전임의; 직함이 있는
	타 제목을 붙이다, 직함을 주다
titularidad	여 명의
titulatura	여 권리증; 자격
título	남 표제, 제명, 타이틀
tiza	여 분필
tizne	남 검댕, 매연
toalla	여 수건, 타월
toallero	남 수건걸이
toallita	여 얼굴 수건; 물수건
tobillo	남 발목; 복사뼈
tobogán	남 썰매
toca	여 부인용의 뒤집어쓰는 것; 두건
tocable	형 연주할 수 있는
tocadiscos	남 레코드 플레이어, 전축
tocado, da	형 머리가 약간 이상한; 비틀거리는
	남 뒤집어쓰는 것
tocador	남 화장대, 경대; 화장실
tocador, ra	남여 연주자
tocamento	남 만지기, 접촉
tocar	타 닿다, 만지다, 연주하다
tocayo, ya	남여 동명이인
tocinería	여 햄[소시지] 가게
tocino	남 절인 돼지고기
tocino, na	남여 머리 회전이 둔한 사람
tocoginecología	여 산부인과학
tocoginecólogo, ga	남여 산부인과 의사
tocología	여 산과학(産科學)
tocológico, ca	형 산과학의

tocólogo, ga	남여 산과 의사
todavía	부 아직
todo, da	형 모든, 온, 전
	부 모두
	대 모든 것, 모든 사람
todopoderoso, sa	형 전능한
	남 신, 하느님
todoterreno	남 지프, 지프차
toga	여 가운
toldo	남 텐트, 천막
tolerable	형 참을 수 있는
tolerancia	여 용서, 관대함, 관용
tolerante	형 관대한, 관용의
tolerantismo	남 관용주의
tolerar	타 참다; 용서하다
tolteca	형 똘떼까 족(族)의
	남여 똘떼까 족 사람
	남복 똘떼까 족
toma	여 잡기; 취임(식); 점령
tomacorriente	남 [전기] 콘센트
tomado, da	형 녹슨; (목소리가) 잠긴, 쉰
tomador, ra	남여 수취인; 보험계약자
tomar	타 먹다, 마시다; 취하다; 타다
tomatal	남 토마토 밭
tomate	남 [식물, 열매] 토마토
tomatero, ra	남여 토마토 재배자[장수]
tomavistas	남단복 영화 촬영기
tomillo	남 [식물] 백리향
tomo	남 (서적의) 권, 책
tomografía	여 [의학] 단층 촬영
tonel	남 (술 등의) 나무통
tonelada	여 (중량 단위의) 톤
tonelaje	남 (배 등의) 톤 수, 적재량
tonelero	남 통 (만드는) 목수
tónico, ca	형 강장의; [문법] 악센트가 있는

	남 강장제
	여 [음악] 주음; 탄산 음료
tonificación	여 활력 주기
tonificante	형 활력을 주는
tonificar	타 활력을 주다
tono	남 박자, 음조; 어조, 말투
tonsilitis	여 편도선염
tonsura	여 [천주교] 삭발, 삭발식
tonsurar	타 삭발하다
tontamente	부 멍청하게, 바보처럼
tontear	타 바보 같은 소리를 하다
tontera	여 바보 짓, 멍청한 짓
tontería	여 바보 짓, 멍청한 짓
tonto, ta	형 어리석은, 멍청한
	남여 멍청이, 바보
topacio	남 [광물] 황옥(黃玉)
toparse	((재귀)) 충돌하다, 부딪치다
tope	남 (최대) 한도; 과속 방지 턱
topera	여 두더지 굴
topetazo	남 충돌; 박치기; 뿔로 받기
tópico, ca	형 진부한, 흔히 있는
	남 화제, 토픽
topo	남 두더지
topografía	여 지형도; 지형 측량(법)
topográfico, ca	형 지형의, 지형 측량의
topográfo, fa	남여 지형 학자, 지지 학자
toque	남 접속; (종 등의) 소리
torácico, ca	형 흉부의
toráx	남 가슴, 흉곽
torbellino	남 회오리바람
torcedor	남 방추, 물레의 가락
torcedura	여 꼬기, 뒤틀림; 관절의 삠
torcer	타 꼬다, 뒤틀다
	자 돌다, 꺾어지다
torcido, da	형 뒤틀린, 구부러진

torcimiento	남 꼬끼, 뒤틀림; 관절의 뼘
tórculo	남 각인하는 기계
tordo	남 [조류] 개똥지빠귀
torear	자 투우를 하다
toreo	남 투우, 투우술
torera	여 (투우사의) 짧은 웃옷
torería	여 투우 기술; 투우사 조합
torero, ra	형 투우의, 투우사의
	남여 투우사
torete	남 어린 수소
tormenta	여 폭풍우, 태풍
tormento	남 고뇌, 고민; 고문
tormentoso, sa	형 비바람이 몰아치는; 험한
tornar	타 반환하다, 바꾸다
	자 돌아가다, 돌아오다
tornasol	남 [식물] 해바라기
tornavoz	남 반향판, 반향 장치
torneado, da	형 매끈한 곡선의
	남 선반으로 가공하기
tornear	타 선반으로 가공하다
torneo	남 토너먼트; 기마 모의전
tornero, ra	남여 선반공
tornillo	남 나사, 수나사, 나사못
torniquete	남 회전식 출입구
torno	남 선반; 고패
toro	남 황소, 수소. 복 투우
toronja	여 [열매] 그레이프 프루트
toronjo	남 [식물] 그레이프 프루트
torpe	형 굼뜬, 서툰, 어리석은
torpedear	타 어뢰 공격을 하다
torpedero, ra	형 어뢰 공격용의
	남 어뢰정
	남여 [야구] 유격수
torpedo	남 기뢰, 어뢰
torpemente	부 둔하게, 서툴게, 어리석게

torpeza	여 우둔함, 어리석음
torre	여 탑; 철판
torrencial	형 급류의, 급류 같은
torrencialmente	부 급류처럼
torrente	남 급류, 여울
torreón	남 큰 탑
torrero, ra	남여 등대지기
torreta	여 (전차의) 포탑
tórrido, da	형 혹서의, 찌는 듯한
torsión	여 꼬임, 비틀어짐
torso	남 상반신; [미술] 토르소
torta	여 케이크, 파이
tortada	여 고기 넣은 파이
tortera	여 케이크 그릇
tortícolis	남 사경(斜頸)
tortilla	여 오믈렛; [멕시코] 옥수수 부침개
tortillero, ra	남여 옥수수 부침개 장수
tórtola	여 [조류] 멧비둘기
tortor	남 나사조이개
tortuga	여 [동물] 거북
tortuga de mar	여 바다거북
tortuosidad	여 구불구불함
tortuoso, sa	형 구불구불한
tortura	여 고문; 고통
torturar	타 고문하다; 못살게 굴다
tos	여 기침
tos ferina	여 백일해
tosco, ca	형 엉성한, 조잡한, 거친
toser	자 기침하다
tosquedad	여 엉성함, 거침, 조잡함
tostada	여 토스트
tostado, da	형 볶은. 남 토스트
tostador	남 토스터, 빵 굽는 기구
tostadora	여 토스터
tostar	타 굽다, 볶다; 태우다

tostarse	((재귀)) 눋다, 타다
total	형 전체의, 전부의
	남 합계, 총계, 총액
toxicidad	여 독성, 유독성
tóxico, ca	형 독의, 유독한; 중독의
	남 독, 독물
toxicología	여 독물학; 독약학
totalidad	여 전체, 전부
totalitario, ria	형 총괄적인, 포괄적인
totalitarismo	남 전체주의
totalizar	타 총계하다, 총계 …에 달하다
totalmente	부 완전히, 전면적으로
totem	남 토템, 토템상
totémico, ca	형 토템의
totemismo	남 토템 제도
tour	남 (관광) 여행; (극단의) 순회 공연
tournée	여 주유 여행, 순회 공연
toxemia	남 [의학] 독혈증, 독소 혈증
toxicidad	여 독성
tóxico, ca	형 독성의, 유독한, 독이 있는
toxicología	여 독물학
toxicológico, ca	형 독물학의
toxicólogo, ga	남여 독물학자
toxicomanía	여 [의학] 마약 중독
toxicómano, na	형 마약 중독의
	남여 마약 중독자
toxina	여 [의학] 독소
tozudez	여 완고함, 고집스러운 것
tozudo, da	형 완고한, 고집 센
trabajado, da	형 정성을 들인, 꼼꼼한
trabajador, ra	형 부지런한, 근면한
	남여 일꾼, 노동자
trabajar	자 일하다
	타 공부하다, 가공[세공]하다
trabajo	남 일, 노동; 일터, 직장

스페인어-한국어 565

trabamiento	남 접합
trabar	타 접합하다, 묶다, 얽다, 매다
trabazón	여 연결; (액체의) 농도
trabuco	남 (옛날의) 투석기
tracción	여 견인, 끌기
tracoma	남 [의학] 트라코마
tracto	남 [해부] 관; [천주교] 영송
tractor	남 트랙터
tradición	여 전통, 인습, 관습
tradicional	형 전통적인; 인습적인
tradicionalmente	부 전통적으로
tradicionalismo	남 전통주의
tradicionalista	형 전통주의의
	남여 전통주의자
traducción	여 번역(문); 통역; [컴퓨터] 변환
traducible	형 번역 가능한
traducir	타 번역하다; 통역하다
traductor, ra	남여 번역가, 번역자
	남 [컴퓨터] 번역기
traer	타 가져오다; 데려오다
traficante	남여 거래 업자, 상인; 밀거래자
traficar	자 밀거래를 하다
tráfico	남 교통, 교통량; 밀거래
tragamonedas	남 슬롯머신
ttagaperras	남 슬롯머신, 게임 기계
tragar	타 삼키다
tragedia	여 비극(悲劇)
trágicamente	부 비극적으로, 비참하게
trágico, ca	형 비극의, 비극적인
	남여 비극 작가
tragicomedia	여 희비극
tragicómico, ca	형 희비극의
trago	남 한 모금, 한 입
tragón, na	형 많이 먹는, 걸신들린
traición	여 배반, 반역

traicionar	타 배반하다, 반역하다
traicionero, ra	형 배반하는, 배신하는
	남여 배반자, 배신자; 매국노
traído, da	형 사용해서 닳은
	여 운반, 나르기
traidor, ra	형 배반하는, 배신하는
	남여 배반자, 반역자, 매국노
tráiler	남 트레일러
traje	남 옷, 복장, 의복; 양복
trama	여 (직물의) 씨실, 횡사
tramar	타 (나쁜 일을) 꾸미다, 계획하다
tramitación	여 수속, 수속 절차
tramitar	타 (의) 수속을 밟다, 처리하다
trámite	남 소속; [법률] 소송 수속
tramo	남 (두 층계참 사이의) 계단
trampa	여 함정, 덫
trampolín	남 [체조] 도약판, 스프링보드
trance	남 위기; 때, 시기; 최후
tranco	남 넓은 보폭; 문턱, 문지방
tranquilamente	부 평온하게, 조용하게
tranquilidad	여 평온함, 평안; 안심
tranquilizador, ra	형 안심시키는, 평온하게 하는
tranquilizante	형 진정제의, 신경 안정제의
	남 진정제, 신경 안정제
tranquilizar	타 안정시키다, 평온하게 하다
tranquillo	남 요령
tranquilo, la	형 조용한, 잔잔한
transacción	여 상거래, 매매 (계약)
transatlántico, ca	형 대서양 횡단의[건너편의]
	남 대서양 횡단 정기선; 대형 선박
transbordador	남 나룻배, 연락선
transbordar	타 환승하다, 갈아타다
transbordo	남 환승, 갈아타기
transcendencia	여 초월성; 중요성
transcendental	형 초월적인; 매우 중요한

transcendentalismo	남 선험론
transcendente	형 초월적인; 매우 중요한
transcender	자 누설되다; 확산되다, 파급되다
transcontinental	형 대륙 횡단의
transcribir	타 베끼다; 고쳐 쓰다
transcripción	여 전사, 필사; 편곡
transcurrir	자 (시간이) 경과하다, 흐르다
transcurso	남 경과, 추이
transeúnte	형 통행인의; 일시 기항하는
	남여 통행인; 기항 여객
transexual	형 성전환의. 남여 성전환자
transexualidad	여 성전환
transexualismo	남 성전환
transferencia	여 양도, 명의 변경; 대체
transferible	형 양도 가능한
transferir	타 양도하다; 이동시키다
transfiguración	여 변모
transfigurar	타 변모시키다
transfigurarse	((재귀)) 변모되다
transformable	형 변형할 수 있는
transformación	여 변형, 변질
transformacional	형 변형의
transformador, ra	형 변형하는, 바꾸는
	남 변압기, 트랜스
transformar	타 변형시키다, 바꾸다
transformativo, va	형 변형시키는
tránsfuga	남여 전향자, 변절자
transfundir	타 (액체를) 다른 그릇으로 옮기다
transfusión	여 수혈
transfusor, ra	형 수혈을 행하는
transgredir	타 위반하다, 어기다
transgresión	여 위반, 어기는 일
transgresor, ra	남여 위반자
transición	여 추이
transigencia	여 양보, 타협; 관용

transigente	형 관용의, 타협적인
transigir	자 화해하다, 타협하다
transistor	여 트랜지스터
transistorizado, da	형 트랜지스터 식의
transitable	형 통행 가능한
transitar	자 [+por] (어디를) 통행하다
transitivo, va	형남 타동사(의)
tránsito	남 교통, 통행, 왕래
transitorio, ria	형 과도적인; 일시적인
translación	여 이동; (지구의) 공전
translúcido, da	형 반투명한
translucir	자 투명하게 보이다
translucirse	((재귀)) 투명하게 보이다
transmediterráneo, a	형 지중해 횡단의
transmigración	여 이주; 윤회
transmigrar	자 (특히 한 민족이) 이주하다; 다른 것으로 다시 태어나다
transmisible	형 전달할 수 있는
transmisión	여 방송; 변속기; 전송
transmisor, ra	형 전하는 여 송신기, 송화기
transmitir	타 방송하다; 전하다
transmutable	형 변환될 수 있는
transmutación	여 변환, 변질; 변이
transmutar	타 변질시키다, 변환하다
transnacional	형 초국가적인 여 다국적 기업
transpacífico, ca	형 태평양 횡단의
transparencia	여 투명, 투명도
transparentar	타 투명하게 보이다
transparente	형 투명한
transpiración	여 발한
transpirar	자 땀을 흘리다
transplantador	남 옮겨 심는 흙손, 삽
transplantar	타 옮겨 심다; [의학] 이식하다

transplante	남 옮겨심기; 이식
transportable	형 운송 가능한
transportación	여 운송, 운반; 수송
transportador, ra	형 운반하는, 운송하는
transportar	타 수송하다, 운송하다
transporte	남 수송, 운송
transportista	남여 운수업자; 트럭 운전 기사
transversal	형 횡단의, 가로지른
transverso, sa	형 횡단의, 가로지른
tranvía	여 노변 전차, 시영 전차
tranviario, ria	형 노변 전차의
trapecio	남 사다리꼴; 공중그네
trapecista	남여 (서커스의) 공중그네 곡예사
trapería	여 넝마, 누더기; 중고품 가게
trapero, ra	남여 고물 장수; 넝마주이
trapezoidal	형 사다리꼴의
trapezoide	남 사다리꼴
trapo	남 넝마; 조각난 천
tráquea	여 [해부] 기관(氣管)
traqueal	형 [해부] 기관의
traquitis	여 [의학] 기관염
traqueotomía	여 [의학] 기관 절개
tras	전 … 뒤에, … 후에
trasatlántico, ca	형 대서양 횡단의
trasbordador	남 페리보트; 우주 연락선
trasbordar	타 바꾸어 타게 하다
	자 환승하다, 바꾸어 타다
trasbordo	남 환승, 바꿔[옮겨] 탐
trascendencia	여 초월성; 중요성
trascendente	형 초월적인; 매우 중요한
trascender	자 누설되다; 파급되다
trascribir	타 베끼다; 고쳐 쓰다
trascripción	여 베껴 씀; 전사, 필사
trascurrir	타 (시간이) 경과하다, 흐르다
trasdós	남 (아치의) 겉 둘레

trasero, ra	형 뒤의, 후부의
	여 (자동차나 집의) 뒤, 뒤쪽
trasferencia	여 양도; 대체; 환어음
trasferir	타 양도하다
trasformar	타 바꾸다, 변형시키다
trasfuga	남여 전향자, 변절자
trasfundir	타 (액체를) 다른 그릇으로 옮기다
trasfusión	여 [의학] 수혈
trasgredir	타 위반하다, 어기다
traslación	여 이동; 품사 전환
trasladable	형 이동 가능한
trasladar	타 이동시키다, 이전시키다
trasladarse	((재귀)) 이동하다; 이사하다
traslado	남 사본, 등본
traslúcido, da	형 반투명한
traslucir	자 투명하게 보이다
trasmigrar	자 이주하다
trasmisión	여 전달; 방송
trasmitir	타 방송하다; 전달하다
trasmutar	타 변질시키다, 변환하다
trasnochado, da	형 철야한, 밤을 샌; 시든
trasnochador, ra	형 밤늦게까지 자지 않은
	남여 밤늦게까지 자지 않은 사람
trasnochar	자 철야하다
trasnoche	남 철야
trasparencia	여 투명(도); 슬라이드
trasparentar	타 투명하게 보이다
trasparente	형 투명한
traspasar	타 관통하다; 횡단하다; 옮기다
traspaso	남 양도, 매도; 트레이드
traspirar	자 땀을 흘리다
trasplantar	타 이식하다
trasplante	남 이식
trasportador, ra	형 운반하는, 나르는
	남 컨베이어

스페인어-한국어 571

trasportar	타 나르다, 운반하다
trasporte	남 운반, 운송
trasquilador, ra	남여 털 깎는 사람
trasquiladura	여 면양 등의 털을 깎기
trasquilar	타 (양 등의) 털을 깎다
trasto	남 쓰지 않는 기구[가구]
trastornar	타 (질서 등을) 어지럽히다
trastorno	남 혼란; 동요, 착란
trasudar	자 땀이 나다[배다]
trasudor	남 발한
trasversal	형 가로지른, 횡단의; 교차하는
trasverso, sa	형 가로지른, 횡단의; 교차하는
trata	여 인신 매매
tratable	형 치료할 수 있는
tratadista	남여 저술가, 저자
tratado	남 조약; 논문
tratado de paz	남 강좌 조약
tratamiento	남 치료; 취급; 대우
tratante	남여 (가축) 상인
tratar	타 치료하다; 취급하다; 다루다
trato	남 취급; 대우; 교제
travelín	남 [영화] 이동 촬영
través	남 기울기; 불행, 비운
travesaño	남 횡목, 가로대; 골대
travesar	타 횡단하다
travesía	여 횡단
travesura	여 짓궂은 장난
travieso, sa	형 짓궂은, 장난이 심한
	여 침목; 서까래
trayecto	남 거리; 여정; (철도의) 구간
trayectoria	여 궤도
traza	여 설계도; 구상; 외관
trazado, da	형 [bien+] 외모가 좋은; [mal+] 외모가 나쁜, 못생긴
	남 [건축] 도면, 설계도; 노선

trazador, ra	형 흔적이 남은
	남여 입안자, 모사하는 사람
	남 추적자; [컴퓨터] 추적기
trazar	타 (선을) 긋다; 제도하다
trébol	남 [식물] 클로버, 토끼풀
trece	형 13의; 13번째의. 남 13
treceañero, ra	형 13세의
	남여 13세의 소년[소녀]
treceavo, va	형남 13분의 1(의)
trecho	남 거리, 간격
tregua	여 휴전, 정전
treinta	형 30의; 30번째의. 남 30
tremendo, da	형 무서운, 두려운; 가공할
trémulo, la	형 떠는, 흔들리는
tren	남 기차, 열차
trencilla	여 장식 끈
trenza	여 세 가닥 머리털[끈]
trenzado	남 세 가닥으로 꼬기[땋기]
trepa	여 기어오르기
	형 입신 출세주의의
	남여 입신 출세주의자
trepador, ra	형 기어오르는
	남 등반 장소
	여 덩굴식물; [조류] 반금류
trepar	자 기어오르다; 입신 출세하다
tres	형 3의; 세 번째의
	남 3, 3일. 여복 3시
trescientos, tas	형 300의; 300번째의. 남 300
tresillo	남 3점 응접 세트; 3인용 소파
treta	여 책략, 계략
triangulación	여 삼각 측량
triangular	형 삼각의, 삼각형의
	남 3개국 대항 시합
	타 [건축] 3각으로 배치하다; [운동] 삼각 패스를 하다

triángulo	남 삼각형; [악기] 트라이앵글
tribal	형 부족(部族)의
tribu	남 부족, 종족
tribulación	여 고뇌, 고난
tribuna	여 연단; 자리, 좌석
tribunal	남 법정, 재판소
tributación	여 납세
tributar	타 (세금 등을) 납부하다
	자 납세하다
tributario, ria	형 조세의, 공물의; 납세하는
	남여 납세자
tributo	남 세금; 공물(供物)
triceps	남 삼두근(三頭筋)
triciclo	남 삼륜차
tricolor	형 삼색(三色)의
	남(여) 삼색기(三色旗)
trimensional	형 삼차원; 입체적인
trigal	남 밀밭
trigo	남 밀, 소맥
trilla	여 탈곡, 타작; 탈곡기
trilladora	여 탈곡기
trillar	타 탈곡하다, 타작하다
trillizo, za	형 세 쌍둥이의
	남여 세 쌍둥이 중의 한 사람
trillo	남 도리깨, 써레; 탈곡기
trimestral	형 3개월간의, 3개월마다의
trimestralmente	부 3개월마다
trimestre	남 3개월, 1학기, 3개월분
trimotor	남 삼 발동기형 비행기
trinchera	여 참호
trineo	남 썰매
trinidad	여 삼위일체; 3인조
trinitario, ria	형 삼위일체회의
	남여 삼위일체회 회원
trinquete	남 멈춤쇠

trío	남 [음악] 삼중주(곡, 단)
tripa	여 창자; 내장
tripartición	여 3분할
tripartito, ta	형 셋으로 나눈; 세 사람 사이의
tripería	여 내장 가게
triplano	남 삼엽 비행기
triple	형남 삼 배(의), 3배(의)
triplicación	여 세배, 3배
triplicar	타 삼배하다, 3배하다
triplo, pla	형남 3배(의)
trípode	남 삼각대, 삼발이
tripulación	여 [집합] 승무원
tripulado, da	형 유인(有人)의
tripulante	남여 (배나 비행기의) 승무원
tripular	타 (배나 비행기에) 타다
trisemanal	형 주 3회의
trisilábico, ca	형 3음절의
trisílabo, ba	형 3음절의. 남 3음절
triste	형 슬픈; 쓸쓸한, 적적한
tristemente	부 슬피, 슬픔에 겨워
tristeza	여 슬픔; 비탄
triunfador, ra	형 개선한, 전승한 남여 개선자, 승리자
triunfal	형 승리의, 개선의; 의기양양한
triunfalmente	부 승리에 도취해; 의기양양하게
triunfalismo	남 자신만만한 태도
triunfalista	형남여 자신만만한 (사람)
triunfante	형 이긴, 개선의, 승리한
triunfar	자 승리하다; 우승하다
triunfo	남 승리, 개선; 트로피
trivial	형 사소한, 하찮은
trivialidad	여 하찮은[사소한] 일[것]
triza	여 단편, 쪼가리
trizar	타 갈기갈기 찢다
trocar	타 물물교환을 하다; 바꾸다

스페인어-한국어 575

trofeo	남 트로피, (승리의) 기념품
troica	여 트로이카
troika	여 트로이카
trolebús	남 트롤리버스
trombo	남 [의학] 혈전
trombocito	남 [의학] 혈소판
tromboflebitis	여 [의학] 혈전 정맥염
trombón	남 [악기] 트롬본
	남여 트롬본 연주자
trombosis	여 [의학] 혈전증
trompa	여 (코끼리 등의) 코; [악기] 호른
	남여 호른 연주자
	형 술에 취해 있는
trompeta	여 [악기] 트럼펫
	남여 트럼펫 연주자; 나팔수
trompo	남 팽이
tronada	여 (격심한) 뇌우
tronar	자 천둥이 울리다, 천둥 치다
tronco, ca	남 (나무) 줄기, 그루터기
	남여 [속어] 친구
trono	남 왕좌, 옥좌
tropa	여 군대, 부대
tropel	남 (시끄러운) 군중; 혼잡; 더미
tropezar	자 (에) 발리 걸려 넘어지다
tropezarse	((재귀)) 우연히 만나다
tropezón	남 발에 걸려 넘어지는 일; 충돌
tropical	형 열대의; 열대성의
trópico	남 [천문] 회귀선; 열대 지방
tropiezo	남 장애, 곤란
troposfera	여 대류권
trotamundos	남여 세계 여행자
trotar	자 (말이) 빨리 뛰다
trote	남 속보; 빠른 일; 귀찮은 일
trova	여 시, 연애시; 가사
trovador, ra	남여 시인. 남 (중세의) 음유 시인

trovadoresco, ca	형 (중세의) 음유 시인 풍의
trovar	자 시를 짓다
trovero, ra	남여 trova를 노래하는 사람
trovo	남 (대중적인) 애송시
troyano, na	형 [역사] 트로이의
	남여 트로이 사람
trozar	자 갈갈이 찢다
trozo	남 단편, 조각, 토막
trucaje	남 계략, 계교; 특수 효과
trucar	타 속이다, 속임수를 쓰다
trucha	여 [어류] 송어
truchero, ra	형 송어의
truchuela	여 소금에 절인 대구
truco	남 속임수, 계략, 책략
trueco	남 물물교환
trueno	남 천둥; 천둥소리
trueque	남 물물교환
truncamiento	남 절단, 잘라내기; 좌절
truncar	타 일부를 삭제하다; 좌절시키다
trufa	자 송로(松露)의 일종
trust	남 트러스트, 기업 합동
tu	형 [소유 형용사 2인칭 단수]
	너의, 자네의, 당신의
tú	대 [주격 인칭 대명사 2인칭 단수]
	너, 그대, 당신
tuba	여 [악기] 튜바
tuberculina	여 [의학] 투베르쿨린
tubérculo	남 덩이줄기, 덩이뿌리
tuberculosis	여 [의학] 결핵
tuberculoso, sa	형 결핵의; 덩이줄기의
	남여 결핵 환자
tubería	여 배관
tuberosidad	여 융기; 결절 모양; 덩이뿌리 상태
tuberoso, sa	형 덩이뿌리의, 덩이줄기의
tubo	남 관, 통, 튜브, 파이프

tubular	형 관의, 관 모양의
tucán	남 [조류] 뚜깐 (아메리카의 반금류)
tuerca	여 어미 나사, 너트
tuerto, ta	형 외눈의, 애꾸눈의. 남여 애꾸눈이
tuétano	남 골수; 진수, 본질
tul	남 (베일용) 엷은 명주 그물
tulipán	남 [식물] 튤립
tumba	여 묘, 무덤
tumbar	타 넘어뜨리다
tumbarse	((재귀)) 눕다
tumbo	남 심한 동요
tumor	남 종양, 종기
tumoración	여 (종양에 의한) 부종
tumoral	형 종양의, 종기의
tumulto	남 폭동, 소동
tumultuario, ria	형 소란스런, 폭동의
tumultuoso, sa	형 소란스런; 폭동의
tuna	여 [식물] 뚜나 (선인장의 일종)
tundra	여 동토대, 툰드라
túnel	남 굴, 터널
tungsteno	남 텅스텐
túnica	여 긴 도포
turbación	여 혼란, 동요
turbante	남 터번
turbar	타 난처하게 하다; 동요시키다
turbina	여 터빈
turbinar	타 (을) 이용해 터빈을 돌리다
turbio, bia	형 탁한, 흐린
turbo	남 터보 엔진 탑재 자동차
turbogenerador	남 터보 발전기
turbulencia	여 흐림, 혼탁함; 난기류
turbulento, ta	형 소란스러운, 소동을 일으키는
turco, ca	형 터키(Turquía)의 남여 터키 사람 남 터키 어

turismo	남 관광
turista	남여 관광객
turístico, ca	형 관광의
turnar	자 교체하다, 바꾸다
turnarse	((재귀)) 서로 바꾸다
turné	남 (극단의) 순회 공연
turno	남 순번, 차례
turquesa	여 터기석, 터기옥(玉)
Turquía	여 [나라] 터키
turrón	남 뚜론 과자
turronero, ra	남여 뚜론 제조자[장수]
tutear	타 tú를 사용해서 말하다
tutearse	((재귀)) 말을 놓고 지내다
tutela	여 후견; 보호, 감독; 가정교사 직
tutelado, da	남여 후견을 받는 사람
tutelar	형 후견의; 수호하는
	타 후견하다
tuteo	남 tú를 사용해 말하기
tutor, ra	남여 후견인, 보호자; 가정 교사
	남 (심은 나무의) 버팀대
tutoría	여 후견인 직; 가정 교사 직
tuyo, ya	형 [소유 형용사 2인칭 단수형] 너의
	대 [소유 대명사 2인칭 단수형] 네 것
TV	여 텔레비전(televisión).

U

u	접 [o가 o- 나 ho- 앞에서] 혹은, (이)나
ubérrimo, ma	형 매우 푸짐한[풍족한]
ubicación	여 둠, 놓음, 설치
ubicar	타 놓다, 두다, 설치하다
ubicarse	((재귀)) 있다, 위치하다
ubre	여 (동물의) 젖통, 유방
Ucrania	여 [나라] 우크라이나
ucraniano, na	형 우크라이나의 남여 우크라이나 사람 남 우크라이나 어
ucranio, nia	형 우크라이나의 남여 우크라이나 사람 남 우크라이나 어
ufano, na	형 뽐내는, 뻐기는, 자만하는
ukelele	남 [악기] 우쿨렐레
úlcera	여 [의학] 궤양
ulceración	여 [의학] 궤양 형성; 궤양화
ulcerar	타 궤양을 생기게 하다
ulcerarse	((재귀)) 궤양이 생기다
ulceroso, sa	형 궤양성의. 남여 궤양 환자
Última Cena	여 [종교] 최후의 만찬
ultimación	여 완성, 완료
últimamente	부 최후에; 최근, 요즈음
ultimar	타 (공사 등을) 끝내다
ultimátum	남 최후 통첩
último, ma	형 마지막의, 최후의; 최근의
ultraderecha	여 극우
ultraderechista	형 극우의

	명여 극우주의자, 극우파
ultraizquierda	여 극좌
ultraizquierdista	형 극좌의
	명여 극좌주의자, 극좌파
ultrajante	형 모욕적인
ultrajar	타 욕보이다, 모욕하다
ultraje	남 욕보이기, 모욕
ultramar	남 해외, 해외 영토; 군청색
ultramarino, na	형 해외의
ultramoderno, na	형 초현대적인
ultranación	여 초국가
ultranacional	형 초국가의
ultranacionalismo	남 초국가주의
ultranacionalista	형 초국가주의의
	명여 초국가주의자
ultrarrápido, da	형 초고속의
ultrarrojo, ja	형 적외선의
ultrasónico, ca	형 초음파의, 초음속의
ultrasonido	남 초음파
	여 초음파학
ultravioleta	형 자외선의
úlula	여 [조류] 부엉이
umbral	남 문지방, 문턱
umbrío, a	형 그늘의, 응달의
	여 늘 그늘이 지는 곳
umbroso, sa	형 그늘의, 응달의
un, una	관단 어떤. 관복 약간의, 몇 개의
	형 하나의
unánime	형 만장일치의
unánimemente	부 만장일치로
unanimidad	여 만장일치
unción	여 [천주교] 종부 성사
uncir	타 멍에를 씌우다
undécimo, ma	형 11번째의; 11분의 1의
	남 11분의 1

스페인어-한국어 581

UNESCO	여 유네스코
ungimiento	남 기름을 바름
ungir	타 성유를 바르다
ungüento	남 연고, 고약
únicamente	부 오직, 단지
unicameral	형 (의회의) 단원제의
unicameralismo	남 (의회의) 단원제
unicelular	형 [생물] 단세포의
único, ca	형 단 하나의, 유일한; 독특한
unicolor	형 단색의
unidad	여 단위, 통일성; 부대
unidimensional	형 일차원의
unido, da	형 뭉친, 단결된
unifamiliar	형 핵가족의
unificación	여 통일, 통합
unificador, ra	형 통일의
unificar	타 통일하다, 통합하다
unificarse	((재귀)) 통일되다, 하나가 되다
uniforme	형 같은 모양의, 한결같은
	남 유니폼, 제복
uniformidad	여 획일성, 유사성; 단조로움
Unigénito	남 [종교] 독생자, 예수 그리스도
unigénito, ta	형 외아들의, 외동딸의
	남여 외아들, 외동딸
unilateral	형 일방적인, 편무의
unilateralmente	부 일방적으로
unión	여 결합, 단결; 동맹; 조합
unipersonal	형 개인의; 1인(용)의
unir	타 결합시키다, 합하다
unirse	((재귀)) 결합하다, 합하다
unisex	형 남녀 공용의
unisexual	형 [동물] [식물] 단성의
unitario, ria	형 통일적인; 단일의
unitarismo	남 중앙 집권주의; 유일신교
universal	남 보편적인; 전 세계의

universalidad	여 보편성
universalizar	타 보편화하다
universalmente	부 전 세계적으로, 보편적으로
universiada	여 유니버시아드
universidad	여 대학교
universitario, ria	형 대학교의
universo	남 우주, 세계
uno, na	형 하나의. 남 하나, 한 사람 대 사람; 어떤 사람
untadura	여 겉에 바름, 도포
untar	타 바르다
unto	남 연고, 바르는 약
untuosidad	여 끈적끈적함, 미끈미끈함
untura	여 연고; 윤활유
uña	여 손톱, 발톱
uñada	여 손톱 자국; 할퀸 상처
uñeta	여 끌, 정
uperización	여 (우유의) 초고온 처리
uperizar	타 초고온 처리하다
ural(o)altaico, ca	형남 [언어] 우랄알타이 어족(의)
uranio	남 [광물] 우라늄
Urano	남 [천문] 천왕성
urbanidad	여 우아, 정중함
urbanismo	남 도시 계획; 도시 공학
urbanista	형 도시 계획의 남여 도시 계획 전문가
urbanístico, ca	형 도시 계획의
urbanita	형남여 도시 사람(의)
urbanización	여 도시화, 신흥 주택지, 분양지
urbanizar	타 도시화하다
urbano, na	형 도시의; 도시 풍의 남여 (도시의) 교통 정리 경찰관
urbe	여 도회지; 큰 도회지
urdimbre	여 [섬유] 날실
urdir	타 (음모를) 꾸미다

urgencia	여 긴급, 구급 (치료); 구급 센터
urgente	형 긴급한, 긴급을 요하는
urgentemente	부 긴급히
urgir	자 긴급하다, 긴급을 요하다
urna	여 투표함; 추첨함
urología	여 비뇨기과
urólogo, ga	남여 비뇨기과 의사
urraca	여 [조류] 까치
urticaria	여 두드러기
Uruguay	남 [나라] 우루과이
uruguayo, ya	형남여 우루과이의 (사람)
usado, da	형 사용한; 사용해서 닳은; 중고의
uzanza	여 관습, 관례, 풍습
usar	타 사용하다
usarse	((재귀)) 사용되다
uso	남 사용, 이용; 관습, 관례
usted	대 [인칭 대명사 3인칭 단수형] 당신, 귀하
ustedes	대 [인칭 대명사 3인칭 복수형] 당신들, 여러분들
usual	형 보통의, 통상의
usualmente	부 보통, 늘, 통상적으로
usuario, ria	형 사용권을 소유한 남여 이용자; 사용권자
usura	여 고리채; 폭리
usurario, ria	형 고리의, 높은 이자의; 폭리의
usurero, ra	남여 고리 대금업자
usurpación	여 횡령, 부당 취득
usurpador, ra	형 횡령하는 남여 횡령하는 사람
usurpar	타 찬탈하다, 침해하다
utensillo	남 도구, 기구, 용구
útero	남 [해부] 자궁
útil	형 유익한, 쓸모 있는 남 도구

utilidad	여 유용성; 실리; 이익
utilitario, ria	형 공리주의의
	남 경자동차
utilitarismo	남 공리주의, 실리주의
utilitarista	형 공리주의의, 실리주의의
	남여 공리주의자, 실리주의자
utilizable	형 사용할 수 있는
utilización	여 이용, 사용
utilizar	타 이용하다, 사용하다, 활용하다
utillaje	남 용구, 도구
útilmente	부 유익하게
utopia, utopía	여 유토피아, 이상향
utópico, ca	형 유토피아의
utopista	남여 이상가, 몽상가
uva	여 포도
uva espina	여 구즈베리
uva pasa	여 건포도
úvea	여 [해부] 포도막
uvero, ra	형 포도의
úvula	여 [해부] 목젖
uvular	형 목젖의; [언어] 연구개의
uxoricida	형 아내를 살해한
	남 아내 살해범
uxoricidio	남 아내 살해
uzear	자타 [칠레] 쥐어박다, 손으로 때리다

V

vaca	여 암소
vacación	여 휴식; 공석, 결원
	여복 방학, 휴가
vacada	여 소떼
vacante	형 비어 있는; 결원의. 여 결원
vacar	자 결원이 되다; (장소가) 비다
vaciado	남 비이 잇는 것; 발굴 조사
vaciar	타 비우다
vaciarse	((재귀)) 비다
vaciedad	여 하찮은 것
vacilación	여 주저, 망설임
vacilante	형 주저하는, 망설이는
vacilar	자 주저하다, 망설이다
	타 조롱하다, 놀리다
vacío, a	형 빈, 속이 빈
	남 빔; 허공; 진공
vacuna	여 종두, 백신 접종
vacunación	여 백신 접종[주사, 투여]
vacunar	타 백신[예방] 접종을 하다
vacunatorio	남 예방 접종 기관
vacuno, na	형 소의, 소가죽의
	남 소; 소가죽
vade	남 서류 가방
vadeable	형 걸어서 건널 수 있는
vadear	타 걸어서 건너다; 극복하다
vado	남 여울
vagabundear	자 방랑하다, 떠돌아다니다
vagabundo, da	형 방랑의. 방랑자

vagabundeo	男 방랑; 어슬렁어슬렁 걷기
vagamente	副 멍청히, 막연히
vagancia	女 방랑; 게으름, 태만; 무직
vagar	自 [+por] (을) 방랑하다
vagido	男 (갓난아이의) 울음소리
vagina	女 [해부] 질
vaginal	形 [해부] 질의
vaginismo	男 [의학] 질경련
vaginitis	女 [의학] 질염
vaginoscopio	男 질경
vago, ga	形 막연한, 모호한; 게으름뱅이의
	男女 게으름뱅이, 부랑자
vagón	男 화차; 차량
vagoneta	女 (토목 공사용의) 소형 무개 화차
vaguedad	女 모호함, 애매함
vahído	男 현기증
vaho	男 (눈에 보이는) 김, 수증기
vaina	女 (도검 등의) 칼집
vainilla	女 바닐라
vaivén	男 왕복 운동; 진동; 부침
vajilla	女 식탁용 식기류
vale	男 인환권; 영수증
	感 좋아!, 됐다!, 오케이!
valedero, ra	形 유효한
valencia	女 원자가(原子價)
valenciano, na	形 발렌시아의
	男女 발렌시아 사람
	男 발렌시아 방언
valentía	女 용감함, 용기; 대담함
valentón, na	形 허세를 부리는
	男女 허세를 부리는 사람
valentonada	女 허세, 허장성세
valer	自 가치가 있다, 값이 --이다
valeroso, sa	形 용기 있는, 용감한
valía	女 진가, 평가

validación	여 유효함
validar	타 법률적으로 유효하게 하다
validez	여 유효성, 효력
válido, da	형 유효한; 통용하는
valiente	형 용감한, 용기 있는
valientemente	부 용감히, 대담하게
valija	여 우편낭
valijero, ra	남여 외교 문서 전달자
valimiento	남 총애, 후원; 비호
valioso, sa	형 귀중한; 비싼, 고가의
valla	여 담장, 울타리
valladar	남 울타리, 담장
vallado	남 울타리, 담장
vallar	타 울타리[목책]을 하다
valle	남 계곡
valor	남 가치; 가격; 용기
	복 유가 증권
valoración	여 평가, 견적
valorar	타 (가격으로) 평가하다, 견적하다
valorarse	((재귀)) 평가되다
valorización	여 평가, 견적
valorizar	타 평가하다, 견적하다
vals	남 왈츠, 왈츠곡, 왈츠춤
valsar	자 왈츠를 추다
valse	남 왈츠
valuar	타 평가하다, 견적하다
valva	여 패각
válvula	여 밸브, 판(瓣)
valvular	여 밸브의
vampiresa	남 요부
vampiro	남 흡혈귀
vanagloria	여 허영, 허영심
vanagloriarse	((재귀)) 자만하다, 우쭐거리다
vanaglorioso, sa	형 자만하는; 허영심이 많은
	남여 허영심 많은 사람

vanamente	튄 헛되이, 무익하게
vandalaje	남 산적 행위
vandalismo	남 (예술 등의) 고의적 파괴
vándalo, la	형 반달 사람의; 고의적 파괴의
	남여 반달 사람; 고의적 파괴자
vanguardia	여 전위(前衛)
vanguardismo	남 전위파
vanguardista	형 전위파의
	남여 전위파 예술가
vanidad	여 허영심
vanidoso, sa	형 허영심이 많은
	남여 허영심이 많은 사람
vano, na	형 헛된, 허무한, 공허한
vapor	남 증기, 김, 수증기; 증기선
vaporación	여 증발; 무산
vaporar	타 증발시키다
vaporarse	((재귀)) 증발되다
vaporera	여 시루, 찜통
vaporización	여 증발, 기화
vaporizador	남 증발기, 기화기; 분무기
vaporizar	타 증발시키다
vaporizarse	((재귀)) 증발되다
vaqueriza	여 (월동용의) 외양간; 목장
vaquero, ra	형 소를 치는; 청바지의
	남여 목동, 카우보이
	남 청바지, 진 바지
vara	여 회초리, 가늘고 긴 가지
varadura	여 좌초
varar	자 좌초하다
vararse	((재귀)) 좌초되다
variabilidad	여 가변성, 변하기 쉬움
variable	형 가변성의; 변하기 쉬운
variación	여 변화, 변동; 변주곡
variado, da	형 갖가지의, 여러 가지의
variamente	튄 갖가지로, 여러 가지로

스페인어-한국어 589

variante	여 변형, 변종; 우회로
variar	타 변화를 주다, 바꾸다
varicela	여 수두, 작은 마마
varicocele	여 정맥 헤르니아
varicoso, sa	형 정맥류의
variedad	여 다양성; 종류
vario, ria	형 가지각색의, 여러 가지의; 복 몇몇의, 여럿의
varita	여 가늘고 긴 막대기
varón	남 남자, 남성
varonil	형 남자의, 남자다운
vasallo, lla	형 신하의; 예속된 남여 [역사] 신하
vasar	남 (간단한) 식기 선반
vasco, ca	형 바스크의. 남여 바스크 사람 남 바스크 어
vascófilo, la	남여 바스크 어 연구자
vascoparlante	형 바스크 어를 말하는
vascuense	남 바스크 어
vascular	형 혈관의; 맥관의
vasectomía	여 [의학] 정관 절제술
vaselina	여 [화학] 바셀린
vasija	여 용기(容器), 그릇
vaso	남 유리잔, 글라스
vástago	남 옆가지, 분지
vastedad	여 광대함
vasto, ta	형 광대한, 넓은
váter	남 수세식 변소; 변기
Vaticano, el	남 바티칸, 교황청
vaticano, na	형 바티칸의, 교황청의
vatímetro	남 전력계
vatio	남 와트
Vd.	대 [약어] =usted
Vds.	대 [약어] =ustedes
vecinal	형 이웃의, 인근의

vecindad	여 이웃 사람들; 인접
vecindario	남 주민; 주민 명부
vecino, na	형 이웃의; 근처의
	남여 이웃 사람; 주민
vector	남 [수학] 벡터; [천문] 동경
vectorial	형 vector의
veda	여 금지; 금렵기, 금어기
vedado, da	형 금지된
	남 출입 금지 구역
vedar	타 (법률이나 법령으로) 금지하다
vega	여 광야, 평야
Vega	여 [천문] 직녀성
vegetación	여 [집합] 식물; 초목
vegetal	형 식물의, 식물성의
	남 식물. 복 채소
vegetar	자 (식물이) 성장하다
vegetarianismo	남 채식주의
vegetariano, na	형 채식주의의
	남여 채식주의자
vegetativo, va	형 식물성의; 영양성의
vehemente	형 격한, 열렬한; 충동적인
vehementemente	부 격하게, 열렬하게
vehicular	형 교통의
vehículo	남 탈것; 차량
veinte	형 20의; 20번째의. 남 20
veintavo, va	형남 20분의 1(의)
veinteavo, va	형남 20분의 1(의)
veinticinco	형 25의; 25번째의. 남 25
veinticuatro	형 24의; 24번째의. 남 24
veintidós	형 22의; 22번째의. 남 22
veintinueve	형 29의; 29번째의. 남 29
veintiocho	형 28의; 28번째의. 남 28
veintiséis	형 26의; 26번째의. 남 26
veintisiete	형 27의; 27번째의. 남 27
veintitrés	형 23의; 23번째의. 남23

스페인어-한국어 591

veintiún	형 [남성단수명사 앞에서] 21의
veintiuno, na	형 21의. 남 21
vejación	여 왕따, 따돌림, 학대
vejamen	남 왕따, 따돌림, 학대
vejar	타 괴롭히다, 들볶다
vejatorio, ria	형 괴롭히는, 들볶는
vejez	여 노년, 노령, 노년기
vejiga	여 방광(膀胱)
vela	여 돛; 철야
velación	여 철야, 밤샘
velada	여 야간 파티[모임]
velador	남 (다리 하나의) 소형 둥근 탁자
velamen	남 (배 한 척의) 돛
velar	타 철야하다, 밤을 새우다
velatorio	남 밤샘, 철야; 영안실
veleidad	여 뚝심; 경박함; 바람기
veleidoso, sa	형 경거망동한; 바람기가 있는
velero, ra	형 (범선이) 빠른, 쾌속의
	남 요트, 범선
veleta	여 풍향계
vélico, ca	형 돛의
velista	남여 요트 소유자
vello	남 체모(體毛); (식물 등의) 솜털
vellocino	남 (양 등의) 깎아낸 털; 양의 모피
vellón	남 (한 마리 분의) 양모, 털
vellosidad	여 몸에 털이 남; 털이 많음
velloso, sa	형 몸털이 난
velludo, da	형 털이 많은
velo	남 베일, 면사포
velocidad	여 속도, 속력
velocímetro	남 속도계
velocista	남여 단거리 주자, 스프린터
velódromo	남 자전거 경기장; 경륜장
veloz	형 빠른
velozmente	부 재빨리, 속히

vena	여 정맥
venablo	남 투창
venado, da	형 미친, 기가 상한
	남 수사슴
	여 광기의 발작
vencedero, ra	형 기간이 오는
vencedor, ra	형 승리의, 전승의
	남여 승자, 승리자
vencer	타 승리하다; 극복하다; 타파하다
	자 기한이 다 되다
vencible	형 이길 수 있는
vencido, da	형 패한; 기한이 다 된
	남여 패자(敗者)
vencimiento	남 기한, 만기; 극복; 승리; 패배
venda	여 붕대
vendaje	남 붕대; 붕대를 함
vendar	타 붕대를 감다
vendarse	((재귀)) (자신의 몸에) 붕대를 감다
vendaval	남 (남쪽에서 부는) 강풍, 폭풍
vendedor, ra	형 판매하는, 파는
	남여 판매원, 외판원
vendepatria	남여 매국노
vendepatrias	남여 단복 매국노
vender	타 팔다; 배반하다
venderse	((재귀)) 팔리다
vendible	형 팔 수 있는
vendimia	여 포도 수확(기)
vendimiador, ra	남여 포도 따는 사람
vendimiar	타자 (포도를) 따다, 수확하다
veneno	남 독, 독물
venenosidad	여 독성
venenoso, sa	형 유독한, 독이 있는
venerable	형 존경할 만한
veneración	여 존경; 숭배
venerar	타 존경하다; 숭배하다

스페인어-한국어 593

venéreo, a	형 성병의
venereología	여 성병학
venero	남 광맥; 샘
venezolano, na	형 베네수엘라의
	남여 베네수엘라 사람
Venezuela	여 [나라] 베네수엘라
vengador, ra	형 복수의, 보복의
	남여 복수하는 사람
venganza	여 복수, 보복
vengar	타 복수하다, 보복하다
vengarse	((재귀)) [+de] (의) 복수를 하다
vengativo, va	형 복수심이 강한
venida	여 오기, 내방; 돌아옴, 귀환
venidero, ra	형 장래의, 오는
venir	자 오다; 유래하다
venoso, sa	형 [해부] 정맥의; 잎맥의
venta	여 판매; 매상고
ventada	여 돌풍
ventaja	여 이점, 장점; 우위
ventajear	자 손해를 얻다
ventajero, ra	형남여 악랄한 (사람)
ventajista	형남여 악랄한 (사람)
ventajosamente	부 유리하게
ventajoso, sa	형 유리한
ventana	여 창, 창문; [컴퓨터] 윈도
ventanal	남 큰 창, 큰 창문
ventanilla	여 창구; (비행기 등의) 창
ventarrón	남 질풍, 강풍
ventear	자 바람이 불다
ventero, ra	남여 여관 주인
ventilación	여 통풍, 환기
ventilador	남 선풍기; 환기 장치[구멍]
ventilar	타 환기시키다
ventisca	여 눈보라
ventiscar	자 눈보라가 치다

ventisquear	자 눈보라가 치다
ventisquero	남 눈보라
ventosa	여 환기 구멍
ventosear	자 방귀를 뀌다
ventosidad	여 (뱃속의) 가스, 방귀
ventoso, sa	형 바람이 강한
ventral	형 배[복부]의
ventrecha	여 (물고기의) 배, 복부
ventresa	여 (생선의) 배 부분
ventricular	형 [해부] 심실의, 뇌실의
ventrículo	남 [해부] 심실, 뇌실, 실
ventrisca	여 (생선의) 배 부분
ventrudo, da	형 올챙이배의; 배가 큰
ventura	여 행운; 우연
venturoso, sa	형 행운의, 행복한
venus	여 절세 미인
Venus	남 [천문] 금성(金星)
venusiano, na	형 [천문] 금성의
ver	타 보다; 만나다
	남 시각; 외관, 외견
verse	((재귀)) 서로 만나다; 이다, 있다
veranda	여 베란다, 발코니
veraneante	남여 행락객, 피서객
veranear	자 피서하다, 피서 가다
veraneo	남 피서
veraniego, ga	형 여름의, 여름 같은
veranillo	남 잔서
verano	남 여름; (열대 지방의) 건기
veras	여복 진실성
	[de+] 정말로, 진실로
veraz	형 정직한, 진실을 말하는
verbal	형 구두의; 동사의
verbo	남 [문법] 동사(動詞)
verdad	여 진실, 사실; 진리
verdaderamente	부 진실로, 정말로

verdadero, ra	형 진실의, 사실의
verde	형 녹색의, 푸른; 외설의; 녹색당의
	남 녹색, 초록빛; (신호의) 푸른 불
verdear	자 녹색으로 변하다
verdecer	자 녹색으로 변하다
verdor	남 (초목의) 녹색
verdoso	형 초록빛[녹색]을 띤
verdugo	남 사형 집행인; 냉혈한
vedulería	여 청과류 가게; 야채 가게
verdulero, ra	남여 청과상, 채소 장수
verdura	여 야채, 채소
vereda	여 오솔길, 작은 길
veredicto	남 재정(裁定), 판결
verga	여 원재(圓材)
vergonzante	형 부끄러워하는
vergonzoso, sa	형 수치스러운, 부끄러운
vergüenza	여 수치, 부끄러움
verficable	형 실증할 수 있는
verficación	여 확인; 점검; 검산
verficador, ra	형 점검[검사]의
	남여 검사원, 검사관
	남 검사[점검]용의 기구
verificar	타 검사[점검]하다, 확인하다
verificarse	((재귀)) 확실해지다, 실증되다
verja	여 철책
vermú	남 [술] 베르무트
vernal	형 봄의
verosímil	형 있을 법한, 진짜 같은
verosímilmente	부 진짜처럼
verrón	남 종돈, 씨돼지
verruga	여 사마귀; 혹
verrugón	남 큰 사마귀
verrugoso, sa	형 사마귀투성이의
versación	여 전문 지식
versado, da	형 밝은, 조예가 깊은, 정통한

versal	형 대문자의. 여 대문자
versalilla	여 작은 대문자
versalita	여 작은 대문자
versar	자 주위를 돌다; (을) 문제로 하다
versátil	형 변덕스러운; 만능의
versatilidad	여 변덕스러움
versificación	여 시작(詩作), 시 쓰기
versificador, ra	남여 시를 쓰는 사람
versificar	자 시를 쓰다
	타 시로 만들다
versión	여 해석, 번역; …판; 버전
versista	남여 시인, 작시자
verso	남 시, 운문
verso, sa	형 (종이나 쪽의) 뒤의
vértebra	여 [해부] 척추골
vertebrado, da	형 척추가 있는
	남복 척추동물
vertebral	형 척추의
vertebrar	타 (의) 골격을 만들다
vertedero	남 쓰레기 버리는 곳; 배출구
vertedor	남 방수로; 수문
verter	타 따르다, 붓다; 엎지르다
vertical	형 수직의; 세로의
	남 수직선, 수직면
verticalidad	여 수직(성)
verticalmente	부 수직으로; 세로로
vértice	남 [기하] 꼭지점, 정점; 정수리
vertiente	여 경사면, 사면
vertiginoso, sa	형 현기증이 나는
vértigo	남 현기증, 어지럼증
vesical	형 [해부] 방광의
vesícula	여 [해부] 낭(囊), 소낭
vesicular	형 [해부] 낭의, 소낭의
véspero	남 샛별, 금성; 해 질 무렵
vespertino, na	형 저녁때의, 해 질 무렵의

vestíbulo	남 현관; (중앙) 홀
vestido, da	형 옷을 입은
	남 의복; 드레스
vestidor	남 옷 갈아입는 방
vestidura	여 의복; [종교] 제복
vestigio	남 발자취; 유적
vestimenta	여 의복, 의류
vestir	타 옷을 입히다
vestirse	((재귀)) 옷을 입다
vestuario	남 의상; 갱의실; 분장실
veta	여 광맥
vetar	타 (에) 거부권을 행사하다
veteranía	여 노련함, 노련미
veterano, ra	형 노련한, 베테랑의
	남여 노병(老兵), 베테랑
veterinario, ria	형 수의학의. 남여 수의사
	여 수의학
veto	남 거부권; 금지
vetustez	여 노령; 오래됨
vetusto, ta	형 노령의; 고색 창연한
vez	여 번, 배, 회(回); 순번
vía	여 선, 선로, 철도; 길
viaducto	남 육교, 구름다리
viajante	남여 세일즈맨, 세일즈 우먼
viajar	자 여행하다
viaje	남 여행
viajero, ra	형 여행하는
	남여 여행자, 여행객; 탑승객
vial	형 도로의
vianda	여 음식물; 요리
viandante	남여 통행인; 보행자
víbora	여 [동물] 살모사, 독사
vibración	여 진동, 요동
vibrador	남 [전기] 진동자, 진동기
vibrante	형 진동하는, 흔들리는

vibrar	자 진동하다, 떨다
vibrión	남 [생물] 비브리오
vicealcalde, sa	남여 부시장
vicealmirante	남 해군 준장
vicecampeón, na	남여 준우승자
vicecónsul	남여 부영사
vicepresidencia	여 vicepresidente의 직
vicepresidente	남여 부통령, 부회장, 부의장
vicerrector, ra	남여 부학장
viceversa	부 역으로, 반대로
viciable	형 해로운
viciado, da	형 타락한
viciar	타 타락시키다
	자 타락되다, 악습에 물들다
vicio	남 악습, 악벽, 악덕; 결함
viciosidad	여 흠, 결점, 결함
vicioso, sa	형 악습의, 악덕의; 결함이 있는
vicisitud	여 부침; 변천
víctima	여 희생, 희생자
víctor	감 만세!
victoria	여 승리
victorisamente	부 승리감에 도취되어
victorioso, sa	형 승리의
vicuña	여 [동물] 비꾸냐; 비꾸냐 털
vid	여 포도나무
vida	여 생명, 일생, 삶.
videncia	여 예견 능력
vidente	형 눈에 보이는; 예견 능력이 있는
	남여 예견 능력이 있는 사람
vídeo, video	남 비디오
videocasete	남 비디오카세트
videocinta	여 비디오 테이프
videoclub	남 비디오 가게
videodisco	남 비디오 디스크
videófono	남 텔레비전 전화

videograbación	부 녹화, 비디오 촬영
videograbar	타 비디오로 촬영하다
videojuego	남 비디오게임
videopiratería	여 비디오게임 해적판
videoteca	여 비디오 테이프 보관소
vidriado	남 잿물을 바른 것
vidriar	타 (에) 잿물을 바르다
vidriería	여 유리 공장[가게]
vidriero, ra	남여 유리 제조자[장수, 직공]
	여 유리문, 유리창; 쇼윈도
vidrio	남 유리(cristal); 창유리
viejo, ja	형 늙은; 낡은, 헌; 오래된
	남여 노인
viento	남 바람; (장내의) 가스, 방귀
vientre	남 배, 복부
viernes	남 금요일
Vietnam	남 [나라] 베트남
vietnamita	형 베트남의. 남여 베트남 사람
	남 베트남 어
viga	여 들보, 도리
vigencia	여 효력
vigente	형 효력이 있는; 현행의
vigésimo, ma	형 20번째의; 20분의 1의
	남 20분의 1
vigía	여 망루, 감시탑
vigilancia	여 감시; 경계
vigilante	형 경계하는
	남여 경비원, 야간 경비원
vigilar	타 경비하다, 감시하다
vigilia	여 철야, 불면
vigor	남 활력; 효력
vigorizar	타 힘을 주다; 기운 나게 하다
vigoroso, sa	형 정력적인; 힘찬
vil	형 비열한
vileza	여 비열함

villa	여 별장
villancico	남 크리스마스 캐럴
vinagre	여 식초
vinagrera	여 식초병
vinagrera	여 (식탁의) 식초병; 복 조미료 그릇
vinculable	형 연결[결합]시킬 수 있는
vinculación	여 연결, 결합
vinculante	형 연결[결합]하는; 구속하는
vincular	타 연결[결합]시키다; 구속하다
vínculo	남 유대, 기반; 관련성
vindicación	여 복수; 옹호
vindicar	타 복수하다; 옹호하다
vindicta	여 복수
vínico, ca	형 포도주의
vinícola	형 포도 재배의; 포도주 양조의
vinicultor, ra	남여 포도주 양조가
vinicultura	여 포도주 양조
vinílico, ca	형 비닐의, 비닐기의
vinilo	남 비닐, 비닐기
vino	남 술; 포도주, 와인
vino blanco	남 백포도주
vino tinto	여 적포도주
vinoso, sa	형 포도주 같은
viña	여 포도밭
viñador, rfa	남여 포도 농장의 인부[노동자]
viñatero, ra	남여 포도 농장의 주인[노동자]
viñedo	남 큰 포도 농장
viñeta	여 책 첫머리의 그림; 1회분의 만화
viola	여 [악기] 비올라
violación	여 위반; 침해; 강간, 폭행
violado, da	형 보랏빛의. 남 보랏빛
violador, ra	형 강간의, 부녀자 폭행의
	남여 강간범, 폭행 범인
violar	타 위반하다; 침해하다; 강간하다
violencia	여 폭력, 폭행; 강간

스페인어-한국어 601

violentamente	🔲 난폭하게; 격하게
violentar	🔲 (에게) 폭행[폭력]을 가하다
violento, ta	🔲 난폭한; 격한
violeta	🔲 [식물] 제비꽃; 오랑캐꽃
violín	🔲 [악기] 바이올린
violinista	🔲 바이올리니스트
violista	🔲 비올라 연주가
violón	🔲 [악기] 콘트라베이스
violoncelista	🔲 첼로 연주자
violoncelo	🔲 [악기] 첼로
violonchelista	🔲 첼로 연주자
violonchelo	🔲 [악기] 첼로
vip	🔲 귀빈, 요인
virada	🔲 방향 전환, 선회
viraje	🔲 방향 전환, 선회
virar	🔲 (차나 배가) 방향 전환하다
virgen[1]	🔲 처녀의; 미사용의
	🔲 처녀, 동정녀; 동정남
Virgen[2]	🔲 동정녀 마리아, 성모; 성모상
virginal	🔲 처녀의; 순결한
virginidad	🔲 처녀성, 동정
virgo	🔲 처녀성, 처녀막
vírico, ca	🔲 바이러스의
viril	🔲 남자의; 남성적인
virilidad	🔲 남자다움; 장년기
virreinato	🔲 부왕령(副王領), 부왕 직
virrey	🔲 [역사] 부왕
virtual	🔲 사실상의; 잠재적인
virtud	🔲 덕, 미덕; 효력, 능력
virtuoso, sa	🔲 덕이 있는, 고결한
	🔲 덕망이 있는 사람; [음악] 고수
viruela	🔲 [의학] 천연두, 마마
virulencia	🔲 신랄함; 악성(惡性)
virulento, ta	🔲 신랄한; 악성의
virus	🔲 바이러스

virutas	여복 대팻밥
visa	여 [중남미] 비자, 사증
visado	남 비자, 사증
visar	타 (서류 등을) 승인하다
viscera	여 [해부] 내장
visceral	형 내장의
visera	여 (모자의) 차양
visibilidad	여 시계(視界), 가시성
visible	형 가시의; 명백한, 뚜렷한
visiblemente	부 명백히, 눈에 띄게
visillo	여 창문 커튼, 블라인드
visión	여 시각, 시력; 전망; 환영
visita	여 방문; 방문객; 왕진
visitador, ra	형 방문하는, 방문하기 좋아하는
	남여 방문자, 견학자, 구경꾼
visitante	형 방문하는
	남여 방문객, 손님
visitar	타 방문하다; 왕진하다
vislumbrar	타 어렴풋이 보이다
vislumbre	여 어렴풋함; 어슴프레한 불빛
visón	남 밍크
víspera	여 전일(前日), 전야
vista[1]	여 시각, 시력(視力); 조망, 전망; 외견
vistazo	남 흘깃 보기
visto, ta[2]	형 보인; 흔한; 유행에 뒤진
vistoso, sa	형 화려한; 사람의 시선을 끄는
visual	형 시각의
visualidad	여 시각 효과
visualmente	부 시각적으로
vital	형 생명의; 중대한
vitalicio, cia	형 종신의
vitalidad	여 생기, 활력
vitalizar	타 힘이 솟다; 활력을 주다
vitamina	여 비타민
vitaminado, da	형 비타민이 첨가된

vitamínico, ca	형 비타민을 함유한
vitícola	형 포도 재배의
viticultor, ra	남여 포도 재배자
viticultura	여 포도 재배[재배법]
vítor	남 환호, 박수갈채
vitorear	타 환호하다
vítreo, a	형 유리의, 유리 같은
vitrina	여 진열창; 캐비닛; 쇼윈도
vituperación	여 비난; 매도
vituperar	타 매도하다, 격하게 비난하다
viudedad	여 미망인 생활; 미망인 연금
viudez	여 미망인 생활
viudita	여 청상과부
viudo, da	형 홀아비의, 미망인의
	남 홀아비; 미망인
viva	감 만세!
vivac	남 야영
vivacidad	여 생기, 활발함
vivamente	부 활발히; 생생하게
vivaque	남 야영, 야영지
vivaquear	자 야영하다
víveres	남복 식량(食糧)
vivero	남 양어장; 모판, 못자리
viveza	여 생기; 활발함; 민첩함
vivienda	여 주택, 주거
viviente	형 살아 있는
	남여 살아 있는 사람, 산 사람
vivir	자 살다, 거주하다, 생활하다
vivo, va	형 생(生); 살아 있는; 생생한
vizconde	남 자작; 남작 대리
vizcondesa	여 여자 자작, 자작 부인
vocablo	남 말, 단어
vocabulario	남 어휘; 어휘집
vocación	여 천직; 자질
vocacional	형 천직의; 직업 교육의

vocal	형 발성의, 목소리의
	여 [언어] 모음, 홀소리
vocalista	남여 보컬리스트, 가수
vocear	자 절규하다
vocería	여 대변인의 지위
vocero, ra	남여 대변인
vodca	남(여) 보드카
volador, ra	형 나는, 날아가는
voladura	여 폭파
volante	형 나르는, 나는.
	남 핸들; [배드민턴] 셔틀콕; 옷단
volar	자 날다; 비행하다
	타 폭파하다; 날리다
volarse	((재귀)) 날아가 버리다
volátil	형 나는; 불안정한; 휘발성의
volatilidad	여 휘발성
volatín	남 곡예; 곡예사
volatinero, ra	남여 곡예사
volcán	남 화산(火山)
volcánico, ca	형 화산의
volcar	타 뒤집어 버리다
	자 뒤집히다, 전복되다
voleibol	남 [운동] 배구
voltaico, ca	형 볼타 식의; 유전기의
voltaje	남 전압
voltímetro	남 전압계
voltámetro	남 전량계
voltear	타 돌리다, 회전시키다
voltímetro	남 전압계
voltio	남 볼트
volumen	남 (책의) 부, 권; 부피, 양
voluminoso, sa	형 부피가 큰
voluntad	여 의지, 의욕; 의향
voluntariado	남 지원 병역; 지원병
voluntariedad	여 자발성; 고의

voluntario, ria	형 자발적인
	남여 지원병, 의용병
voluptuosidad	여 호색, 쾌락, 향락
voluptuoso, sa	형 관능적인, 향락적인
volver	자 돌아오다, 돌아가다
vomitar	타 게우다, 토하다
vómito	남 구토, 구역질
voracidad	여 대식, 탐식; 탐욕
voraz	형 많이 먹는; 탐욕의
vórtice	남 소용돌이, 회오리바람
vos	대 [주격 인칭 대명사 2인칭 단수/복수] 당신; [중남미] 너, 자네, 당신
vosotros, tras	대 [주격 인칭 대명사 2인칭 복수] 너희들
votación	여 투표; 표결
votante	남여 투표자; 유권자
votar	자 투표하다; [종교] 서원하다
votivo, va	형 서원하는, 기원하는
voto	남 투표; 투표권; [종교] 서원
voz	여 목소리, 음성; [문법] 태
vuelco	남 전복; 전환; 파멸
vuelo	남 비행; (비행기의) 편
vuelto, ta	형 뒤집힌
	여 회전; 일주; 거스름돈
vuestro, tra	형 [소유 형용사] 너희들의
	대 [소유 대명사] 너희들의 것
vulgar	형 통속적인; 세속의; 속악한
vulgaridad	여 속됨, 천함; 평범함
vulgarismo	남 속어
vulgarmente	부 세속적으로
vulgo	남 민중, 속인
vulnerable	형 상처를 줄 수 있는
vulneración	여 상처 입히는 일
vulnerante	형 해치는; 범하는
vulnerar	타 상하게 하다

vulnerario	형 외상에 듣는. 남 외상에 바른 약
vulpino, na	형 여우의; 여우같은, 교활한
vultuosidad	여 여우같은 얼굴을 한 상태
vultuoso, sa	형 충혈이 되고 붉은
vulva	여 [해부] 보지, 음문, 옥문
vulvitis	여 [의학] 외음염

W

wagneriano, na	형 바그너(풍)의
wagnerismo	남 바그너 풍[식]
washingtoniano, na	형 워싱턴의[태생의]
	남여 워싱턴 사람
waterpolista	남여 수구 선수
waterpolo	남 [운동] 수구
watt	남 와트(vatio)
web, Web	남 [컴퓨터] 웹
weber	남 [전기] 웨버
western	남 서부 영화
whiskería	여 위스키 가게(güisquería)
whisky	남 위스키(güisqui)
windsurf	남 윈드서핑
windsurfing	남 윈드서핑
windsufista	남여 윈드서핑을 하는 사람
wólfram	남 [화학] 볼프람
wolframio	남 [화학] 볼프람

X

xerografía	여 건식 인쇄[인쇄술]
xerográfico, ca	형 건식 인쇄[인쇄술]의
xerógrafo, fa	남여 건식 인쇄 기술자
xilofón	남 [악기] 실로폰
xilofonista	남여 실로폰 연주자
xilófono	남 [악기] 실로폰, 목금(木琴)
xilografía	여 목판, 목판 인쇄술
xilográfico, ca	형 목판 인쇄술의
xilógrafo, fa	남여 목판 인쇄 기술자

Y

y	접 그리고, 와, 과
ya	부 이미, 벌써; 이제; 곧
yacente	형 누워 있는
yacer	자 누워 있다
yacimiento	남 광상, 광맥
yaguar	남 [동물] 재규어
yak	남 [동물] 야크 (티베트의 들소)
yarda	여 야드
yate	남 요트
yegua	여 [동물] 암말
yelmo	남 투구
yema	여 (계란의) 노른자위
yermo, ma	형 불모의; 사람이 살지 않은
yerno	남 사위
yerro	남 잘못, 실수
yeso	남 석고; 회반죽, 벽토
yo	대 [주격 인칭 대명사] 나
yodo	남 요오드, 옥소
yoduro	남 요오드화물(化物)
yoga	여 요가
yogui	남여 요가 수행자
yogur	남 요구르트
yola	여 율형 돛단배
yoyó	남 [장난감] 요요
yuca	여 [식물] 유까, 실난초
yudo	남 [운동] 유도
yudoca	남여 유도 선수; 유도인
yugo	남 멍에; 속박

yugoeslavo, va	형 유고슬라비아의
	남여 유고슬라비아 사람
yugoslavo, va	형 유고슬라비아의
	남여 유고슬라비아 사람
yunque	남 모루
yuxtaponer	타 나란히 놓다
yuxtaposición	여 나란히 놓음
yuxtapuesto, ta	형 나란히 놓인

Z

zabullida	여 잠수
zabullidor, ra	남여 잠수부
zabullidura	여 잠수
zabullimiento	여 잠수
zabullir	타 물속으로 던지다
zabullirse	((재귀)) 물속에 뛰어들다
zafiro	남 사파이어
zaga	여 후부(後部), 뒷부분
zaguán	남 현관
zambo, ba	형 안짱다리의
	남여 안짱다리 사람
zambullidor, ra	남여 잠수부
zambullidura	여 잠수
zambullirse	((재귀)) 잠수하다
zanahoria	여 당근
zanja	여 도랑, 고랑
zanjar	타 해결하다
zapapico	남 곡괭이
zapata	여 반장화
zapatazo	남 구두로 때리기
zapatear	타 구두로 때리다[짓밟다]
zapatería	여 구두 수선소, 양화점
zapatero, ra	남여 구두 수선공, 제화업자
zapatilla	여 슬리퍼
zapatillazo	남 슬리퍼로 때리기
zapatillero, ra	남여 실내화 제조자[장수]
zapato	남 구두
zarcillo	남 귀고리

zarpa	여 (맹수의) 발; 출항
zarpar	자 출항하다, 출범하다
zarza	여 [식물] 가시나무, 찔레나무
zarzal	남 가시나무 덤불
zarzuela	여 사르수엘라 ((스페인의 춤))
zarzuelista	남여 사르수엘라 작가
zas	감 철썩!, 탁!
Zeus	남 [신화] 제우스
zigzag	남 지그재그
zigzaguear	자 지그재그로 나아가다
zinc	남 [광물] 아연
zócalo	남 [멕시코] 중앙 광장
zodiacal	형 [천문] 황도의
zodiaco, zodíaco	남 [천문] 황도
zona	여 지역, 존
zonación	여 (도시 계획의) 지역 설정
zonal	형 지역의, 지대의
zoo	남 동물원
zoobiología	여 동물 생리학
zoología	여 동물학
zoológico, ca	형 동물학의
zoólogo, ga	남여 동물학자
zoom	남 줌, 줌 렌즈
zorra	여 [동물] 암여우
zorrillo	남 [동물] 스컹크
zorro, rra	형 교활한, 영악한
	남여 교활한 사람, 영악한 사람
	남 [동물] 여우, 수여우
zorruno, na	형 여우의; 여우같은
zorzal	남 [조류] 개똥지바퀴
zozobra	여 불안; 침몰
zozobrar	자 난파하다; 좌절하다
zueco	남 나막신
zumbar	자 귀가 울리다
zumbido	남 귀울림, 이명, 윙윙하는 소리

zumo	남 주스, 즙
zurcido	남 꿰매기, 기움질, 짜깁기
zurcidor, ra	형 짜깁기하는
	남여 짜깁기하는 사람
zurcir	타 꿰매다, 깁다, 짜깁다
zurdazo	남 [축구] 왼발 킥
zurdear	자 일부러 왼손을 쓰다
zurdo, da	형 왼손잡이의; 왼쪽의; 왼손의
	남여 왼손잡이
	여 왼손; 왼발
zurear	자 (비둘기가) 구구 울다
zurito, ta	형 (비둘기가) 야생의
zurra	여 매질, 구타
zurrar	타 구타하다; 무두질하다
zurrido	남 (몽둥이로) 후려치기
zurrón	남 (목동들의) 큰 주머니
zutano, na	남여 아무개, 누구, 모(某)

부록
발음과 음절 분해
한국어-스페인어 단어

발음과 음절 분해

a: a-ma 아-마, a-sa 아-사
b: bo-ca 보-까, ba-ta-ta 바-따-따
c: ca-rra 까-라, co-che 꼬-체
   cen-tro 쎈-뜨로, ci-ta 씨-따
ch: chi-co 치-꼬, cho-car 초-까르
d: da-ma 다-마, di-ne-ro 디-네-로
e: e-dad 에-닫, e-na-no 에-나-노
f: fe-cha 페-차, fo-to 포-또
g: ga-to 가-또, guí-a 기-아,
   go-ma 고-마, gus-to 구스-또,
   gue-rra 게-르라 güis-qui 구이-스끼
   ci-güe-ña 씨-구에-냐
h: [묵음] ho-ra 오-라, ha-cha 아-차
i: i-de-a 이-데-아, in-dio 인-디오
j: jo-ven 호-벤, ja-bón 하-본
k: ka-ki 까-끼, kios-co 끼오스-꼬
l: la-go 라-고, ca-pi-tal 까-삐-딸
ll: lla-ma 야-마 llu-via 유-비아
m: ma-pa 마-빠, mu-cho 무-초
n: na-da 나-다, nom-bre 놈-브레
ñ: ni-ña 니-냐, ni-ño 니-뇨
o: o-jo 오-호, o-li-vo 올리-보
p: po-llo 뽀요, pa-pá 빠-빠
q: que-so 께-소, Qui-jo-te 끼-호-떼
r: ca-ra 까-라, fres-co 프레-스꼬
   [단어 앞에서는 혀를 굴리는 발음]
   ra-ta 르라-따, Ro-ma 르로-마
   [자음 앞이나 단어 끝에서도 약간 굴려 발음한다]
   car-ta 까르-따, la-bor 라-보르
   [rr도 혀를 굴리는 발음]
s: sa-la 살-라, som-bra 솜-브라
t: ta-ba-co 따-바-꼬, tor-ta 또르-따
u: u-va 우-바, u-ni-ver-so 우-니-베르-소

v: vio-lín 비올-린, vo-to 보-또
w: won 원, ki-wi 끼-위
x: xi-lo-fón 실-로-폰, e-xa-men 엑-사-멘, Mé-xi-co 메-히-꼬
y: ya 야, yo 요, ye-gua 예-구아
z: za-pa-to 사-빠-또, ca-za 까-사

ㄱ

가 el borde; [강의] orilla
가(家) la familia
가감 aumento y [o] reducción
가객(歌客) el [la] cantante
가게 la tienda
가격 el precio
가격표 la lista de precios
가결 la aprobación
가결하다 aprobar
가계(家系) el linaje
가계(家計) la economía familiar
가계약 el contrato provisional
가곡(歌曲) la canción; la aria
가공(加工) la elaboración
가공 공장 la planta elaborada
가공삭도 el teleférico
가공 원료 los materiales trabajados
가공품 el producto elaborado
가공하다 elaborar
가구(家口) la familia
가구(家具) el mueble
가구 공장 la tienda de muebles
가구 디자이너 el [la] mueblista
가구장이 el [la] mueblista
가구점 la mueblería
가극(歌劇) la ópera
가금(家禽) las aves de corral
가까운 cercano, próximo
가까이 cerca
가깝다 estar cerca
가난 la pobreza
가난하게 하다 empobrecer
가난하다 (ser) pobre
가난해지다 empobrecerse
가능 la posibilidad
가능성 la posibilidad
가능하다 (ser) posible

가다 ir, irse
가다랑어 [어류] el bonito
가래¹ [연장] la laya, el arado
가래² [가래침] el esputo
가래침 el esputo
가려움 el picazón, el picor
가려움증 el síntoma de picazón
가련하다 (ser) lastimoso, pobre
가렵다 picar, sentir picazón
가루 el polvo
가루눈 la nieve en polvo
가루 담배 el tabaco en polvo
가루분 los polvos de tocador
가루약 los polvos
가루 치약 el polvo dentífrico
가르다 dividir, partir
가르치다 enseñar
가리비 la venera
가리키다 señalar
가마우지 [조류] el cormorán
가맹국 el país miembro
가면(假面) la máscara
가면무도회 el baile de máscaras
가문비나무 [식물] el abeto rojo
가볍다 (ser) ligero, liviano
가분수 la fracción impropia
가사(家事) las faenas domésticas
가사(歌詞) la letra
가사(假死) la asfixia
가사(袈裟) la sotana
가산(加算) la adición, la suma
가산기 el sumador
가상 기계 la máquina virtual
가상 기억 장치 la memoria virtual
가상 네트워크 la red virtual
가상 단말기 el terminal virtual
가상 데스크톱 el escritorio virtual
가상 디스크 el disco virtual
가상 모니터 el monitor virtual
가상 번지 la dirección virtual

가상 서버 el servidor virtual
가상 세계 el mundo virtual
가상 장치 el dispositivo virtual
가상 채널 el canal virtual
가상 화면 la pantalla virtual
가상 회선 el circuito virtual
가속 la aceleración
가속하다 acelerar
가솔린 la gasolina
가솔린 기관 el motor de gasolina
가솔린 엔진 el motor de gasolina
가솔린차 el coche de gasolina
가솔린 탱크 el depósito de gasolina
가스 el gas
가스 가열기 el calentador de gas
가스레인지 el horno de gas
가슴 el pecho
가슴지느러미 la aleta pectoral
가시 la espina
가시(可視) la visibilidad
가시거리 la distancia visible
가시나무 [식물] la espina
가시다 [입을] enjuagar(se)
가시덤불 el espino
가시 파일 el archivo visible
가시 페이지 la página visible
가식(假飾) la hipocresía, la disimulación
가식하다 disimular, afectar
가압류 el embargo preventivo
가업 la profesión
가열기 el calentador
가요 la canción popular
가운뎃발가락 el dedo del pie cordial
가운뎃손가락 el dedo del corazón
가위 las tijeras
가위눌리다 tener una pesadilla
가을 el otoño
가을걷이 la cosecha
가을걷이하다 cosechar
가이드[안내] la guía; [안내인] el [la] guía

가장무도회 el baile de máscaras
가재 el cangrejo de río
가정(家庭) el hogar, la familia
가정(家政) el gobierno de la casa
가정 교육 la educación familiar
가정란 la columna doméstica
가정 법원 el tribunal de asuntos familiares
가정부 el ama de llaves
가정 상비약 la medicina casera
가정 생활 la vida familiar
가제 la gasa
가젤 [동물] gacela
가족 la familia
가족 수당 el subsidio familiar
가죽 el cuero, la piel
가죽숫돌 el suavizador
가지^1 [나무의] la rama
가지^2 [식물, 열매] la berenjena
가지다 tener, poseer
가집행 la ejecución provisional
가짜 la imitación
가처분 la disposición provisional
가축 el animal doméstico;
　　[집합적] el ganado
가택 수색 el registro domiciliario
가톨릭^1 [가톨릭교] el catolicismo
가톨릭^2 [가톨릭교도] el católico, la católica
가톨릭교 el catolicismo
가톨릭교도 el católico, la católica
가해 el asalto, la violencia
가해자 el agresor, la agresora
각(角) el ángulo
각각 cada
각도 el ángulo
각반 las polainas
각본 la pieza teatral, el guión
각본가 el dramaturgo, la dramaturga
각색 la adaptación
각색자 el adaptor, la adaptora
각색하다 adoptar

각의(閣議) el consejo de ministros
각자 cada uno, cada cual
각자 부담하다 pagar a escote
각종 las varias clases
간격 ((컴퓨터)) el hueco
간단하다 (ser) breve, conciso, simple
간만(干滿) el flujo y reflujo
간병 el cuidado, la asistencia
간병인 el enfermero, la enfermera
간병하다 cuidar
간사(奸詐) la astucia
간사(幹事) el secretario, la secretaria
간사하다 (ser) astuto
간선(幹線) la red troncal
간식 la merienda
간식을 먹다 merendar
간이 법원 el tribunal sumario
간장 la salsa de soja
간접 목적어 el objeto indirecto
간접세 el impuesto indirecto
간접 화법 la narración indirecta
간조(干潮) la marea descendiente
간척 la desecación
간척하다 desecar
간통 el adulterio
간통하다 adulterar
간투사 la interjección
간판 el letrero
간편하다 (ser) manual, manejable
간호 el cuidado
간호사 el enfermero, la enfermera
간호하다 cuidar
갈기 los crines, melena
갈대 [식물] la caña
갈매기 [조류] la gaviota
갈비 la costilla
갈비뼈 la costilla
갈색 el color moreno
갈채 el aplauso
갈채하다 aplaudir

갈치 [어류] el espadín
감 el caqui, el kaki
감각 la sensación, el sentido
감격 la conmoción, la emoción
감격하다 conmoverse, emocionarse
감기 el resfriado, el constipado
감기약 el anticatarral
감나무 [식물] el kaki
감독 [스포츠] entrenador, la entrenadora
감사(監査) el inspector, la inspectora
감사(感謝) el agradecimiento
감사(監査)하다 inspeccionar
감사(感謝)하다 agradecer, dar gracias
감상 el sentimentalismo
감상적 sentimental
감성돔 [어류] la dorada
감소 la disminución
감소하다 disminuirse
감소시키다 disminuir
감수성 la sensibilidad
감심 la admiración
감심하다 (ser) admirable
감염 el contagio
감염되다 contagiarse
감염시키다 contagiar
감염하다 contagiarse
감자 la patata; [아메리카] la papa
감정 el sentimiento, la emoción
감탄 la admiración
감탄문 [문법] la oración exclamativa
감탄사 [문법] la interjección
감탄하다 admirar
감형(減刑) la conmutación de la pena
갑(岬) el cabo
갑옷 la armadura
갑작스럽다 (ser) súbito, repentino
갑잡스레 de súbito, súbitamente, de repente
갑판 la cubierta
값 el precio
갓난아기 el nene, la nena

강(江) el río
강간 la violación
강간범 el violador
강간하다 violar
강낭콩 la judía, la alubia
강당 el salón de actos
강도 el atracador
강사(講師) el profesor adjunto
강세 el acento
강수량 las precipitaciones
강습 el cursillo, el curso
강습회 el cursillo, el curso
강아지 el perrito
강어귀 la desembocadura
강우량 las precipitaciones
강의 la lección
강장제 el tónico
강제 la coacción
강제 보험 el seguro obligatorio
강제하다 coaccionar, forzar.
강조 el énfasis
강조하다 enfatizar, dar énfasis
강철 el acero
강치 [동물] el león marino
강풍 el viento fuerte
강하다 (ser) fuerte
강화 la paz
강화 조약 el tratado de paz
갖추다 surtirse (de)
같다 ser) igual, mismo, similar
개 [동물] el perro
개간 la roturación
개간하다 roturar
개개 cada uno, cual uno
개구리 [동물] la rana
개구리헤엄 la braza
개다^1 [접다] doblar, plegar
개다^2 [날씨가] despejarse
개똥벌레 [곤충] la luciérnaga
개똥지빠귀 [조류] el tordo

개미 [곤충] la hormiga
개미핥기 [동물] el oso hormiguero
개발 el desarrollo, la explotación
개발하다 desarrollar, explotar
개밥바라기 el lucero vespertino
개방 la entrada libre
개방 시스템 el sistema abierto
개방 파일 el archivo abierto
개방하다 abrir; abrir de par en par
개봉 el estreno
개봉관 el cine de estreno
개봉되다 estrenarse
개봉 영화 la película de estreno
개봉하다 estrenar
개새끼[1] [강아지] el cachorro
개새끼[2] [개자식] el hijo de perro
개서(改書)하다 volver a escribir
개설(開設) el establecimiento
개설하다 establecer
개성(個性) el carácter individual
개업의 el médico de consulta
개인 el individuo
개인 보험 el seguro individual
개정(改訂) la revisión
개정(改正) la enmienda
개정 증보판 la edición revisada y aumentada
개정판 la edición revisada
개정(改正)하다 enmendar
개정(改訂)하다 revisar
개조 la reorganización
개조하다 reorganizar
개찰구 la entrada del andén
개척 la explotación
개척하다 explotar
개최 la celebración
개최국 el país organizador
재최하다 celebrar
개회 la apertura de una asamblea
객관 el objeto
객관적 objetivo

객선 el barco de pasajeros
객실 la habitación
객차 el vagón [el coche] de pasajeros
갤럽 el galope
갬 [날씨가] despejado
갯가재 la esquila
갱신 la renovación
갱신하다 renovar
거간꾼 el corredor, la corredora
거들다 ayudar
거듭 otra vez, de nuevo
거래 el negocio
거래하다 negociar
거룻배 la lancha
거름 el abono, el fertilizante
거름종이 el papel de filtro
거리 [길거리] la calle
거리(距離) la distancia
거만 la arrogancia, la insolencia
거만하다 (ser) soberbio, arrogante
거목 el árbol gigante
거물 el gran hombre
거미 [동물] la araña
거부 el rechazo
거부하다 rechazar, rehuzar
거북 [동물] la tortuga; [큰] el galápago
거북하다 (ser) incómodo
거스름돈 la vuelta
거실 el cuarto de estar, la sala de estar
거액 la gran cantidad
거울 el espejo
거웃 el pubis
거위 [조류] el ganso
거의 casi
거절 el rechazo, el rechazamiento
거절하다 rechazar, rehuzar
걱정 la preocupación
걱정시키다 preocupar
걱정하다 preocuparse
거지 el mendigo, la mendiga

거즈 la gasa
건강 la salud
건강 관리 la asistencia sanitaria
건강 교육 la educación de salud
건강 문제 el problema de salud
건강미 la belleza sana
건강 보험 el seguro de salud
건강 보험의 el médico del seguro
건강 보험증 la tarjeta de seguro de salud
건강 상태 el estado de salud
건강 식품 los alimentos naturales
건강 증명서 el certificado de sanidad
건강 진단 el reconocimiento (médico)
건강 진단서 el certificado médico
건강체 el cuerpo sano
건강하다 (ser) saludable, sanl
건너다 cruzar, atravesar, pasar
건너편 el otro lado
건널목 el paso a nivel
건널목지기 el [la] guardabarrera
건물 el edificio
건방지다 (ser) arrogante, soberbio
건배 el brindis
건배하다 brindar, beber a la salud
건설 la construcción
건설하다 construir
건성 la distracción, la desatención
건어물 los pescados secos, los comestibles
건의 la propuesta, la sugerencia
건의하다 proponer, sugerir
건장하다 (ser) robusto, fuerte
건전지 la batería, la pila (seca)
건조(建造) la construcción, la edificación
건조(乾燥) la sequedad
건조(建造)하다 construir, edificar
건조(乾燥)하다 (ser) seco, secarse
건초(乾草) el heno
건축(建築) la arquitectura
건축가 el arquitector, la arquitectora
건축하다 construir

한국어-스페인어 627

건판(乾板) la placa seca
건포도 la pasa, la uva pasa
걷다 andar, caminar
걸다 colgar
걸레 el paño, la aljofifa
걸레 청소 la limpieza con un paño
검(劍) la espada
검다 (ser, estar) negro
검사(檢査) el examen, la verificación
검사(檢事) el [la] fiscal
검사하다 examinar, verificar
검색 la búsqueda
검색하다 buscar
검역 la cuarentena
검역하다 poner en cuarentena
검정 el negro, el color negro
검정(檢定) el examen
검정빛 el color negro
검정하다 examinar
검지 el dedo índice
검찰(檢察) la inspección
검찰관 el fiscal
검찰총장 el procurador general
것 la cosa
겉 la superficie, el exterior
겉껍질 la cáscara, la cascarilla
겉보기 la apariencia
게 [동물] el cangrejo
게놈 el genoma
게시 el anuncio, el aviso
게시판 el tablón de anuncios
게시하다 anunciar, avisar
게으르다 (ser) perezoso
게으름 la pereza
게임 el juego
겨 la cáscara
겨드랑이 el sobaco
겨레 el pueblo
겨를 el tiempo libre
겨우 con dificultad, difícilmente

겨우살이 [식물] el muérdago
겨울 el invierno
겨자 la mostaza
격납고 el hangar
격렬하다 (ser) violento, furioso
격류 el torrente
격리 el aislamiento
격리하다 aislar
격세 유전 el atavismo
격언 el refrán
격언집 el refranero.
격일 cada dos días
격자창 la persiana
격전 la batalla feroz
격전하다 batallar ferozmente
격정 la pasión
격퇴 el rechazo
격퇴하다 rechazar
격파 la derrota
격파하다 derrotar, vencer
격하다 (ser) violento, furioso
견갑골 [해부] el omóplato
견고하다 (ser) sólido, fuerte, firme
견디다 soportar, tolerar, aguantar
견본 la muestra, el espécimen
견습 el aprendizaje
견습생 el aprendiz, la aprendiza
견적 la estimación
견적 가격 el precio estimado
견적서 el presupuesto
견적하다 estimar
견직물 el tejido de seda
결백 la inocencia
결벽 la exigencia en la limpieza
결벽하다 (ser) exigente en la limpieza
결산 el balance
결산하다 hacer el balance
결석 la ausencia
결석하다 estar ausente
결승 la competencia final

결승선 la meta
결승전 la final
결승점 la meta
결실 la fructificación
결실하다 fructificar, dar fruto
결의(決議) la resolución
결의하다 resolver
결정(決定) la decisión
결정(結晶) la cristalización
결정(決定)하다 decidir
결핵(結核) la tuberculosis
결혼 el casamiento, el matrimonio
결혼 반지 el anillo de boda
결혼 생활 la vida matrimonial
결혼 선물 el regalo de boda
결혼시키다 casar
결혼식 la boda
결혼 의상 el traje de novia
결혼 케이크 la tarta nupcial
결혼 피로연 el banquete nupcial [de boda]
결혼하다 casarse
결혼 행진곡 la marcha nupcial
겸손 la modestia
겸손하다 (ser) modesto
겹눈 los ojos compuestos
경(經) las sutras
경가극 la zarzuela, la opereta
경계 la vigilancia
경계하다 vigilar
경고 la advertencia
경고하다 advertir
경공업 la industria ligera
경관(景觀) el paisaje
경관(警官) el [la] policía
경구(警句) el aforismo, el epigrama
경기(景氣) (la condición de) los negocios
경기(競技) el juego; [육상] el atletismo
경기 대회 la competición
경기장 el estadio
경대(鏡臺) el tocador

경도(經度) la longitud
경련 la convulsión
경례 el saludo
경례하다 saludar
경륜 la carrera ciclista, la carrera de bicicletas
경륜 선수 el [la] ciclista
경륜장 el velódromo
경리 la contabilidad
경리부 la contaduría
경마 la carrera de caballos
경매 la subasta
경멸 el desprecio, el menosprecio
경멸하다 despreciar, menospreciar
경보 la marcha atlética
경비(經費) los gastos
경비(警備) la guardia, la vigilancia
경비하다 guardar, vigilar
경색(景色) el paisaje
경솔 la imprudencia, la ligereza
경솔하다 (ser) imprudente, ligero
경승 el paisaje pintoresco
경시 el desprecio
경시하다 despreciar
경영 la administración
경영하다 administrar
경운기 el cultivador
경위(警衛) el inspector de la policía
경음악 la música ligera
경작 el cultivo
경작하다 cultivar
경제 la economía
경제란 la columna económica
경제 성장 el crecimiento económico
경제 성장률 la tasa de crecimiento económico
경주(競走) la carrera
경주마 el caballo de carreras
경지 el terreno cultivado, el terreno labrado
경찰 la policía
경찰견 el perro policía
경찰관 el [la] policía; el [la] agente de policía

경찰봉 la porra
경찰서 la comisaría de policía
경찰서장 el comisario de policía
경찰청장 el jefe de la Jefatura de Policía
경치 el paisaje
경쾌하다 (ser) ligero
계간 잡지 la revista trimestral
계간지 la revista trimestral
계곡 el valle
계기(計器) el contador
계단 la escalera
계단참 el descansillo, el rellano
계리사 el contador
계산 el cálculo, la cuenta
계산기 la calculadora
계산서 la cuenta
계산자 la regla de cálculo
계산하다 calcular, contar
계속 la continuación
계속하다 continuar, seguir
계약 el contrato
계약서 el contrato
계약하다 contratar
계장(係長) el jefe de sección
계절 la estación
계절풍 el monzón
계정 la cuenta
계정 계좌 la cuenta
계정 과목 la partida
계주 la carrera de relevos
계피 la canela
고개[1] [신체의] la nuca
고개[2] [산마루] el puerto de montaña
고객 el [la] cliente
고구마 la batata, el boniato; el camote
고글 [보호 안경] los lentes protectores
고급 la clase superior
고급 언어 el lenguaje de alto nivel
고기압 la alta presión atmosférica
고대(古代) la edad antigua

고대(高臺) el terreno elevado
고대사 la historia antigua
고도 la altura, la altitud
고도계 el altímetro
고독 la soledad
고독하다 (ser) solitario
고동(鼓動) la palpitación, el latido
고드름 el carámbano
고등동물 el animal superior
고등 법원 el tribunal de apelación
고등어 [어류] la caballa, el escombro
고등학교 la escuela superior
고딕 el estilo gótico
고딕 건축 la arquitectura gótica
고딕식 el estilo gótico
고라니 [동물] el alce
고래 [동물] la ballena
고르다 elegir, escoger
고름 el pus
고릴라 [동물] la gorila
고막(鼓膜) el tímpano
고명 la especia
고모 la tía
고모부 el tío
고무 la goma, el caucho
고무신 el calzado de caucho
고무지우개 la goma de borrar
고문(古文) el escrito antiguo
고문(顧問) el asesor, la asesora
고문(拷問) la tortura, el tormento
고물 [배의] la popa
고물(古物) el objeto antiguo
고물 갑판 la cubierta de popa
고민 la preocupación
고민하다 preocuparse, inquietarse
고밀도 la alta densidad
고밀도 디스크 el disco de alta densidad
고백 la confesión
고백하다 confesar
고분고분하다 (ser) manso, dócil

고뿔 el resfriado, el constipado
고산병 el mal de montaña
고산식물 la vegetación [la flora] alpina
고상(高尙)하다 (ser) noble, refinado
고서(古書) el libro de segunda mano
고소(告訴) la denuncia
고소하다 denunciar
고손(高孫) el tataranieto
고손녀 la tataranieta
고손자 el tataranieto
고슴도치 [동물] el erizo
고약 el ungüento
고용 el empleo
고용하다 emplear
고유(固有)하다 (ser) propio, peculiar, nativo
고인(故人) el muerto, la muerta
고인돌 el dolmen
고장 la región, la comarca
고장(故障) la avería
고장나다 sufrir [tener] una avería
고전(古錢) la moneda antigua
고전 무용 el baile clásico
고체(固體) el sólido
고추 el chile, el pimiento, el ají, la guindilla.
고치 el capullo
고치다 [병을] curar
고품위 텔레비전 la televisión de alta definición
고함 el grito
고함치다 gritar
고해(告解) la confesión
고해 성사 la confesión
고해하다 confesar
고행 la penitencia
고혈압 la hipertensión
고화질 la alta calidad
고화질 시디 롬 CD-ROM de alta calidad
고화질 텔레비전 la televisión de alta calidad
곡(曲) la pieza
곡류 los cereales
곡물 los cereales

곤충 el insecto
곧다 (ser) derecho
골 el gol, la meta, la portería
골(骨) el hueso
골격 el esqueleto
골 네트 la red de la portería
골대 la portería, la meta
골든 골 el gol de oro
골라인 la línea de meta
골반 la pelvis
골 에어리어 el área de meta
골절 la fractura
골절되다 fracturarse
골키퍼 el guardameta, el portero, el arquero
골 킥 el saque de puerta
골퍼 el [la] golfista, el jugador de golf
골포스트 el poste de la portería
골프 el golf
골프 공 la pelota [la bola] de golf
골프 선수 el [la] golfista, el jugador de golf
골프장 el campo de golf
골프채 el palo de golf
곰 [동물] el oso, la osa
곱 el producto
곱사등 la joroba
곱사등이 el jorobado, la jorobada
곱셈 la multiplicación
곱셈 기호 el signo de multiplicación
곱셈 부호 el signo de multiplicación
곱셈표 el signo de multiplicación
곱슬곱슬하다 (ser) rizado
곱하기 la multiplicación
곱하다 multiplicar
곳 el lugar, el sitio
곳간 la trastera
곳집 la trastera
공 [작은] la pelota; [큰] el balón
공갈 el chantaje
공갈범 el [la] chantajista
공격 el ataque

공격하다 atacar
공공복지 el bienestar público
공공사업 la empresa pública
공공시설 los establecimientos públicos
공공요금 la tarifa de los servicios públicos
공군 las fuerzas aéreas, el ejército del aire
공군 기지 la base aérea
공급 la oferta
공기 [그릇] el tazón
공기(空氣) el aire
공기 조절 el acondicionamiento de aire
공동 la comunidad, la cooperación
공동 묘지 el cementerio
공동 사회 la comunidad
공동 주택 la casa de pisos
공리주의 el utilitarismo
공립 학교 la escuela pública
공무원 el funcionario, la funcionaria
공백 el blanco
공부 el estudio
공부방 el estudio, el despacho, el escritorio
공부하다 estudiar
공사(工事) la obra, la construcción
공사(公使) el ministro, la ministra
공사(公社) la corporación pública
공사관 la legación
공소(控訴) la apelación
공소하다 apelar
공손하다 (ser) cortés
공수(空輸) el transporte aéreo
공습(空襲) el ataque aéreo
공안(公安) la seguridad pública
공업(工業) la industria
공연(公演) la representación
공연하다 representar
공원(工員) el obrero, la obrera
공원(公園) el parque
공익(公益) el interés público
공작(工作) los trabajos manuales
공작(孔雀) [조류] el pavo real

공작 기계 la máquina-herramienta
공장(工場) la fábrica, la factoría, el taller
공장장 el director de fábrica
공적(功績) el mérito
공정(工程) el proceso (de fabricación)
공제(控除) la deducción
공제하다 deducir
공주(公主) la princesa, la infanta
공중 납치 la piratería aérea, el secuestro aéreo
공중 납치범 el pirata aéreo, la pirata aérea
공중 납치하다 secuestrar (el avión)
공중 위생 la sanidad pública
공중전 la batalla aérea
공중전화 el teléfono público
공중전화 박스 la cabina telefónica
공진(共振) la resonancia
공채(公債) el empréstito, el bono (público)
공책 el cuaderno
공탁 el depósito
공탁금 el depósito, la fianza
공탁하다 depositar
공판(公判) la audiencia, el juicio
공평(公平)하다 (ser) imparcial
공학(共學) la coeducación
공항(空港) el aeropuerto
공항 터미널 la terminal aérea
공화국 la república
공황 el pánico
곶 el cabo
과 y, e
과(科) el departamento
과(課) la lección
과거(過去) el pasado
과거 미래 [문법] el condicional simple
과거미래완료 [문법] el condicional compuesto
과거 분사 el participio pasado
과거 완료 el pretérito pluscuamperfecto
과도기 el período de transición
과로 el trabajo excesivo, el exceso de trabajo
과로하다 trabajar excesivamente

과목 la asignatura
과묵하다 (estar) taciturno, callado, silencioso
과물 la fruta
과민하다 (ser) excesivamente sensible
과부(寡婦) la viuda
과세(課稅) la imposición de impuestos
과세하다 imponer una contribución
과소비 el consumo excesivo
과속 el exceso de velocidad
과속 방지 턱 el guardia tumbado
과속하다 ir al exceso de velocidad
과수(果樹) el frutal, el árbol frutal
과수원 la huerta
과시 la ostentación
과시하다 ostentar
과식(過食) la demasiada comida
과식하다 comer demasiado
과실(果實) la fruta
과실(過失) el error, la falta
과음 la demasiada bebida
과음하다 beber demasiado
과일 la fruta
과일 가게 la frutería
과일 장수 el frutero, la frutera
과자 el dulce
과자 가게 la pastelería, la confitería
과자 장수 el confitero, la confitera
과자점 la pastelería, la confitería
과장(科長) el jefe de departamento
과장(課長) el jefe de sección
과장(誇張) la exageración
과장하다 exagerar
과테말라 [나라] Guatemala
과테말라 사람 el guatemalteco
과학 la ciencia
과학 영화 la película de ciencia
과학 위성 el satélite científico
과학자 el científico, la científica
관개(灌漑) el riego
관개 용수 el riego

관개용수로 la acequia
관개지 la tierra irrigada
관개하다 regar
관객 el espectador, la espectadora; el público
관객석 la tribuna
관계 la relación
관계 대명사 [문법] el pronombre relativo
관계 부사 [문법] el adverbio relativo
관계사 [문법] el relativo
관계 형용사 [문법] el adjetivo relativo
관광 el turismo
관광객 el [la] turista
관광국 el país de turismo
관광단 el grupo de turistas
관광 도시 la ciudad turística
관광 버스 el autocar
관광 사업 el turismo
관광 산업 la industria del turismo
관광 시설 las instalaciones turísticas
관광 여행 el viaje de turismo
관광 자원 los recursos turísticos
관광지 el lugar de turismo
관대하다 (ser) generoso
관대함 la generosidad
관련 la referencia; la relación
관례 la costumbre, el uso
관료 el [la] burócrata
관료 정치 la burocracia
관료주의 la burocracia
관류(貫流)하다 atravesar, correr a través de
관리(官吏) el funcionario, la funcionaria
관리(管理) la administración
관리하다 administrar; controlar
관목(灌木) el arbusto
관보(官報) el boletín oficial
관사(冠詞) [문법] el artículo
관성(慣性) la inercia
관세 los derechos de aduana
관세 및 무역에 관한 일반 협정 el Acuerdo General sobre Aranceles y Comercio

관습 la costumbre
관악기 el instrumento de viento
관용 la tolerancia, la indulgencia
관용(慣用) el uso
관용구 la frase hecha
관용어 el modismo
관자놀이 la sien
관절 la articulación
관절염 [의학] la artritis
관제탑 la torre de control
관중 el espectador, el público
관중석 los asientos de espectadores
관청 la oficina del gobierno
관측 la observación
관측하다 observar
관현악 la orquesta
관현악단 la orquesta
괄호 el paréntesis
광 la trastera
광(光) la luz
광각 렌즈 el objetivo granangular
광고 el anuncio, la publicidad
광고란 la columna de anuncios
광고료 el precio publicitario
광고 매체 los medios publicitarios
광고문 el prospecto
광고업자 el [la] agente de anuncios
광고 수입 los ingresos por anuncios
광고주 el [la] anunciante
광고지 el prospecto
광고판 la cartelera
광고하다 hacer publicidad, anunciar
광고 회사 la agencia de publicidad
광고 효과 la eficacia publicitaria
광도 la luminancia
광 디스크 el disco óptico
광물 el mineral
광물 자원 los recursos minerales
광물학 la mineralogía
광산 la mina

광상곡 la rapsodia
광석 el mineral
광섬유 la fibra óptica
광수 el agua mineral
광 스캐너 el escáner óptico
광시곡 la rapsodia
광업 la industria minera
광전자 la célula fotoeléctrica
광택 el lustre
광통신 las comunicaciones ópticas
광파 시스템 el sistema de onda de luz
광 판독기 el lector óptico
괘도(掛圖) el mapa mural
괘종시계 el (reloj) despertador
괭이 la azada
괴담 el cuento de fantasmas
괴롭히다 molestar
괴수 영화 la película de monstruos
굉장하다 (ser) espléndido, maravilloso
교가 la canción de escuela
교감 el subdirector, la subdirectora
교갑(膠匣) la píldora
교과 과정 el plan de estudios
교과목 las asignaturas
교과서 el libro de texto
교단(敎壇) la tarima
교량 el puente
교류(交流) la corriente alterna
교사(校舍) el edificio escolar
교사(敎師) el maestro, la maestra
교섭 la negociación
교수(敎授) el catedrático, la catedrática
교실 el aula (*pl.* las aulas), la (sala de) clase
교어(鮫魚) [동물] el titurón
교육 la educación, la enseñanza
교육부 el Ministerio de Educación
교육비 los gastos para la educación
교육인적자원부 el Ministerio de Educación y Recursos Humanos
교의(校醫) el médico de escuela
교장 el director, la directora

교정 la revisión
교통 el tráfico, el tránsito
교통경찰 el [la] guardia de tráfico
교통사고 el accidente de tráfico
교통 신호 el semáforo
교통 위반 la infracción de tráfico
교통정리 la regulación del tráfico
교통 정체 el embotellamiento de tráfico
교통 차단 la interrupción del tráfico
교통 체증 el embotellamiento de tráfico
교향곡 la sinfonía
교환 el cambio
교환하다 cambiar
교활하다 (ser) astuto
교황 el Papa
교황청 el Vaticano
교회 la iglesia
구(句) la frase
구경 el turismo
구관조 [조류] el mirlo
구교 el catolicismo
구근 el bulbo
구급 la urgencia, los primeros auxilios
구급 병원 la clínica de urgencia [socorro]
구급 상비약 la medicina de primeros auxilios
구급상자 el botiquín
구급차 la ambulancia
구내 el recinto
구내 전화 el interfono
구두 los zapatos
구두끈 los cordones de zapatos
구두닦이 el [la] limpiabotas
구두법 la puntuación
구두쇠 el tacaño, la tacaña; el avaro, la avara
구두 수선소 la zapatería
구두시험 el examen oral
구두약 el betún
구두점 los signos de puntuación
구두창 la suela
구둣방 la zapatería

구둣솔 el cepillo de zapatos
구둣주걱 el calzador
구렁이 [동물] la boa, la serpiente grande
구레나룻 las patillas
구름 la nube
구름다리 el puente de paso
구릉 la colina
구매 la compra
구매자 la comprador, la compradora
구매하다 comprar
구멍 la hoya, el agujero
구명보트 el bote salvavidas
구명정 el bote salvavidas
구보 el trote
구석 la esquina
구석차기 el saque de esquina
구심력 la fuerza centrípeta
구원대 el equipo de socorro
구인 광고 el anuncio de oferta de empleo
구조 la salvación, el socorro
구조대 el equipo de socorro
구조하다 salvar, socorrer
구체적 concreto
구토 el vómito, la náusea
구토하다 vomitar
구하다 salvar, socorrer
구형(求刑) la demanda de pena
구형(球形) la forma esférica
구형(舊形) el tipo anticuado
구형하다 pedir [solicitar] la pena
구호(口號) el eslogan
구호(救護) el socorro, la ayuda
구호하다 socorrer, ayudar
구혼 la propuesta de matrimonio
국(局) el departamento
국가(國家) el país, la nación, el estado
국가(國歌) el himno nacional
국경 la frontera
국고 el tesoro público
국기 la bandera nacional

국내선 la línea nacional
국내 우편 el correo nacional
국립공원 el parque nacional
국립대학교 la universidad nacional
국립 병원 el hospital nacional
국립 학교 la escuela nacional [estatal]
국무 los asuntos del Estado
국무총리 el primer ministro
국문학 la literatura coreana
국민 el pueblo, la nación
국민 건강 보험 el seguro nacional de salud
국민 총생산 el producto nacional bruto, PNB
국방 la defensa nacional
국방부 el Ministerio de Defensa (Nacional)
국번 el indicativo telefónico
국법 las leyes del país
국빈 el [la] huésped estatal [del Estado]
국어 la lengua coreana, el coreano
국자 el cucharón
국장 el jefe de departamento
국장(國葬) los funerales nacionales
국적 la nacionalidad
국제 경제 la economía internacional
국제 공항 el aeropuerto internacional
국제 관계 la relación internacional
국제법 el derecho [la ley] internacional
국제선 la línea internacional
국제연합 las Naciones Unidas
국제연합기구 la Organización de las Naciones Unidas, O.N.U.
국제올림픽위원회 el Comité Olímpico Internacional
국제 우편 el correo internacional
국제적 internacional
국제 전화 la llamada internacional
국제통화기금 Fondo Monetario Internacional
국채 el empréstito [el bono] nacional
국토 el territorio
국화(菊花) el crisantemo
국화(國花) la flor nacional
국회 la Asamblea Nacional, las Cortes
국회의원 el parlamentario, la parlamentaria

군(軍) el ejército
군국주의 el militarismo
군국주의자 el [la] militarista
군대 el ejército
군도 el archipiélago
군부 los autoridades militares
군부 독재 la dictadura militar
군비(軍費) los gastos de guerra
군비(軍備) el armamento
군비 경쟁 la competición de armamentos
군비 제한 la limitación de armamentos
군비 철폐 el desarme, el desarmamiento
군비 축소 el desarme
군비 확장 la expansión de armamentos
군사(軍士) el soldado, la soldada
군사(軍史) la historia de guerra
군사(軍使) el enviado militar
군사(軍師) el estratégico
군사(軍事) los asuntos militares
군사 교육 el educación militar
군사 기밀 los secretos militares
군사 동맹 la alianza militar
군사력 el poder militar
군사 용어 los términos militares
군사 우편 el correo militar
군사 원조 la ayuda militar
군사 쿠데타 el golpe militar
군주 el monarca, el soberano, el rey
군주국 la monarquía
굴 [조개] la ostra
굴(窟) la cueva, la caverna
굴곡 la flexibilidad
굴뚝 la chimenea
굴뚝새 [조류] el troglodita
굴절 la refracción
굴절각 el ángulo de refracción
굴절계 el refractómetro
굴절 광선 el rayo refracto
굴절 렌즈 los lentes refractivos
굴절률 el índice de refracción

굴절 망원경 el (telescopio) refractor
굵다 (ser) grueso, gordo
굶주리다 tener hambre
굶주림 el hambre
굽다^1 [불에] asar; [빵을] tostar
굽다^2 [휘다] torcerse, curvarse, arquearse
궁둥이 las nalgas, el culo
궁지 el aprieto, los apuros
궁하다 (ser) pobre
권(卷) el tomo
권(圈) la esfera
권고 el consejo
권고하다 aconsejar
권력 el poder
권총 la pistola
권태 el aburrimiento
권투 el boxeo
권투 선수 el boxeador, la boxeadora
권투 시합 el combate pugilístico
궐련 el cigarrillo, el pitillo
궐련갑 la pitillera, la cigarrillera
궤도(軌道) la órbita
귀 la oreja; [청각] el oído
귀가 la vuelta a casa
귀가하다 volver a casa
귀걸이 [귀를 막는] las orejeras; el pendiente
귀고리 el pendiente
귀국 el regreso a *su* país
귀국하다 volver [regresar] a *su* país
귀금속 el metal precioso
귀납법 la inducción
귀뚜라미 [곤충] el grillo
귀리 [식물] la avena
귀머거리 el sordo, la sorda
귀빈 el huésped distinguido
귀빈석 los asientos de honor
귀여워하다 acariciar
귀엽다 (ser) bonito, mono
귀족 el [la] noble; el [la] aristócrata
귀중품 el objeto de valor

귀중하다 (ser) precioso
귀화 la naturalización, la nacionalización
귀화 증명서 el certificado de naturalización
귀화하다 naturalizarse, nacionalizarse
귓불 el lóbulo
규격 la norma
규모 la escala, la dimensión
규석 [광물] el silex
규수 la soltera
규약 el estatuto
규율 la disciplina, el orden
규정 el reglamento
규정하다 reglamentar
규제 la regulación
규제하다 regular
규칙 la regla
균 los hongos
균등 la igualdad
균등하다 igualar
균등히 igualmente
균열 la grieta
균일 la uniformidad
균형 la balanza, el equilibrio
귤 la naranja
귤나무 el naranjo
그 ese, esa, esos, esas
그것 eso; ése, ésa
그네 el columpio
그늘 la sombra
그들 ellos
그때 entonces
그라비어 el fotograbado
그래서 por eso
그래프 la gráfica
그래픽 gráfico
그랜드 피아노 el piano de cola
그루터기 el tocón, la cepa
그룹 el grupo
그리니치시(時) la hora de Greenwich
그리스 [나라] Grecia

그리스도 Cristo
그리스도교 el cristianismo
그리스 사람 el greco, la greca
그리스 어 el greco
그릴 la parrilla
그림 el cuadro, la pintura
그림엽서 la tarjeta ilustrada
그림책 el libro con imágenes
그만두다 cesar, dejar
그물 la red
그물 선반 la redecilla, la rejilla
그저께 anteayer
그치다 detener(se), parar(se)
극(劇) el drama, el teatro
극광 la aurora
극락 el paraíso
극락조 el ave del paraíso, el pájaro del sol
극영화 el cinedrama
극작가 el dramaturgo, la dramaturga
극장 el teatro; [영화관] el cine
근대 la edad moderna
근대 국가 el país moderno
근대사 la historia moderna
근대 오종 경기 el pentatlón moderno
근무 el trabajo, el servicio
근무처 el trabajo
근무하다 trabajar, servir
근사하다 (ser) espléndido, maravilloso
근세 la edad moderna
근시 la vista corta
근시안 la miopía
근육 el músculo
근처 la vecindad
글 las letras
글꼴 la forma tipográfica
글꼴 디자이너 el tipógrafo, la tipógrafa
글꼴 디자인 la tipografía
글라이더 el planeador
글러브 el guante
금 [가격] precio

금 [터진 흔적] la grieta
금¹(金) el oro
금¹(金) [금요일] el viernes
금고(金庫) la caja fuerte
금고(禁錮) la prisión
금관 la corona de oro
금관 악기 los cobres
금년 este año
금니 el diente de oro
금메달 la medalla de oro
금메달리스트 el [la] medallista de oro
금방 ahorita, ahora mismo
금붕어 el pez de colores
금빛 el color dorado, el color de oro
금상첨화 el remate
금새 el precio
금색 el color dorado, el color de oro
금성 [천문] el Venus
금속 el metal
금속 공업 la industria matalúrgica
금식(禁食) el ayuno
금식하다 ayunar.
금싸라기 el objeto de gran valor
금액 el importe, la suma
금언(金言) la máxima
금연(禁煙) [게시] No fumar
금연하다 dejar de fumar
금요일 el viernes
금월 este mes
금융 la financiación
금융 기관 la institución financiera
금융법 la ley de finanzas
금융 시장 el mercado monetario
금융업 el negocio financier
금융업자 el financiero, la financiera
금융 자본 el capital financiero
금융 조합 el sindicato financiero
금융 통제 el control financiero
금융 회사 la compañía financiera
금일 hoy

금전 등록기 la caja registradora
금주 esta semana
금화 la moneda de oro
급강하 el picado
급격하다 (ser) repentino, súbito
급료 el sueldo, el salario, la paga
급병 la enfermedad repentina
급사면 la pendiente abrupta
급성(急性) la enfermedad aguda
급성 간염 la hepatis aguda
급성 관절염 la artritis aguda
급성 기관지염 la bronquitis aguda
급성 맹장염 la apendicitis aguda
급성 중이염 la otitis media aguda
급성 질환 la enfermedad aguda
급성 폐렴 la pulmonía aguda
급식 el servicio de alimentación escolar
급식하다 proveer de comida
급여 la salario, el sueldo
급여 수준 el nivel de salarios
급행 el tren expreso, el tren rápido
급행권 el billete de expreso
급행열차 el tren expreso, el tren rápido
급환 el caso urgente
급회전 la vuelta rápida
긍정 la afirmación
긍정하다 afirmar
기(氣) el espíritu, el poder, la fuerza
기(期) [기간] el término, el plazo
기(旗) la bandera
기가 la giga
기가 바이트 el gigabyte
기가 비트 el gigabit
기가 헤르츠 el gigahercio
기계(機械) la máquina; [집합적] la maquinaria
기계어 el lenguaje máquina
기계어 명령 la instrucción máquina
기계 오류 el error de la máquina
기계 판독 legible por la máquina
기관(氣管) la tráquea

기관(器官) el órgano
기관(機關) el motor
기관사 el [la] maquinista
기관수 el [la] maquinista
기관장 el jefe de máquinas
기관지 [해부] el bronquio
기관지염 [의학] la bronquitis
기관차 la locomotora
기관총 la ametralladora
기교 el arte
기구(祈求) el ruego
기구(器具) el aparato, el instrumento
기구(氣球) el globo
기구(機構) la organización
기권 [투표의] abstención de voto
기권하다 abstenerse de votar
기금 el fondo
기꺼이 de buena gana
기념 la conmemoración
기념비 el monumento
기념우표 el sello conmemorativo
기념품 el recuerdo
기능 la función
기능 키 la tecla de función
기니피그 [동물] el conejillo de Indias
기다 arrastrarse
기다랗다 (ser) muy largo
기다리다 esperar
기대 la expectación
기대다 apoyar(se)
기대하다 expectar
기도(企圖) el intento
기도(祈禱) el rezo, la oración
기도(氣道) la vía respiratoria
기도(祈禱)하다 rezar, orar
기도(企圖)하다 intentar
기도회 la reunión de oración
기독(基督) Cristo
기독교 el cristianismo
기독교도 el cristiano, la cristiana

기독교회 la iglesia cristiana
기동 la maniobra
기동 부대 la fuerza operativa
기동하다 maniobrar
기둥 el pilar, la columna
기러기 [조류] el ánsar
기력 el ánimo, el vigor
기록 el apunte; el récord; [컴퓨터] historial
기록 영화 la película documental
기록하다 apuntar
기뢰 la mina
기류 la corriente atmosférica
기르다 criar
기름 [식용유] el aceite; [가솔린] gasolina
기린 [동물] la jirafa
기말 고사 [2학기제의] el examen semestral; [3학기제의] el examen trimestral
기미 la peca
기민하다 (ser) ágil
기밀 el secreto
기밀비 los fondos secretos
기반 la base
기발하다 (ser) original, extraordinario
기별 las noticias
기병 la caballería
기병대 la (tropa de) caballería
기본 la base, el fundamento
기본 언어 el lenguaje básico
기본 정보 la información básica
기본 기억 장치 la memoria base
기부 la contribución, la donación
기부금 la donación, la contribución
기부자 el [la] donante
기부하다 contribuir, donar
기분 el humor
기분 전환 la diversión
기뻐하다 alegrarse
기쁘게 alegremente
기쁘다 alegrarse
기쁨 la alegría. el placer

기사(技師) el ingeniero, la ingeniera
기사(記事) el artículo
기사(騎士) el caballero
기사도 la caballería
기상(起床) el levantamiento
기상(氣象) las condiciones meteorológicas
기상 관측 la observación meteorológica
기상 관측소 el observatorio meteorológico
기상대 el observatorio meteorológico
기상대원 el meteorólogo, la meteoróloga
기상도 el mapa meteorológico
기상 레이더 el radar meteorológico
기상 예보 el pronóstico meteorológico
기상 위성 el satélite meteorológico
기상청 el Servicio Meteorológico Nacional
기선(汽船) el (barco de) vapor
기수(基數) el número cardinal
기수(旗手) el abanderado
기수(騎手) el jinete
기수(機首) la proa (del avión), la cabeza
기숙사 la residencia, el colegio mayor
기숙생 el [la] pensionista
기술 la técnica; ((컴퓨터)) tecnología
기술 감독 [축구] el director técnico
기술자 el mecánico, el ingeniero
기악(器樂) la música instrumental
기압(氣壓) la presión atmosférica
기압계 el barómetro
기어 la caja de cambios
기어가다 arrastrarse
기억 la memoria, el recuerdo
기억 장치 la memoria
기억하다 recordar, acordarse (de)
기업 la empresa
기업가 el empresario, la empresaria
기온 la temperatura
기와 la teja
기와집 la casa cubierta de tejas
기운 la energía, la fuerza
기울다 inclinarse

기원(祈願) el rezo, la oración
기원(紀元) la era, la época
기원(起源) el origen
기원전(紀元前) antes de Jesucristo
기원(祈願)하다 rezar
기원후(紀元後) después de Jesucristo
기이하다 (ser) extraño
기입 la anotación, el apunte
기입하다 anotar, apuntar; [컴퓨터] interpolar
기자(記者) el [la] periodista
기자석 la tribuna de prensa
기자 회견 la rueda de prensa
기장(機長) el capitán del avión
기준 la base
기준선 la línea base
기중기 la grúa
기지(基地) la base
기질 el temperamento
기차 el tren
기체(氣體) el gas
기체(機體) el fuselaje
기초 la base, el fundamento, el cimiento
기침 la tos
기침약 la pastilla para la tos
기침하다 toser
기타 [악기] la guitarra
기타(其他) los otros, los demás, etcétera
기타리스트 el [la] guitarrista
기탁 el depósito
기탁하다 dopositar
기품 la dignidad
기하(幾何) la geometría
기하학 la geometría
기하학자 el [la] geómetra
기항(寄港) la escala
기항지 el puerto de escala
기항하다 hacer escala (en)
기형(奇形) la deformidad
기호(記號) el símbolo; el signo; la nota
기호(嗜好) el gusto, la afición

기호 글꼴 la fuente símbolo
기호 논리학 la lógica simbólica
기호학 la semiología
기호학자 el semiólogo, la semióloga
기혼자 el casado, la casada
기회 la oportunidad, la ocasión
기획 el plan, el proyecto, la planificación
기획하다 planear, proyectar
기후(氣候) el clima
긴급 la emergencia, la urgencia
긴급하다 (ser) urgente
긴꼬리원숭이 [동물] el cercopiteco
긴팔원숭이 [동물] el gibón
길다 (ser) largo
깃 la pluma
깃대 la banderola
깃털 la pluma
깊다 (ser) profundo
깊이 la profundidad
까닭 la razon
까마귀 [동물] el cuervo
까투리 [동물] la faisana
깍쟁이 el tacaño, la tacaña
깍정이 [식물] la cúpula
깎다 [날을 세우다] afilar, sacar punta
깎아내다 afilar
깔개 el tapete, la alfombra, la estera
깔다 extender
깔보다 despreciar, hacer poco caso de
깔창 la plantilla
깜박이 [컴퓨터] el cursor ☞커서
깜박이다 parpadear, pestañear
깡통 la lata
깡패 el bribón, el granuja, el tuno
깨 [식물] el ajonjolí, la alegría, el sésamo
깨꽃 [식물] la salvia
깨끗하다 (estar) limpio
깨다¹ [잠에서] despertarse
깨다² [조각내다] romper
깨닫다 notar, darse cuenta de

깨뜨리다 romper
깨물다 morder, mordiscar
깨어나다 despertarse
깨우다 despertar
깨지다 romperse
꺼내다 sacar
꺾다 romper, quebrar
껍질 la cáscara, la piel
꼬다 torcer
꼬드기다 seducir
꼬리 la cola, el rabo
꼬리지느러미 la aleta caudal
꼬집다 pellizcar
꼬집히다 pellizcar
꼬챙이 el pincho
꼬투리 [열매의] la vaina
꼭대기 la cima, la cumbre
꼭두각시 el títere
꼭두새벽 el alba, el amanecer
꼴찌 lo último
꽁초 la colilla
꽂다 meter, insertar, clavar
꽃 la flor
꽃가게 la florería
꽃가루 el polen
꽃다발 el ramillete, el ramo de flores
꽃밭 el jardín de flores
꽃봉오리 el botón
꽃샘 el frío primaveral
꽃양배추 [식물] la coliflor
꽃장수 el [la] florista; el florero, la florera
꽃집 la florería
꽤 bastante, considerablemente
꾀 el ingenio, la inteligencia
꾀꼬리 [조류] el resueñor
꾀다 [벌레가] pulular
꾸다 pedir [tomar] prestado
꾸미다 adornar, decorar, ataviar
꾸이다 prestar
꾸중 el reproche

꾸중하다 reprochar
꾸짖다 reprender, regañar, reñir
꿈 el sueño
꿩 [조류] el faisán, la faisana
꿰다 pasar
끄다 [불을] apagar, extinguir
끈 el cordón, la cuerda, la soga
끈기 la paciencia; [끈끈한] la pegajosidad
끈끈이주걱 [식물] la drosera
끈질기다 (ser) insistente, persistente
끊다 cortar
끌다 tirar
끓는점 el punto de ebullición
끓다 [액체가] hervir, bullir
끓이다 hervir; [국을] cocer; [데우다] calentar
끝나다 acabar, terminar
끝내다 acabar, terminar
끝없다 (ser) infinito
끝없이 sin cesar, infinitamente
끼니 la comida
끼우다 meter
낌새 la insinuación
낑낑거리다 soler gemir, soler quejarse

ㄴ

나¹ [말하는 이가 자기를 가리키는 말] yo
나² [나이] la edad
나가넘어지다 caerse, deribarse
나가다 salir
나가떨어지다 derribarse
나그네 el viajero, la viajera
나날 de día en día, día por día
나노 nano-
나노초(秒) el nanosegundo
나누기 la división
나누다 dividir
나눗셈 la división
나눗셈표 el signo de división

나다 [태어나다] nacer
나라 el país, la nación, el estado
나라말 la lengua, el idioma
나라 사람 el pueblo
나루 el embarcadero
나룻배 el transbordador
나른하다 estar [sentirse] lánguido
나무 el árbol
나무늘보 [동물] el perezoso
나무딸기 la frambuesa; [나무] el frambueso
나무라다 reprender, regañar, reñir
나무울타리 el cercado
나뭇가지 la rama; [잔] el ramo
나뭇잎 la hoja
나방 la polilla
나비 [곤충] la mariposa
나비넥타이 la pajarita
나쁘다 (ser) malo
나사 el tornillo
나사못 el tornillo
나오다 salir
나이 la edad
나이팅게일 [조류] el ruiseñor
나이프 el cuchillo
나일론 el nilón, el nailon
나체 el cuerpo desnudo, la desnudez
나침반 la brújula
나타나다 aparecer
나팔꽃 el dondiego de día
낙관 el optimismo
낙관론 el optimismo
낙관론자 el [la] optimista
낙관주의 el optimismo
낙관주의자 el [la] optismista
낙관하다 ser optimista
낙농 la lechería, la industria lechera
낙농가 el lechero, la lechera
낙농장 la granja de vacas
낙농 제품 el producto lácteo
낙뢰 la caída de un rayo

낙마 la caída de un caballo
낙마하다 caerse de un caballo
낙서 los garabatos
낙서하다 garabatear
낙선 la pérdida [el fracaso] de las elecciones
낙선자 el derrotado, la derrotada
낙선하다 perder las elecciones
낙양 el sol poniente
낙엽 las hojas caídas
낙엽송 el alerce
낙엽수 el árbol de hoja caduca
낙오 el rezago
낙오하다 rezagarse
낙원 el paraíso
낙장 la hoja omitida
낙제 el reprobado, la suspensión
낙제생 el repetidor, la repetidora
낙제시키다 suspender, reprobar
낙제하다 fracasar (en el examen)
낙진 la lluvia radiactiva
낙찰 la licitación favorecida
낙천적 optimista
낙천주의 el optimismo
낙천주의자 el [la] optimista
낙타 [동물] el camello
낙태 el aborto
낙태 수술 la operación de aborto artificial
낙태하다 abortar, malparir
낙토 el paraíso
낙하 la caída
낙하산 el [los] paracaídas
낙하산병 el [la] paracaidista
낙하산 부대 la tropa de paracaidistas
낙화생 el cacahuete; el maní
낚다 [물고기를] pescar
낚시 la pesca con caña
낚시꾼 el anzuelo
낚시 도구 los avíos de pescar
낚시질 la pesca con [a] caña
낚시질하다 pescar con caña

낚시찌 el flotador
낚시터 el lugar de pesca con caña
낚싯대 la caña de pescar
낚싯바늘 el anzuelo
낚싯밥 el cebo
낚싯봉 el plomo
낚싯줄 el sedal
낚아채다 arrebatar
난간 la barandilla, la baranda, el pasamano
난공사 la obra de construcción difícil
난관 la dificultad
난국 la situación grave
난기류 el aire turbulento
난대 la zona subtropical
난대림 el bosque subtropical
난대 지방 la región subtripical
난데 la otra región
난데없다 (ser) imprevisto
난로 la estufa
난류 la corriente cálida
난방 la calefacción
난방기 el aparato de calefacción
난방 장치(煖房裝置) [시설] la calefacción
난방하다 calentar
난병 la enfermedad incurable
난시 el astigmatismo
난자 el óvulo
난잡하다 (ser) impúdico
난장(亂張) la paginación defectuosa
난초 [식물] la orquídea
난치병 la enfermedad incurable
난파 el naufragio
난파선 el barco naufragado
난파자 el náufrago, la náufraga
난파하다 naufragar
난폭하다 (ser) violento, brutal
날¹ [하루] el día
날² [연장의] la hoja, el filo
날개 el ala; [축구의] el alero, el extremo
날다 volar

날마다 todos los días, cada día
날쌔다 (ser) ágil
날씨 el tiempo; [기후] el clima
날씬하다 (ser) esbelto
날짜 la fecha
남 el otro, la otra
남(男) el hombre, el varón
남(南) el sur
남극 la Antártida, el polo sur
남극해 el Océano Glacial Antártico
남기다 dejar
남녀(男女) el hombre y la mujer
남다 quedar(se)
남동생 el hermano (menor)
남복 el traje para caballeros
남빛 el añil, el índigo
남색 el añil, el índigo
남성 el hombre, el varón, macho
남성복 el traje para caballos
남성적 masculino
남십자성 la Cruz del Sur
남아 el niño
남자 el hombre
남편 el marido, el esposo
남회귀선 el trópico de Capricornio
낫 [연장] la hoz
낭떠러지 el precipicio
낭하 el corredor, el pasillo
낮 el día
낮다 (ser) bajo
낮잠 la siesta
낱말 el vocabulario
낳다¹ [아이를] dar a luz, parir, alumbrar
낳다² [결과를 이루다] dar, producir
내각(內角) [기하] el ángulo interno
내각(內閣) el gabinete
내과의 el [la] internista
내기 la apuesta
내기하다 apostar
내년 el año que viene, el próximo año

내다 [돈을] pagar
내다보다 asomar
내란 la guerra civil
내려가다 bajar
내려놓다 bajar
내려오다 bajar
내력 el origen, la historia (pasada)
내륙 el interior
내리다^1 [눈이나 비가] caer
내리다^2 [높은 곳에서] bajar
내리다^3 [탈것에서] bajarse, apearse
내막 la condición real
내맡기다 encomendar
내면 el interior
내무 los asunsuntos interiores
내무부 el Ministerio de Asuntos Interiores
내무부 장관 el ministro de Asuntos Interiores
내방 la visita
내부 el interior
내부 기억 장치 la memoria interna
내부 명령 el comando interno
내부 정렬 la ordenación interna
내분 la discordia
내분비 la secreción interna
내분비물 la hormona, el hormón
내빈 el [la] huésped; el invitado, la invitada
내선(內線) la extensión
내수(內需) el consumo interior
내수(耐水) impermeabilidad
내신 los resultados escolares
내신서 el informe de los resultados escolares
내신 성적 los resultados escolares
내연기관 el motor diesel
내용 el contenido
내용 디렉토리 el directorio de comando
내월 el mes que viene
내의 la ropa interior
내일 mañana
내장 las entrañas, la víscera
내장 글꼴 la fuente interna

내장 함수 la función intrínseca
내접원 el círculo inscrito
내주 la próxima semana, la semana que viene
내주 오늘 este día de la semana que viene
내화(耐火) la prueba de fuego
내화 건축 el edificio a prueba de fuego
내화 벽돌 el ladrillo refractario
내화 페인트 la pintura resistente al fuego
냄비[얕은] la cacerola; [깊은] la olla
냉난방 el aire acondicionado
냉난방 택시 el taxi con aire acondicionado
냉담하다 (ser) frío, indiferente
냉담해지다 enfriarse
냉동 la congelación, la refrigeración
냉동되다 congelarse, refrigerarse
냉동 식품 los alimentos congelados
냉동하다 congelar, refrigerar
냉소 la risa burlona, la risa sarcástica
냉소하다 reír burlonamente [sarcásticamente]
냉수 el agua fría
냉정하다 (ser) tranquilo
너 tú
너구리 [동물] el tejón
너그럽다 (ser) indulgente, tolerante
너도밤나무 [식물] el haya
넉살좋다 (ser) desvergonzado
넌더리내다 hartarse, cansarse
넓다 (ser) ancho
넓이 la anchura, el ancho
넓히다 extender
넘어뜨리다 derribar, hacer caer
넘어지다 caerse
넙치 [어류] la platija
넣다 meter, poner; [골을] marcar
네글리제 la bata de dormir
네덜란드 [나라] Holanda
네덜란드 사람 el holandés, la holandesa
네덜란드 어 el holandés
네모나다 (ser) cuadrado
네트워크 la red

넥타이 la corbata
넥타이핀 el alfiler de corbata
넷 cuatro
넷째 el cuarto
넷째 손가락 el dedo anular
노(櫓) el remo
노(爐) el horno
노년 la vejez; [나이] la edad vieja
노년기 la vejez
노년층 las generaciones viejas
노대 el balcón
노동 el trabajo, la labor
노동복 el traje de trabajadores
노동부 el Ministerio de Labor
노동부 장관 el ministro [la ministra] de Labor
노동자 el trabajador, la trabajadora
노동 쟁의 el conflicto laboral
노동조합 el sindicato
노동조합법 la ley de sindicatos
노동조합 운동 el laborismo
노동조합원 el [la] sindicalista
노동조합주의 el sindicalismo, el laborismo
노동청 la Secretaría del Trabajo
노동하다 trabajar
노동 협약 el acuerdo laboral
노동 환경 el medio ambiente laboral
노동 회관 el Salón de los Trabajadores
노란색 el amarillo, el color amarillo
노랑 el amarillo, el color amarillo
노랑이 el tacaño, la tacaña; el avaro, la avara
노랗다 (ser) amarillo
노래 la canción
노련하다 (ser) veterano, experimentado
노르께하다 (ser) amarillento
노르딕 종목 las pruebas nórdicas
노르웨이 [나라] Noruega
노르웨이 사람 el noruego, la noruega
노르웨이 어 el noruego
노모 la madre vieja
노무 la labor, el trabajo

노무자 el obrero, la obrera
노벨 문학상 el Premio Nóbel de Literatura
노벨 물리상 el Premio Nóbel de la Física
노벨상 el Premio Nóbel
노벨 의학상 el Premio Nóbel de Medicina
노벨 평화상 el Premio Nóbel de la Paz
노벨 화학상 el Premio Nóbel de la Química
노새 [동물] el mulo, la mula
노선 la línea, la ruta
노숙 el campamento, el vivaque
노숙자 la persona que vivaquea
노숙하다 acampar, vivaquear
노예 el esclavo, la esclava
노예 제도 la esclavitud
노이로제 la neurosis
노인 el viejo, la vieja; el anciano, la anciana
노자(勞資) los patrones y los obreros
노장 [운동] el jugador veterano
노점 el puesto
노출 la exposición
노출계 el exposímetro
노출 과잉 la sobreexposición
노트 el cuaderno
노트북 컴퓨터 el ordenador portátil.
노(怒)하다 enojarse, enfadarse, irritarse
노화(老化) el envejecimiento
노화되다 envejecer(se)
녹 el moho; el orín
녹나무 [식물] el alcanfor
녹두 [식물] la soja verde
녹색 el verde, el color verde
녹색 봉투 el sobre verde
녹아웃 el nocaut, el K.O., el noqueo
녹지 la tierra [el terreno] verde
녹지대 la zona verde
녹차 el té verde
논 el arrozal
논리 la lógica
논리적 lógico
논리학 la lógica

논리학자 el lógico, la lógica
논법 el razonamiento
논병아리 el somorgujo
논설 el editorial
논설위원 el [la] editorialista
논픽션 la obra documental
놀다 jugar
놀라다 sorprenderse, asombrarse, asustarse
놀라움 la sorpresa, el asombro
놀음 el juego
놀이 el juego
놀이딱지 el naipe
농(籠) la cómoda
농가 la casa de labranza
농구 el baloncesto
농구 공 el balón de baloncesto
농구 선수 el [la] baloncestista
농구 팀 el equipo de baloncesto
농부(農夫) el labrador, el agricultor
농부(農婦) la labradora, la agricultora
농사 los asuntos agrícolas
농사꾼 el agricultor, la agricultora
농사일 el trabajo agrícola
농성 la sentada
농아 la sordomudez; [사람] el sordomudo
농성 파업 la huelga de brazos caídos
농아학교 la escuela de sordomudos
농약 la insecticida agrícola
농업 la agricultura
농원 la granja
농장 la granja
농촌 la aldea agrícola
농후하다 (ser) pesado
높다 (ser) alto
높이뛰기 el salto de altura
높이뛰기 선수 el salteador, la salteadora
놓다 poner, colocar
놓아주다 soltar
뇌(腦) el cerebro
뇌우 la tormenta

누구 ¿quién?
누나 la hermana (mayor)
누르다 empujar
누렇다 (ser) amarillo
누리꾼 el [la] internauta
누선염 [의학] la adenoftalmía
누에 el gusano de seda
누에고치 el capullo
누에콩 el haba
누이 la hermana
눈(目)¹ el ojo
눈(雪)² la nieve
눈꺼풀 el párpado
눈동자 la pupila, la niña
눈물 la lágrima
눈물샘 la glándula lacrimal
눈병 las enfermedades de los ojos
눈보라 la tempestad de nieve, la ventisca
눈사태 el alud (de nieve), la avalancha
눈속임 el engaño
눈속임하다 engañar
눈썹 la ceja
눈썹먹 el lápiz de labios
눈썹연필 el lápiz de labios
눈알 el globo del ojo
눋다 quemarse, chamuscarse
눕다 acostarse
눕히다 acostar
뉴스 la noticia
뉴스 영화 el noticiario
뉴질랜드 [나라] Nueva Zelanda
뉴질랜드 사람 el neocelandés, la neocelandesa
느끼다 sentir
느낌 el sentimiento, la sensación
느릅나무 [식물] el olmo
느리다 (ser) lento
늑골 [해부] la costilla
늑대 [동물] el lobo
늑막염 [의학] la pleuresía
늘다 aumentar(se)

늘리다 aumentar
늘어놓다 colocar, tender
늘이다 estirarse
늙다 (ser, estar) viejo, anciano
늙은이 el viejo, la vieja; el anciano, la anciana
늠름하다 (ser) robusto
능글맞다 (ser) astuto
능력 la capacidad
능률 la eficiencia
능통하다 (ser) hábil, experto, bien versado
능하다 (ser) hábil, experto
늦가을 el otoño tardío
늦게 tarde
늦다 [탈것이] retrasarse, atrasarse
늦다 [시간이] (ser) tarde
늦더위 el calor del verano tardío
늦어도 a más tardar
늦여름 el verano tardío
늦잠 el sueño de la mañana
늦잠꾸러기 el dormilón, la dormilona
늦추다 aflojar
늦추위 el frío tardío
늪 el pantano, el fangal, la ciénaga, la laguna
늪지 la ciénaga, la laguna
니카라과 [나라] Nicaragua
니카라과 사람 el [la] nicaragüense
니코틴 la nicotina
니코틴 중독 el nicotismo, el nicotinismo
니트 el vestido de punto
니힐리즘 el nihilismo
님 el novio, la novia
님프 la ninfa

ㄷ

다 [모두] todo; [사람] los todos, las todas
다갈색 el color moreno
다갈증 la anadipsia, la polidipsia
다감 la sensibilidad

다감하다 (ser) sensible
다락방 el desván, la buhardilla
다람쥐 [동물] la ardilla
다랍다 (ser) tacaño, avaro, mezquino
다랑어 [어류] el atún
다루다 tratar, manejar, gobernar
다르다 (ser) diferente, distinto
다리^1 [사람의] la pierna; [동물, 기물의] la pata
다리^2 [교량] el puente
다리다 planchar
다리미 la plancha
다발 el lío, el atado
다방 el café, la cafetería
다색 el marrón, el castaño
다수당 el partido mayoritario
다시 otra vez, de nuevo
다운(down) caído
다운타임 el intervalo de caída
다음 próximo, que viene
다음 달 el próximo mes, el mes que viene
다음 역 la próxima estación
다음 주 la semana que viene
다음 주 오늘 este día de la semana que viene
다음 해 el próximo año, el año que viene
다음 호 el número próximo
다이버 el saltador; [잠수하는 사람] el buzo
다이빙 el salto; [잠수] el buceo
다이빙대 la plataforma, la palanca
다이빙 선수 el saltador, la saltadora
다이아몬드 el diamante
다이얼 el disco
다정하다 (ser) afectuoso, cariñoso
다투다 reñir, pelear
닦다 enjugar, limpiar, secar
단 [묶음] el haz, el atado, el lío
단(段)^1 [계단의] el escalón, el peldaño
단(段)^2 [책이나 신문의] la columna
단(段)^3 [운동] el dan, el grado
단(團) el cuerpo, el grupo
단(壇) el estrado; [교단] la tarima

단가(單價) el precio por unidad
단가(團歌) el himno de un grupo
단거리 la corta distancia
단검(短劍) la daga, el puñal
단결(團結) la unión
단결하다 unirse
단과 대학 la facultad
단념 el abandono
단념하다 abandonar, renunciar, desistir
단말기 el terminal
단말 서버 el servidor de terminales
단명 la vida corta
단문 la oración simple
단백질 la proteína
단봉낙타 [동물] el dromedario
단선 la vía única
단순하다 (ser) mero, simple
단식 시합 los individuales
단아하다 (ser) gracioso, gentil
단안 el ocelo
단어 el vocabulario; ((컴퓨터)) la palabra
단자(端子) el borne, el terminal
단조(短調) el tono menor
단지 el pote, el jarro
단지(團地) el bloque de vivienda
단체(團體) la entidad, la organización
단체 경기 la competición en equipos
단체 교섭 la negociación colectiva
단체 보험 el seguro colectivo
단체 여행 el viaje en grupo
단추 el botón
단추고리 el anillo de abrochar
단춧구멍 el ojal
단층(單層) un piso, una planta
단층(斷層) la falla, la dislocación
단층집 la casa de un piso [una planta]
단침 la aguja corta
단파 la onda corta
단파 방송 la transmisión de onda corta
단편 la obra corta

단편 소설 la novela corta, el cuento
단풍나무 [식물] el arce
단호하다 (ser) resuelto, firme
단화(短靴) los zapatos
닫기 [컴퓨터] el close
닫다 cerrar
닫히다 cerrarse
달¹ [천체] la luna
달² [한 해의] el mes
달걀 el huevo
달걀 프라이 el huevo estrellado
달다 [맛이] (ser) dulce
달래다 aplacar, apaciguar, calmar
달러 el dólar
달리기 la carrera
달리다 correr
달맞이꽃 [식물] la onagra
달빛 la luz de la luna
달팽이 [동물] el caracol
달필 la buena letra, la buena caligrafía
닮다 parecerse (a)
담 el muro, el cercado, la valla
담(痰) el esputo
담가 la camilla
담그다 mojar, bañar, meter, echar
담낭 la vesícula biliar
담당 el cargo
담당자 el encargado, la encargada
담당하다 encargarse (de)
담박하다 (ser) franco, simple; [맛이] ligero
담배 el tabaco; el cigarro; el cigarrillo
담배 가게 el estanco
담배꽁초 la colilla
담배 밭 el tabacal
담배 산업 la industria tabacalera
담배 쌈지 la cigarrera
담배 장수 el tabaquero, la tabaquera
담배 중독 el tabaquismo, el nicotismo
담배 파이프 la pipa, la boquilla
담뱃가루 el polvo del tabaco

담뱃갑 la cigarrillera, la pitillera
담뱃값 el precio de cigarrillos
담뱃대 la pipa, la boquilla
담뱃불 el fuego
담뱃진 la nicotina
담비 [동물] la marta
담수어 el pez de agua dulce
담요 la manta
담임 el encargado, la encargada
담쟁이덩굴 [식물] la hiedra
담즙 [해부] la bilis; [동물의] la hiel
담청색 el azul claro
담판 la negociación
담판하다 negociar
답 la respuesta
답답하다 (estar) sofocante
답변 la contestación, la respuesta
답변하다 contestar, responder
답안 la papeleta de examen
답안지 la papeleta de examen
답하다 contestar, responder
당구 el billar
당구공 la bola (de billar)
당구대 la mesa de billar
당구봉 el taco (de billar)
당구장 el salón [la sala] de billar
당구 큐 el taco (de billar)
당국 las autoridades
당근 [식물] la zanahoria
당기다 tirar
당김음 la síncopa
당나귀 [동물] el asno, el burro
당밀 el almíbar
당번 el turno
당부 el pedido
당부하다 pedir
당분간 por el momento, por ahora
당선 la elección
당선되다 ser elegido
당선자 el elegido, la elegida

당시 aquella época, entonces
당의정 la pastilla azucarada
당좌 la cuenta corriente
당좌 계정 la cuenta corriente
당좌 대부 el préstamo provisional
당좌 비율 el ratio de liquidez inmediata
당좌 수표 el cheque
당좌 예금 (el depósito en) la cuenta corriente
당혹하다 quedar(se) perplejo
당황하다 turbarse, confundirse, perturbarse
대 [식물] el bambú
대가(大家) el gran maestro, la gran maestra
대가(代價) el precio, el importe
대가(貸家) la casa de alquiler
대구 [어류] el balacao
대금 el precio, el importe
대기(大氣) la atmósfera
대기(待機) la espera
대기 요금 la tarifa de espera
대나무 [식물] el bambú
대낮 el pleno día
대뇌(大腦) el cerebro
대담하다 (ser) audaz, atrevido
대답 la respuesta
대답하다 contestar, responder
대대(代代) las generaciones
대대로 por generaciones
대두 [식물] la soja, la soya
대령 el [la] coronel; [해군] el capitán de navío
대류 la convección
대륙 el continente
대륙붕 la plataforma continental
대리석 el mármol
대마 [식물] el cáñamo
대말 los zancos
대맥 [식물] la cebada
대머리 la calvicie; [사람] el calvo, la calva
대명사 el pronombre
대모 la madrina
대문자 la mayúscula

대법관 el juez [la jueza] del tribunal supremo
대법원 el tribunal supremo, la corte suprema
대법원장 el presidente del Tribunal Supremo
대변 el excremento
대본 la pieza teatral; el guión
대부(代父) el padrino
대부(貸付) el préstamo
대부금 el préstamo
대부하다 prestar
대분수 [수학] el número mixto
대비 la preparación
대비하다 prepararse (para)
대사(大蛇) la serpiente grande
대사(大使) el embajador, la embajadora
대사관 la embajada
대서양 el (Océano) Atlántico
대손(大損) las grandes pérdidas
대수(代數) el álgebra
대수(對數) el logaritmo
대양(大洋) el océano
대우 el trato, el tratamiento
대우하다 tratar
대위 el capitán; [해군] el teniente de navío
대인(大人) el adulto
대장(大將) el capitán general
대장(大腸) el intestino grueso
대저택 la mansión, el palacio
대주교 el arzobispo
대중 el público, la multitud
대중 가요 la canción popular
대지(大地) la tierra
대지(大指) el (dedo) pulgar
대지(臺地) la meseta, la plataforma
대차대조표 el balance
대추 la azufaifa
대추나무 [식물] el azufaifo
대출 el préstamo
대출하다 prestar
대취 la borrachera (completa)
대취하다 estar (completamente) borracho

대칭 [수학] la simetría
대타 [야구] el revelo
대통령 el [la] presidente, la presidenta
대퇴 [해부] el muslo
대패 [연장] el cepillo
대평원 la pampa
대포 el cañón
대폿잔 el vaso grande
대폿집 la taberna, el bodegón
대표 la representación, la delegación
대표단 la delegación
대표단원 el delegado, la delegada
대표자 el [la] representante
대피 el desvío
대피선 el apartadero
대피소 el refugio
대피하다 desviar
대피호 el refugio
대학 [단과대학] la facultad
대학교 la universidad
대학원 la escuela de posgrado
대학원생 el posgraduado, la posgraduada
대한민국 la República de Corea
대합 [조개] la almeja
대합실 la antesala, la sala de espera
대화(大火) el gran incendio
대화(對話) el diálogo, la charla, la chat
대화방 la sala de chat
대화하다 charlar
댄서 el [la] danzante
댄스 el baile, la danza
댄스 파티 el baile
댄스홀 la sala de baile
댐 la presa
더 más
더럽다 (estar) sucio
더블베드 la cama de matrimonio
더블 보기 [골프] el bogey doble
더하기 la adición, la suma
더하다 añadir, adicionar, sumar, agregar

덕육 la educación moral
던지다 arrojar, echar, lanzar
덜 menos
덤프차 el volquete
덤프트럭 el volquete
덤핑 el dumping
덧셈 la adición, la suma
데다 quemarse, escaldarse
데면데면하다 (ser) descuidado
데모 la manifestación
데뷔 el estreno
데뷔하다 estrenar
데생 el bosquejo
데생하다 bosquejar
데우다 calentar
데이지 [식물] la margarita
데이터 los datos
데이터 뱅크 el banco de datos
데이터베이스 la base de datos
데이트 la cita
데이트하다 tener una cita
데치다 cocer ligeramente
덴마크 [나라] Dinamarca
덴마크 사람 el danés, la danesa
덴마크 어 el danés
델타 [삼각주] el delta
도(道) la provincia
도(度) el grado
도괴 el hundimiento
도괴하다 hundirse, caer
도구 el instrumento
도금 el baño
도금하다 bañar
도급 la contrata
도급하다 contratar
도기(陶器) la loza, la china, la porcelana
도끼 el hacha (*pl.* las hachas)
도난 el robo
도난 보험 el seguro contra (el) robo
도달 la llegada

도달하다 llegar
도덕 la moralidad social
도둑 el ladrón, la ladrona
도둑질 el robo
도둑질하다 robar
도락 la afición, el hobby
도량 la generosidad
도로 la carretera, el camino
도롱뇽 [동물] la salamanquesa
도르래 la polea
도리(道理) la razón
도리스식(式) el estilo dórico
도립 공원 el parque provincial
도립 병원 el hospital provincial
도마 el tajo de cocina
도망 la huida, el escape
도망자 el fugitivo, la fugitiva
도망하다 huir, escapar
도매 la venta al por mayor
도매상 el [la] mayorista
도매업 el comercio al por mayor
도매업자 el [la] mayorista
도매점 el comercio mayorista
도매하다 vender al por mayor
도메인 el dominio
도미 [어류] el besugo
도박 el juego
도박하다 jugar
도보 la andadura
도보 여행 la excursión
도보 여행자 el [la] excursionista
도붓장수 el vendedor ambulante
도산 la quiebra, la bancarrota
도산하다 hacer quiebra, hacer bancarrota
도색(桃色) el rosa, el color rosa
도서(圖書) el libro
도서(島嶼) las islas
도서관 la biblioteca
도서 목록 la bibliografía
도선(導船) el pilotaje

도선료 los derechos de pilotaje
도선장 el embarcadero
도수 체조 la gimnasia sueca
도스 [컴퓨터] DOS
도스 박스 la caja DOS
도시 la ciudad
도약 el salto
도약판 [수영의] el trampolín
도약하다 saltar, brincar
도예 la cerámica
도예가 el [la] ceramista
도외시하다 hacer caso (de)
도용 [표절] el plagio
도용하다 plagiar
도우미 el [la] ayudante
도움 la ayuda
도움말 la ayuda, la Ayuda, Help
도움말 기능 la función de ayuda
도움말 메뉴 el menú de ayuda
도움말 키 la tecla Help
도움말 화면 la pantalla de ayuda
도장(道場) el gimnasio, la escuela
도장(圖章) el sello
도장(塗裝) la pintura
도장공 el pintor, la pintora
도장 공장 el taller de pintura
도장하다 pintar
도전 el desafío
도전자 el desafiador, la desafiadora
도전하다 desafiar
도중 el medio camino, la mitad del camino
도지사 el gobernador, la gobernadora
도착 la llegada
도착하다 llegar
도표(道標) el poste indicador
도표(圖表) el diagrama
도피 el escape, la huida
도피하다 escapar, huir
도형(圖形) la figura, el diagrama
도형 문자 el carácter gráfico

독 el jarro, la jarra, el cántaro
독(毒) el veneno
독가스 el gas venenoso
독거미 [동물] la araña venenosa
독립 la independencia
독립기념일 el Día de Independencia
독립선언문 =독립선언서
독립선언서 la Declaración de Inependencia
독립 전쟁 la Guerra de Independencia
독립하다 independizarse, emanciparse
독버섯 [식물] la seta venenosa
독살 el envenenamiento
독살하다 envenenar
독선적 egocéntrico
독수리 [조류] el águila (*pl.* las águilas)
독신 el soltero, la soltera
독신녀 la soltera
독신자 el soltero, la soltera
독일 [나라] Alemania
독일 사람 el alemán, la alemana
독일어 el alemán
독재 la dictadura
독재자 el dictador, la dictadora
독점 el monopolio
독점하다 monopolizar
독창 el solo
독창곡 el solo
독창자 el [la] solista
독창회 el recital
독학 la autodidáctica, el estudio sin maestro
독학하다 estudiar sin maestro
돈 el dinero, la plata
돈 끼호떼 [작품] el Quijote
돈지갑 el monedero, el portamonedas
돌[1] [모래보다 큰 것] la piedra
돌[2] [해마다 돌아오는 날] el aniversario
돌격 el asalto
돌격하다 dar asalto, atacar
돌고래 [동물] el delfín
돌담 el muro

돌려주다 devolver
돌보다 cuidar, tener cuidado
돌부처 la estatua de Buda de piedra
돌아가다 volver
돌아오다 volver
돌팔이의사 el curandero, la curandera
돌풍 la ráfaga
돔 [둥근 천장] la bóveda
돕다 ayudar
동(洞) *Dong*, la aldea
동(東) el este
동(銅) [광물] el cobre
동경(憧憬) el anhelo
동경하다 anhelar
동굴 la cueva, la caverna
동그라미 el círculo
동급 el mismo grado
동급생 el condiscípulo, el compañero de clase
동기(冬期) la estación invernal
동기(同氣) los hermanos
동기(同期) el mismo período
동기(動機) la moción, el motivo
동기(銅器) la vasija de cobre
동기 시대 el edad de bronce
동등 la igualdad
동란 el tumulto, el disturbio
동력 la potencia, la energía
동료 el compañero, la compañera
동맥 [해부] la arteria
동맹 la alianza
동맹국 los países aliados
동맹하다 ligarse, aliarse
동메달 la medalla de bronce
동무 el amigo, la amiga
동물 el animal
동물학 la zoología
동물학자 el zoólogo, la zoóloga
동반 el acompañamiento
동반구 el hemisferio oriental
동반하다 acompañar

동방 el oriente
동방박사 los tres Reyes Magos
동백나무 [식물] la camelia
동봉 la adjunción
동봉물 el incluso
동봉하다 incluir, adjuntar
동사(動詞) el verbo
동사(凍死) la muerte de frío
동산(動産) los bienes muebles
동상(凍傷) el sabañón
동생 el hermano (menor), la hermana (menor)
동서(同壻) el cuñado, la cuñada
동서(東西) el este y el oeste
동서(同棲) [동거] la cohabitación
동서(同書) el mismo libro
동서남북 el norte, el sur, el este y el oeste
동서하다 cohabitar
동시 el mismo tiempo
동심(童心) el corazón infantil
동아리 el grupo, el club
동아리 활동 las actividades del club
동안 [부사적] por, durante
동안(童顔) la cara juvenil
동양 el Oriente, el Este
동양사 la historia oriental
동양 철학 la filosofía oriental
동요(童謠) la canción infantil
동요(動搖) el disturbio, la turbación
동요하다 turbarse, perturbarse
동의(同意) el consentimiento, la misma opinión
동의(同義) la misma significación
동의안 la mocion
동의하다 consentir
동적(動的) dinámico
동전 la moneda
동점 el empate
동정(同情) la piedad
동정심 la piedad, la compasión
동지(冬至) el solsticio de invierno
동지(同志) la misma intención

동지자 el [la] camarada
동쪽 el este
동체(胴體) el fuselaje
동트다 amanecer
동판화 el grabado en cobre
동행 el acompañamiento
동행하다 acompañar
동화(同化) la asimilación
동화(童話) el cuento infantil
동화(銅貨) la moneda de cobre
동화 la asimilación
동화집 colección de cuentos infantiles
동화책 el libro infantil
동화(同化)하다 asimilar
돛 la vela
돼지 el puerco, el cerdo
돼지고기 la carne de cerdo [puerco]
되다 hacerse, ponerse, convertirse
되살아나다 revivir
된장 la pasta de soja fermentada
두개골 el cráneo
두건 la capucha, la caperuza
두꺼비 [동물] el sapo
두껍다 (ser) grueso
두더지 [동물] el topo
두려움 el miedo, el temor
두렵다 (ser) horrible, terrible, temible
두루마리 el rollo
두루마리 필름 el carrete
두루미 [동물] la grulla
두부 el tofu
두부(頭部) la cabeza
두유(豆油) el aceite de soja
두통(頭痛) el dolor de cabeza
둔각(鈍角) el ángulo obtuso
둔하다 (ser) torpe
둘째 el segundo
둘째손가락 el dedo índice
둥근 지붕 la bóveda
둥근 천장 la bóveda

둥글다 (ser) redondo
둥지 el nido
뒤 la parte trasera; [등] la espalda
뒤틀림 la torsión
뒷면 el segundo plano
뒷바퀴 la rueda trasera
뒷지느러미 la aleta anal
드라마 el drama
드라이버 el controlador
드라이브 la unidad
드라이브 문자 la letra de unidad
드라이브 번호 el número de unidad
드라이브 이름 el nombre de unidad
드라이어 el secador
드러나다 aparecer
드럼 [악기] el tambor
드로잉 el dibujo
드로잉 프로그램 el programa de dibujo
득 la ganancia
득점 los puntos; [운동] el tanteo, el tanto
득표 los votos (obtenidos)
듣다 oír, escuchar
들것 la camilla
들소 [동물] el bisonte
들어가다 entrar
들어오다 entrar
들오리 [조류] el pato silvestre
들이마시다 tragar, sorber
듬성듬성하다 (ser) ralo, claro
등 la espalda; [동물의] el lomo
등교 la asistencia a la escuela
등교하다 ir a la escuela
등기 el certificado
등기료 el franqueo de certificados
등기 우편 el (correo) certificado
등나무 [식물] la glicina
등대 el faro
등록 el registro
등록 상표 la marca registada
등록하다 registrar

한국어-스페인어 683

등분 la división en partes iguales
등분하다 dividir en partes iguales
등불 la lámpara, la luz
등뼈 la espina dorsal, la columna vertebral
등산 el alpinismo, el montañismo
등산가 el [la] alpinista; el [la] montañista
등산모 la gorra de alpinista
등산하다 subir al monte, ir al monte
등산화 las botas de alpinista
등의자 la silla de rejilla
등정 la llegada a la cumbre
등정하다 llegar a la cumbre
등지느러미 la aleta dorsal
디너 la cena
디렉토리 el directorio
디스켓 el disco flexible, el disquete
디스크 el disco
디스플레이 el visualizador
디자이너 el diseñador, la diseñadora
디자인 el diseño
디자인하다 diseñar
디저트 el postre
디지털 digital
디지털 데이터 los datos digital
디지털 방송 위성 el satélite de emisión digital
디지털 비디오 디스크 el disco de vídeo digital
디지털 사진 la fotografía digital
디지털 서명 la firma digital
디지털 전화 el teléfono digital
디지털 카메라 la cámara digital
디지털 카세트 el casete digital
디지털 캐시 el Dinero electrónico
디지털 컴퓨터 el ordenador digital
디지털 통신 las comunicaciones digitales
디플레이션 [경제] la deflación
따뜻하다 [날씨가] (estar) templado
따르다 seguir
딱따구리 [조류] el (pájaro) carpintero
딸 la hija
딸기 la fresa

딸기나무 [식물] la fresa, la fresera
딸꾹질 el hipo
딸꾹질하다 hipar, tener hipo
땀 el sudor
땀샘 las glándulas sudoríparas
땅 la tierra
땅딸막하다 (ser) rechoncho
땅속줄기 el tallo subterráneo
땅콩 el cacahuete; el maní
때[1] [더러운 것] la mugre
때[2] [시간] el tiempo
때까치 [조류] el alcaudón
때리다 golpear, dar un golpe
떠나다 irse, marcharse
떡갈나무 [식물] el roble
떨다 estremecerse, temblar
떨어뜨리다 dejar caer
떨어지다 caer(se)
떫다 (ser) áspero
떼[1] [무리] la bandada
떼[2] [타고 다니는] la balsa
떼어놓다 separar, apartar
또 otra vez
똑같다 (ser) mismo, igual
똑똑하다 (ser) inteligente, listo
똑바르다 (ser) derecho
똥 el estiércol, el excremento
뚜껑 la tapa
뚜렷하다 (ser) claro
뚱뚱하다 (ser) grueso, gordo
뛰다 saltar, brincar
뛰어나다 (ser) sobresaliente, ilustre
뛰어오르다 saltar
뜀틀 운동 el salto de caballo
뜨개질 el punto
뜨개질 옷 el vestido de punto
뜨겁다 (estar) caliente
뜨다 flotar
뜰 el patio
뜻 la intención

뜻밖에 inesperadamente, de repente
뜻하다 significar, querer decir
띄엄띄엄 a intervalos, a trechos
띠 [끈] la faja
띠다 [띠를] ponerse, ceñir
띵하다 tener dolor 낵애

ㄹ

라놀린 [화학] la lanolina
라 니냐 [기상] La Niña
라돈 [화학] el radón
라듐 [화학] el radio
라디에이터 el radiador
라디오 la radio
라디오 네트워크 la red radioeléctrica
라디오 뉴스 las noticias de radio
라디오 드라마 el drama de radio
라디오 모니터 el monitor de radio
라디오 발표 el radiomensaje
라디오 방송 la radiodifusión
라디오 방송국 la radiodifusora, la radioemisora
라디오 방송망 la red de emisoras
라운드 el asalto, el round
라이벌 el [la] rival
라이브러리 la biblioteca
라이선스 la licencia
라이터 el encendedor, el mechero
라이트 윙 el extremo derecho
라이트 잽 el corto [el jab] derecho
라이트 펜 el lápiz óptico
라이트헤비급 el peso semipesado
라이트 훅 el corto [el jab] derecho
라인 la línea
라인 프린터 la impresora de líneas
라일락 [식물] la lila
라커룸 el vestuario
라켓 la raqueta
라트비아 [나라] Letonia, Latvia

라트비아 사람 el letón, la letona
라트비아 어 el letón
라틴 [라틴 어] el latín
라틴 문학 la literatura latina
라틴 민족 la raza latina
라틴 아메리카 la América Latina
라틴 아메리카 사람 el latinoamericano
라틴 어 el latín
라틴 음악 la música latinoamericana
랑데부 la cita
랑데부하다 citar
랩소디 la rapsodia
러닝셔츠 la camiseta
러브 레터 la carta de amor
러브스토리 la historia de amor
러시아 [나라] Rusia
러시아 사람 el ruso, la rusa
러시아 어 el ruso
럭비 el rugby
럼 el ron
럼주 el ron
레드 카드 la tarjeta roja
레모네이드 la limonada
레몬 el limón
레몬나무 [식물] el limonero
레몬수 la limonada
레몬스쿼시 la limonada con gas
레몬주스 el jugo de limón
레몬차 el té con limón
레스토랑 el restaurante, el restorán
레슬러 el luchador, la luchadora
레슬링 la lucha
레슬링 선수 el luchador, la luchadora
레슬링 시합 el combate de lucha
레시버 el receptor
레이더 el radar
레이더망 la red de radar
레이스[1] [수예 제품] el encaje
레이스[2] [경기] la carrera
레이아웃 el diseño

레이온 el rayón
레이저 el láser
레이저 기억 장치 el almacenamiento por láser
레이저 프린터 la impresora de láser
레인코트 el impermeable
레저 el tiempo libre, el ocio
레저 산업 la industria del ocio
레커차 el remolcador
레코드플레이어 el tocadiscos
레퍼리 el árbitro
레포츠 el cañonismo
레프트 윙 el extremo izquierdo
렌즈 la [el] lente
렌터카 el coche de alquiler
로드 쇼 el estreno
로드 쇼 극장 el cine de estreno
로마 [지명] Roma
로마력 calendario romano
로마법 la ley romana
로마 사람 el romano, la romana
로마 숫자 los números romanos
로마자 la letra romana
로마 제국 el Imperio Romano
로마네스크식(式) el estilo románico
로맨스 el romance; [연애 사건] el amorío
로비 el vestíbulo
로사리오 el rosario
로커 el armario
로컬 local
로컬 메모리 la memoria local
로컬 버스 el bus local
로켓^1 [장신구] el medallón
로켓^2 [미사일] el cohete
로코코 양식 el estilo rococó
로프 las cuerdas, las sogas
록 el rock
롤러스케이트 los patines de ruedas
롤러스케이트 화 los patines de ruedas
롤러스케이팅 el patinaje sobre ruedas
롬 [컴퓨터] ROM

롬 바이오스 ROM BIOS
롬 베이직 ROM Basic
롬 시뮬레이터 el simulador ROM
롬 에뮬레이터 el emulador ROM
롬 카드 la tarjeta ROM
롬 카트리지 el cartucho ROM
뢴트겐 사진 la radiografía
루불 [화폐 단위] el rublo
루비 el rubí (*pl.* los rubíes)
루틴 la rutina
루프선 la vía de circunvalación
룰 la regla
룸서비스 servicio de comida en la habitación
류머티즘 el reumatismo, el reuma
륙색 la mochila
르네상스 el Renacimiento
리더 el [la] dirigente, el [la] líder
리듬 el ritmo
리무진 la limosina
리스트 la lista
리시버 el restón, el resto; el receptor
리얼리스트 el [la] realista
리얼리즘 el realismo
리허설 el ensayo
릴 el carrete
릴레이 경주 la carrera de relevo
림프 la linfa
림프관 el vaso linfático, el conducto linfático
림프샘 la glándula linfática
림프선 la glándula linfática
림프액 la linfa
림프절 la glándula linfática
립스틱 el lápiz [la barra] de labios
링 [권투 등의] el cuadrilátero; [체조] la anilla
링거액 la solución de Ringer
링거 주사 la inyección de solución de Ringer
링크 제도 el sistema de cadena

ㅁ

마 [식물] el ñame
마(麻) [식물] el cáñamo
마(魔) el diablo, el demonio
마가린 la margarina
마가복음 El (Santo) Evangelio según San Marcos
마감 el cierre, la clausura
마개 [병의] el tapón
마구(馬具) los arreos
마귀(魔鬼) el diablo, el demonio
마그네슘 el magnesio
마늘 el ajo
마님 la dama, la señora
마당 el patio
마도로스 el marinero
마드리드 [지명] Madrid
마드리드 사람 el madrileño, la madrileña
마라톤 el maratón
마로니에 el castaño de Indias
마루 el suelo, el piso
마루 걸레 la fregona
마르다 [물기가] secarse; [사람이] (ser) flaco
마름모 el rombo
마름모꼴 el rombo
마멀레이드 la mermelada
마멋 [동물] la marmota
마부 el arriero, el 채촌개
마비(痲痺) la parálisis
마사지 el masaje
마사지사 el [la] masajista
마술(馬術) la equitación
마술(魔術) la magia
마술사 el mago, la maga
마스코트 la mascota
마스크 la mascarilla
마스터 레코드 el registro maestro
마스터 파일 el archivo maestro
마스터 키 la clave maestra

마시다 beber, tomar
마요네즈 la (salsa) mayonesa
마우스 el ratón
마우스 감도 la sensibilidad del ratón
마우스피스 el protector dental
마을 la aldea
마을 사람 el aledeano, la aldeana
마음 el corazón, la mente, el alma, el espíritu
마이크 el micrófono
마이크로 micro
마이크로 그래픽스 los micrográficos
마이크로 명령 la microinstrucción
마이크로미니어처 la microminiatura
마이크로소프트 윈도 Microsoft Windows
마이크로 전자 공학 la microelectrónica
마이크로 초 el microsegundo
마이크로 칩 el microchip
마이크로컴퓨터 el microordenador
마이크로 코드 el microcódigo
마이크로폰 el micrófono
마이크로프로그래밍 la microprogramación
마이크로프로세서 el microprocesador
마이크로플로피 디스크 el microdisquete
마이크로피시 la microficha
마이크로필름 el microfilme
마작 el mah-jongg
마지막 열차 el último, el fin, el final
마진(痲疹) el sarampión
마차 el carruaje, el coche, el carro
마찰 la fricción
마찰하다 friccionar
마취 la anestesia
마취약 el anestésico
마취 요법 la narcoterapia
마취제 el narcótico
마취하다 anestesiar
마치다 [끝내다] terminar, acabar
마크 la marca
마크하다 marcar (a un jugador)
마타도르 [주투우사] el matador

마티에르 la materia
막 [방금] ahora mismo
막(幕) [연극] el telón
막간 el entreacto
막내 el hijo menor, la hija menor
막내동생 el hermano menor
막내딸 la hija menor
막내아들 el hijo menor
막다 impedir, prevenir
막대 그래프 el gráfico de barras
막대기 la vara, la varilla, el palo
막역하다 (ser) franco, abierto
막연하다 (ser) vago
막차 el último tren
막히다 [구멍이] cerrarse
만(萬) diez mil
만(灣) el golfo; [작은] la bahía
만기 el vencimiento
만기 어음 la letra vencida
만나다 ver, encontrarse con
만난(萬難) todas las dificultades
만년(晩年) la vejez
만년(萬年) muchos años, largo tiempo
만년설 la nieve perpetua
만년필(萬年筆) la (pluma) estilográfica
만능선수 el atleta hábil para todo
만돌린 [악기] la mandolina
만두 la empanada
만들다 hacer
만성 el estado crónico
만성 기관지염 la bronquitis crónica
만성 질환 la enfermedad crónica
만세(萬世) la vida eterna
만세(萬歲) ¡Viva!
만연 la propagación, la extensión
만연시키다 propagar, extender
만연하다 propagarse, extenderse
만우절 el Día de los Inocentes
만원이다 estar lleno, estar de bote en bote
만월(滿月) la luna llena

만일 [만일 …이라면] si
만장일치 la unanimidad
만점 la nota máxima
만조 la pleamar, la marea alta
만족 la satisfacción
만족시키다 satisfacer
만족하다 satisfacerse, contentarse
만지다 manosear, tocar
만지작거리다 manosear
만화 los dibujos animados; la tira cómica
만화 영화 la película de dibujos animados
많다 (ser) mucho, mucha, muchos, muchas
많이 mucho
말¹ [언어] la palabra
말² [동물] el caballo
말굽 el casco
말다 [종이를] enrollar; [포장하다] envolver
말더듬이 el tartamudo, la tartamuda
말레이시아 [나라] Malasia
말레이시아 사람 el malayo, la malaya
말레이 어 el malayo
말리다¹ [젖은 것을] secar
말리다² [못하게] impedir, estorbar
말미잘 la actinia, la anemona de mar
말초(末梢) la copa
말하다 hablar, decir, contar
맑다 (estar) claro
맘보 el mambo
맛 el sabor, el gusto
맛보다 probar, saborear, gustar
맛있다 (estar) sabroso, rico, delicioso
맛없다 (estar) insípido, soso
망(網) la red
망(望) la guardia, la vigilancia
망고 el mango
망고나무 [식물] el mango
망설이다 vacilar
망아지 el potro
망원경 el telescopio
망원 렌즈 el teleobjetivo

망토 el manto, la capa
망하다 quebrar, hacer bancarrota
맞다^1 [오는 사람을] recibir
맞다^2 [눈이나 화살 등이] acertar, dar
맞다^3 [틀리지 않다] (ser) exacto, correcto
맞다^4 [때림을 당하다] ser golpeado [azotado]
맞추다 ajustar, adaptar
맞춤 el pedido
맞춤 소프트웨어 el software personalizado
맡다 guardar
매[조류] el halcón, el gerifalte
매 [때리는 막대기] el látigo
매너 los modales
매년 cada año, todos los años
매니저 el [la] gerente
매니큐어 la manicura
매니큐어 사 el manicuro, la manicura
매니큐어 액 el esmalte de [para] uñas
매니큐어용 손톱 솔 el cepillo de [para] uñas
매니큐어 제거약 el quitaesmalte
매달 cada mes, todos los años
매달다 colgar
매독 [의학] la sífilis
매듭 el nudo
매력 el encanto, el atractivo
매력적 atractivo
매미 [곤충] la cigarra
매부(妹夫) el cuñado
매수(買收) el soborno
매수하다 sobornar
매스미디어 medios de comunicación de masas
매스컴 la comunicación de masas
매식(每食) cada comida
매입(買入) la compra
매입하다 comprar
매장(埋葬) el entierro
매장(賣場) la sección
매장하다 enterrar
매점(賣店) el puesto, el quiosco
매제(妹弟) el cuñado

매주(買主) el comprador, la compradora
매주(賣主) el vendedor, la vendedora
매직 펜 el rotulador
매진(賣盡) el agotamiento
매진되다 agotarse
매치 포인트 el punto decisivo
매트 la colchoneta
매표소 la taquilla
매표원 el taquillero, la taquillera
매형(妹兄) el cuñado
매화 la ciruela
매화나무 [식물] el ciruelo
맥(貊) [동물] el tapir
맥고모자 el sombrero de paja, el canotié
맥박 el pulso
맥박계 el pulsímetro
맨드라미 [식물] la gallocresta
맨손 las manos vacías
맨손 체조 la gimnasia sueca
맵다 (ser, estar) picante
맵시 la figura
맹금류 las rapaces
맹수 la fiera, la bestia feroz
맹연습 el entrenamiento intensivo
맹연습하다 entrenarse bien [intensivamente]
맹장 [해부] el intestino ciego
맹장염 [의학] la apendicitis
맺다 anudar, ligar, unir
머리[1] [해부] la cabeza
머리[2] [머리털] el pelo, el cabello
머리 가위 las tijeras para cortar el pelo
머리 건조기 el secador
머리글자 la mayúscula
머리 마는 인두 el rizador
머리말 el prefacio
머리 부분 la región de la cabeza
머리빗 el peine para el pelo
머리 솔 el cepillo para el pelo
머리 염색 el tinte para el pelo
머리카락 el cabello, el pelo

머리털 el pelo, el cabello
머리핀 la horquilla
머릿기름 el aceite para el cabello
머플러 la bufanda
먹 la tinta china
먹그림 el dibujo a tinta china
먹다 comer, tomar
먹도미 [어류] la dorada
먹보 el comilón, la comilona
먹을거리 la comida
먹이 la comida
먹지 리본 la cinta de carbón
먼저 primero, primeramente, antes
먼지 el polvo
먼지떨이 el plumero
멀다 (estar) lejos
멀리뛰기 el salto de longitud
멈추다 parar(se), detenerse
멋 la elegancia
멋들어지다 (ser) espléndido, magnífico
멋쟁이 el dandi
멋지다 (ser) elegante, maravilloso
멍석 la estera
멍청이 el tonto, la tonta
멍청하다 (ser) tonto
멍하다 despistarse
멎다 detenerse, parar(se), cesar
메가 mega
메가바이트 el megabyte
메가비트 el megabit
메가사이클 el megaciclo
메가헤르츠 el megahercio
메기 [어류] el siluro
메뉴 el menú, la carta, la lista de platos
메달 la medalla
메뚜기 [곤충] el saltamontes
메렝게 [춤, 곡] el merengue
메마르다 (estar) estéril
메모리 la memoria
메모리 관리 la administración de memoria

메모리 기관 la placa de memoria
메모리 모델 el modelo de memoria
메모리 모듈 el módulo de memoria
메모리 뱅크 el banco de memoria
메모리 버스 el bus de memoria
메모리 셀 la celda de memoria
메모리 용량 la capacidad de memoria
메모리 주기 el ciclo de memoria
메모리 칩 el chip de memoria
메모리 카드 la tarjeta de memoria
메모리 카트리지 el cartucho de memoria
메부수수하다 (ser) grosero, rudo, rústico
메부수수히 groseramente, rudamente
메시지 el mensaje
메이데이 el primero de mayo
메일 el correo
메일 박스 el buzón de correo
메추라기 [조류] la codorniz
멕시코 [나라] Méjico, México
멕시코 사람 el mexicano, la mexicana
멜로드라마 el melodrama
멜로디 la melodía
멜론 el melón
멜론나무 [식물] el melón
멧돼지 [동물] el jabalí
멧새 [조류] el gorrión triguero
며느리 la nuera, la hija política
며느리발톱 el espolón
면(面) la cara
면도 el afeitado; [면도칼] la navaja de afeitar
면도기 la afeitadora
면도날 la hoja de navaja
면도질 el afeitado
면도칼 la navaja de afeitar
면도하다 afeitarse
면사포 el velo
면세 la exención de impuestos
면역 la inmunidad
면장(免狀) el diploma
면적 la superficie

면접 la entrevista
면접시험 el examen oral
면접하다 entrevistarse
면제 la exención
면직 la destitución, la despedida
면직되다 ser destituido [despedido]
면직물 el tejido de algodón
면직하다 destituir, despedir
면허 la licencia, el permiso
면허료 los honorarios de licencia
면허세 el impuesto de licencia
면허 시험 el examen para licencia
면허장 el diploma, la licencia
면허증 la licencia, el permiso
면허 취소 la anulación de licencia
면화 el algodón
면화약 el algodón pólvora
면회 la entrevista, la visita
면회실 la sala de recepción
면회하다 entrevistarse
멸망 la caída
멸망하다 caerse, arruinarse
멸시 el desprecio
멸시하다 despreciar
명령(命令) el orden, el mandato
명령어 la palabra de instrucción
명령어 버튼 el botón de camando
명령 언어 el lenguaje de comandos
명령 코드 el código de instrucción
명령 키 la tecla Comand
명령하다 ordenar, mandar
명령 해석기 el intérprete de comandos
멸망 la caída
멸망하다 caer
명문(名文) la escritura excelente
명문(名門) la casa ilustre, la familia célebre
명문집 la antología
명물 la especialidad
명백하다 (ser) evidente, claro
명부 la lista

명사(名士) el personaje distinguido
명사(名詞) el sustantivo, el nombre
명상(瞑想) meditación
명상하다 meditar
명성(名聲) la fama, la reputación
명성(明星) [천문] el Venus
명소 el lugar célebre, el lugar de interés
명승 el paisaje pintoresco
명승지 el lugar pintoresco, el lugar de interés
명시(名詩) el poema célebre
명시(明示) la manifestación
명시선 la colección de obras poéticas célebres
명시집 la antología
명시하다 manifestar
명언 la frase célebre
명왕성 [천문] el Plutón
명월 la luna clara
명의(名義) el nombre
명의(名醫) el gran médico, la gran médica
명인 el maestro, la maestra
명중 el acierto
명중하다 acertar, dar en el blanco
명찰 la etiqueta
명함 la tarjeta de visita
명확하다 (ser) evidente, claro
모교 el alma mater
모국 la madre patria
모기 [곤충] el mosquito
모기장 el mosquitero
모내기 la plantación del arroz
모녀(母女) madre e hija
모니터 el monitor
모니터 스크린 la pantalla
모닝코트 el chaqué
모델 el modelo; [사람] el [la] modelo
모델링 la modelización
모뎀 el módem
모듈 el módulo
모란 [식물] la peonía
모래 la arena

모래주머니 la molleja
모래밭 el cuadro de arena
모래사장 el banco de arena
모래언덕 las dunas
모래톱 el banco de arena
모레 pasado mañana
모르다 ignorar, no saber
모르모트 [동물] el conejillo de Indias
모방 la imitación
모방하다 imitar
모살(謀殺) el asesinato premeditado
모서리 el borde
모성 la maternidad
모성애 el amor materno
모세관 los vasos capilares
모세관 현상 la capilaridad
모세 혈관 los vasos capilares
모순(矛盾) la contradicción
모스크 [이슬람교 사원] la mezquita
모습 la figura
모심기 la plantación del arroz
모심다 plantar el arroz
모양 la forma, el aspecto
모욕 el insulto, la ofensa
모욕하다 insultar, ofender
모유(母乳) la leche materna
모으다 reunir, coleccionar
모음(母音) la vocal
모의(模擬) el simulacro
모의(謀議) el complot
모의 실험 la simulación
모의(謀議)하다 tramar un complot
모이 el cebo, el alimento
모이다 reunirse
모자(母子) madre e hijo
모자(帽子) el sombrero; [테 없는] el gorro
모자라다 carecer, faltar
모자이크 el mosaico
모잽이헤엄 la natación de costado
모조(模造) la imitación

모조품 la imitación
모조하다 imitar
모직물 el tejido de lana
모집 la reclutamiento, la recluta.
모집하다 reclutar
모충 la oruga
모터 el motor
모터바이시클 [오토바이] la motobicicleta
모포 la manta
모피 la piel
모피 코트 el abrigo de pieles
모형 el modelo, la maqueta
모형 비행기 el aeromodelo
모호하다 (ser) vago
목 el cuello
목걸이 el collar
목격 la presencia, la observación
목격자 el [la] testigo
목격하다 presenciar, ser testigo de
목관 악기 el instrumento de madera
목구멍 la garganta
목다리 la muleta
목단 [식물] la peonía
목덜미 la nuca
목도리 la bufanda
목련 [식물] la magnolia
목록 la lista
목발 la muleta
목뼈 la vértebra cervical
목뼈 골절 el latigazo
목사(牧舍) el establo (de la granja)
목사(牧師) el pastor, la pastora
목성(木星) [천문] el Júpiter
목소리 la voz
목수 el carpintero
목숨 la vida
목요일 el jueves
목욕 el baño
목욕 수건 la toalla de baño
목욕시키다 bañar

목욕실 el cuarto de baño
목욕탕 el (cuarto de) baño
목욕통 la bañera
목욕하다 bañarse, tomar un baño
목장 el prado, la pradera
목재 la madera
목적 el objeto, el fin
목적어 el objeto
목젖 la úvula
목조 la construcción de madera
목조 가옥 la casa de madera
목조 건물 el edificio de madera
목책 la valla, la cerca
목초 el pasto, la hierba
목초지 la dehesa, el pasto
목축 la ganadería
목축업 la ganadería
목축업자 el ganadero, la ganadera
목판화 la xilografía
목표 la meta, el objeto
목화 el algodón
몫 la porción; [수학] el cociente
몬순 el monzón
몬순림 el bosque monzónico
몬순 지대 la región monzónica
몰락 el arruinamiento
몰락하다 arruinarse
몰래 secretamente, en secreto
몰이 la caza
몰인정 la inhumanidad
몰인정하다 (ser) inhumano
몰입 la absorción
몰입하다 absorberse
몸 el cuerpo
몸매 la constitución
몸소 personalmente, en persona
몸통 el tronco
몹시 muy, mucho, sumamente
못[1] [뾰족한 물건] el clavo
못[2] [연못] el estanque

못[3] [굳은살] el callo
못생기다 (ser) feo
몽태치다 hurtar en la tienda
묘(墓) la tumba, la sepultura
묘기 la destreza, la habilidad
묘비 la lápida sepulcral
묘사 la descripción
묘사하다 describir
묘안 la buena idea
묘안석 [광물] la cimofana
묘하다 (ser) extraño, extraordinario
무 [식물] el nabo, el rábano
무(無) nada
무겁다 (ser) pesado
무게 el peso
무결함 운동 [경제] los cero defectos
무관(武官) el oficial militar
무관심 la indiferencia
무관심하다 no hacer caso (de)
무궁화 [식물] el malvavisco
무균 la asepsia
무기(武器) el arma (*pl.* las armas)
무기 징역 la pena de cadena perpetua
무너뜨리다 derribar
무너지다 derrumbarse
무늬 el dibujo
무당벌레 [곤충] la mariquita
무대 la escena, el escenario, el tablado
무대 감독 el director de escena
무대 장치 la decoración
무대 조명 el alumbrado escénico
무대 효과 el efecto escénico [teatral]
무덤 la tumba, el sepulcro
무덥다 (estar) caluroso, sofocante
무도(武道) el arte militar
무도(舞蹈) el baile, la danza
무도병 [의학] la corea
무도장 la sala de baile
무도회 el baile
무력 la fuerza militar

무료 la gratuidad
무료 소프트웨어 el software gratuito
무료 입장 la entrada libre
무료 입장권 la entrada gratuita
무릎 la rodilla
무면허 운전 la conducción sin licencia
무명 el algodón
무명실 el hilo de algodón
무명지 el dedo anular
무모하다 (ser) temerario
무분별 la imprudencia, la insensatez
무분별하다 (ser) imprudente, insensato
무사(武士) el guerrero
무사(無事) la seguridad
무사하다 (ser) seguro
무산 계급 el proletariado
무선 전신 la radiotelegrafía
무선 주파수 la radiofrecuencia
무섭다 (ser) terrible, temible, horrible
무성 영화 la película muda
무소 [동물] el rinoceronte
무승부 el empate
무시하다 no hacer caso (de)
무식 la ignorancia
무식하다 (ser) ignorante
무심코 descuidadamente
무엇 ¿qué?
무용(舞踊) el baile, la danza
무용가 el bailador, la bailadora
무용단 el cuerpo de baile
무용수 el bailarín, la bailarina
무의식 la inconsciencia
무의식적 inconsciente
무인도 la isla deshabitada [desierta]
무자비 la crueldad, la inhumanidad
무자비하다 (ser) cruel, inhumano
무장(武裝) el armamento
무죄 la inocencia
무중력 상태 la ingravidez
무지(拇指) el (dedo) pulgar

무지개 el arco iris, el iris
무진장하다 (ser) inagotable
무한급수 la serie infinita
무한대 el infinito
무한 소수 la fracción decimal infinita
무화과 el higo
무화과나무 [식물] la higuera
무효 la invalidación
무효 투표 el voto inválido
무희 la bailarina
묵다 hospedarse, alojarse
묵지 el papel secante
묵화 el dibujo a tinta china
묶다 atar
문 la puerta; [자동차의] la portezuela
문고 el libro de bolsillo
문교부 el Ministerio de Educación
문교부장관 el ministro de Educación
문맹(文盲) el anafabetismo
문맹자 el analfabeto, el iliterado
문방구 los efectos de escritorio
문방구점 la papelería
문법 la gramática
문병 la visita
문병객 el [la] visitante
문병하다 visitar
문서 el documento, el texto
문서 데이터 el dato de texto
문서 윈도 la ventana de documento
문서 처리 el procesamiento de texto
문서 파일 el archivo de documento
문서 해독기 el lector de documentos
문서화 la documentación
문어(文魚) [어류] el pulpo
문어(文語) la palabra literaria
문자(文字) la letra; ((컴퓨터)) el carácter
문자 모드 el modo de carácter
문자 밀도 la densidad de caracteres
문자체 el estilo de carácter
문제 la cuestión, el problema

문지기 [축구] el [la] guardameta; el portero
문패 la placa de puerta
문학 la literatura
문학가 el literato, la literata
문학계 el mundo literario
문학 박사 el doctor en Filosofía y Letras
문학사(文學士) licenciado en Filosofía y Letras
문학사(文學史) la historia de la literatura
문학상 el premio literario
문학서 el libro literario
문학 작품 la obra literaria
문학적 literario
문헌 la literatura
문호 el gran escritor
문화 la cultura
문화재 el patrimonio nacional
문화적 cultural
묻다¹ [매장하다] enterrar
묻다² [질문하다] preguntar
물 el agua
물가 la orilla
물가(物價) el precio
물가 지수 el índice del precio
물개 ((동물)) la foca
물고기 el pez (*pl.* los peces)
물길 el canal
물다 morder
물떼새 [조류] el chorlito
물레방아 el molino de agua
물레방앗간 el molino
물리다 aburrirse, hartarse
물리 치료사 el [la] fisioterapeuta
물리학 la física
물리학자 el físico, la física
물망초 [식물] el nomeolvides
물물 교환 el trueque
물방울 la gota de agua
물베개 la almohadilla hidráulica
물빛 el azul claro
물소 [동물] el búfalo

물약 el medicamento líquido, la poción
물어뜯다 morder
물질 la materia, la sustancia, la cosa
물질 교대 el metabolismo
물질 대사 el metabolismo
물체 la cosa
물총새 [조류] el martín pescador
물통 la cantimplora
물푸레나무 [식물] el olivo fragante, la reseda
물품 el objeto
묽다 (ser, estar) claro
뮤지컬 la revista musical
미(美) la belleza
미곡 el arroz
미골 [해부] el coxis
미관 la vista hermosa
미국 [나라] los Estados Unidos de América
미국 너구리 [동물] el mapache
미국 사람 el [la] estadounidense
미군 el ejército estadounidense
미꾸라지 [어류] la locha
미끄럼 el deslizamiento
미끄럼대 el tobogán
미끄럽다 (ser) resbalazo, resbaladizo
미끼 el cebo
미나리 [식물] el perejil
미나리아재비 [식물] el botón de oro
미남자 el guapo
미네랄워터 el agua mineral
미녀 la guapa, la belleza
미니스커트 la minifalda
미드필더 el centrocampista
미등 el farol trasero
미라 la momia
미래 el futuro
미래 시제 el tiempo futuro
미래 완료 el futuro perfecto
미래주의 el futurismo
미래주의자 el [la] futurista
미래학 la futurología

미래학자 el futurólogo, la futuróloga
미루다 prorrogar, posponer
미리 de antemano
미립자 el corpúsculo, la partícula
미망인 la viuda
미모사 [식물] la mimosa
미분 [수학] la diferencial
미불 los atrasos
미불금 la suma pendiente, la suma no pagada
미사 la misa
미사곡 la misa
미사일 el misil, el proyectil
미성년 la minoridad
미세기 la marea
미소 la sonrisa
미숙하다 (ser) inexperto, inhábil
미술 las bellas artes
미술관 el museo (de bellas artes)
미술전 la exposición de bellas artes
미술품 la obra [el objeto] de arte
미안술 el tratamiento facial
미얀마 [나라] Myanmar
미얀마 사람 el birmano, la birmana
미역 [식물] el alga marina
미용 el embellecimiento
미용실 la peluquería, el salón de belleza
미용 체조 la gimnasia estética
미움 el odio
미워하다 odiar
미장원 el salón de belleza, la peluquería
미지근하다 (estar) tibio
미치다 volverse loco
미풍(微風) la brisa
미혼 el no casamiento
미혼자 el soltero, la soltera
믹서[1] [콘크리트 믹서] la hormigonera
믹서[2] [즙을 내는 기구] la batidora, la licuadora
민감하다 (ser) sensible
민들레 [식물] el diente de león
민물고기 el pez de agua dulce

민박 el alojamiento en familia
민박하다 alojar(se) en familia
민사 소송 el proceso civil
민사 재판 el juicio civil
민속 무용 el baile folclórico
민완 la habilidad, la capacidad
민완하다 (ser) hábil, capaz
민요 la música folclórica
민족 la raza, el pueblo
민족주의 el nacionalismo
민족주의자 el [la] nacionalista
민주 la democracia
민주주의 la democracia
민주주의자 el [la] demócrata
민주주의적 democrático, demócrata
민중 el pueblo
민중 예술 el arte popular
민첩하다 (ser) ágil, presto
믿다 creer
믿음 la fe, la creencia
밀 [식물] el trigo
밀가루 la harina (de trigo)
밀다 empujar
밀도 la densidad
밀레니엄 버그 el error de milenio
밀리다 estar sin pagar
밀림 la selva
밀매(密賣) el contrabando
밀매하다 vender clandestinamente
밀물 la marea ascendiente
밀 밭 el trigal
밀사 el enviado secreto, la enviada secreta
밀수입 importación clandestina
밀수입하다 importar clandestinamente
밀수출 la exportación clandestina
밀수출하다 exportar clandestinamente
밀월 la luna de miel
밀월 여행 el viaje de luna de miel
밀입국 el ingreso ilegal
밀입국하다 ingresar ilegalmente

밀짚 la paja
밀짚모자 el sombrero de paja
밀크 la leche
밀크셰이크 el batido de leche
밀크커피 el café con leche
밀폐 el cierre hermático
밀폐하다 cerrar herméticamente
밀항 la navegación secreta
밀회 la cita secreta
밉상 la cara vergonzosa
밍크 [동물] el visón
및 y, e, también
밑 el fondo
밑그림 el bosquejo
밑바닥 el fondo
밑바탕 la esencia
밑줄 la raya
밑지다 perder
밑창 la suela
밑천 el capital
밑층 el piso bajo
밑화장 la base de maquillaje, la fundación

ㅂ

바 el bar, la taberna
바가지 la calabaza
바 그래프 el gráfico de barras
바깥 la parte exterior
바꾸다 cambiar
바퀴벌레 [곤충] la cucaracha
바나나 el plátano
바나나무 [식물] el plátano
바다 el mar, la mar
바다거북 [동물] la tortuga marina
바다 낚시 la pesca de altura
바다뱀 [동물] la serpiente marina
바다소 [동물] el manatí
바다제비 [조류] el pájaro diablo, el petrel

바다코끼리 [동물] el elefante marino
바다표범 [동물] el lobo marino, la foca
바닥 el fondo, el suelo
바닷가 la playa
바닷물 el agua del mar
바둑 el baduk, el go
바라다 esperar, desear
바라보다 mirar
바람 el viento
바람 [원함] el deseo
바로크 양식 el estilo barroco
바르다[1] [종이 등을] pegar, untar
바르다[2] [껍질을] cascar, partir
바르다[3] [굽지 아니하고] (ser) recto, derecho
바리캉 la maquinilla para cortar el pelo
바리톤 [가수] el barítono
바보 el tonto, la tonta
바보스럽다 parecer tonto
바비큐 la barbacoa
바쁘다 (estar) ocupado
바삐 ocupadamente
바스크 사람 el vasco, la vasca
바스크 어 el euskera, el vasco
바위 la roca
바이러스 el virus
바이러스 퇴치 프로그램 el programa antivirus
바이올린 el violín
바이올린 연주가 el [la] violinista
바이트 el byte
바이트 코드 el código de bytes
바지 el pantalón (*pl.* los pantalones)
바지락 la almeja
바지 멜빵 los tirantes
바코드 el código de barras
바코드 스캐너 el escáner de código de barras
바코드 판독기 el lector de código de barras
바퀴 la rueda
바텐더 el barman
바티칸 el Vaticano
바티칸 궁전 el Vaticano

바티칸 시국 el Vaticano
박 la calabaza vinatera
박람회 la exposición
박물관 el museo (de historia natural)
박새 [조류] el paro
박수 갈채 el aplauso
박스 la caja
박정하다 (ser) frío, insensible
박쥐 [동물] el murciélago
박테리아 la bacteria
반(半) la mitad
반(班) la clase
반경 el radio
반대(反對) la oposición, el contrario
반대하다 oponer
반데리예로 [기를 꽂는 투우사] el banderillero
반도(半島) la península
반도(叛徒) el [la] insurgente
반도체 el semiconductor
반도체 공학 la tecnología del semiconductor
반도체 레이저 el láser de semiconductores
반도체 메이저 nel máser de semiconductores
반도체 소자 el magnetodiodo
반동 la reacción
반동하다 reaccionar
반드시 sin falta, sin duda
반듯하다 (ser) recto
반딧벌레 [곤충] la luciérnaga
반란 la rebelión, la sublevación
반바지 los calzones
반반하다 (estar) llano
반복 la repetición; el repaso
반복하다 repetir; repasar
반비례 la proporción inversa
반사 la reflexión
반사하다 reflejar
반소(半燒) la destrucción parcial por el fuego
반송 el reenvío
반송 주소 la dirección de reenvío
반송하다 reenviar

반신 la respuesta
반원 el semicírculo
반응 la reacción
반응하다 reaccionar
반작용 la reacción
반전(反戰) la antiguerra
반전(反轉) la inversión
반전하다 invertir
반주 el acompañamiento
반주하다 acompañar
반지 el anillo; [장식이 있는] la sortija
반창고 el esparadrapo
반추 동물 el rumiante
반칙 la falta
반칙하다 cometer una falta
반침 el armario empotrado
반하다 enamorarse (de)
반(反)하다 (ser) opuesto, contrario
반항 la resistencia
반항하다 resistir
반환 la devolución
반환하다 devolver
받다 recibir
받들다 respetar, honrar, servir
받침 el apoyo, el sostén, el soporte
받아쓰기 el dictado
받침접시 el platillo
발 [해부] el pie
발 [엮어 만든 것] la persiana
발가락 el dedo del pie
발각 la revelación
발각하다 revelar
발간 la publicación
발간하다 publicar
발걸음 el paso
발견 el descubrimiento
발견자 el descubridor, la descubridora
발견하다 descubrir
발광(發光) la radiación
발광(發狂) la locura

발광(發光)하다 radiar
발광(發狂)하다 volverse loco
발급 la expedición
발급하다 expedir
발꿈치 el talón
발끝 la punta del pie
발달 el desarrollo
발달하다 desarrollar
발동기 el motor
발뒤꿈치 el talón
발등 el arco del pie
발레 el ballet
발레리나 la bailarina
발레리노 el bailarín
발매 la venta
발매하다 vender
발목 [해부] el tobillo
발사 el disparo, el tiro, el lanzamiento
발사하다 disparar, tirar, lanzar
발생하다 ocurrir, suceder
발송 el envío
발송인 el [la] remitente
발송하다 enviar, mandar, remetir
발신인 el [la] remitente
발신지 el lugar de envío
발언 la palabra
발언하다 hablar, tomar la palabra
발열 el ataque de fiebre
발육 el crecimiento
발육하다 crecer
발음 la pronunciación
발음하다 pronunciar
발작 el ataque
발전(發展) el desarrollo
발전(發電) la generación
발전기 la dinamo, la dínamo, el generador
발전소 la central eléctrica
발전(發展)하다 desarrollarse
발전(發電)하다 generar
발차 la salida

발차하다 salir
발췌 la extracción
발췌하다 extraer
발코니 el balcón
발톱 la uña; [동물의] la pezuña, la garra
발행 la publicación, la edición
발행 부수 la tirada
발행소 el lugar de publicación
발행인 el editor, la editora
발행일 la fecha de publicación
발행자 el editor, la editora
발행하다 publicar, editar
발효 la fermentación
발효되다 fermentarse
발효시키다 fermentar
발효 작용 la fermentación
밝다 (ser) claro
밟다 pisar
밤 la noche
밤(栗) [열매] la castaña
밤꾀꼬리 [조류] el ruiseñor
밤나무 [식물] el castaño
밤낮 día y noche
밤새움 el trasnoche
밤새움하다 trasnochar
밤색 el castaño, el marrón, el color castaño
밤샘 el trasnoche
밤샘하다 trasnochar
밤중 la medianoche
밥 la comida
밥값 el precio de comida
방 la habitación, el cuarto
방과후 después de las clases
방광 la vejiga
방구석 el rincón
방귀 el pedo, la ventosidad
방금 ahora mismo
방랑 el vagabundeo
방랑하다 errar, vagar, vagabundear
방면(方面) la dirección

방면(放免) la liberación
방면하다 poner en libertad, liberar, soltar
방문 la visita
방문객 el [la] visitante; ((컴퓨터)) el visitante
방문하다 visitar
방물 가게 la mercería
방물장수 el mercero, la mercera
방사(放射) la radiación, la emisión
방사능 la radiactividad
방사능선 el rayo radiactivo
방사선 el rayo radiactivo
방사성 la radiactividad
방사성 동위 원소 el isótopo radiactivo
방사성 원소 el elemento radiactivo
방사열 el calor radiante
방사하다 radiar, emitir
방송 la transmisión
방송국 la estación transmisora
방송 전파 las ondas de transmisión
방송하다 emitir, difundir, transmitir; [라디오로] radiodifundir; [텔레비전으로] televisar
방심 el descuido
방심하다 descuidarse
방아쇠 el gatillo
방어 la defensa
방어하다 defender
방언 el dialecto
방위 la defensa
방위하다 defender
방음 la insonorización
방자하다 (ser) egoísta
방정식 la ecuación
방조하다 facilitar, ayudar
방청 la asistencia
방청객 el [la] oyente; el auditorio
방청인 el [la] oyente; el auditorio
방출하다 emitir, despedir
방치하다 dejar
방침 la política
방해 la obstrucción

방해하다 obstruir
방향 la dirección
방향 지시기 la flecha de dirección
방향타 el timón de dirección
방화(防火) la prevención de incendio
방화(放火) el incendio premeditado
방화(防火)하다 prevenir el incendio
방화(放火)하다 provocar incendio, incendiar
방황 el vagabundeo
방황하다 vagar, vagabundear, errar
밭 el campo
배[1] [복부] el vientre, el abdomen
배[2] [선박] el barco, el buque
배[3] [과실] la pera
배(倍) la vez
배경 el segundo plano, el fondo
배구 el balonvolea
배구 공 el balón de balonvolea
배구 선수 el jugador de balonvolea
배구 팀 el equipo de balonvolea
배급 la distribución
배급하다 distribuir
배기 el escape
배기관 el tubo de escape
배꼽 el ombligo
배나무 [식물] el peral
배낭 la mochila
배낭족 el mochilero, la mochilera
배달 el reparto
배달하다 repartir
배당 el dividendo
배당금 el dividendo
배드민턴 el badminton
배반 la traición
배반하다 traicionar
배번 el número atrasado, el número dorsal
배분 el reparto
배분하다 repartar
배불리 hasta la saciedad
배상 la indemnización

배상하다 indemnizar
배서 el endorso, el endoso
배서인 el [la] endosante
배서하다 endorsar, endosar
배수 el desagüe
배수하다 desaguar, sacar el agua
배심원 el jurado, la jurada
배역 el reparto
배역 hacer el reparto
배영 la natación a espalda
배우 el actor, la actriz
배우다 aprender
배우자 el [la] cónyuge
배웅 la despedida
배웅하다 despedir
배지느러미 la aleta ventral
배추 [식물] el repollo, la berza, la col china
배치 la disposición, la colocación
배터리 la batería
배터리 백업 la batería de seguridad
배트[야구의] el bate
배편 la vía marítima
백(百) ciento, cien
백과사전 la enciclopedia
백구 [조류] la gaviota
백그라운드 el segundo plano
백금 [광물] el platino
백넘버 el número atrasado, el número dorsal
백미(白米) el arroz pulido
백미(白眉) lo mejor, la obra maestra
백미러 el retrovisor
백발 la cana
백분비 el porcentaje
백분율 el porcentaje
백색 el blanco, el color blanco
백서 el libro blanco
백악 la creta
백악관 la Casa Blanca
백업 la copia de seguridad
백의(白衣) la ropa blanca

백자(白子) la lecha
백자(白磁) la porcelana blanca
백작(伯爵) el conde
백조 [조류] el cisne
백주 el pleno día
백포도주 el vino blanco
백합 [식물] la azucena
백혈구 el glóbulo blanco
백호 el tigre blanco
백화(白樺) [식물] el abedul blanco
백화점 los grandes almacenes
밴조 [악기] el banjo
밴턴급 el peso gallo
밸브 la válvula
뱀 [동물] la serpiente, la culebra
뱀장어 [어류] la anguila
뱃머리 la proa
뱃멀미 el mareo
뱃멀미하다 marearse
뱃사람 el marinero
뱃짐 el cargamento
버그 el error
버드나무 [식물] el sauce
버릇 la costumbre, el hábito
버릇없다 (ser) impertinente, descortés
버리다 tirar, echar, renunciar
버섯 [식물] el hongo, la seta, el champiñón
버스^1 [탈것] el autobús
버스^2 [컴퓨터] el bus
버스 정류장 la parada de autobuses
버스 터미널 la terminal de autobuses
버전 la versión
버전 관리 el control de versiones
버전 번호 el número de versión
버찌 la cereza
버클 la hebilla
버터 la mantequilla
버튼 el botón
버티다 soportar, tolerar, aguantar
번개 el relámpago

번데기 la crisálida, la ninfa
번역 la traducción
번역가 el traductor, la traductora
번역기 [컴퓨터] el traductor
번역서 la traducción, el libro traducido
번역하다 traducir
번지 la dirección
번쩍거리다 brillar, relucir
벌 [곤충] la abeja
벌(罰) el castigo, la pena
벌금 la multa
벌칙 구역 el área de penalty
벌하다 castigar
범 [동물] el tigre, la tigresa
범람 la inundación
범람시키다 inundar
범람하다 inundarse, desbordar(se)
범인 el autor
범죄 el crimen, el delito
범퍼 el parachoques
범하다 [죄를] cometer
법(法) la ley, el derecho
법령 la ley, la ordenanza
법률 la ley, el derecho
법률 구조 la ayuda legal
법률 상담 el consejo legal
법률 제도 el sistema legal.
법복 la sotana
법안 el proyecto de ley
법원 el tribunal
법원장 el [la] presidente de la tribunal
법의 la sotana
법정 la tribunal
벗 el amigo, la amiga
벗기다 quitar
벗다 quitarse
벙어리 el mudo, la muda
벙어리장갑 los mitones
벙커 la trampa de arena
벚나무 [식물] el cerezo

베개 la almohada
베끼다 copiar
베네수엘라 [나라] Venezuela
베네수엘라 사람 el venezolano, la venezolana
베다 cortar, segar
베란다 la veranda
베레 la boina
베레모 la boina
베스트셀러 el bestseller
베이스 [저음 가수] el bajo
베이스 라인 la línea de fondo
베일 el velo
베타 la beta
베타 검사 la prueba beta
베타 사이트 el sitio beta
벤치마크 la prueba comparativa, el benchmark
벨 el timbre
벨기에 [나라] Bélgica
벨기에 사람 el [la] belga
벨리즈 [나라] Belice
벨리즈 사람 el [la] belicense
벨트 [허리띠] el cinturón
벨트 착용 [게시] !Sujétense los cinturones de seguridad!
벼 la planta de arroz
벼랑 el precipicio
벼룩 [곤충] la pulga
벽(壁) la pared
벽(癖) el hábito, la costumbre
벽로 la chimenea
벽보 el cartel
벽시계 el reloj de pared
변덕 el capricho
변덕스럽다 (ser) caprichoso
변명 la apología, la disculpa
변명하다 disculparse
변비 el estreñimiento, la constipación
변비증 el estreñimiento, la constipación
변사 la muerte sospechosa [accidental]
변사하다 morir sospechosamente
변성암 la roca metamórica

변소 el servicio, el retrete
변압기 el transformador
변장 la disfraz
변장시키다 disfrazar
변장하다 disfrazarse
변증법 la dialéctica
변천 el cambio
변천하다 cambiar
변하다 cambiar
변형 la deformación
변형되다 deformarse
변형하다 deformar
변호 la defensa, el alegato
변호사 el abogado, la abogada
변호하다 defender
변화 el cambio
변화되다 cambiarse
변화시키다 cambiar
변환 la conversión
변환기 el convertidor
별 [천문] la estrella
별거 la separacióon
별거시키다 separar
별거하다 separarse
별똥별 la estrella fugaz
별명 el apodo, el mote
별자리 la constelación
별장 la casa de campo
볏 la cresta
병(病) la enfermedad
병(瓶) la botella
병기 el arma (*pl.* las armas)
병동 el pabellón de hospital
병따개 el abridor (para botella)
병력 el poder militar, la fuerza militar
병렬 컴퓨터 el ordenador paralelo
병렬 프린터 la impresora paralela
병렬 회로 el circuito paralelo
병문안 la visita al enfermo
병문안자 el [la] visitante al enfermo

병문안하다 visitar al enfermo
병사(兵士) el soldado, la soldada
병사(病死) la muerte de enfermedad
병사하다 morir por la enfermedad
병상(病狀) el estado
병상(病床) la cama de enfermos
병실 la sala de hospital
병아리 el polluelo, el pollito
병약하다 (ser) enfermizo, delicado de salud
병역(兵役) el servicio militar
병역 의무 la obligación del servicio militar
병원(病院) el hospital, la clínica
병인(病人) el enfermo, la enferma
병자(病者) el enfermo, la enferma
보건 la sanidad
보건복지부 el Ministerio de Sanidad Pública y Bienestar Social
보건복지부장관 el ministro [la ministra] de Sanidad Pública y Bienestar Social
보건부 el Ministerio de Sanidad Pública
보건부장관 el ministro [la ministra] de Sanidad Pública
보건사회부 el Ministerio de Sanidad Pública y Sociedad
보건사회부장관 el ministro [la ministra] de Sanidad Pública y Sociedad
보건소 la oficina central de sanidad pública
보건 체조 la gimnasia de mantenimiento
보결 el suplemento; [사람] el [la] suplente
보결 선수 el jugador suplente
보관 la guardia
보관하다 guardar
보균자 el portador de gérmenes
보금자리 el nido
보급 el abastecimiento, el suministro
보급판 la edición popular
보급판 책 el libro en rústica
보급하다 abastecer, suministrar
보기 [골프] el bogey
보내다 enviar, mandar, remetir
보너스 la paga extraordinaria, la bonificación
보닛[1] [모자의] la cofia
보닛[2] [자동차의 엔진 덮개] el capó
보다 ver, mirar

보도(步道) la acera
보도(報道) la información
보도(補導) la guía
보도(報道)하다 informar
보도(補導)하다 guiar
보라 la púrpura, el color purpúreo
보라색 la púrpura, el color purpúreo
보랏빛 la púrpura, el color purpúreo
보름 quince días
보름달 la luna llena
보리 [식물] la cebada
보리밭 el cebadal
보릿짚 la paja (de cebada)
보복 la represalia
보복하다 tomar represalias
보살피다 cuidar
보상 la indemnización
보상금 la indemnización
보상하다 indemnizar
보석(寶石) la joya, la piedra preciosa
보석상 [사람] el joyero, la joyera; [가게] la joyería
보수(保守) el conservatismo
보수(補修) la reparación
보수(報酬) la recompensa
보수당 el partido conservador
보수(補修)하다 reparar
보스 el [la] jefe
보아 [동물] la boa
보안 el mantenimiento de seguridad
보안하다 mentener la seguridad
보어 [문법] el complemento
보이 el mozo
보이다 enseñar, mostrar
보일러 la caldera
보장 la garantía
보장하다 garantizar
보전 la conservación
보전하다 conservar
보정 예산 el presupuesto rectificado
보조(補助) la ayuda

보조개 el hoyuelo
보조 기판 la placa hija
보조 날개 los alerones
보조(補助)하다 ayudar
보좌 la ayuda, la asistencia
보좌하다 ayudar, asistir
보증 la garantía
보증 기간 el período de garantía
보증 수표 el cheque certificado
보증인(保證人) el fiador, la fiadora
보증 주식 las acciones garantizadas
보증하다 garantizar
보지 la vulva
보지(保持) el mantenimiento
보지(報知) la información
보지(保持)하다 mentener
보지(報知)하다 informar
보충 el complemento
보충하다 complementar
보컬리스트 el [la] vocalista
보태다 añadir, adicionar, agregar, sumar
보통 la medianía
보통 구보 el medio galope
보통 열차 el tren omnibús
보통 예금 la cuenta de ahorro
보트 el bote
보트 경기 la regata
보편론 la universalidad
보편성 la universalidad
보편적 universal
보편적 진리 la verdad universal
보편주의 el universalismo
보험 el seguro
보험 회사 la compañía de seguros
보호 la protección
보호자 el protector, la protectora
보호하다 proteger
복 [어류] el pez-globo, el orbe
복(福) la dicha, la fortuna
복고 la restauración

복구 el restablecimiento
복구되다 restablecerse
복구하다 restablecer
복권 la lotería
복도 el pasillo, el corredor
복리(福利) el bienestar
복리(複利) el interés compuesto
복마 el caballo de tiro
복막 [해부] el peritoneo
복막염 [의학] la peritonitis
복면 el disfraz
복문 [문법] la oración compuesta
복부 el vientre, el abdomen
복사(複寫) la reproducción, la copia
복사(輻射) la radiación
복사열 el calor radiante
복사 프로그램 el programa de copia
복사(複寫)하다 copiar, reproducir
복사(輻射)하다 radiar
복서 el boxeador, la boxeadora
복선 la vía doble
복숭아 el melocotón
복숭아나무 [식물] el melocotonero
복습 el repaso
복습하다 repasar
복식 경기 los dobles
복싱 el boxeo
복안 los ojos compuestos
복어 [어류] el pez-globo, el orbe
복용 la toma (de medicina)
복용하다 tomar (la medicina)
복원 la restitución
복원하다 restituir
복음 el evangelio
복음서 el evangelio
복잡하다 estar complicado
복장 el traje, el vestido
복제 la reproducción
복제 불허 Reservados todos los derechos
복제품 la reproducción; [생물] el clon

복제하다 reproducir
복지 el bienestar
복지 사업 las obras sociales
복지 사회 la sociedad de bienestar
복지 시설 el establecimiento de asistencia social
복지 연금 la pensión de bienestar (social)
복통 el dolor de estómago
볶다 saltear, freír, tostar
본국 el país natal, la patria
본당 la nave
본루 la base de meta
본루타 [홈런] el jonrón
본보기 el ejemplo
본사 la casa matriz
본선 la línea principal
본체 el cuerpo principal
볼[1] [뺨] la mejilla
볼[2] [큰 공] el balón; [작은 공] la pelota
볼기 las nalgas, el culo
볼레로 [옷] el bolero
볼록 거울 el espejo convexo
볼록 다각형 el polígono convexo
볼록렌즈 la lente convexa
볼륨 el volumen
볼리비아 [나라] Bolivia
볼리비아 사람 el boliviano, la boliviana
볼링 los bolos
볼링장 la bolera
볼 보이 el niño recogebalones
볼연지 el colorete
볼트 el voltio
볼트 수 el voltaje
볼펜 el bolígrafo
볼 프린터 la impresora de bola
봄 la primavera
봅슬레이 el bobsleigh
봉(封) el sello
봉건 시대 la época feudal
봉건 제도 el feudalismo
봉사 el servicio

봉사료 el servicio; [팁] la propina
봉사자 el servidor, la servidora
봉사하다 servir
봉서 la carta
봉투 el sobre
봉하다 sellar
봉함 el sello
봉함엽서 la carta-tarjeta
부(部) el departamento
부(富) la riqueza
부결 el rechazo
부결하다 rechazar
부근 la vecindad
부금 la prima
부기 la hinchazón
부끄러워하다 avergonzarse
부낭 el flotador
부대 la unidad, el cuerpo, la tropa
부동산 los bienes inmuebles
부두 el muelle
부러뜨리다 romper, quebrar
부러워하다 envidiar
부러지다 romperse
부럽다 (ser) envidiable
부력 la flotabilidad
부록 el apéndice, el suplemento
부류 la clase
부르다 llamar
부리 el pico
부모 los padres
부부 los esposos, marido y mujer
부부 싸움 la reyerta conyugal
부분 la parte
부분 파업 la huelga parcial
부사 [문법] el adverbio
부상(負傷) la herida, la lesión
부상(浮上) la flotación
부상(副賞) el premio suplementario
부상당하다 recibir una herida
부식물 los alimentos subsiduarios

부심(副審) el árbitro asistente
부어오르다 hincharse
부엉이 [조류] el búho
부엌 la cocina
부엌 도구 los útiles de cocina
부엌문 la puerta de la cocina
부엌칼 el cuchillo de cocina
부유하다 (ser) rico
부인(夫人) la señora
부인(否認) la negación
부인(婦人) [여자] la mujer
부인복 el vestido [el traje] de mujeres
부인하다 negar
부자(父子) padre e hijo
부자(富者) el rico, la rica
부장(部長) el [la] jefe; el director, la directora
부적당하다 (ser) inconveniente, inadecuado
부정 관사 el artículo indefinido [indeterminado]
부정 대명사 el pronombre indefinido
부정문 la oración negativa
부정법 el (modo) infinitivo
부정 부사 el adverbio indefinido
부정사 el infinitivo
부정형 el infinitivo
부조종사 el copiloto
부족 la falta, la escasez
부족하다 faltar, carecer
부주의 el descuido
부주의하다 descuidarse
부채 el abanico
부채(負債) la deuda
부처님 el Buda
부처님오신날 el Día de Nacimiento de Buda
부총리 el viceprimer ministro
부추기다 instigar
부침 las vicisitudes
부침개 [옥수수의] la tortilla
부탁 la petición
부탁하다 pedir
부탄 [화학] el butano

부탄가스 el gas butano
부터 de, desde
부통령 el vicepresidente
부패 la corrupción
부패하다 corromperse
부피 el volumen
부하 el subordinado, la subordinada
부호(符號) el signo
부호(富豪) el millonario, la millonaria
부화 la incubación
부화기 la incubadora
부화하다 incubar
부활 [종교] la Resurrección
부활절 la Pascua de Resurrección
부활하다 resucitar
부흥 la restauración
부흥하다 restaurar
북 [악기] el tambor
북(北) [방위] el norte
북극 el Polo Ártico, el polo norte
북극곰 el oso polar
북극성 el estrella polar
북극해 el Océano Ártico
북두칠성 la Osa Mayor
북반구 el hemisferio boreal
북어 el abadejo secado
북위 la latitud norte
북해 el Mar del Norte
북회귀선 el trópico de Cáncer
분(分) [시간의 단위] el minuto
분(粉) los polvos (de tocador)
분교 la escuela filiar
분기 la rama
분도기 el transportador
분류(分流) el afluente, el tributario
분류(分類) la clasificación
분류하다 clasificar
분리 la separación
분리하다 separar
분만 el parto

분만하다 dar a luz, parir
분말 el polvo
분명하다 (ser) claro
분모 el denominador
분무기 el pulverizador
분비 la secreción, la segregación
분비하다 secretar, segregar
분사 [문법] el participio
분석 el análisis
분석가 el [la] analista; ((컴퓨터)) el análisis
분석 그래픽 los gráficos de análisis
분석하다 analizar
분수(分數) [수학] la fracción
분수(噴水) la fuente
분수식 la expresión fraccionaria
분실 la pérdida
분실하다 perder
분자(分子)[1] [수학] el numerador
분자(分子)[2] [화학] el molécula
분자식 la fórmula molecular
분재 el árbol enano
분지(盆地) la cuenca
분첩 la borla de polvos
분투 el combate duro
분투하다 combatir duramente
분포 la distribución
분포하다 distribuir
분할 la división
분할하다 dividir
분해 la descomposición, el análisis
분해하다 descomponer, analizar
분향(焚香) la quema de incienso
분향하다 quemar el incienso
분홍빛 el color rosa
붇다 hincharse; [불어나다] aumentarse
불 el fuego, el incendio
불가결 la indispensabilidad
불가결하다 (ser) indispensable
불가능 la imposibilidad
불가능하다 (ser) imposible

불가리아 [나라] Bulgaria
불가리아 사람 el búlgaro, la búlgara
불가리아 어 el búlgaro
불가사리 [동물] la estrellamar
불가사의 la maravilla
불가사의하다 (ser) maravilloso
불결 la suciedad
불결하다 (ser, estar) sucio
불경(不敬) la irreverencia
불경(佛經) los Sutras (Budistas)
불경기 la depresión
불경(不敬)하다 (ser) irreverente
불고기 la carne asada, el asado
불곰 [동물] el oso pardo
불공 los oficios de difuntos
불교 el budismo
불교도 el [la] budista
불구 la lisiadura
불구자 el minusválido, la minusválida
불규칙 la irregularidad
불규칙하다 (ser) irregular
불그스름하다 (ser) rojizo
불끈하다 perder la paciencia
불다 [바람이] soplar
불당 el templo budista, el santuario budista
불독 [동물] el perro de presa
불란서 [나라] Francia
불란서 사람 el francés, la francesa
불란서어 el francés
불리다 aumentarse
불면증 el insomnio
불멸 la inmortalidad
불모 la esterilidad, la aridez
불모지 la tierra estéril [árida]
불문법 la ley no escrita
불법 la ilegalidad
불법 감금 la detención ilegal
불법 구속 la detención ilegal
불법 복사 la copia ilegal
불법 체포 el arresto ilegal

불법 행위 el aco ilegal.
불변 la invariabilidad, la constancia
불사리 la reliquia de Buda
불성실하다 (ser) insincero
불순하다 (ser) impuro; [날씨가] extemporáneo
불시착 el aterizaje forzoso
불시 착륙 el aterizaje forzoso
불신임 la desconfianza
불심 검문 interrogación
불쌍하다 (ser) pobre
불안하다 (ser) inseguro
불유쾌하다 (ser) desagradable
불의(不意) la imprevisión
불체포 특권 la inmunidad de arresto
불치 la incurabilidad
불치병 la enfermedad incurable
불친절하다 (ser) poco amable
불쾌하다 (ser) desagradable
불타다 arder, quemarse
불탄일 el Día de Nacimiento de Buda
불태우다 quemar
불투명하다 (ser) opaco
불특정물 la cosa no específica
불편하다 (ser) incómodo, inconveniente
불필요하다 (ser) innecesario
불합격 la desaprobación
불합격되다 ser desaprobado
불합격시키다 suspender
불행 la infelicidad
불행하다 (ser) infeliz
붉다 (ser) rojo
붐비다 estar lleno
붓 el pincel
붕괴 el derrumbe, la caída
붕괴되다 derrumbarse, caer(se)
붕대 la venda
붕어 [어류] la tenca
붙잡다 detener, arrestar
뷔페 el bufé
브라운관 el tubo de rayos catódicos

브라질 [나라] el Brasil
브라질 사람 el brasileño, la brasileña
브래지어 el sostén, el sujetador
브랜디 el brandy
브레이크 el freno
브로치 el broche
브리지 [트럼프의] bridge
블라우스 la blusa
블라인드 la persiana
블랙 박스 la caja negra
블랙 홀 el agujero negro
블랭크 blanco
블로킹 el bloqueo
블록 el bloque
블록 건축 la construcción a base de bloques
블록 구조 la estructura de bloque
블루스 el blues
비 [빗자루] la escoba
비(雨) la lluvia
비관적 pesimista
비관주의 el pesimismo
비관주의자 el [la] pesimista
비관하다 (ser) pesimista
비교 la comparación
비교기 comparador
비교 언어학 la lingüística comparativa
비교하다 comparar
비굴 la vileza
비굴하다 (ser) vil, servil
비극 la tragedia
비기다 empatar(se)
비김 el empate
비난 el reproche
비난하다 reprochar
비논리적 ilógico
비뇨기 los órganos urinarios
비누 el jabón
비눗갑 la jabonera
비늘 las escamas
비둘기 [조류] la paloma

비디오 el vídeo
비디오 가속기 la aceleradora de vídeo
비디오게임 el videojuego
비디오 기억 장치 la memoria de vídeo
비디오 단말기 el terminal de vídeo
비디오 디스크 el videodisco
비디오 버퍼 el búfer de vídeo
비디오 서버 el servidor de vídeo
비디오 신호 la señal de vídeo
비디오 카드 la tarjeta de vídeo
비디오텍스 el videotex
비디오텍스트 el videotexto
비디오 편집기 el editor de vídeo
비디오 표시 장치 el visualizador de vídeo
비디오 표시 카드 la tarjeta de visualización de vídeo
비례 la proporción, la razón
비로드 el terciopelo
비료 el abono, el fertilizante
비만 la obesidad, la corpulencia
비만하다 (ser) obeso, corpulento
비버 [동물] el castor
비비 [동물] el zambo, el babuino, el mandril
비상(非常) la emergencia
비상 계단 la escalera de incendio
비상구 la salida de emergencia
비상시 el caso de emergencia
비서 el secretario, la secretaria
비스킷 la galleta
비싸다 (ser) caro
비엔나 소시지 la salchicha vienesa
비열 la vileza
비열하다 (ser) vil
비옥하다 (ser) fértil
비올라 [악기] la viola
비옷 el impermeable
비용 el coste, el costo, los gastos
비우다 vaciar
비웃 el arenque
비웃다 burlarse (de)
비위생적 antihigiénico, insalubre

비율 la proporción, la razón
비인간적 inhumano
비자 el visado; [중남미] la visa
비장하다 (ser) patético
비점 el punto de ebullición
비준 la ratificación
비준서 la nota de ratificación
비준하다 ratificar
비중 el peso específico
비참하다 (ser) miserable
비취 [광물] el jade
비키니 el bikini
비타민 la vitamina
비타민제 la pastilla de vitamina
비트 el bit
비트맵 el mapa de bits
비트 밀도 la densidad de bit
비파 el níspero del Japón
비파나무 [식물] el níspero
비프스테이크 el bistec
비프스튜 el estofado de carne de vaca
빈대 [곤충] el chinche
빈사 la condición moribunda
빈틈없다 (ser) sagaz, astuto
빌다 rezar, orar
빌딩 el edificio
빌려 주다 prestar
빌리다 pedir [tomar] prestado
빗 el peine
빗기다 peinar
빗다 peinarse
빙산 el iceberg
빙점 el punto de congelación
빙하(氷河) el glaciar
빚 la deuda
빛 la luz
빛깔 el color
빠르다 (ser) rápido, veloz
빠른우편 el correo rápido
빨다 chupar

빨래하다 lavar
빨아먹다 chupar
빵 el pan
빵가루 el pan rallado
빵장수 el panadero, la panadera
빵집 la panadería
빼기 la sustracción, la resta
빼내다 sacar, arrancar
빼다¹ [셈에서] substraer
빼다² [박힌 것을] sacar, arrancar
빼앗다 robar
뺄셈 la sustracción, la resta
뻐꾸기 [조류] el cuco
뻐꾹새 [조류] el cuco
뺨 la mejilla
뻔뻔스럽다 (ser) imprudente, descarado
뻗다¹ [팔 등을] estirarse
뻗다² [가지 등을] extender
뼈 el hueso
뽑다 elegir, escoger; [뽑아내다] sacar
뽑아내다 sacar, arrancar
뾰족탑 el pináculo, la cúspide
뿌리 el raíz (*pl.* los raíces)
뿔 el cuerno
삐다 dislocarse, romperse
삐악 pío
삐악삐악 pío, pío
삠 la dislocación

人

사(四) cuatro
사(死) la muerte
사(社) [회사] la compañía
사가(史家) el historiador, la historiadora
사각모자 la gorra cuadrangular
사강(四强) los semifinalistas
사강전(四强戰) el semifinal
사건 el asunto, el suceso

사격 el tiro, el disparo
사격장 el campo de tiro
사격하다 tirar, disparar
사계(四季) la primavera, el verano, el otoño y el invierno
사고(思考) el pensamiento, la meditación
사고(事故) el accidente
사고 보험 el seguro contra accidentes
사고(思考)하다 pensar, meditar
사공(沙工) el remero, la remera
사과(沙果) la manzana
사과(謝過) la disculpa, la excusa
사과나무 [식물] el manzano
사과밭 el manzanal
사과주 la sidra
사과하다 disculparse, pedir perdón
사관(士官) el [la] oficial
사교 las relaciones sociales
사구(砂丘) las dunas
사금(砂金) el oro en polvo
사기(士氣) la moral, el espíritu
사기(史記) la historia
사기(砂器) la china, la porcelana
사기(死期) el tiempo de muerte
사기(詐欺) la estafa, el engaño
사기그릇 la china, la porcelana
사기꾼 el estafador, la estafadora
사기하다 estafar, engañar
사나워지다 [날씨가] agitarse
사나이 el hombre, el varón
사납다 (ser) feroz, fiero, cruel
사냥 la caza
사냥개 el perro de caza
사냥꾼 el cazador
사냥 모자 la gorra de caza
사냥하다 cazar
사다 comprar
사다리 la escala, la escalera
사다리차 el coche de escala
사다새 [조류] el pelícano
사닥다리 la escala, la escalera

사단(師團) la división
사단법인 la persona jurídica social
사도(使徒) [성서] el apóstol
사도 신경 [천주교] el Credo
사도 행전 [성서] los Hechos de los Apóstoles
사라지다 desaparecer
사람 el hombre
사랑 el amor
사랑스럽다 (ser) bonito, mono
사랑하다 amar, querer
사령관 el comandante
사령장 la carta de nombramiento
사례(事例) el ejemplo, el caso
사례(謝禮) las gracias, la gratitud
사례하다 dar las gracias, agradecer
사리(私利) el interés privado
사리(事理) la lógica, la razón
사리(舍利) el sarira
사리탑 la pagoda de sarira, el relicario
사리함 el relicario
사립대학 la universidad privada
사립 도서관 la biblioteca privada
사립학교 la escuela privada
사막 el desierto
사망 la muerte
사망 광고 la necrología
사망자 el muerto, la muerta
사망하다 morir
사면(四面) todos lados
사면(赦免) el indulto
사면(斜面) el declive
사면(赦免)하다 indultar
사명 la misión
사모(思慕) el amor vehemente
사모(師母) [기독교] la pastora
사모하다 amar vehementemente
사무(事務) el asunto, el trabajo
사무관 la secretaría
사무국장 el secretario general
사무소 la oficina

한국어-스페인어 739

사무실 la oficina
사무원 el [la] oficinista
사무장 [선박, 항공기의] el sobrecargo
사문서 el documento privado
사물(私物) la cosa personal [privada]
사발 el tazón
사방 todas partes
사범(師範) el maestro, la maestra
사범학교 la escuela normal
사법(司法) la administración judicial
사법(私法) el derecho privado
사법 연수원 el Instituto de Estudios Judiciales
사변 el incidente
사보타주 el sabotaje
사보타주하다 sabotear, hacer novillos
사복(私服) el traje civil
사본 la copia
사상(思想) la idea, el pensamiento
사상(死傷) la muerte y la herida
사상자 los muertos y los heridos, las
사생(寫生) el bosquejo
사생하다 bosquejar
사서함 el apartado postal
사설(私設) el establecimiento privado
사설(私說) la teoría personal
사설(社說) el editorial
사슴 [동물] el ciervo, el ante
사시(斜視) el estrabismo
사신(使臣) el enviado, la enviada
사신(私信) la carta privada
사실(史實) el hecho histórico
사실(私室) la habitación privada
사실(事實) la verdad, la realidad
사실(寫實) la descripción real
사실주의 el realismo
사실주의자 el [la] realista
사실주의적 realista
사실파 la escuela realista
사실파 화가 el pintor realista
사십 cuarenta

사암(砂巖) la arenisca
사용 el uso
사용 불능 코드 el código muerto
사용 불능 키 la tecla muerta
사용인 el empleado, la empleada
사용자 el usuario, el participante
사용자 계정 la cuenta de usuario
사용자 그룹 el grupo de usuarios
사용자 번호 el número de usuario
사용자 상태 el estado de usuario
사용자 이름 el nombre de usuario
사용자 프로필 el perfil de usuario
사우나 la sauna; [중남미] el sauna
사우디아라비아 [나라] la Arabia Saudita
사우디아라비아 사람 el [la] saudita
사운드 트랙 la pista de sonido
사원(社員) el empleado, la empleada
사원(寺院) el catedral, el templo (budista)
사월 abril
사위 el yerno, el hijo político
사육 la cría
사육하다 criar
사의(謝意) el agradecimiento
사의(辭意) la intención de dimisión
사이 las relaciones, los términos
사이드 라인 la línea lateral
사이드 백 el extremo retrasado
사이렌 la ná굼
사이버 el ciber
사이버 과부 la ciberviuda
사이버 누리꾼 el [la] cibernauta
사이버 문화 la cibercultura
사이버 불법 점유자 el [la] ciberocupa
사이버 섹스 el cibersexo
사이버 아트 el ciberarte
사이버 언어 el ciberlenguaje
사이버 체트 la cibercharla
사이버 카페 el cibercafé
사이버 캐시 el cybercash
사이즈 el tamaño

사이클 el ciclo
사이클링 el ciclismo
사이클 타임 el ciclo de tiempo
사인펜 el rotulador
사일(四日) el 4 (cuatro); [동안] cuatro días
사임 la dimisión
사임하다 dimitir
사자 [동물] el león, la leona
사자(使者) el enviado, la enviada
사자(死者) el muerto, la muerta
사장(社長) el presidente, la presidenta
사장(死藏) el atesoramiento
사장하다 atesorar
사적(史的) histórico
사적(史蹟) el monumento histórico
사적(私的) privado, particular, personal
사전(事前) la anticipación
사전(辭典) el diccionario
사전 편찬 la lexicografía
사전 편찬자 el lexicólogo
사전학 la lexicología
사전 학자 el lexicólogo
사절(使節) el enviado, la enviada
사절(謝絶) el rechazamiento
사절단 la misión, la delegación
사절하다 rechazar, rehusar
사정(私情) la afección privada
사정(事情) la circunstancia
사정(射精) la eyaculación
사정(射精)하다 eyacular
사제(司祭) [천주교] el sacerdote, la cura
사제(師弟) el maestro y el discípulo
사제(私製) la fabricación privada
사죄(謝罪) la disculpa, la excusa
사죄하다 disculparse, pedir perdón
사주(社主) el dueño de la sociedad
사주(砂洲) el banco de arena
사주(使嗾) la instigación
사주하다 instigar
사증 el visado, la visa

사지(四肢) los miembros
사지(死地) el lugar de morir
사직(司直) el país, la nación, el estado
사직(辭職) la dimisión
사직서 la dimisión escrita
사직하다 dimitir
사진 la fotografía, la foto
사진가 el fotógrafo, la fotógrafa
사진관 el taller de fotógrafo
사진기 la cámara
사진 기사 el fotógrafo, la fotógrafa
사진 기자 el fotógrafo, la fotógrafa
사진사 el fotógrafo, la fotógrafa
사진 전송 la fototelegrafía
사진첩 el álbum
사채(社債) las obligaciones
사채(私債) el préstamo personal.
사철 las cuatro estaciones: la primavera, el verano, el otoño y el invierno
사철(砂鐵) la arena ferruginosa
사촌 el primo, la prima
사촌 누이 la prima
사촌 동생 el primo, la prima
사촌 오빠 el primo
사촌 자매 la prima
사촌형 el primo
사촌 형제 el primo
사치 el lujo
사치스럽다 (ser) lujoso
사친회 la asociación de profesores y padres
사탕 el azúcar bruto
사탕무 [식물] la remolacha
사탕수수 [식물] la caña, la caña de azúcar
사태(沙汰) el alud, el desprendimiento
사태(事態) la situación
사파이어 [광물] el zafiro
사프란 [식물] el azafrán
사학(史學) la historia
사학(私學) la escuela privada
사학가 el historiador, la historiadora
사해(四海) todo el mundo

사행(蛇行)하다 serpentear
사형(死刑) la pena de muerte, la pena capital
사환 el mozo, la moza
사회(社會) la sociedad
사회 과학 las ciencias sociales
사회 보장 보험 los seguros sociales
사회부 la sección de sucesos
삭제 la omisión
삭제하다 omitir; [컴퓨터] matar
산 la montaña, el monte
산(酸) el ácido
산고(産苦) el parto
산골두메 el lugar aislado entre montañas
산골짜기 el valle
산기슭 la falda, el pie del monte
산길 el sendero de montaña
산나물 las hortalizas naturales de la montaña
산돼지 [동물] el jabalí
산들바람 la brisa
산뜻하다 (estar) vivo
산마루 el puerto de montaña
산막 la cabaña
산맥 la cordillera
산문 la prosa
산문가 el [la] prosista
산소(山所) la tumba; [장소] el cementerio
산소(酸素) el oxígeno
산소 화합물 la combinación de oxígeno
산수(山水) la montaña y el agua
산수(算數) la aritmética
산악병 el mal de montaña
산양 [동물] la cabra
산업 la industria
산업계 el mundo industrial
산업 보험 los seguros industriales
산업용 컴퓨터 el ordenador industrial
산업 폐기물 los residuos industriales
산울타리 el seto vivo
산원(産院) la maternidad
산채(山菜) el espino blanco

산책 el paseo
산책하다 pasear, dar un paseo.
산출액 la (cantidad de) producción
산토끼 [동물] la liebre
산호(珊瑚) el coral
산화(酸化) la oxidación
산화마그네슘 el óxido de magnesio
산화 바륨 el óxido de bario
산화 수소 el óxido de hidrógeno
산화 아연 el óxido de cinc
산화 안티몬 el óxido de antimonio
산화철 el óxido de hierro
산화 탄소 el óxido de carbono
산화(酸化)하다 oxidarse
살 la carne
살갗 la piel
살구 el albaricoque
살구나무 el albaricoquero
살균 la esterilización, la desinfección
살균기 el esterilizador
살균하다 esterilizar, desinfectar
살다 vivir
살무사 [동물] la víbora
살사 [춤, 곡] la salsa
살인 el homicidio, el asesinato
살인범 el asesino, la asesina; el [la] homicida
살인 사건 el caso de homicidio
살인 용의자 el presunto asesino
살인자 el asesino, la asesina
살인죄 el homicidio
살인하다 asesinar
살찌다 engordar(se)
살충제 la insecticida
살쾡이 [동물] el gato montés
살해 el asesinato, la matanza
살해하다 asesinar, matar
삶다 cocer
삼 [식물] el cáñamo
삼(三) tres
삼각법 la trigonometría

삼각뿔 la pirámide triangular
삼각자 la escuadra
삼각주 el delta
삼각표 la tabla de función trigonométrica
삼각 함수 la función trigonométrica
삼각 함수표 la tabla de función trigonométrica
삼각형 el triángulo
삼겹살 la panceta
삼단 논법 el silogismo
삼단뛰기 el triple salto
삼등 la tercera clase
삼등상 el tercer premio
삼등 선실 el camarote de tercera clase
삼루 la tercera base
삼륜차 el motocarro
삼림 el bosque
삼면경 la luna de tres espejos
삼면기사 los sucesos
삼배 la triplicidad, tres veces
삼배하다 triplicar
삼백 trescientos, trescientas
삼색오랑캐꽃 [식물] el pensamiento
삼승(三乘) el cubo, la tercera potencia
삼십 treinta
삼월 marzo, mes de marzo
삼촌 el tío
삼키다 tragar
삽 [연장] la pala
삽입 la inserción
삽입 키 la tecla Insertar
삽입하다 insertar
삽화 el episodio
상(床) la mesa
상(喪) el luto, el duelo
상(賞) el premio
상공부 el Ministerio de Comercio e Industria
상공부장관 el ministro [la ministra] de Comercio e Industria
상그리아 [술] la sangría
상급생 el [la] estudiante de curso superior
상냥하다 (ser) cariñoso, afectuoso, tierno

상단 침대 [열차의] la litera de arriba
상대성 원리 el principio de la relatividad
상대성 이론 la teoría de la relatividad
상대 습도 la humedad relativa
상대 운동 el movimiento relativo
상대 팀 el equipo contrario
상록수 el árbol de hoja perenne
상류 la corriente superior
상류 계급 la clase alta
상륙 el desembarque, el desembarco
상륙하다 desembarcar
상무 이사 el director administrativo
상사(上士) el sargento mayor
상사(相思) el amor mutuo
상사(商社) la firma [la compañía] comercial
상상(想像) la imaginación
상상하다 imaginar, suponer
상선(商船) el barco [el buque] mercante
상설 el establecimiento permanente
상스럽다 (ser) vulgar, grosero
상식(常食) el alimento básico
상식(常識) el sentido común
상아 el marfil
상아탑 la torre de marfil
상어 [어류] el tiburón
상업 el comercio
상업 은행 el Banco de Comercio
상여(喪輿) las andas funerales
상여금 la paga extraordinaria, la bonificación
상연 la representación
상연하다 representar
상영 la presentación
상영하다 presentar
상용(商用) los asuntos comerciales
상원(上院) la Cámara Alta
상위 alto, de orden alto
상위 언어 el lenguaje de orden alto
상의(上衣) la chaqueta, la americana, el saco
상의(相議) la consulta
상의하다 consultar

상인(常人) la gente común
상인(商人) el [la] comerciante
상임이사국 el miembro permanente
상자 la caja
상장(賞狀) el diploma de honor
상재(商材) el talento comercial
상점 la tienda, el comercio
상점주인 el tendero, la tendera; el propietario de una tienda
상중(喪中)이다 estar de luto
상처 la herida, la lesión
상추 [식물] la lechuga
상쾌하다 (ser) refrescante, fresco
상표 la marca (comercial)
상품(上品) el artículo de primera clase
상품(商品) la mercancía
상품(賞品) el premio
상해(傷害) la herida
상해 보험 el seguro contra accidentes
상행 열차 el tren ascendente
상호 보험 el seguro mutuo
상환 el reembolso
상환하다 reembolsar
새 [조류] el ave (*pl.* las aves), el pájaro
새끼 la cría
새끼 고양이 el gatito
새끼 곰 el osezno
새끼 돼지 el cerdito
새끼 산양 el cabrito, el chivo
새끼손가락 el meñique
새끼 양 el cordero
새끼 염소 el cabrito
새 떼 la bandada
새롭다 (ser) nuevo
새벽 la madrugada
새우 el camarón, la gamba; [큰] la langosta
새우 튀김[프라이] el langostín rebozado
새잎 las hojas nuevas
새집 la pajarera
새해 el año nuevo
색(色) el color

색연필 el lápiz de color
색인 el índice
색인 구멍 el agujero índice
색인 마크 la marca de índice
색인 번지 la dirección indexada
색인 탐색 la búsqueda indexada
색종이 el papel de color
색채 el color
샌드위치 el bocadillo, el sandwich
샌들 la sandalia
샐비어 la salvia
샘¹ [우물] el pozo
샘² [선(腺)] la glándula
샘물 el agua de pozo
샛별 el Venus, el lucero matutino
생각 el pensamiento
생각되다 parecer
생각하다 pensar, creer
생강 [식물] el jengibre
생강주 el vino de jengibre
생계 la vida
생기 el vigor, el ánimo
생기다 ocurrir, suceder
생도 el alumno, la alumna
생략 la omisión
생략하다 omitir
생리 [월경] la menstruación
생리대 la compresa
생리 작용 la función fisiológica
생리적 fisiológico
생리적 욕구 la necesidad fisiológica
생리적 증상 el síntoma fisiológico
생리적 현상 el fenómeno fisiológico
생리통 los dolores mensuales
생리학 la fisiología
생리학자 el fisiólogo, la fisióloga
생리 휴가 el descanso durante los días críticos
생맥주 la cerveza de barril
생명 la vida
생명 보험 el seguro de [sobre] la vida

생물 la biología
생물학 la biología
생물학자 el biólogo, la bióloga
생물학적 biológico
생산 la producción
생산 과잉 el exceso de producción
생산자 el productor, la productora
생산하다 producir
생선 el pescado
생선 가게 la pescadería
생선 알 la hueva, la freza, las ovas de pescado
생선 요리 el plato de pescado
생선 장수 el pescadero, la pescadera
생식(生殖) la reproducción, la generación
생식(生食) la comida cruda
생식(生殖) el engendramiento
생식(生食)하다 comer crudamente
생식(生殖)하다 engendrar
생애 la vida
생일 el cumpleaños
생쥐 [동물] el ratón
생질 el sobrino
생태계 el ecosistema
생태학 la ecología
생태학자 el ecólogo, la ecóloga
생화학 la bioquímica
생화학자 el bioquímico, la bioquímica
생환 la vuelta superviviente
생환하다 volver vivo
생활 la vida
생활통지표 la cartilla de notas
샤워 la ducha
샤워실 el cuarto de ducha
샤워장 la ducha
샤프펜슬 el lapicero
샴 고양이 [동물] el gato siamés
샴쌍둥이 los siameses
샴페인 el champán, el champaña
샴푸 el champú
샹들리에 la araña

상송 la canción popular
서가 el estante (de libros)
서곡 la obertura
서다 ponerse de pie, levantarse
서두르다 apresurarse, darse prisa
서랍 el cajón
서력 기원 la era cristiana
서로 mutuamente
서리 la escarcha
서머 타임 la hora de verano
서문 el prefacio
서반구 el hemisferio occidental
서반아 [나라] España
서반아 사람 el español, la española
서반아어 el español
서버 [테니스] el sacador; [컴퓨터] el servidor
서브 el saque, el servicio
서브 라인 la línea de saque [servicio]
서브하다 sacar, servir
서비스 el servicio
서비스 라인 la línea de saque [servicio]
서비스료 el servicio
서사시 la épica, la poesía épica
서사시인 el poeta épico, la poeta épica
서식 el formulario
서양 el Occidente
서양사 la historia occidental
서양인 el [la] occidental
서양 철학 la filosofía occidental
서재 el despacho, la biblioteca
서점 la librería
서점 주인 el librero, la librera
서정시 la lírica, la poesía lírica
서정시인 el poeta lírico, la poeta lírica
서정적 lírico
서툴다 (ser) inhábil
서핑 el surf, el surfing
서핑 보드 el acuaplano
석간신문 el diario de la tarde
석기 el instrumento de piedra

석기 시대 la edad de piedra
석녀 la mujer estéril
석류 la granada
석류나무 [식물] el granado
석류석 [광물] el granate
석면 el asbesto
석방 la puesta en libertad
석방하다 poner en libertad
석쇠 la parrilla
석양 el sol poniente
석영 [광물] el cuarzo
석유 el petróleo
석유 공업 la industria petrolera
석유 난로 la estufa de petróleo
석유 램프 la lámpara de petróleo
석유 산업 la industria petrolera
석유 수출국 기구 la Organización de Países Exportadores de Petróleo, la OPEP
석유 화학 la petroquímica
석유 화학자 el petroquímico
석탄 el carbón, la hulla
석탄 산업 la industria hullera
석탄일 el Día de Nacimiento de Buda
석판화 la litografía
석회석 la caliza
섞다 mezclar
섞이다 mezclarse
선(先) el repartidor, la repartidora
선(善) el bien
선(線) la línea; [열차의] la vía
선(腺) la glándula
선객 el pasajero, la pasajera
선거(船渠) el arsenal
선거(選擧) la elección
선거관리위원회 el comité electoral
선거구 la circunscripción electoral
선거법 la ley electoral
선거 연설 el discurso electoral
선거 운동 la campaña electoral
선거인 el elector, la electora

선거일 el día de elecciones
선거하다 elegir
선견지명 la previsión
선고(選考) la selección
선고(宣告) la sentencia, la condenación
선고(宣告)하다 sentenciar, condenar
선교(宣敎) la evangelización
선교사 el misionero, la misionera
선교하다 evangelizar
선구자 el precursor, la precursora
선도 la guía, la dirección
선도하다 guiar, dirigir
선동 la incitación
선동하다 incitar
선두(先頭) la cabeza
선두(船頭) la proa
선두 갑판 la cubierta de proa
선로 la vía férrea
선망 la envidia
선망하다 envidiar
선명 la viveza, la claridad
선명하다 (ser) vivo
선무 la apaciguación
선무하다 apaciguar, pacificar, calmar
선물 el regalo, el obsequio
선물하다 regalar, obsequiar
선미(船尾) la popa
선미 갑판 la cubierta de popa
선반 el estante
선반(旋盤) el torno
선반공 el tornero, la tornera
선발 la selección
선발 출장 선수 el jugador titular
선발 팀 el equipo de selección
선발하다 seleccionar
선불 el adelanto, el pago adelantado
선불하다 pagar con anticipación
선사 시대 la edad prehistórica
선서 el juramento, la jura
선수 el jugador, la jugadora

선수권 el campeonato
선수권 보유자 el campeón, la campeona
선수 명단 la formación, la alineación
선실 el camarote
선실 담당 종업원 el mozo de cámara
선심 el juez de línea
선약 el compromiso anterior
선원 el marinero
선의 el médico de a bordo
선임(船賃) el pasaje
선임(先任) el decano, la decana
선임(選任) la elección
선임하다 elegir, nombrar, designar
선장 el capitán
선적(船積) el embarque
선적(船籍) la nacionalidad del barco
선적하다 embarcar
선전(宣傳) la propaganda
선전(宣戰) la declaración de guerra
선전 포고 la declaración de guerra
선전(宣傳)하다 propagar
선전(宣戰)하다 declarar la guerra
선조 el antepasado
선창 el muelle
선천적 innato
선체 보험 el seguro del buque
선취(船醉) el mareo
선취하다 marearse
선택 la selección
선택하다 elegir, escoger, seleccionar
선통(仙痛) la adenalgia
선편 la vía marítima
선풍 el torbellino, el remolino
선풍기 el ventilador
선하 el cargamento
선하다 (ser) bueno
선회 el giro, la vuelta
선회하다 girar, virar, dar vueltas
설 el Año Nuevo
설날 el día de año nuevo

설거지 la fregadura de los platos
설거지대 el fragadero
설거지하다 fregar los platos
설계 el diseño, el producto
설계가 el diseñador, la diseñadora
설계하다 diseñar, proyectar
설교 el sermón
설교단 el púlpito
설교자 el sermoneador, la sermoneadora
설교집 el sermonario
설교하다 sermonear, predicar
설립 el establecimiento
설립하다 establecer
설명 la explicación
설명하다 explicar
설사 la diarrea
설사약 el purgante, la purga
설사하다 tener diarrea
설원(雪原) el campo de nieve
설익다 estar medio cocido
설치 el establecimiento, la fundación
설치다[1] [마구 덤비다] alborotar
설치다[2] [잠 등을] no poder
설치하다 establecer, fundar, organizar, colocar
설탕 el azúcar
설탕 그릇 el azucarero
섬광 el flash
섬광 전구 el flash electrónico
섬세 (ser) delicado, fino
섬유 la fibra
섬유 공업 la industria textil
섬유 공장 la fábrica textil
섬유소 la celulosa
섭생 el cuidado de *su* salud
섭생하다 cuidar de *su* salud
섭섭하다 sentirse, echar de menos
섭씨 el grado centígrado
섭씨 10도 diez grados centígrados
섭씨 온도 el grado centígrado
섭정 el [la] regente

성(性) el sexo
성(姓) el apellido
성(城) el castillo
성게 el erizo marino de mar
성격 el carácter
성내다 enojarse, enfadarse, irritarse, indignarse
성년 la mayor edad
성능 la calidad
성당 la catedral
성대 las cuerdas vocales
성대하다 la esplendidez, la pomposidad
성명 nombre y apellido
성묘 la visita a la tumba
성묘하다 visitar la tumba (de)
성문법 la ley escrita
성벽(城壁) la muralla
성분 el componente
성서(聖書) la Biblia, la Santa Biblia
성쇠 la prosperidad y la decadencia, la vicisitud
성숙하다 madurarse, sazonar
성악 la música vocal
성악가 el [la] vocalista
성엣장 el témpano flotante
성애(性愛) el amor sexual
성의 la sinceridad
성인(成人) el adulto
성인(聖人) el santo, la santa
성인 교육 la enseñanza para adultos
성자(聖者) el santo, la santa
성장(成長) el crecimiento
성장(盛裝) el traje de etiqueta
성장(成長)하다 crecer, criarse
성장(盛裝)하다 vestirse de etiqueta
성적(成績) el resultado
성적(性的) sexual
성전환 la transexualidad, el transexualismo
성전환자 el [la] transexual
성좌 la constelación
성주간 la Semana Santa
성충 el imago

성탄절 la Navidad
성탄절 전야제 la Nochebuena
세(稅) el impuesto
세계 el mundo
세계 기록 el récord mundial
세계사 la historia universal
세계 신기록 el nuevo récord mundial
세계 은행 el Banco Mundial
세계 지도 el mapa mundial
세관 la aduana
세관 검사 la inspección aduanera
세관 수속 las formalidades aduaneras
세관 수수료 la comisión de aduana
세관 신고 la declaración de aduanas
세관 신고서 la declaración de aduanas
세관원 el aduanero, la aduanera
세관장 el director de aduana
세금 el impuesto, la contribución
세다 [수를] contar
세다 [힘이] (ser) fuerte
세단 el sedán
세단뛰기 el triple salto
세대 la familia, la generación
세대 교번 la generación alternante
세대교체 la generación alternante
세대 윤회 la generación alternante
세레나데 la serenata
세련 la elegancia, el refinamiento, la gracia
세례 el bautismo
세례명 el nombre bautismal
세례 아동 el niño bautizado, la niña bautizada
세례 요한 Juan el Bautista
세례자 el [la] bautista
세론 la opinión pública
세면 la lavadura, el aseo
세면기 la palangana, la jofaina
세면대 el lavabo
세면 도구 los artículos de aseo
세면소 el lavabo
세면장 el lavabo

한국어-스페인어 757

세면하다 lavarse
세모꼴 el triángulo
세 번째 el tercero
세수(洗手) la lavadura
세수간 el lavabo
세수 수건 la toalla para lavarse
세수하다 lavarse la cara
세숫대야 la palangana, la jofaina
세숫물 el agua de lavarse la cara
세숫비누 el jabón de olor
세우다 levantar
세일즈맨 el [la] viajante
세제곱 el cubo, la tercera potencia
세제곱근 la raíz cúbica
세제곱미터 el metro cúbico
세탁소 la lavandería, la tintorería
세트 el marcado; [연극의] la decoración de teatro; [운동의] el set
세트 로션 la loción ondulante para el cabello
세트 포인트 la bola de set
세포 la célula
세포막질 la celulosa
섹스 el sexo
센터[야구의] el centro campo
센터 라인 la línea de la mitad; la línea central
센터 백 el defensor central, el defensa central
센터 서클 el círculo central
셀룰로오스 la celulosa
셀프타이머 el disparador automático
셋 tres
셋집 la casa de alquiler
셋째 el tercero
셔츠 la camiseta
셔터 el obturador
셔터 보턴 el disparador
셔터 스피드 la velocidad de obturador
소개 la presentación
소개하다 presentar; [자신을] presentarse
소거(消去) la eliminación
소거 키 la tecla Borrar
소거하다 eliminar; borrar

소거 헤드 el cabezal borrador
소고(小鼓) [악기] el tamboril
소금 la sal
소금 그릇 el salero
소꿉질 las casitas
소나기 el aguacero, el chaparrón
소나무 [식물] el pino
소나타 la sonata
소녀 la chica, la niña, la muchacha
소년 el chico, el niño, el muchacho
소뇌 el cerebelo
소도구 los accesorios
소독 la desinfección
소독약 el desinfectante
소독하다 desinfectar(se), esterilizar
소득 la renta, el ingreso
소득세 el impuesto sobre la renta
소등 el apagamiento de la luz
소등하다 apagar la luz
소라게 el ermitaño, el paguro
소란 el disturbio, el alboroto
소란스럽다 (ser) ruidoso, bullicioso
소량 la pequeña cantidad
소령 el comandante; el capitán de corbeta
소름 la carne de gallina
소리 la voz
소리치다 gritar
소망 el deseo
소망하다 desear
소매 [옷의] la manga
소매(小賣) la venta al por menor
소매상 el [la] minorista
소매업자 el [la] minorista
소매점 el comercio minorista
소매치기 el [la] carterista; el ratero, la ratera
소매치기하다 hurtar
소매하다 ender al por menor
소맥(小麥) el trigo
소모 el desgaste
소모하다 desgastarse

소묘 el bosquejo
소문 el rumor
소문자 la minúscula
소박하다 (ser) simple, sencillo
소방 el servicio de incendio
소방대 el cuerpo de bomberos
소방대원 el bombero
소방서 el parque de bomberos
소방수 el bombero
소방 연습 el entrenamiento contra incendios
소방 자동차 el coche de bomberos
소방정 el barco bomba
소방차 el coche de bomberos
소방 펌프 la bomba de bomberos
소변 la orina
소변 검사 el examen de orina
소변기 el bacín
소변소 el urinal
소비 el consumo
소비자 el consumidor, la consumidora
소비자 가격 el precio al consumidor
소비하다 consumir
소생 la reviviscencia, la resucitación
소생하다 revivir, resucitar
소설 la novela
소설가 el [la] novelista
소속 la pertenencia
소속하다 pertenecer
소송 el pleito
소수(小數) [수학] la fracción decimal
소수(少數) la minoría
소수(素數) el número primo
소수당 el partido minoritario
소수점 el punto decimal
소스 la salsa
소시지 la salchicha
소식(小食) la poca comida
소식(消息) la noticia
소식자 [의학] la sonda
소식하다 comer poco

소신 la convicción, la creencia
소실(小室) la concubina
소실(小室) [해부] el utrículo
소실(消失) la desaparición
소실(燒失) la destrucción por el fuego
소실되다 ser destruido por el fuego
소아 el nene, la nena
소아과 la pediatría
소아과 의사 el [la] pediatra
소아마비 la poliomielitis
소아병 el infantilismo
소아복 la ropa para niños
소액 la pequeña cantidad
소외 la alienación
소외하다 alienar
소용돌이 el remolino
소원(所員) el miembro
소원(所願) el deseo
소원(所願)하다 desear
소위(少尉) el alférez
소위원회 la subcomisión, el subcomité
소유 la posesión
소유자 el poseedor, la poseedora
소유하다 poseer, tener
소이탄 la bomba incendiaria
소인(消印) el matasellos
소인수 el factor esencial
소장(少將) el general de división; [해군] el vicealmirante
소장(小腸) el intestino delgado
소장(少壯) la juventud vigorosa
소장(所長) el [la] jefe; el director, la directora
소장(所藏) la posesión
소장(訴狀) la demanda, la petición
소장하다 poseer
소재(所在) el sitio, el local
소재(素材) el material
소제(掃除) la limpieza
소제하다 limpiar
소중하다 (ser) importante
소총 el fusil

소총 사격 el disparo de fusil
소총수 el fusilero
소총탄 la bala (de fusil)
소탈하다 (ser) sencillo
소파 el sofá
소포 el paquete
소포 우편 el paquete postal
소포 우편물 el paquete postal
소풍 la excursión
소풍 가다 ir de excursión
소프라노 [가수] el soprano
소프트웨어 el software
소프트웨어 개발 el desarrollo de software
소프트웨어 공학 la ingeniería de software
소프트웨어 기사 el ingeniero de software
소프트웨어 무단 복제 el pirateo de software
소프트웨어 보호 la protección de software
소프트웨어 오류 el error de software
소프트웨어 집적 회로 el circuito integrado de software
소프트웨어 출판 la publicación de software
소프트웨어 프로그램 el programa de software
소해정 el dragaminas
소향(燒香)하다 quemar el incienso
소형 노트북 el ordenador portátil pequeño
소형 컴퓨터 el miniordenador
소형 트럭 la camioneta
소형화 la miniaturización
소화(消化) la digestión
소화기(消化器) el órgano [el aparato] digestivo
소화기(消火器)
소화되다 digerirse
소화물 los paquetes
소화물 취급소 el despacho de paquetes
소화 불량 la indigestión
소화제 el digestivo
소화하다 digerir
소환 la citación
소환장 la (carta de) citación
소환하다 citar
속눈썹 la pestaña

속달 우편 el correo urgente
속담 el refrán, el proverbio
속도 la velocidad
속도계 el indicador de velocidad
속되다 (ser) vulgar, común
속력 la velocidad
속박 la coartación
속박하다 coartar
속보(速報) la noticia urgente
속보(速步) el paso rápido
속삭이다 murmurar
속성과 el curso intensivo
속셈 la intención oculta
속옷 la ropa interior
속이다 engañar
속임수 la treta, la falsedad
속죄 la expiación
속(屬)하다 pertenecer (a), ser de
손 la mano
손가락 el dedo
손가방 la bolsa, el seco
손녀 la nieta
손님 el [la] cliente
손목 la muñeca
손목시계 el reloj de pulsera
손바닥 la palma
손상 el daño, el deterioro
손수건 el pañuelo
손실 la pérdida
손자 el nieto
손잡이 el asa, el mango
손톱 la uña
손톱깎이 el [los] cortaúñas
손해 el daño, la pérdida
손해배상 la indemnización
손해배상하다 indemnizar
손해 보험 el seguro de indemnización
솔 el cepillo
솔개 [조류] el milano
솔로 el solo

한국어-스페인어 763

솔방울 la piña
솔잎 la pinocha
솔직하다 (ser) franco, abierto
솜 el algodón
솜씨 la habilidad
솜털 el plumón
송곳 el punzón, el taladro
송곳니 el (diente) canino, el colmillo
송금 la remesa
송금 수취인 el consignatario
송금 수표 el cheque de remesa
송금인 el [la] remitente de remesa
송금하다 remesar, enviar dinero
송별 la despedida
송별하다 despedir
송신기 el transmisor
송아지 el ternero
송어 [어류] la trucha
송이 el racimo
송장 [시체] el cadáver
송장(送狀) la factura
송장헤엄 la natación a espalda
송전 la transmisión
송전선 la línea de transmisión
송전하다 transmitir la electricidad
송충이 la oruga
송풍기 el ventilador
송화기 el transmisor
송환 la repatriación
송환하다 repatriar
솥 la olla
쇄골 la clavícula
쇠 el hierro
쇠갈비 la costilla de vaca
쇠꼬리 la cola [el rabo] de vaca
쇠망 la decadencia
쇠망하다 decaer
쇠사슬 la cadena
쇠스랑 la rastra
쇠약 la debilidad

쇠약하다 (ser) débil
쇠약해지다 debilitarse
쇠퇴 la decadencia
쇠퇴하다 decaer
쇠하다 decaer
쇳조각 el pedazo de metal
쇼 el expectáculo
쇼윈도 la vidriera, el escaparate
쇼크 el choque, la sacudida
쇼트 el golpe
쇼핑 la compra
쇼핑 가다 ir [salir] de compras
쇼핑 바구니 la cesta de compra
쇼핑 카 el carro de [para] compra
쇼핑하다 comprar
숄 el chal
수 [수컷] macho
수(數) el número
수(壽) la longevidad
수(繡) el bordado
수감 el encarcelamiento
수감하다 encarcelar, meter en la cárcel
수갑 las esposas
수건 la toalla
수건걸이 el toallero
수구 [운동] el water-polo, el polo acuático
수국 [식물] la hortensia
수꿩 [조류] el faisán
수달 [동물] la nutria
수도(水道) la fontanería
수도(首都) la capital
수도꼭지 el grifo
수동(受動) la pasividad
수동 브레이크 el freno de mano
수동적 pasivo
수동태 la voz pasiva
수동 펌프 la bomba manual
수동형 la forma pasiva
수두룩하다 (ser) abundante, abundar
수락 la aceptación

수락하다 aceptar
수량 el volumen de agua
수렁 el lodazal, el pantano
수레 el carro
수력 la fuerza hidráulica
수력 발전 la generación hidráulica
수력 발전소 la central hidroeléctrica
수력 전기 la hidroelectricidad
수련 [식물] el nenúfar
수렵 la caza
수로 el canal
수뢰 el torpedo
수뢰 구축함 el cazatorpedero
수뢰정 el torpedero
수료 la terminación de curso
수료하다 terminar el curso
수류탄 la granada de mano
수리 la reparación
수리 공장 el taller de reparación
수리하다 reparar
수만 los bastantes números
수면(水面) la superficie del agua
수면(睡眠) el sueño
수면제 el somnífero, el soporífero
수명 la vida
수박 [식물] la sandía
수법 la técnica
수병 el marinero, el marino
수병 모자 la gorra marinera
수복(收復) la recuperación
수복(修復) la restauración
수복(收復)하다 recuperar
수복(修復)하다 restaurar
수분(水分) la humedad
수분(受粉) [식물] polinización
수비 la defensa
수비하다 defender
수사(修士) [천주교] el fraile
수사(修辭) la retórica
수사(搜査) la pesquisa

수사(數詞) [언어] el numeral
수사(修辭)하다 retoricar
수사(搜査)하다 pesquisar
수사슴 [동물] el ciervo, el gamo, el venado
수산업 la industria pesquera
수산 자원 los recursos pesqueros
수산청 la Secretaría de la Pesca
수산학 la piscicultura
수산학자 el piscicultor, la piscicultora
수상(水上) la superficie del agua
수상(手相) la quiromancia
수상(首相) el primer ministro, la primera ministra
수상(受像) la imagen
수상(受賞) el recibo de premio
수상(授賞) la concesión de premio
수상록 los ensayos
수상 스키 el esquí acuático [náutico]
수상(受賞)하다 recibir un premio
수상(授賞)하다 premiar, galardonar
수상(殊常)하다 (ser) sospechoso
수색(水色) el azul claro
수색(搜索) la búsqueda
수색하다 buscar
수석(水石) el agua y la piedra
수석(壽石) la piedra curiosa
수석(首席) primer puesto; el primero
수선(水仙) [식물] el narciso
수선(垂線) la perpendicular
수선(修繕) la reparación
수선하다 reparar
수선화 [식물] el narciso
수성 [천문] el Mercurio
수성암 [지질] la roca sedimentaria
수세미 el estropajo
수세미외 [식물] el estropajo
수세식 변기 la taza, el inodoro
수소 [동물] el toro
수소(水素) el hidrógeno
수소 이온 el hidrogenión
수속 la formalidad

수속하다 seguir las formalidades
수송 el transporte
수송 기관 los medios de transporte
수송하다 transportar
수수 [식물] el sorgo
수수께끼 el enigma
수수료 la comisión
수술 [식물] el [la] estambre
수술(手術) la operación
수술대 [식물] el filamento
수술대(手術臺) la mesa de operaciones
수술 받다 ser operado, operarse
수술실 la sala de operaciones
수술하다 operar, practicar una operación
수습(收拾) el arreglo, el control
수습(修習) el aprendizaje
수습공 el aprendiz, la aprendiza
수습(收拾)하다 arreglar, controlar
수습(修習)하다 hacer el aprendizaje
수식(修飾) el adorno, la decoración
수식(數式) la fórmula
수식어 la palabra modificativa
수식하다 adornar, decorar
수신(受信) la recepción
수신기 el receptor
수신안테나 la antena receptora
수신인 el destinatario
수신인 성명 la dirección, las señas
수신인 주소 성명 la dirección, las señas
수신하다 recibir, recibir un telegrama
수심(水深) la profundidad del agua
수심(垂心) [수학] el ortocentro
수심(愁心) la melancolía
수심(獸心) el corazón brutal
수십 unas decenas
수압 la presión hidráulica
수액(樹液) la savia
수양 [동물] la oveja macho
수양(修養) la cultura, la formación
수양버들 [식물] el sauce

수업 la lección
수업료 los honorarios mensuales
수여 el otorgamiento
수여우 [동물] el zorro
수여하다 otorgar
수역(水域) la zona de aguas
수염 [턱의] la barba; [코의] el bigote
수영 la natación
수영복 el bañador, el traje de baño
수영장 la piscina
수영하다 nadar
수예 los artes manuales
수예품 el artículo de artes manuales
수요 la demanda
수요일 el miércoles
수우 [동물] el búfalo
수원 la fuente
수위 [학교의] el conserje, el bedel
수위실 la conserjería
수유(授乳) la lactancia
수유기 el período de lactancia
수은 [광물] el mercurio
수의(囚衣) el traje de prisionero
수의(壽衣) la mortaja
수의(隨意) la voluntad propia
수의(繡衣) la ropa bordada
수의(獸醫) el veterinario, la veterinaria
수의과 대학 la facultad de veterinaria
수의사 el veterinario, la veterinaria
수의학 la veterinaria
수의학교 la colegio de veterinaria
수익 la ganancia, el provecho
수입(收入) la renta, la entrada
수입(輸入) importación
수입업자 el importador, la importadora
수입하다 importar
수자원 los recursos hidráulicos
수재(水災) el desastre por la inundación
수재(秀才) el alumno brillante
수정(水晶) [광물] el cristal

수정(受精) la fecundación
수정(修正) la enmienda
수정안 la enmienda
수정(受精)하다 fecundarse
수정(修正)하다 enmendar
수족(手足) los miembros
수족관 el acuario
수줍어하다 tener vergüenza
수직 안전판 la aleta vertical de cola
수직 안테나 la antena vertical
수질 la calidad del agua
수집 la colección
수집가 el [la] coleccionista
수집하다 coleccionar
수채화 la acuarela
수채화가 el [la] acuarelista
수채화구 los colores a la acuarela
수축 la contracción
수축하다 contraerse
수출 la exportación
수출 보험 el seguro de exportación
수출업자 el exportador, la exportadora
수출하다 exportar
수취 el recibo
수취하다 recibir
수치(羞恥) la vergüenza
수치(數値) el valor numérico
수컷 el macho
수탉 el gallo
수태(受胎) la concepción, la preñez
수태하다 concebir, quedarse encinta
수통 la cantimplora
수퇘지 [동물] el cerdo, el puerco
수평 la horizontalidad
수평 거리 la distancia horizontal
수평선 el horizonte; [수학] la (línea) horizontal
수표(手票) el cheque
수표장 el talonario de cheques
수풀 el bosque
수프 la sopa

수프 그릇 la sopera
수필 el ensayo
수필가 el [la] ensayista
수필 문학 la literatura ensayística
수필집 la colección de ensayos
수하물 el equipaje (de mano)
수하물 예치소 la consigna
수학 las matemáticas
수학 여행 el viaje de fin de estudios
수학자 el matemático, la matemática
수해 los daños causados por las inundaciones
수행 el cumplimiento, el ejecución
수행하다 cumplir, ejecutar, llevar a cabo
수혈 la transfusión sanguínea [de sangre]
수화(水化) la hidratación
수화(手話) el lenguaje gestual
수화기 el receptor, el auricular
수화법 la quirología
수화물 el equipaje (de mano)
수확 la cosecha
수확기(收穫期) estación de cosecha
수확기(收穫機) la cosechadora
수확하다 cosechar
수회(收賄) la aceptación de soborno
수회 사건 el caso de la corrupción
수회죄 el crimen de soborno
수회하다 aceptar soborno
숙련 la habilidad, la destreza
숙련공 el obrero calificado
숙면 el sueño profundo
숙면하다 dormir profundamente
숙명 la fatalidad
숙모 la tía
숙박 el alojamiento, el hospedaje
숙박료 el hospedaje
숙박부 el registro del hotel
숙박하다 alojarse, hospedarse
숙제 los deberes
순(筍) el brote, el germen
순간 el momento

순록 [동물] el reno
순무 [식물] el nabo, el rábano
순수하다 (ser) puro
순양함 el crucero
순열(順列) la permutación
순진하다 (ser) inocente
순찰 la patrulla
순찰차 el coche patrulla
순찰하다 patrullar
순환 la circulación
순환하다 circular
순회 la patrulla; la ronda
순회하다 patrullar, rondar, dar vuelta
숟가락 la cuchara
술 el vino, el licor
술래잡기 el tócame-tú
술어 [문법] el predicado
술집 el bar, la taberna
숨 la respiración
숨바꼭질 el escondite
숨쉬다 respirar
숨지다 morir, fallecer
숨차다 ahogarse
숫돌 la afiladora
숫색시 la virgen
숫양 [동물] el carnero
숫염소 [동물] la cabra macho, el cabrón
숫자 el número, la cifra
숫처녀 la virgen
숫총각 el soltero inocente
숭배 la adoración, el culto
숭배자 el adorador, la adoradora
숭배하다 adorar, rendir culto
숭어 [어류] el mújol
숯 el carbón
숱 la densidad
숱하다 (ser) mucho
숲 el bosque
쉬¹ [어린이에게 오줌을 뉘일 때] el pipí, el pis
쉬² [떠들지 말라는 뜻으로]   ¡Chist!

쉬다[1] [피로를 풀기 위해] descansar
쉬다[2] [음식이 상하다] estropearse, pasarse
쉬다[3] [목청이] ronquear(se)
쉬다[4] [호흡하다] respirar
쉬르레알리슴 [초현실주의] el surrealismo
슈미즈 la camisa de mujer
슈크림 el petisú
슈퍼마켓 el supermercado
슈퍼컴퓨터 el superordenador
슛 el disparo
스냅 사진 la instantánea
스라소니 [동물] el lince, el ocelote
스리랑카 [나라] Sri Lanka
스리랑카 사람 el singalés, la singalesa
스리랑카 어 el singalés
스매시 el smash
스매시하다 rematar, remachar
스웨덴 [나라] Suecia
스웨덴 사람 el sueco, la sueca
스웨덴 어 el sueco
스웨터 el jersey, el suéter
스위스 [나라] Suiza
스위스 사람 el suizo, la suiza
스위치 el conmutador, el interruptor
스위치 박스 la caja de conmutación
스카프 el pañuelo
스커트 la falda
스컹크 [동물] la mofeta
스캐너 el escáner
스케이터 el patinador, la patinador
스케이트 [운동] el patinaje; [기구] los patines
스케이트 선수 el patinador, la patinadora
스케이트장 la pista de patinarse
스케이팅 el patinaje
스코틀랜드 [나라] Escocia
스코틀랜드 사람 el escocés, la escocesa
스코틀랜드 어 el escocés
스퀘어 댄스 la cuadrilla
스크린 la pantalla
스키 el esquí

스키 리프트 el telesilla, el telesquí
스키 선수 el esquiador, la esquiadora
스키 스틱 bastón de [para] esquiar
스키어 el esquiador, la esquiadora
스키 연습장 la pista
스키장 la estación de esquí
스키 점프 el salto con esquís
스키 지팡이 el bastón para esquiar
스키 화 los esquíes
스킨다이빙 el buceo con escafandra autónoma
스타디움 el estadio
스타킹 las medias
스타트 대 [수영의] el pontón de salida
스태그플레이션 la estagflación
스탭 el paso
스테레오 장치 el equipo estereofónico
스테인드글라스 la vidriera
스토브 la estufa
스튜어드 el auxiliar de vuelo, el sobrecargo
스튜어디스 la azafata, la aeromoza
스트라이커 el delantero
스트라이크 [야구의] el strike
스트레스 el estrés
스트레이트 el directo
스팀 la calefacción por vapor
스파게티 los espaguetis
스파게티 코드 el código espagueti
스파이크 el remate, el remache; el spike
스팸 메일 el correo no deseado
스페어 las piezas de recambio
스페이드 las espadas
스페이스 바 la barra espaciadora
스페인 [나라] España
스페인 문학 la literatura española
스페인 문학사 la historia de la literatura española
스페인 역사 la historia de España
스페인 사람 el español, la española
스페인 어 el español, el castellano
스페인 요리 la cocina española
스포이트 la pipeta

스포츠 el deporte
스포츠란 la sección de deportes
스포츠맨 el deportista
스포츠맨십 el deportivismo
스푼 la cuchara
스프링 el resorte
스프링보드 el trampolín
스핀 la pirueta
슬라이드 la diapositiva
슬라이딩 임금제 la escala móvil
슬랙스 el pantalón
슬리퍼 las zapatillas
슬립 el slip, la combinación
슬프다 (estar) triste
슬픔 la tristeza
습기 la humedad
습도 la humedad
습자 la caligrafía
승강구 [선실의] la escalera de la cámara
승강기 el ascensor, el elevador
승강장 el andén
승객 el pasajero, el viajero
승리 la victoria, el triunfo
승리하다 ganar la victoria
승마 la equitación
승마화 las botas de montar
승무원 [배나 비행기의] el [la] tripulante; [철도의] el [la] personal
승복(承服) la sumisión
승복(僧服) la sotana
승복하다 someterse
승부 la partida
승부차기 el tiroteo de penalti
승선 el embarque
승선하다 embarcarse
승용마 el caballo de silla
승진 la promoción, la ascensión, el ascenso
승진하다 promoverse, ascender, ser promovido
승차 la subida al tren
승차하다 subir al tren
승합 버스 el autobús, el omnibús

시(市) la ciudad
시(時) el tiempo, la hora
시(詩) la poesía, el poema
시가 [여송연] el cigarro
시가(市街) la calle
시가(市價) el precio de mercado
시가(時價) el precio corriente
시가(詩歌) [시] el poema, la poesía
시가(媤家) la casa de *su* esposo
시가지도 el plano
시각(時刻) el tiempo, la hora
시각(視角) el ángulo visual
시각(視覺) la vista, la visión
시각 교육 la educación visual
시각 기관 el órgano de visión
시각 예술 el arte cinético
시각 예술가 el [la] artista cinético
시각 중추 el centro visual
시간 el tiempo
시간외 las horas extraordinarias de trabajo
시간외 근무 las horas extras
시간외 근무 수당 las horas extras
시간외 수당 (subsidio para) las horas extras
시간표 el horario
시계(時計) el reloj
시계(視界) el campo visual
시계포 la relojería
시골 la provincia, el campo
시공 la construcción
시공하다 hacer construcción
시국(市國) la Ciudad
시국(時局) la situación actual
시금치 [식물] la espinaca
시끄럽다 (ser) ruidoso, hacer ruido
시나리오 el guión
시내 el arroyo
시내(市內) la ciudad
시내 전화 la conferencia [la llamada] local
시네라마 el cinerama
시네마스코프 el cinemascope

시누이 la cuñada
시다 [맛이] (ser) ácido, agrio
시 단조 소나타 la sonata en si menor
시대 la época, la era, el tiempo
시대극 el teatro histórico
시대 착오 el anacronismo
시드 [운동] la preselección
시드 팀 el equipo preseleccionado
시디 CD, el disco compacto
시디 드라이브 la unidad de CD
시디롬 CD-ROM
시디롬 드라이브 la unidad de CD-ROM
시력 la vista
시리즈 la colección
시립 도서관 la Biblioteca Municipal
시립 병원 el hospital municipal
시뮬레이션 la simulación
시민 el ciudadano
시발역 la estación de origen
시발 열차 el primer tren
시새우다 envidiar
시새움 la envidia
시세(時世) los tiempos
시세(時勢) la cotización
시소 el balancín
시속 la velocidad por hora
시스템 el sistema, el System
시스템 개발 el desarrollo del sistema
시스템 관리자 el administrador del sistema
시스템 기판 la tarjeta del sistema
시스템 디스크 el disco del sistema
시스템 변환 la conversión de sistema
시스템 복구 la recuperación del sistema
시스템 분석 el análisis de sistema
시스템 분석가 el analisista de sistema
시스템 소프트웨어 el software del sistema
시스템 에러 el error del sistema
시스템 장애 el fallo del sistema
시스템 파일 el archivo System
시스템 프로그래밍 programación de sistemas

시시 티브이 la televisión en circuito cerrado
시아버지 el suegro, el padre político
시어머니 la suegra, la madre político
시외 전화 la conferencia interurbana
시원하다 (ser, estar) refrescante, fresco; [날씨가] Hace fresco
시월 octubre
시위 운동 la manifestación
시위 운동 참가자 el [la] manifestante
시의회 el Ayuntamiento, la Municipalidad
시인(詩人) el [la] poeta, la poetisa
시인(是認) el consentimiento
시인하다 consentir, admitir
시작(始作) el comienzo, el principio
시작(詩作) la composición de poemas
시작(試作) la prueba, el ensayo
시작(始作)하다 empezar, comenzar
시작(試作)하다 ensayar, hacer una prueba
시장 [공복] el hambre
시장(市長) el alcalde, la alcaldesa
시장(市場) el mercado
시장 가격 el precio de mercado
시장 경제 la economía de mercado
시장 분석 el análisis de(l) mercado
시장성 la comercialización
시장 조사 la investigación de(l) mercado
시장하다 tener hambre
시장 확장 la expansión del mercado
시집(媤-) la familia de *su* esposo
시집(詩集) la colección de poesías
시집가다 casarse, contraer matrimonio
시차(時差) la diferencia de horas
시찰 la inspección
시찰 여행 el viaje de inspección
시찰하다 inspeccionar
시청(市廳) el ayuntamiento
시청(視聽) la atención
시청(試聽) la audición
시청각 el sentido audiovisual
시청각 교육 la enseñanza audiovisual
시청료 la tarifa de subscriptores

시청률 el porcentaje de televidentes
시청자 el [la] televidente
시체 el cadáver
시초 el principio
시추 la perforación
시추하다 perforar, hacer perforaciones
시치미 la indiferencia fingida
시치미 떼다 fingir inocencia
시침(時針) el horario
시큼하다 (ser, estar) algo agrio
시트¹ [흰 천] la sábana
시트² [우표의] la hoja de sellos
시판(市販) la venta en el mercado
시퍼렇다 (ser) muy azul
시편(詩篇) [성서] los Salmos
시평(時評) la crítica de actualidades
시평(詩評) la crítica poética
시프트 [컴퓨터] la modulación
시프트 키 la clave de modulación
시학(詩學) la poética
시합 el partido, el encuentro
시험 el examen
시험하다 probar
식구 la familia, los miembros de una familia
식권 el cupón de comida
식기 la vajilla
식기 선반 el aparador
식기장 el aparador
식다 [열이] enfriarse
식단 el menú, la carta, la lista de platos
식단표 el menú, la carta, la lista de platos
식당 el restaurante; [집 등의] el comedor
식당차 el coche-comedor
식대 el precio de comida
식도 [해부] el esófago
식량 las provisiones
식료품 los alimentos, los comestibles
식료품점 la tienda de comestibles
식물 la planta
식물학 la botánica

식물학자 el botánico, la botánica
식물 채집 la colección de plantas
식민지 la colonia
식별 la identificación
식비 el precio de comida
식사 la comida
식사하다 comer, tomar una comida
식용 para la comida
식전 antes de comer
식전 음료 el aperitivo
식초 el vinagre
식초병 la vinagrera
식칼 el cuchillo de cocina
식탁 la mesa
식탁보 el mantel
식품 el alimento
식품 공업 la industria alimenticia
신(神) [유일신] Dios; [잡신] el dios, la diosa
신간(新刊) el libro nuevo
신간서 el libro nuevo
신경 el nervio
신경망 la red neuronal
신경질 la nerviosidad
신경통 la neuralgia
신교 el protestantismo
신교도(新敎徒) el [la] protestante
신년 el año nuevo
신랄하다 (ser) mordaz, severo
신랑 el novio
신랑들러리 el padrino de boda
신문(新聞) el periódico; [일간지] el diario
신문(訊問) la interrogación
신문 광고 el anuncio periodístico
신문 광고물 el prospecto
신문 기사 la crónica
신문 기자 el [la] periodista
신문 논조 el tono de la prensa
신문 발행 la publicación de un periódico
신문 배달 la repartición de periódicos
신문 배달원 el repartidor de periódicos

신문 보급소 la agencia de periódicos
신문 부수 la tirada
신문사 la oficina de periódico
신문 소설 la novela de periódico
신문 스크랩 el recorte de periódico
신문 전단 el prospecto
신문팔이 el vendedor de periódicos
신문하다 interrogar
신발 el calzado
신부 la novia
신부들러리 la dama de honor
신분 la posición social
신사 el caballero
신사복 el traje (completo)
신속하다 (ser) veloz, rápido
신앙 la fe, la creencia
신용 la confianza
신용 보증 보험 el seguro de fidelidad
신용 보험 el seguro de créditos
신용하다 creer, tener confianza
신음 el gemido
신음하다 gemir
신인(新人) el nuevo, la nueva
신인(神人) el hombre sobrenatural
신인 선수 el novato, la novata
신장 la estatura
신중(愼重) la prudencia
신중하다 (ser) prudente
신진대사 el metabolismo
신천옹 [조류] el pájaro tonto
신체 el cuerpo
신체검사 el examen médico
신체조 la gimnasia rítmica deportiva
신탁 el fideicomiso
신탁 은행 el banco fideicomisario
신탁자 el [la] fideicomitente
신탁하다 dar en fideicomiso
신호 la señal, la seña
신호기 el semáforo
신혼 el nuevo matrimonio

신혼 부부 el matrimonio recién casado
신혼여행 el viaje de novios [luna de miel]
신화 el mito, la mitología
신화학 la mitología
신화학자 el [la] mitologista; el mitólogo, la mitóloga
실 el hilo
실내복 la bata
실내 수영장 la piscina cubierta
실내 풀장 la piscina cubierta
실내악 la música de cámara
실뜨기 el juego de la cuna
실례(實例) el ejemplo
실례(失禮) la falta de educación
실로폰 [악기] el xilófono
실리콘 el silicio
실리콘 칩 el chip de silicio
실망 la desilusión
실망하다 desilusionarse
실수 la equivocación
실수령 급료 el sueldo neto
실수하다 equivocar
실습 la práctica
실습하다 practicar
실신 el desmayo, el desvanecimiento
실신하다 desmayarse, desvanecerse
실업(失業) el desempleo
실업(實業) el negocio, el comercio
실업률 la tasa de desempleo
실업 보험 el seguro de desempleo
실업자 el desempleado, los sin trabajo
실재 la existencia
실재하다 existir
실적 los resultados reales
실전 la guerra real
실정 la realidad
실정법 la ley positiva
실제(實弟) el hermano de sangre
실제(實際) la realidad, el hecho
실존주의 el existencialismo
실존주의자 el [la] existencialista

실종 la desapariencia
실종되다 desaparecer
실종 신고 el reporte de desapariencia
실종하다 desaparecer
실증 la prueba, la demostración
실증하다 probar, comprobar
실지(失地) el territorio perdido
실지(實地) la práctica
실직 el desempleo
실직 보험 el seguro de desempleo
실직 수당 el subsidio de desempleo
실직자 el desocupado, la desocupada
실직하다 perder su ocupación
실천 la práctica
실천하다 practicar
실컷 hasta la saciedad
실컷 먹다 comer hasta la saciedad
실크 la seda
실크 모자 el sombrero de copa
실파 [식물] el puerro
실험 el experimento
실험하다 experimentar
싫다 (ser) desagradable
싫어하다 odiar
싫증나다 hartarse
심리 la psicología
심리적 psicológico
심리학 la psicología
심리학자 el psicólogo, la psicóloga
심문(尋問) la interrogación
심문하다 interrogar
심벌즈 [악기] el címbalo
심벌즈 연주자 el [la] cimbalista
심사(審査) el examen
심사원 el examinador, la examinadora
심사하다 examinar
심술궂다 (ser) malicioso, maligno
심심 소일 el pasatiempo
심심 파적 el pasatiempo
심심풀이 el pasatiempo

심심하다 (estar) aburrido, tedioso
심야 la media noche
심장(心臟) el corazón
심전도 el electrocardiograma
심지 la mecha
심지(心志) el temperamento
심판(審判) el juez, el árbitro
심판원 el juez, el árbitro
심하다 (ser) severo, duro
십(十) diez
십육 diez y seis, dieciséis
십육강 los octavos
십육강전 los octavos de final
십육 밀리 영화 la película de dieciséis milímetros
십이월 diciembre
십이지장 el duodeno
십일월 noviembre
십자가 la cruz
십종 경기 el decatlón
싱겁다 [맛이] (estar) desabrido, insípido, soso
싱글 [테니스 등의] los individuales
싱글베드 la cama individual
싱싱하다 (ser) vivo, fresco
싸늘하다 [날씨가] hace un poco de frío; [시체처럼] estar frío
싸다^1 [값이] (ser) barato
싸다^2 [보자기 등에] envolver; empaquetar
싸다^3 [똥을] excrementar; [오줌을] orinar(se)
싸리 la aulaga merina
싸우다 combatir, batallar; pelear
싸움 el combate, la batalla; la pelea
싸움터 el campo de batalla
싹 el brote, el germen
싹싹하다 (ser) afable, amable, simpático
싹트다 brotar, retoñar
쌀 el arroz
쌀가루 la harina de arroz
쌀밥 el arroz (blanco, cocido)
쌀보리 [식물] el centeno
쌀쌀맞다 (ser) frío, seco, indiferente
쌀쌀하다 [날씨가] hace un poco de frío; [사람이] (ser) áspero, seco, frío

쌍 la pareja
쌍곡선 [기하] la hipérbola
쌍꺼풀 los párpados dobles
쌍둥이 [각각] el gemelo, la gemela; [두 사람] los gemelos, las gemelas
쌍무 협정 el acuerdo bilateral
쌍방 ambas partes, ambos lados
쌍안경 los gemelos
쌓다 amontonar
써넣다 anotar, apuntar
썩다 pudrir(se), corromperse
썰다 cortar
썰매 el tobogán, el trineo
썰물 la marea descendiente
쏘다[1] [벌레가] picar
쏘다[2] [화살 등을] tirar, disparar
쏘다니다 ir de un lado a otro
쏟다 verter, echar
쏠다 ratonar, roer
쐐기 la cuña
쐐기 [곤충] la oruga, la larva
쓰다[1] [글을] escribir
쓰다[2] [사용하다] usar
쓰다[3] [낭비하다] gastar
쓰다[4] [맛이] (ser, estar) amargo
쓰다듬다 acariciar
쓰러뜨리다 derribar, hacer caer
쓸다 barrer
쓸모없다 (ser) inútil
쓸쓸하다 (ser) solitario
씨[1] [씨앗] la semilla
씨[2] [피륙의] la trama
씨[3] [품사] la parte de la oración
씨닭 el gallo reproductor
씨돼지 el cerdo padre, el verraco
씨름 la lucha coreana
씨말 el caballo garañón, el semental
씨명(氏名) nombre y apellido(s)
씨뿌리다 sembrar
씨아 la limpiadora de algodón
씨암탉 la gallina reproductora

씨앗 la semilla
씨족 la tribu
씨짐승 el semental
씨황소 el toro semental
씩씩하다 (ser) robusto, animado
씰 el sello
씹 la vulva; [성교] el coito
씹다 masticar, mascar
씻다 lavar; [자신의 몸을] lavarse
씻어 주다 lavar

ㅇ

아 ¡Ay!, ¡Oh!, ¡Ay!
아가 el nene
아가(雅歌) [성서] Cantar de los cantares
아가미 la agalla, la branquia
아군 la tropa amiga, el amigo
아귀 el diablo marino
아날로그 analógico
아날로그 데이터 los datos analógicos
아날로그 채널 el canal analógico
아날로그 컴퓨터 el ordenador analógico
아날로그 표시 장치 el monitor analógico
아날로그 회선 la línea analógica
아내 la esposa, la mujer
아네모네 [식물] la anemona
아노락 el anorak
아데노이드 las vegetaciones adenoideas
아동 el niño, la niña
아동 도서 el libro para niños
아들 el hijo
아라비아 [지명] Arabia
아라비아 사람 el [la] árabe
아라비아 어 el árabe
아랍 [지명] Arabia
아랍 사람 el [la] árabe
아랍 어 el árabe
아래층 el piso bajo

아래턱 la mandíbula inferior
아랫눈시울 el borde de párpado inferior
아랫눈썹 las pestañas inferiores
아랫니 el diente inferior
아랫볼 la mejilla inferior
아랫수염 la barba
아랫입술 el labio inferior
아랫잇몸 la encía inferior
아르마딜로 [동물] el armadillo
아르헨티나 [나라] la Argentina
아르헨티나 사람 el argentino, la argentina
아름답다 (ser) hermoso, bello
아리아 el aria
아마 quizá, quizás
아마(亞麻) [식물] el lino
아메리카 [지명] la América
아메리카 들소 [동물] el bisonte
아메리카 사람 el americano, la americana
아메리카 합중국 los Estados Unidos de América
아메리카 합중국 사람 el [la] estadounidense
아메바 la amiba
아몬드 la almendra
아미노산 el aminoácido
아버지 el padre
아부 el halago, la lisonja, la adulación
아부하다 halagar, lisonjar, adular
아세테이트 el acetato
아쉬워하다 sentir, lamentar
아스파라거스 [식물] el espárrago
아시아 [지명] el Ásia
아시아 사람 el asiático, la asiática
아연(亞鉛) el zinc, el cinc
아열대 la zona subtropical
아웃풋 la salida
아이 el niño, la niña
아이새도 el sombreador
아이스 스케이트 el patinaje sobre hielo
아이스크림 el helado
아이스하키 el hockey sobre hielo, el icehockey
아일랜드 [나라] Irlanda

아일랜드 사람 el irlandés, la irlandesa
아일랜드 어 el irlandés
아지랑이 la bruma, la niebla
아직 todavía, aún
아찔하다 deslumbrarse
아첨 el halago, la lisonja, la adulación
아첨하다 halagar, lisonjar, adular
아치 el arco
아침 la mañana
아침밥 el desayuno
아카데미 la academia
아카데미상 el Oscar, el premio Oscar
아카시아 [식물] la acacia
아코디언 el acodeón
아코디언 연주자 el [la] acordeonista
아크릴 la resina acrílica
아킬레스건 el tendón de Aquiles
아틀리에 el estudio, el taller
아파트 el apartamento, el piso
아페리티프 el aperitivo
아프다 doler, tener dolor (de); [병에 걸리다] estar enfermo
아프리카 [지명] el África
아프리카 사람 el africano, la africana
아픔 el dolor
아한대 la zona subglacial
악기 el instrumento musical
악단 la banda
악담 los insultos
악담하다 insultar
악보 la música; [총보] la partitura
악센트 el acento
악셀러레이터 el acelerador
악어 [동물] el cocodrilo
악의 la mala intención
악인 el malo, la mala
악장(樂匠) el maestro [la maestra] de música
악장(樂長) el director [la directora] de banda
악장(樂章) [음악] el movimiento
악질(惡質) la mala calidad
악질(惡疾) la epidemia

악처 la mala esposa
악천후 el mal tiempo
악취 el mal olor, el hedor
악평 la crítica desfavorable
악필 la mala mano, las malas letras
악하다 (ser) malo, maligno
악한 el bribón, el pícaro
악화(惡化) el empeoramiento
악화(惡貨) la mala moneda
악화되다 empeorarse
안개 la niebla
안경 las gafas, los anteojos
안과 la oftalmología
안과의 el oftalmólogo, la oftalmóloga
안구 el globo del ojo
안내 la guía
안내서 la guía
안내소 la información, las informaciones
안내원 el [la] guía
안내인 el [la] guía; [극장의] el acomodador, la acomodadora
안내하다 guiar
안달하다 impacientarse
안락의자 la butaca, el sillón
안마(按摩) el masaje
안마(鞍馬) el potro con arzón
안마하다 masajear, dar un masaje
안병(眼病) las enfermedades de los ojos
안심하다 tranquilizarse
안전 la seguridad
안전 면도기 la maquinilla de afeitar
안전 벨트 el cinturón de seguridad
안전보장이사회 el Consejo de Seguridad
안전하다 (ser) seguro
안정(安靜) el reposo
안질 las enfermedades de los ojos
안창 la plantilla
안테나 la antena
안테나 렌즈 la lente de antena
안테나 스위치 el conmutador de antena
안테나 튜너 el sintonizador de antena

안테나 회로 el circuito de antena
앉다 sentarse, tomar el asiento
앉히다 sentar
알 el huevo; [생선의] la hueva, la freza
알다 saber, conocer
알레르기 la alergia
알레르기성 질환 la enfermedad alérgica
알레르기성 천식 el asma alérgica
알레르기성 피부염 la dermalergosis
알루미늄 el aluminio
알뿌리 el bulbo
알아차리다 reconocer
알약 la tableta, la pastilla
알칼로이드 el alcaloide
알칼리 el álcali
알칼리 반응 la reacción alcalina
알칼리성 la alcalinidad
알칼리성 반응 la reacción alcalina
알칼리성 식품 los alimentos alcalinos
알코올 el alcohol
알코올 발효 la fermentación alcohólica
알코올 온도계 el termómetro
알토 [가수] el alto
알파 alfa
알파 검사 la prueba alfa
알파벳 el alfabeto
알파인 종목 las pruebas alpinas
알파 채널 el canal alfa
알파 칩 el chip Alpha
알펜 경기 las pruebas alpinas
앎 la sabiduría
암 [암컷] hembra
암(癌) el cáncer
암기 la memoria
암기하다 aprender de memoria
암꿩 la faisana
암내 el celo
암띠다 (ser) tímido, reservado
암말 la yegua
암매(暗買) la compra clandestina

암매(暗賣) la venta clandestina
암매(暗買)하다 comprar clandestinamente
암매(暗賣)하다 vender clandestinamente
암모니아 [화학] el amoníaco
암묵 el silencio
암벌 la abeja hembra
암범 la tigresa
암벽 la pared rocosa
암벽 등반 la escalada
암비둘기 la paloma hembra
암사슴 la cierva, el gamo hembra
암사자 la leona
암산(巖山) la montaña rocosa
암산(暗算) el cálculo mental
암살하다 asesinar
암석 la roca
암소 la vaca; [3세 미만의] la vaquilla
암송 la recitación
암송하다 recitar
암시 la sugestión, la alusión
암시장 el mercado negro
암시하다 sugerir
암실 la cámara oscura
암양 [동물] la oveja hembra
암여우 [동물] la zorra
암청색 el azul oscuro
암초 el escollo
암컷 la hembra
암탉 la gallina
암퇘지 [동물] la cerda, la puerca
암페어 el amperio
암호 la contraseña
암호랑이 la tigresa
암흑 la oscuridad
암흑 시대 el edad negra
압력 la presión
압력 밥솥 la olla a presión
압력솥 la olla a presión
압정 el chinche
압지 el papel secante

한국어-스페인어 791

앙고라고양이 [동물] el gato de Angora
앙심 el rencor
앙코르 la repetición
앞 el frente
앞니 el diente delantero
앞면 [컴퓨터] la cara
앞바퀴 la rueda delantera
앞유리 [자동차의] el parabrisas
앞좌석 el asiento delantero
앞치마 el delantal
애 la molestia, la preocupación, la ansiedad
애교 la gracia
애국 el patriotismo
애국가 el himno nacional
애국자 el [la] patriota
애국적 patriótico
애매모호하다 (ser) vago
애벌레 la larva
애정 el cariño, el amor
애착 el apego, el cariño
애호 la afición
액면 el valor nominal
액셀러레이터 el acelerador
액정 el cristal líquido
액체 el líquido
앤드 라인 la línea de defensa [fondo]
앨범 el álbum
앰뷸런스 la ambulancia
앵돌아지다 estar de mal humor
앵두 la cereza
앵두나무 [나무] el cerezo
앵무새 [조류] el papagayo, el loro
앵속 [식물] la adormidera
앵초 [식물] la primavera
야간 la noche
야간 테이블 la mesilla de noche
야구 el béisbol
야구 공 la pelota de béisbol
야구 베트 el bate
야구부 el club de béisbol

야구부장 el jefe del club de béisbol
야구 선수 el [la] beisbolista
야구 시합 el partido de béisbol
야구 열 la manía por béisbol
야구장 el campo de béisbol
야구 팀 el equipo de béisbol
야구 팬 el aficionado de béisbol
야구화 los zapatos de béisbol
야금학 la metalurgia
야단치다 reprender, regañar, reñir
야당 el partido de la oposición
야마 [동물] la llama
야밤중 la medianoche
야수(野獸) el animal salvaje
야숙(野宿) el campamento, el vivaque
야숙하다 acampar(se)
야습 el ataque nocturno
야습하다 atacar por la noche
야영 el campamento, el vivaque
야영하다 acampar(se)
야영장 el campamento, el camping
야영 천막[텐트] la campaña de campaña
야유 el abucheo
야유하다 abuchear
야회복 el vestido de noche
약(約) unos, unas, más o menos
약(藥) la medicina
약국 la farmacia, la botica
약물 la droga
약물 검사 el control de dopaje, el dóping
약방 la farmacia, la droguería, la botica
약손가락 el dedo anular
약실 el dispensario
약제 el medicamento
약제사 el farmacéutico, la farmacéutica
약제실 el dispensario
약재료 las medicinas
약지 el dedo anular
약(弱)하다 (ser) débil
약혼 el compromiso matrimonial

약혼 반지 el anillo de esponsales
약혼자 el prometido, la prometida
얇다 (ser) delgado
얌전하다 (ser) manso, dócil
양(羊) [동물] la oveja
양계 la avicultura
양계가 el gallinero, la gallinera
양계업 la industria avícola
양계장 el gallinero
양귀비 [식물] la adormidera
양극(陽極) el ánodo
양녀 la hija adoptiva
양념 la especia, el condimento
양동이 el cubo
양로 보험 el seguro de vejez
양로원 el asilo de ancianos
양말 los calcetines
양모 la madre adoptiva
양배추 [식물] la col
양복 el traje, el vestido europeo
양복걸이 la percha
양복바지 los pantalones
양복장 el armario
양복점 la sastrería
양부 el padre adoptivo
양산 la fabricación en serie [masa]
양서류 los anfibios
양성(養成) la formación
양성 바이러스 el virus benigno
양성하다 formar
양수(陽數) el número positivo
양식(洋式) el estilo europeo
양식(洋食) la comida europea
양식(良識) el buen sentido
양식(養殖) el cultivo
양식(糧食) el alimento
양식(樣式) el estilo
양식 진주 la perla cultivada
양아버지 el padre adoptivo
양어머니 la madre adoptiva

양자(養子) el hijo adoptivo
양잠 la sericultura
양잠가 el sericultor, la sericultora
양잠업 la sericultura
양치질 las gárgaras
양치질하다 hacer gárgaras
양친 los padres
양탄자 la alfombra
양파 [식물] la cebolla
양품점 la mercería, la camisería
양화 los zapatos
양화점 la zapatería
얕다 (ser) poco profundo
얕보다 hacer poco caso (de)
어금니 la muela
어깨 el hombro
어깨걸이 el chal
어댑터 el adaptador
어댑터 카드 la tarjeta adaptadora
어둡다 (ser) oscuro, obscuro
어드레스 la dirección
어드레스 마스크 la máscara de dirección
어롱 el cesto de pescador
어뢰 el torpedo
어뢰정 el torpedero
어루만지다 acariciar
어른 el adulto, la adulta
어리다 (ser) pequeño, joven
어리석다 (ser) estúpido, torpe, tonto, bobo
어린 시절 la infancia, la niñez
어린아이 el niño, la niña
어린이 el niño, la niña
어린이놀이 el juego de los niños
어린이 놀이터 el campo de juegos, el patio de recreo
어린이 방 el cuarto de los niños
어망 la red de pesca
어머니 la madre
어순 el orden de palabras
어원 la etimología
어음 la letra

어지럽히다 desordenar
어지르다 desordenar
어학 la lengua
어학 실습실 el laboratorio de lenguas
어휘 el vocabulario
어휘집 los vacabularios, el léxico
억양 la entonación
억제 la represión
억제하다 reprimir
억지 la sinrazón
언더파 [골프] bajo par
언덕 la colina
언론 la prensa
언어(言語) la lengua, el idioma
언어 심리학 la psicología lingüística
언어 심리학자 el psicólogo lingüístico
언어 지리학 la geografía lingüística
언어 처리기 el procesador de lenguaje
언어학 la lingüística, la filología
언어학자 el [la] lingüista
얻다 obtener
얼굴 la cara, el rostro
얼다 helar(se), congelarse
얼떨떨하다 (ser) confuso, perplejo
얼룩말 [동물] la cebra
얼음 el hielo
얼음 베개 la almohada de hielo
엄격하다 (ser) severo, estricto, riguroso
엄지벌레 el imago
엄지손가락 el (dedo) pulgar
엄하다 (ser) severo, duro
업무 el trabajo, el negocio
업무용 소프트웨어 el software empresarial
업무 제휴 la cooperación
업신여기다 hacer poco caso de
없다 no haber, faltar
없어지다 desaparecer
엉덩이 las nalgas, el culo
에그 프라이 el huevo estrellado
에델바이스 [식물] el edelweiss

에메랄드 [광물] la esmeralda
에프 키 las teclas F
에세이 el ensayo
에세이 작가 el [la] ensayista
에스빠냐 [나라] España
에스빠냐 사람 el español, la española
에스빠냐 어 el español
에어로빅스 el aerobismo, el aérobic
에어버스 el aerobús
에어컨 el acondicionador de aire
에어컨디셔너 el acondicionador de aire
에어 포켓 la bolsa [el bache] de aire
에이디 카드 la tarjeta de identidad
에이스 el as
에이즈 el SIDA
에이커 el acre
에콰도르 [나라] Ecuador
에콰도르 사람 el ecuatoriano, la ecuatoriana
에티오피아 [나라] Etiopía
에티오피아 사람 el [la] etíope
에티켓 la etiqueta
에피소드 el episodio
엑스선 rayos X
엑스선 사진 la radiografía
엔드 라인 la línea defensa [fondo]
엔드 마크 la marca de final
엔진 el motor
엔진 고장 la avería del motor
엔터 키 la tecla Entrar
엔트리 la entrada
엔트리 포인트 el punto de entrada
엘리베이터 el ascensor
엘살바도르 [나라] El Salvador
엘살바도르 사람 el salvadoreño, la salvadoreña
엠프 el amplicador
여객 el pasajero
여객기 el avión de pasajeros
여객실 la cabina del pasaje [de pasajeros]
여객 운임 el precio de viaje
여경(女警) la policía (femenina)

여과 la filtración
여과기 el filtro
여과하다 filtrar
여관(旅館) el hostal, la pensión, la fonda
여권(旅券) el pasaporte
여기 la afición, el hobby
여단 la brigada
여당 el partido del gobierno
여당 의원 el diputado del partido del gobierno
여동생 la hermana (menor)
여든 ochenta
여러 가지 muchas especies
여론 la opinión pública
여류 소설가 la novelista
여류 수필가 la ensayista
여류 시인 la poeta, la poetista
여류 작가 la escritora
여류 화가 la pintora
여름 el verano
여름옷 el traje de verano
여배우 la actriz
여백 el margen
여보세요 [거는 측] ¡Oiga!; [받는 측] ¡Diga!
여비(旅費) los gastos de viaje
여성 la mujer, el sexo femenino
여성적 femenino
여아 la niña
여왕 la reina
여우 [동물] el zorro
여우(女優) la actriz
여울 el banco de arena
여위다 enflaquecer(se), adelgazar(se)
여의사 la médica, la doctora
여자 la mujer
여자 경찰관 la policía (femenina)
여자 대학교 la universidad femenina
여자 친구 la amiga
여정(旅程) el plan de viaje
여주인 el ama (*pl.* las amas)
여학교 la escuela femenina

여학생 la estudiante, la alumna
여행 el viaje
여행비용 los gastos de viaje
여행사 la agencia de viajes
여행 안내 la guía turística
여행 안내소 la oficina de turismo
여행 안내자 el [la] guía de turismo
여행자 el viajero, la viajera
여행자 수표 el cheque de viajero
여행하다 viajar
여흥 el entretenimiento
역(驛) la estación
역도 la halterofilia, el levantamiento de pesos
역무원 el empleado de estación
역사(歷史) la historia
역사가 el historiador, la historiadora
역사적 histórico
역원(役員) el [la] oficial
역원(譯員) el empleado de estación
역장 el jefe de estación
역장실 el despacho del jefe de estación
역 파일 el archivo invertido
역학 la dinámica, la mecánica
연(鳶) la cometa
연(鉛) [광물] el plomo
연간 잡지 la revista anual
연결 la conexión, el vínculo, el enganche
연결기 el conector
연결하다 conectar, vincular, enganchar
연고(軟膏) el ungüento, la pomada
연극(演劇) el teatro
연기(延期) el aplazamiento
연기(煙氣) el humo
연기(演技) la interpretación
연기자 el [la] intérprete
연기(演技)하다 interpretar, desempeñar
연기(延期)하다 aplazar, diferir
연꽃 el loto
연대 책임 la responsabilidad solidaria
연대 파업 la huelga por solidaridad

연돌 la chimenea
연락 el enlace
연락하다 enlazar (con)
연령 la edad
연로하다 (ser) viejo, anciano
연료 el combustible, el carburante
연료 탱크 el depósito de combustible
연못 el estanque
연무(煙霧) la bruma
연미복 el frac (*pl.* los fraques)
연배 la edad avanzada
연분홍 el rosa, el color rosa
연상(年上) la edad mayor
연상(聯想) la asociación de las ideas
연소(年少) la edad menor
연소(燃燒) la combustión
연소실 la cámara de combustión
연소자 el [la] joven
연소하다 quemarse, encenderse
연속 la continuación
연속하다 continuar
연수(年收) los ingresos anuales
연수(年數) (número de) los años
연수(研修) el cursillo; [운동] el entrenamiento
연수(延髓) [해부] la medula, la médula
연수(軟水) el agua dulce
연수(研修)하다 cursar; entrenar
연습(練習) el ejercicio; [운동] el entrenamiento
연습곡 el estudio
연습하다 ejercitar; [운동] entrenar
연승(連勝) las victorias sucesivas
연승하다 ganar sucesivamente
연식 정구 el tenis de pelota blanda
연안(沿岸) la costa
연안 낚시 la pesca en la costa
연애 el enamoramiento, el amor
연애하다 enamorarse, amar
연애 편지 la carta de amor
연약하다 (ser) débil
연어 [어류] el salmón

연역 la deducación
연역법 la deducción
연옥 el purgatorio
연월일 la fecha
연유(煉乳) la leche condensada
연유(緣由) la razón; el origen
연인 el novio, la novia
연장 [건축] la herramienta
연장(年長) [사람] el [la] mayor
연장(延長) la prórroga
연장전 la prórroga
연장하다 prorrogar, prolongar
연재 소설 la novela en serie
연주 la ejecución musical
연주하다 ejecutar, interpretar
연주회 el concierto
연착 la llegada tardía
연착하다 llegar tarde
연출 la ejecución
연출가 el director, la directora
연출하다 ejecutar
연필 el lápiz (*pl.* los lápices)
연필깎이 el sacapuntas, el afilalápices
연필심 la mina
연(軟)하다 (estar) tierno; [색이] (ser) claro
연합 la unión, la asociación
연합 통신 la prensa asociada
연합하다 unirse, asociarse
열 [십] diez
열(列) la línea, la fila; [창구 앞 등의] la cola
열(熱) el calor; [열병] la fiebre
열거하다 ordenar, colocar
열광 el entusiasmo
열광하다 entusiasmarse, excitarse
열다[1] [닫힌 것을] abrir
열다[2] [열매 등이] dar, nacer
열대 la zona tropical, la zona tórrida
열대 기후 el clima tropical
열대림 la selva tropical
열대병 la enfermedad tropical

열대산 el producto tropical
열대 식물 la planta tropical
열대야 la noche tropical
열대어 el pez tropical
열대 지방 las regiones tropicales
열람실 la sala de lectura
열리다¹ [닫힌 것이] abrirse
열리다¹ [열매가] darse, producirse
열매 el fruto
열병 la fiebre
열쇠 la llave
열쇠 고리 el llavero
열쇠 꾸러미 el llavero
열정 la pasión
열팽창 la dilatación térmica
엷다 (ser) delgado, ligero
염가 el precio barato
염려 la preocupación
염려하다 preocuparse, molestarse
염산 el ácido clorhídrico
염색 el teñido, el tinte
염색소 la tintorería
염색하다 teñir, tintar
염소 [동물] la cabra
염주 el rosario
엽궐련 el cigarro puro
엽서 la tarjeta
엿보다 atisbar
영(零) cero
영(靈) el espíritu, el alma
영감 el viejo
영공 el espacio aéreo territorial
영관(榮冠) el laurel, la corona
영구(永久) la eternidad
영국 [나라] Inglaterra, Gran Bretaña
영국 사람 el inglés, la inglesa
영락(零落)하다 empobrecerse
영리하다 (ser) inteligente, listo
영빈관 el palacio de huéspedes de honor
영사(領事) el [la] cónsul

영사(映寫) la proyección
영사관 el consulado
영사기 el proyector
영사막 la pantalla
영사 사증 los derechos consulares
영사 송장 la factura consular
영상(映像) la imagen
영생 la vida eterna
영생하다 vivir eternamente
영세 중립 la neutralidad permanente
영속 la permanencia
영속하다 permanecer
영수(領收) el recibo
영수(領袖) el [la] jefe, el [la] dirigente
영수증 el recibo
영악하다 (ser) astuto
영양(羚羊) [동물] el antílope, la gamuza
영양(榮養) la nutrición
영양가 el valor nutritivo, la caloría
영양 결핍 la subnutrición
영양 과다 la supernutrición
영양분 el nutrimiento
영양사 el perito en nutrición
영양 상태 las condiciones nutritivas
영양식 la comida nutritiva
영어(英語) el inglés
영어(囹圄) la cárcel, la prisión
영업(營業) el negocio, el comercio, el trabajo
영업부 la sección de negocios
영업 부장 el jefe de la sección de negocios
영업 성적 los resultados de operaciones
영업소 la oficina
영업 시간 las horas de comercio
영역 el área (*pl.* las áreas)
영웅 el héroe, la heroína
영자 신문 el periódico en inglés
영토 el territorio
영하 bajo cero
영해 las aguas territoriales
영향 la influencia

영혼 el alma
영화(英貨) [파운드화] la libra esterlina
영화(映畵) el cine; [작품] la película
영화(榮華) la prosperidad
영화 감독 el director [la directora] de cine
영화관 el cine, el cinema
영화 배우 el actor [la actriz] de cine
영화 스타 la estrella de cine
영화 잡지 la revista de cine
영화제 el festival de cine
영화 제작 la producción cinematográfica
영화 제작소 el estudio cinematográfico
영화 제작자 el productor cinematográfico
영화 촬영소 el estudio
영화 팬 el aficionado al cine
영화화 la adoptación al cine
영화화하다 adaptar al cine
옆 el lado
옆얼굴 el perfil
옆줄 la línea de banda
옆집 la casa de al lado
예 sí
예(例) el ejemplo
예각(銳角) [기하] el ángulo agudo
예금 el depósito, el ahorro
예금 용지 el formulario de depósito
예금 이율 la tasa de depósito
예금주 el [la] depositante
예금 증서 el certificado de depósito
예금 통장 la libreta de banco
예능 los talentos; el arte y la técnica
예리하다 [연장이] (ser) afilado; [두뇌가] (ser) agudo, perspicaz
예매 la venta adelantada [anticipada]
예매권 el billete vendido con anticipación
예민하다 (ser) perspicaz, agudo
예방(豫防) la prevención
예방(禮訪) la visita de cortesía
예방 의학 la medicina preventiva
예방 접종 la vacunación
예방 접종 증명서 el certificado internacional de vacunación

예방 주사 la inyección preventiva
예방하다 prevenir
예배 [천주교] el culto; [개신교] el servicio
예배당 la capilla
예배하다 rendir culto, adorar, rendir
예법 la cortesía, la etiqueta
예보 el pronóstico
예보하다 pronosticar, predecir
예복 el traje de ceremonia
예비 la reserva, la reservación
예비품 las piezas de recambio
예비하다 reservar
예쁘다 (ser) bonito, lindo, mono
예산 el presupuesto
예산안 el proyecto de presupuesto
예선 la eliminatoria
예술 el arte, la arte
예술가 el [la] artista
예술 사진 la fotografía artística
예술적 artístico
예술품 la obra de arte
예습 la preparación
예습하다 preparar
예약 la reserva, la reservación
예약석 el asiento reservado
예약 출판 la publicación por suscripción
예약 출판하다 publicar por suscripción
예약하다 reservar; [책 등을] suscribirse
예언 la profecía, la predicción
예언자 el profeta, la profetisa
예언하다 profetizar, predecir
예우 el tratamiento cortés
예우하다 tratar cortésmente
예의 la cortesía, la etiqueta
예인망 la red barredera
예인선 el remolcador
예정 el proyecto, el programa, el plan
예정하다 proyectar, planear
예찬 la alabanza
예찬하다 alabar

예측 la pronosticación
예측하다 pronosticar
옐로 카드 la tarjeta amarilla
옛날 los tiempos antiguos
옛말 el refrán, el proverbio
옛사람 los antiguos
옛일 los hechos pasados
옛적 los años pasados
오 ¡Ah!
오(五) cinco
오가다 ir y venir, venir e ir
오각형 el pentágono
오금 la corva
오누이 el hermano y la hermana
오늘 hoy
오늘 밤 esta noche
오늘 아침 esta mañana
오늘 오후 esta tarde
오늘 저녁 esta noche
오다 venir
오대양 cinco océanos
오동나무 [식물] el parasol de sultán
오두막 la choza, la cabaña
오디 la mora
오디오 el audio
오디오 카드 la tarjeta de audio
오디오텍스 el audiotexto
오락 el pasatiempo, el entretenimiento
오락실 la sala de juegos
오랑우탄 [동물] el orangután
오랑캐꽃 [식물] la violeta
오래 (por) mucho tiempo, por largo tiempo
오렌지 la naranja
오렌지나무 [식물] el naranjo
오렌지색 el anaranjado, el color anaranjado
오로라 la aurora
오류 el error
오류 검사 la comprobación de errores
오류 검출 코드 código de detección de errores
오류 메시지 el mensaje de error

오류 분석 el análisis de errores
오류율 la tasa de error
오류 제어 el control de errores
오류 처리 la administración de errores
오류 파일 el archivo de errores
오르간 [풍금] el armonio
오르다 subir, montar, elevarse
오르되브르 el entremés
오른쪽 la derecha
오른쪽 공격수 el extremo derecho
오른쪽 날개 el extremo derecho
오른쪽 수비수 el defensa derecho
오리 [조류] el pato
오리너구리 [동물] el ornitorrinco
오리온자리 [천문] el Orión
오목 거울 el espejo cóncavo
오목 다각형 el polígono cóncavo
오목 렌즈 la lente cónvaca
오백(五百) quinientos, quinientas
오버슈즈 el chanclo
오버코트 el abrigo, el sobretodo
오버 파 sobre par
오보에 [악기] el oboe
오븐 el horno
오빠 el hermano
오소리 [동물] el tejón
오스트레일리아 [나라] Australia
오스트레일리아 사람 el australiano
오스트리아 [나라] Austria
오스트리아 사람 el austriaco, la austriaca
오식(誤植) la errata de imprenta
오십 cincuenta
오역 la traducción errónea
오월 mayo, el mes de mayo
오이 [식물] el pepino
오전 la mañana
오종 경기 el pentatlón
오줌 la orina
오중주 [음악] el quinteto
오징어 [어류] el calamar, la jibia

오트밀 la harina de avena
오팔 [광물] el ópalo
오페라 la ópera
오페라 극장 el teatro de la ópera
오페라 글라스 los gemelos de teatro
오페레타 la opereta; [스페인의] la zarzuela
오프사이드 fuera de juego
오픈 파일 el archivo abierto
오후 la tarde
옥(玉) [경옥] el jade
옥수수 el maíz
옥수수 밭 el maizal
옥타브 la octava
온 todo, toda
온건하다 (ser) moderado
온난 전선 el frente cálido
온대 la zona templada
온도 la temperatura
온도계 el termómetro
온두라스 [나라] Honduras
온두라스 사람 el hondureño, la hondureña
온라인 en línea
온라인 서비스 el servicio en línea
온라인 처리 el procedimiento en línea
온몸 todo el cuerpo
온밤 toda la noche
온수 el agua caliente
온순하다 (ser) manso, dócil
온스 la onza
온실 el invernadero
온아하다 (ser) afable, elegante
온음계 la escala diatónica
온전하다 (ser) entero
온정 la benevolencia
온종일 todo el día
온집안 toda la casa
온천 las aguas termales
온천장 el balneario
온화(溫和)하다 (ser) suave, benigno, templado
올되다 (ser) precoz

올라가다 subir
올리다 subir, alzar, elevar, levantar
올리브 el olivo; [열매] la oliva, la aceituna
올리브유 el aceite de oliva
올림픽 la Olimpiada, los Juegos Olímpicos
올림픽경기대회 los Juegos Olímpicos
올림픽 선수촌 la villa olímpicao
올빼미 [조류] la lechuza
올스타 팀 el equipo de estrella
올챙이 [동물] el renacuajo
올케 la cuñada
옮기다 mover
옷 la ropa, el traje, el vestido
옷감 la tela, el tejido
옷걸이 la percha
옷깃 el cuello
옷장 el armario, el ropero
옹스트롬 el ángstrom
와이셔츠 la camisa
완고하다 (ser) obstinado, terco
완두 [식물] el guisante
완력 la fuerza muscular [física]
완전하다 (ser) perfecto, completo
완쾌(完快) la recuperación completa
완쾌되다 recuperarse completamente
왈츠 el vals
왕(王) el rey
왕국(王國) el reino
왕궁(王宮) el palacio real
왕귤(王橘) la naranja mandarina, la azamboa
왕귤나무 el azamboero
왕녀 la princesa, la infanta
왕뱀 [동물] la boa
왕복 ida y vuelta
왕복 엽서 la tarjeta postal de ida y vuelta
왕복표 el billete de ida y vuelta
왕비(王妃) la reina
왕실(王室) la familia real
왕위(王位) el trono
왕자(王子) el príncipe, el infante

왕진 la visita a *su* enfermo
왕진하다 visitar a *su* enfermo
외각 [기하] el ángulo externo
외과의 el cirujano, la cirujana
외교 la diplomacia
외교관 el diplomático, la diplomática
외교 방침 la política exterior
외교통상부 el Ministerio de Asuntos Exteriores y Comercio
외국 el (país) extranjero
외국 무역 el comercio exterior
외국어 la lengua extranjera
외국 여행 el viaje al extranjero
외국 우편 el correo internacional
외국환 las divisas (extranjeras)
외래 환자 el [la] paciente de consulta
외롭다 (ser) solitario
외무부 el Ministerio de Asuntos Exteriores
외삼촌 el tío materno
외상 el crédito
외상 거래 las transacciones a crédito
외상 사절 No vendemos a crédito.
외상 판매 la venta a crédito
외설(猥褻) la obscenidad
외숙모 la tía materna
외숙부 el tío materno
외우다 aprender de memoria
외접원 [기하] el círculo circunscrito
외치다 gritar
외투 el abrigo, el sobretodo
외할머니 la abuela materna
외할아버지 el abuelo materno
외화(外貨) las divisas
외환(外換) el cambio extranjero, las divisas
외환율 el tipo de cambio
외환은행 el banco de divisas
왼발잡이 el zurdo, la zurda
왼발잡이 선수 el jugador zurdo
왼손 la mano izquierda
왼손잡이 el zurdo, la zurda
왼쪽 la izquierda

왼쪽 공격수 el extremo izquierdo
왼쪽 날개 el extremo izquierdo
왼쪽 수비수 el defensa izquierdo
요 el colchón
요(尿) la orina
요강 el bacín
요구 la petición, la demanda
요구하다 pedir, exigir, demandar
요금 la tarifa, el precio
요금 선불 전화 la llamada de cobro revertido
요람 la cuna
요리 el plato, la cocina, el guiso
요리사 el cocinero, la cocinera
요리하다 cocinar
요법 el remedio
요양 el tratamiento médico
요양소 el sanatorio
요양하다 recibir tratamiento
요요 el yoyo
요청 la petición, la demanda
요청하다 pedir, exigir, reclamar
요트 el yate
요트 경기 la regata de vela
욕설 el insulto, la injuria
욕실 el cuarto de baño
욕심 la avaricia, la codicia
욕심쟁이 el codicioso, la codiciosa
욕조 la bañera
욕지기 la náusea
용감하다 (ser) valiente
용돈 el dinero para gastos menudos
용량 la capacidad
용모 la figura, la fisonomía, el semblante
용변 las necesidades
용병(用兵) la táctica
용병(勇兵) el soldado valiente
용병(傭兵) el mercenario
용서 el perdón
용서하다 perdonar
용설란 [식물] la agave, el maguey, la pita

용수철 el resorte
용어 la palabra, la dicción
용의자 el sospechoso, el presunto autor
용이하다 (ser) fácil
용태 el estado
우군 la tropa amiga
우단 el terciopelo
우등 el grado superior
우라늄 [화학] el uranio
우둔하다 (ser) torpe, tonto
우듬지 la copa
우라늄 [광물] el uranio
우량(雨量) la precipitación
우량(優良) la excelencia
우레 el trueno
우루과이 [나라] Uruguay
우루과이 사람 el uruguayo, la uruguaya
우매하다 (ser) tonto, torpe
우물 el pozo
우미하다 (ser) elegante, gracioso
우박 el granizo
우선 primeramente, en primer lugar
우선권 la prioridad
우송 el envío por correo
우송하다 enviar por correo
우수(偶數) [수학] el número par
우수하다 (ser) excelente
우스꽝스럽다 (ser) cómico
우승 la victoria, el campeonato
우승자 el campeón, la campeona
우승 후보 선수 el ganador probable; [경마나 경륜의] el favorito
우아하다 (ser) elegante
우엉 [식물] la bardana
우연(偶然) la casualidad
우울하다 (ser) melancólico
우유 la leche (de vaca)
우유병 la botella de leche
우익 el ala derecha
우익수 el derecha campo
우인 el amigo, la amiga

우정 la amistad
우주 el universo
우주 개발 el desarrollo espacial
우주 공학 la ingeniería espacial
우주 과학 la ciencia espacial
우주 산업 la industria espacial
우주선 la nave espacial, la astronave
우주 시대 la era espacial
우주 여행 el viaje espacial
우주인 el [la] astronauta
우주 정거장 la estación espacial
우주 중계 la retransmisión espacial
우쭐거리다 engreírse, envanecerse
우천 el tiempo lluvioso
우체국 la casa [la oficina] de correos
우체국장 el administrador de correos
우체국 직원 el empleado de correos
우체부 el cartero
우체통 el buzón
우편 el correo
우편낭 la cartera
우편료 el franqueo
우편 리스트 la lista de correo
우편물 el correo, el objeto postal
우편 번호 el código postal
우편 번호 제도 el sistema del código postal
우편 사서함 el apartado postal
우편선 el paquebote
우편엽서 la tarjeta postal
우편 요금 el franqueo
우편 저금 el ahorro postal
우편 주소 la dirección de correo
우편집배원 el cartero
우편차 el coche correo
우편 투입구 el buzón
우편 폭탄 el correo bomba
우편함 el buzón; [컴퓨터] el buzón de correo
우편환 el giro postal
우표 el sello (de correo); la estampilla
우표 수집 la filatelia, la colección de sellos

우표 수집가 el [la] filatelista
우표 자동 판매기 la máquina estampilladora
우표첩 el álbum de sellos
우현 el estribor
우회로 la carretera de desviación
운(運) la suerte
운(韻) la rima
운동 el ejercicio
운동가 el [la] deportista
운동 경기 el atletismo
운동 선수 el [la] atleta
운동장 el campo de recreo
운동화 las zapatillas de deportes
운동화 끈 los cordones de zapatos
운동회 la fiesta deportiva
운모 [광물] la mica
운문(韻文) el verso
운석(隕石) el meteorito
운송 el transporte
운송 보험 el seguro de transporte
운송하다 transportar
운수(運數) la suerte, la fortuna
운수(運輸) el transporte
운임 el precio; [여객의] el precio de viaje; [화물의] el precio de transporte
운임 보험 el seguro de flete
운전 la conducción
운전 교습소 la autoescuela
운전기사 el chofer, el chófer
운전 면허 el permiso de conducir
운전 면허 시험 el examen de conducir
운전 면허증 el carné [el permiso] de conducir
운전사 el conductor; el chofer, el chófer
운전하다 conducir
운하 el canal
울다 llorar; [새가] cantar, piar
울짱 la valla, la cerca
울타리 la valla, la cerca
움직이다 mover(se)
웃고명 la especia
웃다 reír; [미소] sonreír

워드 la palabra
워드프로세서 el procesador de textos
워드프로세싱 el procesamiento de texto
워밍업 el precalentamiento
워밍업을 하다 precalentar
워크스테이션 la estación de trabajo
원 el won
원(元) el yuan
원(圓) el círculo
원가(原價) el precio de coste
원격 조작 안테나 la antena de telemando
원격 통신 las telecomunicaciones
원고(原告) el [la] demandante
원고(原稿) el manuscrito
원고용지 la cuartilla
원고지 la cuartilla
원금 el principal
원기 el ánimo, el vigor
원동력 la fuerza motriz
원료 la materia prima
원리(元利) el principal e interés
원리(原理) el principio
원리금 el principal e interés
원반 el disco
원반던지기 el lanzamiento de disco
원뿔 el cono
원뿔 곡선 la sección cónica
원뿔꼴 la forma de cono
원뿔대 el cono truncado
원뿔면 la superficie cónica
원생(原生) la abiogénesis
원생림 la selva virgen
원서 la solicitud
원소 el elemento
원수(元帥) el mariscal
원숭이 [동물] el mono, la mona
원시(遠視) la vista remota, la hipermetropía
원시림 la selva virgen
원시안(遠視眼) la hipermetropía
원심력(遠心力) la fuerza centrífuga

원안(原案) el proyecto original
원앙 [조류] el pato mandarín
원예 la jardinería, la horticultura
원자 el átomo
원자가 la valencia, el valor atómico
원자 구조 la estructura atómica
원자력 la energía eléctrica
원자력 발전 la generación de energía atómica
원자력 발전소 la central nuclear
원조 la ayuda
원조하다 ayudar
원족 la excursión
원족 가다 ir de excursión
원주 la circunferencia
원피스 el traje de una pieza
원하다 desear, querer
원한 el rencor
원화 la pintura original
월(月) el mes; [천체] la Luna
월간 잡지 la revista mensual
월간지 la revista mensual
월계수 [식물] el laurel
월광 la luz de la luna
월급 el sueldo[salario] mensual
월드컵 la Copa Mundial
월보(月報) el boletín mensual
월요일 el lunes
월정 구독 la suscripción mensual
월정 구독료 la suscripción mensual
월정 구독자 el suscriptor mensual
웨딩드레스 el traje de novia
웹 la web, la Web
웹 개발 el desarrollo de Web
웹 디렉토리 el directorio Web
웹 번지 la dirección Web
웹사이트 el sitio Web
웹 서버 el servidor Web
웹 저작자 el autor de Web
웹 전화 el teléfono Web
웹진 el webzine

웹 캐스팅 la difusión por web
웹 텔레비전 Web TV
웹 페이지 la página web
위 la parte superior
위(胃) el estómago
위궤양 [의학] la úlcera gástrica
위급 el emergencia, la urgencia
위급하다 (ser) urgente
위급 환자 el caso urgente
위대하다 (ser) grande
위도(緯度) la latitud
위독하다 (ser) grave, crítico
위로 el consuelo
위로금 la gratificación
위로 여행 el viaje de recreo
위로하다 consolar
위반 la violación, la infracción
위반하다 violar, infringir
위생 la higiene, la sanidad
위생적 higiénico, sanitario
위성(衛星) el satélite
위성 컴퓨터 el ordenador satélite
위성 텔레비전 la televisión por satélite
위스키 el whisky
위스키 소다 el whisky con soda
위안 el consuelo
위안 여행 el viaje de recreo
위안하다 consolar
위암 [의학] el cáncer del estómago
위약 el incumplimiento de la promesa
위원 el miembro de una comisión
위원회 la comisión, el comité
위인 el gran hombre
위자료 la compensación, la indemnización
위조 la falsificación
위조 수표 el cheque falsificado
위조 여권 el pasaporte falso
위조자 el falsificador
위조죄 el crimen de falsificación
위조하다 falsificar

위증 el testimonio falso
위증하다 dar un testimonio falso
위축 [의학] la atrofia
위축되다 atrofiarse
위층 el piso superior
위탁 la consignación
위탁 판매 (la venta por) consignación
위탁 판매자 el [la] comisionista
위탁하다 consignar
위턱 la mandíbula superior
위험 el peligro, el riesgo
위험하다 (ser) peligroso, arriesgado
윈드서핑 el windsur
윗니 el diente de arriba
윗볼 la mejilla superior
윗부분 la parte superior
윗옷 la chaqueta, la americana, el saco
윗입술 el labio superior
윗잇몸 la encía superior
윙 [날개] el extremo, el ala
유감 la lástima, la pena
유감스럽다 sentir
유감이다 ser lástima
유격수 el medio
유괴 el secuestro
유괴범 el secuestrador, la secuestradora
유괴 사건 el caso de secuestro
유괴하다 secuestrar
유교 el confucianismo
유교도 el confuciano, la confuciana
유권자 el elector, la electora
유급 휴가 las vacaciones pagadas
유기 비료 el fertilizante orgánico
유네스코 la Organización de las Naciones Unidas para Educación, Ciencia y Cultura; la UNESCO
유년 el niño, la niña
유년기 la infancia, la niñez
유년 시대 la infancia, la niñez
유능하다 (ser) hábil
유니폼 el uniforme

유대교 el judaísmo
유대력 el calendario judío
유대 민족 la raza judía
유대인 el judío, la judía
유도(誘導) [물리] inducción
유도(儒道) el confucianismo
유도(柔道) [운동] el judo
유도탄 el proyectil dirigido
유람 la excursión
유람객 el [la] turista
유람선 el barco de recreo
유럽 la Europa
유럽사 la historia europea [de Europa]
유럽인 el europeo, la europea
유로화 el euro
유료 낚시터 la piscina para la pesca con caña
유료 텔레비전 la televisión por abonados
유류품 el objeto dejado
유리(有利) la ventaja
유리(琉璃) el cristal, el vidrio
유리구슬 la bolita de cristal
유망주 las acciones activas
유망하다 (ser) prometedor
유머 el humor
유머리스트 el [la] humorista
유명하다 (ser) famoso, célebre, ilustre, insigne
유목(遊牧) el nomadismo
유목민 el [la] nómada
유목 생활 el nomadismo
유물 las reliquias, los restos
유물론 el materialismo
유물론자 el [la] materialista
유방 el pecho, la mama; [소 등의] la ubre
유방암 el cáncer mamario
유빙 el témpano flotante
유산(有産) la propiedad
유산(流産) el aborto
유산(遺産) la herencia
유산 계급 la clase adinerada
유선 텔레비전 la televisión por cable

유성(流星) la estrella fugaz
유성(遊星) el planeta
유성 영화 la película sonora
유세(遊說) la gira electoral
유세하다 hacer una gira electoral
유스 호스텔 el albergue juvenil
유실(流失) la pérdida
유실되다 perderse, llevarse
유실물 el objeto olvidado, el objeto perdido
유실수 el frutal, el árbol frutal
유아(幼兒) el niño, la niña
유아(乳兒) el [la] lactante, la criatura
유아독존 la egolatría
유언(流言) el rumor
유언(遺言) el testamento
유언비어 el rumor (falso)
유언자 el testador, la testadora
유언장 el testamento
유역(流域) la cuenca
유원지 el parque de atracciones
유월 junio
유의(留意) la atención
유의하다 prestar atención
유익하다 (ser) útil, provechoso
유적 las ruinas
유적지 las ruinas
유전 el campo petrolífero
유정(油井) el pozo petrolífero
유조선 el (buque) petrolero
유죄(有罪) la culpabilidad
유지(有志) la persona interesada
유지(乳脂) la crema
유지(油脂) el aceite y la grasa
유지(維持) el mantenimiento
유지(遺志) la voluntad de un difunto
유지(遺旨) el pensamiento de un difunto
유지(維持)하다 mantener
유추(類推) la analogía
유충(幼蟲) la larva
유치원 el jardín de infancia

유턴 la media vuelta, la vuelta en U
유턴하다 dar la media vuelta
유파(流派) la escuela
유학(留學) el estudio en el extranjero
유학(儒學) el confucianismo
유한(有閑) la ociosidad
유한 계급 la clase desocupada
유한 부인 la dama rica y ociosa
유한 책임 la responsabilidad limitada
유한 회사 la sociedad limitada
유행(流行) la moda
유행병 la epidemia
유행성 감기 la influenza, la gripe
유화(油畵) la pintura al óleo
유화구 los colores de la pintura al óleo
유희 el juego
육(六) seis
육계 la canela
육군 el ejército
육군 군악대 la banda del ejército
육군 무관 el agregado del ejército
육군 병원 el hospital del ejército
육군 본부 el Estado Mayor General del Ejército
육군사관학교 la Academia Militar
육군 사관 후보생 el cadete del ejército
육류 la carne
육류 요리 el plato de carne
육상 경기 el atletismo
육십 sesenta
육안 la simple vista
육즙 수프 el caldo
육촌 el primo segundo, la prima segunda
육친 el pariente carnal
윤리학 la ética
윤리학자 el ético, la ética
윤활유 el aceite lubricante
율동 체조 la gimnasia rítmica
율리우스 날짜 la fecha juliana
율리우스 달력 el calendario juliano
율무 [식물] la lágrima de Job

율법 la ley
융단 la alfombra
융성 la prosperidad
융숭하다 (ser) hospitalario, atento
융자 la financiación, el préstamo
융자금 el préstamo
융자 기관 el organismo de financiación
융자 회사 la compañía financiera
융점 el punto de fusión
융해점 el punto de fusión
으깨다 moler, aplastar
으늑하다 (ser) acogedor
으뜸 el primero
으뜸음 la tónica
으뜸 패 el triunfo
으스대다 engreírse, presumirse, fanfarronear
은(銀) la plata
은광 la mina de plata
은도금 la plateadura
은메달 la medalla de plata
은메달리스트 el [la] medallista de plata
은밀 el secreto
은밀하다 (ser) secreto
은밀히 secretamente, en secreto
은박 la hoja de plata
은박지 el papel de plata
은반지 el anillo de plata
은본위제 el patrón de plata
은빛 el color argentino
은사(恩赦) la amnistía
은사(恩師) el maestro, la maestra
은어(銀魚) [어류] una especie de trucha
은어(隱語) la jerga, el argot
은하(銀河) la Vía Láctea
은하수 la Vía Láctea
은행(銀行) el banco
은행(銀杏) el fruto de gingo
은행가 el banquero, la banquera
은행나무 [식물] el gingko
은행원 el empleado de banco

은화(銀貨) la moneda de plata
음극(陰極) el cátodo
음란 la lujuria, la lascivia
음란증 la andromanía
음량(音量) el volumen
음량 조정 장치 el control del volumen
음료 la bebida
음료수 el agua potable
음률 el ritmo
음률적 rítmico
음성 la voz, la sonido, el audio
음성 메시지 el mensaje de voz
음성 우편 el correo de voz
음성 응답 respuesta mediante voz [de audio]
음성 인식 el conocimiento de voz
음성 입력 la entrada de voz
음성 출력 la salida de voz, la salida de sonido
음성 합성 la síntesis de voz
음수(陰數) el número negativo
음식 la comida, el alimento
음식물 el alimento
음식세 los arbitrios sobre el consumo de comidas y bebidas
음악 la música
음악가 el músico, la música
음울하다 (ser) melancólico, sombrío
음침하다 (ser) sombrío, lúgubre
음탕하다 (ser) lascivo, lujurioso, libertino
음파 la onda sonora, la onda de sonido
음향 el sonido
음향 신호 las señales acústicas
음향 효과 los efectos de sonido
음험하다 (ser) solapado, insidioso
음흉하다 (ser) astuto, malvado
응급 la emergencia, la urgencia
응급 치료 la primera cura, la cura de urgencia
응달 la sombra
응답 la respuesa
응답 모뎀 el módem respuesta
응답 모드 el modo respuesta
응답-발신 모뎀 el módem respuesta/inicio

응답 전용 모뎀 el módem de sólo respuesta
응답하다 responder, contestar
응력 el esfuerzo
응모 la suscripción
응모자 el suscriptor, la suscriptora
응모하다 suscribirse
응시 la mirada fija
응시하다 mirar fijamente
응어리 la reserva fría
응용 la aplicación
응용 소프트웨어 el software de aplicación
응용 시스템 el sistema de aplicación
응용 언어 el lenguaje de aplicación
응용 처리기 el procesador de aplicación
응용 프로그램 el programa de aplicación
응용 프로그램 개발 시스템 el sistema de programación [desarrollo] de aplicaciones
응용 프로그램 개발 언어 el lenguaje de programaciónb [desarrollo] de aplicaciones
응용 프로그램 개발자 el programador [el desarrollador] de aplicaciones
응용 프로그램 개발 환경 el entorno de programación [desarrollo] de aplicaciones
응용 프로그램 파일 el archivo de aplicación
응원 la animación
응원단 el grupo de hinchas
응원하다 animar
응접실 la sala de recibo
의기(意氣) el espíritu
의료 기기 el instrumento médico
의료 진료소 el consultorio médico
의류 la ropa
의무(義務) la obligación
의무(醫務) los asuntos médicos
의무 교육 la educación obligatoria
의문문 [문법] la oración interrogativa
의미 el sentido, el significado
의붓딸 la hijastra
의붓아들 el hijastro
의붓아버지 el padrastro
의붓어머니 la madrastra

의붓자식 el hijastro, la hijastra
의사(義士) el [la] patriota
의사(意思) la intención
의사(醫師) el médico, la médica
의사(議事) la materia de discusión
의사(擬似) la duda, la sospecha
의사 콜레라 [의학] la cólera dudosa
의상 el traje, la ropa, el vestido
의상 보관실 la ropería
의심 la duda
의심스럽다 (ser) dudoso
의심하다 dudar
의역(意譯) la traducción libre
의용병 el voluntario, la voluntaria
의자 la silla
의치 el diente postizo
이¹ [해부] el diente
이² [곤충] piojo
이(二) dos
이것 éste, ésta, esto
이과 la facultad de ciencias
이교(異敎) la herejía
이교도 el pagano, la pagana
이권 el derecho
이기다 vencer, derrotar, ganar
이기적 egoísta
이기주의 egoísmo
이기주의자 el [la] egoísta
이끼 [식물] el musgo
이닝 la entrada
이단 평행봉 las barras paralelas asimétricas
이달 este mes
이동 la migración
이동 전화 el teléfono móvil
이동하다 mover
이득 la ganancia
이등 la segunda clase
이등변 사다리꼴 el trapecio isósceles
이등변 삼각형 el triángulo isósceles
이등상 el segundo lugar

이등 선실 el camarote de clase turista
이등표 el billete de segunda clase
이랑 el caballón
이론 la teoría
이론가 el teórico, la teórica
이론 철학 la filosofía teórica
이루 [야구] la segunda base
이륙 el despegue
이륙하다 despegar
이르다 [시간이] (ser) temprano
이르다 [장소나 시간에] llegar, alcanzar
이름 el nombre
이름 서버 el servidor de nombres
이리[1] [이쪽으로] por aquí, acá
이리[2] [동물] el lobo
이리[3] [백자(白子)] la lecha
이마 la frente
이메일 el correo electrónico, e-mail, E-mail
이메일 주소 la dirección de correo electrónico
이메일 필터 el filtro de correo electrónico
이모 la tía materna
이모부 el tío materno
이물 la proa
이물 갑판 la cubierta de proa
이미 ya
이미지 la imagen
이미지 맵 el mapa de imagen
이민 la migración, emigración; [사람] el [la] emigrante
이민청 la Dirección General de Migración
이바지 la contribución
이바지하다 contribuir
이발 el peinado
이발기 la maquinilla para cortar el pelo
이발 기구 los útiles para cortar el pelo
이발사 el peluquero, el barbero
이발소 la barbería, la peluquería
이백 doscientos, doscientas
이번 esta vez
이베리아 [지명] Iberia
이베리아 반도 la Península Ibérica

이변(異變) el fenómeno extraordinario
이별 la despedida; [이혼] el divorcio
이별하다 despedirse (de)
이부자리 la ropa de cama
이분 esta persona
이불 la colcha, el cobertor
이비인후과 la otorrinolaringología
이비인후과 의사 el otorrinolaringólogo
이삭 la espiga
이상(以上) más de
이상(理想) el ideal; [집합적] el idealismo
이상(異狀) la anomalía
이상(異常) la singularidad, la extrañeza
이상(異常)하다 (ser) extraño
이성(理性) la razón
이성(異性) el otro sexo
이솝우화 las Fábulas de Esopo
이송 el transporte
이송하다 transportar
이수 el complemento
이수하다 completar, terminar
이슬 el rocío
이슬람 el islam
이슬람교 el islamismo, el mahometismo
이슬람교도 el [la] islamita
이슬람교 사원 la mezquita
이슬비 la llovizna
이식 el trasplante
이식술 la trasplantación
이식 조직 el trasplante
이식하다 hacer un trasplante
이십 veinte
이야기 la historia, la narración, el cuento
이어달리기 la carrera de relevo
이어링 el pendiente
이온 el ion, el ión
이온화 la ionización
이웃 el vecino, la vecina
이웃집 la casa vecina
이월 febrero

이율 el tipo de interés
이율 배반 la antinomia
이의(異議) la objeción
이익 la ganancia, el provecho
이자 el interés
이재(理財) la economía
이재(罹災) la catástrofe
이재민 el damnificado, la damnificada
이전(以前) antes
이전(移轉) la mudanza
이전하다 mudarse
이제 ahora
이젤 el caballete
이종 우편물 el correo de segunda clase
이주 la migración; [외국으로] la emigración; [외국에서] la inmigración
이주하다 inmigrar, emigrar
이중(二重) la duplicación, la doblez
이중 결혼 la bigamia
이중 국적 la doble nacionalidad
이중 모음 el diptongo
이중 보험 el seguro coincidente
이중 생활 la vida doble
이중 인격 la doble personalidad
이중주 [음악] el dúo
이중창 [음악] el dúo
이지(理智) la inteligencia
이직(移職) el cambio de profesión
이직하다 cambiar la profesión
이진수 el número binario
이집트 [나라] Egipto
이집트 사람 el egipcio, la egipcia
이차 성징 los caracteres sexuales secundarios
이층 버스 el autobús de dos pisos
이코노믹 클래스 la clase económica
이탈리아 [나라] Italia
이탈리아 사람 el italiano, la italiana
이탈리아 어 el italiano
이하(以下) menos de
이혼 el divorcio
이혼남 el divorciado

이혼녀 la divorciada
이혼시키다 separar, divorciar
이혼하다 separarse, divorciarse
익명 el anónimo
익명 서버 el servidor anónimo
익명 우편 el correo anónimo
익살스럽다 (ser) cómico
익조 el pájaro útil
익충 el insecto útil
익히다[1] [익게 하다] madurar
익히다[2] [음식을] cocer
익히다[3] [배우다] aprender
인(印) el sello
인간 el humano, el hombre, el ser humano
인간적 humano
인공 두뇌학 la cibernética
인공 생명 la vida artificial
인공 언어 el lenguaje artificial
인공위성 el satélite artificial
인공 지능 la inteligencia artificial
인공 진주 la perla cultivada [artificial]
인권 los derechos humanos
인권 선언 la Declaración de los Derechos Humanos
인근 la vecindad
인기 la popularidad
인내 la paciencia
인도(印度) [나라] India
인도네시아 [나라] Indonesia
인도네시아 사람 el indonesio, la indonesia
인도네시아 어 el indonesio
인도 사람 el indio, la india
인도양 el Océano Indico
인라인 en línea
인라인 그래픽 los gráficos en línea
인라인 이미지 la imagen en línea
인라인 코드 el código en línea
인력(引力) la gravitación
인류 la humanidad, el ser humano, la raza humana
인망 la popularidad
인문주의 el humanismo

인문주의자 el [la] humanista
인물 la personalidad
인물화 el retrato
인물화가 el [la] retratists
인민 el pueblo
인민당 el Partido Popular
인민 민주주의 la democracia popular
인민 위원회 el comité popular
인민 재판 el juicio popular
인민 전선 el frente popular
인부 el peón; el jornalero, la jornalera
인사(人士) la persona, el hombre
인사(人事) el saludo
인사하다 saludar
인삼 el ginsén
인상(人相) la fisonomía
인상(印象) la impresión
인상주의 el impresionismo
인상파 la escuela impresionista
인상파 화가 el [la] impresionista
인색하다 (ser) tacaño, avaro, mezquino
인생 la vida
인쇄 la imprenta
인쇄물 el impreso
인쇄소 la imprenta
인쇄 출력 la salida impresa
인쇄하다 imprimir
인수(因數) el factor
인수분해 la descomposición factorial
인식 la cognición
인용 la cita
인용문 la cita
인용하다 citar
인자(因子) el factor
인정(人情) la humanidad
인정(認定) el reconocimiento
인정하다 reconocer
인조 la artificialidad
인조견 la seda artificial
인조 견사 el rayón

인조 보석 la joya artificial
인조 비료 el fertilizante artificial
인조 섬유 la fibra sintética
인조 인간 el autómata, el robot
인조 잔디 el césped artificial
인조 진주 la perla artificial
인종 la raza
인주 el tampón
인증 la certificación
인증기관 la autoridad de certificados
인지(人指) el dedo índice
인지(印紙) el timbre
인지(認知) el reconocimiento
인지하다 reconocer
인체 el cuerpo humano
인출 la retirada (de dinero)
인출하다 sacar dinero
인치 la pulgada
인칭 la persona
인큐베이터 la incubadora
인터넷 el internet, el Internet
인터뷰 la entrevista
인터뷰하다 entrevistar
인터체인지 el empalme
인풋 la entrada
인플레이션 la inflación
인형 la muñeca, el muñeco
인화 la impresión
인화지 el papel fotosensible
인화하다 imprimir
일 el trabajo
일(一) uno
일(일) el día
일가 el pariente, el familiar
일간신문 el diario
일간지 el diario
일과 el trabajo cotidiano
일광 la luz del sol
일광 절약 시간 la hora de verano
일군 팀 el primer equipo

일기(日記) el diario
일기(日氣) el tiempo
일꾼 el obrero, la obrera; el trabajador, la trabajadora
일등 [급] la primera clase; [일위] el primer lugar
일등상 el primer premio
일등 선실 el camarote de primera clase
일등표 el billete de segunda clase
일루 [야구] la primera base
일류 la primera categoría
일몰 la puesta del sol
일반 la generalidad
일반석 el patio de butacas; [경기장의] la tribuna de público general
일방통행 el sentido único
일방통행로 la calle de sentido único
일본 [나라] el Japón, el Nipón
일본 사람 el japonés, la japonesa
일본어 el japonés
일본 요리 la comida japonesa
일사병 la insolación
일상 la vida diaria
일상 생활 la vida diaria
일시적 provisional, temporal
일식(日食) la comida japonesa
일안 리플렉스 카메라 el reflejo de un objetivo
일어나다[1] [잠 등에서] levantarse
일어나다[2] [발생하다] ocurrir, suceder
일요일 el domingo
일월 enero
일으키다 levantar
일인용 방 la habitación individual
일인용 침대 la cama individual
일정(一定)하다 (ser) constante, fijo.
일찍 temprano
일출 la salida del sol
일 층 el piso bajo, la planta baja; [한 층] un piso, una planta
일치 la coincidencia
일치하다 coincidir
일품요리 los platos a la carta
일하다 trabajar, hacer el trabajo
일화(逸話) la anécdota

읽다 leer
임금 el rey, la reina
임금(賃金) el salario, el sueldo
임금율 la escala de salarios
임대 el alquiler
임대 자동차 el coche de alquiler
임대하다 alquilar
임무 la misión
임부 la mujer preñada
임부복 el vestido de maternidad
임시(臨時) el período temporal
임신 la concepción
임신복 el vestido de maternidad
임신하다 concebir
임야 los bosques y los campos
임업 la silvicultura
임용 el nombramiento
임용하다 nombrar
임의 la voluntad
임자 el dueño, la dueña
임종 el momento final
임질 [의학] la gonorrea
임질균 el gonococo
임파 la linfa
임파관 el vaso linfático
임파선 la glándula linfática
임파염 la adenitis
입 la boca
입구 la entrada
입다 ponerse
입당 la afiliación a un partido político
입대 el alistamiento
입대하다 alistarse en el ejército
입력 la entrada
입력하다 introducir
입맛 el paladar
입문서 el manual, la guía
입방체 el cubo
입법 la legislación
입법권 el poder legislativo

입법부 el cuerpo legislativo
입술 el labio
입술연지 el lápiz de labios
입원(入院) la hospitalización
입원료 la tarifa de hospitalización
입원비 la tarifa de hospitalización
입체 el sólido; [수학] el cuerpo
입체경 el estereoscopio
입체 기하학 la geometría del espacio
입체 사진 la estereofotografía
입출력 entrada/salida
입학 el ingreso en la escuela
입학 수속 la matrícula
입학 시험 el examen de ingreso
입학식 la ceremonia de ingreso
입학 원서 la solicitud de ingreso
입학하다 ingresar en la escuela
입헌군주국 la monarquía constitucional
입후보 la candidatura
입후보자 el candidato, la candidata
입후보하다 presentarse a las elecciones
입히다 poner
잉글리시 호른 [악기] el corno inglés
잇몸 la encía
잉꼬 [조류] la cotorra, el perico
잉어 [어류] la carpa
잉여 el superávit
잉여금 el superávit
잉여 물자 las materias sobrantes
잉여 자금 los fondos sobrantes
잉카 [사람] el [la] inca
잉카 문명 la civilización incaica
잉카 문화 la cultura incaica
잉카 사람 el [la] inca
잉카 제국 el Imperio Incaico
잉카 족 los incas
잉크 la tinta
잉크병 el tintero
잊다 olvidar
잊어버리다 olvidarse

잊히다 olvidarse
잎 la hoja
잎담배 el tabaco de ho

ㅈ

자 la regla
자(字) la letra
자(者) el hombre, la persona, el tipo
자가용차 el coche particular
자가 운전 la autoconducción
자각 la conciencia
자각하다 tener conciencia, ser conciente
자갈 la grava
자갈돌 el conglomerado
자개 la madreperla
자객 el asesino
자격 la calificación
자국 la marca, la mancha
자궁 el útero, la matriz
자궁암 [의학] el cáncer uterino
자그마하다 (ser) algo pequeño
자극(磁極) el polo magnético
자극(刺戟) el estímulo
자극하다 estimular
자금 el fondo, la capital
자급(自給) el autoabastecimiento
자급자족 la autosuficiencia
자급자족하다 autoabastecerse
자급하다 suministrar por sí mismo
자기(自己) el ego, el yo, sí, sí mismo
자기(自記) la inscripción por sí mismo
자기(磁器) la porcelana, la cerámica
자기(磁氣) el magnetismo
자기 거품 la burbuja magnética
자기 기억 장치 la memoria magnética
자기 도메인 el dominio magnético
자기 디스크 el disco magnético
자기장 el campo magnético

자기 카드 la tarjeta magnética
자기 테이프 la cinta magnética
자기 헤드 la cabeza magnética
자꾸 frecuentemente, con frecuencia
자나깨나 día y noche
자네 tú
자네들 vosotros, vosotras
자다 dormir
자동 la automación
자동 금전 출납기 el cajero automá샤채
자동 다이얼 la llamada automática
자동 데이터 처리 el procesamiento automático de datos
자동 셔터 el disparador automático
자동 소총 el fusil automático
자동식 전화 el teléfono automático
자동 전화 응답기 el contestador automático
자동 조정 장치 el piloto automático
자동차 el coche, el automóvil
자동차 번호판 la matrícula
자동차 보험 el seguro de automóviles
자동차 산업 la industria automovilística
자동차 편승 여행 el autostop
자동차 편승 여행자 el [la] autostopista
자동차 학원 la autoescuela
자동판매기 la máquina expendedora
자동 현금 지급기 el cajero automático
자동화 la automatización
자동화하다 automatizar
자두 la ciruela
자두나무 [식물] el ciruelo
자라 [동물] la tortuga de mar
자라다 criarse, crecer
자료 los datos
자료 은행 el banco de datos
자루¹ [담는] el saco, la bolsa
자루² [손잡이] el mango, el asa, el puño
자루걸레 la fregona
자르다 cortar
자리¹ [앉는] el asiento; [장소] la plaza, el lugar, el sitio; [의자] la silla

자리¹ [바닥에 까는] la estera
자립 la independencia
자립 경제 la economía autofinanciada
자립어 la palabra independiente
자립하다 independizarse
-자마자 en cuanto, tan pronto como, así que
자만 la presunción, la vanidad
자만하다 presumirse
자매 la hermana
자명종 el (reloj) despertador
자몽 la azamboa
자몽나무 [식물] el azamboero
자문 la consulta
자문 기관 el organismo consultivo
자문단 el equipo consultivo
자문 위원회 el comité consultivo
자문하다 consultar
자물통 la cerradura
자백 la confesión
자백하다 confesar
자본 el capital, el fondo
자본가 el [la] capitalista
자본금 el capital
자부(子婦) la nuera, la hija política
자부(自負) la presunción, la vanidad
자부하다 vanagloriarse, jactarse
자비(自費) su gasto propio
자비(慈悲) la misericordia
자비심 la misericordia
자산 los recursos, la fortuna
자산가 el hombre de fortuna
자살 el suicidio
자살하다 matarse, suicidarse
자색(姿色) la belleza, la hermosura
자색(紫色) la púrpura, el color purpúreo
자서전 la autografía
자석 el imán
자선 la beneficencia
자선가 el benefactor, la benefactora
자손 el [la] descendiente

자수(自首) la denunciación por sí mismo
자수(字數) el número de letras
자수(刺繡) el bordado
자수정 la amatista
자수하다 denunciarse a las autoridades
자식 el hijo
자식 메뉴 el menú hijo
자식 디렉토리 el directorio hijo
자식 프로세스 el proceso hijo
자신(自身) sí, sí mismo
자신(自信) la confianza en sí mismo
자신하다 confiar
자아 el ego, el egoísmo
자애(自愛) el egoísmo
자애(慈愛) la caridad
자애롭다 (ser) cariñoso, afectuoso
자연 la naturaleza
자연 과학 las ciencias naturales
자연도태 la selección natural
자연선택 la selección natural
자연수 el número natural
자연 언어 el lenguaje natural
자연재해 la calamidad natural
자영 la autodirección
자외선 los rayos ultravioletas
자외선 치료 el tratamiento ultravioleta
자원(自願) lo voluntario
자원(資源) los recursos (naturales)
자원하다 contribuir voluntariamente
자위(自衛) la defensa propia
자위(自慰) su propio consuelo
자유(自由) la libertad
자유 무역 el libre comercio
자유 무역 협정 el acuerdo de libre comercio
자유형 [수영] el estilo libre; [레슬링] la lucha libre
자음(子音) [문법] la consonante
자일 la cuerda
자작나무 [식물] el abedul blanco
자장(磁場) el campo magnético
자장가 la canción de cuna

자전거 la bicicleta
자전거 경기 el ciclismo
자정(子正) la medianoche
자정(自淨) la autopurificación
자존심 el orgullo
자주 muchas veces, a menudo, frecuentemente
자주(自主) la independencia
자주색 la púrpura, el color purpúreo
자줏빛 la púrpura, el color purpúreo
자지 el pene
자질 la carácter, el natural
자취 el paradero; el rastro
자치 la autonomía
자치권 el derecho a la autonomía
자태 la figura
자화상 el autorretrato
작가 el escritor, la escritora
작곡 la composición musical
작곡가 el compositor, la compositora
작년 el año pasado
작다 (ser) pequeño; [키가] (ser) bajo
작두 [연장] el hacha
작물 la cosecha
작별 la despedida
작별하다 despedirse (de)
작사 con letra (de)
작사자 el autor de la letra
작사하다 escribir la letra
작살 el arpón; [투우사용] la banderilla
작살을 꽂는 투우사 el banderillero
작성 la redacción
작성하다 redactar
작시 la versificación
작시하다 versificar, escribir el verso
작업 el trabajo
작업 바지 el pantalón de trabajo
작업 처리 el procesamiento de trabajos
작업하다 trabajar
작용 la acción
작자 el autor, la autora

작전 la táctica
잔(盞) el vaso, la taza, la copa
잔가지 la ramita, la ramilla
잔교 el muelle
잔돈 el suelto
잔디 el césped
잔디 구장 el campo de césped
잔액 el balance, el saldo
잔업 las horas extraordinarias (de trabajo)
잔업 수당 jornal de las horas extraordinarias
잔인하다 (ser) cruel
잔잔하다 calmarse, sosegarse
잔치 la fiesta, la festividad
잔혹하다 (ser) cruel
잘못 la equivocación, la culpa
잘못하다 equivocar(se)
잘생기다 (ser) guapo
잠 el sueño
잠그다 cerrar
잠기다 [문 등이] cerrarse
잠기다 [액체에] sumergirse
잠깐 un momento
잠꾸러기 el dormilón, la dormilona
잠두 [식물] el haba (*pl.* las habas)
잠들다 dormirse
잠복(潛伏) la emboscada; [의학] la incubación
잠복하다 esconderse
잠수 el buceo
잠수부 el [la] buzo
잠수함 el submarino
잠시 el momento, el rato
잠옷 el camisón
잠자리[1] la cama
잠자리[2] [곤충] la libélula
잡다[1] [움켜쥐다] tomar, asir, agarrar, coger
잡다[2] [체포하다] arrestar, detener
잡다[3] [죽이다] matar
잡아끌다 tirar
잡아당기다 tirar
잡아채다 arrebatar

잡지 la revista
잡초 la mala hierba
장(場) [시장] la plaza, la feria, el mercado
장(長) el [la] jefe
장(章) el capítulo
장(腸) el intestino
장갑 los guantes
장거리 la larga distancia
장거리 버스 el autocar
장거리 전화 la conferencia de larga distancia
장관(長官) el ministro, la ministra
장관(壯觀) la vista maravillosa
장교 el [la] oficial
장군 el [la] general
장기(長技) la especialidad
장기(長期) el largo plazo
장기(將棋) el ajedrez
장기(臟器) las entrañas
장끼 el faisán
장난 el juego
장난감 el juguete
장난감 가게 la juguetería
장난꾸러기 el travieso, la traviesa
장남 el hijo mayor
장녀 la hija mayor
장년 la edad madura
장님 el ciego, la ciega
장대 la pértiga
장대높이뛰기 el salto de pértiga
장래 el futuro
장례 los funerales
장례식 los funerales
장로 [기독교] el anciano
장로교 [기독교] la Iglesia Presbiteriana
장로교 신도 el presbiteriano, la presbiteriana
장로 교회 [기독교] la Iglesia Presbiteriana
장로파 [기독교] el presbiterianismo
장롱 la cómoda
장르 el género
장마 la larga lluvia

장마철 temporada [la estación] de las lluvias
장모 la suegra, la madre política
장미 [식물] el rosal
장미꽃 la rosa
장미색 la rosa, el color rosa
장미화 la rosa
장밋빛 la rosa, el color rosa
장바구니 la cesta de compra
장방형 el rectángulo
장부(丈夫) el hombre varonil
장부(帳簿) el libro de cuentas
장비 el equipo
장사 el negocio, el comercio
장사(壯士) el hércules
장생(長生) la vida larga, la longevidad
장생하다 gozar de una vida eterna
장수(長壽) la vida larga
장수(將帥) el jefe, el comandante
장수(張數) el número de las hojas
장수하다 gozar de una vida eterna
장수풍뎅이 [곤충] el escarabajo
장식(裝飾) la decoración, el adorno
장식(葬式) los funerales
장식물 el adorno, el ornamento
장식품 los adornos, el ornamento
장식하다 decorar, adornar
장신구 los atavíos, los accesorios
장애 el obstáculo
장애물 경주 [마술의] la carrera de obstáculos
장애물달리기 la carrera de vallas
장애인 el minusválido, la minusválida
장유(長幼) los viejos y los jóvenes
장유(醬油) la salsa de soja
장음 la vocal larta
장음계 la escala mayor
장의(葬儀) el funeral
장의사 la funeraria
장의자 el banco
장인(丈人) el suegro
장인(匠人) el artesano, la artesana

장인 정신 el espíritu del artesano
장자(長子) el hijo mayor, el primogénito
장자(長者) el [la] superior
장점 el mérito
장정(壯丁) el joven robusto
장정(裝幀) la encuadernación
장정하다 encuadernar
장조 [음악] el tono mayor
장치 el aparato, el dispositivo, el equipo
장파 la onda larga
장편 소설 la novela
장학금 la beca
장학생 el becario, la becaria
재 la ceniza
재계(財界) los círculos financieros, el mundo financiero
재고 las existencias
재고품 las existencias
재난 la desgracia
재녹음 el doblaje
재녹음하다 doblar
재능 el talento
재다 medir
재단(財團) la fundación
재단(裁斷) el corte
재단사 el sastre
재단하다 cortar, recortar
재떨이 el cenicero
재력(才力) el talento, la habilidad
재력(財力) el poder financiero
재료 el material
재림 [기독교] el adviento
재림설 el adventismo
재목 la madera; [사람] el personaje adecuado
재무부 el Ministerio de Hacienda
재무부 장관 el ministro de Hacienda
재미 el interés
재미있다 (ser) interesante
재발 [병의] la recaída
재발하다 recaer
재발행 la reemisión

재발행하다 reemitir
재배(栽培) el cultivo
재배하다 cultivar
재보험 el reseguro
재봉 la costura
재봉틀 la máquina de coser
재빠르다 (ser) ágil, rápido
재사(才士) el hombre de talento
재산 la fortuna, los bienes, la propiedad
재산가 el hombre de fortuna
재산세 el impuesto sobre la propiedad privada
재삼 las repetidas veces
재상 el primer ministro
재색 la belleza, la hermosura
재생 la resucitación
재생산 la reproducción
재생산하다 reproducir
재생하다 resucitar
재선거 la reelección
재선거하다 reelegir
재수(財數) la suerte, la fortuna
재수술 la reoperación
재수술하다 volver a operar
재앙 la calamidad, la desgracia
재정 las finanzas
재정경제부 el Ministerio de Finanzas y Economía
재정경제부 장관 el ministro de Finanzas y Economía
재즈 el jazz
재질 la materia
재창 la repetición
재채기 el estornudo
재채기하다 estornudar
재청 la repetición
재청하다 pedir la repetición
재촉 el apremio, la urgencia
재촉하다 apresurarse, darse prisa, urgir
재치 el ingenio
재침략 la reinvasión
재침략하다 reinvadir, volver a invadir
재킷 [상의] la chaqueta; [컴퓨터] la cubierta

재판(再版) la segunda edición
재판(裁判) la justicia, el juicio
재판소(裁判所) el tribunal
재판장 el [la] presidente de tribunal
재판(再版)하다 volver a publicar
재판(裁判)하다 hacer justicia
재학(在學) la matrícula
재해(災害) el desastre
재해 보험 el seguro contra accidentes
재혼 el segundo matrimonio
재혼하다 casarse por segunda vez
재활 la rehabilitación
재활하다 reutilizar
재회 el nuevo encuentro
재회하다 volver a encontrarse
재흥(再興) la restauración
재흥하다 restaurar
잭¹ [트럼프] la sota
잭² [컴퓨터] el jack
잼 la mermelada
잽 [권투] el corto, el jab
잿물 el barniz
잿밥 el arroz ofrecido a Buda
잿빛 el gris, el color gris
쟁기 el arado
쟁반 la bandeja
쟁의 [파업] la huelga
쟁의권 el derecho de huelga
저 yo
저 [악기] la flauta
저개발 el subdesarrollo
저개발국 el país subdesarrollado
저것 aquello, aquél, aquélla
저고리 la blusa tradicional coreana
저금(貯金) el ahorro
저금통 la hucha
저금 통장 la libreta de ahorros
저금하다 ahorrar
저기 allí
저기압 la baja presión atmosférica

저냐 el plato sofrito
저널 [컴퓨터] el diario
저널리스트 el [la] periodista
저널리즘 el periodismo
저녁 la noche; [저녁밥] la cena
저녁밥 la cena
저능아 el niño [la niña] imbécil
저능하다 (ser) imbécil, tonto, idiota
저당 la hipoteca
저당권 el derecho de hipoteca
저렴하다 (ser) barato
저명 인사 la personalidad
저명 작가 el célebre escritor
저명하다 (ser) ilustre, célebre, insigne, famoso
저소득 los bajos ingresos
저소득자 la persona de ingresos bajos
저속(低俗) la vulgaridad, la grosería
저속도 la velocidad baja
저속하다 (ser) vulgar, grosero
저수지 el estanque
저술 la escritura
저술가 el escritor, la escritora
저술하다 escribir
저승 el otro mundo
저압 la presión baja
저액 la poca calidad
저온 la baja temperatura
저온도 la baja temperatura
저울 la balanza
저음 [음악] el bajo
저음 가수 el bajo
저인망 la red barredera
저임금 el poco salario [sueldo]
저자 [장] la plaza, el mercado
저자(著者) el autor, la autora
저작(著作) la autoría
저작권 los derechos de autor
저작 소프트웨어 el software de autor
저작 시스템 el sistema de autoría
저작 언어 el lenguaje de autoría

저작 연장 la herramienta de autoría
저장 el archivo
저장 비트 el bit de archivo
저장 사이트 el sitio de almacenamiento
저장 파일 el archivo de almacenamiento
저주 la maldición
저주파 la baja frecuencia
저주하다 maldecir
저축 el ahorro
저축 은행 la caja de ahorros
저축하다 ahorrar
저항(抵抗) la resistencia
저혈압 la hipotensión
적(敵) el enemigo; [운동의] el adversario
적군(敵軍) la tropa enemiga
적극적 positivo
적다 [양이] (ser) poco
적다 [글을] apuntar, anotar, escribir
적당하다 (ser) conveniente, adecuado
적도(赤道) el ecuador
적도 기념비 el monumento a la mitad del mundo
적분 [수학] la integración
적분기 el integrador
적분하다 integrar
적색(赤色) el rojo, el color rojo
적설 la nevada
적성(適性) la aptitud
적성 검사 el examen de aptitud
적시다 humedecer
적신호 el semáforo en rojo
적십자 la cruz roja
적십자사 la Cruz Roja
적응 la adaptación
적응 시스템 el sistema adaptativo
적응 제어 el control adaptativo
적응하다 adaptar
적자(赤字) el déficit
적자생존 la supervivencia de los más aptos
적적하다 (ser) solitario
적중(的中) el acierto

적포도주 el vino tinto
적혈구 el glóbulo rojo
전갱이 el jurel
전공(專攻) la especialidad
전공 과목 la asignatura principal
전공하다 especializarse (en)
전광판 el tanteador electrónico, el marcador electrónico
전권 대사 el embajador plenipotenciario
전극(電極) el electrodo
전기(前記) lo mencionado antes
전기(前期) el primer período
전기(電氣) la electricidad
전기(傳記) la biografía
전기(轉機) el punto decisivo
전기 공업 la industria eléctrica
전기 공학 la electrotecnia
전기 기관차 la locomotora eléctrica
전기 기구 el aparato eléctrico
전기 기사 el [la] electricista
전기면도기(電氣面刀器) la afeitadora eléctrica, la maquinilla de afeitar eléctrica
전기 모포 la manta eléctrica
전기 문학(傳記文學) la literatura biográfica
전기물(傳記物) los escritos biográficos
전기 밥솥 la olla eléctrica
전기 분해 la electrólisis
전기 소설(傳記小說) la novela biográfica
전기 소설(傳奇小說) la novela de aventuras
전기(電氣)스탠드 la lámpara de mesa
전기(電氣) 연필깎이 el sacapuntas eléctrico
전기 작가(傳記作家) el biógrafo, la biógrafa
전기 충격 los impulsos eléctricos
전기 풍로 el hornillo eléctrico
전나무 [식물] el abeto
전단(傳單) el prospecto
전담 la carga completa
전담하다 encargarse
전답 el arrozal y el campo
전당(全黨) todo el partido
전당(典當) el empeño, la prenda

전당(殿堂) el palacio
전당포 la casa de empeños
전당표 la papeleta de empeños
전도(全圖) todo el mapa
전도(全道) toda la provincia
전도(傳道) la misión, la evangelización, la predicación
전도(傳導) la conducción
전도사 el [la] evangelista; el misionero, la misionera
전도서 [성서] El Eclesiastés, El Predicador
전도 여행 el viaje evangélico
전도자 el [la] evangelista
전등 la lámpara [la luz] eléctrica
전람회 la exposición
전략(戰略) la estrategia
전략가 el estratégico, la estratégica
전략 무기 las armas estratégicas
전략 물자 las materias estratégicas
전략 산업 la industria estratégica
전력(全力) todas las energías
전력(電力) la energía eléctrica
전력(戰力) la fuerza militar
전례(前例) el ejemplo anterior
전류(電流) la corriente eléctrica
전류계 el amperímetro
전륜(前輪) la rueda delantera
전립선 [해부] la próstata
전립선 비대 la prostatomegalia
전립선 수술 la operación prostática
전립선암 el cáncer de próstata
전망 la vista, la perspectiva, el panorama
전망대 el mirador
전망차 el coche panorámico
전매(專賣) el monopolio
전멸(全滅) el aniquilamiento
전멸시키다 aniquilar
전멸하다 aniquilarse
전무 이사 el director gerente
전문 la especialidad
전문가 el [la] especialista; el experto
전문가 시스템 el sistema experto

전문 서점 la librería especializada (en)
전문 요리 la especialidad
전문학교 la escuela especial
전보(電報) el telegrama
전보료 el precio de telegrama
전보 약호 la dirección telegráfica
전보 용지 el formulario de telegrama
전복(全鰒) [어류] la oreja marina, la oreja de mar
전복(顚覆) el vuelco
전복하다 volcar(se), zozobrarse
전분(澱粉) el almidón, la fécula
전산망 la red de ordenadores
전산실 el centro de ordenadores
전산 언어학 la lingüística computacional
전산학 la ciencia de los ordenadores
전선(前線) el frente
전선(電線) el cable eléctrico
전선(戰線) el frente
전세 alquiler
전세권 el derecho de alquiler
전세 보증금 la fianza
전세 버스 el autobús fletado
전셋집 la casa de alquiler
전소(全燒) la destrucción total por el incendio
전소되다 ser destruido totalmente por el incendio
전송(電送) la transmisión telegráfica
전송 사진 la telefoto, la telefotografía
전술(戰術) la táctica
전시 보험 el seguro (contra riesgo) de guerra
전신(全身) todo el cuerpo
전신(電信) la telegrafía
전신국 la oficina telegráfica
전신료 el precio de telegrama
전신환 la transferencia telegráfica
전압 el voltaje
전압계 el voltímetro
전압량 el voltaje
전압 조정기 el regulador de voltaje
전열기 el calentador eléctrico
전염 la infección, el contagio

전염되다 infeccionarse, contagiarse
전염병 la enfermedad infeciosa, la enfermedad contagiosa
전용(專用) el uso exclusivo
전우(戰友) compañero de armas
전원(全員) todos los miembros
전원(電源) la fuerza eléctrica
전위(前衛) la vanguardia
전(全)위험 보험 el seguro contra todo riesgo
전율 estremecimiento
전율하다 estremecerse
전자(前者) el anterior, el primero
전자(電子) el electrón
전자 계산기 la calculadora electrónica
전자 공학 la electrónica
전자관 el tubo de electrones
전자 광학 la óptica electrónica
전자 기기 el aparato electrónico
전자기파 las ondas electromagnéticas
전자 데이터 교환 el intercambio electrónico de datos
전자 데이터 처리 el proceso electrónico de datos
전자 레인지 el horno electrónico, la cocina eléctrica
전자 렌즈 la lente electrónica
전자 망원경 el telescopio electrónico
전자 빔 el rayo de electrones
전자 사무실 la oficina electrónica
전자 사진 la electrofotografía
전자 상거래 el comercio electrónico
전자 우편 el correo electrónico
전자 음악 la música electrónica
전자총 el cañón de electrones
전자 출판 la publicación electrónica
전자 캐시 el dinero electrónico
전자파 las ondas electromagnéticas
전자 현미경 el microscopio electrónico
전자 화폐 la moneda electrónica, el dinero electrónica
전장(戰場) el campo de batalla
전재(戰災) la devastación de la guerra
전쟁 la guerra
전쟁 포로 el prisionero de guerra
전쟁 포기 la renuncia a la guerra

전전(戰前) antes de la guerra
전조(前兆) el presagio, el agüero
전조등 el faro
전지(電池) la batería, la pila
전지(轉地) el cambio de aires
전지(戰地) el campo de batalla
전지 요양 el tratamiento para el cambio de aires
전지 요양소 el sanatorio
전진(前進) el avance
전진하다 avanzar
전집(全集) las obras completas
전차(電車) el tranvía, el tren eléctrico
전차(戰車) el tanque, el carro de combate
전채(前菜) el entremés
전체 todo, la totalidad
전치(全治) la recuperación completa
전치사 [문법] la preposición
전치되다 recuperarse completamente
전쾌(全快) la recuperación completa
전쾌하다 recuperarse completamente
전통 la tradición
전투 el combate, la batalla
전투기 el avión de caza
전투 부대 la tropa de combate
전투 폭격기 el caza-bombardero
전파(電波) la onda eléctrica
전하(殿下) Su Alteza, Vuestra Alteza
전하(電荷) la carga eléctrica
전하다 informar; [말하다] decir
전학(轉學) el cambio de escuela
전학하다 cambiar de escuela
전함(戰艦) el acorazado
전향 el cambio de dirección
전향선 la subida en zigzag
전향하다 cambiar la dirección
전혀 absolutamente, en absoluto
전형(銓衡) la selección
전형하다 seleccionar
전화(電化) la electrificación
전화(戰禍) la devastación de la guerra

전화(電話) la llamada; [전화기] el teléfono
전화 가설 la instalación de teléfono
전화 교환국 la central telefónica
전화 교환기 el conmutador telefónico
전화 교환대 el cuadro de control telefónico
전화 교환원 el [la] telefonista
전화국 la oficina de telecomunicaciones
전화기 el teléfono
전화 기기 el aparato telefónico
전화 도청 la escucha telefónica
전화료 el coste de la llamada
전화번호 el número de teléfono
전화번호부 la guía telefónica
전화선 el hilo telefónico
전화세 los impuestos de teléfonos
전화 전보 el telégrafo
전화카드 la tarjeta telefónica
전화통 el teléfono
전화(電化) la electrificación
전화(電化)하다 electrificar
전화 회사 la compañía telefónica
전화 회선 el circuito telefónico
전환 la conversión
전환하다 convertir(se)
전후(戰後) después de la guerra
절[1] [불교 사원] el templo budista
절[2] [인사] el saludo
절(節) la cláusula
절감(切感) el sentimiento profundo
절감(節減) la reducción, la economía
절감(切感)하다 sentir profundamente
절감(節減)하다 reducir, economizar
절개(切開) la incisión
절개하다 incidir, practicar una incisión
절경 el hermoso paisaje
절골 la fractura del hueso
절골되다 romperse el hueso
절교 el rompimiento de la amistad
절교하다 romper la amistad
절구 el mortero

절구돌 la muela, la piedra de molino
절구통 el mortero
절굿공이 el pilón, el majadero
절규 la exclamación
절규하다 exclamar
절다 [걸음을] cojear, renquear
절단 el corte
절단하다 cortar
절대값 el valor absoluto
절대 다수 la mayoría absoluta
절대 온도 la temperatura absoluta
절대 음감 el oído absoluto
절대적(絶對的) absoluto
절도(竊盜) el robo, el hurto
절망(絶望) la desesperación
절망하다 desesperarse
절박하다 (ser) urgente
절반 la mitad
절벽 el precipicio
절선(切線) [수학] la tangente
절세가인 la belleza sin par
절약 la economía
절약하다 economizar
절연 la ruptura de la relación
절연하다 romper las relaciones
절이다 encurtir
절정 el apogeo, el auge
절제(切除) la extirpación
절제(節制) la moderación
절제(切除)하다 extirpar
절제(節制)하다 moderarse
절차 el procedimiento, la formalidad
절판 la edición agotada
절호 la gran oportunidad
젊다 (ser) joven
젊어지다 remozarse, rejuvenecerse
젊은이 el [la] joven
젊음 la juventud
점(占) la adivinación; [카드의] la cartomancia
점(點) el punto, el tanto

점거 la ocupación
점거자 el [la] ocupa
점거하다 ocupar
점검 la inspección
점검하다 inspeccionar
점령 la ocupación
점령국 el país de ocupación
점령군 las fuerzas de ocupación
점령지 el territorio ocupado
점령하다 ocupar
점보기 el jumbo
점보제트기 el jumbo
점성가 el astrólogo, la astróloga
점성술 la astrología
점수(點數) la nota; [스포츠] el punto, el tanto
점심 el almuerzo
점원 el [la] dependiente
점토 la arcilla
점퍼[1] la cazadora
점퍼[2] [컴퓨터] el puente
점포 la tienda
점프 el salto
점프대 la pista de salto
점프 명령 la instrucción de salto
점프 테이블 la tabla de salto
점호 la llamada
점호하다 llamar
접근 el acercamiento
접근하다 acercarse
접다 doblar, plegar
접대 el servicio
접대하다 servir
접목 el injerto, la injertación
접목하다 injertar
접미어 [문법] el sufijo
접선 la tangente
접속 la conexión
접속하다 conectar
접속사 [문법] la conjunción
접수(接受) la recepción

접수원 el [la] recepcionista
접수처 la recepción
접수처 직원 el [la] recepcionista
접수하다 recibir
접시 el plato
접영 [수영] la mariposa
접종 la vacunación
접종하다 vacunar
접질리다 dislocarse, romperse
접착 la adhesión
접착하다 adherir
접촉 el contacto
접촉하다 tocar, hacer un contacto
접하다 [인접하다] lindar; [접촉하다] tocar
접합 la unión; [목공] la ensambladura
접합하다 unir; ensamblar
젓 el pescado salado
젓가락 los palillos
젓다^1 [노를] remar, dar el remo
젓다^2 [손이나 머리를] sacudir
젓다^3 [액체를] remover
정 [연장] el cincel, el formón
정 [정말로] verdaderamente
정(情) el cariño, el afecto
정(錠) la pastilla, la tableta
정가(正價) el precio normal
정가(定價) el precio fijo
정가(定價) el precio fijo
정가표 la lista de precios
정각(正刻) el tiempo exacto
정각(定刻) el tiempo fijo
정강이 [해부] la espinilla
정강이 보호대 la espinillera
정거장 la estación
정계(政界) el mundo político
정관사 el artículo definido [determinado]
정교하다 (ser) preciso
정구 [운동] el tenis
정권(政權) el poder político
정글 la selfa

정금(正金) el oro puro
정규 선수 el [la] titular
정글 la selva
정금(正金) el oro puro
정기(精氣) la cordura, la razón
정기(定期) el período fijo
정기권 el pase
정기선 el barco de línea
정기 예금 el depósito a plazo
정년 la edad de la jubilación
정당(政黨) el partido político
정당하다 (ser) justo, legal
정도(正道) la justicia, el camino recto
정도(程度) el grado, el nivel, el límite
정돈 el orden
정돈하다 ordenar
정력 la energía, el vigor
정렬 el alineamiento
정렬하다 alinear
정리 el arreglo, el orden
정리하다 arreglar, ordenar, poner en orden
정맥(靜脈) la vena
정면(正面) [건물의] la fachada
정문(正門) la puerta, la entrada principal
정물화 la naturaleza muerta, el bodegón
정밀 공업 la industria de precisión
정밀 기계 la máquina de precisión
정밀하다 (ser) preciso
정박(碇泊) el anclaje
정박료 el anclaje
정박지 el ancladero
정박하다 anclar
정박항 el puerto de anclaje
정방형 el cuadrado
정벌 la subyugación
정벌하다 subyugar
정변(政變) el cambio político
정보 la información
정보 검색 la recuperación de información
정보 고속도로 la autopista de (la) información, las superautopistas

de la información
정보 공학 la ingeniería de información
정보 과학 la ciencia de la información
정보 관리 la administración de la información
정보 기술 la tecnología de la información
정보 보안 la seguridad de información
정보 분석 el análisis de información
정보 사회 la sociedad de información
정보 산업 la industria de información
정보 서비스 los servicios de información
정보 센터 el centro de información
정보 시스템 los sistemas de información
정보 은행 el banco de información
정보 은폐 la ocultación de información
정보 이론 la teoría de la información
정보 자원 관리 la administración de recursos de información
정보 전쟁 la guerra de la información
정보 처리 el procesamiento de información
정보 처리기 el procesador de información
정보 통신망 la red de información
정보통신부 el Ministerio de Información y Telecomunicaciones
정보통신부장관 el ministro [la ministra] de Información y Telecomunicaciones
정보 폭발 la esplosión de la información
정보 혁명 la revolución de la información
정복(正服) el uniforme
정복(征服) la conquista
정복하다 conquistar
정부(政府) el gobierno
정부(貞婦) la mujer virtuosa
정부(情夫) el amante
정부(情婦) la amante
정비례 la proporción directa
정사(情事) los amores
정사각형 el cuadrado
정산(精算) la liquidación
정산소 la oficina de reajuste de billetes
정산하다 liquidar
정상(頂上) el cima, la cumbre
정서(淨書) la copia limpia

정서하다 copiar limpiamente
정수(整數) el número entero
정숙하다 (ser) gracioso, gentil
정식(正式) la formalidad
정식(定式) la fórmula
정식(定食) el plato combinado, el cubierto
정신(情神) el espíritu, la mente, el alma
정신 노동 el trabajo mental
정신 노동자 el trabajador mental
정신병 la psicosis, la psiquinosis
정신병원 el manicomio
정신 질환 el psiconosema
정신 통일 la concentración mental
정신 피로 la fatiga mental
정실(情實) el favoritismo
정실 인사 el favoritismo
정액(定額) el valor fijo
정액(精液) [생물] el semen
정양 el descanso
정양하다 descansar
정어리 [어류] la sardina
정열(情熱) la pasión
정열적(情熱的) apasionado
정오(正午) el mediodía
정원(定員) el número fijo
정원(庭園) el jardín
정원사 el jardinero, la jardinera
정유소 la refinería de petróleo
정육면체 el cubo
정육점 la carnicería
정전(停戰) la tregua
정전기 방지 장치 el dispositivo antiestático
정절(正切) la tangente
정접(正接) la tangente
정제(錠劑) la tableta, la pastilla
정조(情操) los sentimientos
정종(正宗) el sake
정중(鄭重)하다 (ser) cortés
정지 la parada, la interrupción
정지 키 la tecla Interrumpir

정지하다 detenerse, parar(se), cesar; [컴퓨터] interrumpir
정직(正直) la honradez
정직하다 (ser) honrado, honesto
정찬(正餐) la cena
정찰(正札) el marbete [la etiqueta] del precio
정찰(偵察) el reconocimiento
정찰기 el avión de reconocimiento
정찰 비행 el vuelo de reconocimiento
정찰하다 reconocer
정책 la política
정치(政治) la política
정치가 el político, la política; el [la] estadista; el hombre de estado
정치란 la columna política
정형외과 la ortopedia
정형외과 의사 el [la] ortopedista
정확(正確)하다 (ser) exacto, correcto
젖 la leche
젖다 mojarse
젖통 [소 등의] la ubre
제곱 el cuadrado
제곱근 [수학] la raíz cuadrada
제과점 la pastelería, la confitería
제과점 주인 el pastelero, la pastelera; el confitero, la confitera
제국 el imperio
제도 el sistema
제라늄 el geranio
제로 [영] cero
제로 대기 상태 el estado de espera cero
제법(製法) el método de fabricación
제복(制服) el uniforme
제비 [조류] la golondrina
제비꽃 [식물] la violeta
제삼자 보험 el seguro contra terceros
제설차 el quitanieves
제안 la propuesta
제안하다 proponer
제어 el control
제어기 el controlador
제어 데이터 los datos de control
제어 문자 el carácter de control

제어 버스 el bus de control
제어 장치 el control
제어 코드 el código de control
제어 키 la tecla Control
제어판 el Panel de control
제어 프로그램 el programa de control
제어 회전 el viraje barrennieves, el stemm
제일 el primero
제작 la fabricación, la manufacción
제작자 el [la] fabricante
제작하다 fabricar, manufacturar
제전(祭典) la fiesta, la festividad
제정신 la conciencia, la razón
제조 la fabricación
제조 공장 la fábrica de fabricación
제조 공정 el proceso de fabricación
제조량 la cantidad de fabricación
제조법 el método de fabricación
제조소 la fábrica, el taller
제조업 la industria manufacturera
제조품 los productos (manufactureros)
제조하다 fabricar
제지(制止) la detención
제지(製紙) la fabricación de papel
제지업 la industria papelera
제지하다 detener, impedir
제창(齊唱) el unísono
제창하다 cantar al unísono
제철 la siderurgia
제철소 la planta [la fábrica] siderúrgica
제철업 la industria siderúrgica
제초(除草) la escarda, la escardadura
제초하다 escardar
제트기 el avión de reacción, el reactor
제트 엔진 el motor de reacción
제한 la restricción, el límite
제한하다 restringir, limitar
젠체하다 afectar
조각(組閣) la formación del gabinete
조각(彫刻) la escultura

조각가 el escultor, la escultora
조각하다 esculpir
조간(朝刊) el periódico de la mañana
조간신문 el periódico de la mañana
조감도 la vista aérea
조개 la concha
조건 la condición
조교(弔橋) el puente colgante
조교(助敎) el [la] ayudante
조교수 el profesor auxiliar
조국(祖國) la patria
조금 un poco
조급하다 (ser) urgente
조기 [어류] la corvina amarilla
조기(弔旗) la bandera a media asta
조기(早期) los primeros estadios
조깅 el jogging
조깅하다 hacer jogging
조끼 el chaleco, el corpiño
조끼 [맥주 등의] el jarro, la jarra
조난(遭難) el accidente
조도(照度) la luminancia
조동사 [문법] el verbo auxiliar
조랑말 el caballito
조련 la domadura
조련사 el domador; [투우의] el capeador
조리(調理) la cocina
조리하다 cocinar
조리개 el diafragma
조리대 la mesa de cocina
조리용 가스대 el horno de gas
조립 la composición
조립식 가옥 la casa prefabricada
조립식 주택 la vivienda prefabricada
조명 la iluminación, el alumbrado
조명하다 iluminar, alumbrar
조미 el condimento, el sazón
조미료 el condimento
조미하다 condimentar, sazonar
조사 investigación

조사하다 investigar, examinar
조선(造船) la construcción naval
조선(朝鮮) Corea
조선민주주의인민공화국 la República Popular Democrática de Corea
조선 사람 el coreano, la coreana
조선소(造船所) el astillero
조선어 el coreano, la lengua coreana
조선업 la industria naval
조선 회사 la compañía constructora naval
조성금 la subvención, el subsidio
조소 la burla
조소하다 burlarse (de)
조수(助手) el [la] ayudante
조수(潮水) la marea
조숙하다 (ser) precoz
조신(操身)하다 (ser) modesto
조심(操心) el cuidado
조심하다 tener cuidado
조약(條約) el tratado
조약돌 la guija, el guijano
조언 el consejo
조언자 el consejero, la consejera
조언하다 conseajar
조역(助役) el subjefe de estación
조연(助演) el papel secundario
조연 배우 el actor secundario
조용하다 (ser) silencioso, tranquilo, callado
조우(遭遇) el encuentro
조전(弔電) el telegrama de pésame
조절 la regulación
조절하다 regular, regularizar
조정(朝廷) la corte (real)
조정(調停) la mediación, el arbitraje
조정(調整) la regulación
조정(漕艇) la regata
조정 경기 la regata
조정자 el mediador, la mediadora; el árbitro, la árbitra
조정(調停)하다 mediar
조정(調整)하다 regular
조종(操縱) el mando, la conducción, el control

조종간 la palanca de mando
조종사 el piloto
조종실 la cabina de pilotaje, la carlinga, la cabina del piloto
조종 장치 el control
조종(操縱)하다 mandar, controlar, conducir, pilotar
조직(組織) la organización; [신체의] el tejido
조직하다 organizar
조카 el sobrino, la sobrina
조커 el comodín
조차장 la estación de clasificación
조타륜 la rueda del timón
조합(組合) el gremio, la corporación, el sindicato; [수학] la combinación
조화(造花) la flor artificial
조화(調和) la armonía
조화(造化) la creación
조화(造化)하다 crear
조화(調和)하다 armonizar
조환 운동 [체조의] las anillas
조회 la información; [컴퓨터] la pregunta
조회하다 pedir información; [컴퓨터] preguntar
족제비 [동물] la comedreja
존재 la existencia
존재하다 existir
존중 el respeto
존경하다 respetar
졸다 dormitar
졸도 el desmayo
졸도하다 desmayarse
졸리다 tener sueño
졸업 la graduación
졸업 논문 la tesis
졸업 사진 la fotografía conmemorativa de la graduación
졸업생 el graduado, la graduada
졸업 시험 el examen de graduación
졸업식 la ceremonia de graduación
졸업하다 graduarse
좁다 (ser) estrecho, angosto
종곡(終曲) el final
종교(宗敎) la religion
종교가 el religioso, la religiosa

종다래끼 el cesto de pescador
종다리 [조류] la alondra
종려나무 [식물] la palma
종이 el papel
종일 todo el día
종자(種子) la semilla
종자(從者) el escudero
종전(從前) [이전] antes
종전(終戰) la terminación de la guerra
종점(終點) la terminal
종족(種族) la raza, la tribu
종종걸음 los pasos 책샌
종착역 la estación terminal
종축 el semental
종합대학교 la universidad
좋다 (ser) bueno
좋아지다 [병이 회복되다] mejor(se)
좋아하다 gustar
좌경 문학 la literatura izquierdista
좌경 운동 el movimiento izquierdista
좌골 [해부] la cía, el isquión
좌골 신경 el nervio isquiático
좌담 la conversación familiar, la charla
좌담하다 charlar
좌석 el asiento; [비행기의] la plaza
좌약(坐藥) el supositorio
좌우 la izquierda y la derecha
좌우명 el lema, la máxima
좌익(左翼) la izquierda
좌익분자 el elemento izquierdista
좌익 사상 la ideología izquierdista
좌익수 el izquierda campo
좌측 la izquierda, el lado izquierdo
좌파 la facción izquierda
좌표 [수학] las coordenadas
좌현 el babor
좌회전 la vuelta izquierda
죄(罪) el crimen, el pescado
죄다 apretar
죄인(罪人) el pecador, la pecadora

주(主) [천주교] [기독교] el Señor
주(州) la provincia
주(洲) el continente
주(株) la acción
주(註) la nota
주(週) la semana
주가(株價) la cotización de las acciones
주간(主幹) [잡지의] el editor en jefe
주간(晝間) el día
주간(週間) la semana
주간(週刊) la publicación semanal
주간 잡지 el semanario, la revista semanal
주객(主客) el anfitrión y el huésped
주거 la residencia, la vivienda, la morada
주거지 la región residencial
주거하다 residir, habitar, morar
주걱 el cucharón
주관(主觀) la subjetividad
주관적 subjetivo
주교(主敎) el obispo
주권(主權) la soberanía
주권 재민 La soberanía pertenece al pueblo.
주기(週期) el ciclo, el período
주기(週忌) el aniversario de la muerte (de)
주기도문 [기독교] el Padrenuestro
주 기억 장치 la memoria principal
주다 dar
주도(主導) la iniciativa
주도권 la iniciativa, la hegemonía
주독(酒毒) el alcoholismo
주둔 el estacionamiento
주둔하다 estacionarse
주둥이 el pico; [동물의] el morro
주력(主力) la fuerza principal
주류(主流) la línea central
주류(酒類) los licores
주름[1] [얼굴의] la arruga
주름[2] [바지의] el pliegue
주름살 la arruga
주말 el fin de semana

주먹 el puño
주무르다 manosear
주문(主文) la cláusula principal
주문(注文) el pedido, el encargo
주문(呪文) las palabras mágicas
주문하다 pedir, encargar
주민(住民) el [la] habitante
주민등록 la inscripción en el registro civil
주민세 el impuesto municipal
주방(廚房) la cocina
주방 도구 los útiles de la cocina
주변 los alrededores, las cercanías
주변 장치 el equipo periférico
주부(主婦) el ama (pl. las amas) de casa
주사(注射) la inyección
주사액 el inyectable
주사위 el dado
주석(朱錫) [광물] el estaño
주석(註釋) el comentario
주석하다 comentar
주소 la dirección, las señas
주소 도출 la resolución de direcciones
주소록 la libreta de direcciones
주 시스템 el sistema principal
주식(主食) el alimento principal
주식(株式) la acción, el valor
주식 거래 las operaciones de acciones
주식 거래소 la Bolsa
주식 발행 la emisión de acciones
주식 배당 el dividendo en acciones
주식 브로커 el corredor de bolsa
주식 시장 la bolsa, el mercado de acciones
주식 청약 la suscripción de acciones
주식 청약서 la suscripción de acciones
주식 투자 la inversión en acciones
주식회사 la sociedad anónima
주심(主審) el árbitro
주어(主語) [문법] el sujeto
주연(主演) el [la] protagonista
주연 배우 el [la] protagonista

주요하다 (ser) principal
주유(周遊) el viaje circular
주유권 el billete de viaje circular
주유소 la gasolinera, la estación de gasolina
주유(舟遊)하다 hacer el viaje circular
주유(注油)하다 engrasar, lubricar
주의(注意) el cuidado
주의하다 tener cuidado
주인(主人) el amo, el ama (*pl.* las amas)
주인(主因) la causa principal
주인공 el [la] protagonista
주일(主日) el domingo
주일(週日) la semana
주일(駐日) la residencia en el Japón
주임(主任) el [la] jefe; el encargado
주입(注入) la inyección
주입하다 inyectar
주자(走者) el corredor
주자(奏者) el músico instrumentista
주장(主將) el capitán
주장(主張) la alegación
주저 la vacilación
주저하다 titubear, vacilar
주전자 la tetera
주절(主節) [언어] la oración principal
주점(酒店) el bar, la taberna
주정(酒酊) el alboroto borracho
주정(酒精) el alcohol
주정꾼 el borracho, la borracha
주제(主題) el tema, el sujeto
주제가 la canción de tema
주제넘다 (ser) intruso
주조(主調) la nota tónica
주조(主潮) la corriente principal
주조(酒造) la elaboración de vino
주조(鑄造) la fundición; [화폐의] la acuñación
주조하다 fundir; [화폐를] acuñar
주주(株主) el [la] accionista
주차(駐車) el aparcamiento
주차 금지 No estacionar, Prohibido aparcar, Se prohíbe aparcar.

주차 금지 구역 la zona prohibida de aparcamiento
주차등 las luces de aparcamiento
주차 위반 la infracción de aparcamiento
주차장 el aparcamiento
주차하다 aparcar
주크박스 el jukebox
주 키 la clave principal
주택 la vivienda
주(主)투우사 el matador
주파수 la frecuencia
주파수 변조 la modulación de frecuencia
주파수 응답 la respuesta de frecuencia
주 함수 la función principal
주현절(主顯節) el Día de los Reyes Magos
죽(粥) las gachas
죽다 morir, fallecer
죽마 los zancos
죽음 la muerte
죽이다 matar
준결승 la semifinal
준공 la terminación
준공하다 terminar(se), acabar(se)
준사관 el [la] subteniente
준장(准將) el general de brigada; [해군] el contra-almirante
준준결승 los cuartos de final
줄기 el tallo; [단단한] el tronco
줄넘기 la comba
줄다 disminuir
줄다리기 el juego de la cuerda
줌 렌즈 el zoom
줌 박스 el cuadro de zoom
줍다 recoger
중 [스님] el monje, la monja
중간(中間) la mitad, el promedio
중간자(中間子) el mesón
중개 la mediación; [개입] la intervención
중고(中古) el artículo de segunda mano
중고차 el coche de segunda mano
중고품 el artículo de segunda mano
중공업 la industria pesada

중국 [나라] China
중국 사람 el chino, la china
중국어 el chino
중국 요리 la cocina china, la comida china
중년 la mediana edad
중단 la interrupción
중단하다 interrumpir
중대(中隊) la compañía
중대성 la importancia
중대하다 (ser) muy importante
중도(中途) la mitad de camino
중독(中毒) la intoxicación
중독되다 intoxicarse, envenenarse
중독시키다 intoxicar, envenenar
중동(中東) el Oriente Medio, el Medio Oriente
중등 학교 la escuela secundaria
중량 el peso
중량 초과 el exceso de peso
중력 la gravedad
중령 el teniente coronel; [해군] el capitán de fragata
중류 계급 la clase media
중립 la neutralidad
중립국(中立國) el país neutral
중매인 el corredor, la corredora
중병 la enfermedad grave
중산모자 el sombrero hongo
중상(中商) el corredor, la corredora
중상(重傷) la herida grave
중성자 el neutrón
중세(中世) la edad media
중세(重稅) el impuesto gravoso
중소기업 la empresa mediana y pequeña
중소 기업 은행 el Banco de la Industria Pequeña y Mediana
중소기업청 la Dirección de la Empresa Mediana y Pequeña
중순(中旬) los mediados
중심(中心) el centro
중심(重心) el centro de gravedad
중앙(中央) el centro
중앙 공격수 el delantero centro
중앙국 la oficina central

중앙난방 (장치) la calefacción central
중앙선 [축구의] la línea de medio campo, la línea central
중앙 수비수 el medio
중앙 처리 장치 la unidad central de proceso
중역 el director, la directora
중역 회의 la junta directiva
중요하다 (ser) importante
중위(中尉) [군사] el teniente; [해군] el alférez de navío
중이염 [의학] la otitis media
중장(中將) el teniente general; [해군] el almirante
중절모자 el sombrero flexible
중지(中止) la parada
중지(中指) el dedo medio, el dedo del corazón
중지하다 parar
중태(重態) el estado grave
중파 la onda media
중학교 la escuela secundaria
중화 la neutralización
중화시키다 neutralizar
중화열 el calor neutralizante
중화하다 neutralizarse
쥐[1] [동물] la rata
쥐[2] [한방] el calambre
쥐다 agarrar, empuñar
즉사 la muerte en el acto
즉사하다 morir en el acto
즐거움 la alegría
즐거워하다 alegrarse
즐거이 alegremente
즐겁다 alegrarse
증가 el aumento
증가하다 aumentar
증권(證券) el valor
증권 거래 las transacciones en valores
증권 거래소 la bolsa de valores, la Bolsa
증권 시장 el mercado de valores
증권 투자 la inversión de valores
증권 협회 la Asociación de Valores
증기(蒸氣) el vapor
증기 기관 la máquina de vapor

증기 기관차 la locomotora de vapor
증기 난방 장치 la calefacción por vapor
증발 la evaporación
증발시키다 evaporar
증발 접시 el cuenco de evaporación
증발하다 evaporarse
증보(增補) el aumento
증보판 la edición aumentada
증보하다 aumentar
증손녀 la bisnieta
증손자 el bisnieto
증언 el testimonio
증언하다 testimoniar, dar testimonio
증오 el odio
증오하다 odiar
증인 el [la] testigo
증조모 la bisabuela
증조부 el bisabuelo
증조부모 los bisabuelos
증조할머니 la bisabuela
증조할아버지 el bisabuelo
증폭기 el amplicador
증회 el soborno
증회 사건 el caso de soborno
증회자 el sobornador, la sobornadora
증회죄 el (delito de) soborno
증회하다 sobornar
지각(地殼) la corteza terrestre
지각(知覺) la sensación, la sensibilidad
지각(遲刻) el retraso, la tardanza
지각하다 llegar tarde, retrasarse
지구(地區) la zona, el distrito, la región
지구(地球) la Tierra
지구 과학 la ciencia de la tierra
지구 관측 위성 el satélite para la observación terrestre
지구 구조학 la geognosia
지구 궤도 la órbita terrestre
지구당 la sección local del partido
지구 물리학 la geofísica
지구본 el globo terrestre, el globo terráqueo

지구 위성 el satélite de la Tierra
지구의 el globo terrestre, el globo terráqueo
지구인 el [la] terrícola
지구 중심설 la teoría geocéntria
지구촌 la villa global [mundial]
지구 화학 la geoquímica
지국(支局) la sucursal; [신문의] la delegación
지그재그 el zigzag, el zigzagueo
지극히 sumamente, muy, excesivamente
지금(只今) ahora
지금(地金) el oro en lingotes
지급 la urgencia
지급 전보 el telegrama urgente
지긋지긋하다 (ser) repugnante, odioso
지나가다 pasar
지나다 pasar
지난날 los días pasados
지난달 el mes pasado
지난밤 anoche
지난번 la última vez
지네 [동물] el ciempies
지느러미 la aleta
지능(知能) la inteligencia
지능 검사 el examen de inteligencia
지능 데이터베이스 la base de datos inteligente
지능적 inelignete
지능 케이블 el cable inteligente
지능형 단말기 el terminal inteligente
지니다 [몸에] llevar, tener, poseer
지다[1] [패하다] perder, ser vencido [derrotado]
지다[2] [천체가] ponerse
지다[3] [그늘이] asombrar
지다[4] [등에 얹다] llevar, cargar
지당하다 tener razón
지대(地代) el alquiler de un terreno
지대(地帶) la zona, la faja
지대공 미사일 el misil tierra-aire
지대지 미사일 el misil tierra-tierra
지도(地圖) el mapa; [시가지도] el plano
지도(指導) la instrucción, la dirección

지도력 el liderazgo
지도책(地圖冊) el atlas
지도하다 instruir, dirigir
지렁이 la lombriz, el gusano de tierra
지루하다 (ser, estar) aburrido, tedioso, aburrise
지류(支流) el afluente, el tributario
지름길 el atajo
지리(地理) la geografía
지리학(地理學) la geografía
지리학자 el geógrafo, la geógrafa
지면(紙面) la superficie (de la tierra), la tierra
지명(指名) el nombramiento, la designación
지명 전화 la llamada de persona a persona
지명하다 nombrar
지문 las huellas dactilares
지문 인식 reconocimiento de huellas digitales
지문 판독기 el lector de huellas digitales
지반(地盤) el fundamento, el terreno
지방(脂肪) la grasa
지방(地方) la región, la comarca
지방 법원 el tribunal regional
지방 법원장 presidente del Tribunal Regional
지방 자치 la autonomía local
지배(支配) el dominio, la dominación
지배인(支配人) el [la] gerente
지배하다 dominar
지부(支部) la sucursal
지분(持分) la cuota, la parte, la porción
지분(脂粉) los polvos, el afeite
지불(支拂) el pago
지불 기일 la fecha del pago
지불 기한 el plazo de pago
지불 명령 la libranza
지불 보증 수표 el cheque atestiguado
지불 어음 la letra de pago
지불 유예 la moratoria
지불인 el pagador, la pagadora
지불일 la fecha de pago
지불 조건 las condiciones de pago
지불 준비금 el fondo reservado

지불지 el lugar de pago
지불필 Pagado
지불하다 pagar
지붕 el tejado
지사(支社) la sucursal
지사(知事) el gobernador, la gobernadora
지사(志士) el [la] patriota
지사장 el director de una sucursal
지상(地上) sobre la tierra
지상(至上) la supremacía
지상(紙上) en el periódico
지상(誌上) en la revista
지성(知性) la inteligencia
지성(至性) la sinceridad perfecta
지성소 [종교] el santuario
지시(指示) la instrucción
지시기 el indicador
지시하다 dar instrucciones
지식(知識) el conocimiento
지옥(地獄) el infierno
지우개 el borrador
지우다 borrar
지원(支援) el apoyo, la ayuda
지원(支院) la sucursal
지원(志願) la aspiración
지원병 el voluntario, la voluntaria
지원 제도 el sistema voluntario
지원(支援)하다 apoyar, ayudar
지원(志願)하다 aspirar
지위(地位) la posición
지육(智育) la educación intelectual
지인(知人) el conocido, la conocida
지적(知的) intelectual
지적 재산 la propiedad intelectual
지점(支店) la sucursal
지점장 el director de una sucursal
지정거리다 entretenerse en el camino
지중해 [지명] el Mar Mediterráneo
지지(支持) el apoyo
지지다 [지짐질로 익히다] saltear, sofreír

지지(支持)하다 apoyar
지진(地震) el terremoto
지진아 el niño retrasado, la niña retrasada
지질(地質) el terreno
지질 공학 la geotecnología
지질 조사 la investigación geológica
지질학 la geología
지질학자 el geólogo, la geóloga
지참(持參) el llevar
지참금 el dote
지참인 el portador, la portadora
지참인불 el pago al portador
지참인불 수표 el cheque al portador
지참인불 어음 el efecto (pagadero) al portador
지체(肢體) el cuerpo; [사지] los miembros
지체(遲滯) la tardanza, el retraso, la dilación
지체 부자유아 el niño inválido, la niña inválida
지체하다 retrasarse, atrasarse, retardarse
지축(地軸) el eje de la tierra
지출 el gasto; [지불] el pago
지출하다 gastar; pagar
지층 la capa
지치다 cansarse, fatigarse
지침 [바늘] la aguja; [기계의] el indicador; [생활이나 행동 방향의] la guía
지켜보다 observar
지키다 [살피다] vigilar; [방어하다] defender, proteger, guardar; [준수하다] cumplir
지팡이 el bastón
지퍼 la cremallera
지폐(紙幣) el billete, el papel moneda
지표(地表) la superficie terrestre
지표(指標) el índice
지푸라기 las pajas
지프(차) el jeep, el jip
지하(地下) el subterráneo
지하 경제 la economía clandestina
지하 운동 el movimiento clandestino
지하 자원 los recursos subterráneos
지하 조직 la organización subterránea
지하철 el metro; [아르헨티나] el subte
지하 철도 el metro; [아르헨티나] el subte

지하철역 la estación de metro
지하철 입구 la boca del metro
지하 폭발 la explosión subterránea
지하 핵실험 la prueba nuclear subterránea
지학(地學) la geografía física
지혈 la hemostasia, la hemostasis
지협 el istmo
지형(地形) la configuración terrestre
지형(紙型) el molde de papel
지혜 la inteligencia
지휘 el mando, el mandato; [음악] la dirección
지휘관 el [la] comandante
지휘대 el estrado
지휘봉 el bastón de mando
지휘소 el puesto de mando
지휘자 el director, la directora
지휘탑 la torre de mando
지휘하다 mandar; [음악] dirigir
직각(直角) el ángulo recto
직각(直覺) la intuición
직각 삼각형 el triángulo rectángulo
직감 la intuición, la percepción inmediata
직감하다 percibir inmediatamente
직거래 la negociación directa
직거래하다 negociar directamente
직경(直徑) el diámetro
직공 el obrero, la obrera
직급 las calificaciones de puestos
직능 la función
직렬(直列) la serie
직렬 가산기 el sumador serie
직렬 기억 장치 el almacenamiento serie
직렬 마우스 el ratón serie
직렬 전송 la transmisión serie
직렬 통신 la comunicación serie
직렬 프린터 la impresora serie
직류(直流) la corriente continua
직무(職務) el cargo, el deber
직물(織物) el tejido
직사각형 el rectángulo

직선(直線) la línea recta
직업(職業) la ocupación; [전문의] la profesión
직업 교육 la formación profesional
직업 소개소 la agencia de colocaciones
직역 la traducción literal
직접 directamente
직접 목적어 el objeto directo
직접적 directo
직접 화법 la narración directa
직통 열차 el tren directo
직함(職銜) el título
직행(直行) el tren directo
직행 열차 el tren directo
직활강 el descenso en línea recta
진¹ [술] la ginebra
진² [바지] el pantalón vaquero
진공(眞空) el vacío
진공관 el tubo de vacío
진급(進級) la promoción
진급시키다 promover
진급하다 ascender
진눈깨비 la aguanieve
진단(診斷) el diagnóstico
진단하다 diagnosticar
진달래 [식물] la azalea
진동(振動) la vibración
진동하다 vibrar
진디 [곤충] el pulgón
진딧물 [곤충] el pulgón
진력 el esfuerzo
진력하다 esforzar, hacer un esfuerzo
진료 el tratamiento médico
진료 기록 카드 la hoja clínica
진료소 el consultorio
진료 시간 la hora de consulta
진료실 la sala de consulta
진료하다 dar el tratamiento médico
진리(眞理) la verdad
진미(珍味) el sabor exquisito
진미(眞味) el sabor verdadero

진범인 el culpable verdadero
진보(進步) el progreso, el desarrollo
진보당 el Partido Progresista
진보적 progresivo, progresista
진보주의 el progresismo
진보주의자 el [la] progresista
진상(眞相) la verdad
진상 조사 la investigación
진선미 la verdad, la bondad y la belleza
진성 뇌염 la encefalitis genuina
진성 반도체 el semiconductor intrínseco
진성 콜레라 el cólera asiá샤채
진수(眞髓) la esencia
진수(進水) el lanzamiento
진수성찬 la comida exquisita, el manjar exquisito
진술 la declaración
진술하다 declarar
진실 la verdad
진실하다 (ser) verdadero, real, cordial
진심(眞心) la sinceridad
진압 la supresión
진압하다 suprimir
진앙(震央) el epicentro
진열 la exhibición, la exposición
진열창 la vidriera
진열하다 exhibir, exponer
진원지 el epicentro
진입로 la vía de acceso
진자(振子) el péndulo
진절머리나다 hartarse
진정(眞正) la autenticidad
진정(眞情) el sentimiento verdadero
진정(陳情) la petición, la súplica
진정(進呈) la donación
진정(鎭定) la pacificación
진정(鎭靜) la calma, la tranquilidad
진정제(鎭靜劑) el sedante
진정(陳情)하다 pedir, suplicar
진정(進呈)하다 donar
진정(鎭定)하다 pacificarse

진정(鎭靜)하다 aquietarse
진종일 todo el día
진주(眞珠) la perla
진주(進駐) la ocupación (militar)
진주하다 ocupar militarmente
진지 la comida
진지(陣地) el campamento
진지하다 (ser) serio, sincero
진짜 el artículo genuino
진찰 la consulta, el reconocimiento médico
진찰권 la tarjeta de consulta
진찰 기록부 la hoja clínica
진찰료 los honorarios de consulta
진찰 시간 las horas de consulta
진찰실 la sala de consulta
진찰일 el día de consulta
진찰하다 examinar
진취적(進取的) progresivo
진통(陣痛) [의학] la contracción uterina
진통(鎭痛) la ataralgesia
진통제 el analgésico
진폭 la amplitud
진폭 변조 la modulación en amplitud
진폭 시프트 키 la clave de modulación en amplitud
진하다 [색이] oscuro; [국이] espeso
진혼 미사곡 el réquiem
진화(進化) la evolución
진화론 el evolucionismo
진화론자 el [la] evolucionista
진화하다 evolucionar
진흙 el lodo, el barro
질(質) la calidad
질(窒) la vagina
질녀(姪女) la sobrina
질량(質量) la masa
질문(質問) la pregunta
질문하다 preguntar, hacer una pregunta
질병 la enfermedad
질병 보험 el seguro de enfermedad
질소(窒素) el nitrógeno

질식(窒息) la sofocación, la asfixia
질식시키다 sofocar
질식하다 sofocarse
질투 los celos, la envidia
질투하다 tener celos
질환 la enfermedad
짊어지다 cargar sobre los hombros
짐 la carga
짐꾼 el mozo; [역의] el maletero
짐마차 el carro
짐수레 la carreta
짐수레 말 el caballo de tiro
짐승 la bestia
집 la casa
집게손가락 el dedo índice
집기(什器) el ajuar
집단(集團) el grupo
집배원(集配員) el cartero
집비둘기 [조류] la paloma
집사 el mayordomo, la mayordoma; [기독교] el diácono, la diaconisa
집사람 mi mujer, mi esposa
집산주의 el colectivismo
집산주의자 el [la] colectivista
집세(稅) el alquiler (de la casa)
집시 el gitano, la gitana
집요하다 (ser) insistente, persistente
집적 회로 el circuito integrado
집중(集中) la concentración
집중하다 concentrar
집중난방 la calefacción central
집토끼 el conejo
집합 la reunión
집합론 la teoría de conjunto
집합하다 reunirse
집행 la ejecución
집행하다 ejecutar
짓궂다 (ser) travieso
짓다 [밥을] cocer, preparar; [약을] preparar
징병(徵兵) el reclutamiento
징병제 el sistema de reclutamiento

징병 제도 el sistema de reclutamiento
징역(懲役) el presidio
징후(徵候) el síntoma
짙다 (ser, estar) pesado, denso
짙은 맛 el sabor pesado
짙은 안개 la niebla densa
짙은 화장 el maquillaje denso
짚 la paja
짜다¹ [맛이] (estar) salado
짜다² [만들다] hacer
짜다³ [레몬 등을] exprimir
짜다⁴ [물기를] escurrir
짝 la pareja, el par
짝사랑 el amor desgraciado
짝수 el número par
짝패 el palo
짧다 (ser) corto
쪼다 picotear
쪽문 el portillo
쪽박 la calabaza
쪽빛 el añil
쪽지 el pedacito
쫑그리다 erguir
쫓다 perseguir, seguir
쬐다 [볕이] dar, brillar; [볕이나 불에] exponer, calentarse
쭈그러지다 ser aplastar, aplastarse
쭈그리다 aplastar
쭈뼛하다 [놀라서] erizarse; [높이] ponerse alto
찌 el flotador
찌다 cocer al vapor
찍다¹ [연장으로] cortar
찍다² [점을] marcar, puntuar
찍다³ [사진을] sacar (una foto), fotografiar
찍다⁴ [인쇄하다] imprimir
찍다⁵ [구멍을 뚫다] perforar
찔레나무 [식물] la zarza
찔리다 clavarse, meterse
찜 el plato cocido al vapor
찜질 la cataplasma
찜질하다 aplicar la cataplasma con la bolsa de hielo

찜통 la vaporera
찜통 더위 el vapor sofocante
찡그리다 fruncir el ceño, hacer una mueca
찢다 romper, rasgar(se), desgarrar
찢어지다 romperse, desgarrarse
찧다 [곡식을] machacar; [마늘이나 고추를] majar, machacar

ㅊ

차(車) el coche, el automóvil
차(茶) el té
차(差) la diferencia
차고(車庫) el garaje
차관(次官) el viceministro
차남(次男) el segundo hijo
차녀(次女) la segunda hija
차다[1] [발로] patear
차다[2] [물이] estar frío
차별(差別) la discriminación
차별하다 discriminar
차양(遮陽) [건물의] el alero; [모자의] el ala
차원(次元) la dimensión
차장(車掌) [버스의] el cobrador, la cobradora; [열차의] el revisor
차체(車體) la carrocería
착륙(着陸) el aterrizaje
착륙 장치 el tren de aterrizaje
착륙하다 aterrizar, tomar tierra
착수(着手) el comienzo, el principio
착수금 las arras
착수하다 comenzar, empezar
착하다 (ser) bueno
찬물 el agua fría
찬송 la alabanza, el elogio
찬송가 el himno, el salmo
찬송가집 el himnario, la colección de himnos
찬송하다 alabar, elogiar
찬양 el elogio, la alabanza
찬양하다 alabar, elogiar
찰과상 la excoriación

참가 la participación
참가국 el país participante
참가자 el [la] participante
참가하다 participar
참견 la intromisión
참견하다 entremeterse
참고 la referencia
참고서 el libro de consulta
참고인 el [la] testigo
참다 tolerar, soportar, aguantar
참모(參謀) el [la] oficial del estado mayor
참모부 el estado mayor
참모장 jefe de los oficiales de estado mayor
참모 장교 el [la] oficial de estado mayor
참모 총장 el jefe del estado mayor
참사(參事) el consejero, la consejera
참사(慘事) la catástrofe
참사관 el secretario, la secretaria; el consejero, la consejera
참새 [조류] el gorrión
참새우 [동물] el langostín
참외 [식물] el melón
참정권 el derecho de votar
참치 [어류] el atún
참혹하다 (ser) miserable
찻간(車間) el compartimiento
찻잔(茶盞) la taza de té
찻주전자 la tetera
창(窓) la ventana
창(槍) la lanza; [투우사용] la pica
창공(蒼空) el cielo azul
창던지기 el lanzamiento de jabalina
창립 la fundación
창립자 el fundador, la fundadora
창립하다 fundar
창문(窓門) la ventana
창백하다 estar pálido
창업 la fundación
창업자 el fundador, la fundadora
창업하다 fundar
창조 la creación

창조자 el creador; [종교] el Creador
창조하다 crear
창포(菖蒲) [식물] el ácoro
창피(猖披) la vergüenza
창피하다 tener vergüenza
찾다 buscar; [발견하다] encontrar, hallar
찾아내다 encontrar, hallar
채권(債券) las obligaciones, el bono
채권(債權) el crédito
채권국 el país acreedor
채권자 el acreedor, la acreedora
채널 el canal
채무(債務) la deuda, la obligación
채무국 el país deudor
채무자 el deudor, la deudora
채소 las verduras, las legumbres
채소 가게 la verdulería
채소밭 el huerto, la huerta
채소 장수 el verdulero, la verdulera
채식 el régimen vegetariano
채식가 el vegetariano, la vegetariana
채식주의 el vegetarianismo
채식주의자 el vegetariano, la vegetariana
채용(採用) la adopción
채용하다 adoptar
채우다 llenar, rellenar
채원(菜園) la huerta (de hortalizas)
책(冊) el libro
책가방 la mochila escolar
책망(責望) el reproche
책망하다 reprochar
책방(冊房) la librería
책방 주인 el librero, la librera
책상(冊床) el escritorio, el pupitre
책임 la responsabilidad
책임 보험 el seguro de responsabilidad
책임자 el [la] responsable
책장 el estante (de libros), la librería
챔피언 el campeón
처남 el cuñado

처녀 la doncella; [동정녀] la virgen
처녀림 la selva virgen
처녀막 el himen
처녀봉 el pico virgen
처녀 비행 el vuelo de prueba
처녀성 la virginidad
처녀자리 [천문] la Virgen
처녀작 la obra virgen
처녀 장가 el casamiento a la virgen
처녀지 la tierra virgen
처럼 como
처리 el proceso
처리기 el procesadar
처리하다 procesar
처방(處方) la receta
처방전 la receta
처방하다 recetar
처음 el principio, el primero
처제(妻弟) la cuñada
처참하다 (ser) horrible, lamentable
처형(妻兄) la cuñada
척 la cremallera
척수(脊髓) la médula espinal
척추 la columna vertebral, la espina dorsal
척하다 afectar
천 la tela, el paño
천(千) mil
천공기 la perforadora
천국(天國) el cielo, el paraíso, el reino de Dios
천기(天氣) el tiempo
천둥 el trueno
천막 la tienda (de campaña), el pabellón
천문학(天文學) la astronomía
천문학자 el astrónomo, la astrónoma
천박(淺薄) la superficialidad
천박하다 (ser) superficial
천식(喘息) el asma
천연 la naturaleza
천연 가스 el gas natural
천연 기념물 el monumento natural

천연두(天然痘) la viruela
천연색 el color natural
천연색 사진 la fotografía en color
천연색 영화 la película en color
천연색 텔레비전 la televisión en color
천연 잔디 el césped natural
천왕성 [천문] el Urano
천장 el techo
천재(天才) el genio
천재(天災) la calamidad natural
천지(天地) el cielo y la tierra
천진난만하다 (ser) inocente, ingenuo, cándido
천진스럽다 (ser) inocente, ingenuo, cándido
천체(天體) el astro, el cuerpo celeste
천치 el [la] idiota
천하다 (ser) vulgar, grosero, bajo, humilde
천후(天候) el clima
철^1 [계절] la estación
철^2 [사리를 분별할 줄 아는 힘] la discreción
철(鐵) el hierro
철교(鐵橋) el puente metálico [de hierro]
철군 la retirada de tropas
철군하다 retirar las tropas
철근 콘크리트 el cemento armado
철기 시대 la edad de hierro
철도(鐵道) el ferrocarril
철도 경찰 el policía de ferrocarriles
철도 공안원 el agente de seguridad ferroviaria
철도 사고 el accidente ferroviario
철도 안내 la guía de ferrocarriles
철면피 el descaro, la sinvergüenza
철면피하다 (ser) descarado
철물점 la ferretería
철물점 주인 el ferretero, la ferretera
철봉 la barra fija
철사(鐵絲) el alambre
철사(鐵砂) la arena ferruginosa
철새 el pájaro migratorio
철수(撤收) la retirada
철수하다 retirar

철야(徹夜) el trasnoche
철야하다 trasnochar
철자(綴字) la ortografía
철자법 las reglas de ortografía
철쭉(나무) [식물] la azalea
철퇴(撤退) la retirada
철퇴하다 retirar
철학(哲學) la filosofía
철학자 el filósofo, la filósofa
철학적 filosófico
철회 la retracción
철회하다 retractar
첨탑(尖塔) el pináculo, la cúspide
첩 la concubina
첫- primer, primera
첫걸음 el primer paso
첫날 el primer día
첫눈^1 la primera vista
첫눈^2 [처음 내리는 눈] la primera nieve
첫사랑 el primer amor; [남자] *su* primer querido, [여자] *su* primera querida
첫인사 el primer saludo
첫인상 la primera impresión
첫정 el primer amor
첫째 el primero
첫차 el primer tren
청각 el sentido auditorio
청각 교육 la educación auditoria
청강 la asistencia a un curso
청강생 el [la] oyente
청강하다 asistir a un curso
청결 la limpieza
청결하다 (estar) limpio
청과(靑果) la fruta fresca
청과물 las verduras y las frutas
청과물 상점 la verdulería
청과물 시장 el mercado de verduras y frutas
청구 la demanda, la reclamación
청구서 la nota
청구하다 demandar, reclamar

청년 el [la] joven
청동 el bronce
청동기 시대 la edad de bronce
청량음료 el refresco
청바지 el pantalón vaquero
청산(淸算) la liquidación
청산하다 liquidar
청상과부 la viudita
청색(靑色) el azul, el color azul
청서(淸書) la copia limpia
청소(淸掃) la limpieza
청소기 la aspiradora
청소부 el basurero, la basurera
청소하다 limpiar, barrer
청신호 el semáforo en azul
청약 la solicitud
청약자 el [la] aspirante
청약하다 suscribir
청어(靑魚) [어류] el arenque
청어(鯖魚) [어류] la caballa, el escombro
청옥(靑玉) [광물] el zapiro
청우계 el termómetro
청원(請願) la petición
청원하다 pedir
청주(淸酒) el sake
청진기 el estetoscopio
청춘 la juventud
청하다 pedir
체 [연장] la criba, el cribo
체격 la constitución (física)
체납 la negligencia en el pago de los impuestos
체납하다 ser negligente en pagar
체념 la renuncia
체념하다 renunciar, desistir
체류 la estancia
체류하다 estar, quedarse
체온(體溫) la temperatura
체온계 el termómetro clínico
체육 la formación física
체육관 el gimnasio

체재(滯在) la estancia
체재하다 estar
체적(體積) el volumen
체조(體操) la gimnasia
체조 경기 las competiciones gimnásticas
체조 교사 el [la] gimnasta
체조 기구 los aparatos de gimnasia
체조 선수 el [la] gimnasta
체조 선수권 el campeonato de gimnasia
체조 수업 la clase de gimnasia
체중(體重) el peso
체크아웃하다 pagar la cuenta y marcharse
체크인 el registro
체크인하다 registrarse
체포(逮捕) la detención
체포하다 detener, arrestar
첼로 el violoncelo
첼로 연주자 el [la] violoncelista
초 [불을 켜는] la candela, la vela
초(初) el principio, el comienzo, el primero
초(秒) el segundo
초(醋) [식초] el vinagre
초가(草家) la casa con el tejado de paja
초가을 el otoño temprano
초가 지붕 el tejado de paja
초가집 la casa con el tejado de paja
초고속 정보 통신망 la Autopista de la información
초과 el exceso
초과하다 exceder
초급 el grado elemental
초기(初期) el primer período
초기화(初期化) la inicialización
초단파(超短波) las ondas ultracortas, la muy alta frecuencia, VHF, vhf, V.H.F.
초당(秒當) 문자수 los caracteres por segundo
초당 킬로비트 los kilobits por segundo
초대 la invitación
초대 손님 el invitado, la invitada
초대장 la (carta de) invitación
초대하다 invitar

초등학교 la escuela primaria
초보 los principios
초보자 el [la] principiante
초상화 el retrato
초상화가 el [la] retratista
초순(初旬) los principios
초승달 la luna nueva
초음속 la velocidad supersónica
초음파 las ondas supersónicas, el ultasonido
초인종 el timbre
초저주파 la muy baja frecuencia
초전기 la piroelectricidad
초전도체 el superconductor
초점 el foco
초점 거리 la distancia focal
초조 la impaciencia
초조해하다 impacientarse
초청 la invitación
초청장 la invitación, la carta de invitación
초청하다 invitar
초콜릿 el chocolate
초콜릿색 el color chocolate
초특급 el superexpreso, el tren-bala
초특급 열차 el superexpreso, el tren-bala
초현실주의 el surrealismo
초현실파 화가 el [la] surrealista
초화(草花) la flor
촉각 la antena
촉성 재배 el forzamiento
촌(村) la aldea, el pueblo
촌사람 el aldeano, la aldeana
촌스럽다 (ser) rústico
촛대 el candelero
총(銃) el fusil
총검 [총과 검] la escopeta y la espada; [대검] la bayoneta
총격 el tiroteo
총경(總警) el [la] superintendente general
총계 el total, la suma
총기(銃器) las armas
총기(聰氣) la buena memoria

총명(聰明) la inteligencia
총명하다 (ser) inteligente, listo
총무(總務) [사람] el [la] gerente
총무과 la sección de asuntos generales
총무부 el departamento de asuntos generales
총보(總譜) la partitura
총사령관(總司令官) el comandante en jefe
총선거(總選擧) las elecciones generales
총영사(總領事) el [la] cónsul general
총영사관 el consulado general
총장(總長) el presidente, la presidenta
총재(總裁) el [la] presidente
총채 el plumero
총파업 la huelga general
총회 la asamblea general, la junta general
촬영 la filmación, el rodaje
촬영기 el tomavistas
촬영 기사 el [la] cinematografista
촬영소 el estudio
촬영하다 fotografiar, sacar foto, tomar foto
최고(最古) lo más antiguo
최고(最高) lo máximo, lo superior
최고 시속 la velocidad máxima (por hora)
최고조 el clímax, el auge, el cenit
최근 lo último; [부사적] recientemente
최대 el máximo
최루 가스 el gas lacrimógeno
최루탄 la bomba lacrimógena
최면 la hipnosis, la hipnotización
최면 상태 la hipnosis, el estado hipnótico
최면술 el hipnotismo
최면술사 el [la] hipnotista
최면제 el hipnótico
최상 lo mejor
최소 el mínimo, el mínimum
최신 lo último, lo reciente
최신 기술 la técnica más moderna
최신 유행 la última moda
최악(最惡) lo peor, lo pésimo
최우수 lo mejor

최우수 선수 el jugador más valioso
최저 lo más bajo, el mínimum
최저 시속 la velocidad mínima (por hora)
최적(最適) lo óptimo
최종 el final
최종 사용자 el usuario final
최종 수비수 el defensa (lateral)
최초(最初) el principio, el comienzo
최혜국 la nación más favorecida
최후(最後) lo último, el fin, el final
추가 la adición, el complemento, el añadido
추가하다 adicionar, añadir
추격 el perseguimiento, la persecución
추격하다 perseguir
추녀 el alero
추돌(追突) el choque por detrás (contra)
추돌하다 chocar por detrás contra (un coche)
추락(墜落) la caída
추락하다 caer
추리 소설 la novela policíaca
추분(秋分) el equinoccio de otoño
추상 la abstracción
추상 개념 el concepto abstracto
추상 명사 el nombre abstracto.
추상미 la belleza abstracta
추상 예술 el arte abstracto
추상파 la escuela abstracta
추상화 la pintura abstracta
추상화가 el pintor abstracto, la pintora abstracta
추수(秋收) la cosecha
추수하다 cosechar
추신 posdata
추월 el adelanto
추월하다 adelantar
추정(推定) la deducción, la presunción
추정하다 deducir, presumir
추찰 la conjetura, la suposición
추찰하다 conjeturar, suponer
추천 la recomendación
추천장 la carta de recomendación

추천하다 recomendar
추출 la extracción
추출하다 extraer
축구(蹴球) el fútbol
축구 공 el balón (de fútbol)
축구 국가 대표팀 el equipo nacional de fútbol
축구 선수 el [la] futbolista
축구 시합 el partido de fútbol
축구장 el campo de fútbol
축구 전용 경기장 el estadio de fútbol
축구 팀 el equipo de fútbol
축구화 los botines de fútbol, las botas de fútbol
축소 la disminución
축소하다 disminuir
축어역 la traducción palabra por palabra
축이다 humedecer
축전(祝電) el telegrama de felicitación
축전기 el condensador
축전지 el acumulador, la batería
축제 la fiesta, el festividad
축제일 el día festivo, el día de fiesta
춘분 el equinoccio de primavera
춘추복 el traje de entretiempo
춘하추동 la primavera, el verano, el otoño y el invierno
출구(出口) la salida
출근(出勤) la asistencia a la oficina
출근부 el libro de asistencia
출력 la salida
출력 버퍼 el búfer de salida
출력 영역 el área de salida
출력 채널 el canal de salida
출력하다 salir
출발 la salida, la partida
출발대 [수영의] el pontón de salida
출발하다 salir, partir
출범(出帆) la zarpa
출범하다 zarpar
출석 la asistencia
출석부 la lista de asistencia
출석하다 asistir

출선(出船) la zarpa
출선하다 zarpar
출연 la actuación
출연료 la remuneración
출연자 el [la] intérprete
출연하다 actuar
출장(出場) [운동] la participación
출장소(出張所) la agencia, la sucursal
출장자(出場者) [운동] el [la] participante
출판 la publicación
출판물 la publicación
출판사 la editorial, la casa editora
출판하다 publicar
출항 la zarpa
출항하다 zarpar
출현 la aparición
출현하다 aparecer
출혈 la hemorragia
출혈하다 sangrar, echar sangre
춤 la danza, el baile
춤추다 danzar, bailar
춥다 [날씨가] hace frío; [몸이] tener frío
충격(衝擊) el impulso
충돌(衝突) el choque, la colisión
충돌하다 chocar con [contra], colisionar
충분하다 bastar, ser suficiente
충실(忠實) la fidelidad
충실하다 (ser) fiel
충전(充電) la carga
충전하다 cargar
충치 el diente picado; [병] la caries
취급 el trato, el tratamiento
취급하다 tratar
취미 la afición, el hobby
취소 la cancelación, la anulación
취소 메시지 el mensaje de cancelación
취소하다 cancelar, anular
취직 la obtención de empleo
취직하다 obtener un empleo
취하다 [술에] embriagarse, emborracharse

층(層) el piso, la planta
층계 el peldaño, el escalón
층계참 el descansillo, el rellano
치과 la odontología
치과의 el [la] dentista
치기 el golpe
치다¹ [탈것에] atropellar
치다² [때리다] golpear, dar un golpe
치료 el tratamiento (médico), la cura
치료하다 curar
치마 la blusa coreana
치안 el orden público
치약 la pasta dentrífica, la crema dental
치조염 [의학] la alveolitis
치주염 [의학] la paradentitis
치즈 el queso
치질 [의학] la hemorroide
치타 [동물] la onza
치통 el dolor de diente
친구 el amigo, la amiga
친선 la amistad
친전(親展) confidencial, privado
친절(親切) la amabilidad
친절하다 (ser) amable
친족(親族) el pariente
친지(親知) el conocido, la conocida
친척 el pariente
칠(七) siete
칠(漆) la laca
칠레 [나라] Chile
칠레 사람 el chileno, la chilena
칠면조 [조류] el pavo
칠보(七寶) el esmalte
칠십 setenta
칠월 julio
칠판 la pizarra
칠판 지우개 el borrador
칠하다 laquear
칠흑 la oscuridad perfecta
침 la saliva, la baba

침(鍼) la aguja de acupuntura
침낭 el saco de dormir
침대 la cama; [선박, 열차의] la litera
침대권 el billete de litera
침대 시트 la colcha, el cobertor
침대 의자 el canapé
침대차 el coche-cama
침대 커버 la colcha, el cobertor
침략 la invasión
침략자 el invasor, la invasora
침략하다 invadir
침수(浸水) la inundación, la avenida
침수되다 inundarse, ser inundado
침수시키다 inundar
침술(鍼術) la acupuntura
침술사(鍼術師) el [la] acupunturista
침식(浸蝕) la erosión
침식곡 el valle erosionado
침식 분지 la cuenca erosionado
침식산 la montaña erosionada
침식 작용 la acción erosiva
침식 평야 la planicie erosionada
침식하다 erosionar
침실 el dormitorio, la alcoba
침입 la invasión
침입자 el invasor; [컴퓨터] el intruso
침입하다 invadir
침전(沈澱) la precipitación, la sedimentación
침전물 el precipitado, el sedimento
침착하다 (estar) tranquilo, quieto, calmado
침팬지 [동물] el chimpancé
침하(沈下) el hundimiento
침하하다 hundirse
침해 la infracción
침해하다 infringir
칩 el chip
칩 세트 el conjunto de chips
칫솔 el cepillo de dientes
칭얼거리다 sollozar, gimotear
칭찬 la alabanza, el elogio

칭찬하다 alabar, elogiar
칭탁 la disculpa, la excusa
칭탁하다 disculpar, excusar
칭하다 intitular, llamar
칭호 el título

ㅋ

카나리아 [동물] el canario
카네이션 el clavel
카드 la tarjeta
카드뮴 [화학] el cadmio
카드 천공기 el perforador de tarjetas
카드 판독기 el lector de tarjetas
카레라이스 el arroz con cari [curry]
카메라 la cámara
카메라맨 el fotógrafo, el cameraman
카메오 el camafeo
카멜레온 [동물] el camaleón
카세트 el casete
카세트 녹음기 el casete
카세트테이프 la cinta de casete
카세트테이프리코더 el magnetófono a casete
카스텔라 el bizcocho
카약 el kayak
카우보이 el vaquero; [아르헨티나] el gaucho
카운터 el mostrador
카카오 el cacao
카카오나무 el cacao
카키색 el color caqui
카타르 [의학] el catarro
카타르성염 [의학] la inflamación catarral
카타르성 폐렴 [의학] la neumonía catarral, la pulmonía catarral
카탈로그 el catálogo
카페 el café
카페리 el transbordador para transbordar coches
카페테리아 la cafetería
카펫 la alfombra
카피 la copia

칵테일 el coctel, el cóctel
칸막이 la partición
칸막이 좌석 el palco
칼 el cuchillo; [검] la espada; [투우사의] el estoque
칼라 el cuello
칼로리 la caloría
칼로리가(價) el valor calorífico
캐나다 [나라] el Canadá
캐나다 사람 el [la] canadiensese
캐디 el [la] caddy
캐비닛 la carcasa
캐비지 [식물] la col
캐처 el receptor
캔버스 el lienzo
캠프 el campamento
캠프장 el campamento, el camping
캠핑 el camping
캠핑 카 la caravana
캡슐 la cápsula
캡스턴 el cabezal móvil
캥거루 [동물] el canguro
커닝 la astucia, la treta en el examen
커닝 페이퍼 la chuleta
커닝하다 usar una chuleta, copiar
커리큘럼 el plan de estudios
커서 [컴퓨터] el cursor
커튼 la cortina
커프스 el puño
커프스단추 los gemelos
커피 el café
커피 잔 la taza de café
커피포트 la cafetera
컨디션 el estado, la condición
컨텐츠 el contenido
컨트롤 el control
컬러 el color
컬러 모니터 el monitor en color
컬러 모델 el modelo de color
컬러 사진 la fotografía en color
컬러 텔레비전 la televisión a [de] colores

컬러 텔레비전 수상기 el televisor a [de] colores
컬러프린터 la impresora en color
컬렉터 el colector
컴파일 la compilación
컴파일러 el compilador
컴파일하다 compilar
컴팩트 디스크 el disco compacto
컴팩트 디스크 플레이어 el reproductor de disco compacto
컴퍼스 el compás; [비행기의] la brújula
컴퓨터 el ordenador; [중남미] la computadora, el computador
컴퓨터 게임 el juego de ordenador
컴퓨터광(狂) el computófilo
컴퓨터 그래픽스 los gráficos por ordenador
컴퓨터 디자인 el diseño realizado por ordenador
컴퓨터 바이러스 el virus por ordenador
컴퓨터 프로그래머 el programador [la programadora] de ordenadores
컴퓨터 프로그램 el programa informáシャ채
컵 la copa, el vaso
컷 el corte
케이블 el cable
케이블카 el funicular
케이블 커넥터 el conector de cable
케이블 텔레비전 la televisión por cable
케이오 el nocaut, el K.O.
케이크 la torta, el pastel
케첩 el ketchup, la salsa de tomate
켤레 el par
코 la nariz; [동물의] el hocico; [코끼리의] la trompa
코끼리 [동물] el elefante
코냑 el coñac
코너 la esquina
코너 에어리어 el área de esquina
코너킥 el saque de esquina
코드 el código
코드 변환 la conversión de código
코드 페이지 la página de código
코드화하다 codificar
코르셋 el corsé
코뿔소 [동물] el rinoceronte
코스 el curso; [골프] el recorrido

코스모스 [식물] el cosmos
코스타리카 [나라] Costa Rica
코스타리카 사람 el [la] costarricense; el costarriqueño, la costarriqueña
코요테 [동물] el coyote
코치 el entrenador, la entrenadora
코카콜라 la coca cola
코코아 el chocolate
코피 la hemorragia nasal
콘서트 el concierto
콘크리트 믹서(차) la hormigonera
콘트라베이스 el contrabajo
콘플레이크 las hojuelas de maíz
콜 la llamada
콜드크림 el cold cream
콜라 la coca cola
콜로이드 el coloide
콜롬비아 [나라] Colombia
콜롬비아 사람 el colombiano, la colombiana
콜리플라워 [식물] la coliflor
콤비 la combinación
콤비네이션 la combinación
콤팩트 la polvera
콧구멍 las narices; [말의] los ollares
콩 la soja, la soya
콩소메 el consomé
쾌락 el placer
쾌적하다 (ser) cómodo, confortable
쾌청(快晴) despejado
쾌활하다 (ser) alegre
쾌히 de buena gana
쿠바 [나라] Cuba
쿠바 사람 el cubano, la cubana
퀸 [여왕] la reina
크다[1] [크기가] ser grande
크다[2] [자라다] criarse
크래커 la galleta
크레용 el lápiz de pastel, el creyón
크레인 la grúa
크레인차 el coche grúa
크로스바 el traversaño, el larguero

크로스컨트리 la carrera de cross
크로켓 la croqueta
크롬 [화학] el cromo
크리스마스 la Navidad
크리스마스 선물 el regalo de Navidad, el aguinaldo
크리스마스 실 el sello de Navidad
크리스마스 이브 la Nochebuena
크리스마스 전야제 la Nochebuena
크리스마스 카드 la tarjeta de Navidad
크리스마스 캐럴 el villancico, el cántico de Navidad
크리스마스 케이크 la torta de Navidad
크리스마스 트리 el árbol de Navidad
크리스마스 휴가 las vacaciones de Navidad
크리스마스 휴전 la tregua de Navidad
크리스천 el cristiano, la cristiana
크리켓 el criquet
크림 la nata; [화장품] la crema
큰누나 la hermana mayor
큰딸 la hija mayor
큰물 la inundación
큰북 el bombo
큰불 el gran incendio
큰아들 el hijo mayor
큰오빠 el hermano mayor
큰형 el hermano mayor
클라리넷 [악기] el clarinete
클래스 la clase
클랙슨 la bocina, el claxon
클러치 el embrague
클러치 페달 el embrague
클럽^1 el club
클럽^2 [골프] el palo de golf
클럽^3 [트럼프] el trébol
클럽 부원 el miembro del club
클럽 활동 las actividades del club
클레임 el reclamo
클로버 el trébol
클릭 el clic
클릭하다 hacer clic
클립 el clip, el sujetapapeles

키¹ la estatura
키² [열쇠] la llave
키³ [배의] el timón
키⁴ [컴퓨터] la tecla, la clave
키보드 el teclado
키보드 반복 la repetición de teclado
키보드 배열 la distribución de teclado
키보드 버퍼 el búfer de teclado
키보드 제어기 el controlador de teclado
키보드 처리기 el procesador de teclado
키보드 천공기 la perforadora de tarjetas
키보드 프로그램 el programa de teclado
키 복구 la recuperación de clave
키우다 criar
키워드 la palabra clave
키위 el kiwi
키잡이 el timonel
키 정렬 la ordenación por clave
키 코드 el código de tecla
키 필드 el campo clave
킥오프 el saque inicial
킬로 el kilo, el quilo
킬로그램 el kilogramo
킬로바이트 el kilobyte, el kiloocteto
킬로비트 el kilobit
킬로사이클 el kilociclo
킬로헤르츠 kHz, el kilohercio
킹 el rey
킹 사이즈 el tamaño grande [gigante]
킹킹 gimiendo
킹킹거리다 gemir

ㅌ

타(他) otro, otra
타(打) la docena
타개 la superación, el vencimiento
타개하다 superar, vencer
타격 el golpe; [야구] el bateo

타격력 el poder de bateo
타격률 el promedio de bateo
타격순 el orden de bateo
타다¹ [탈것을] tomar
타다² [불이] quemarse
타도 el derribo
타도하다 derribar
타륜 la rueda del timón
타박상 la contusión, la magulladura
타산적 calculador
타수 el timonel
타악기 el instrumento de percusión
타액 la saliva
타원 la elipse
타원면 la elipsoide
타원체 la elipsoide
타원체면 la elipsoide
타원형 la forma de elipse, el óvalo
타월 la toalla
타월걸이 el toallero
타이어 el neumático
타이츠 las mallas
타이틀 el título
타이프라이터 la máquina de escribir
타자 el bateador
타자기 la máquina de escribir
타조 [조류] el avestuz
탁구 el tenis de mesa, el ping-pong
탁상 la mesa; ((컴퓨터)) el escritorio
탁상 액세서리 los accesorios del escritorio
탁상 전화 el teléfono de mesa
탁상 출판 la autoedición
탁상 컴퓨터 el ordenador de escritorio
탄광 la mina de carbón
탄력성 la elasticidad
탄산수 el agua gaseosa
탄생 el nacimiento
탄생석 la piedra que simboliza el mes del nacimiento
탄생일 la fecha de nacimiento
탄생하다 nacer

탄성(彈性) la elasticidad
탄소(炭素) el carbono
탄식(歎息) la aflicción
탄식하다 afligirse
탄알 la bala
탄약(彈藥) la munición
탄약고 el polvorín
탄약대 la cartuchera
탄약함 el cartucho
탄원(歎願) la súplica
탄원서 la solicitación
탄원자 el [la] solicitante
탄원하다 solicitar
탄자니아 [나라] Tanzania
탄자니아 사람 el tanzaniano, la tanzaniana
탄젠트 la tangente
탄환(彈丸) la bala
탈 [가면] la máscara, la careta
탈(頉) [사고] el accidente; [병] la enfermedad
탈곡(脫穀) la trilla, la trilladura
탈곡기 la trilladora
탈곡하다 trillar
탈나다 [일에] estropearse, averiarse; [몸에] estar enfermo
탈락 la omisión
탈락하다 omitir
탈모(脫毛) la caída del pelo
탈모하다 perder el pelo
탈바가지 la máscara de calabaza
탈법 la ilegalidad, la ilegitimidad
탈산(脫酸) la desoxidación
탈산소 la desoxidación
탈선 el descarrilamiento
탈선하다 descarrilar
탈세(脫稅) la evasión de impuestos
탈세자 el evadidor de impuesto
탈세하다 evadir el impuesto
탈의소 el vestuario; [해수욕장의] la caseta
탈의장 el vestuario; la caseta
탈지면 el algodón absorbente [hidrófilo]
탈출 el escape, la fuga, la huida, la evasión

탈출 키 la tecla Escape
탈출하다 escaparse, fugarse, huir, evadirse
탐구(探究) la búsqueda
탐구(探求) la indagación, la averiguación
탐구(貪求) la búsqueda codiciosa
탐구(探究)하다 buscar
탐구(探求)하다 indagar, averiguar
탐구(貪求)하다 buscar codiciosamente
탐나다 desear, querer, apetecer
탐내다 codiciar, apetecer
탐방 la indagación
탐방 기자 el reportero, la reportera
탐방하다 indagar
탐색 la búsqueda, la investigación
탐색하다 buscar, investigar
탐욕 la avaricia, la codicia
탐욕스럽다 (ser) avaro, codicioso
탐정 [사람] el [la] detective
탐정하다 espiar, investigar en secreto
탐험 la exploración
탐험가 el explorador, la exploradora
탐험하다 explorar
탑(塔) la torre; [불교] la pagoda
탑승 el embarque
탑승권 la tarjeta de embarque
탑승하다 subir al avión
탓 la culpa
탕아(蕩兒) el disipador, la disipadora
태국 [나라] Tailandia
태국 사람 el tailandés, la tailandesa
태국어 el tailandés
태권도 el taekwondo
태권도 선수 el [la] taekwondoísta
태만(怠慢) la pereza
태만하다 (ser) perezoso
태백성 el Venus, el lucero vespertino
태생 el nacimiento
태양(太陽) el Sol
태연하다 (ser) tranquilo, quieto
태평양 el (Océano) Pacífico

태풍 el tifón
택시 el taxi
택시 기사 el [la] taxista
택시미터기 el taxímetro
택시 승강장 la parada de taxis
택시 운전기사 el [la] taxista
탬버린 [악기] la pandereta
탯줄 el cordón umblical
탱고 el tango
탱커 el (buque) petrolero
터미널 la terminal
터미널 빌딩 el edificio de la terminal
터치 el toque
터치라인 la línea de banda
터치하다 tocar
터키 [나라] Turquía
터키 사람 el turco, la turca
터키 어 el turco
턱 [해부] la mandíbula
턱뼈 la quijada
턱수염 la barba
턱시도 el smoking
털 el pelo
털가죽 코트 el abrigo de piel(es)
텃새 el pájaro no migratorio
테 [모자의] la cinta; [문 등의] el marco
테너 [가수] el tenor
테니스 el tenis
테니스 공 la pelota de tenis
테니스 모자 la visera
테니스 선수 el [la] tenista
테니스장 la cancha [la pista] de tenis
테니스 코트 la cancha [la pista] de tenis
테이프 la cinta
텍스트 el texto
텍스트 편집기 el editor de texto
텍스트 파일 el archivo de texto
텐트 la tienda de campaña, el pabellón
텔레비전 la televisión
텔레비전 네트워크 la red de televisión

텔레비전 녹화 la transcripción cinescópica
텔레비전 뉴스 las noticias de televisión
텔레비전 드라마 el drama de televisión
텔레비전 망 la red de televisión
텔레비전 모니터 el monitor de televisión
텔레비전 방송 la transmisión de televisión
텔레비전 세트 el televisor
텔레비전 쇼 el espectáculo televisivo
텔레비전 수상기 el televisor
텔레비전 스크린 la pantalla cinescópica, la imagen
텔레비전 시청자 el [la] televidente
텔레비전 안테나 la antena de televisión
텔레비전 연속극 la telenovela
텔레비전 영화 el telecine
텔레비전 중계 el relé de televisión
텔레비전 채널 el canal de televisión
텔레비전 카메라 cámara de televisión
텔레비전 탑 la torre de televisión
텔레비전 프로그램 el programa de televisión
텔레비전 화면 la imagen de televisión
텔레비전 회로 el circuito de televisión
텔렉스 el télex
토기(吐氣) la náusea
토기(土器) la vasija de barro
토끼 el conejo; [야생의] la liebre
토너먼트 el torneo
토라지다 estar de mal humor
토르소 el torso
토마토 el tomate
토마토주스 el zumo de tomate
토목(土木) la obras públicas
토산물(土産物) el recuerdo
토성(土星) [천문] el Saturno
토성(土城) la torecilla de castillo de tierra
토스트 la tostada, el pan tostado
토스 el lanzamiento
토스하다 lanzar
토시 el manguito
토양 la tierra
토요일 el sábado

토큰 la ficha
토파즈 [광물] el topacio
토하다 vomitar, escupir
톤 [무게의 단위] la tonelada
톨게이트 el peaje
톱 [연장] la sierra
톱니바퀴 la rueda dentada
통(桶) el cubo
통계 la estadística
통계표 la tabla de estadística
통계학 la estadística
통계학자 el estadístico, la estadística
통과 el paso, el tránsito
통과시키다 hacer pasar
통과하다 pasar
통관(通關) la entrada de aduana
통관세 los derechos aduaneros
통관 수속 las formalidades de aduanas
통관 신고 la declaración aduanera
통관 신고서 la declaración aduanera
통나무 el madero
통달 el conocimiento a fondo
통달하다 conocer a fondo
통로(通路) el pasaje, el pasillo
통상(通商) el comercio
통상 대표부 la representación comercial
통상 사절단 la misión comercial
통상 장벽 la barrera comercial
통상 조약 el tratado comercial
통상 협정 el acuerdo comercial
통설 la opinión general
통속 소설 la novela vulgar
통솔(統率) la dirección, el mando
통솔하다 dirigir
통시 언어학 la lingüística diacrónica
통신(通信) las comunicaciones
통신 강좌 los cursos por comunicaciones
통신 규약 el protocolo de comunicaciones
통신망 la red de comunicaciones
통신사 la agencia noticiera

통신 시스템 el sistema de comunicación
통신원 el [la] corresponsal
통신 위성 el satélite de comunicaciones
통신 채널 el canal de comunicaciones
통신 프로그램 el programa de comunicaciones
통신하다 comunicarse
통일 la unificación
통일부 el Ministerio de Unificación
통일부 장관 el ministro de Unificación
통일하다 unificar
통제 el control, la regulación
통제하다 controlar, regular
통조림 la conserva
통조림 식품 las conservas alimenticias
통증 el dolor
통지 el aviso, la información
통지표 la cartilla de notas
통지하다 avisar, informar
통풍 la ventilación
통풍관 el ventilador
통합 la integración
통합 단말기 el terminal integrado
통합 소프트웨어 el software integrado
통화(通貨) la moneda corriente
통화(通話) la llamada, la conferencia
통화료 el coste de llamada
통화수 el número de llamadas
퇴각 la retirada
퇴각하다 retirar
퇴원 la salida [la retirada] del hospital
퇴원하다 salir del hospital
퇴직 el retiro, la jubilación
퇴직금 la pensión de jubilación
퇴직자 el jubilado, el retirado
퇴직하다 retirarse, jubilarse
투구 el casco, la celada
투구벌레 [곤충] el escarabajo
투망(投網) el esparavel
투매(投賣) la liquidación
투매하다 liquidar

투명(透明)하다 (ser) transparente, claro
투서(投書) la carta anónima
투서란(投書欄) la columna de lectores
투석(透析) la diálisis
투수(投手) el lanzador
투어리스트 클래스 la clase turista
투우(鬪牛) la corrida de toros
투우사(鬪牛士) el torero; [주 투우사] el matador; [창으로 찌르는] el picador; [깃발 달린 작살을 꽂는] el banderillero
투우사용 모자 la montera
투우사용 바지 la taleguilla
투우술 la tauromaquia
투우장 la plaza de toros
투원반 el lanzamiento de disco
투입구 [자판기에서, 동전의] la ranura
투창 el lanzamiento de jabalina
투포환 el lanzamiento de peso
투표 el voto, la votación
투표권 el derecho a voto
투표소 el colegio electoral
투표 용지 la papeleta de votación
투표하다 votar
투표함 la urna
투피스 el traje de dos piezas
투함하다 echar una carta al buzón
투해머 el lanzamiento de martillo
튀기다 freír, estrellar
튀긴 달걀 el huevo estrellado
튀김 la fritada
튜바 la tuba
튜브 [수영용] el flotador
튤립 el tulipán
트라이앵글 el triángulo
트랙 la pista
트랙 경기 el atletismo en pista
트랙터 el tractor agrícola
트랜스 지방 la transgrasa
트랜스 지방산 el ácido transgraso
트랜지스터 el transistor
트랩 la escalerilla; [배의] escala

트럭 el camión; [소형의] la camioneta
트럼펫 [악기] la trompeta
트럼프 el naipe, la baraja, la carta
트렁크 el baúl; [자동차의] el maletero
트레이너 el preparador
트롤리버스 el trolebús
트롬본 [악기] el trombón
트위스트 el twist
특가(特價) el precio especial
특권(特權) el privilegio
특급(特急) el (tren) rápido
특급 급행 el (tren) rápido
특급 급행열차 el tren rápido
특매(特賣) la venta de saldos
특매장(特賣場) la sección de venta de saldos
특별 la especilidad
특별 수당 la gratificación
특별하다 (ser) especial
특수 문자 el carácter especial
특전 el privilegio
특종 la información exclusiva
특징 la característica, el carácter distintivo
특출하다 (ser) sobresaliente
특파원 el enviado especial
특허 el patente
특허권 la patente, los derechos de patente
특허권 사용료 los derechos de patente
특허 법원 el tribunal de patente
특혜 el privilegio, la preferencia
특혜 관세 la tarifa preferencial
특효 la eficacia especial
특효약 el específico
특히 especialmente, en especial
튼튼하다 (ser) robusto, fuerte
틀니 el diente postizo
틀리다 equivocarse
틀림 el error, la equivocación
틀림없다 (ser) igual, el mismo, seguro, correcto; [믿을 수 있다] confiable, fidedigno
틀어막다 llenar, rellenar, tapar, obstruir

틀어박히다 encerrarse
틈 la grieta; [겨를] el tiempo libre
틈틈이 raras veces
티 [골프] el tee
티눈 el callo
티베트 [지명] el Tibet
티베트 사람 el tibetano, la tibetana
티베트 어 el tibetano
티브이 la televisión
티 샷 la jugada del montecillo
티 셔츠 la camiseta, el polo
티슈 el tisú
티슈 페이퍼 el tisú
티스푼 la cucharilla
티없다 (ser) inocente
티없이 inocentemente
티자 la regla de T
팀파니 [악기] el timbal
팁 la propina
팃검불 los fragmentos de paja
팅팅 붓다 hincharse mucho

ㅍ

파¹ [식물] la cebolleta
파² [골프] el par
파(派) la escuela
파(波) la onda
파견(派遣) el envío, el despacho
파견단 la delegación
파견 단원 el delegado, la delegada
파견하다 enviar, despachar
파괴 la destrucción
파괴하다 destruir
파나마 [나라] Panamá
파나마 사람 el panameño, la panameña
파나마모자 el sombrero de jipijapa
파나마 운하 el Canal de Panamá
파다 cavar

파도 la ola
파도타기 el surf, el surfing
파라과이 [나라] el Paraguay
파라과이 사람 el paraguayo, la paraguaya
파라미터 el parámetro
파라볼라 안테나 la antena parabólica
파리 [곤충] la mosca
파리 [지명] París
파리 목숨 la vida efímera
파리 사람 el [la] parisiense
파리지앵 el parisiense
파리지엔 la parisiense
파리채 el [los] matamoscas
파리하다 (ser, estar) flaco, delgado
파마 el permanente
파벌 la facción
파산 la quiebra
파산하다 quebrar, arruinarse
파생 la derivación
파생하다 derivarse
파선 el naufragio
파선하다 naufragar
파손 el deterioro, el daño, la avería
파손하다 romper, quebrar, derribar
파수 la vigilancia
파수꾼 el vigilante
파수하다 vigilar
파스텔 el pastel
파스텔화 la pintura al pastel
파슬리 el perejil
파업(罷業) la huelga
파업권 el derecho de huelga
파업 수당 el subsidio de huelga
파업자 el [la] huelguista
파업 파괴자 el [la] rompehuelgas
파운데이션 el maquillaje de fondo
파운드 la libra
파운드화(貨) la libra
파울 la falta
파이 [양과자] el pastel

파이프 [담배의] la pipa; [관] ###
파이프 오르간 [악기] el órgano
파인더 el visor
파인애플 la piña
파일 el archivo, el fichero
파자마 el pijama
파장(波長) la longitud de onda
파종(播種) la siembra
파종하다 sembrar
파출부 la empleada
파출소 el puesto de policía
파충류 [동물] los reptiles
파키스탄 [나라] Paquistán, Pakistán
파키스탄 사람 el [la] paquistaní
파킨슨병 [의학] la enfermedad de Parkinson, el Parkinson
파킨슨 증후군 el síndrome parkinsoniano, el parkinsonismo
파트너 la pareja
파트타임 las horas (extras)
파티 la fiesta, la tertulia
파파야 la papaya
파파야나무 [식물] el papayo
판(板) la tabla; [금속판] la plancha
판(版) la edición
판(瓣) la válvula
판결 la sentencia, el fallo
판결하다 sentenciar, dar una sentencia
판권 los derechos reservados
판다 [동물] la panda
판독 el desciframiento
판독기 el lector
판독하다 descifrar
판막 la válvula
판막염 [의학] la valvulitis
판막증 [의학] la enfermedad valvular
판막 혈전 trombo valvular
판매 la venta
판매원 el vendedor, la vendedora
판매자 el vendedor, la vendedora
판매하다 vender
판사(判事) el [la] juez

판자 la tabla, el tablón
판정(判定) el juicio
판정하다 juzgar
판초 el poncho
판탈롱 el pantalón
판화(版畵) el grabado, la estampa
판화가 el grabador, la grabadora
팔 [해부] el brazo
팔(八) ocho
8강 los cuartos
8강전 los cuartos de final
팔걸이의자 el sillón
팔꿈치 el codo
팔다 vender
팔랑개비 el molinete
팔리다 venders
팔방미인(八方美人) el hombre orquesta, la mujer orquesta
팔십 ochenta
팔씨름 el pulso
팔씨름하다 pulsear
팔월 agosto
팔찌 la pulsera
팝 el pop
팝송 la canción popular
팝 스타 la estrella pop
팝 싱어 el [la] cantante pop
팝 아트 el arte pop
팝콘 las palomitas, las rosetas
팡파르 la fanfarria
팥 la judía pinta, la judía roja
패럿 el faradio
패류(貝類) el marisco
패밀리 la familia
패배(敗北) la derrota
패배하다 derrotarse
패스 el pase
패스포드 el pasaporte
패스하다 pasar
패전 la derrota
패전국 el país derrotado, el país vencido

패전하다 derrotarse
팩스 el fax
팩스 기계 la máquina fax
팩스 모뎀 el fax módem
팩스 서버 el servidor de fax
팩스 프로그램 el programa de fax
팩시밀리 el facsímil(e)
팬션 la pensión
팬티 [여자의] las bragas
팽이 el trompo, la peonza
팽창 la dilatación
퍼스널 컴퓨 el ordenador personal
퍼스트레이디 la primera dama
퍼팅 그린 la zona verde
펀치기 el perforador de papel
펌프 la bomba
펑크 el pinchazo
펑크나다 tener pinchazo
페넌트 la bandera de campeonato
페널티 el penalti
페널티 에어리어 el área de penalti
페널티 지점 el punto de penalti
페널티 킥 el penalty, el tiro de penalti
페루 [나라] el Perú
페루 사람 el peruano, la peruana
페리보트 el transbordador
페소 [화폐 단위] el peso
페어플레이 el juego limpio
페이지 [쪽] la página
페이지 판독기 el lector de página
페이지 프린터 la impresora de página
페인트^1 [도료] la pintura
페인트^2 [운동 경기의] la finta
펜^1 la pluma
펜^2 [컴퓨터] el lápiz
펜던트 el colgante, el pendiente
펜싱 [운동] la esgrina
펜싱 선수 el esgrimador, la esgrimadora
펜치 las tenazas, las pinzas
펜 컴퓨터 el ordenador basado en lápiz

한국어-스페인어 917

펜팔 el amigo por correspondencia
펠리컨 el pelícano
펭귄 [조류] el pingüino, el pájaro bobo
펴다 abrir, extender
편(便) [항공기의] el vuelo, el servicio
편견 el perjuicio
편도(片道) la ida
편도(便道) [지름길] el atajo
편도(扁桃) [식물] el almendro; [열매] la almendra
편도선(扁桃腺) la amígdala
편도선염 [의학] la amigdalitis
편도표 el billete de ida
편두통 [의학] la jaquea, la migraña
편력 la peregrinación
편력 기사 el caballero andante
편력하다 peregrinar
편리 la comodidad
편리하다 (ser) cómodo
편물(編物) el trabajo de punto
편발(編髮) la trenza
편상화(編上靴) las botas
편자 la herradura
편전지 el papel de cartas
편지 la carta
편지지 el papel de cartas
편집 la redacción; ((컴)) la edición
편집국 (departamento de) la redacción
편집권 el derecho de redacción
편집기 el editor
편집 모드 el modo edición
편집부 la redacción
편집원 el redactor, la redactora
편집자 el redactor, la redactora
편집 키 la tecla editar, la tecla de edición
편집하다 redactar; [컴퓨터] editar
편찬(編纂) la redacción
편찬자 el redactor, la redactora
편찬하다 redactar
펼치다 abrir, extender
평가(評價) la valuación

평가하다 valuar
평균 el promedio, el término medio
평균대 la barra de equilibrio
평론(評論) la crítica
평론가 el crítico, la crítica
평면(平面) el plano
평면 기하학 la geometría plana
평민 el plebeyo
평방형 el cuadrado (regular)
평범하다 (ser) ordinario, común
평상복 el vestido de diario
평생 toda la vida
평서문 [문법] la oración enunciativa
평안하다 estar en paz, estar bien
평야 la llanura, el llano
평영(平泳) la braza
평온(平穩) la tranquilidad
평온하다 (ser) tranquilo; apacible
평원 la llanura, la planicie, el llano
평일 el día laborable
평탄하다 (estar) plano, llano
평판 la fama, la reputación
평평하다 (ser, estar) plano, llano
평행(平行) la paralela
평행봉 las barras paralelas
평행 사변형 el paralelogramo
평행선 la paralela, la línea paralela
폐(肺) [해부] el pulmón
폐렴 [의학] la pulmonía, la neumonía
폐물(廢物) el desecho
폐쇄 el cierre
폐쇄 전문점 la tienda cerrada
폐쇄 파일 el archivo cerrado
폐쇄하다 cerrar
폐쇄형 시스템 el sistema cerrado
폐쇄 회로 el circuito cerrado
폐쇄 회로 텔레비전 la televisión en circuito cerrado
폐암 [의학] el cáncer de pulmón
폐품 artículos desusados, los desechos
폐하 Su Majestad

폐허 las ruinas
폐회 la clausura de una asamblea
포(砲) el cañón
포개다 amontonar, apilar
포경(捕鯨) [고래잡이] la pesca de ballenas
포경(包莖) [의학] la fimosis
포경선(捕鯨船) el ballenero
포경 수술 la operación de fimosis
포경 절제술 la fimosiectomía
포격 el cañoneo, el bombardeo
포격하다 cañonear, bombardear
포고 la proclamación
포고하다 proclamar
포기 la renuncia
포기하다 renunciar
포대기 la mantilla
포도(鋪道) el pavimento
포도(葡萄) la uva
포도나무 [식물] la vid
포도당 la glucosa
포도밭 la viña
포도주 el vino (de uvas)
포로 el prisionero, la prisionera
포르투갈 [나라] Portugal
포르투갈 사람 el portugués, la portuguesa
포마드 la pomada
포맷 el formato
포수(捕手) el receptor
포수(砲手) el cazador
포워드 [운동] el delantero
포위(包圍) el sitio, el asedio
포위군 la tropa sitiadora
포위망 la red envolvente
포위 작전 la operación envolvente
포유류(哺乳類) los mamíferos
포장(包裝) el envolvimiento, el embalaje
포장지 el papel de envolver, el papel de embalaje
포커 el póker
포켓 [호주머니] el bolsillo
포크[1] el tenedor

포크[2] [컴퓨터] la horquilla
포크 댄스 el baile folclórico
포타주 el potaje
포탄(砲彈) la bala de cañón
포터 el portador
포화(飽和) la saturación
포화시키다 saturar
포화 용액 la saturación saturada
포화하다 saturarse
포화 화합물 el compuesto saturado
포환던지기 el lanzamiento de peso
폭격 el bombardeo (aéreo)
폭격기 el (avión) bombardero
폭격하다 bombardear
폭력 la violencia
폭력적 violento
폭리(暴利) la ganancia excesiva
폭발 la explosión; [화산의] la erupción
폭탄 la bomba
폭파 la voladura, la explosión
폭파약 el explosivo de voladura
폭파 작업 la operación de voladura
폭포 la catarata, la cascada
폭풍(暴風) la tempestad
폭풍우 la tempestad, la tormenta
폭행 la violencia
폭행하다 violar
폴더 la carpeta
폴라로이드 카메라 la cámara Polaroid
폴란드 [나라] Polonia
폴란드 사람 el polaco, la polaca
폴란드 어 el polaco
폴로셔츠 el polo
폴트 [테니스 등의] la falta
폼 el formulario
표(表) la lista
표(票) el billete; [중남미] el boleto
표면 la superficie
표면 마찰 la fricción superficial
표면 장력 la tensión interfacial

표백 el blanqueo, el blanqueamiento
표백제 el blanquete
표백하다 blanquear
표범 [동물] el leopardo, la pantera
표본 la muestra, el espécimen
표어(標語) el lema
표정(表情) la expresión
표제(表題) el encabezamiento
표제어 la entrada
표지 la tapa
표지등(標識燈) la luz de posición, la luz de situación
표 파는 곳 la taquilla
표현(表現) la expresión
표현주의 el expresionismo
표현파 la escuela expresionista
표현파 화가 el [la] expresionista
푸들 el caniche
푸딩 el flan
푸르다 (ser) azul
푸른 빛깔 el azul, el color azul
풀[붙이는] el engrudo, la pasta
풀 [녹말의] el almidón
풀[수영장] la piscina
풀(草) la hierba
풀다 [묶은 것을] desatar; [액체에] disolver
풀 백 el defensa (lateral)
풀어놓다 soltar
풀오버 el pulóver
풀장 la piscina
품격 la dignidad
품사 [문법] la parte de la oración
품삯 la paga, el jornal
품삯 노동자 el jornalero, la jornalera
품위(品位) la dignidad
품절 el agotamiento, las mercancías agotadas
품절되다 agotarse
품질(品質) la calidad
풋- verde
풋강낭콩 la judía verde
풋과실 la fruta verde

풋나물 las hortalezas nuevas
풋사과 la manzana verde
풋볼 el fútbol
풋콩 la soja verde
풍경화(風景畵) el paisaje
풍경화가 el [la] paisajista
풍기 la moral pública
풍기 문란 la corrupción de la moral pública
풍년 el año abundante
풍뎅이 [곤충] el escarabajo
풍력(風力) la fuerza del viento
풍력계 el anemómetro
풍로 el hornillo
풍문 el rumor
풍물 el paisaje
풍미(風味) el sabor delicado
풍선(風船) el balón
풍속(風俗) las costumbres, los hábitos
풍속(風速) la velocidad del viento
풍속계(風速計) el anemómetro
풍수해 el daño por la tempestad
풍수해 보험 el seguro contra tormentas
풍습(風習) la costumbre
풍어 la pesca abundante
풍자(諷刺) la sátira
풍자극 el drama satírico
풍자 문학 la literatura satírica
풍자 소설 la novela satírica
풍자시 la poesía satírica
풍자시인 el satírico, la satírica
풍자적 satírico
풍자화 la caricatura satírica
풍자화가 el [la] caricaturista
풍작 la buena cosecha
풍조(風鳥) el ave del paraíso
풍족하다 (ser) abundante
풍차(風車) el molino de viento
풍향 la dirección del viento
풍향계(風向計) la veleta
풍화(風化) la erosión

풍화 작용 la erosión eólica
퓨마 [동물] el puma
퓨즈 el fusible
프라이버시 la vida privada
프라이팬 la sartén
프랑스 [나라] Francia
프랑스 사람 el francés, la francesa
프랑스 어 el francés
프런트 [호텔 등의] la recepción
프런트 직원 el [la] recepcionista
프레스 센터 el centro de prensa
프레임 la trama, el marco, el cuadro
프로그래머 el programador
프로그래밍 la programación
프로그램 el programa
프로그램 리스트 listado de programas
프로그램 파일 el archivo de programa
프로 레슬러 el luchador profesional
프로 레슬링 la lucha libre profesional
프로세서 el procesador
프로세스 el proceso
프로젝트 el proyecto
프로테스탄트 el protestantismo
프로필 el perfil
프록코트 la levita
프리마돈나 la primadonna
프리지어 la fresia
프린터 la impresora
프린터 드라이버 el controlador de impresora
프린터 모터 el motor de impresión
프린터 서버 el servidor de impresión
프린터 제어기 el controlador de impresora
프린터 제어 언어 el Lenguaje de Control de Impresora
프린터 파일 el archivo de impresión
프린트하다 imprimir
플라멩코 [춤, 곡] el flamenco
플라밍고 [조류] el flamenco
플라스마 el plasma
플라스틱 el plástico
플라스틱 공업 la industria plástica

플라스틱 제품 el producto plástico
플라스틱 폭탄 la bomba de plástico
플라이급(級) el peso mosca
플라타너스 [식물] el plátano
플라토닉러브 el amor platónico
플란넬 la franela
플랑크톤 el plancton
플래그 el indicador
플래시 el flash, el Flash
플래시 롬 el flash ROM
플래시 메모리 la memoria flash
플랜 el plan
플랫폼 el andén; [컴퓨터] la plataforma
플러그 기판 la tarjeta de conexión
플러그 호환 el conector compatible
플레이메이커 el conductor, el organizador
플렉시블 디스크 el disco flexible
플로 차트 el diagrama de flujo
플로토늄 [화학] el plutonio
플로피 디스크 el disco flexible
플로피 디스크 제어기 el controlador de disco flexible
플루트 [악기] la flauta
피 [혈액] la sangre
피겨스케이트 el patinaje de figura, el patinaje artístico
피고(被告) el acusado, la acusada; el demandado, la demandada
피곤(疲困) el cansancio, la fatiga
피곤하다 estar cansado, fatigarse
피난(避難) el refugio
피난소 el refugio
피난처 el refugio
피난하다 refugiarse
피드백 la realimentación
피드백 회로 circuito de realimentación
피로 la fatiga, el cansancio
피로하다 fatigarse, estar cansado
피뢰침 el pararrayos
피리 [악기] la flauta
피리새 el pinzón real
피망 el pimiento
피벗 el pivote

피부(皮膚) la piel
피부병 [의학] la dermatosis
피부 성형술 la dermoplastia
피부암 [의학] el cáncder de piel
피부염 [의학] la dermatitis
피부 이식술 el injerto de piel
피부 이식 el injerto
피사체(被寫體) el objeto
피서(避暑) el veraneo
피서객 el [la] veraneante
피서지 veraneario, el lugar de veraneo
피서하다 veranear
피스톨 la pistola
피시¹(PC) PC, el ordenador personal
피시²(fiche) la ficha
피시 메모리 카드 la tarjeta de memoria de PC
피시 카드 la tarjeta de PC
피아노 [악기] el piano
피아노 반주 el acompañamiento de piano
피아노 연주자 el [la] pianista
피아노 협주곡 el concierto para piano y orquesta
피아니스트 el [la] pianista
피엠피 Portable Multimedia Player
피처 el lanzador
피카도르 el picador
피켈 el piolet
피콜로 el flautín
피크닉 el picnic
피투성이 lo sangriento
피트 el pie
피파 [국제축구연맹] la FIFA
피하다 evitar
피해(被害) el daño
픽션 la ficción
픽션 작품 la obra de ficción
핀¹ el alfiler
핀² [골프] la banderola
핀셋 las pinzas
핀트 el foco
필기 el apunte

필기시험 el examen escrito
필기장 el lapicero, el cuaderno
필기하다 apuntar, tomar apuntes
필드 el campo
필드 경기 las competiciones atléticas
필름 la película, el filme
필요 la necesidad
필요하다 (ser) necesario
필터 el filtro
필통 el lapicero
핍박 [곤궁함] la estrechez
핍박하다 (ser) estrecho, reducido
핏기 la complexión, la tez
핏대 el vaso sanguineo grande
핏덩어리 [갓난아이] el recién nacido
핏발 la congestión
핏빛 el color rojo sangre
핏자국 la mancha de sangre
핏줄 [혈관] la vena; [혈통] el linaje
핑계 la disculpa, la excusa
핑크 el color rosa
핑크 무드 la atmósfera amorosa
핑크빛 el color rosa
핑크색 el color rosa
핑크 영화 la película pornográfica
핑핑하다 estar muy ajustado

##

하 [많이] mucho; [크게] grande; [매우] muy, mucho
하(下) [품질이] la clase inferiro; [하권] el segundo tomo, el tercer tomo, el último tomo
하강 el descenso, la descensión, la baja
하강하다 bajar, descender
하객 el congratulador, la congratuladora
하게하다 tutear(se)
하구 la desembocadura
하급 la clase inferior, el curso inferior
하급생 el [la] estudiante de curso inferior

하기(夏期) el verano
하기 방학 las vacaciones de verano
하나 uno
하나님 [개신교] Dios, Señor
하느님 [천주교] Dios, Señor
하느님 아버지 el (Nuestro) Padre
하늘 el cielo
하늘 나라 [종교] el Reino del Cielo
하늘색 el azul, el color azul
하다 hacer
하드디스크 el disco duro
하드디스크 드라이브 la unidad de disco duro
하드웨어 el hardware
하등(下等) la clase inferior
하등 동물 el animal inferior
하락(下落) la baja
하락하다 bajar
하루 el día
하루살이 la efímera, la cachipolla
하루 종일 todo el día
하류 la corriente inferior
하마 [동물] el hipopótamo
하모니카 [악기] el armónica
하물 la carga, el equipaje
하물 상환증 el talón asegurado
하복 el traje de verano
하사(下士) [군사] el sargento
하사(下賜) el regalo real
하사하다 regalar, obsequiar
하선 el desembarco, el desembarque
하선하다 desembarcar
하숙 la pensión, el albergue
하숙비 la pensión, el pupilaje
하숙생 el [la] huésped
하숙집 casa de huéspedes, la pensión
하순 los finales [los fines] del mes
하원(下院) la Cámara Baja
하이에나 [동물] la hiena
하이힐 los zapatos de tacones altos
하제(下劑) la purga, el purgante

하지(夏至) el solsticio de verano
하차(下車)하다 bajarse
하천 el río
하층 계급 la clase baja
하키 el hockey
하트 el corazón
하품 el bostezo
하품(下品) la calidad inferior
하품하다 bostezar
하프 [악기] el arpa
하프 백 el medio
하행 열차 el tren descendente
학(鶴) [조류] la grulla
학과(學科) el departamento
학과(學課) la lección
학관(學館) el instituto, la academia
학교 la escuela; el colegio
학교 생활 la vida escolar
학교의 el médico de escuela
학급(學級) la clase
학기(學期) [2학기제의] el semestre; [3학기제의] el trimestre
학기말 시험 [2학기제의] el examen semestral; [3학기제의] el examen trismestral
학년 el año escolar
학력 la carrera académica
학생 el [la] estudiante; el alumno, la alumna
학습 el estudio
학습하다 estudiar
학업 los estudios
학예 los artes y ciencias
학예란 la columna de artes y ciencias
학예회 el festival
학우 el compañero de estudios
학원 el instituto, la academia
학장 el rector, la rectora
학제(學制) el sistema de educación
한가운데 el centro, el medio
한국(韓國) Corea, República de Corea
한국군 el ejército coreano
한국 문학 la literatura coreana

한국 문학사 la historia de la literatura coreana
한국사 la historia coreana, la historia de Corea
한국 사람 el coreano, la coreana
한국어 el coreano, la lengua coreana
한국 요리 la cocina de Corea
한국은행 el Banco de Corea
한국인 el coreano, la coreana
한글 el coreano, la lengua coreana
한기(寒氣) el frío
한대(寒帶) la zona glacial
한란계 el termómetro
한랭 전선 el frente frío
한류(寒流) la corriente fría
한문 el chino clásico, el carácter chino
한밤중 la medianoche
한방약(韓方藥) el medicamento coreano
한방약(漢方藥) el medicamento chino
한선(汗腺) las glándulas sudoríparas
한숨 el suspiro
한식(韓食) la comida coreana
한자(漢字) el carácter chino
한탄(恨歎) aflicción
한탄스럽다(ser) lamentable
한탄하다 afligirse
한파(寒波) la ola de frío
할머니 la abuela
할아버지 el abuelo
할인 la rebaja, el descuento
할인 판매 la venta con rebaja
할인하다 rebajar, descontar
핥다 lamer
함대 la flota, la escuadra
함석 la chapa de cinc
함석 지붕 el tejado de cinc
함수(函數) [수학] la función
함수초 [식물] la mimosa
합격 la aprobación
합격하다 aprobar, tener éxito (en)
합계 el total, la suma
합계하다 sumar

합동 통신 la prensa unida
합리적 racional
합리주의 la racionalismo
합리주의자 el [la] racionalista
합병 la fusión, la unión
합병하다 fusionar, unir
합숙(合宿) el campamento de entrenamiento
합주 el concierto
합창 el coro
합창단 el coro
핫도그 el perro caliente, el perrito caliente
항(港) el puerto
항공 la aviación
항공기 el avión
항공로 la línea aérea
항공모함 el portaaviones
항공 우편 el correo aéreo
항공편 el correo aéreo
항공 회사 la compañía de aviación
항구(港口) el puerto
항로(航路) la ruta
항복(降伏) la rendición
항복 문서 el documento de rendición
항복하다 rendirse
항성(恒星) la estrella fija
항소(抗訴) la apelación
항소하다 apelar
항아리 el jarro, el pote
항의(抗議) la protesta
항의하다 protestar, reclamar
항해 la navegación
항해사 el piloto
항해하다 navegar
해^1 [천체] el sol, el Sol
해^2 [연(年)] el año
해결 la resolución
해결하다 resolver
해고 el despido, la despedida, la destitución
해고되다 ser despedido
해고 수당 el subsidio de despido

해고자 el despedido, la despedida
해고 처리 el procedimiento de despido
해고 통고 el aviso de despido
해고하다 despedir
해골(骸骨) el esqueleto
해구(海狗) [동물] la nutria
해구(海溝) la fosa
해군 la armada, la marina
해군 기지 la base naval
해군 본부 el cuartel general naval
해군사관학교 la Academia Naval, el Colegio Naval
해군 장교 el [la] oficial de marina
해답(解答) la solución
해돋이 la salida del sol
해류(海流) la corriente marina
해리(海狸) [동물] el castor
해마 [동물] la morsa
해머 el martillo
해머던지기 el lanzamiento de martillo
해면 el superficie del mar
해바라기 [식물] el mirasol, el girasol, la tornasol
해발(海拔) sobre el nivel del mar
해방 la liberación
해방하다 poner en libertad, liberar
해변(海邊) la playa
해병 el marino, la marina
해병대 la infantería de marina
해부 la disección, la anatomía
해부가 el [la] anatomista
해부도(解剖刀) el escalpelo, el bisturí
해부도(解剖圖) la carta anatómica
해부학 la anatomía
해부학적 anatómico
해빙(海氷) el hielo del mar
해삼 [동물] el cohombro de mar, el pepino de mar
해상(海上) marítimo, marino
해상(海象) [동물] el elefante marino
해상 공원 el parque marítimo
해상 무역 el comercio marítimo
해상 보험 el seguro marítimo

해석(解析) el análisis
해석(解釋) la interpretación
해석기(解釋器) el intérprete
해석 언어 el lenguaje interpretado
해석하다 interpretar
해설 la interpretación
해설하다 interpretar
해수(海水) el agua del mar
해수욕객 el [la] bañista
해수욕장 la playa
해안(海岸) la playa, la costa
해안선 la línea costera
해열 la eliminación de la fiebre
해열제 la antifebrina
해왕성 [천문] el Neptuno
해외(海外) el extranjero
해외 여행 el viaje al extranjero
해우(海牛) [동물] el manatí
해운(海運) el transporte marítimo
해일(海溢) el maremoto
해저(海底) el fondo del mar
해저 전선 el cable submarino
해저 전신 el telégrafo submarino
해저 전화 el teléfono submarino
해저 케이블 el cable submarino
해전(海戰) la batalla naval, el combate naval
해조(害鳥) el pájaro dañino
해충(害蟲) el insecto dañino
해치 la escotilla
해커 el hacker
해파리 la medusa
해항(海港) el puerto marítimo
해후(邂逅) el encuentro
해후하다 encontrarse (con)
핵(核) el núcleo (atómico); [복숭아 등의] el hueso
핵(hack) el hack
핵개발 el desarrollo nuclear
핵공격 el ataque nuclear
핵군비 el armamento nuclear
핵군축 el desarme nuclear

핵병기 el arma nuclear
핵 보유국 el poder nuclear
핵실험 la prueba nuclear
핵탄두 la cabeza nuclear
핵확산방지조약 el tratado de no proliferación nuclear
핸드백 el bolso
핸드볼 el balonmano
핸들 el volante
핸디 el hándicap
핸디캡 el hándicap
햄 el jamón
햄버거 la hamburguesa
햄버거 가게 la hamburguesería
햄버그스테이크 la hamburguesa
햄 샌드위치 el sandwich de jamón
햄샐러드 la ensalada de jamón
햄에그 los huevos fritos con jamón
햇볕 la luz del sol
햇빛 la luz del sol
행(行) la línea; para, a, de
행간 el espacio interlineal
행락 la excursión
행락지 el lugar de excursión
행복 la felicidad, la dicha
행복하다 (ser) feliz, 야쾌내
행상 el vendedor [la vendedora] ambulante
행상인 el vendedor [la vendedora] ambulante
행성(行星) el planeta
행정(行政) la administración
행정 법원 el tribunal de administración
행진 la marcha
행진곡 la marcha
행진하다 marchar
행하(行下) [팁] la propina
향(香) perfume, el aroma, la fragancia
향기 perfume, el aroma, la fragancia
향기롭다 (ser) fragante
향수(香水) el perfume
향수류 la perfumería
향수병 el pomo de perfume

향수 분무기 el perfumador
향신료 la especia
향유고래 [동물] el cachalote
허가 el permiso
허가장 el permiso
허가하다 permitir
허구(虛構) la ficción
허둥대다 apresurarse
허들 la carrera de vallas
허들 레이스 la carrera de vallas
허가 el permiso
허가장 el permiso, la licencia
허둥지둥 a todo correr, a toda prisa
허락하다 permitir
허리 la cintura
허리띠 el cinturón
허리케인 el huracán
허물[1] [살갗의 꺼풀] la piel; [얼굴의] la cutis; [동물의] la piel
허물[2] [실수, 과실] la culpa, el error; [결점] el defecto, la tacha
허물없다 (ser) franco, abierto
허브 [약용 식물] la hierba
허수(虛數) el número imaginario
허수아비 el espantapájaros
헌걸차다 (ser) robusto
헌신 la abnegación, la devoción
헌신하다 abnegarse
헌책 el libro de segunda mano
헛간 la trastera
헝가리 [나라] Hungría
헝가리 사람 el húngaro, la húngara
헝가리 어 el húngaro
헤더 el encabezado, la cabecera
헤드 la cabeza
헤드라이트 el faro
헤딩 el cabezazo; [컴퓨터] el título, el encabezamiento
헤르니아 la hernia
헤르츠 el hercio
헤비급 el peso pesado
헤어네트 la redecilla
헤어드라이어 el secador

헤어 세트 el marcado
헤어스타일 el peinado
헤어 스프레이 la laca
헤어지다[1] [작별하다] despedirse (de)
헤어지다[2] [이혼하다] divorciarse, separarse
헤어 토닉 el tónico capilar
헤어핀 la horquilla
헤엄 la natación
헤엄치다 nadar
헨리 el henrio
헬리콥터 el helicóptero
헬리포트 el helipuerto
헬멧 el casco
헹구다 enjuagar
혀 la lengua
혀가자미 [어류] el lenguado
혁대 el cinturón
혁신 la innovación, la reforma
혁신 정당 el partido reformista
혁신하다 innovar, reformar
혁지(革砥) el suavizador
현관 el vestíbulo
현관 안내인 el portero
현금(現金) el dinero contante, el dinero (en) efectivo, el efectivo
현금 보유고 el efectivo en caja
현금 부족 el déficit de caja
현금불 el pago al contado
현금 비율 el coeficiente de caja
현금 상환 la amortización al contado
현금 인출 카드 la tarjeta del cajero automático
현금 자동 인출기 el cajero automático
현금 주문 el pedido al contado
현금 지불 el pago al contado
현금 카드 la tarjeta para cajero automático
현금 판매 la venta al contado
현금 할인 el descuento por pago al contado
현금화 la conversación en (dinero) efectivo
현금화하다 hacer [convertir en] efectivo
현기증 el vértigo

현대 la edad contemporánea
현대극 el teatro moderno
현대 무용 el baile moderno
현대사 la historia contemporánea
현무암 [광물] el basalto
현상(現像) el revelado, la revelación
현상 부족 la falta de revelación
현상소(現像所) el laboratorio de revelación
현상액(現像液) el revelador
현상지(現像紙) el papel fotográfico
현상하다 revelar
현수교(懸垂橋) el puente colgante
현악기 el instrumento de cuerda
현악 사중주곡 el cuarteto de cuerdas
현재(現在) el presente
현재 분사 [문법] el gerundio
현재 시제 [문법] el tiempo presente
현재 완료 el pretérito perfecto compuesto
혈(血) la sangre
혈관(血管) el vaso sanguíneo
혈압 la presión sanguínea, la tensión arterial
혈액 la sangre
혈액 은행 el banco de sangre
혈액형 el grupo sanguíneo
혐의(嫌疑) la sospecha
협동 la cooperación
협동 조합 la cooperativa
협동하다 cooperar
협량 la intolerancia
협량하다 (ser) intolerante
협장(脇杖) la muleta
협주곡 el concierto
협죽도 la adelfa
형(兄) el hermano (mayor)
형광등 la lámpara [el tubo] fluorescente
형광 물질 el fosforescente
형부(兄夫) el cuñado
형사(刑事) el [la] detective
형식(形式) la forma
형식 문서 la carta modelo

형식 언어 el lenguaje formal
형식적 formal
형용사 [문법] el adjetivo
형제 el hermano
형제자매 los hermanos
혜성(彗星) [천문] el cometa
호각 el silbido, el pito
호두 la nuez
호두나무 [식물] el nogal
호랑가시나무 [식물] el acebo
호랑이 [동물] el tigre, la tigresa
호르몬 la hormona
호리병박 la calabaza vinatera
호박 [식물] la calabaza
호박(琥珀) [광물] el ámbar
호송(護送) la escolta
호송하다 escoltar
호스 la manguera
호스트 el host
호스트 언어 el lenguaje de host
호스트 주소 la dirección de host
호위(護衛) la guardia, la escolta
호위하다 guardar, escoltar
호인(好人) la buena persona
호적(戶籍) el registro civil
호적부(戶籍簿) el registro civil
호주(濠洲) [나라] Australia
호주(豪酒) el gran bebedor
호주머니 el bolsillo
호주 사람 el australiano, la australiana
호출 la invocación, la llamada
호출하다 invocar, llamar
호치키스 el cosepapeles
호텔 el hotel
호텔 방 la habitación de hotel
호텔 안내인 el portero
호텔업 la industria hotelera
호텔 업자 el hotelero, la hotelera
호흡(呼吸) la respiración
호흡기 el órgano [el aparato] respiratorio

호흡 작용 la respiración
호흡하다 respirar
혹독하다 (ser) severo
혹성(惑星) [천문] el planeta
혼(魂) el alma
혼기(婚期) la edad núbil
혼란 la confusión, el desorden
혼란시키다 desordenar
혼령(魂靈) el fantasma
혼성 합창 el coro mixto
혼신 todo el cuerpo
혼영 la natación mixta
혼외 성관계(婚外性關係) las relaciones sexuales extramatrimoniales
혼외 정사 los amoríos extramatrimoniales
혼욕 el baño mixto
혼자 solo, sola
혼잡 la aglomeración
혼잡하다 aglomerarse
혼합 la mezcla
혼합 복식 경기 los dobles mixtos
혼합하다 mezclar
혼혈 el mestizo
혼혈아 el mixto, la mixta
홀¹ [회관] el salón
홀² [골프의] el hoyo
홀수 el número impar
홀아비 el viudo
홀어미 viuda
홀인원 [골프] el hoyo en uno
홈 [컴퓨터] el inicio, el Inicio
홈 디렉토리 el directorio de inicio
홈런 [야구] el jonrón
홈 레코드 el registro de inicio
홈뱅킹 la banca telefónica
홈베이스 la base de meta
홈 키 la tecla inicio
홈페이지 la página principal
홍수(洪水) la inundación
홍역(紅疫) el sarampión
홍차(紅茶) el té (negro)

홑눈 el ocelo
홑이불 la sábana
화(火) la ira
화(禍) la desgracia
화가(畵家) el pintor, la pintora
화가(畵架) el caballete
화강암 [광물] el granito
화구(畵具) los colores
화내다 enojarse, enfadarse, irritarse
화단(花壇) el arriate
화단(畵壇) el mundo de pintores
화랑(畵廊) la galería
화려하다 (ser) espléndido, llamativo
화로(火爐) el brasero
화마(火麻) el cáñamo
화면(畵面) la pantalla, la imagen
화물(貨物) la mercancía, la carga
화물 상환증 el talón asegurado
화물선 el barco [el buque] de carga
화물 운임 el precio de transporte
화물차 el camión
화법(話法) la narración
화분(花盆) la maceta, el tiesto
화분(花粉) el polen
화산(火山) el volcán
화산 폭발 el erupción volcánica
화살 la flecha, la saeta
화상(火傷) la quemadura; la escaldadura
화상(畵商) el comerciante de cuadros
화상(畵像) la imagen
화성(火星) [천문] el Marte
화성암 [광물] la roca ígnea
화식조(火食鳥) el casuario
화씨(華氏) Fahrenheit
화씨온도계 el termómetro de Fahrenheit
화약 la pólvora
화요일 el martes
화원(火源) el origen del incendio
화장(化粧) el maquillaje
화장(火葬) la cremación, la incineración

화장대(化粧臺) el tocador
화장수(化粧水) el agua de tocador
화장술(化粧術) el arte de maquillaje
화장실(化粧室) el baño, el cuarto de baño, el lavabo; [화장하는 방] el cuarto de aseo; [극장의] el camarín
화장장(火葬場) el crematorio
화장터 el crematorio
화장통(化粧桶) el neceser
화장품(化粧品) los cosméticos
화장품점 la perfumería
화재(火災) el incendio, el fuego
화재경보기 la alarma de incendios
화재 보험 el seguro contra incendios
화차(貨車) el vagón de mercancías
화첩(畵帖) el libro con imágenes
화폐(貨幣) la moneda, el billete
화포(畵布) el lienzo
화필(畵筆) el pincel
화학(化學) la química
화학식(化學式) la fórmula química
화학자(化學者) el químico, la química
화학적(化學的) químico
화합(化合) la combinación
화합량 el peso combinado
화합물 el compuesto
화합수 el agua combinada
화합열 el calor de combinación
화해 la reconciliación
화해하다 reconciliarse
확대 la ampliación
확대하다 ampliar
확대경 la lupa
확성기 la altavoz
확실하다 (ser) cierto, seguro
확인(確認) la confirmación
확인하다 confirmar
확장(擴張) la expansión
확장하다 expandir
확정(確定) la decisión, la determinación
확정하다 decidir, determinar

환(換) el giro, el cambio
환각(幻覺) la alucinación, la ilusión
환경 el ambiente
환경 호르몬 la hormona ambiental
환기(換氣) la ventilación
환기시키다 ventilar
환기 장치 el ventilador
환기창 el ventilador
환기탑 la torre ventiladora
환기 팬 el ventilador
환난 la desgracia, la aflicción
환대 la recepción cordial
환대하다 recibir cordialmente
환락 el placer, el deleite
환매 la recompra
환매하다 recomprar
환멸 la desilusión
환상(幻想) la fantasía
환상(環狀) el círculo
환상선 la vía de circunvalación
환상적 fantástico
환승(換乘) el cambio de tren, el transbordo
환승역 la estación de cambio
환승표 el billete de transbordo
환승하다 transbordar
환약 la píldora
환원(還元) la reducción
환원하다 reducir
환은행(換銀行) el banco de giro
환자 el enfermo, la enferma; el [la] paciente
환전(換錢) el cambio
환전상 el [la] cambista
환전소 la casa de cambio
환하다 (ser) claro
환희 la alegría
활 el arco
활강 el descenso
활공기 el planeador
활기 la animación, el vigor, el ánimo
활기차다 (estar) animado

활어조 el vivero, la nansa
활자(活字) el tipo
활주로 la pista de aterrizaje
활주하다 rodar por la pista
활차(滑車) la polea
황궁(皇宮) el palacio imperial
황금(黃金) el oro
황급히 a toda prisa
황매화 [조류] la rosa amarilla
황색 el amarillo, el color amarillo
황소 [동물] el toro
황소개구리 [동물] la rana toro
황산 [화학] el ácido sulfúrico
황실 la familia imperial
황옥 [광물] el topacio
황제 el emperador, la emperatriz
황조롱이 [조류] el halcón lanero
황태자 el príncipe heredero
황홀 el éxtasis
황후 la emperatriz
회(回) la vez
회(會) la reunión, la asamblea; el concurso
회(膾) el pescado crudo
회(蛔) [회충] el gusano
회개 arrepentimiento
회개하다 arrepentirse (de)
회계 la cuenta
회계사 el [la] contable
회계원 el contador, la contadora
회기(會期) la sesión
회로 el circuito
회복 la recuperación, la mejoría, el recobro
회복되다 recuperarse, mejorar(se)
회사 la compañía, la sociedad
회사채 las obligaciones
회색 el gris, el color gris
회선 la línea, el circuito
회수 el cobro
회수권 el billete-talonario
회수하다 cobrar

회신 la respuesta
회신료 el franqueo de respuesta
회신하다 contestar, responder
회양목 el boj
회오리바람 el torbellino, el remolino
회유권 el billete circular
회전목마 el tiovivo
회화(會話) la conversación
회화(繪畫) la pintura; [작품] el cuadro
횡령 la usurpación
횡령자 el usurpador, la usurpadora
횡령죄 el (crimen de) usurpación
횡령하다 usurpar
횡영 la natación de costado
효소(酵素) el fermento
후륜(後輪) la rueda trasera
후무르기 la ratería de tiendas
후미 la ensenada
후보 la candidatura
후보자 el candidato, la candidata
후보 키 la clave candidata
후생 시설 las instalaciones de recreo y entretenimiento
후식(後食) el postre
후조(候鳥) el pájaro migratorio
후추 la pimienta
후추 그릇 el pimentero
후춧가루 la pimienta
훈장 la condecoración, la orden
훌륭하다 (ser) espléndido
훌쩍거리다 sorber
훌쭉하다 (ser) flaco, enjuto
훔치다[1] [닦다] enjugar, limpiar
훔치다[2] [남의 것을] robar
휘발유 la gasolina
휘슬 el silbido, el pito
휘파람새 el ruiseñor del Japón
휠체어 la silla de ruedas
휴게 el descanso
휴게 시간 la hora de recreo
휴게실 el salón de descanso

휴대용 자루 la bolsa, el saco
휴대용 컴퓨터 el ordenador portátil
휴대 전화 el teléfono móvil
휴식 el descanso
휴식하다 descansar
휴업 el cierre
휴일 el día de descanso
휴전 el armisticio, la tregua
휴전하다 hacer una tregua, dar treguas
휴전 협정 el acuerdo de armisticio, la tregua
휴전 회담 las conversaciones de armisticio
흉년 el año de mala cosecha
흉상 el busto
흉작 la mala cosecha
흐느끼다 sollozar
흐느낌 el sollozo
흐르다 correr
흐름 la corriente
흐리터분하다 (ser) negligente
흑백 사진 fotografía en blanco y negro
흑백 영화 película en blanco y negro
흑백 텔레비전 la televisión en blanco y negro
흑백 필름 película en blanco y negro
흑색 el negro, el color negro
흑자 el superávit, la cifra negra
흑판 la pizarra
흑판 지우개 el borrador
흔들다 agitar, sacudir, mecer
흔들리다 balancearse, mecerse
흔들의자 la mecedora
흔들이 el péndulo
흠뻑 젖다 estar empapado hasta los huesos
흡묵지 el papel secante
흡수 la absorción
흡수하다 absorber, sorber
흡연 el fumar, la fumada
흡연석 el asiento de fumar
흡연실 la sala de fumar
흡연자 el fumador, la fumadora
흡연차 el coche de fumadores

흡연하다 fumar
홍망 el levantamiento y la caída
홍분 la excitación
홍분하다 excitarse
희극 la comedia
희극 배우 el (actor) cómico
희다 (ser) blanco
희비극 la tragicomedia
희뿌옇다 (ser) blanquecino
흰개미 [곤충] el comején
흰곰 [동물] el oso polar
흰빛 el (color) blanco
흰색 el (color) blanco
힌두교 el induismo
힌두교도 el [la] hindú
힘 el ánimo, el vigor
힘겹다 (ser) duro
힘껏 con todas sus fuerzas
힘내다 animarse
힘들다 (ser) arduo
힘줌말 la palabra intensiva
힘차다 (ser) poderoso
힁힁 siguiendo sonándose la nariz

김충식(金忠植)

1944년생
한국외국어대학교 스페인어과 졸업
1975년 종로외국어학원 스페인어 강사
1978년 도서출판 월출 대표
1979년 스페인어문화원장
1980년 한국-페루 문화협회장
1985년 대입전문 정진학원 스페인어 강사
1986년 대입전문 성지학원 스페인어 강사
1990년 월간 스페인어세계 발행인 겸 편집인
2006년 9월-2010년 3월 청문어학원 스페인어강사
1982년-2004년 스페인, 멕시코, 과테말라, 온두라스, 엘살바도르, 니카라과, 파나마, 콜롬비아, 베네수엘라, 에콰도르, 페루, 볼리비아, 파라과이, 칠레, 아르헨티나, 우루과이, 쿠바, 도미니카공화국 및 푸에르토리코를 20여 차례 6년여 동안 자료 수집 여행. 스페인, 멕시코, 과테말라, 온두라스, 니카라과, 콜롬비아, 에콰도르, 페루, 볼리비아, 칠레, 도미니카공화국 등에서 스페인어 강의.
현재: 한국사전협회 평생 회원
  한국스페인어문학회 평생 회원
  한·중남미협회 회원

주요 저서
· 한서사전 (장문사, 1977/문예림, 2007, 개정증보판)
· 서한사전 (장문사, 1979)
· 김충식 한서사전 (월출, 1987)
· 중남미여행기 "마추삑추에 서다" (월출, 1987)
· 돈 키호테 I, II (번역, 창우사, 1988)
· 서한/한서사전 (월출, 1989/문예림, 2003, 재판)
· 서반아어사전 (월출, 1989)
· 스페인어/한국어 소사전
  (월출, 1989/문예림, 2006, 재판)
· 엣센스 스페인어사전 (민중서림, 1990)
· 한/서/영 성구사전 (쿨란출판사, 2000)
· 한서사전 (민중서림, 2003)
· 포켓 한서사전 (민중서림, 2003)
· 스페인어/한국어 입문사전 (문예림, 2004)
· 포켓 스페인어사전 (민중서림, 2005)
· 완벽 스페인어 (민중서림, 2005)
· 스페인어 강독 (민중서림, 2005)
· 꿩 먹고 알 먹는 스페인어 첫걸음 (문예림, 2005)
· 엣센스 스페인어 숙어/속담 사전 (민중서림, 2006)
· 스페인어 테마사전 (문예림, 2007)
· 쉽게 배우는 스페인어 (문예림, 2007)
· 여행자를 위한 스페인어회화 (문예림, 2007)
· 성경으로 배우는 스페인어 (문예림, 2009)
· 예문이 있는 스페인어/한국어 사전 (문예림, 2010)
· 스페인어/한국어 어휘사전 (문예림, 2010)
· 스페인어/한국어 경제 용어 사전 (문예림, 2010)
  등 60여권

스페인어-한국어 어휘 사전

DICCIONARIO DE LA LENGUA ESPAÑOLA
DE LOS VOCABULARIOS

2010년 · 8월 1일 초판 인쇄
2010년 · 8월 5일 초판 발행
편   저 · 김 충 식
발행인 · 서 덕 일
발행처 · 도서출판 문예림
등   록 · 1962년 7월 12일(제2-110호)
주   소 · 서울시 광진구 군자동 1-13호 문예하우스 101호
    Tel:02) 499-1281~2 팩스 Fax:02) 499-1283
http://www.bookmoon.co.kr E-mail:book1281@hanmail.net
ISBN 978-89-7482-557-7(11170)
정가 20,000원

■ 잘못된 책은 구입하신 서점에서 교환하여 드립니다.